진실은
여전히

저널리즘의
원칙인가

진실은 여전히 저널리즘의 원칙인가

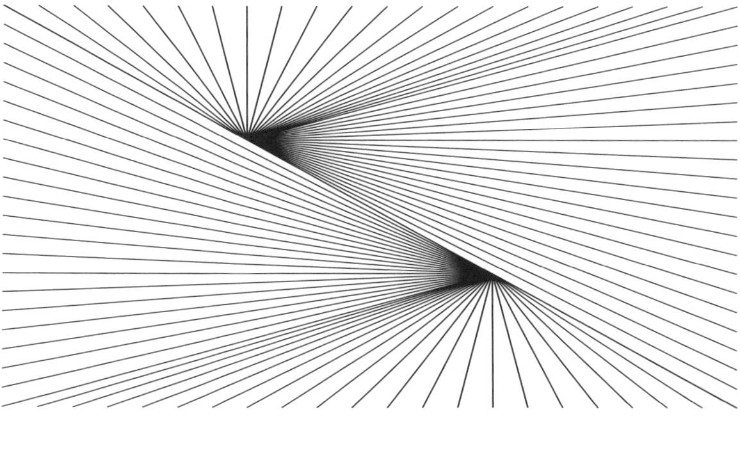

컬처룩 미디어 총서 041

정은령
지음

컬처룩 미디어 총서 041
진실은 여전히 저널리즘의 원칙인가

지은이 정은령
펴낸이 이리라

책임편집 이여진
편집 하이픈
표지 디자인 엄혜리

2025년 9월 20일 1판 1쇄 펴냄

펴낸곳 컬처룩
등록 번호 제2011 – 000149
주소 03993 서울시 마포구 동교로 27길 12 씨티빌딩 302호
전화 02.322.7019 | 팩스 070.8257.7019 | culturelook@daum.net
www.culturelook.net

ISBN 979 – 11 – 92090 – 66 – 5 94300
ISBN 979 – 11 – 85521 – 06 – 0 (세트)

* 이 책은 2022년 정부(교육부)의 재원으로 한국연구재단의 지원을 받아 수행된 연구입니다(NRF – 2022S1A6A4043619).

culturelook

차례

머리말
9

서론 사실과 진실, 언론의 더럽혀진 성역
25

1부 언론과 사실, 진실

1장 오직 진실만을: 현대 언론에서 객관주의의 확립
51

2장 사실 포착의 방법론: 역피라미드부터 투명성까지
79

3장 해석적 언론과 객관성
109

4장 한국 언론의 객관주의 규범 수용 역사
135

5장 한국 언론의 사실 확인 관행
165

2부 팩트체크 저널리즘

6장 진실의 판정자, 미국 팩트체크 저널리즘의 등장

195

7장 팩트체크 저널리즘의 방법론과 규범

223

8장 팩트체크 저널리즘에 대한 새로운 도전, 가짜뉴스

251

9장 팩트체크 저널리즘의 세계적 확산과 새로운 주체들의 등장

281

10장 팩트체크 효과: 사실은 신념을 교정하는가

303

11장 생성형 AI 시대의 자동화된 사실 확인

331

3부 한국의 팩트체크 저널리즘

12장 한국 팩트체크 저널리즘은 어떻게 전개되었나
361

13장 한국의 팩트체크 기자들과 뉴스룸 환경
395

14장 한국 언론의 위기와 팩트체크 저널리즘
433

맺음말 진실은 여전히 언론의 목표인가
471

참고 문헌
483
찾아보기
525

일러두기

- 한글 전용을 원칙으로 하되, 필요한 경우 원어나 한자를 병기하였다.
- 한글 맞춤법은 '한글 맞춤법' 및 '표준어 규정'(1988), '표준어 모음'(1990)을 적용하였다.
- 외국의 인명, 지명 등은 국립국어원의 외래어 표기법을 따랐으며, 관례로 굳어진 경우는 예외를 두었다.
- 사용된 기호는 다음과 같다.

  신문 및 잡지 등 정기 간행물, 영화, 드라마 등: 〈 〉

  책(단행본): 《 》

머리말

이 책의 초고를 완성한 것은 2024년 4월 말이다. 그로부터 채 1년이 지나지 않은 동안 이 책의 주제인 언론에서의 사실과 진실 추구를 둘러싸고 두 개의 거대한 사건이 벌어졌다. 첫째는 윤석열 대통령의 12·3 비상계엄 선포와 탄핵, 둘째는 딥시크DeepSeek의 등장이다. 불과 한 달 간격으로 벌어진 이 두 사건은 하나는 정치사회적으로, 하나는 기술적으로 언론이 자리 잡고 있는 하부 구조가 뿌리부터 흔들리고 있음을 보여 주는 것들이다.

윤석열 대통령의 비상계엄령이 국회에 의해 해제 가결되고 난 뒤 시작된 탄핵 심판 과정은 극우 유튜버들에 의해 확산되어 온 부정 선거 음모론이 사회 핵심 권력층의 세계관이 되었다는 것을 보여줬다. 윤석열 대통령은 구속되기 전 측근들에게 “요즘 레거시 미디어는 너무 편향돼 있기 때문에 유튜브에서 잘 정리된 정보를 보라”라고 말했다. 윤석열 대통령의 구속 영장이 발부된 2025년 1월 19일 서부지법 앞에서 벌어진 폭동 사태 때는 이를 취재하던 기자들이 소속사와 관계없이 무차별적으로 구타당했다. 폭도들은 기자들을 향해 "죽여"라는 말을 서슴지 않았다.

나라 밖으로 시선을 돌려보자. 2016년 당선과 함께 전 세계적으로 가짜뉴스fake news라는 단어를 유행어로 만든 트럼프 대통령이 2024년 11월 재선됐다. 임기 시작 후 미국과 멕시코 사이에 있는 멕시코만Gulf of Mexico을 행정 명령으로 아메리카만Gulf of America으로 변경한 트럼프 대통령은 고유한 편집 지침에 따라 멕시코만 표기를 고수하기로 한 AP통신 기자의 백악관 출입을 금지했다. AP통신은 취재를 제한하는 것은 언론 자유를 보장한 수정헌법 1조 위반이라고 맞섰지만 백악관 대변인은 "백악관 취재는 특권이며, 어떤 기자가 취재할지 결정하는 것은 우리의 권리"라며 아랑곳하지 않았다. 트럼프 대통령 행정부의 언론에 대한 직접 통제만큼이나 우려스러운 현상은 디지털 정보 생태계를 좌지우지하는 플랫폼 기업들이 권력 앞에 알아서 엎드린 것이다. 메타는 2025년 1월 7일 돌연 페이스북, 인스타그램, 스레드 등에서 시행해 오던 제3자 팩트체킹 프로그램Third Party Fact-Checking Program(3PFC)을 미국에서 종료하겠다고 발표했다. 3PFC는 2016년 트럼프 대통령 당선 직후 페이스북이 가짜뉴스의 온상이었다는 비난이 빗발치자 마크 저커버그가 그에 대한 대응책으로 시작한 정책이었다. 국제팩트체킹연맹International Fact Checking Network(IFCN) 서명 기관signatory이 오류가 있거나 허위인 정보를 메타가 운영하는 플랫폼에서 발견하면 이를 고지함으로써 플랫폼이 자의적으로 콘텐츠를 검열한다는 논란을 벗어남과 동시에 온라인 플랫폼에서 유통되는 허위 조작 정보, 오정보를 억지하는 수단으로 기능해 왔다. 메타의 CEO인 마크 저커버그는 이 프로그램을 돌연 중지하며 "우리에게 너무 많은 검열censorship이 있었다"라고 주장했다. 사실 확인 행위를 검열로 틀 짓기 한 것이다. 전 세계 팩트체크 기관들은 3PFC 중단이 미국 내로 국한되지 않을 것이라고 예상하였다. 2023년 IFCN이 발간한 보고서에 따르면 미국을 포함해 69개국 87개 팩트체크 기관이 메타의 3PFC를 통해 얻는 재정 지원에 의존하고 있다. 3PFC가 중단된다면 세계 각국의 팩트체크 기관이 줄줄이 문을 닫을 위기에 놓이는 것이다.

정치사회적 환경이 이렇다면 기술 환경은 어떤가? 생성형 AI의 도래는 언론에 인터넷이 등장했을 때만큼의 변화를 예고하고 있다. 전신이 기사를 실어 나르는 매체였을 때 육하원칙을 중시하는 역피라미드 기사 스타일이 기사 쓰기의 전범으로 자리 잡았던 것처럼 언론의 규범과 기사 쓰기 스타일, 심지어 뉴스 가치는 새로운 기술이 등장할 때마다 진통을 겪고 변화하며 적응해 왔다. 인터넷의 등장 역시 언론에 쉽지만은 않은 변화를 강제했다. 기자들은 '유동하는 데드라인fluid deadline'에 맞춰 24시간 주 7일 노동 체제에 적응해야 했다. 클릭 수가 이윤 창출의 잣대가 됐다. 기술 장벽이 낮아져 다양한 주체들이 언론 시장에 진입함으로써 시장 경쟁은 격화됐다. 신문 광고는 인터넷 광고에 밀려 급격히 쇠락했고, 뉴스는 공짜로 볼 수 있는 무수한 정보 중 하나가 되었다. 언론은 시민들의 주목을 얻기 위해 소셜 미디어와 OTT 서비스가 제공하는 무궁무진한 콘텐츠와 경쟁해야 하는 상황이다. 이러한 정보 생태계에서 헤게모니를 쥔 곳은 거대 플랫폼 기업들이다. 알고리즘을 통해 이용자들의 체류 시간을 최대한 늘려 수익을 창출하는 것이 목적인 빅테크 기업들이 공론장의 형태를 좌지우지하는 권력을 갖게 됐다. 메타의 3PFC 돌연 중단의 사례에서 볼 수 있듯, 플랫폼은 법적, 행정적 규제를 통해 기업의 이윤 창출에 영향을 미칠 수 있는 정치권력의 눈치를 본다. 기업 이익에 도움이 된다면 허위 조작 정보를 플랫폼에서 걸러내지 않고 방치하는 일조차 표현의 자유 옹호로 얼버무린다.

이러한 상황에서 생성형 AI의 출현은 무엇을 의미할까? 기본적으로 대화형 챗봇인 생성형 AI는 이용자들이 정보를 얻기 위해 직접 검색하는 수고를 덜어준다. 개인에게 맞춤형으로 제공되는 정보만으로도 이용자들은 만족한다. 생성형 AI가 깔끔하게 정리해 준 답변이 어떠한 출처에 근거한 것인지 더 확인해 보는 이용자들은 많지 않다. 생성형 AI가 이용자의 질문에 답변하기 위해 동원하는 출처 중 뉴스는 이용자들과 직접 맞닥뜨릴 기회가 현저히 낮아진다. 구글이나 네이버 등의 검색 엔진에서는 기사로 연결되는 링크라도 노출되었지만, 생성형 AI가 산출하는 답변에 만족하는 이용자들은 이제 그런 수고조차 번거롭게 여기게 된 것이다.

생성형 AI 기업들과 언론사들은 이 새로운 국면에서 밀고 당기기를 시작했다. 생성형 AI 기업들이 대규모 언어 학습에 언론사 콘텐츠를 아무 대가도 지불하지 않고 사용하는 것에 대해 언론사들이 저작권 소송을 벌이는 것이다. 〈뉴욕 타임스*New York Times*〉가 오픈AI와 마이크로소프트를 상대로 낸 저작권 소송은 진행 중이다. 국내에서도 KBS, MBC, SBS 등 39개 지상파 방송사를 회원으로 둔 한국방송협회가, 네이버가 생성형 인공 지능 하이퍼클로바의 학습에 방송사 기사 등을 허가 없이 이용해 왔다고 저작권 침해 등의 소송을 제기했다. 그러나 법원이 언론사의 손을 들어줄지는 미지수다. 오픈AI는 2024년 11월 일부 언론사들과의 저작권 침해 소송에서 승소했다. 언론사 패소의 주된 이유는 피해를 입증하지 못한 것이었다. 와중에 생성형 AI 기업들과 전략적 동맹을 맺는 언론사들도 있다. 〈월스트리트 저널*The Wall Street Journal*〉 등을 보유한 뉴스코퍼레이션, AP, 〈파이낸셜 타임스*Financial Times*〉 등이 오픈AI와 콘텐츠 사용 협약을 체결했다. 인터넷 시대에 이어 AI 시대에도 생성형 AI를 운용하는 빅테크 기업들이 언론의 비즈니스 모델을 결정하고 나아가서는 공론장의 모양새를 좌지우지하는 판도는 존속되거나 더 강화될까? AI 기업과 언론 기업의 밀고 당기기에서 언론 기업이 우위에 서 있다고 말할 수 없는 것만큼은 자명하다.

그러나 생성형 AI 기업은 뉴스를 필요로 한다. 생성형 AI의 치명적인 약점, 즉 답변할 것이 없을 때 허위 정보disinformation라도 산출해 내는 환각hallucination을 줄이기 위해서는 최신의, 정확하고, 편견으로 오염되지 않은 정보가 필요하다. 대규모 언어 모델Large Language Model은 스스로 참과 거짓을 판별하지 못한다. 쓰레기가 입력되면 쓰레기를 출력Garbage In, Garbage Out할 뿐이다. 최신의, 정확하고, 규범적으로라도 객관성을 띤 콘텐츠로서, 신뢰할 만한 언론사가 생산한 뉴스를 생성형 AI 기업들이 포기할 수 없는 이유다. 언론 활동의 고갱이라고 할 수 있는, "정확하고, 접근 가능하고, 다양하고, 유관성 있으며, 시의적절하고 독립적으로 만들어진 정보"(Nielsen, 2017)를 생산하는 일이 생성형 AI 시대에 언론의 존립 근거인 이유이기도 하다. 언론을 둘러싼 정치사회적 환경, 기술 변화는 모두 언론의 미래를 낙관할 수 없게 만든다. 산업적으로는 언론이 무엇을 해야 살아남을 수 있을지 모호하며, 민주주의의 기관으로서 언론의 필요성은 양극화된 정치세력에 의해 노골적으로 부정당하고 있다.

한국 언론은 미디어학자 로버트 맥체스니Robert McChesney(2007)가 주장한 중대한 분기점critical juncture에 서 있다. 기존 시스템을 무너뜨리는 혁명적인 커뮤니케이션 기술이 등장했고, 언론 신뢰성은 지속적으로 낮아지고 있으며, 사회 전체가 정치적 위기에 맞닥뜨렸다. 이러한 상황은 개혁을 요구하며, 그 개혁은 언론의 가장 본원적인 것이 무엇인지에 대한 질문으로부터 출발할 수밖에 없다. 나는 그 질문이 언론이 매일 취재하고 보도하는 사실과 진실에 관한 것이라고 믿는다. 의견이 사실을 대치하고, 선전 선동이 진실로 강변되는 시대에 사실과 진실은 환영받기는커녕 부정되고 의심받는다. 그러나 이 역동하는 시대에 언론이 사실을 확인하고, 그 사실에 기반하여 민주 사회의 시민들이 중요한 의사 결정을 하도록 돕고, 숙의가 이뤄질 수 있는 기반을 제공하는 것이 언론이 할 수 있는 가장 본질적이고 대체 불가능한 일이라고 생각한다. 누구도 사실이나 진실 따위는 아랑곳하지 않을 때, 자신의 이해관계를 떠나 이를 드러내는 일을 하는 것은 모두가 함께 먹는 우물을 더럽히지 않으려는, 그럼으로써 공동체의 건강을 지키려는 노력이다. 이 책을 쓴 문제의식은 중대한 분기점에 도달한 언론이 할 일은 사실 확인이라는 오래된, 그러나 항상 불충분하게 수행됐던 과업을 이 시대에 맞게 성찰하고, 재정의하고, 단련하자는 데 있다. 언론이 할 수 있는 수많은 일 중에 보잘것없거나 사소해 보이는, 그럼에도 불구하고 '가장 나아종 지니인 것'•이, 사실 확인이며 진실에 대한 겸손한 수용과 보도라고 나는 생각한다.

언론의 사실 확인에 대한 나의 탐구는 기자로서의 현장 경험과 연구자로서 언론 특히 한국 언론을 들여다본 경험, 새로운 언론 실천으로서 팩트체크 저널리즘을 한국 사회에 소개하고 이를 실천할 수 있도록 언론인들을 지원했던 경험이 교직되어 영향을 미쳤다. 1989년

• 김현승(1913~1975)의 시 〈눈물〉 중 "나의 가장 나아종 지니인 것도 오직 이뿐!"이라는 구절에서 빌려왔다. 시인은 절대자에게 바칠 수 있을 만큼 지고의 가치, 궁극의 가치를 "가장 나아종 지니인 것"이라고 표현했다. 《김현승 시전집》(김인섭 엮음·해설, 민음사, 2005).

12월 수습기자 근무 첫째 날 내가 담당했던 지역을 순회하고 돌아와 첫 보고를 했을 때 선배 기자는 내게 냉소적으로 되물었다. "그래서, 팩트가 뭐야?" 그날부터 '팩트'는 때로 너무 자명했으나 대부분은 확인이 어렵고, 겨우 잡은 듯하면 사라지거나 모호해지는 어려운 무엇, 그러나 그를 왜곡하거나 무시했을 때는 반드시 되치기를 당하는 두려운 무엇이었다. 사실이 언론사가 가진 정치적 편향성에 의해 경도되거나, 마감이 급하다는 이유로 불철저하게 확인되는 일도 보았다. "사실이면 충분하다"라는 것이 한국 언론의 도그마(이준웅, 2022)인 것이 부정할 수 없는 현실인데, 그렇다고 사실이 제대로 확인되는 것도 아니었다. 이러한 불충분성에 대해 고민하는 기자들도 있었지만, 형식적으로 사실 요건을 채우면 더 이상 질문하지 않는 기자들도 많았다. 한국 언론의 품질 논쟁, 편향성 시비 등의 많은 부분이 언론의 사실 확인을 둘러싸고 벌어지는 것이라고 나는 생각한다.

1부에서 현대 언론에서 사실 확인이 왜 중심적인 일이 되었으며, 기자들은 사실을 어떻게 취재 보도해 왔고, 한국 언론은 도대체 그 일을 어떻게 수행해 왔는지를 탐색하게 된 것은 이런 현장 경험이 배경이 된 것이다. 언론학 관련 수업 한 번 들어본 일 없이 기자가 된 사람으로서, 매일 사무쳤던 "사실이 뭐냐"라는 질문을 현대 언론의 발전 과정과 한국 언론의 현실을 바탕으로 정리하였다.

1장은 언론 객관성의 기원, 언론에서 다루는 사실이란 무엇인가, 언론 객관성에 대한 비판적 성찰까지를 철학적 사조의 변화와 함께 살펴보았다. 2장은 고전적인 뉴스 스타일인 역피라미드 방식의 기사 쓰기, 인터뷰, 정밀 저널리즘, 새로운 객관성이라고 일컬어지는 투명성 수행의 규범까지 언론이 사실 포착을 위해 동원해 온 방법들의 변화 과정을 따라가 보았다. 3장은 '사실 스스로가 말한다'며 가치와 사실의 분리를 주장해 온 객관주의가 어떻게 단편적인 사건의 제시보다 다른 사건들과의 관계를 밝혀 큰 그림을 제시하는 맥락 언론으로 변모해 왔는가, 사실 뒤에 숨은 진실을 찾으려는 해석적 언론이 전 세계로 확산되어 나갔는가를 살폈다. 팩트체크 저널리즘을 이해하기 위해서는 미국 언론에서 꾸준히 지속되어 온 해석적 언론의 전통을 알 필요가 있다.

4장과 5장은 한국 언론과 언론인들이 객관주의를 어떻게 수용했고, 그 실천 양상은 어떠했는가를 돌아보았다. 4장은 〈독립신문〉으로부터 시작된 한국 언론의 기자 윤리는 처음부터 전문 직업인으로서보다는 사회에 대한 책임과 복무가 우선인 지사적 언론인이었고, 한국 언론의 기업화는 언론사에 대한 경제적 특혜와 언론인에 대한 탄압이라는 이중성을 특징으로 하는 정책적 기업화였다는 점에 주목했다. 이러한 점에서 객관주의 이념과 짝을 이루는 전문직업주의는 한국 언론에 뿌리내리지 못했다고 보았다. 5장은 언론의 현실 재현 과정에서 드러나는 전형적인 문제점들을 짚었다. 사실충분성의 도그마와 종합적 진실의 부재, 정형화된 역피라미드적 취재 보도 관행과 편향적 사실 수집의 강화, 느슨한 게이트키핑, 객관성을 대신하는 객관화 담론을 사실 확인 관행의 문제적 특징으로 꼽았다. 이러한 관행을 유지하게 하는 구조적 요인으로서 포털에 종속된 생산 구조와 비즈니스 모델, 부실한 사실 확인 관행에도 현상 유지를 가능하게 하는 출입처 제도를 짚었다.

2017년 서울대학교 언론정보연구소에 만들어진 SNU팩트체크센터의 센터장을 맡으면서 나는 미국을 중심으로 전개되어 온 팩트체크 저널리즘에 대해 알게 되었다. "모든 기자는 사실 확인을 한다. 그렇다면 스스로를 팩트체커라고 부르는 사람들이 별도로 필요한 이유는 무엇인가?”라는 언론학자 제인 싱어Jane Singer(2021)의 질문처럼 나 역시 새삼스레 사실 확인을 하나의 조류로서 팩트체크 저널리즘 혹은 팩트체킹 저널리즘이라고 부르는 것이 의아했다. 그러나 팩트체크 저널리즘에 대한 연구를 지속적으로 살펴보고, IFCN의 이사advisory board member로서 팩트체커들의 전 세계적인 활동을 접하면서 팩트체크 저널리즘에 대해 알게 될수록, 한국 언론의 사실 확인이 팩트체크 저널리즘을 통해 갱신되고 강화되어야 할 필요성을 절감했다.

SNU팩트체크센터가 만들어진 2017년은 전 세계적으로 가짜뉴스와 팩트체킹fact-checking이라는 말이 동시적으로 유행한 때다. 트럼프 대통령 당선, 브렉시트는 민주주의를 유지하는 토대인 선거가 허위 정보에 의해 영향받을 수 있다는 것을 전 세계가 충격적으로 목격한 사건이었다. 이어진 코로나19는 팬데믹보다 더 심각한 인포데믹infodemic의 위험성을 드러냈다. 사람들에게 영향을 미치는 권력자나 유명 인사들이 허위 정보의 발원자가 되고, 코로나19의 기원과 백신에 관한 음모론이 코로나19에 대응하려는 의료진과 공중 보건 정책 수행자들의 노력을 저해했다.

2부에서는 이러한 세계적인 흐름을 배경으로 팩트체크 저널리즘의 출현과 변화, 최근 10년간 화두가 된 허위 정보의 문제를 짚어 보려고 했다. 팩트체크 저널리즘과 가짜뉴스에 관련된 논의만을 선별해서 읽으려는 독자라면 2부만을 보는 것으로도 이해에 도움이 될 것이다.

6장은 1980년대 이후 미국에서 팩트체크 저널리즘이 하나의 흐름으로 형성된 과정을 짚었다. 이는 객관주의의 한계에 대한 기자들의 반성에서 비롯된 것이며, 무엇이 사실이고 아닌지를 증거에 기반해 판별함으로써 시민들이 식견을 갖는 데 도움을 줘야 한다는 언론의 책임을 적극적으로 떠안은 것이었다. 7장은 IFCN의 준칙을 바탕으로 팩트체크 저널리즘 규범의 핵심이라고 할 수 있는 불편부당성과 투명성에 대해 자세히 서술했다. 사실 확인은 검증 대상으로부터 시작해야 한다든가, 객관적이라고 주장하지 말고 취재의 전 과정을 누구나 알 수 있도록 공개하라는 방법론의 특징을 소개했다. 8장은 정보 생태계를 어지럽히고 궁극적으로는 민주주의 시스템을 교란하는 허위 조작 정보의 대두, 이에 대한 팩트체크 저널리즘의 응답을 서술했다. 권력자들의 발언을 검증함으로써 시민들에게 식견 있는 판단을 하는 데 도움을 주는 것을 목적으로 했던 공공 이성 모델이 시민들을 유해한 정보로부터 보호하려는 공중 보건 모델로, 팩트체크 저널리즘의 패러다임이 변화하고 있다는 점을 짚었다. 9장은 미국 언론에서 시작된 팩트체크 저널리즘이 전 세계로 퍼져 나가면서 직업적인 기자들의 전유물에서 사회운동가, 학자, 각 분야 전문가가 참여하는 것으로 경계가 확장되며 팩트체크 저널리즘의 성격도 변화하는 양상이라는 것을 소개했다. 특히 팩트체커들과 플랫폼 기업의 공조가 팩트체커들에게 재정적 안정성을 주었지만 동시에 플랫폼 의존성도 커지게 만들었다는 점에 주목했다.

10장은 사실 확인이 되면 수용자들의 잘못된 믿음이 교정되는가에 대한 효과 연구들의 결과를 살펴보았다. 정보가 자신의 이데올로기를 거스르는 경우라 하더라도 사람들은 사실 정보에 주의를 기울이기는 하지만 그것이 태도 변화를 이끌어 내지는 못한다는 것이 발견되어 왔다. 그러나 잘못된 정보를 공유하려는 의도를 감소시키는 것, 사회적으로 영향력 있는 발언자들이 자기 발언의 진실성에 책임감을 갖도록 감시하는 것도 넓은 의미의 사실 확인 효과라고 볼 수 있다. 11장은 컴퓨터 기술을 통해 자동화된 사실을 확인하려는 시도를 정리했다. 디지털 환경에서 확산되는 오정보의 양, 속도를 생각할 때 자동화된 사실 확인은 인간이 하는 사실 확인과 병행될 수밖에 없다. 그러나 생성형 AI 시대에도 인간의 감시 없는 사실 검증의 완전한 자동화는 가능하지도 않을뿐더러 바람직하지도 않다는 점을 짚었다.

3부는 1부와 2부를 거치며 다다른 결론에 해당한다. 언론에서 다루는 사실은 무엇인가라는 질문으로부터 시작해 팩트체크 저널리즘의 등장, 민주주의 시스템을 교란하는 허위 조작 정보의 문제를 거쳐 다시 현재의 한국 언론으로 시선을 돌려 왜 사실 확인이 지금 한국 언론에 중요하며 그것을 어떻게 실천할 것인가를 논의했다.

12장은 2017년 이래 한국 언론계에 퍼져 나간 팩트체크 저널리즘이 어떻게 성장하고 좌절했는가를 기술했다. 한국 유일의 팩트체크 플랫폼이던 SNU팩트체크가 2024년 8월 무기한 활동 중지에 들어간 것은 이 시기를 보여 주는 상징적인 사건이다. 2017년부터 2024년까지는 진보 보수 정권을 거치며 가짜뉴스의 해악이 정치적 목적에 의해서 강조되던 시기였지만, 정작 팩트체크 저널리즘을 수행하는 기관이나 기자는 정치적으로 공격받은 역설의 시기였다. 13장에서는 팩트체크 저널리즘이 왜 한국 언론에서는 수행하기 쉽지 않은지, 출입처 제도라는 한국 언론 특유의 생산 구조 속에서 그 원인을 살펴봤다. 출입처 기자와 팩트체크 기자들 12인을 심층 인터뷰한 연구 결과를 통해 한국 기자들이 무엇을 사실 확인이라고 보는지, 왜 사실 확인에 실패하고 있는지, 변화의 가능성은 어디에 있는지를 탐색했다. 14장은 객관주의는 폐기되어야 하는가라는 질문으로부터 시작한다. 나는 한국 언론에서 객관주의는 온전히 구현되어본 적이 없다고 평가한다. 정치병행성으로 인해 언론 지형조차 양극화된 현실에서 그나마 진영화된 언론이 소통할 수 있는 규범, 서로를 인정할 수 있는 정당한 절차의 기반으로서 사실의 존중이 필요하다고 생각한다. 허위 조작 정보가 정보 생태계를 어지럽히고 생성형 AI가 허위 조작 정보 확산의 원천이자 대책이 되는 상황에서 사실 확인의 중요성은 그 어느 때보다 중요해지고 있다. 팩트체크 저널리즘을 통해 맥락성과 투명성이 있는 사실 보도, 출입처가 아닌 뉴스 이용자의 눈높이에서 문제의식을 갖고 이슈를 발굴해 나감으로써 뉴스 이용자와의 연결 고리를 단단히 하는 사실 보도가 한국 언론을 옭아매는 형식적 객관주의를 넘어서서 객관주의를 이 시대에 맞게 재규정, 재창조하는 것이라고 주장했다.

원고 집필과 퇴고 과정에서 고민이 되었던 것은 용어 사용 문제였다. 가능한 우리말을 사용하려고 했으나 고민 끝에 수정하지 않고 영어 표기를 사용한 것이 있다. 팩트체크 저널리즘, 팩트체커, 팩트체크 기자, 그리고 인터뷰 등에서 인터뷰이의 입말을 살렸을 경우 팩트체크라는 단어를 놓아두었다. 팩트체크 저널리즘은 사실 확인 언론이라고 우리말로 쓸 수 있다. 그러나 사실 확인 언론이라고 할 경우, 사실 확인을 하지 않는 언론도 있는가라는 반문을 낳는다. 1980년대 이후 미국 저널리즘에서 일단의 흐름이 된 현대적인 팩트체크 저널리즘은 기존의 사실 확인과는 다른 목적과 규범을 갖고 있다. 미국 언론계에서는 현대적인 팩트체크 저널리즘이 등장하기 이전에도 발간 이전에 오류를 잡기 위해 사실 확인을 했고, 이 일을 담당하는 직군을 팩트체커라고 불렀다(이에 관해서는 6장을 참조하라). 그러나 현대적인 사실 확인 언론은 사전 오류 방지가 아닌 이미 누군가에 의해 만들어진 오류를 사후적으로 확인하는 것이며, 발언의 내용을 정확하게 옮겼는가가 아니라 발언 내용 그 자체의 사실성을 따진다. 이러한 차이 때문에 전자의 사실 확인을 내부적 팩트체크internal fact-check, 후자의 현대적 사실 확인을 외부적 팩트체크external fact-check로 구분하며, 영미권 학술지에서 'fact-checking journalism,' 'fact-checking'이라고 할 때는 후자의 외부적 팩트체크를 다룬다. 사실 확인을 한다는 점은 전자와 후자가 동일하다. 그러나 무엇을 확인하는가에는 차이가 있다. 이 차이가 사실 확인이라는 말로 번역했을 때 명확하게 구분되지 않는다는 점 때문에 현대적인 사실 확인 언론, 즉 외부적 팩트체크를 가리킬 때에는 팩트체크 저널리즘이라는 용어를 썼다. 같은 맥락에서 현대적인 팩트체크 저널리즘을 수행하는 사람들은 팩트체커로 호명했다. 팩트체커들 중에는 전통적인 언론사 소속의 기자도 있고, 아예 언론 경험이 없는 운동가, 전문가도 있다. 그러나 이들은 현대적 팩트체크 저널리즘의 규범과 방법론을 공유한다. 한국 사회에서, 특히 언론계에서도 2017년 이후 팩트체크라는 말이 대중화되면서 화자가 한 말 그대로 제대로 받아썼는가를 팩트체크로 부르지 않고, 그 말의 사실성 자체를 검증하는 일을 팩트체크로 구분해서 부르고 있다. 문학평론가이자 번역가인 황현산 선생은 "언어 역량의 심화 발전이라는 관점에서는 번역이 야기하는 충격과 요동이 번역으로 전달되는 정보보다 훨씬 더 중요하다"라며 우리말의 표현 역량에서 벗어나는 생각을 우리말의 표현 역량 안으로 끌어들일 것을 요청하셨지만, 이 문제 앞에서 절충안에 머무른 것은 필자인 나의 한계다.

이 책은 많은 연구자들에게 빚지고 있다. 이 책의 참고 문헌이 된 모든 연구자가 내가 한 걸음, 한 걸음을 내디딜 때 돌다리가 되어 주었다. 특별히 호명하여 감사할 분들이 있다. 2017년부터 2024년까지 서울대학교 언론정보연구소에서 SNU팩트체크센터를 운영하는 동안 민형사상 소송, 교육부 감사 등 온갖 정치적 압력을 함께 견뎌 내 주신 서울대학교 윤석민 교수에게 감사드린다. 윤 교수는 SNU팩트체크 탄생을 주도하여 한국 사회에 팩트체크 저널리즘이 소개되는 데 물꼬를 트셨다. SNU팩트체크 웹사이트를 개발하신 서울대학교 이준환 교수께도 감사드린다. 컴퓨터과학자인 이 교수는 머릿속에 떠도는 추상적인 개념이 온라인 환경에서 실제로 운용될 수 있도록 만들어 주셨다. SNU팩트체크의 최고 의사 결정 기구로서 난제가 떠오를 때마다 함께 고민해 주신 1, 2, 3기 팩트체크 위원들과 SNU팩트체크센터에서 일했던 운영진에게도 깊은 감사의 마음을 전한다.

연구재단의 과제로 선정돼 초고를 마친 뒤 과연 이 원고가 책이 될 만한 가치가 있을까 두려웠을 때 평소 존경하던 동료 연구자들께 도움을 청했다. 연구와 교육으로 바쁜 와중에도 이분들은 기꺼이 시간을 내어 거친 초고를 읽고 조언을 아끼지 않으셨다. 세명대학교 저널리즘 대학원 안수찬 교수, 선문대학교 오세욱 교수, 서울대학교 이준웅 교수, 이화여자대학교 최지향 교수는 이미 각자 낸 탁월한 선행 연구로도 집필 과정에서 길잡이가 되어 주셨는데 초고를 검토하여 내가 놓친 것들, 미흡한 부분을 세심히 짚어 주셨다. 이분들의 조언에도 불구하고 이 책이 바로 잡지 못한 오류, 미치지 못한 경지가 있다면 그것은 오로지 필자인 나의 역량이 부족한 탓이다.

혼란스러운 현장에서 사실이 무엇인지 확인하기 위해 분투하는 기자들에게, 기자가 아니더라도 자신의 이해관계에 치우치지 않고 사실을 찾고 진실에 가 닿기 위해 노력하는 팩트체커들에게 깊은 감사와 존경을 보낸다. 매일 노력하고 매일 실패하면서도 사실의 실마리를 잡기 위해 안간힘을 쓰고, 어렵게 확인한 사실이 편향된 의견이나 거짓으로 가득 찬 선전 선동에 부정당하는 무력감을 느끼면서도 포기하지 않는 그들이 있기에 사실은 힘을 갖는다. 현장 언론이 바뀌는 데 이 책이 도움이 될 수 있다면 그보다 더 보람찬 일은 없을 것이다.

마지막으로, 하지만 가장 중요한 헌사를 하느님께 바친다. 부족한 내가 이 책을 마무리할 수 있도록 허락하신 하느님께 감사드린다.

정은령

서론

사실과 진실,
언론의 더럽혀진 성역

진실truth은 언론의 중심 규범이다. 언론에서의 진실은 진실 이외의 다른 것, 의견이나 합의, 사회적 힘, 권력 혹은 인종적 정체성 등으로 결코 환원될 수 없는 것이다(Floyd, 2019). 그러나 언론과 민주주의 이해의 핵심이었던 진실 개념은 커뮤니케이션 연구자들의 의제에서 사라져 가고 있다. 진실의 이론적 개념은 감당하기에는 너무 시대에 뒤떨어지거나, 적절하지 않거나, 금지되거나, 자명하거나, 폭발적인 것이 되어 버렸다. 연구자들은 진실이란 개념을 써야 할 때는 이를 인용 부호 안에 배치한다. 이 단어의 역설 혹은 저자 스스로 이 개념을 현실에서 실현하기 어렵다는 것을 인식하고 있음을 드러내는 것이다(Tenenboim-Weinblatt, 2009). 진실이 미디어 담론에서 중요성을 잃어 가고 있다는 징표들이 드러나는 것은 사소한 문제가 아니다. 진실은 지식의 정당화를 위한 기준으로 이해되었으며 계몽주의 합리성의 핵심적인 기초다. 진실은 혼란스럽지만, 그럼에도 불구하고 언제나 저널리즘의 첫 번째 원칙(Kovach & Rosenstiel, 2021)이었다. 그러나 디지털 소셜 미디어를 통한 커뮤니케이션은 실재에 대한 우리의 인식을 바꿔

놓았다. 진실은 인식론적 가치로서 진솔함sincerity 같은 것으로 대체되고 있다(Capilla, 2021).

언론에서의 진실은 왜 이처럼 혼돈 속에 있는가? 언론이 탈진실 시대에 맞닥뜨렸다는 주장은 '가짜뉴스fake news'를 계기로 최근에 제기된 것은 아니다. 제임스 에트마James Ettema(1987)는 이미 30여 년 전에 언론이 탈사실post-factual의 시대에 들어섰다고 얘기했다. 그러나 그 30여 년간 디지털 기술의 진화는 언론을 다른 차원으로 진입하게 만들었다.

소셜 미디어 시대에는 시민들이 목격한 동영상 자료들이나 정치인 등 권위 있는 사람들의 발언들이 직접 소셜 미디어를 통해 대중에게 가 닿기 때문에 직업적인 언론인들이 중요한 정보의 첫 번째 전달자가 된다는 주장을 할 수 없게 되었다(Birks, 2021). 세계화된 공론장에서는 생산과 소비에서 강력한 힘을 가지며 이용자들을 흡인하는 디지털 미디어 플랫폼과 콘텐츠의 생산을 통해 수익을 창출할 수 있는 이용자들이라는 두 개의 추진력이 맞물리며 허위 정보disinformation의 폭발적인 양산이 가능해졌다(McNair, 2013). 소셜 미디어 플랫폼의 진화는 저널리스트들이 진실이라는 이상을 좇는 데 복합적인 어려움을 야기하고 있다. 마치 15세기 인쇄술의 발명이 회의주의scepticism의 발흥을 이끌었듯이 오늘날에는 의심이 알고리즘을 통해 발산되고, 언론인들에 대한 불신도 광범위하게 점증되고 있다(Floyd, 2019). 탈진실post truth 정치는 미국에서는 트럼프 대통령의 당선으로, 영국에서는 브렉시트Brexit로 표상되었으며, 이는 하버마스적인 공론장과 언론 규범으로서의 객관주의에 대한 부정에 다름 아니다. 민주주의 국가에서 목격되는 파시즘의 발흥, 디지털 기술의 진화, 언론사의 경제적 기반 잠식 등(Pavlik, Alsaad, & Laufer, 2020)은 언론과 언론 교육을 모두 전례 없는 위기에 처하게 했다.

이른바 '가짜뉴스' 현상은 뉴스와 신뢰 형성의 메커니즘이 논란에 처했음을 보여 주는 징후다. 과거의 전통적인 뉴스 질서는 붕괴했고, 현대의 공적 소통은 혼란에 빠졌다. 진실을 어떻게 규정할 것인가를 둘러싼 오래된 전쟁의 새로운 챕터가 시작된 것이다(Waisbord, 2018). 이 새로운 환경에서는 정부가 프로파간다를 양산하고, 엘리트와 기업들이 뉴스 보도를 지배하기 위해 경쟁하는 가운데 주류 언론이 믿을 수 있는 취재 보도를 전하려고 분투한다. 이러한 소통 혼란은 언론과 민주주의의 규범들의 정의를 재검토하게 만들며, 급변하는 상황에서 전통적인 규범들이 과연 실행 가능하기는 한 것인지를 반문하게 한다. 전통적인 개념의 뉴스와 진실 개념은 과거의 위계적 질서가 불안정하게 되면서 그 성취도, 유지도 어렵게 됐다.

'가짜뉴스' 현상을 만들어 내고 이를 강화하는 언론에서의 진실의 위기는 부분적으로 이른바 엘리트들 즉 권력자의 지위에 있거나 권위를 갖고 있거나 특권을 갖고 다수 대중에게 영향을 미칠 수 있었던 사람들에 대한 공적인 신뢰가 하락한 것과 관련이 있다. 1990년대 인터넷이 확산되기 시작하면서, 24시간 뉴스가 공급되기 시작했다. 인터넷, 디지털 미디어, 컴퓨터가 소통의 매개가 되는 공론장을 의미하는 디지스피어digisphere에서는 질적으로 새로운 이용자-생산자 간의 상호 작용이 이루어졌으며 공중의 자기효능감은 참여를 통해 증강되었다. 트럼프 1기의 탈진실 전략은 그가 경멸적으로 부른 '엘리트'들에 대한 대중의 깊은 불신을 부추기는 것으로 힘을 얻었다. 이제 언론은 그 정치적 경향이 좌파든 우파든 관계없이 정치인들이 언론에 대해 쏟아내는 경멸적인 언사를 감당해야 하게 되었다. 정치인들의 정책은 단지 잘못되었을 뿐만 아니라 그 동기조차 노골적으로 이기적인 것이 되었다(McNair, 2013).

규범이 무너져 버린 전통적인 언론도 혼란의 주체로 나선다. 영국에서는 트위터에 유통되는 대부분의 허위 정보가 타블로이드 신문에서 기인하는 것으로 나타났다(Chadwick et al., 2018). 사실적 정확성과 탐사는 직업적인 언론인들만이 제공할 수 있는 사회적 역할이라고 주장하며 언론인들이 '가짜뉴스' 현상을 더욱 강조했지만, 스스로가 가짜뉴스의 원천이 되는 것이다.

모든 전문직은 자신의 지위를 공고하게 지키기 위해 자신들의 규범 실천에 자율성을 주장한다. 그러나 탈진실 시대에는 전문직을 구성하는 모든 개념이 공개적으로 재해석되고 있고, 전문직이 저지른 과오는 대중에게 빠르게 공유된다(Singer, 2007). 이러한 상황에서 언론인들이 더 이상 진실 담지자truth keepers가 아니라 진실 중개자truth mediators가 되어야 한다는 주장도 제기된다. 탈진실 정치 환경에서 미디어에서의 진실을 재건하기 위해 윤리적 가이드라인의 형성이나 법적 해결책이 주로 강조되곤 해 왔지만, 개별적인 기자들이 허위 정보의 확산을 막는 데 책임지기보다는 기자들이 전문적인 중개자broker 역할에 머물러야 한다는 것이다. 이제 언론인들은 다른 어떤 사람들보다 더 사실에 가깝게 있거나 진실에 더 헌신하는 사람들이 아니다. 그들은 오히려 다수 대중이 믿을 수 있는 방법으로 정보의 가치를 세우는 것을 도울 수 있는 언론 실천의 전문화된 영역에 소속된 사람들이다. 따라서 언론의 규범과 과정은 절대적인 방법으로 진실을 추구하고, 허위에 대항하는 것이 아니라, 가장 신뢰할 수 있고 받아들일 수 있는 방법으로 진실에 접근하는 것이어야 한다(Michailidou & Trenz, 2021)는 절충적인 주장이 제기된다.

이처럼 탈진실 시대를 맞아 미디어 연구자들은 진실 탐구의 기관으로서 언론의 권위를 보존하고자 하는 욕망을 여전히 가지고 있음에도 불구하고 언론에서의 진실에 대한 시종일관하며, 적응 가능하고, 합의된 이론이 부족하다는 교착 상태에 놓여 있다(Godler, 2020).

허약한 기반 위에 놓인 언론의 진실

진실은 언론의 중심 규범이지만, 언제나 불안정한 상태로 도전받는 개념이었다. 현대 언론에서 신격화된 용어인 사실fact, 진실truth, 실재reality(Zelizer, 2004)는 상대성, 주관성, 구성주의 등의 개념이 발흥함에 따라 도전받아 왔다. 20세기의 실용주의자들은 개인의 진실에 대한 지각과 그 유용성에 대해 주장했다. 포스트모더니스트들은 여기서 한 발 더 나아가 진실이라는 개념은 상당히 주관적이며, 맥락적인 이해로부터 동떨어진 공허한 의미라고 주장한다. 진실이란 발화자 의도의 연속 중 어딘가에 있는 것으로서 그러한 발화를 받아들이는 사람이 충분히 정직한 의도와 속이려는 의도 사이 어딘가에서 선택적으로 수용하는 정보(Deaver, 1990)라는 상대주의적인 주장도 제기된다. 진실은 또한 다양한 층위를 갖고 있다. 인간의 이해를 뛰어넘는 초월적인 진실이라 할 수 있는 대문자 진실Truth부터 한 사람의 커뮤니케이터가 보고하여 다른 사람이 이해할 수 있는 구체적인 진실까지 스펙트럼이 넓다(Singer, 2007).

수천 년 동안 철학자들은 진실, 그리고 그만큼이나 모호하여 정의하기 어려운 실재라는 개념의 정의를 두고 씨름해 왔다. 이 개념들은 시대와 장소에 따라 이질적인 개념으로 존재했다. 구전 사회였던 고대 그리스에서는 진실이란 기억 가능하고, 전수 가능한 것이라고 정의되었다. 플라톤은 진실을 인간의 지성에 결부했다. 그는 실재란 이상이며, 우리가 불완전하고 왜곡된 방법으로 이해하는 생활 세계와는 다른 것이라고 구별했다. 중세의 윤리학자들에게 진실은 왕이나 교회가 규정하는 것이었다. 존 밀턴John Milton은 이러한 중세적 정통성에 반기를 들고 진실에 이르기 위해서는 진실을 두고 경쟁하는 개념들이 서로 무엇이 우월한가를 겨루게 해야 한다고 했다. 사상의 자유 시장market of idea을 주창한 것이다. 계몽주의 철학자들은 진실을 검증 가능하고, 재현 가능하며 보편적인 것이라고 정의했다. 이는 오늘날의 언론이 기초하고 있는 사상이다(Patterson & Wilkins, 2005). 객관주의는 언론이 신격화하는 '사실'과 '진실'을 수행하게 하는 실천 규범이자 언론의 인식론적 권위의 기초로 자리매김했다(Vos & Thomas, 2018).

19세기 이후, 객관주의 이론은 언론 원칙의 주춧돌로 간주되어 왔다. 그러나 20세기의 마지막 몇십 년간 커뮤니케이션 연구자들과 현장 언론인들은 지속적으로 이 개념 안에 내재된 주된 설정에 대해 반문을 제기해 왔다. 커뮤니케이션 영역의 어떤 개념도 '객관주의'만큼 논쟁적인 것은 없었다. 그럼에도 불구하고, 이 논쟁은 끝이 없을 뿐만 아니라 결론도 나지 않았다. 흥미로운 점은 연구자들과 언론인들이 모두 객관주의 패러다임은 이제 유효성이 끝났다고 선언하는 것과 달리 공적 토론을 통해 언론의 전문적인 규범을 다시 설정하려고 할 때마다 객관주의가 불가피하게 다시 등장한다는 것이다. 이것은 이 개념이 여전히 공고하게 언론에 자리 잡고 있다는 것을 보여준다(Muñoz-Torres, 2012).

언론의 진실은 사실에 기반하며, 사실은 기본적으로 공식적인 발언이나 문서들을 조합하여 구축된다. 그러나 공식적인 취재원에 대한 의존은 그러한 취재원들이 저지르는 권력의 오용 등에 대한 탐사를 어렵게 만들며 보도되는 내용에 대해 정치적 경제적 주체들이 가하는 압력은 언론의 진실 수행을 압박해 왔다(Waisbord, 1997). 인식론적인 어려움에도 불구하고 진실은 전 세계의 언론인들에게 중심적인 규범이다. 카이 하페즈Kai Hafez(2002)는 유럽과 이슬람 세계의 언론 규범을 비교한 끝에 두 문화권에서 공히 진실과 객관주의는 언론의 가치에서 중심적이라는 것을 발견했다. 이러한 발견은 언론 규범 가운데 진실을 향한 추구가 가장 지배적인 테마이며 이는 책무성, 충실 등의 개념과 결합되는 책임성과 밀접하게 관련된다(Singer, 2007)는 것을 보여 준다.

사실에 기초한 진실이라는 것이 언론 연구자들에게 모두 받아들여졌던 것은 아니다. 언론 연구에서 주류를 이루어 온 또 하나의 분명한 흐름은 객관적 사실을 알 수 없다는 반反실재론antirealism이었다. 사회구성주의는 종종 반실재론으로 간주되는데, 이는 개인적으로 기자와 에디터가 얼마나 자신의 직업 윤리에 충실하든지, 언론은 언제나 사실의 선택적이고 부분적인 기술일 뿐이며, 누구에 의해서든 그 실재란 다 알 수 없는 것이라는 입장이다(Hearns-Branaman, 2016). 사회구성주의 입장에서 기념비적인 논문을 쓴 게이 터크먼Gaye Tuchman(1972)은 언론인들이 객관성을 수행한다고 주장하기 위해 보조적인 증거supporting evidence를 제시한다는 것을 인정했지만, 이러한 보조 증거에 대한 그녀의 설명은 본질적으로 진실을 지향하는 것이라기보다는 사회적 구성론에 가깝다. "보조 증거란 흔히 '진실'로 받아들여지는 것들을 기사 속에 부가적인 사실로서 배치하거나 언급하는 것"이라는 설명이다. 터크먼에게 사실이나 진실이라는 것은 개인 혹은 집단의 믿음이나 소망과 최소한 부분적으로라도 독립적으로 존재하는 것이기보다는 사람들의 상식적 수용common acceptance에 의해서 만들어지는 것이었다. 더 나아가 터크먼은 '사실'을 저널리스트의 지식의 구성 요소라고 간주했다. 이러한 관점은 터크먼에게만 고유한 것이 아니다. 또 한 명의 저명한 뉴스룸 민족지학자인 마크 피시먼Mark Fishman(1980)은 뉴스는 실재의 반영도 왜곡도 아니라고 주장했다. 반영이든, 왜곡이든, 둘 다 뉴스가 "저 밖에 있는 무언가out there"를 기록할 수 있다는 것을 내포하기 때문이다.

하비 몰로치Harvey Molotch와 매릴린 레스터Marilyn Lester(1974)는 우리의 스키마는 사실을 말하는 것과 거짓을 말하는 것 사이에 객관적인 구별을 하지 못한다고 했다. 이러한 반실재주의는 널리 유통됐다. 저널리즘 민족지학자인 리처드 에릭슨Richard Ericson(1998)은 "사실이란 실재로서 수용되는 것"이라고 정의했다. 에릭슨은 수용을 사실의 구성물로 보았고, 이는 인간의 믿음이나 소망으로부터 독립적인 것이 아니다. 이 같은 입장은 미디어 사회학자인 마이클 셔슨Michael Schudson에 의해서도 유지되어 왔다. 셔슨(Schudson, 1989)은 "뉴스는 사실 세계에 대한 보고가 아니며, 이미 존재하고 있는 사실을 수집하는 것도 아니다"라고 했다. 사회학자 허버트 갠스Herbert Gans(2004)는 언론에서의 사실을 결정짓는 것은 사회적 합의이며 보다 정확히 말하자면 객관적으로 존재하는 실재가 있는 것이 아니라 개념과 방법에 대한 합의가 존재한다고 보았다. 이때 합의는 갠스의 관점에서는 '가치 판단value judgement'에서 출발하는 것이다.

언론의 인식론에 초점을 둔 연구들도 인간 바깥에 인간의 지식을 결정하는 요인이 있다는 것을 배제한다. 마츠 엑스트룀Mats Ekström(2002)은 "나는 저널리스틱한 설명들이 얼마나 진실하고 얼마나 객관적인지에 대해서는 관심이 없다"(260)라며, 에트마와 시오도어 글래서Theodore Glasser(Ettemma & Glasser, 1985)가 주장했듯이 "정당화된 믿음이란 정당화의 맥락 안에서 적법한 것으로 여겨졌다는 것일 뿐"이라고 주장한다. 실뱅 파라지Sylvain Parasie(2015)는 언론 인식론 연구가 기자들이 무엇을 알았다고 주장하는 것에 대해 그 지식 자체의 타당성을 평가해서는 안 되며, 기자들이 무엇을 받아들일 만한 주장이라고 생각하는지를 검토해야 한다고 언술했다.

객관주의는 용도 폐기된 개념인가

사실에 대한 비판적인 인식론은 객관주의에 대한 회의로 이어진다. 역사적으로 저널리즘은 객관성 규범과 함께 부상했다. 저널리즘 교육에 관한 1890년대부터 1940년대까지의 미국 대학들의 텍스트를 분석해 보면 어떻게 객관성이 자연스러워졌으며 정당화되었는지가 드러난다. 교과서에서 객관성이 비판되는 것은 드문 일이었으며, 객관성이란 판사나 과학자, 교수 등과 같은 전문직들이 자신의 일을 할 때처럼 기자들이 기계적인 과정을 거쳐 수행할 수 있는 것으로 신격화되어 묘사됐다. 독자나 광고주들은 기자들이 객관성을 수행하는 것을 복잡하게 만들지 않았다. 그들은 객관성을 환영했다. 당대 비평가들이 지적했던 것처럼 시장 메커니즘이 객관주의 저널리즘을 가능하게 만든 것이다(Vos, 2012).

미국의 대표적인 저널리즘 교과서 5종을 분석해 무엇을 객관 보도라고 지칭하는가를 살펴본 데이비드 민디치David Mindich(1998)는 공통적인 다섯 가지 구성 요소를 추출했다. 첫째는 초연함detachment이다. 사실 스스로가 말하게 하지, 저널리스트가 미리 갖고 있던 개념을 말하게 하지 말라는 것이다. 이는 인용 원칙에서 특히 중요하게 작동한다. 둘째는 비당파성으로서 양쪽both sides을 다 드러내라는 것이다. 셋째는 역피라미드 방식의 강조다. 독자에게 가장 중요한 정보부터 읽을 수 있도록 하라는 것이다. 넷째는 순진한 경험주의naive empiricism라고 부를 수 있는 것으로서, 벌어진 사실의 진실이나 실재를 정확하게 보도할 수 있도록 사실에 의존하라는 것이다. 다섯째는 왜곡되지 않은 보도로서 균형을 잡으라는 것이 강조된다(8).

그러나 지난 수십 년 동안 객관성은 획득할 수 없는 기준이라는 것 때문만이 아니라 바람직하지 않은 규범이라는 이유로 버려져 왔다(Boudana, 2011). 객관성이 영미 저널리즘 문화권의 산물(Chalaby, 1996)이라는 것은 합의된 인식이지만, 실제로 영미권에서조차 객관성은 가장 중요한 이상으로 작동하지 않았다. 20세기 영국 언론인들의 직업적 담화를 면밀하게 조사해 보면 로이터나 BBC 같은 기업의 규범으로는 객관주의가 강조되었지만, 신문 기자들의 경우에는 독립, 공정 행동fair play, 정부에 의한 불간섭 등이 객관성보다 더 호소력 있게 작동하는 이상이었다(Hampton, 2008). 객관성보다는 (뉴스 생산 과정의) 누군가가 갖고 있는 편견을 드러내는 투명성이 객관성을 대체해야 한다는 주장들이 점증되어 왔다(Durham, 1998). 흥미로운 것은 언론에서의 객관주의는 그것을 방어하는 쪽이든 비판하는 쪽이든 사실과 의견의 분리를 객관성의 핵심으로 이해한다는 것이다(Godler, 2020).

사실주의는 실증주의와 연결되며, 이는 언론에 광범위한 영향을 미쳤다. 실증주의는 검증뿐만 아니라 객관주의 언론에서 사실과 가치를 분리하는 것에도 영향을 미쳤다. 검증은 언론인들이 자신들의 주장이 진실이라는 것을 주장하기 위해 필수적인 정당화의 과정procedures of justification으로 작동했다(Hearns-Branaman, 2016).

검증의 규율을 통하여 기자들은 객관적으로 존재하는 실재를 조사하는 능력을 갖춘 것으로 여겨졌고, 그를 통해 특별한 권위와 지위를 주장하는 자신들의 배타적인 영역을 만들었다. 검증은 무엇이 받아들일 만한 전문적인 행동인가를 규정한다. 매일의 공적 정보를 공급하는 데 독점 지위를 주장할 수 있었던 기자들은 이러한 행위를 통해 저널리스트적인 것과 그렇지 않은 것 사이의 경계boundary를 단단하게 규정하였다. 그러나 소셜 미디어 시대는 기자들의 독점적 지위 주장을 더 이상 유효하지 않게 만들었다. 스스로 목격한 사실을 나누고, 기자들이 쓴 기사들을 큐레이팅하고, 평가하는 시민들과의 긴장 관계에 놓인 것이다. 전통적인 규범과 실천은 디지털 공간에 쏟아지는 정보의 가시성, 양, 생산되는 속도 앞에서 저항되고 갱신되고, 재해석될 수밖에 없었다. 소셜 미디어의 등장은 전통 언론의 개인적이고 위로부터 아래로의 하방식 이데올로기에 반문을 던진다. 전통적인 언론의 리터러시가 개인과 기관에 있는 것이었다면 소셜 미디어에서는 전문가와 권위자들이 분산되어 있고, 네트워크화되어 있는 집단 지성이 이를 대체한다(Hermida, 2012; 2015).

그러나 객관성에 대한 이러한 비평이 드러내는 것은 연구자 대부분이 저널리즘적인 객관주의를 정의하는 데 실패했기 때문이라는 반론도 제기된다. 객관주의는 불가능한 이상이기보다는 실증주의의 잘못된 전제에 기초해 불충분하게 사고된 질문이라는 것, 객관주의가 그보다 더 기초적인 질문인 진실을 대체하면서 보다 혼란스럽고, 오류를 갖게 되었다는 것이다(Muñoz-Torres, 2012). 저널리즘적 객관주의를 진화하는 규범으로서 제안하는 상드린 보우다나Sandrine Boudana(2011)는 객관주의를 더는 중립성neutrality이나 거리 두기와 동의어로 간주해서는 안 되며 마르틴 하이데거Martin Heidegger가 정의했듯, 진실을 증진하는 기준으로서 정확성에 기반한 생각과 실재 사이의 반영이라고 주장한다. 검증은 직접적인 반영correspondence보다는 사실과의 정합성coherence에 기반한다(Graves, 2017)는 주장도 제기된다. 불편부당성으로서의 객관성은 여전히 언론의 경계로 남아 있지만, 수동적으로 취재원의 사실 주장의 균형을 맞추는 것을 객관성이라고 해석하는 것은 사실 주장이라는 목표에 방해가 된다(Birks, 2021)는 점도 지적된다.

흥미로운 것은 이 다양한 논란에도 불구하고 시민들이 여전히 언론 보도에서 객관성이 유지되기를 원한다는 사실이다. 2년에 걸쳐 미국 3개 신문의 옴부즈맨 칼럼에 실린 독자들의 코멘트를 분석한 스테퍼니 크래프트Stephanie Craft 등(Craft, Vos, & Wolfgang, 2016)은 독자들은 객관성을 지지할 뿐만 아니라 거기에 대해 향수까지 갖고 있다고 보고했다. 시민들이 무엇을 좋은 언론이라고 보는가 하는 관점은 언론 분야에서 전통적으로 규범이라고 간주되어 오던 것들과 일치했다. 그러나 규범 자체보다는 스타일이나 언어적 질에 대한 강조가 많았다. 이 결과들은 뉴스에 대한 신뢰가 저하되는 것에 대한 처방책으로서 규범 자체를 바꿀 것이 아니라 어떻게 규범과 가치를 실천할 것인가에 달려 있다는 것을 시사한다(Karlsson & Clerwall, 2019).

온라인으로 상황이 급변하는 가운데, 언론인들이 기대고 있는 것도 여전히 객관성이다. 최초의 목격자로서 일차적인 자료의 공급원이 되는 것이 아니라 온라인 공간에서 유통되는 이차적인 자료를 다뤄야 하는 언론인들이 이러한 자신의 불안정한 지위에서 어떻게 스스로의 행위를 정당화하는가의 과정에서 드러나는 것도 객관성 규범이었다. 여덟 곳의 디지털 뉴스룸에 대한 민족지적 연구를 기반으로 언론인들이 자신들이 이차적으로 접하는 스토리들을 뉴스 사이클에 수용하는 것을 정당화하기 위해 어떤 저널리즘적인 의례ritual

를 이용하는가를 관찰한 앤드루 더피Andrew Duffy 등(Duffy, Tandoc, & Ling, 2018)은 언론인들이 의지하는 것은 객관성, 다양한 취재원 찾기, 다른 언론사와의 비교 등의 전통적으로 작동하던 메커니즘이라는 것을 발견했다. 이러한 발견들은 사실에 대한 대안적 해석은 있을지 모르지만 '대안' 사실이란 없다(Floyd, 2019)는 주장에 힘을 싣는다. 저널리즘적인 진실에 대한 회의와 부정에도 불구하고, 언론인들은 여전히 '진실'이라는 규범을 중심적이고, 다른 어떤 것으로 축소할 수 없으며, 대체될 수 없는 규범으로 추구하고 있는 것으로 보인다.

진실 추구에서 객관주의 언론의 한계, 해석적 언론의 부상

객관주의 언론의 실행에서 중요한 것은 취재원 적시attribution다. 이는 기자가 자신이 취재하는 대상으로부터 거리를 두고 있다는, 즉 의견과 사실의 분리라는 객관주의의 고전적 명제를 이행하는 데는 적절한 취재 방법이지만, 취재원의 발언이 진실인가를 검증하는 데는 한계가 있었다. 주장이 진실인가를 검증하기보다는 진짜 그 발언을 했는가를 확인하는 데 그쳤기 때문이다. 이러한 보도에서 검증은 대개 발언인의 이름과 발언을 들은 장소와 날짜를 확인하거나, 취재원의 발언을 정확하게 인용하는가에 머물렀다. 이러한 보도 관행에서 추구되는 객관성은 불편부당성impartiality이기보다는 '균형balance'에 그쳤다(Birks, 2021; Shapiro et al., 2013). 취재원과 기자의 관계가 춤을 추는 일이라고 한다면 그 춤을 리드하는 것은 취재원이라고 주장했던 갠스(Gans, 2004)는 객관주의 언론의 고전적인 취재원 의존이 갖는 문제점을 취재 관행routine인 출입처 제도beat와 관련하여 보다 면밀히 분석했다. 갠스(Gans, 2004)는 출입처 기자들이 출입처에서 대부분의 시간을 보내며 출입처와 반대되는 시각에는 노출되지 못함으로써, 비록 개인적으로 취재원의 정치적 가치관이나 목표를 공유하지는 않더라도 출입처의 관행을 받아들이고 출입처의 목표에 익숙해진다고 지적했다. 특히 그 취재 결과가 극적이거나 독점적일 때 이러한 출입처와의 일치는 더 강화된다(135).

이 같은 객관주의의 한계 때문에 오직 사실만Just the facts(Mindich, 1998)이라는 19세기 말 미국 저널리즘이 창안한 객관주의 언론의 모토와는 달리 언론인들 사이에서 해석의 역할은 증대되어 왔다. 미국 언론은 사건 중심의 보도보다는 해석적 보도, 단편적인 사건의 제시보다 다른 사건들과의 관계를 밝혀 큰 그림을 제시하는 맥락 저널리즘contextual journalism(Barnhurst & Mutz, 1997; Fink & Schudson, 2014)을 꾸준히 발전시켜 왔다. 베트남전과 워터게이트 스캔들을 거치며 언론의 정부에 대한 과잉 협조적인 관계가 종식되면서, 과거의 묘사적인descriptive 객관주의 저널리즘은 더 동적이고, 매개되고, 기자 중심적인 보도로 변화(Hallin, 1992)했다. 탐사기자협회(IRE)가 창설되고, 심층보도/장문 보도long journalism/해설 보도explanatory journalism 등 다양한 이름으로 불리는 흐름(Forde, 2007)이 형성됐다. 케빈 반허스트Kevin Barnhurst(2014)는 이러한 일련의 흐름을 "해석적 전환interpretive turn"이라고 명명했다. 이러한 해석적 전환은 미국 언론에만 나타난 현상이 아니다. 연립 정당의 구성에 대한 벨기에 언론의 29년간에 걸친 보도, 기후 변화 같은 쟁점 사안에 대해 독일, 인도, 영국, 미국, 스위스의 언론인들이 균형성balance을 벗어나 옳고 그름의 평가를 내린 사례(Brügemann & Engesser, 2017; Soontjens, 2019) 등 여러 문화권의 언론에서 해석적 저널리즘으로의 급격한 전환이 보고된 바 있다.

정치인의 의도, 동기, 정책 수행의 방법, 효과 등에 질문을 던지는 해석적 언론interpretive journalism이 일견 감시견 언론watchdog journalism으로 보이지만 실제로는 이로 인해 뉴스가 정치를 더 부정적인 시각으로 보도하게 되었고 따라서 유권자들이 정치를 게임이나 전략으로 보는 관점을 갖게 됐다는 비판도 제기되었다. 토머스 패터슨Thomas Patterson(1996)은 "뉴스의 기본적인 공식은 정치인이 무엇을 누구에게 말했는지 서술적 설명descriptive account을 하는 것이며 주관성의 영역인 왜 그것을 말했는지는 통상 파고들지 않았다"라며 사실과 해석이 자유롭게 교차되는 해석적 저널리즘에 대해서 비판했다. 묘사적descriptive 스타일과 달리 해석적interpretive 스타일은 취재원보다는 언론인에게 뉴스 메시지에 대한 통제력을 더 많이 부여함으로써, 기자가 보고자reporter가 아니라 해석자analyst의 위치에 서게 되며 사건의 관찰자이기보다는 정치적 과정의 직접 행위자로 참여하게 된다는 것이다.

뉴스에서 해석의 기능이 강화된 것에 대해 긍정론과 부정론이 엇갈리는 가운데, 수사나 살가도Susana Salgado와 제스퍼 스트룀백Jesper Strömbäck(2012)은 해석적 저널리즘에 대한 다양한 견해들을 종합해 개념화와 조작화를 시도했다. 이들은 해석적 저널리즘에 규범적으로 접근해서는 안 된다는 것을 전제로, 해석적 저널리즘은 '왜Why'와 검증 가능한 사실의 의미나 맥락에 초점을 두는 것이라고 정의했다. 살가도와 스트룀백은 "묘사적 저널리즘이 주로 무엇을what, 어디에서where, 언제when, 누가who 등 검증 가능한 사실에 초점을 두는 것"과 달리 해석 저널리즘은 "왜why와 검증 가능한 사실의 맥락이나 의미에 초점을 맞춘다"(154)라고 설명한다.

"해석적 저널리즘은 검증 가능한 사실의 이면에 있는 진실을 밝히는 것을 목적”(Salgado & Strömbäck, 2012: 154)으로 한다는 점에 비추어 보자면 1980년대 말 이후 미국 언론에서 전개되어 온 ‘팩트체크 저널리즘’은 객관주의로부터 해석적 전환의 흐름을 이어받은 것이라고 할 수 있다. 사실 검증은 객관주의 언론의 전통이지만 현대적인 팩트체크 저널리즘은 기자의 평가가 수반된다는 점에서 차이가 있다(Amazeen, 2013). 루커스 그레이브스Lucas Graves(2016)는 “팩트체크 운동은 해석적인 저널리즘에 관련된 (언론인들의) 직업적 문화를 반영하고 재현하는 것”(63)이라고 평가했다.

미국 언론계 내부의 혁신 운동 성격으로 출발해서 2000년대 초반 펜실베이니아대학교의 팩트체크닷오르그FactCheck.org, 〈워싱턴 포스트*The Washington Post*〉의 팩트체커Fact Checker, 폴리티팩트PolitiFact 등 이른바 미국 3대 팩트체크 기관의 창설 이후 전 세계적으로 확산된 팩트체크 저널리즘의 제안자들은 언론이 객관주의 보도의 고전적 규범을 넘어서는 진실의 판정자the arbiter of truth 역할을 떠맡아야 한다고 주장했다. 미국 현대사에서 매카시즘, 베트남전, 워터게이트, 이라크전 등 정부와 정치인이 국민에게 사실을 숨기거나 공공연한 거짓말을 통해 언론을 호도하는 사건이 반복되는 동안 언론은 “그는 이렇게 말했고, 그녀는 이렇게 말했다He said, she said”라는 보도 외에는 유권자들에게 정치적 판단의 근거로 삼을 만한 결론을 충분히 제시하지 못했다는 반성에서 팩트체크 저널리즘의 발흥 원인을 찾기도 한다(Spivak, 2010). 팩트체크 저널리즘은 화자가 말한 내용을 정확하게 ‘받아쓰기’하는 것을 넘어, 그 발언이 사실인가를 기자들의 독자적인 조사를 통해 규명한 뒤 판정 결과를 독자들에게 제시하는 검증과 해석, 판정이라는 평가적 과정evaluative process에 초점(Amazeen, 2013)을 둔다. 이에 대해 젠 버크스Jen Birks(2021)는 전통적인 객관주의 언론이 사회과학적인 방법론으로서 실증주의와 하드 사이언스의 연역적인 모델에 기반해 진실을 추구했다면, 팩트체크 저널리즘과 같은 해석적 언론은 이성reason에 기반하여 가설을 생성하는 귀납적 모델이라고 사회과학 방법론에 비추어 두 흐름을 비교했다.

팩트체크 저널리즘의 등장: 사실과 해석 사이

팩트체킹은 전통적으로는 최종 발간되기 이전에 사실을 검증하는 과정으로 1920년대 〈타임*Time*〉 등의 뉴스 매거진에서 출현했다(Fabry, 2019). 이때는 미국 언론에서 객관주의가 규범으로 정착하던 시기였다. 팩트체킹 도입 초기만 해도 일간지는 팩트체커들을 채용하지 않았지만, 이 용어 자체는 보다 광범위하게 쓰이며 검증 관행 그리고 사실적 정확성factual accuracy에 대한 언론인들의 관심을 일컫는 용어가 됐다.

과거의 팩트체크는 현대적 의미의 팩트체크와 배타적인 관계는 아니지만, 차별성을 갖는다. 그레이브스와 미셸 아마진Michelle Amazeen(Graves & Amazeen, 2019)은 이를 내부적internal 팩트체크와 외부적external 팩트체크로 구분한다. 전자의 경우, 때로는 팩트체크만을 고유 업무로 하는 별도의 직원을 뉴스룸에 두어 최종 발간 이전에 사실을 검증하는 뉴스 제작 과정의 일부를 지칭하는 것으로서 사실적 정확성factual accuracy 검증에 방점을 두는 것이다. 이에 비해, 후자는 정치인이나 언론인 기타 공적인 인물들이 출처가 되는 발언의 진실성을 평가한 뉴스 스토리를 지칭한다. 정치적 사실 검증에 특화된 외부적 팩트체크는 기존의 언론 매체뿐만 아니라 이를 수행하는 시민

사회 단체, 대학 등 뉴스룸 바깥의 기관들이 2000년대 초반 잇달아 탄생한 이후 여러 나라에서 활성화되고 있으며, 시민들이 식견을 가지고 사실에 기반한 공적 토론을 할 수 있도록 북돋우는 것을 공통적인 목표로 삼는다.

팩트체크 운동을 전개해 온 언론인들이 실행하는 팩트체크는 객관주의 보도objective reporting의 전통적인 규범들과 차이를 갖는다. 19세기 말부터 20세기 초 미국 언론계를 중심으로 확립된 객관주의 보도는 기자들이 사실을 가치와 분리하도록 요구해 왔다. 객관주의 보도 규범에 따르면 기자들은 정치적인 논쟁이 있을 경우, 논쟁의 주체들을 공정하게 재현해야 하며, 보도하는 사실에 대해 논평을 더하거나 편향을 보이지 않고 '뉴스'만을 보도(Schudson, 2001: 150)해야 한다. 객관주의 보도의 요소를 사실성과 불편부당성으로 개념화한 요르겐 베스테르스탈Jörgen Westerståhl(1983)은 선거 등 정치적 논쟁을 다룬 보도에서 진실이란, 논쟁에서 제시된 주장들의 타당성을 분석하는 것이기보다는 논쟁 자체를 그대로 정확하게 반영mirroring했는가에 제한된다고 보았다(415). 객관주의 보도에서는 불편부당성의 하위 개념인 중립성을 지키기 위해서 언론인은 자신이 보도하는 주제에 동의하거나 부정하는 태도를 보이지 않아야 한다.

팩트체크 저널리즘이 갖고 있는 전통적인 객관주의와의 차이는 비판을 불러왔다. 실증주의 인식론에 기반을 둔 조지프 유스친스키Joseph Uscinski와 라이든 버틀러Ryden Butler(Uscinski & Butler, 2013)는 팩트체크가 사실이 아닌 것을 조사하거나 진실인지 거짓인지 검증할 수 없는 것을 검증한다고 비판했다. 이들은 팩트체크의 방법론이 순진하다며 다섯 가지 문제점을 지적했다. 첫째, 팩트체커들은 사회과학자들이 연구 대상을 선택할 때 적절한 이론을 제시하거나 왜 특정 선택을 하는 것이 타당한지 설명하는 것과 달리, 선정에 엄정성이 없다고 주장한다. 둘째, 팩트체커들은 종종 복수의 주장을 검증한다. 셋째, 사회문제에 관한 인과관계를 해명하기는 어려운데, 팩트체커들은 쉽게 인과관계를 상정한다고 비판한다. 넷째, 팩트체커들은 그 결과가 나오기 전까지는 효과를 검증할 수 없는 정책 등에 대해서도 미래 예측을 한다. 다섯째, 사실인지를 판정 내리는 기준이 불명료하다는 것이다. 유스친스키와 버틀러는 결론적으로 정치의 영역은 불명확성ambiguity에 있다며 팩트체크 무용론을 주장한다. 이에 대해 그레이브스(Graves, 2017)는 유스친스키와 버틀러의 주장처럼 정치의 영역에서는 사실을 가릴 수 없고 오로지 서로 다른 의견만 있을 뿐이라면 의견과는 달리 합리적이고 증거에 의해서 지지되며 전문가들의 합의와 일치하는 사실적인 논증factual argument까지 의견으로 등치하는 것이라고 비판한다. 버크스(Birks, 2021)는 여기서 더 나아가 지식 그 자체는 정치적 논쟁을 평가하는 데 그다지 도움을 주지 못한다고 주장한다. 중요한 것은 그 사실이 벌어진 맥락을 제공하느냐에 있다는 것이다. 만약 뉴스의 수용자들이 자신이 이미 갖고 있는 고정 관념을 넘어서 식견 있는 판단을 내리기를 원한다면 언론인들은 어떻게 사실적 주장이 발언자의 논의를 뒷받침하는지 해석적 맥락을 제공해야 한다는 것이다.

맥락을 제공하는 해석이 필요한 이유는 전략적인 정치적 거짓말을 대안 진실alternative fact이라고 포장하는 탈진실 정치학에 대응하기 위해서만은 아니다. 최근 몇 년 사이 허위 정보에 대한 경각심이 높아진 것과 달리 이미 현재의 정보 환경에서 수용자들은 가짜뉴스 담화narrative에 익숙해 있다. 미국 등 4개국에서 실시된 포커스 그룹 인터뷰에 따르면 사람들은 “가짜뉴스와 뉴스를 명백하게 구분하는 것이 아니라 그저 정도의 차이"쯤으로 인식하는 것으로 나타났다(Nielsen & Graves, 2017). 가짜뉴스가 전통적인 주류 언론의 뉴스보다 큰 설득력을 가지고 있다는 것은 이미 미국에서 〈콜베어 리포트*The Colbert Report*〉 등 뉴스 형식을 흉내 낸 풍자적인 텔레비전 뉴스 쇼들이 뉴스를 대체할 때부터 제기됐던 분석이다(Baym, 2005). 특히 주류 언론의 객관주의 저널리즘에 관심을 보이지 않는 청소년층이 뉴스 형식을 흉내 낸 정치 풍자 쇼 등에 더 친연성을 느끼는 것은 가짜뉴스 텔레비전 쇼들이 더 많은 토론의 공간을 부여하고, 뉴스의 함축적인 의미를 이해할 수 있게 배경 정보를 더 제시해 주기 때문(Marchi, 2012)이라는 보고도 있다.

오정보misinformation가 입력되었을 때 사람들은 그럴듯한 해석을 제공하는 지어낸 이야기myth를 통해 정신 모형mental model을 형성한다. 지어낸 이야기의 허위성이 폭로되면 정신 모형에는 틈이 생기게 된다. 이런 딜레마에 맞닥뜨렸을 때 사람들은 불충분한incomplete 모델보다는 부정확한incorrect 모델을 선호한다. 즉 설명이 없어 틈이 생기는 것보다는 잘못된 설명을 택하는 것이다(Ecker, Lewandowsky, Swire, & Chang, 2011). 이러한 이유 때문에 오정보가 끼치는 영향을 줄이기 위해 가장 효과적인 방법은 오정보에 의해 설명된 현상에 대해 대안적인 설명을 제시하는 것이다. 즉 무엇이 오정보라고 폭로하는 데 그치는 것이 아니라, 그 폭로에 의해서 생기게 되는 공백을 대체해 줄 설명을 제공해야 하는 것이다(Cook & Lewandowsky, 2011).

'사실이 스스로 말하게 한다Facts speak for themselves'는 객관주의의 순진한 낙관론으로는 이 해석의 빈틈을 메울 수 없다. 미디어 역사학자 미첼 스티븐스Mitchell Stephens(2010)는 미국 주류 언론들의 평면적인 객관 보도의 빈틈을 메운 것이 (정치) 블로거들의 주창적이고, 공격적이면서도 영리한 묘사였다고 분석했다. 그는 〈워싱턴 포스트〉의 전 편집국장 마커스 브라우클리Marcus Brauchli의 발언을 빌려 "우리의 독자들에게 왜 그것이 일어났는지, 그것이 어떻게 그들의 삶에 영향을 미칠지, 다음에 무슨 일이 일어날지를 말해야 한다"(Stephens, 2010: 83)라며 언론의 해석interpretation 기능이 강화되어야 한다고 주장했다. 팩트체크 저널리즘은 이처럼 해석적 전통과 객관주의 관행의 긴장과 교차점에 서 있다. 검증 가능한 사실의 이면과 맥락에 초점을 맞추는 해석적 전통에 잇닿아 있으면서도 객관성objectivity을 강조하는 방법들을 규범화하고 있는 것이다.

진실을 위한 투쟁

언론에서의 진실은 언론인들이 그것에 발 딛고 서 있다고 주장할 수 있는 단단한 기초가 아니다. 쉽게 도달할 수는 없으나 그럼에도 불구하고 추구해야 할 과업이다. 그 이상에는 자신감을 가져야 하지만, 그를 추구하는 데는 실용적이고 실제적이어야 한다.

진실을 어떻게 인식할 수 있는가, 진실은 존재하는가에 대한 철학적 이론 자체가 상대주의relativism와 절대주의absolutism의 팽팽한 대립 가운데 있다. 그러나 줄리엣 플로이드Juliet Floyd(2019)는 그 양자가 동일하게 공유하는 하나의 가정이 있다고 주장한다. "우리는 우리의 생각과 말을 사실에 일치시켜야 한다"라는 것이다. 플로이드는 독일의 수리논리학자 고틀로프 프레게Gottlob Frege(1848~1925)를 인용해 진실은 서서히 밝혀지는 것unfolded이라고 말한다. 그것은 추론reasoning의 영역이기도 하다. 프레게에 따르면 우리는 진실을 창조create하는 것이 아니다. 오히려 진실은 규범적인 영역에 속하며 우리가 판단하고 말하는 것을 통해 도달함으로써 인정acknowledge하는 것이다. 만약 내가 무엇을 진실이라고 인정한다면, 그것은 내가 혹은 내가 속한 그룹이 그렇게 말하기 때문이 아니다. 그것은 상대주의자들이 주장하는 것처럼 합의에 불과하고, 사회적으로 구성되는 것이 아니다. 프레게의 진실 규범이 중요한 것은 그것이 언론의 규범이기 때문이다. 언론인들에게 진실 추구는 때로 위험하고, 값비싼 대가를 치러야 하는 것이고, 불쾌하고, 불편하고, 인기를 얻지 못한다 하더라도 반드시 해야 하는 일이다.

"탈근대post modern가 없는 것처럼 탈진실post truth도 없다"라고 주장하는 플로이드와는 다른 어조로 언론 윤리학자인 스티븐 워드Stephen Ward(2010)는 객관주의는 부정될 수 없는 것이지만 재정의되어야 한다고 주장한다. 그가 주장하는 실용적 객관주의pragmatic objectivity는 전통적인 객관주의와 마찬가지로 우리가 질문을 통해 알아갈 수 있고 우리가 믿고 싶어 하는 것의 기준으로 삼을 수 있는 바깥세상external world이 존재한다는 것을 인정한다. 그러나 워드는 객관주의의 핵심은 존재론ontology에 있는 것이 아니라 우리가 아는 것을 어떻게 아는가? 우리는 어떻게 세상의 본질에 대해 객관적이고 조심스럽게 질문할 수 있는가와 같은 인식론epistemology에 있다고 주장한다. 궁극적으로 실용적 객관주의는 우리가 진실이라고 간주하는 것은 해석과 가설과 이론이라고 주창한다. 워드는 또 전통적인 객관주의와 마찬가지로 객관주의가 적절한 취재 방법을 통해 언론의 수행과정을 규율한다는 것에 동의하지만 그 규율을 달리 규정한다. 전통적인 객관주의가 해석적인 기자들을 부정하는 것과 달리 실용적 객관주의는 언론은 역동적이고, 해석적이며 문화적인 행위라는 생각으로부터 출발한다. 이러한 생각은 우리는 실재와 직접적으로 접촉하기보다는 여러 가지의 서로 맞물린 개념적인 기획schemes을 통해 세상을 이해한다는 인식론에 기초한다. 워드는 객관성의 목표를 이렇게 설정하면 '절대적인' 실재의 묘사보다는 사실로 주장되는 것, 취재원, 스토리의 각도를 어떻게 선별한 것인가를 시험하는 여러 가지 방법을 개발하게 될 것이라고 주장한다. 객관적인 뉴스룸이란 편견을 감지하고, 다양한 각도에서 도전받는 사실들과 관점들을 포착하며, 증거를 요구하고, 무모하고 무비판적인 보도를 막는 다양한 범주를 통해 기반이 잘 닦여진 해석을 생산해 내는 장이 될 것이라는 것이다.

객관주의 언론은 19세기가 낳은 역사적 발명품이다. 오늘의 언론인들은 세계화되고 기술 혁명을 거치고 있는 미디어 환경에서 새로운 윤리적 발명품을 만들어 내야 한다. 즉시성, 해석, 투명성을 특징으로 하는 온라인 저널리즘 세상에서 편집 방향과 검증에 강조점을 두던 오래된 모델들을 대체할 새로운 윤리를 개발해야 하는 것이다. 언론인들은 스타일과 규범과 수행 절차는 다르더라도 진실을 추구해 온 고유한 역사를 갖고 있다. 거대한 거짓말을 조금의 부끄러움도 없이 발설하고, 그것을 진실이라고 말하는 것이 "권력"의 공적인 표징이 된 시대(Floyd, 2019)에서 언론의 진실 추구는 새로운 역사를 써야 한다는 도전에 맞닥뜨리고 있다. 그리고 어쩌면 언론에서 진실의 르네상스는 더럽혀지고 도달하기 불가능한 목표가 아니라 아직 오지 않은 것인지도 모른다.

1부

언론과 사실, 진실

1장

오직 진실만을: 현대 언론에서 객관주의의 확립

객관성이 언론의 기본 원칙으로 떠오른 것은 언제부터일까? 객관성 규범은 이제는 글로벌한 것으로 여겨지지만(Ward, 2011), 서로 다른 나라와 문화권에서 동시에 발생한 것도 아니고, 동일한 이유로 발생한 것도 아니다(Maras, 2013). 스티븐 마라스Steven Maras(2013)가 문제 제기한 것처럼 언론에서의 객관성은 저널리즘적인 객관성journalistic objectivity으로 설명되어야 한다. 객관성은 "본질적으로 모호한" 단어(Tumber & Prentoulis, 2003: 215)다. 객관성이 무엇인지에 대한 정의, 어떻게 객관성이 작동하는지에 대한 해석은 다양하다. 언론에서의 객관성이 강이라면 그 강에는 많은 지류가 있다(Maras, 2013: 56). 객관성의 기원에 대해서도 다양한 해석들이 존재한다.

언론에서의 객관성의 기원

언론 역사학자 제임스 캐리James Carey는 "1890년대 대학에서 언론 교육이 시작되면서 객관 보도의 관행들이 제도화하기 시작했다"(1969/1997: 25)라고 보았다. 캐리는 객관성으로의 변화가 언론 보도로서는 하향길에 접어든 것이라고 평가했다. 언론인들의 역할이 지적인 것으로부터 멀어지며 테크닉만 강조되면서 단지 기자mere reporter(1969/1997: 137)가 되었을 뿐이라는 것이다. 캐리는 객관성의 강조로 인해 기자의 독립성보다 취재원에게 더 많은 중요성을 부여하게 됐다고 보았다. 리처드 캐플런Richard Kaplan은 객관성의 강조로 인해 기자들이 정재계의 권위 있는 취재원들에게 종속됐고, 그들의 애완견이 됐다고 보았다(Kaplan, 2002: 193). 객관주의는 기자들이 스스로의 정체성을 규정하는 규범(Schudson, 2001)일 뿐만 아니라 기자의 행동을 통제control하는 하나의 메커니즘으로 자리 잡았다.

뉴스통신사의 등장은 객관주의 언론 확립에 중요한 계기였다. 뉴스통신사에서는 사실적이고, 묘사적이며, 기능적인 언어를 구사하도록 했는데, 이것은 역피라미드 형식을 향하고 있었다(Maras, 2013: 28~29). 1846년 뉴스통신사인 AP(Associated Press)가 활동을 시작하면서 전신도 뉴스 미디어에 적극적으로 도입된다. 기술이 끼친 가장 큰 영향은 뉴스 형식news form에 관한 것이다. 뉴스 통신 서비스는 얄팍하고, 장식적이지 않은 객관주의 스타일을 이끈 것으로 평가된다. 이러한 객관주의 스타일에서는 지역성이 탈각되고, 지역의 감성, 사투리가 사라졌다. 전신으로 뉴스를 전한다는 것은 중간에 통신이 끊기더라도 가장 중요한 사항은 다 전달되도록 해야 하는 것이었고, 편집자가 다시 쓰기 쉽도록 표준화된 포맷이 선호됐다. 에드윈 에머리Edwin

Emery(1972)는 뉴스 통신사가 표준화된 개념의 불편부당한 저널리즘의 공통 분모가 되었다고 주장했다.

캐리(Carey, 1969/1997)는 전신telegraph이 문어written language의 정체성을 재규정했을 뿐만 아니라, 자각awareness 그 자체를 재규정했다고 주장했다. 시간이 흐르면서 사실에 대한 우리의 지각은 이러한 언어의 정보적 형식에 연결되었다. 따라서 우리가 '사실the facts'이라고 하는 것은 이러한 코드code를 통해서 알게 되는 것이었다. 그 결과 뉴스의 언어는 표준화되고standardized, 이 말은 다른 스타일의 르포르타주나 이야기는 더 이상 뉴스로 간주되지 않게 되었다는 것을 의미한다(29).

객관주의가 상업화 때문에 비롯됐다고 보는 것은 뉴스를 상품commodity으로 보는 것에 초점이 맞춰져 있다. 이 접근법에 따르면 객관주의는 광고주들이 정치적으로 혼종적인 독자들에게 가 닿을 수 있도록 하기 위해 발전되었다고 본다. 상업화 관점에서 객관주의의 발흥을 설명하는 입장에서는 정치적 지향성을 근거로 독자들을 거스르거나 소외시키는 것을 하지 않도록 하는 것과 객관주의 언론의 출현을 관련짓는다. 이러한 해석은 당대의 언론 활동을 통해서 일부 확인된다. 아돌프 옥스Adolph Ochs가 1896년부터 〈뉴욕 타임스*New York Times*〉를 이끌던 시절을 연구한 앤드루 포완처Andrew Porwancher(2011)는 당시의 〈뉴욕 타임스〉가 신뢰성trustworthiness은 객관성의 핵심 영역이며, 이것을 광고주를 끌어당기기 위한 특질이라고 파악하고 있었다며 이 점에서 객관주의는 윤리적 원칙이기보다는 시장 전략이었다고 보았다.

로버트 해킷Robert Hackett과 자오 위에즈Zhao Yuezhi(1998)는 객관주의의 발흥에 여러 가지 힘들이 상호 작용했다고 주장한다. 즉 상업적으로 경비 대비 비용 최적화, 동질화, 비당파성, 탈정치화, 상업주의,

진보적 대안progressive alternatives의 주변화, 특화, 정당화legitimation가 저널리즘의 객관성 영역을 구성하는 데 영향을 미쳤다는 것이다.

실제로 객관성은 비용 절감의 차원에서 볼 수 있다. 스토리가 해석적이면 해석적일수록 비용은 더 든다. 역으로 말하자면 객관성은 더 저렴했다는 것이다. 비용과 시간, 인력의 제한 혹은 압박constraints 가운데 기자들이 취재원의 말에 밀착하여 스토리를 만들어 냄으로써 산더미 같은 증거들을 체에 걸러 내거나 무엇이 진실인지를 가려내거나 그 분야의 전문가가 될 필요가 없게 되었다. 객관성은 기자들에게 자신이 취재하는 분야의 전문적인 지식을 가질 필요를 없앴을 뿐만 아니라 기자들을 언제나 대체 가능한 존재로 만들었다(McQuail, 1992: 185).

게다가 정치 문화의 변화가 신문들로 하여금 '어떠한 당파성도 거부하겠다'는 독립 선언을 하도록 만들었다. 1890년대에 이르면 불편부당성이 지배적인 형태가 되었다(Kaplan, 2002). 워드(Ward, 2004)는 "새로운 기술, 뉴스의 상업화, 여론 조작에 대한 두려움, 객관적 사회의 도래가 언론에서의 객관성을 구축하는 데 작용한 여러 가지 동기들이었다"라고 주장한다. 이러한 주장들을 통합하여 워드는 객관성을 기자와 수용자 관계가 새로운 단계에 진입한 이정표로 간주했다. 즉 기자가 불편부당한 대량 정보전달자가 되었다는 것이다.

미국 언론에서의 객관성

뉴스가 사실 중심의 담론 실천fact-centered discursive practice이 된 것은 영국과 미국에서였다. 1830년대부터 1920년대까지 영미권과 프랑스의 저널리즘을 비교 연구한 진 챌러비Jean Chalaby(1996)는 이러한 견지에서 현대 저널리즘은 "영미권의 발명품"(303)이라고 규정한다. 19세기 중반부터 20세기 초까지 영미 언론은 어떤 프랑스 신문보다 더 많은 뉴스와 정보를 포함하고 훨씬 더 잘 조직된 뉴스 수집news gathering 서비스를 갖추고 있었다. 언론이 위대한 문학적 전통을 구현하는 매체였던 프랑스와 달리 영미권에서는 언론이 문학으로부터 독립해 있었다. 당시 영국을 방문한 프랑스 관찰자의 눈으로 보기에는 기자reporter라는 직업은 "영국 언론인의 유형으로서 사건이나 진행 중인 사항을 주의 깊게 기록해야 할 의무가 있는 종류의 서기"로 묘사되었으며 무엇보다도 어떤 주석 없이 "사실을 사실로 간주하는 이상한 습관strange habit of considering facts as facts이 있는" 직군으로 묘사된다(Faucher, 1836: 684; Chalaby, 1996 재인용). 영미권 언론에는 정보information가 넘쳤지만, 프랑스 저널리즘은 논평commentary으로 채워졌다. 영미권 언론의 정보는 프랑스 언론보다 더 완전하고, 객관적이고, 중립적이었다. 프랑스 언론이 사실과 개인적인 의견을 합성하여 그들이 전하는 정보에 논평을 더하는 것과 달리 영미권 신문의 정보는 사실을 더 담았다. 무엇보다도 제3공화국 시기(1870년대~1940년) 프랑스 언론은 재정적인 독립을 이루지 못해 취재원인 정치인이나 경제인 심지어 외국 정부로부터도 뇌물을 받았고, 이러한 관행은 보도의 질과 신뢰성에 영향을 미칠 수밖에 없었다(Chalaby, 1996: 305~306). 챌러비는 영미권에서 사실 중심의 담론 실천으로서 언론의 틀이 잡힌 원인이 양당제 의회가 존재하고, 신문이 판매와 광고에서 상당한 수익을 얻을 수 있으며 영어라는 언어가 동적인 특성이 있고, 이 당시 영국과 미국이 세계 중심으로서의 지배력을 갖고 있었기 때문이라고 풀이한다.

객관성의 핵심에는 사실이 있다. 따라서 사실 중심의 담론 실천을 선구적으로 실천한 영국과 미국, 그중에서도 미국은 현대 언론의 역사에서 인터뷰 등의 기법을 창안(Schudson, 1994)함으로써 당대의 취재와 보도를 통해 객관성의 정체성을 형성하여 다른 문화권에 전파하는 핵심적인 주체가 되었다.

미국 언론에서 객관성이 출현한 시기에 대해서는 논쟁이 있다. 객관성의 출현 시기에 대해 대표적으로 다른 입장을 가진 두 연구자가 댄 실러Dan Schiller와 마이클 셔슨이다. 객관성의 출현 시기에 대한 이들의 논쟁은 시기의 문제만이 아니라 객관성이 무엇인가라는 정체성의 문제에까지 이어진다. 실러는 비록 객관성objectivity이라는 이름으로 불리지 않았지만, 미국 신문에서 객관성이 실천된 것은 1830년대부터라고 주장한다(Schiller, 1979). 실러가 객관성과 전문직주의professionalism가 등장한 것으로 보는 지표는 페니 프레스다. 실러는 1830년대에 생겨난 페니 프레스는 그 이전의 당파지party press와는 달리 상업적인 성공을 가장 기초적인 목표로 삼았다고 보았다. 정파적 이익이 아니라 부수를 확장하고 이윤을 추구하는 것이 목적이 된 이러한 상업주의는 독자를 확보하기 위해 "공공선의 보호자protector of public good"(46)를 자임한다. 이들은 페니 프레스 출현 이전까지 뉴스 내용의 주류를 이뤘던 당파적인 정치적 전투에서 한발 더 나아가 공공의 이익을 감시하는 정치 기능으로 자신들의 책무를 확대했다. 특히 범죄 뉴스에서 두드러지게 공공의 이익에 대한 위반과 침해를 폭로하면서 대중의 목소리의 대변인을 자임했다.

뉴스 객관성은 당대 미국 과학계를 지배했던 베이컨주의Baconianism로부터 양분을 흡수 받았다. 사실에 대한 과학적 경외는 당대의 또 다른 사상적 조류였던 진보적 상대화progressive relativization

와는 거리가 있는 것이었다. 객관적인 뉴스 서술은 상업 언론의 의도를 뒷받침했다. 즉 언론이 대중 교육을 위한 주요 사회 기관을 자임하게 된 것이다. 1840년경 제임스 고든 베넷James Gordon Bennett은 새로운 저널리즘의 기본 원칙을 이렇게 밝혔다(Pray, 1855: 267; Schiller, 1979 재인용). "나는 이 땅에서 진리, 공공의 신뢰, 그리고 과학을 위한 큰 사업에 참여하고 있다고 느낀다. 거짓, 사기, 그리고 무지에 맞서는 사업이다." 이제 처음으로 객관적 뉴스는 공통된 기반으로서 공유할 것이 별로 없었던 대중에게 '공공의 이익'이 무엇인지를 깨닫게 했으며, 신문은 자신들이 그것을 지키고 있다고 반복해서 주장했다. 마침내 신문은 1859년에 이르면 "미국에서 가장 큰 권력The Greatest Power in the State"(Wilmer, 1859: 64, Schiller, 1979 재인용)이 된다.

언론이 성공적인 비즈니스 기업으로 성장함에 따라 기자들의 지위도 높아졌다. 이 당시 부수가 20만 부에 이르는 신문들은 100만에서 200만 달러의 가치가 있었다(Cochran, 1975: 156). 1870년대 〈트리뷴*Tribune*〉은 400~500명의 노동자를 거느렸다(Ingersoll, 1873: 480; Schiller, 1979 재인용). 이 시기 뉴스룸 내부에서 노동 분업이 나타나기 시작한다. 종교 기자는 투견을 다룰 수 없었고, 스포츠 기자도 주교의 축성을 다룰 수 없었다. 1848년이 되면 서로 경쟁하는 언론사의 편집인들이 기념 만찬을 하기 시작했다. 피고용인들 즉 기자들의 조직도 번성하기 시작했다(Hudson, 1873: 489; Schiller, 1979 재인용). 1846년에 뉴욕신문연합New York Associated Press(NYAP)[1]이 만들어진 것도 최고 조직 수준

1 뉴욕의 5대 신문사가 만들었던 NYAP는 시카고에 기반을 둔 경쟁 통신사인 서부연합통신Western Associated Press의 폭로로 인해 독점적인 뉴스 수집과 가격 설정을 하고 있다는 사실이 드러나 몰락하게 되었다. 서부연합통신은 1892년 일리노이주에서

의 언론인들 간의 형제애 같은 동질감과 전문적인 협력을 촉진했다. 뉴스 수집 비용을 줄이기 위해 AP를 만들기로 한 결정과 AP가 가능하게 한 뉴스의 표준화는 이 조직의 영향을 함께 나타냈다. 셔슨(Schudson, 1978)은 〈시카고 트리뷴*Chicago Tribune*〉의 사무실에 "누가, 무엇을, 어떻게, 언제, 어디서"가 걸려 있었던 것은 뉴스의 정보information로서의 성문화codification가 진행되었음을 보여 주는 증거라고 주장한다. 1800년대 후반에 가면 이러한 원칙이 저널리스트들이 사용하는 핸드북에까지 투영되었다.

이 시기 언론인들은 뉴스를 그들의 전문성을 나타내는 인식 가능한 사회적 표지로 만듦으로써 그들의 지위를 높이려고 했다. 페니 프레스 이전의 신문 산업에서는 언론이라는 직업이 존재하지 않았다며(Shanks, 1867: 512; Schiller, 1979 재인용), 뉴스를 효과적으로 배열하기 위해 보다 전문적인 교육이 필요하다고 주장했다. 전문직으로서 기자를 명확하게 격상시키기 위해서는 새로운 윤리와 업계에서 통용될 수 있는 도의적인 관례etiquette가 인정되어야 했다. 그러나 당시의 언론인들은 뉴스 제작에 규칙을 만들어 낸다는 것이 불가능하다고 생각했다. "일어나지 않은 일에 대한 서술의 가치에 있어서 어떤 규칙을 만들 수 있을 것인가"(O'Brien, 1928/1968; Schiller, 1979 재인용)라거나 "언론인을 안내할 마땅한 최대치나 전문 규칙의 시스템이 없다"(Dana, 1895: Schiller, 1979 재인용)라는 것이 당대의 생각이었다. 실러(Schiller, 1979)는 페니 프

AP(Associated Press)로 법인화됐다. 이후 대대적인 구조 개편을 단행하면서 협동조합cooperative 형태의 비영리 단체로 재조직한 뒤 뉴욕주에 새로운 법인을 설립했다. 오늘날 AP는 한때 경쟁 구도였다가 사라진 NYAP가 만들어진 1846년을 자사가 창립된 해로 삼고 있다.

레스로부터 20세기 초까지 미국 신문에서 보이는 무의식적인 객관성unselfconscious objectivity의 추구는 상업 신문들이 겉으로는 공공의 이익을 위해 관심을 보이면서도, 사적인 이익 추구, 주요 정보원에 대한 관리와 균형을 이루는 데 기여했다고 주장한다.

셔슨(Schudson, 1978)은 실러와 달리 언론에서 객관성이 공식적인 이상formal ideal이 된 것은 1차 세계 대전 이후인 1920년대, 1930년대라고 주장한다. 객관주의란 자신에 대한 불신이 이상이며, 이는 1890년대 진보주의자들이 사실에 대해 갖고 있었던 믿음과는 다르다(71)는 것이다. 마라스(Maras, 2013)는 셔슨이 1800년대의 저널리스트들이 사실 중심적인 마음가짐fact-mindedness을 가지고 있었다는 것을 인정하면서도 1차 세계 대전이 지난 후에야 비로소 객관성이 공식적인 언론의 이상이 되었다고 보는 관점은, 객관성을 직업적인 우수성professional excellence이 아니라 직업적인 불안professional anxiety에서 기인하는 것이라고 보기 때문이라고 설명한다.

1차 세계 대전을 치르며 우드로 윌슨Woodrow Wilson 대통령 치하에서 전쟁 채권을 팔면서 전쟁 선전을 담당했던 홍보public relations(PR)는 급성장한 산업이 되었다(Schudson, 2001). 1920년대 말과 1930년대를 통틀어 심지어 〈뉴욕 타임스〉에서조차 50~60%의 뉴스 스토리가 PR 담당자들로부터 영향받은 것이었다. 당대의 철학자 존 듀이John Dewey는 "우리의 현재 사회적 삶의 가장 상징적인 심볼이 홍보 담당자"라고 했고, 월터 리프먼Walter Lippman은 민주주의가 이러한 언론의 위기에 의해 위협받고 있다고 경고했다(Schudson, 1978; Schiller, 1979). 1947년 PR 담당자 600명을 조사한 한 논문은 그중 75%가 전직 언론인들이었다는 점을 밝혔다(Sussman, 1947; Schudson, 2001 재인용). 언론인들은 이 선전의 시대에 정보가 조작될 수 있다는 것을 우려했다. 그들은 홍보 담당자들이 정보 혹은 오성보를 이용하여 특별한 이익을 취하려는 노골적인 행위에 맞서 직업적인 연대를 형성하고 기자 집단 고유의 정체성을 규정해야 할 필요성을 느꼈다(Schudson, 2001).

이 시대는 또한 예술에서는 모더니즘이 재현주의에 의구심을 제기한 시대였고, 이론물리학에서는 정적이고 단일한 실체라는 전통적인 개념이 무너져 내리던 혼돈의 시대epoch of confusion(Shi, 1996)였다. '사실이 스스로 말하게 한다'는 순진한 경험주의naive empiricism에 머무를 수 없게 된 것이다. 이 시대에 이르면 언론에서의 객관성은 더 이상 법칙에 따르는 외부적 현상으로서의 사실이라는 사실주의와 단순하게 연대할 수 없게 된다.

> 사실이란 (여기서) 세계의 한 단면이 아니라 그 세계에 대해 사회적으로 합의된 검증을 거친 진술이다. 저널리즘에서 순진한 경험주의는 여전히 사라지지 않았고, 어느 정도는 살아남았지만, 1차 세계 대전 이후에는 보다 정교한 이상인 '객관성'에 종속되었다. (Schudson, 1978: 7)

셔슨은 언론인들이 직업적인 공동체를 결성해 독자들에 대한 충성을 그들의 발행인이나 발행인이 지지하는 정당에 대한 충성보다 더 발전시키기 전까지는 현대적인 객관성은 안전한 자리를 확보할 수 없었다고 주장한다. 이 시점에 이르러서야 언론인들은 저널리즘적인 길에 이르는 방법을 보다 자주, 보다 일관성 있게 구체화할 수 있었다. 신문 에디터들은 1922~1923년 처음으로 전국 단위의 직업적인 협회인 미국신문편집인협회American Society of Newspaper Editors(ASNE)를 결성했다. 그 첫 모임에서 이들은 저널리즘의 정전 혹은 윤리 규범을 채택했는데 그 기본 원칙은 '진정성, 진실성, 정확성' 그리고 '불편부당성'이었다. 불편부당성은 "뉴스 보도는 어떠한 종류의 의견이나 편견으로부터도 자유로워야 한다"라는 선언을 담고 있었다(Pratte, 1995; Schudson, 2001 재인용).

1920년대부터 객관성 규범은 직업적 이상으로 완전히 형성됐고, 직업적 기획이자 의무가 되었다. 객관성은 저널리즘 스쿨에서 사용하는 교재에서 강조되었고, 언론인들의 전문적인 협회에서도 윤리 규범으로 강조되었다. 1930년대에 이르면 발행인들이 뉴스룸 내의 노동조합 활동을 공격하기 위해 객관성을 역설적으로 이용하기도 했다. 어떻게 노조원이면서 동시에 객관적일 수 있느냐는 것이 그들의 주장이었다.

그러나 언론인들이 객관성을 그들의 이상으로 주장하던 바로 그 시기에 그들은 그 한계도 인식했다. 1930년대에 이르면 오늘날 이른바 '해석적 언론'이라고 부르는 흐름이 유행을 이룬다. 언론계를 선도하는 언론인들과 언론 교육자들은 세계는 복잡해졌으므로 보도만 할 것이 아니라 그를 설명해야 할 필요가 생겼다고 주장했다. 언론인들은 자신들의 임무가 독자들이 단순히 어떤 사실을 알게 하는 것뿐만이 아니라 이해하도록 돕는 것이라고 주장했다. 이들은 이러한 '이해'가 정당이나 당파성과는 아무런 관계가 없다는 점을 당연한 것으로 받아들였다(Schudson, 2001).

언론에서 '사실'이란 무엇인가

저널리즘에서 객관성의 핵심은 사실을 보도한다는 개념이다. 사실에 대한 경배는 객관성의 핵심이다. 사실은 객관성을 거부하는 입장들이 염려하는 핵심이기도 하다(Maras, 2013: 82). 사실을 둘러싼 논쟁에서 가장 문제적인 것은 객관성이라는 개념이 이중적인 역할을 한다는 데 있다. 객관성은 사실을 보는 관점이지만 동시에 진실을 재현하고 소통하는 방법이다. 이러한 입장은 '객관성'이라는 단어를 '객관적 현실objective reality'은 물론 이러한 현실을 인지하는 방법 혹은 양식의 줄임말로 취급하게 한다. 현실과 지각의 융합은 사실과 진실의 거리를 좁힌다. 사실, 진실, 그리고 객관적 현실은 그리하여 서로 합쳐지고 병합되면서 '객관적 진실objective truth' 같은 개념이 도출된다(Windschuttle, 1998). 리프먼(Lippman, 1922/2017)은 객관성을 진실과의 관련성에서 사실을 단단히 고정시키는 데 가장 기본적인 방법으로 보았다. 그러나 언론에서의 객관성에 대한 많은 논의는 진실과 사실을 동일한 것으로 다룰 만큼 가까운 위치에 두었다.

진실과 사실의 관계에 대한 이슈에 접근하는 방식은 철학적인 조류에서도 서로 다른 흐름을 보여 주며, 각각은 언론에서 객관성이 무엇인지에 대한 생각에 영향을 주었다. 먼저 대표적인 것이 진실에 대한 일치 이론correspondence theory of truth이다. 이 이론에서는 진실과 사실을 한데 묶는다. 이 이론에 따르면 뉴스 미디어는 "있는 그대로를 말하는 것tell it as it is"이어야 한다(McQuail, 1986). 흔히 거울 혹은 반영 이론이라는 은유로 지칭된다. 이 이론에서 객관성은 세상에는 단 하나의 진실만이 있으며 존재하는 사회적 질서에 대한 다른 대안적인 진실은 없다는 믿음을 유지한다. 객관성을 지지하는 사람들에게서조차 진실에 대한 조응 이론이 환영받지 못하는 이유는 이 이론이 경험의 역할을 너무나도 축소하고 있기 때문이다. 셔슨(Schudson, 1978)이 "사실은 그 자체로 말할 수 없다"라고 했을 때, 지칭한 것은 바로 이 진실에 대한 일치 이론이었다. 일치 이론에서 진실은 객관적 현실과 동일한 것이고, 그것은 이해가 가능하거나 인지가 가능한 것이며 합리적(Dawson & Gregory, 2009)인 것이다. 일치 이론이 중요한 것은 오늘날까지도 많은 언론인들이 일치 이론에서 말하는 객관성을 옹호하며 사진을 찍은 것처럼 재현하는, 현실에 대한 반영, 거울처럼 현실을 비추는 것을 옹호하기 때문이다.

경험주의empiricism는 앎이란 외부 세계에 대한 지각의 경험에 의존하거나 그로부터 발원하는 것이라는 철학적 입장이다. 경험과 관찰, 귀납을 중시하는 이 입장은 언론 보도에 대한 많은 이론들에 매혹적인 원천이 됐다. 특히 기자를 아무것도 쓰여져 있지 않은 빈 서판tabula rasa으로 간주하는 것이 대표적이다. 이 철학적 흐름에서 특히 영미 언론에 지대한 영향을 미친 것은 프랜시스 베이컨Francis Bacon(1561~1626)이다. 관찰을 성스러운 것으로 간주하며, 관찰에 기초한 상식적인 귀납적 방법을 모토로 삼는 베이컨류의 철학은 19세기 미국과 영국의 공식적인 학술적 철학으로 자리매김했다. 실러(Schiller, 1981)는 베이컨주의의 관찰과 귀납은 미국판 실증주의였다고 했으며, 이는 당대의 지배적인 언론에도 영향을 미쳤다. 〈뉴욕 헤럴드*New York Herald*〉의 창업주이자 발행인으로서 19세기 미국 저널리즘에 지대한 영향을 미친 제임스 고든 베넷은 "나는 상업과학commecial science에서 참된 베이컨적인 길을 찾아냈고, 이것은 반드시 성공해야 한다"(Schudson, 1978: 54)라고 역설했다.

그러나 현대적 언론과 가장 많이 연관되는 철학 조류로 언론 연구자들에 의해 언급되는 것은 단연 실증주의positivism다(Hackett & Zhao, 1998; Hallin 1986; Gans, 2004; Glasser, 1992; Schiller, 1981). 실증주의는 사실은 관찰 가능하며 복구 가능한 것이라는 접근법이다. 워드(Ward, 2004)는 실증주의적 접근이 순수한 객관성을 지향하는 것이며 개념적으로는 더 좁고 방법론적으로는 더 엄격하며 편견으로부터 과학을 예방 접종하려는 시도라고 주장한다. 순수한 객관주의는 과학자를 자연에 대한 무심한dispassionate 관찰자로 간주하며, 과학자들은 사실을 포획할 수 있는 절차와 도구들을 좋아한다. 실증주의의 존재론에서 사실은 누구도 발명하거나 조작할 수 없는 단단한 데이터 덩어리다. 사실과 가치를 엄격하게 분리할 때 사실은 객관적일 수 있으며 과학적 증거에 기반할 수 있다. 실증주의에서 "객관성은 주관적이지 않으며 해석도 아니다"(Ward, 2004: 78). 경험주의와 합리주의를 결합한 실증주의는 근대성과 진보의 정신이 되었으며 '단일하고 객관적인 세계'라는 개념을 탄생시켰다.

실증주의는 고유의 진실과 사실을 결합하는 방식을 통해 언론에서의 객관성에 대한 논의에 지대한 영향을 미쳤다. 실증주의는 계량 가능한 사실, 즉 셀 수 있고 측정이 가능하며 무게를 가진 사실(Shi, 1996)에 초점을 맞췄다. 실증주의는 사실과 가치를 분리할 수 있다는 객관주의 언론에 영향을 미쳤고, 여기에서는 특히 검증과 일치를 확인하기 위한 조사가 중시되었다. 실증주의에서는 경험에 의해 번역되고 검증되지 않은 것은 문자 그대로 참과 거짓을 논할 수 없는 의미 없는 것이며, 기껏해야 주관적인 감정이나 태도를 표현한 것에 그치는 것으로 간주된다(Ward, 2004). 이는 검증 가능한 취재원이 없을 경우, 어떤 사실이 사실로서는 실격이라고 간주하는 언론의 방법과 유사하다.

많은 경우 실용주의pragmatism는 '저널리즘적인 객관성을 거부'하는 조류로 받아들여진다. 실용주의의 관점에서는 현실이란 관찰 주체의 외부에 존재하는 어떤 것이 아니라 사회적으로 구성되는 것이며 인간의 필요를 맞추기 위한 도구로서 언어와 개념이 창조되는 것이기 때문이다(Iggers, 2018). 오늘날 실용주의는 공중을 배제하는 엘리트적인 민주주의에 대한 대안적이며 자유주의적인 기획으로 여겨진다. 이러한 관점에서 보았을 때 미디어는 사회적 행동을 떠받치는 공통의 가치의 수호자다.

실용주의 이론에서 진실은 유용성, 목적과 연계되어 있다. 실용주의자들은 윌리엄 제임스William James(1907/1998)가 역설했듯이 "세계는 진실로 변형 가능하여, 우리의 마지막 손길을 받기를 기다리고 있다. 인간은 그 위에 진실을 생산한다"(108)라고 본다.

> 하나의 관념의 진리는 그것 자체에 고정적으로 내재한 성질이 아니다. 진리는 관념이 사건과 경험을 통해 성립하는 것이다. 그것은 사건들에 의해 참으로 만들어진다. 그 진리성은 사실상 하나의 사건이자 과정이며, 곧 자기 자신을 검증하는 과정이다. 그 타당성 또한 그 자체의 '타당화' 과정이다. (James, 1907/1998: 87)

그러나 제임스는 이러한 자신의 언설이 진실이 없다는 것을 말하는 것도 아니며, 객관적 기준이 없다는 것을 말하는 것도 아니라는 점을 분명히 한다.

객관주의에 대한 반론으로만 여겨지는 실용주의의 사실, 진실에 대한 관점은 그러나 저널리즘적인 객관성과 공존 가능한 것이다. 특히 "실용주의가 객관주의 소생을 가져왔다"라고 주장하는 워드(Ward, 2004)는 '실용적 객관성pragmatic objectivity'을 주장한다. 워드는 전통적인 객관성이 사실과 가치, 사실과 해석의 이분법적인 인식론으로 인해 우리의 앎과 해석, 가치에 대한 이해를 왜곡했다고 비판한다. 그는 사실과 가치, 이론 그리고 실천적인 이해가 얽혀 있는 세계에서 객관성이 들어설 자리를 찾는다.

워드의 주장에서 핵심적인 것은 '질문inquiry'에 대한 실용주의적 관점이다. 워드는 질문자들은 자신의 생각을 이루고 있는 기존의 아이디어를 배경으로 현상을 총체적으로 이해해야 한다고 주장한다. 그의 모델에서 객관성은 주관성의 반대도 아니며, 객관적 현실의 부산물도 아니다. 워드는 실용적 객관성이란 "객관적 기준에 의한 질문의 평가evaluation of inquiry by objective standards"(280)라고 제안한다. 워드에 따르면 모든 좋은 언론은, 보도를 포함해, 적극적인 질문이다. 이는 탐색과 해석, 검증과 실험, 균형과 판단, 묘사와 관찰로 이루어진다. 기자는 이야기꾼도 서기도 아니다. 그들은 자신의 경험을 자신들의 개념적 틀에 기대어 해석하는 사람들이다.

사실주의와 자연주의도 저널리즘에서의 객관성에 영향을 미쳤다. 문학적 전통에서 사실주의는 어떠한 과학적 전통에도 제한을 받지 않으면서 사실과 날것의 디테일을 탐색했다. 많은 경우 사실주의는 다큐멘터리적인 정확성을 넘어서는 것이었다. 혁명과 현대 예술, 물리학에서 사실주의는 맹렬히 확산됐고 이로 인해 표상적 현실주의의 거울mirror of representational realism은 코드, 관습, 사회적 스키마를 의미하는 것으로 깨어져 나갔다(Tuchman, 1978). 사실주의자들은 다중적이었다. 고상한 사실주의자, 감성적 사실주의자, 야수적 사실주의자, 폭로 사실주의자들이 있었다. 사실주의의 영향 아래에서 저널리즘에서의 객관성은 덜 제약적이며, 경험에 덜 복속되며, 세계와 능동적으로 관계를 맺는다(Maras, 2013: 93). 미국 언론계에서 1900년대 들어 '정보information'를 추구하는 저널리즘이 득세했다면 사실주의는 이러한 언론 지형에서 묘사적 정확성을 넘어서 진실의 극적인 면모를 전달하는 '이야기story' 저널리즘에 숨 쉴 공간을 제공했다. 자연주의는 특히 언론이 우아한 거실을 벗어나 하류 계급과 폭력적이고, 천박하며, 음탕한 캐릭터들을 다루는 데 사상적 배경이 되었다. 이것은 당대의 선정적 보도나 범죄 보도와 흡사했다.

사실과 진실에 대한 철학 사조의 다른 관점들은 당대의 언론이 무엇을 객관적이라고 받아들이는가에 영향을 미쳤다. 철학 사조의 변화에 따라 사실과 진실에 대한 해석도 변천했지만, 하나의 사조가 다른 사조를 온전히 대체하지 않는 것처럼 사실과 진실의 관계에 대한 다양한 해석도 공시적으로 존재한다. 언론에서의 객관성이 단일하게 정의되지 않고 다성적인 것도 필연적일 수밖에 없다. 오히려 언론에서의 객관성의 정의를 단일하게 내리려고 하는 시도가 지성사와 함께 변천을 거듭해 온 언론에서의 객관성의 다면적 실체를 왜곡하는 일일 것이다.

사실과 가치의 분리

객관성에 관한 논의 중 가장 논쟁적인 영역은 사실과 가치 혹은 의견을 분리할 수 있느냐는 것이다. 넓게 말해 분리가 가능하다는 것은 사실 진술은 가치로부터 자유로우며 이는 평가와 구별되는 것이라는 생각에 기초하고 있다. 제이 로젠Jay Rosen(1993)에 따르면 언론에서는 "만약 사실을 가치로부터 분리하고, 정보를 의견으로부터 분리하고, 뉴스를 관점들로부터 분리한다면, 이러한 태도가 진실을 알게 할 수 있을 것"이라고 변주된다. 이러한 분리는 미국 언론이 가진 자기 이미지의 핵심이다(48). 페니 프레스 시대 이후 뉴스와 논설, 뉴스와 의견을 분리해 온 오랜 전통은 이러한 사실과 가치의 분리 가능성에 대한 믿음에 따른 것이다.

분리 이론에 대한 비판은 사이먼 블랙번Simon Blackburn(2008)이 지적한 대로 무엇인가를 '사실'로 인지한다는 것은, 특정 사실을 선택하여 그것을 핵심적인 것으로 간주하는 것처럼, 그 자체로 가치 판단이라는 점에 있다. 스튜어트 앨런Stuart Allan(2010)은 사실은 이데올로기와 분리될 수 없다고 주장한다.

사실은 직접적인 경험에서 오는 것이라고 이야기되며, 그럼으로써 가치에 의해 오염되지 않는 것으로 간주된다. 이것은 사실에 대한 경험주의적인 태도 즉 사실이 그 자체로 우리들의 감각에 스스로를 드러낸다는 생각이다. 그러나 "사실은 스스로 말하지 못한다. 사실은 반드시 어떤 틀 안에서 해석되어야 한다"(Lee, 1990: 19). 사실과 가치가 순수하게 분리될 수 있다는 어떠한 실증주의적인 개념도 실현되기 어렵다. 그럼에도 불구하고 대부분의 미국 언론인은 사실을 의견과 분리하는 것을 통해 자신들이 전문적이고, 객관적이고, 중립적이고, 이데올로기적이지 않다는 데 자부심을 갖는다. 그러나 리진췐李金銓(Lee, 1990)은 언론인들이 이데올로기로부터 자유롭다는 것은 어불성설이라고 반박한다. 전통적으로 사실과 가치를 분리하는 것은 전문직주의의 표식처럼 여겨져 왔지만, 실제로 이러한 분리가 가능한지는 엄밀히 탐사되지 않아 왔다는 것이다(Maras, 2013).

실증주의의 관점으로 보았을 때 사실은 순수하며 가치는 불순하다. 실용주의는 이와 다른 관점을 제시한다. 사실과 가치는 섞여 있으나, 판단을 통해 보도의 목적을 위해서 분리할 수 있다는 것이다. 워드(Ward, 1998)는 과거에는 객관성이 사실과 판단 혹은 의견과의 단단한 분리로 해석되었지만, 이러한 협애한 해석은 언론 윤리에 더 이상 충분한 기초가 되지 못한다고 지적했다. "매일 눈보라처럼 몰아치는 정보의 맥락과 해석을 제공해야 하는 객관적인 기자들에게 이러한 분리 이론은 더 이상 지배력을 갖지 못한다. 더 풍성하고, 더 유연한 객관성에 대한 아이디어가 작동하고 있다"(122)라는 것이다.

워드는 기자를 빈 서판으로 간주하는 경험주의적인 관점에 의문을 제기하며, 객관적 기자의 정신은 감각으로부터 정보를 받아들여 이를 비추는 텅 빈 TV 스크린이 아니라고 반박한다. 객관성이 요구하는 것은 지적 능력을 사용하는 능동적인 정신이며 이러한 능동적인 정신의 힘을 통해 희망적 사고, 잘못된 추론, 하찮은 감정, 개인적 이익이 야기하는 보도의 왜곡을 줄여 나가야 한다는 것이다.

포스트모더니즘의 도래는 언론에서의 객관성에 대한 새로운 도전이 되었다. 의미의 사회적 관계의 외부에 존재하는 경험적 사실을 현실이라고 받아들이는 전통적인 객관성은 현실이란 문화적 구성물이라는 반론에 맞닥뜨린다. 실증주의의 주창자들이 이에 대해 성난 비난을 제기하면 "모든 것은 담화로 환원된다"라는 포스트모더니스트들의 답을 들을 수 있을 뿐이었다(Allan, 2006). 포스트모더니즘의 관점으로 보았을 때 진실은 결코 스스로 말하기 위해 존재하지 않는다. 언어가 우리가 누구인지를 말하며 공중은 혼란스러운 방법으로 진실을 만든다는 것이다. 마틴 콘보이Martin Convoy(2004)는 포스트모더니즘의 이러한 도전을 20세기 후반부 언론계가 맞닥뜨린 기술적 경제적 변화와 맞물려 생각할 것을 제안한다. 이미 기술적, 경제적 변화로 인해 중요한 인식론적 변이가 일어나고 있다는 것이다. 이러한 과정에서 포스트모더니티는 언론이 객관적이라는 신화를 복잡하게 만들며 지금까지 정상으로 간주되어 왔던 경계를 흐려 버리고 있다.

일부 미디어 교육자들은 포스트모더니즘이 냉소주의이자 '아무

것도 아님의 철학'이라며 거부하거나 동의하지 않는다. 그러나 포스트모더니즘이 제기하는 도전에 주목하는 연구자들도 적지 않다. 그 중 마라스(Maras, 2013)는 포스트모더니즘이 특정한 단어나 표현이 가리키는 현실 세계의 대상referent을 거부하는 것도 아니고, 세계가 개념이나 담화로 환원된다고 하는 것도 아니며 진실의 존재를 부정하는 것도 아니라고 옹호한다. 포스트모더니즘은 구성주의 철학으로보다 긍정적으로 평가될 필요가 있다는 것이다. 마크 데이비스Mark Davis(1997)는 이에 대해 "사회적 관습이 사실을 사실로 만들고, 거짓을 거짓으로 만든다는 것은 이 세상에 진실이나 거짓이 없다고 말하는 것과 같지 않다"라고 주장한다. 포스트모더니즘을 받아들이지 않으려는 흐름에 대해 해킷과 자오(Hackett & Zhao, 1998)는 언론을 위해 애석한 일이라고 평가한다. 포스트모더니즘의 세례를 받은 평론가들이나 언론인들은 미디어와 보도에 대해 급진적인 새로운 시각을 갖게 된다는 것이다. 그들은 이미 구조주의로 인해 부상한 것이지만 언어와 담화의 구성적 성격을 인식하고 이를 강화한다.

저널리즘 객관성에 대한 비판적 성찰

언론 객관성에 대한 다양한 해석이 있듯이 언론 객관성에 대한 비판적 성찰도 다양한 측면에서 전개되어 왔으며 비판의 논점이 단일한 것도 아니다. 객관주의에 대한 반론 등장의 배경이 된 것은 무엇보다도 진실과 현실 파악에 대한 철학적 기조의 변화였다. 철학과 과학의 영역에서 모두 연구자들이 '발견'하거나 보고할 수 있는 단단한 진실이라는 개념은 도전받고 있다. 이미 18세기에 근대 계몽주의 철학을 정점에 올려놓은 이마누엘 칸트Immanuelle Kant는 《순수이성비판*Kritik der reinen Vernunft*》에서 마음의 범주화 없이 사물을 인지하는 것은 불가능하다고 주장했다. 수학 물리학과 같은 하드 사이언스에서의 혁명적 변화를 패러다임의 전환이라고 개념화한 토머스 쿤Thomas Kuhn의 《과학 혁명의 구조*The Structure of Scientific Revolutions*》 출간, 한스 게오르크 가다머Hans Georg Gadamer의 해석학, 미셸 푸코Michel Foucault의 포스트구조주의 철학, 리처드 로티Richard Rorty의 대문자 진실capital T truth에 대한 비판 등 '순진한 사실주의'에 대한 의구심은 20세기 들어 그 전 시대의 경험주의, 실증주의보다 우위에 서게 됐다(Maras, 2013). 칼린 로마노Carlin Romano(1986)는 미국 언론만이 오로지 이러한 변화에서 예외였다고 지적한다.

서구 언론의 맹점이 언론의 본질이 이야기storytelling라는 사실을 부인하는 데 있다고 지적하는 이작 로에Itzhak Roeh(1989)는 언어가 개입하는 한 객관주의는 "객관성의 수사학rhetoric of objectivity"으로 호명되어야 마땅하다고 주장한다. 로에에 따르면 플라톤 이전의 시대부터 니체에 이르기까지 서구 철학의 전통에는 언어는 현실을 비추는 거울이라는 생각이 지배적으로 계승되어 왔다. 이러한 전통에 선 실증주의자들은 역사가와 언론인을 사실 수집의 대리인agent for fact gathering으로 간주해 왔다. 역사가들이 하나뿐인 유일한 진실을 발굴하는 것처럼 언론인들도 진실한 사실true facts을 드러내야 하는 것이다. 그러나 구성주의자들constructionists은 지식이나 진실이 마음에 의해서 창조되는 것이지 자연과학적 진실처럼 인간의 주관적 개입 없이 객관적으로 실재하는 것이 아니라고 주장한다. 구성주의자들에 따르면 현실은 사회적으로 정의되지만 이 현실은 일상생활의 주관적 경험을 가리키는 것이지 자연 세계의 객관적 현실에 대한 것이 아니라는 것이다. 구성주의자들은 보편적 진실 대신에 맥락적 신실contextual truth을 제시하며, 모든 이야기에서 의미 생산의 핵심 개념은 이데올로기에 있다고 본다.

이러한 구성주의의 입장에 서서 로에는 무엇을 뉴스라고 보고, 무엇을 뉴스라고 보지 않는지 즉각적인 반응을 할 때 기준이 되는 것은 뉴스 이용자 자신에 체화된 여러 세대에 걸쳐 내려온 이야기의 관습, 즉 이미 각인된 내러티브라고 주장한다. 언론인들은 자신들이 일상적으로 취재하고 보도할 때 자신에게 내재된 이야기의 원형이 어떻게 그러한 실천을 관통하고 있는지 자각하지 못한다는 것이다. 현실을 있는 그대로 기술할 뿐이라는 순수한 객관적 서술에는 항상 사용되어 온 전통적인 이야기 패턴이 무심코 스며든다. 로에에 따르면 "사실이 이야기를 형성하는 것이 아니라 이야기가 우리가 사실로 인식하는 것을 형성한다"(168).

로에의 관점이 인류학과 해석학의 영향을 받은 구성주의 관점에서의 객관주의에 대한 도전이라면, 에버렛 데니스Everette Dennis와 존 메릴John Merrill(1984)은 가치를 언론과 분리할 수 있느냐는 질문을 던진다. '주관화subjectivizing'라는 개념으로 가치와 저널리즘적 객관성의 관계를 설명한 이들은 "모든 이야기는 항상 평가적이고, 가치가 적재돼 있으며 불충분하고 사실을 왜곡하고 있다. 이것이 언론의 본질이고, 이는 단지 언론만이 아니라 모든 종류의 커뮤니케이션의 본질"(106)이라고 주장한다. 가치와 저널리즘에 관한 논의는 갠스(Gans, 2004)의 저작 《뉴스 결정하기*Deciding What's News*》에서도 찾아볼 수 있다. 갠스는 "언론인은 객관적이려고 노력하지만 그들만이 아니라 누구라도 가치 없이는 절대로 앞으로 나아갈 수 없다"(39)라고 단언한다. 언론인들도 다른 어떤 전문가들도 자신이 속한 기관, 계급, 혹은 다른 어떤 위치에 따라 영향을 받을 수밖에 없다는 것이다. 결론적으로 갠스는 객관성 그 자체가 가치의 일종이라고 지적한다.

터크먼(Tuchman, 1972)은 객관성은 기자들이 마치 의사나 법조인들처럼 직무를 수행하는 과정에서 맞닥뜨리게 되는 다양한 종류의 압박으로부터 스스로를 지키기 위해 마련한 '전략적 의례strategic ritual'일 뿐이라고 개념화했다. 뉴스를 생산하는 절차에서 기자들은 마감시간, 상사의 질책, 취재 대상으로부터의 명예훼손 소송 위협 등 다양한 압박에 맞닥뜨린다. 기자들은 이에 대해 (1) 서로 충돌하는 가능성을 제시하고, (2) 사실임을 지지하는 보충적인 증거들을 더하고, (3) 진실이 무엇인지 기자가 주장한 것이 아니라는 것을 명백히 하기 위해 인용 부호를 사용하고, (4) 역피라미드 구조를 이용해 가장 물질적인 사실, 즉 육하원칙을 앞세우고, (5) '뉴스 해석news analysis'이라는 레이블을 이용해 사실과 의견을 분리한다. 터크먼은 이러한 절차들이 객관성을 목표로 했다 하더라도 달성된 결과는 객관성이 아니며, 목표인 객관성과 수단인 뉴스 절차 사이에 명확한 관계도 없다고 비판한다(676). 터크먼(Tuchman, 1978)은 나아가 "사실성의 망web of facticity"이라는 개념을 도출했다. 사실성의 망은 정보원과 사실 보도의 기초가 되는 이해를 직조한 것이다. 사실성의 망에서 사실은 축적되고, 정당화되고, 검증된다. 사실성의 망은 무엇이 뉴스인지를 찾는 것과 뉴스 틀을 뉴스 그 자체로 끊임없이 재구성하게 만드는 것을 가능하게 한다(103).

언론에서 객관성이 규범적으로 강조되며 주창했던 것은 편견으로부터 자유로움으로써 책임 있는 언론이 된다는 것이었다. 그러나 글래서(Glasser, 1992)는 "언론에서의 객관성이 책임 있는 언론이라는, 언론의 본질적인 기반을 허문다"(176)라고 그 역설을 비판한다. 글래서에 따르면 객관성은 네 가지 방법으로 편견에 차 있다. 첫째, 객관적이어야 한다는 이유로 언론의 감시견 역할이나 옹호에 등을 돌린다는 것이다. 두 번째는 공식적인 취원이나 이미 확립된 기관들을 정보 출처로 삼음으로써 현상 유지를 선호하게 된다는 것이다. 세 번째는 기자들의 독립적인 사고를 저해하는 것이며, 네 번째는 책임 회피를 한다는 것이다. 글래서는 객관주의 언론을 지향하는 기자들은 자신들이 사건을 보고하는 사람일 뿐, 뉴스의 생산자가 아니라고 주장함으로써 그 뉴스가 가지고 올 결과에는 관심을 두지 않는다고 지적한다. 객관주의는 '뉴스 생산의 결과에 대한 무관심'이며, 언론에 지워진 멍에라는 것이다. 객관성이 지우는 멍에로 대표적으로 꼽을 수 있는 것이 인위적으로 균형을 만드는 것이다. 기자가 균형에 초점을 맞추다 보면, 마치 모든 일에 양자만 있는 것처럼 취급해 양측에 다 발언권을 주려 하는데, 이는 공정하다는 인상을 주지만 실제로 벌어지는 진실을 제대로 보도하지 못하는 것일 수 있다는 것이다. 이에 대해서는 "거짓 균형, 공정성의 폭군," "'그는 이렇게 말했고, 그녀는 이렇게 말했다' 저널리즘에 불과하다"(Overholser, 2006: 10)라는 보다 노골적인 비판도 있다.

앨런(Allan, 2010)은 진실과 헤게모니의 관계를 날카롭게 지적했다. 진실이란 언제나 누가 진실이라고 말할 수 있는 권력을 가졌는가에 따라 규정되어 왔다는 것이다. 지금까지 미국 언론에서 인정되어 온 객관성이란 백인 남자의 지배적인 관점이 투영된 것으로서, 인종, 계급, 젠더, 민족적 차이 같은 것은 지워져 왔다고 주장한다. 존 하틀리John Hartley(1992)는 일찍이 '탈진실 사회post-truth society'에서의 객관주의의 운명을 예견했다. 그는 이제 이성과 진실은 더 이상 언론을 인도하는 지침이 아니며 그것을 대신해 '우리'와 '그들'을 이분화하고 각각의 진영을 위해 싸우는 적대적 관점이 그 자리를 대신할 것이라고 보았다. 해킷과 자오(Hackett & Zhao, 1998)는 여기서 더 나아가 포스트모더니즘 시대의 객관성이란 특정 담론 공동체의 경계 안에서 합의된 바에 따라 작동하겠지만, 결코 그 경계를 가로지르지는 못할 것이라고 내다보았다.

이러한 비관론들이 언론에서의 객관성이 이제 더 이상 사회나 당면 문제에 유관성을 갖지 못한다는 것을 의미하지는 않는다. 갠스(Gans, 2004)는 객관성이 인식론적으로는 불가능하더라도 저널리즘적인 의도로는 존재할 수 있다고 보았다. 오늘날과 같이 다양한 관점, 정보원이 존재하는 사회에서 객관성은 오히려 그 어느 때보다 필요하다는 것이다. 그러나 오늘날의 객관주의는 갱신될 필요가 있으며, 그것은 뉴스 스토리를 선택하는 기자들이 다양한 관점으로부터 뉴스를 선택할 때만이 가능하다고 제안했다.

객관주의는 중립을 지키는 것이라는 입장에 대해 제러미 이거스Jeremy Iggers(2018)는 누구의 관점에도 서지 않겠다는 이런 관점이야말로 공상적이라고 반박한다. 표면적으로 이것은 취재 대상으로부터의 초연함으로 보인다. 그러나 로젠(Rosen, 2010)은 이러한 초연함이 어두운 힘이 될 수 있다고 지적한다. 실제로는 이것이 정치적인 의도를 갖고 기자에게 접근하는 사람들을 거의 무심하게 돕는 것이며, 그보다 조금 낫다 하더라도 서로 대립하는 정파들에게 마이크를 쥐여 주는 것일 뿐이라는 비판이다. 로젠은 이를 공정의 가면mask of impartiality이라고 지칭한다. 그는 누구의 관점에도 서지 않는다The view from nowhere[2]

2 로젠은 2003년 처음으로 "누구의 관점에도 서지 않는다"는 개념을 철학자 토머스 네이절Thomas Nagel이 동명의 책에서 펼친 논의에 기반해 주장하기 시작했다. 인용된 내

는 가식적이고 불가능한 관점 대신 누구의 관점에 선 것인가를 밝히자고 한다. 로젠이 내놓은 구체적인 실행안은 기자들의 바이라인만 소개할 것이 아니라, 그의 이력, 그의 목표는 무엇인지를 독자들이 클릭 한 번으로 확인할 수 있도록 공개하자는 것이었다. 이거스(Iggers, 2018)는 중립의 입장은 뉴스 이용자들로부터 언론인들이 자신을 방어하기 위한 무책임한 태도라고 지적한다. "우리는 뉴스를 '만드는' 사람이 아니다. 우리는 뉴스를 '전달'할 뿐이다"(109)라는 것은 저널리스트를 단지 메신저messenger로 규정함으로써 우리는 우리 일을 할 뿐이라고 정당화한다는 것이다. 이거스는 관찰자 모델을 벗어나 독자들에게 뉴스는 언론인들에 의해 만들어지는 것이거나 해석된 결과물이라는 것을 알게 하자고 주장한다. 이거스의 이러한 주장은 피시먼(Fishman, 1980)이 단지 사건을 보도하는 것 같은 범죄 뉴스나 중립적으로 보이는 통계조차도 만들어지는 것이다라고 관찰한 것을 수용하고, 이를 인정함으로써 보다 책임 있는 뉴스를 만들자는 논의로 나아간다.

객관주의에 대한 이러한 비판적 성찰들의 득세는 진실이라는 것이 있기나 한 것인가, 객관주의라는 것이 과연 애써서 지켜야 할 것이냐라는 회의주의와 이에 대한 재반박(Baron, 2023; Downie Jr., 2023을 참조하라)을 낳을 수도 있다. 객관주의를 수행 규칙으로 삼아온 현장의 언론인들은 이러한 비판적 성찰들 앞에서 위축되거나 두려울 수도 있다. 그러나 마라스(Maras, 2013)가 지적한 것처럼 객관주의에 대한 이러한 성찰들은 객관주의의 옹호만큼이나 진지하게 다뤄져야 한다. 이러한 성찰들에 응답하는 것을 통해 객관주의는 기자들에게 관찰

용은 2010년 그가 프레스 싱크Press Think와 나눈 2010년 인터뷰에서 가져왔다.

자로서 자신이 객관적이지 않다는 것을 보다 분명히 자각하게 하고, 현상 유지를 옹호하며, 권력자에게 마이크를 쥐여 주어 이를 단지 전달할 뿐인 무책임함으로부터 벗어나 책임 있는 보도를 하도록 일깨울 수 있기 때문이다.

2장

사실 포착의 방법론: 역피라미드부터 투명성까지

객관성은 특별한 담론적 요소들 안에 내재돼 있다(Conboy, 2010). 그 담론적 요소들이란 역피라미드 형식, 헤드라인과 특별한 시제의 사용 등이다. 터크먼(Tuchman, 1978)은 뉴스 기사 작성이란 뉴스 발화news-speak라고 말하며 이는 "어색한 길이의 문장들과 사실임을 암시하는 명사들로 가득 차 있다"(107)라고 지적한다.

객관성이란 사실과의 일치, 사실의 반영이라는 주장들이 맞닥뜨리는 당혹스러운 진실은 "사실이란 세상에 관해 묘사하는 언어일 뿐이지, 세상 그 자체가 아니"(Romano, 1986: 63)라는 점이다. 이러한 문제에 대한 하나의 해결책이 되는 개념이 사실성facticity(Tuchman, 1978)이다. 사실성은 사실과 세계를 구별할 수 있게 한다. 간단히 말해 사실성이란 경험, 정보, 진술이 사실로서 성립되는 시험이나 일련의 조건을 설명한다. 법률이나 과학과 같은 분야들은 주로 증거를 통해 사실을 구축하는 절차를 따른다. 저널리즘에서 사실성은 강력한 담화적 요소들을 통해 구축된다. 이러한 담화들은 뉴스의 스타일이 사실에 대한 우리의 감각, 더 나아가 객관성의 경험과 교직되어 있다는 것을 보여 준다.

오늘날에도 언론인들은 윤리 규범Code of Ethics의 첫머리에 정확성과 공정성accuracy and fairness을 두고 있다(Society of Professional Journalism, 2011). 이러한 정확성과 공정성은 어떠한 취재 기법과 담화적 요소들을 갖추어 왔느냐는 것으로 인정된다. 객관성을 추구하는 언론의 역사는 이러한 취재 방법과 기사 기술의 발전 과정으로 이해될 수 있다.

역피라미드의 발명

1830년대만 해도 미국 언론의 지배적인 서술 스타일은 연대기적chronological인 것이었다. 오늘날의 기자들이 리드lead로 쓸 만한 문장을 19세기의 미국 기자들은 맨 마지막에서야 드러냈다. 그러나 1892년 〈시카고 글로브*Chicago Globe*〉에 기자로 취직한 소설가 시어도어 드라이저Theodore Dreiser는 첫 문장은 반드시 "누가, 무엇을, 어떻게, 왜, 어디서"를 담아야 한다고 가르쳤다(Mindich, 1998). 이는 역피라미드 스타일의 전형이다. 역피라미드 스타일이란 기사에서 가장 중요한 요소를 기사의 시작에 두고, 가장 사소한 요소를 기사의 맨 마지막에 두는 것이다(Zeliezer & Allan, 2010).

사실을 중심에 두는 객관주의 보도의 핵심적인 기법이라고 할 수 있는 역피라미드의 기원에 대해 언론 역사를 연구하는 학자들은 대개 미국 남북 전쟁 시기를 그 시작으로 본다. 그중 가장 널리 받아들여지는 이론은 첫째, 전황을 알려야 하는데 가장 빠른 통신 수단인 전신이 불안정했기 때문에 기자들이 가장 중요한 정보들을 첫 문장에 담을 수밖에 없었고, 둘째 통신사로 출범한 AP가 불편부당성을 유지하기 위해 역피라미드를 사용했다는 것이다. 뉴스 통신의 광범위한 확산과 더불어 "사실이 의견보다 더 안전하게 상품화"(Shaw, 1981)되는 것이 현실화됐다는 주장이다.

민디치(Mindich, 1998)는 이러한 일반적인 해석에 대해 사료를 근거로 의문을 제기한다. 특히 그는 링컨 대통령이 암살되던 날을 분기점으로 본다. 민디치의 해석에서 주목할 점은 역피라미드를 언론에 널리 유통시킨 주역이 기자들이 아니라 오히려 전시 여론을 관리하며 언론을 검열하던 링컨 정부의 전시 장관Secretary of War인 에드윈 M. 스탠턴Edwin M. Stanton이라고 지목한 것이다. 민디치는 스탠턴이 전장의 군 수뇌부에게 보내던 전보문dispatch이 수정 없이 신문 1면에 실리는 일이 잦았으며 스탠턴의 문장이야말로 역피라미드의 기본을 보여 주는 것이라고 주장한다. 대표적인 것이 링컨 대통령 암살 당일인 1865년 4월 14일 밤 AP의 워싱턴 지국 기자였던 로런스 고브라이트Lawrence Gobright가 뉴욕 본사에 보낸 전문電文 1보와 스탠턴이 뉴욕 민병대의 존 딕스John Dix 장군에게 보낸 전문의 비교다. 민디치는 언론 자체의 역사에서 시대를 바꾼 위인을 만들고자 하는 언론 역사학자들이 고브라이트가 보낸 전문의 첫 줄, 즉 오늘날의 신문 리드와 흡사한 한 문장을 역피라미드의 초기 사례로 꼽지만, 당일 스탠턴의 전문이 오히려 역피라미드의 더욱 완성된 형태라고 지적한다.

고브라이트는 첫 문장에서 "오늘 밤 대통령이 극장에서 총상을 입었으며 치명상인 것 같다The president was wshot in a theatre tonight and perhaps mortally wounded"라고 기술했다. 이후의 11개 절은 당시의 뉴스 스타일대로 총격 암살이 일어나기 전까지의 사건, 즉 링컨 대통령 부부가 연극 관람을 위해 극장에 들어서는 것으로부터 시작해 연대기적으로 서술된다.

반면 사건 발생 4시간 후인 새벽 1시 30분 뉴욕의 딕스 장군에게 스탠턴이 보낸 전문의 첫 문장은 "오늘 밤 9시 30분경 포드 극장의 개인 박스석에서 링컨 여사, 해리스 여사, 래스번 대령과 함께 관람하던 링컨 대통령이 갑작스레 박스석으로 침입해 등 뒤에서 접근한 암살범의 총에 맞았다"라고 서술한다. 이후의 서술은 범인의 도주 경로, 링컨 대통령의 부상 부위와 정도, 같은 시각 동일인인지 확인되지 않은 암살범이 다른 장관도 공격했다는 것과 대통령이 오늘 밤을 넘길지 알 수 없다는 내용이 담겼다. 즉 가장 핵심적인 사건을 맨 앞에 두고, 사건을 시간순으로 따라간 것이 아니라 관련된 정보를 중요도에 따라 순서대로 적어나간 서술 방식이다. 스탠턴의 전문은 딕스 장군을 거쳐 뉴욕 신문사들에 전파됐고, 당시 유력지인 〈뉴욕 헤럴드*New York Herald*〉 등 뉴욕 지역의 신문들은 이 전문을 그대로 지면에 담았다. 민디치는 "역설적이지만 1865년 4월 15일에 (역피라미드라는) 새로운 스타일에 가장 근접해 있었던 것은 언론이 아니라 전쟁부War Department였다"(73)라고 주장한다.

민디치가 미국 언론의 역피라미드 탄생 과정에서 스탠턴의 역할에 주목한 것은 그가 역피라미드 스타일을 통해 정보를 조작함으로써 담론을 통제할 수 있었기 때문이라는 점에 있다. 즉 객관주의 언론의 대표적인 스타일로 꼽히는 역피라미드가 정보의 통제에 적합한 수단일 수 있었다는 점을 지적하는 것이다. 오늘날의 뉴스에서도 유력한 취재원인 정부 소식통이 역피라미드 스타일에는 이상할 정도로 잘 맞아떨어진다는 것이 민디치의 주장이다. 스탠턴은 전장으로부터 오는 정보를 독점하고 있었고, '공식적인official'인 화자였다. 신문 기사를 통해 남군이 북군의 동태를 파악할 수 있었기 때문에 언론은 철저히 통제되어야 했다. 터크먼(Tuchman, 1972)이 지적했듯이 언론은 권력으로부터 나오는 정보를 믿을 만하고 검증 가능하다고 본다. 스탠턴은 자신이 보내는 전문의 사실성factuality을 단언함으로써 비권위적인 다른 정보원들의 중요성을 약화시켰다. 스탠턴이 쓰는 문장은 간결했고, 냉정했다. 그의 전문을 받아쓰기한 언론에 대해 민디치는 기자들이 '유아화infantalized'한 것이라며, 그렇지 않았다면 기자들은 적어도 비권위적인 측면을 전할 수 있었을 것이라고 지적한다.

역피라미드는 사람의 눈길을 끄는 가장 핵심 정보를 기사의 서두에 두는 경제적인 방법이다. 그러나 "서술적 흐름이 없기 때문에 시간순으로 기록된 것보다 조작하기가 더 쉽다. 이야기의 논리를 깨지 않고 단락과 사실을 삭제하기가 쉽다"(Mindich, 1998: 89). 역피라미드가 뉴스의 새로운 스타일로 정착해 가는 과정에서 그것이 얼마나 정부 출처에 의존하고 있었는가라는 과거를 직시하는 것은 정부의 보도 자료에 의존하는 오늘날의 취재 보도 현실을 되돌아볼 수 있게 한다.

질문할 수 있는 권력, 인터뷰

오늘날에는 취재원을 인용하지 않은 기사를 상상하기 어려울 만큼 취재에서 인터뷰가 차지하는 비중이 크지만 영국의 저널리스트 윌리엄 스테드William Stead가 "명백하게 미국 저널리즘의 발명품"(Stead, 1902; Schudson, 1994 재인용)이라고 단언한 인터뷰가, 미국 언론사에서 나타나기 시작한 것은 1860년대에 이르러서다(Schudson, 1994). 초기의 인터뷰는 두 사람 사이의 어떤 만남이나 대화를 의미하는 것으로 폭넓게 쓰였다. 그러나 이는 점점 좁게 언론적인 의미로 쓰이면서 논평을 끌어내는 행위로서 인식되기 시작했고, 20세기로 전환할 시기에는 기자들의 핵심적인 행위로 간주되는 데 의문이 없었다. 20세기 초 한 기자는 "좋은 기자를 만드는 것은 공인으로부터 사실을 확보하고, 도저히 빼낼 수 없었던 것으로부터 확보한 것에서 추론을 해 내는 기술에 달려 있다"(Hapgood, 1905; Schudson, 1994: 567 재인용)라고 했다.

언론 인터뷰는 통상적인 사람들 사이의 상호 작용인 대화와는 다르다. 첫 번째로 언론 인터뷰는 알지 못하는 사실을 확인하기 위한 것일 수도 있고, 이미 자신이 알고 있는 것에 대해 상대를 시험하기 위한 것일 경우도 있다. 뉴스 인터뷰에서 인터뷰 대상자는 자신에게 던져진 질문이 '알려진known' 정보인지 '알려지지 않은unknown' 정보인지 모를 수 있으며, 이는 인터뷰어와 인터뷰이 사이에 특별한 긴장을 불러일으킨다. 기자는 인터뷰이의 답변에 대한 어떤 판단적인 응답을 더하지 않고 다음 질문으로 넘어간다. 기자가 인터뷰이의 답변에 또 다른 질문을 더하지 않고 그 답변을 인정한다면 중립적이고 판단을 내리지 않으려고 그렇게 하는 것이다.

두 번째 차이점은 언론 인터뷰는 인터뷰어와 인터뷰이가 아닌 제3자를 포함하고 있다는 사실이다. 그것은 바로 인터뷰를 엿듣는 보이지 않는 공중이다. 따라서 언론 인터뷰는 양자의 관계가 아닌 삼각관계다(Schudson, 1994). 인터뷰어인 기자가 자신의 평가를 직접적으로 드러내지 않으려고 노력한다고 해도, 평가는 보이지 않으나 항상 실재하고 있는 독자 혹은 공중에 의해서 내려진다. 공표되어서는 안 되는 대화에는 '비보도off the record'라는 명확한 전제가 따라붙는다. 그렇지 않고 보통의 언론 인터뷰에서는 발화자가 공적으로 발화한 내용에 대해 책임져야 하는 것이다.

세 번째로 언론 인터뷰에서는 인터뷰어인 기자와 인터뷰이인 취재원의 상대적인 권력이 고려되어야 할 사항이다. 대화란 위계를 확립하거나 재조정하는 것이다. 질문을 던진다는 행위는 "진실을 찾는 도구"이자 "권력을 드러내는 수단"(Goody, 1978; Schudson, 1994 재인용)이다. 질문은 두 사람 사이에 즉시적인 호혜성을 형성하면서 두 사람을 하나로 묶는다. 그러나 이 호혜성은 평등 혹은 친교를 의미하지 않는다. 언론의 면 대 면 인터뷰는 서로 상충하는 목적을 갖고 반대 방향으로 끌고 가고자 하는 기자와 취재원 사이의 줄다리기다(Schudson, 1994).

상업적인 페니 프레스가 등장하면서 1830년대에 이르면 기자들이 경찰서나 법원에서 사실들을 수집해 오는 리포팅이 새로운 행동 양식이 되었지만, 그 와중에도 인터뷰는 경멸의 대상이었다. 점잖은 언론인이라면 유명 인사를 만난다 하더라도 직접적으로 질문하는 것을 품위에 맞지 않는 일로 여겼다. 일례로 언론인이자 소설가인 마크 트웨인Mark Twain이 북군의 장군으로서 이름을 떨친 윌리엄 셔먼William Sherman 장군을 만나서도 당시의 정치적 쟁점에 대해 직접 묻지 않고, 날씨 얘기를 나누며 셔먼 장군의 심중을 파악한 것이 언론인으로서 해야 할 바라고 여겨지는 일이었다(Schudson, 1994). 직접 인용이 뉴스 스토리에 잦아지기 시작한 것은 1870년대 이후부터다.

인터뷰는 스스로 고유의 예절과 전승을 갖추어 왔다. 초기의 인터뷰에서는 인터뷰하는 내용에 대한 메모를 작성하지 않았다. 당시에는 인터뷰와 리포팅은 구분되는 것으로 간주됐다. 리포팅이 속기사의 일처럼 받아쓰기라면 인터뷰는 기억에 의존했다. 20세기 초 미국 언론 교과서에서는 인터뷰를 할 때 메모는 최소한으로 하며 절대로 받아쓰기하지 말라고 가르쳤다. 정치인들은 종이와 연필이 나오는 순간 위축된다는 것을 알기 때문에 정치 담당 기자들은 인터뷰하는 동안 메모를 하지 않았으며, 1911년에 발간된 언론 교과서에서는 오직 이름과 중요 사실에 대해서만 메모하라고 조언했다.

직접 인용이 없었던 것도 초기 인터뷰의 특징이다. 카를 마르크스Karl Marx를 만난 미국의 기자는 마르크스의 외모, 그의 대화 스타일을 기술했고, 마르크스의 답변을 자신의 질문으로 바꾸어 말했다. 인터뷰 전체에서 마르크스의 말이 직접 인용된 것은 "투쟁"이라는 한 단어뿐이었다(Swinton, 1880; Schudson, 1994 재인용). 직접 인용을 스트레이트 뉴스 스토리 안에 포괄하는 것이 일반적인 저널리즘 관행이 되기까지는 상당 시일이 걸렸다. 1920년대까지도 직접 인용이 없는 긴 뉴스 스토리가 심심치 않게 등장했다.

초기의 미국 언론에서는 리포팅과 인터뷰를 구분했다. 리포팅이 있는 그대로의 사실을 기술하는 것이라면 인터뷰는 뉴스를 만드는 것making it in authentic(Schudson, 1994: 578)이라고 생각했다. AP에서는 1926년까지도 기자들이 인터뷰하는 것을 금지했다. 그 이후에야 중요한 뉴스뿐만 아니라 인간적인 흥미를 다룬 기사들에도 인터뷰를 포함하는 것을 허락했다.

질문할 수 있는 권리는 기자들에게 특권을 부여했다. 인터뷰가 취재 기법으로 정착해 나가면서 기자들은 누구에게나 질문을 던질 수 있는 공인public figure이 되었다. 그러나 인터뷰를 새로운 언론new journalism으로 간주하는 과거 스타일의 언론인들은 여전히 인터뷰를 해로운 습관이자 시민들과 공인들 사이의 대화를 위험스럽게 만드는 방법이라며 부정적으로 여겼다.

셔슨(Schudson, 1994)은 19세기를 **비인격적인 감시**impersonal surveillance(셔슨의 강조)를 실천하는 것이 직업으로 떠오른 시대라고 주장한다. 관찰자 혹은 기자가 관계를 맺는 사람들로부터 정보를 얻는 방법은 철저히 사적이며 개인적이고 감정적인 관련을 배제한 것이었다. 새로운 직업은 어떠한 사회적 공간 혹은 관계에 침입하는 것이었고, 이를 통해 철저히 비인격적인 통제를 했다. 이 통제의 핵심은 개인 그 자체에 관심을 갖는 것이 아니라 그 사람에 관한 정보에 있다. 비인격적인 감시인은 독자들에게 그들이 관심을 가질 가능성이 낮거나 어떠한 연계성도 없는 사람에 대해 보고한다. 일상생활에서도 사람들은 자신들의 삶을 계획하기 위해 정보를 수집한다. 그러나 비인격적으로 정보를 수집하는 직업, 즉 기자들은 자신이 수집하는 정보에 대해 상대적으로 무관심한 관계를 맺는다. 그들은 개인적 목적을 위해 정보를 수집하여 내재화하는 것이 아니라 그것을 외재화한다. 기자가 가진 기득권은 정보 그 자체에 있는 것이 아니라 그러한 정보를 갖고 있다는 사실에 있다.

인터뷰의 발전 과정에서 중요한 또 하나의 지점은 인터뷰가 기자들의 자율권을 높였다는 데 있다. 기자들은 자신들의 취재원으로부터 전문적인 사람들로 여겨졌다. 이러한 자율성의 증대는 단지 취재원과의 관계에서만이 아니라 그들이 속한 언론사와의 관계에서도 이뤄졌다. 과거에는 리포터가 칼럼니스트에 비해 격이 떨어지는 하찮은 정보 수집가로 취급되었다면 인터뷰하는 기자는 칼럼니스트로부터 점점 더 자율권을 확보하고 그들의 통제로부터 자유로워졌다. 그들은 인터뷰를 통해 자율권을 획득하면서 직업 정체성에 대해 스스로 인식해 나갔다. 기자라는 직업에 대한 집단으로서의 공통 인식이 생겨난 것이다.

셔슨(Schudson, 1994)은 인터뷰의 발흥이 역피라미드의 출현과 동시적으로 이루어졌다는 것에 주목한다. 과거의 연대기적인 기술에서 핵심적인 사실을 서두에 놓는 역피라미드 방식으로의 변화를 통해,

기자는 사건이 벌어진 그 시간에 국한되지 않는 보다 넓은 범위의 시간대를 기술할 수 있게 되었다. 저널리스트는 단순히 자신이 보거나 들은 것, 메시지를 전달하는 사람이 아니라, 보고 들은 것은 물론 보고 듣지 않은 것에 대한 해석까지 할 수 있는 합법적인 해설자로 변모해 갔다(Schudson, 1982). 사건을 요약하는 리드와 인터뷰는 기자를 하나의 가시적인 공적 인물군으로 만들었다.

인터뷰는 기자들이 "지금 취재하고 있는 중"이라는 것을 드러내는 방식이다. 인터뷰는 권력에게 진실을 말하게 하는 것이 아니라 저널리스트가 권력 가까이에 있다는 것을 가시화한다. 인터뷰는 공적인 시야에 들어오는 사람들, 특히 정부 고위 관료나 선출직에 도전하는 후보들을 문화적으로 통제하는 수단으로서 기능했다. 인터뷰의 초기 역사는 이 새로운 메커니즘이 드물게 민주적인 문화를 가졌던 19세기 미국에서 권력자들을 공적으로 감시하는 역할을 했다는 것을 증언한다.

사실은 만들어지는 것?

초연함, 비당파성nonpartisnaship, 역피라미드 방식의 기사 서술, 사실과 경험주의에 대한 숭배 등 언론 객관주의의 모든 요소는 19세기 전반에 걸쳐 미국 언론에 뿌리내렸다. 1890년대에 이르면 객관성은 언론의 위대한 법칙으로 자리매김한다. 1880년대 언론사 명부에 따르면 3분의 1에 해당하는 미국 신문사가 어떤 당파에 치우치지 않고 '독립적'인 관점을 견지하는 것으로 분류된다. 1890년대에 가면 그 비율은 4분의 3이 된다. 뉴스를 담은 신문news-paper이 관점을 담은 신문views-papers을 대체한 것이다. 1865년부터 1954년까지의 미국 신문을 내용 분석한 할란 스텐사스Harlan Stensaas(1986)에 따르면 남북 전쟁 시기에는 객관적 보도가 40%였지만, 20세기에 들어서면 그 비율이 3분의 2로 늘어난다. 객관적 보도가 늘어남과 더불어 권위를 가진 공식적인 취재원에 대한 의존, 역피라미드 스타일의 증대도 동시에 일어났다.

객관주의가 언론인들의 윤리로 굳어지면서 언론의 전문직profession화가 병행된다. 기자들만의 조직이 생겨나고, 이러한 조직에서는 기자가 지켜야 할 윤리 원칙이 마치 법률가나 의사의 것처럼 세세하게 다뤄지기 시작한다. '전문직화'는 저널리스트의 사회적 지위를 높이는 것이고, '비전문직'이 아닌 기자와 '전문직'을 구분 짓게 만들었다. 조지프 퓰리처Joseph Pulitzer는 컬럼비아대학교에 저널리즘 스쿨을 만들도록 기금을 내놓으면서 "나는 저널리즘을 학문적 전문직으로 높이기 위한 운동을 시작하고자 한다"라고 말했다. 퓰리처는 돈이 아닌 도덕, 교육, 인격에 기반한 '저널리스트들 간의 계급 의식'을 만드는 일을 저널리즘 스쿨이 수행할 수 있기를 기대했던 것이다.

1894년 에드윈 슈먼Edwin Shuman이 쓴 언론인들을 위한 교과서인 《언론으로 가는 길*Steps into Journalism*》은 컬럼비아대학교에 앞서 언론인이 되는 자격증을 부여한 코넬대학교(1874)나 펜실베이니아대학교(1893) 등 대학 교육 과정에 있는 학생들에게 언론을 가르치기 위한 목적으로 쓰여진 거의 최초의 책이었다. 이 책에서 슈먼은 뉴스통신사에서부터 시작되어 이 무렵에는 거의 모든 신문에 보편화된 기사 형식에 '역피라미드inverted pyramid'라는 용어를 붙이고, "이것은 디저트를 가장 먼저 대접하고 수프를 가장 나중에 대접하는 기술"이라고 설명했으며 역피라미드 기사의 리드는 5W(누가, 언제, 어디서, 무엇을, 왜)를 담아야 한다고 서술했다(Mindich, 1998).

1911년 언론 교과서를 쓴 찰스 로스Chrales Ross는 언론인들에게 "스스로를 기사의 바깥에 머물게 하라keep yourself out of the story"라고 조언하며 이것이 저널리스트가 사주와 맺을 가장 핵심적인 계약이라고 주장한다. 기사에서 기자를 빼고 나면, 즉 기자의 목소리가 사라지면, 무엇이 그것을 채울 것인가라는 질문에 대해 로스는 그것이 '객관성'이라고 답한다. 객관성을 직접적으로 언급한 거의 최초의 교과서라고 할 수 있는 이 교과서에서 로스는 "현대적인 리포팅의 특징은, 명확성, 간결함 그리고 객관성clarity, terseness, and objectivity"이라고 정의한다(Mindich, 1998).

그러나 객관주의 언론의 기법을 받아들인다고 해서 사실 그대로의 보도를 했던 것은 아니다. 대표적인 것이 19세기 말 미국에서 벌어졌던 흑인 린치 사건에 대한 보도들이었다. 당시 기자들은 백인들의 흑인 린치 사건에 대해 역피라미드 방식을 이용해 보도했다. 그러나 이것이 흑인 린치 사건의 진실을 드러내지는 않았다. 역피라미드 스타일은 '객관적' 형식으로 사건에 대해 어떤 관점이나 분노도 표출하지 않은 채 사건을 기술했다. 첫 번째 이유는 중립적인 입장을 견지함으로써 누구도 거슬리게 하지 않아야 한다는 객관성 원칙 때문이었고, 두 번째는 기사를 쓰는 대부분의 백인 기자가 린치를 당한 흑인들에게 씌어졌던 백인 여성 성폭행 등의 혐의를 사실이라고 믿었기 때문이다. 해방된 흑인 노예 출신의 여기자였던 〈멤피스 프리 스피치*Memphis Free Speech*〉의 아이다 B. 웰스Ida B. Wells는 객관주의를 표방하는 〈뉴욕 타임스〉조차 사실과 다른 보도를 했다고 문제 제기했다. 린치당한 흑인들은 성폭행 등 그들에게 씌어진 혐의와 관련이 없었으며, 백인들이 린치를 한 뒤 흑인에게 누명을 씌운 것이고, 이러한 린치가 대부분 노동 시장에서 경쟁 관계가 된 흑인들에 대한 사적 복수였다는 것을 현장 보도를 통해 드러낸 것이다. 〈뉴욕 타임스〉의 웰스에 대한 반응은 그녀가 〈뉴욕 타임스〉의 '합리적' 토론장에 속할 수 없을 만큼 '감정적'이고 일탈적이라는 것이었다. 기법상으로 객관적이지만, 보도를 하는 기자들 자신이 백인으로서 흑인을 '문명화되지 않은 야만인'으로 보는 문화적 선입견에서 자유롭지 않다는 것을 깨닫지 못한 것이었다. 이에 대해 민디치(Mindich, 1998)는 기자들은 자신들이 침윤된 문화적 스테레오타입에 저항할 수 없으며, 특히 자신의 존재를 스토리 바깥에 두어야 한다고 교육받은 객관주의 기자에게 이는 이중적으로 어려운 일이라고 지적한다. 터크먼(Tuchman, 1972)이 지적한 대로 '상식'은 뉴스 콘텐츠 평가에서 중요한 역할을 한다. 뉴스 스토리의 콘텐츠는 다양한 '사실'들로 이뤄져 있으며 상식은 어떤 정보가 '사실'로 받아들여지는지를 결정하기 때문에 그가 어떠한 삶의 배경을 갖고, 무엇을 상식으로 체득해 왔는지는 중요하다.

게이 터크먼(Tuchman, 1972; 1978)은 기자가 사실이 아닌 사실성의 망을 통해 객관성을 추구하지만, 그러한 것이 객관성을 갖춘 것처럼 하는 전략적 의례일 뿐 결코 객관성이라는 목표에 다다르지 못한다는 것을 비판했다. 그는 그 비판 과정에서 객관성을 추구하는 기자들이 사실성을 갖추었다고 주장하고, 스스로도 인정할 수 있기 위해 어떤 장치들을 이용하는지를 설득력 있게 분석했다. 뉴스룸 관찰과 콘텐츠 내용 분석을 결합한 터크먼의 연구는 객관성은 사회적으로 구성되는 것이라는 사회구성주의의 입장에서 경험주의적 객관주의를 비판적으로 검토하는 것이지만, 그 비판을 위해 뉴스룸 안에서 객관성이 어떤 관행을 통해 실행되는지를 체계적으로 정리한 결과를 낳았다.

사실 확인의 관행에 앞서, 미디어 관행을 논의할 필요가 있다. 파멜라 슈메이커Pamela Shoemaker와 스티븐 리즈Stephen Reese(Shoemaker & Reese, 1996)는 "미디어 종사자가 작업을 수행하는 데 사용하는 패턴화된 반복적인 관행, 형식 및 규칙"이라고 미디어 관행을 개념화했다. 미디어 관행은 또한 기관, 소유주, 광고주, 문화 및 사용자와 같은 강력한 힘들에 의해 수용되고 합법화된 일련의 절차로 정의된다(Cook 2006; Lowrey & Gade, 2011; Peterson & Anand, 2004). 관행은 전문적인 표준을 구성하며(Shoemaker & Reese, 1996; Tuchman, 1977), 언론인들의 전문적 행동을 안내한다(Berkowitz, 1992). 미디어 관행을 더 능숙하게 적용하는 언론인들은 전문성을 높이게 된다. 관행은 현상 유지에 기능적이다.

1970년대 미국에서는 뉴스룸 관행에 대한 민족지학적인 연구들이 활발히 이루어졌다(Epstein, 1973; Fishman, 1980; Gans, 2004; Schlesinger, 1987; Tuchman, 1978). 이러한 사회학적 뉴스룸 연구는 저널리즘 연구를 두 가지 측면에서 발전시켰다(Westlund & Ekström, 2019). 첫째, 뉴스 가치와 뉴스 판단, 취재원의 선정, 뉴스 스토리의 구축 같은 것에 대해 기자들이 어떻게 암묵적인 지식을 쌓는지 개인적인 기자의 역량이 아니라 조직의 산물로서 설명해 냈다는 점이다. 둘째, 기자들이 제한된 생산 조건 안에서 객관성이나 진실을 주장하기 위해 어떻게 틀에 박힌 절차를 이용하는지를 드러냈다는 것이다. 이에 관해서는 기자들이 마감 시간이나 취재원으로부터의 명예훼손 소송, 상급자로부터의 질책과 같은 위험을 최소화하면서도 매일 생산되는 소비재인 뉴스 정보를 처리하기 위해 몇 가지 작업 개념working notion을 필요로 한다는 것을 드러낸 터크먼(Tuchman, 1972)의 연구가 두드러진다. 1970년대 뉴스룸 연구의 기여는 무엇보다도 뉴스 생산의 블랙박스를 열고 탐색했다는 점에 있을 것이다(Stonbely, 2015).

그러나 이러한 뉴스룸 민족지를 통한 관행 연구는 급격한 기술 변화와 언론 산업을 둘러싼 경제적 환경의 변화를 겪은 2000년대 이후 새로운 연구들에 의해 도전받게 된다. 2010년대에 다시 한번 붐을 이룬 뉴스룸 민족지 연구들은 조직적 압력 때문에 기자들이 그렇게 하지 못하지 않는 한 뉴스가 본질적으로 현실을 반영한다는 것을 시사했다(Ryfe, 2016; Usher, 2014). 사이먼 코틀Simon Cottle(2000)은 고전적인 뉴스룸 연구가 뉴스 인식론과 관련해 관행화된 실천을 동질화하거나 단순화하는 경향이 있다고 지적했다. 최근의 뉴스룸 민족지들은 뉴스 시장에서 다양하고 변동하는 규범과 실천을 탐구한다. 예를 들어 소셜 미디어 플랫폼의 등장은 기존 뉴스 미디어들의 수익 감소는 물론이고 뉴스 흐름에 대한 통제력과 영향력의 감소를 불러왔다. 새로운 주체들이 뉴스 생산에 진입하는 장벽도 낮아졌다. 소셜 미디어에서의 뉴스의 전환은 검증 관행을 변화시키고 새로운 형태의 사실 확인, 즉 현대적 팩트체크를 촉발했다.

사회과학적 방법론의 수용, 정밀 저널리즘

미국 언론에서는 보도가 사건 중심event centered이고, 대부분 인터뷰에 의존함으로써 다양한 관점을 보여 주지 못할뿐더러, 사회 현상의 심층을 드러내지 못하는 표피적인 보도에 그친다는 비판이 2차 세계 대전 이후 계속되어 왔다. 이러한 비판은 언론인들 내부는 물론이고, 취재 대상, 뉴스 소비자들로부터 제기됐다. 뉴스는 '왜'를 설명할 수 있어야 한다는 요구가 비등한 것이다(McCombs, Cole, Stevenson, & Shaw, 1981).

이러한 흐름에 응답한 하나의 변화가 1960년대 후반 등장한 정밀 언론precision journalism(Gehrke & Mielniczuk, 2017; Meyer, 1973/2002; McCombs et al., 1981)이다. 정밀 언론은 사회과학적 방법을 언론에 적용한 것이었다. 훗날 노스캐롤라이나대학교 교수가 된 필립 메이어Philip Meyer는 〈디트로이트 프리 프레스*Detroit Free Press*〉 기자로서 1967년 디트로이트에서 일어난 폭동을 분석하는 기사를 쓰며 사회과학적 방법을 동원했고, 이 보도는 이듬해 퓰리처상을 수상했다. 메이어는 1966~1967년 9개월간 하버드 니먼 저널리즘 펠로로 머물며, IBM 7090 컴퓨터에 적용할 수 있는 통계학적 방법을 배웠다(Gehrke & Mielniczuk, 2017). 〈디트로이트 프리 프레스〉의 워싱턴 D.C. 주재 기자였던 메이어는 하버드대학교에서 학부 2학년 학생들의 수업에 등록하여 컴퓨테이션과 통계를 배운다. 얼마 지나지 않아 메이어는 이 방법을 뉴스 수집에 적용할 수 있겠다는 생각을 하게 됐다. 질적 방법만을 배운 정치학 석사 출신이었던 메이어는 뉴스룸에서 사람들이 정치에 참여하는 동기를 측정할 방법이 없어서 취재가 앞으로 나아가지 못했던 기억을 안타깝게 떠올리며 자신이 배운 새로운 양적 방법이 이에 대한 돌파구가 될 수 있으리라고 생각하게 됐다. 펠로십을 끝내고 현장에 복귀한 메이어는 디트로이트 폭동이 벌어지자 취재진으로 차출됐다. 그는 폭동이 진정된 뒤, 폭동의 원인을 과학적 설문을 통해 측정했고, IBM 360을 동원해 이를 분석한 뒤 기사로 썼다. 기사에 가설 검증의 사회과학적 방법과 데이터 분석을 동원한 것이었다.[3] 오늘날의 데이터 저널리즘의 효시로 꼽히는 이 보도 이

3 필립 메이어는 자신의 경험을 회고해 〈니먼 보고서*Nieman Report*〉에 기고했다. https://niemanreports.org/articles/philip-meyer-nf-67/

후 메이어는 1969년 《정밀 저널리즘*Precision Journalism*》이라는 책을 출간하며 이러한 보도 기법을 체계화했다. 사회과학과 행동과학의 연구 방법을 언론 실행에 적용한 것이었다(Meyer, 1973/2002). 공공 정책의 효과를 탐사하기 위해 그는 통계와 양적 방법을 발전시켰다. 사실을 수집하고, 이론적 모델을 세운 뒤, 이 모델을 현실에 맞닥뜨리게 하는 것이다. 이 과정에서 컴퓨터는 새로운 방법을 실행하는 도구로 쓰였을 뿐이다. 1980년대 후반 뉴스룸에는 컴퓨터 조력 보도Computer Assisted Reporting(CAR)가 등장한다(Coddington, 2015). 컴퓨터 조력 보도를 수행하는 기자들 사이에는 동질적인 경험에 기반한 끈끈한 네트워크가 만들어졌다. 1989년에는 미국에서 전미컴퓨터조력보도협회 National Institute for Computer-Assisted Reporting(NICAR)가 결성된다.

맥스웰 매컴스Maxwell McCombs 등(McCombs et al., 1981)은 사회과학의 방법론이 언론에 도입되는 것을 정밀 언론으로 규정했다. 이들은 먼저 저널리즘과 사회과학의 유사성에 주목했다. 언론인들은 일을 할 때 두 가지 다른 종류의 기술을 사용한다. 첫째는 중요한 사건이나 상황, 인물을 대중이 빠른 시간 안에 알기 쉽도록 간결하고 정보가 많이 들어간 문장들로 쓰는 일이다. 자주 간과되는 또 하나의 기술은 조심스러운 관찰을 통해 그날의 사건에 관련되는 세부들을 확인하는 것이다(McCombs et al., 1981). 사회에서 벌어지고 있는 일을 세심하게 관찰하는 또 하나의 집단은 사회과학자들이다. 언론인과 사회과학자의 관심은 겹치지만, 방법론적으로 두 집단이 공유하는 것은 적다. 매컴스 등은 관찰을 직접성과 체계성의 두 축으로 분류해 대부분의 저널리즘적인 관찰은 비체계적이고, 간접적이라고 분류한다. 간접적인 이유는 정책 사안이나 정부를 다루는 뉴스의 경우 거의 대변인의 발언이나 공식 발표문, 기자 회견에 의지하기 때문이다. 반면 사회과학자의 방법은 대표성 있는 설문 조사나 내용 분석 등을 사용해 체계화를 거듭해 왔다. 그러나 사회과학자의 방법도 간접적이기는 마찬가지다. 객관적인 관찰자를 배치해 두어 현상을 관찰하게 하는 것보다는 어떤 일이 발생하고 난 뒤 직접 그것을 겪었거나 참여한 사람들의 서술에 의존하는 것이 훨씬 더 경제적이기 때문이다. 많은 경우 목격자나 참여자에게 의존하는 것이 절대적으로 필요한 일이다. 사회 현상은 어떤 일이 발생할지 알 수 없기 때문에 미리 관찰을 계획할 수 없을뿐더러 사람들의 의견을 듣거나 지식을 알고 싶을 때는 간접적으로 전해 듣는 방법이 불가피하다. 이는 사회과학자도 언론인도 피할 수 없는 일이다.

매컴스 등(McCombs et al., 1981)은 전통적인 저널리즘의 관찰 방법이 비체계적이고 간접적인 것이라면, 정밀 언론은 체계적이면서 직접적이거나 혹은 체계적이면서 간접적인 방법으로 무게 중심을 이동한 것이라고 설명한다. 대표적인 것으로 설문 조사를 꼽을 수 있지만, 1980년대에 들어서면 내용 분석이나 실험도 취재 기법으로 수용된다. 공개된 문서의 조사는 익히 알려진 보도 기법이지만, 이 기술이 과학적 방법론의 엄격함과 결합될 때는 기존 자료의 내용 분석을 하는 새로운 종류의 정밀 언론이 탄생한다. 상황에 맞는 통제 조건, 무선화 등 실험 설계 기법들이 함께 사용될 때 상상력 넘치는 보도에 강력한 인과관계의 증거를 제시할 수 있다. 뉴스에 대한 이러한 접근 방식은 기자들이 사건의 '무엇, 언제, 어디서, 어떻게'에 대한 것만큼이나 '왜'를 탐구해야 한다는 요구에 부응한 것이다. 이는 기자들이 가설을 주의 깊게 개발하거나 답변을 찾기 위해 신중하게 고려된 질문을 만들어야 함을 의미한다.

기자들은 자주 "그는 이렇게 말했고, 그녀는 이렇게 말했다"라는 보도 스타일을 고수함으로써 중립성을 유지한다. 이 스타일은 갈등 중인 두 편의 주장을 인용하여 독자로 하여금 사안의 진실을 판단하도록 남겨두는데 이는 검증 가능한 사실적 문제에 대해서도 마찬가지다(Lawrence & Schafer, 2012; Pingree, 2011). 마크 코딩턴Mark Coddington 등(Coddington, Molyneux, & Lawrence, 2014)은 이러한 객관성이 전문적 객관주의professional objectivity라면, 과학적 객관주의scientific obejctivity라고 부를 수 있는 것이 있다고 주장한다. 과학적 객관주의는 전문적 객관주의처럼 양쪽의 균형을 맞추는 대신 과학적 방법에 기초하여 만들어지며 가설을 검증하고 그것에 근거하여 결론을 도출하고 선언하는 것으로 구성된다(Pingree, 2011; Streckfuss, 1990). 과학적 객관주의는 전문적 객관주의가 주류를 이루는 미국 언론 역사에서 주변부에 머물렀지만, 1990년대 후반부터 미국에서 현대적 의미의 팩트체크가 활발해지면서 주목받게 되었다. 현대적 의미의 팩트체크 저널리즘은 과학적 방법에서 빌려온 세 가지 기본 요소, 즉 주장claim, 증거evidence, 판단judgement을 포함한다. 먼저 팩트체크를 하는 언론인은 의견이 아닌 사실 영역에서 검증 가능한 주장을 선택한다. 그 뒤 주장을 평가하기 위해 문서와 전문가들로부터 증거를 찾으며 공적인 정부 자료와 비당파적인 출처에서의 정보를 우선한다. 마지막으로 증거의 해석에 따라 판단을 내린다. 팩트체크를 하는 언론인은 이 과정에서 과학 연구처럼 투명성과 재현성을 강조한다. 팩트체크를 하는 언론인은 자신들이 전통적인 객관주의 내에 있다고 스스로의 정체성을 규정하지만(Mena, 2019), 코딩턴 등은 취재원의 주장을 단순히 전달하지 않고 증거를 바탕으로 판단한다는 점에서 과학적 객관주의를 구현하는 것이라고 평가한다.

변화하고 도전받는 검증 수칙

고전적 뉴스룸 민족지들이 뉴스가 '만들어지는 것'이라는 점을 드러냄으로써 저널리즘에서의 사실 검증의 타성을 숙고하고 성찰하게는 했지만 사실 검증 자체를 무의미한 것으로 여겨지게 만들지는 않는다. 저널리즘에서 다루는 사실은 제도적 사실institutional facts의 세계(Searle, 1995)로서 원시적이고 단단하고 논쟁할 여지가 없고 의심의 여지가 없는 사실이 아니라 복잡하고 조심스럽게 공교화工巧化되었으며 집합적으로 만들어진 것(Latour, 2005)임이 분명하다. 이러한 사실을 다루기에 언론인들은 "저널리즘의 진실을 하나의 과정으로 혹은 이해를 향한 계속되는 여행으로 이해하는 편이 도움이 된다"거나 기자가 구할 수 있는 것은 기껏해야 "얻을 수 있는 최선의 진실the best obtainable truth"(Kovach & Rosenstiel, 2021: 78)이라는 겸양적인 태도를 취한다. 언론에서의 진실은 언론인이 그것에 발 딛고 서 있다고 주장할 수 있는 단단한 기초가 아니다. 쉽게 도달할 수는 없으나 그럼에도 불구하고 추구해야 할 과업이다.

언론의 첫 번째 의무는 진실에 대한 것이며 검증은 저널리즘의 본질이다. 검증은 여타의 공적 커뮤니케이션과 언론을 구분 짓는 근본적인 경계의 역할을 한다(Hermida, 2015). 검증의 실천은 저널리즘 커뮤니케이션에 독특한 지위를 부여하는 동시에 언론인들이 뉴스에 대한 전문적인 관할권을 확립하고 특별한 종류의 권한을 주장하는 것을 정당화한다.

검증이 언론인의 직업 규범이라는 것에 대해서는 이견이 없지만, 실제로 어떻게 실천되는가는 합의에 이르기가 쉽지 않다. 검증은 유동적이며, 논란이 많은 실천이다. 그 적용에 일관성이 없다. 검증 과정을 관찰한 여러 연구는 정보를 끊임없이 확인하는 데 합의되거나 규정된 절차가 없음을 발견했다(Hermida, 2015). 독일의 언론인은 노동 시간의 5.5%만을 교차 검증에 활용했다(Machill & Beiler, 2009). 영국의 신문이나 방송은 대부분의 보도에서 단 하나의 주요 정보원을 인용했다(Lewis et al., 2008). 이스라엘 기자의 검증 과정을 양적 방법과 질적 방법을 동시에 적용해 분석한 아비브 바노이Aviv Barnoy와 즈비 라이히Zvi Reich(Barnoy & Reich, 2019)는 언론인들이 검증에 나설 때는 잃을 것이 있을 위기 상황이나 무언가를 얻을 기회가 있을 때였다고 보고했다. 위험 최소화 장치로서 검증은 유출된, 갈등이 있는 복잡한 이야기로 특징지어지며 기자를 조종하고 정보를 감추려는 덜 익숙하고 신뢰할 만한 취재원을 상대해야 할 때 이뤄졌다. 반면 성취를 가능하게 하는 장치로서의 검증은 이야기가 더 중요하고 흥미로운 것으로 평가되며 주목받는 이벤트를 다루고 독점적인 폭로 가능성이 큰 경우에 수행됐다. 또한 기자들이 정보를 검증하기로 결정하는 이유는 취재원에 의존한 것이기보다는 아이템 특성과 유의미하게 관련이 있었다.

사실 확인의 규율에서 "정확성은 다른 모든 것들이 세워질 수 있는 기초"(Pew Research Journalism Project)다. 그러나 저널리즘의 실천에서 정확성은 신속성과 모순된다. 오보는 24시간 운용되는 인터넷 출현 이후 속도에 쫓겨서 벌어진 일이 아니다. 잘못 기재된 이름, 숫자, 인용이 왜곡되었다는 불평 등은 인터넷 이전부터 오보의 넓은 스펙트럼을 차지해 왔다. "속도와 정확성의 균형을 찾는 것, 이해 가능한 기사를 쓰는 것과 단지 재미있는 기사를 쓰는 것 사이에서 균형을 찾는 것"은 언제나 문제다(Meyer, 2009).

인터넷의 등장 이후 정보 흐름이 역동적으로 되면서 데이터의 양과 속도, 가시성으로 인해 검증의 층위는 보다 복잡해졌다. 24시간 생산되는 디지털 뉴스 생산은 신뢰할 만한 저널리즘의 핵심이라고 할 수 있는 검증을 위협에 처하게 했다. 이제 언론인들은 단지 내가 쓰지 않았어도 누군가 이미 뉴스로 썼고, 그것이 유통되고 있다는 이유로 '써야 한다'라는 유혹에 시달린다. "검증 먼저, 발간은 그 뒤에verify first, then publish"라는 원칙은 전쟁 테러 등의 속보가 터지고, 기자가 아닌 시민들이 게시하는 사진과 동영상이 기자들이 현장에 달려가기 전에 이미 인터넷에 폭발적으로 확산되는 일을 반복적으로 겪으면서 굴절된다. 뉴스 조직은 이미 타사의 뉴스는 보도되었음에도 스스로 확인한 보도는 나오지 않은 뉴스 진공news vaccum의 시간을 어떻게든 견뎌 내기 위해 검증 규칙을 타협한다. 니콜라 브루노Nicola Bruno(2011)의 연구 결과에 따르면 아이티에 지진이 발생했을 때, BBC와 〈가디언〉, CNN 3개의 매체 중 보도 전에 소셜 미디어의 정보를 지속적으로 검증하려고 했던 것은 BBC뿐이었다.

"검증 먼저, 발간은 그 뒤에"라는 규범과 관례는 모호한 회색지대에 들어갔다. 검증은 기자보다 시민이 현장에서 최초 보도를 하는 상황에 적응되어 왔다. 그 결과는 기자가 독점해 온 저널리즘적 이야기에 대한 직업적 경계가 느슨해진 것이다.

언론의 검증은 "통제의 전문적 논리professional logic of control"(Lewis, 2012)로 내부에서 강화reinforcement되고, 재구성rearticulation되며, 재창조reinvention되고 있다.

첫째 검증 규칙을 변화된 환경에서 소생시킴으로써 강화하는 것이다. 이는 막대한 정보가 빠르게 가시화되는 디지털 환경에서 검증을 더 상위의 원칙으로 만드는 것이다. 전통적인 언론사는 이제 "속보를 첫 번째로 보도하는 것을 포기했다. 대신 검증하고 정리하는 데 있어서 첫 번째가 되려고"(Newman, 2009) 한다. 이러한 시도는 이용자 생산 콘텐츠User Generated Contents(UGC)를 수용하는 것이다. BBC의 이용자 생산 허브User Generated Hub는 2004년 인도양에 쓰나미가 벌어졌을 때 이용자 생산 콘텐츠를 적극적으로 수용해 매주 1만 개의 이메일, 1,000개의 이미지, 100개의 비디오를 게시했다(Newman, 2009). BBC는 이용자 생산 콘텐츠를 검증 없이 올리지 않았다. 전통적인 게이트키핑을 거쳐 확인되지 않은 것들을 걸러냈다. 소셜 미디어에 올라오는 각종 게시물을 검증하여 이를 전통적인 언론사에 공급하는 소셜 미디어 통신사라 할 수 있는 스토리풀Storyful[4] 같은 매체도 생겨났다. 속보와 관련해 X(구 트위터)에 게시되는 콘텐츠들의 출처를 평가하는 알고리즘 개발도 시도됐다(Diakopoulos, DeChoudhury, & Naaman, 2012). 이러한 노력은 그것이 인간 중심이든 기술 기반이든 전문적인 기자와 시민, 전통적인 신문사 생산 조직과 소셜 미디어가 하이브리드되는 미디어 환경에서 통제의 전문적 논리를 재천명하는 것이다. 이는 수용자들은 정보 원천이 되고, 이후에 저널리즘적인 제련을 거치는 전통적인 통제 관행의 강화라고 할 수 있다(Hermida, 2015).

두 번째 방향은 검증의 규칙을 재구성하는 것이다. 소셜 미디어가 뉴스 생산의 전 과정에 영향을 미치면서 전통적인 검증 규범을 재구성해야 할 필요가 생겼다. 1920년대 최초로 직업적인 규범을 제시했던 미국신문편집인협회(ASNE)는 변화의 시기를 맞아 다시 새로운 지침을 제시했다(Hohmann, 2011). 새로운 원칙에서 강조된 것은 소셜 미디어에서 수집한 정보를 보도하기 전에 검증하라는 것이었다.

4 스토리풀은 2010년 창설된 소셜 미디어 뉴스 통신사로서, 소셜 미디어에 게시되는 콘텐츠를 집적하고, 뉴스의 출처와 콘텐츠의 사실 여부를 검증하는 스타트업이다. 2013년 루퍼트 머독Rupert Murdoch이 인수했다. https://storyful.com/about/

가이드라인은 "많은 기자가 온라인에서 발견한 것을 지체 없이 보도한다. 그러나 좋은 게이트키퍼가 된다는 것은 트위터나 페이스북에서 발견한 정보를 조심스럽게 증명하는 것이다"라고 제언한다. 앨프리드 허미다Alfred Hermida(2015)는 이러한 지침은 검증을 공적 봉사보다는 직업적 경계를 명백히 하는 것으로 보는 것이며, 언론인들을 '인증자'로 강화함으로써 비슷한 정보를 전파하는 다른 주체들과 구분하려는 것이라고 해석한다.

그러나 언론사들이 이 완고한 가이드라인을 그대로 수용한 것은 아니다. 예를 들어 NPR(National Public Radio)의 윤리 편람은 '온라인에서의 정확성'[5]에 대해 설명한 부분에서 "우리가 다른 사람이 말하는 것을 가리킬 때 많은 사람들에게 사실상 그 정보를 우리가 직접 보도한 것으로 인식된다"라며 온라인에 유통되는 정보를 검증 없이 그대로 중계하는 것에 대해 경계한다. 그러나 NPR은 여기에 덧붙여 "소셜 미디어에 올라온 내용에 대해 보도하는 것은 우리의 청취자와 독자에게 그날의 뉴스에 대한 가치 있는 통찰력을 제공할 수 있다는 것을 우리는 알고 있다. 한 가지 중요한 점은 우리가 무엇을 하고 있는지 투명해야 한다는 것이다"라고 서술한다. 즉 검증은 중요하지만, 이미 온라인상에 시민이 알아야 할 중요한 정보가 유통되고 있다면, 검증이 끝날 때까지 보류하는 것이 아니라 이를 알리되 이는 NPR에 의해서 확인된 것이 아니며 출처가 어디인지를 투명하게 밝히라는 것이다. 이러한 변화는 공개되고 네트워크화된 환경에서 언론의 기존 관행이 한계점에 도달했다는 것을 암시한다. 이제 언론에 대한 신

5 NPR 윤리 편람의 '온라인에서의 정확성'은 다음을 참조하라. https://www.npr.org/about-npr/688139552/accuracy#accuracyonline

뢰는 정확한 정보를 제공하는 것에 온전히 기초하는 것이 아니라 발간되는 정보의 성격에 대해 투명한 것을 통해 유지될 수 있는 것으로 변화했다(Hermida, 2015: 44). NPR이 윤리 편람에 밝힌 것처럼 이제 많은 언론사는 "우리가 하는 일에 대해 투명해야 한다. 우리는 우리의 독자들에게 무엇이 확인되었고, 확인되지 않았는지를 말할 수 있다"라고 투명성과 참여를 강조하게 된 것이다.

이러한 변화에서 두드러지게 확인할 수 있는 것은 취재원 적시의 문제다. 취재원 적시는 언론 수행의 표준이다. 취재원 적시는 기자가 뉴스에 쓴 정보나 인용구를 밝힘으로써 "당신이 아는 것을 어떻게 알았는가?"라는 독자의 질문에 답하는 것이다. 소셜 미디어를 인용하면서 "확인되지 않은unverified" 혹은 "알려진 바로는allegedly"을 제시하는 것은 독자에게 이 자료는 일상적인 언론 영역 밖에서 취득된 것임을 시사한다. 직업적인 기자와 공중이 한 일을 구별하는 경계를 제시하는 것이자, 언론인의 권위를 강조하고 직업적인 언론인이 쓴 뉴스가 아닌 게시물에 대해 엄격한 전문적 기준이 적용되지 않은 것이라고 선언하는 것이다. UGC를 통해 기여하는 시민은 기자들에게 동료로 인정되지 않으며, 저널리즘 바깥에 있는 사람으로 간주된다. "우리가 독자적으로 확인하지 못했음"이라는 부인disclaimer은 저널리스트가 보도할 수 있는 범위를 넓혀 주는 동시에 직업적인 경계를 지켜 주는 역할을 한다(Hermida, 2015).

셋째 검증 규칙의 재창조는 일부 라이브 블로그에서 발견된다. 2010년 아랍의 봄Arab Spring 때 X(당시 트위터)를 통해 라이브 블로깅을 한 NPR의 소셜 미디어 전략가 앤디 캘빈Andy Carvin은 트위터를 뉴스룸으로 삼아 자신의 팔로워들이 연구자, 기자, 팩트체커가 되게끔 만들었다(Hermida, Lewis, & Zamith, 2014). 캘빈의 라이브 블로그에서는 일상적인 언론에서는 표면에 드러나지 않는 일, 즉 출처를 어디에서 찾으며, 어떤 정보를 걸러내고, 무엇을 반박하고 확인할 것인지가 주고받는 트윗으로 공개적으로 이뤄졌다. 검증이 크라우드 소싱된 것이다. 이러한 과정을 통해 신뢰는 이제 단순히 전통적인 검증보다는 공개와 협업을 통해 구축되는 것으로 새롭게 창조되었다.

언론의 양적 전환과 투명성

정보의 디지털화, 데이터의 증대로 인해 언론은 "양적 전환quantitative turn"(Coddinton, 2015; Petre, 2013)기를 맞고 있다. 이런 양적 지향의 언론으로의 흐름은 깊은 민주주의적 뿌리를 갖고 있다. 한편으로는 정보 공개를 요구해 온 운동(Parasie & Dagiral, 2013), 또 한편으로는 공공에 대한 봉사로서의 탐사 언론의 전통(Cox, 2000)에 잇닿아 있는 것이다. 세스 루이스Seth Lewis와 니키 어셔Nikki Usher(Lewis & Usher, 2013)는 1990년대 후반 이후 기술적인 원칙으로 부상한, 공동으로 소프트웨어를 구축하고 공유하는 오픈소스 문화open-source culture가 언론에도 영향을 미친 것으로 풀이한다. 이들에 따르면 오픈소스 운동의 핵심 실천인 투명성, 반복, 땜질tinkering, 참여가 처음에는 컴퓨팅 중심 언론인 사이에서 익숙했지만 점점 저널리즘 문화 전반으로 퍼져 나가는 것이다.

투명성은 "새로운 객관성"(Weinberger, 2009)으로 여겨지는데, 이는 뉴스 제작 과정을 완전히 투명하게 공개함으로써 객관주의의 의례를 따르고 있다는 단순한 주장보다 뉴스 소비자에게 더 큰 신뢰를 구축한다(Karlsson, 2010). 객관성의 대안으로서 투명성은 언론의 전문성, 정당성, 책임성을 근거로 하는 새로운 인식론적 정당화(Vos & Craft,

2017)다. 디지털 기술은 투명성을 강화하는 데 도움이 되는 요소로 입증되었다. 기술은 투명성을 명백하게 드러낼 수 있고 수용자들과 상호 작용할 수 있는 여지를 제공한다. 온라인에 게시된 정보가 처음 게시된 이후 여러 차례에 걸쳐서 수정되어 재발행될 수 있기 때문에 투명성은 더욱 중요하다(Karlsson, 2010). 뉴스에서 발생한 변경 사항에 대해 알리고 설명하는 것이 투명성의 윤리다. 또한 디지털 기술의 상호 작용은 참여적 투명성의 실행과 이용자가 뉴스 생산 과정에 참여하여 협력적 사실을 확인(Brandtzaeg, Følstad, & Domínguez, 2018)하는 것을 가능하게 한다.

투명성은 온라인 환경에서 뉴스 수용자와의 관계 맺기에서만 중요하게 떠오르는 윤리 규범은 아니다. 앤절라 필립스Angela Phillips(2013)는 투명성이 온라인 환경에서 빈번하게 벌어지는 언론의 "자기잠식cannibalization"을 저지하기 위해서라도 뉴스룸에서 채택해야 할 새로운 윤리라고 주장한다. 필립스가 말한 '자기잠식'은 다른 언론사에서 쓴 기사를 출처도 밝히지 않고 베껴 쓰거나 취재원 적시 없이 쓰는 것을 말한다. 과거에는 큰 언론사가 독점 기사를 보도하면 다른 곳에서 동일한 뉴스를 쓸 때까지는 독자들의 주목을 얻을 시간을 확보할 수 있었다. 그러나 오늘날에는 경쟁사 사이트에서 독점 기사를 가져와 조금 수정한 후 내보내는 것이 전혀 어렵지 않은 일이 됐다. 인터넷에서의 치열한 경쟁과 다른 곳에서 가져온 정보를 활용하는 데 기술적이거나 시간적인 장벽이 없다는 사실로 인해 어떤 언론사도 독점성을 몇 분 이상 유지하기 어렵게 된 것이다. 필립스는 영국 신문 기자들에 대한 심층 인터뷰 결과를 종합할 때 이러한 베껴 쓰기가 정상적이고 수용 가능한 행동의 일부로 여겨지고 있다고 밝혔다. 플랫폼의 통합으로 뉴스 흐름이 급속히 가속화되었기 때문에 평범한 관찰자라면 뉴스가 어디에서 유래했는지, 정보를 검증할 수 있는 방법이 무엇인지를 알 수 없게 되었다.

필립스는 블로거들이 진실을 '진행 중인 작업'으로 보며, 확인되지 않은 소문도 온라인에 게시하고 나면 독자와의 상호 작용을 통해 상호 보정될 것이라고 믿는다고 지적한다. "기자들이 진실을 추구한다면 블로거는 투명성"(Singer, 2007: 86)을 추구한다는 것은 이런 맥락에서다. 그러나 대중이 상호 작용을 통해 수정 작업을 하려면 정보가 어디에서 시작했는지는 알 수 있어야 한다. 이런 점에서 적시 attribution는 사람들이 이야기를 거슬러 올라가 검증할 수 있도록 하는 수단일 뿐만 아니라 정보의 원천에 대해 마땅히 주어져야 할 인정이다. 필립스는 출처 표시와 링크의 규칙적인 사용은 기자들이 선택적으로 인용하고 사실을 완전히 왜곡하는 일을 어렵게 만들 것이라고 주장한다. 출처 표시 없는 베껴 쓰기는 뉴스의 동질화를 이끌며, 이는 언론사들의 다양성은 물론 제공되는 시각의 수도 줄어드는 결과를 초래한다.

투명성을 통해 저널리즘의 진실 전달이 정당성을 획득하고 보도에 대한 대중의 신뢰가 강화될 수 있지만, 투명성이 저널리즘의 완전한 규범으로 뉴스룸 내에 제도화되기까지는 상당한 시간이 소요될 것으로 보인다. 〈뉴욕 타임스〉, 〈워싱턴 포스트〉 등 미국의 6대 매체의 기자와 에디터를 심층 인터뷰해 뉴스룸에서의 투명성 실행 정도를 탐색해 본 연구(Chadha & Koliska, 2015)에서 응답자들은 원자료 링크, 온라인에서 보다 세심한 수정, 기자의 이메일과 약력 제공 등을 통해 투명성을 실천하고 있다고 답했다. 그러나 어떤 과정을 통해 취재원을 선정했는지, 취재원을 익명으로 할 때 왜 익명으로 하는지에 대한 배경 설명 등은 여전히 '커튼 뒤에 숨겨진' 뉴스 생산 과정이었다(225).

뉴스 소비자에게 뉴스 제작의 보다 실질적인 측면에 대한 통찰력을 제공하기 위해 기술을 활용하는 데는 거의 노력을 기울이지 않는 것이다. 발달한 디지털 기술은 앨버트 메이어Albert Meijer(2009)가 제시한 '컴퓨터 매개 투명성computer mediated transparency'을 가능하게 했지만, 언론사는 쉽게 시행이 가능한 기계적 '수정'만을 채택하고 기자는 이러한 규범을 적극적으로 받아들이지 않는 것으로 나타났다. 실제로 새로운 기술이 제공하는 기회에 따라 상상되고 가능한 투명성의 유형과 일상적인 수준의 뉴스 제작에서 실제로 실행되는 것 사이에는 상당한 격차가 있었다. 기술적으로 가능한 일과 언론사가 뉴스 제작의 블랙박스를 얼마나 열어 주기를 원하는지 사이에는 불일치가 있는 것이다. 빌 코바치Bill Kovach와 톰 로젠스틸Tom Rosenstiel이 "당신의 방법와 동기에 대해서 최대한 투명하라"(Kovach & Rosenstiel, 2021: 175)라고 조언하지만, 실제로 언론사들은 '커튼을 걷어 올리기'를 주저하는 것이다. 이러한 점에서 미국 뉴스룸에서는 여전히 투명성보다는 객관성이 지속적으로 우세한 규범으로 보인다고 연구자들은 결론지었다.

전신의 도입과 함께 뉴스의 지배적인 스타일이 된 역피라미드 서술, 누구에게나 질문을 던질 수 있는 특권을 가진 공인으로서 기자들을 자리매김한 인터뷰 등이 각각 그 시대의 기술과 사회문화를 배경으로 발달한 검증 기술인 것처럼 사회과학적 방법을 뉴스에 적용한 정밀 언론이나 네트워크화되고 공개화된 온라인 뉴스 환경에서 투명성이 새로운 객관성으로 부상한 것도 시대를 반영한다. 뉴스룸에서는 '전략적 의례'라고 불린 오래된 객관주의 관행과 새로운 기술 환경이 요구하는 투명성 윤리가 혼재되어 실천되지만, 검증이 언론을 언론 아닌 것들과 구분 짓는 경계라는 것은 여전히 중요한 원칙이다. 검증은 지속적으로 강화되고, 재구성되고, 재창조되고 있다.

3장

해석적 언론과 객관성

기자는 녹음기인가 아니면 주어진 사실을 능동적으로 선별하는가 (Ward, 2004)? 언론에서의 객관성이 무엇인가는 결국 언론인이 어떻게 객관성을 해석하고 수행하는가의 문제와 연결되는 것이고, 여기에는 객관성을 사실을 비추는 거울처럼 여겨 그 이외의 것, 예를 들어 의견, 해석 등을 빼는 것으로 보는 뺄셈의 견해와 해석이 객관성과 결코 상충하지 않는다고 보아 이를 더하는 덧셈의 견해가 충돌해 왔다 (Maras, 2013).

피동적 객관성과 능동적 객관성

객관성을 뺄셈으로 보는 견해는 경험으로 인한 감각과 느낌이 사물을 알게 해 준다는 경험주의 철학으로부터 비롯된 것이다. 경험주의 철학에 따르면 우리의 마음은 빈 서판과 같다. 생각은 마치 창문과 같은 감각을 통해서 들어오고 사물에 대한 감각이 아이디어의 원천이다. 이러한 철학적 기조에서 생각을 품는 사람은 외부 감각을 받아들이는 수용적인 존재다. 이러한 관점에서 객관성은 자아, 경험, 해석 등을 덜어 냄으로써 얻어질 수 있는 것이다.

언론에서도 이러한 관점을 계승해 온 전통이 있다. 데니스 매퀘일Denis McQuail은 이를 "개인적 개입이나 주관성이 부재한 것"(McQuail, 1992: 72)이라고 정의했다. 위버(Weaver, 1975; Maras, 2013 재인용)는 자유주의 언론liberal journalism은 기자를 일종의 빈 서판으로 보며, 감춰졌던 어떤 사건이 드러나거나 정보가 스스로 이 서판 위에 쓰여지는 것이라는 관점을 유지해 왔다고 주장한다. '사실이 스스로 말하게 한다'는 믿음인 것이다. 1960년대 미국 언론 교과서에 실린 다음과 같은 기술은 객관성에 대한 '빈 서판'적인 관점을 그대로 보여 준다.

> 모든 기자들은 공익성이 있는 사건을 찍는 카메라와 같다. 이 카메라는 벌어진 일, 말하여진 것을 기록하여 그것을 단순하고 간명하며 직접적이고 재미있으면서도 의견이나 비난, 추론, 흥분, 결론으로 치장하지 않고 불편부당하게 제시해야 한다. (Barnes, 1965: 72; Maras, 2013 재인용)

어떤 선택이나 숙고, 혹은 감정 없이 기록하고 보도한다는 것은 그 자체로 사실과 의견을 분리할 수 있다. 사실과 의견을 분리하는 것이 객관성의 핵심(Schudson, 2001)이라고 보는 입장의 극단적인 형태라고 할 수 있다. 그러나 이러한 입장은 많은 비판을 받아 왔다. 가장 간단히 말해, 주관적 요소는 쉽게 제거될 수 있는 것이 아니고, 모든 뉴스 스토리는 가치 판단에 영향을 받는다는 것이다. 모든 뉴스 스토리는 체나 필터에 걸러지는 것(Taflinger, 1996)이라는 주장이다.

기자는 모든 주관성을 배제한 '빈 서판'이어야 한다는 입장에 비판적인 연구자는 이러한 접근이 경험주의에 대한 오독에서 비롯된 것이라고 주장한다. 우리의 생각은 우리 바깥에 실재하는 사물을 단순히 기록하는 것이 아니라는 점이다. 경험주의에 입각한 객관성 해석에 대극점에 선 것은 객관성이 주관적이라고 주장하는 입장이다(Harless, 1990). 제임스 할레스James Harless는 기자들은 자신의 개인적인 가치를 억제하고 가능한 한 객관적인 보도를 하기 위한 책임이 있다며, 기자들은 객관성의 중요한 가치를 내재화하고 그것을 얻기 위해 실천해야 한다고 제안한다. 할레스의 주장은 일견 개인적인 가치를 억제하는, 즉 경험주의 철학에 기초한 객관성처럼 가치를 배제하라는 것으로 보이지만 그보다는 객관성을 판단의 실행과 관련된 부가적이거나 보충적인 조작적 용어로 보는 것이다.

기자는 관찰하고 있는 사실로부터 초연하고, 어떠한 의견이나 감정도 부가해서는 안 된다는 객관성의 원칙이 가장 도전받는 시기는 이러한 객관성이 언론이 방관자bystander 역할을 하는 것을 용인하지 않는가라는 문제가 제기될 때다. 특히 이러한 문제의식은 전쟁과 같은 인간의 참상을 보도해야 하는 극한 상황에서 도드라지게 된다. 1990년대 중반 보스니아에서 벌어진 코소보 전쟁을 취재했던 BBC의 마틴 벨Martin Bell 기자는 저널리즘 현장에서 이러한 문제의식을 제기한 언론인이다. 그는 인종 학살을 취재하는 기자로서 "우리가 멀리서 관찰하고 (학살이 벌어지는 현장의) 다른 쪽으로 지나가며, 그것이 우리와 아무 상관이 없다고 선언해야 하나? 독립적인 목격자로서 이것은 기자들과 상관있는 일이다. 학살이 우리를 움직이지 않는다면 그 무엇도 우리를 움직일 수 없으며, 그때는 우리 자신에 관해서 과연 무엇을 말할 수 있는가"(Bell, 1998: 102~103)라고 객관주의 언론의 방관자적 역할을 비판했다. 이에 대해 워드(Ward, 1998)는 객관주의가 벨이 생각하듯이 사실과 판단 혹은 의견과 엄격하게 분리된다는 것은 완고한 생각이며 더 이상 객관주의 주창자들 사이에서도 지배적인 생각이 아니라고 반박했다. 워드는 객관적인 기자는 해석을 해서는 안 된다는 생각을 거부했다. 그는 중립성이란 판단과 벌어지고 있는 사건에 대한 공적이고 정밀한 조사를 실행하는 것이라고 주장했다. 워드는 기자가 객관적이어야 한다는 것과 취재하고 있는 사건에 관심을 갖고 이를 염려한다는 것이 결코 양립 불가능하지 않다고 보았다. 오히려 이러한 애정이 객관성을 더 나은 개념으로 만든다고 보았다.

언론이 객관성을 지킨다는 것은 과연 '빈 서판'처럼 나와 떨어져 있는 외부 세계를 관찰한 것을 기록하여 어떤 의견이나 판단도 더하지 않고 불편부당하고 단순하며 직접적으로 제시하는 것이어야 할까, 아니면 그러한 고전적이고 완고한 해석을 넘어서 객관성과 판단, 객관성과 자신이 취재하고 있는 사안에 대한 감정적인 결부를 통해 더 나은 객관성을 실현할 수 있는 것일까? 이 질문은 결국 언론에서의 객관성과 해석interpretation의 관계에 대한 오랫동안 지속되어 온 논의로 연결된다.

해석적 언론과 객관주의 언론

제임스 캐리(Carey, 1997)는 객관주의 보도가 미국 언론에 해악을 미쳤다고 보는 대표적인 학자다(Munsom & Warren, 1997). 그는 객관주의 보도가 기자들의 독립성을 약화시켰고, 전통적인 주창이나 비판의 기능을 언론으로부터 탈각했으며, 언론인들의 사건에 대한 해설자 기능을 상실하게 했다고 주장한다. 결국 이는 언론을 지적인 작업에서 기술적 숙련의 문제로 바꾸었고, 언론을 이른바 '스트레이트 기사 straight reporting'로 정의되도록 만들었다고 본다. '스트레이트 기사'는 "한 사람으로부터 이야기를 듣고 다른 사람으로부터 그에 대한 답을 들은 뒤 그것에 약간의 색채를 더해 스토리로 만들어 내는 것"(Strout, 1950; Maras, 2013 재인용)이라고 정의됐다.

객관적 보도와 대별되는 것이 해석적 보도다. 해석적 보도는 미국의 경우 1930년대부터 객관주의 보도의 핵심이지만 동시에 엄격하게 제한되어야 할 형태로 간주되거나 객관성에 대한 대조 혹은 객관성을 확장시키거나 고양시키는 방식으로 이해되었다. 1차 세계 대전을 겪으며 미국 언론인들은 세계는 간단한 사실로 간단하게 설명될 수 없을 만큼 복잡하다는 것을 절감한다. 복잡해져 가는 세계는 단지 보도만 되어서는 안 되고 설명될 필요가 있었다. 기자는 자신의 임무가 독자가 무엇인가를 알도록 돕는 데 그치는 것이 아니라 이해하도록 도와야 하는 것이라는 주장이 활발해졌다. 이해를 돕는 노력은 당파적인 감성과는 전혀 관계가 없다는 것이 당대 해석적 보도의 필요성을 주장한 언론인의 생각이었다(Schudson, 2001).

그러나 해석적 보도는 논의의 출발점을 무엇으로 삼는지에 따라 긍정적 측면과 부정적 측면에 대한 생각이 다르게 전개된다. 해석적 보도를 스트레이트 보도의 틀 안에서 제한적으로 사용해야 한다고 보는 입장에서는 기자 자신이 해석자가 되는 것이 아니라 취재원의 해석을 인용해야 한다고 본다. 이럴 경우 기자가 하나의 논쟁적인 문서를 입수했을 때 기자 스스로 그 문서를 참고하여 조사하는 것이 아니라 문서에 대해 상반된 입장을 가진 취재원으로부터 주장을 들어야 하는 것이다. 이렇게 하면 서로 다른 입장 사이의 균형은 맞출 수 있을지 모르지만 원래 다루어야 할 문서의 사실성에 초점이 맞추어지는 것이 아니다. 따라서 해석의 권위를 취재원에게만 부여하는 접근법은 사실성에 초점을 맞추는 것에서 오히려 비껴갈 수 있다.

반면 해석의 기능을 객관성을 높이는 것으로 보는 입장도 있다. 예를 들어 1953년 미국 〈신문편집인협회보〉에 기고한 레스터 마켈Lester Markel은 "객관적 해석obejective interpretation"이라는 개념을 제안한다(Maras, 2013). 마켈은 조사와 보도는 뉴스, 설명은 해석, 그리고 언급이나 두드러진 판단은 의견이라고 분리하며, 나아가 해석은 어떤 사안에 대한 지식이나 평가에 기반한 객관적 판단인 반면 사설이나 논평은 주관적인 판단이라고 구분한다. 그의 주장은 모든 사실과 객관성은 해석에 기반하고 있다는 생각에서 비롯된 것이다. 그는 순수한 객관성은 불가능하다고 주장하며, 객관성과 해석은 연속적으로 인접한 것이고 해석을 위한 판단은 사실적인 뉴스 스토리를 쓰기 위해 어떤 사실을 선택할 것인가를 판단하는 것과 차이가 없다고 주장한다. 그러나 해킷과 자오(Hackett & Zhao, 1998)는 해석적 보도가 낡은 객관 보도의 정신을 개념적으로도 실천적으로도 새롭게 하기는 했지만, 그것이 영향을 끼친 범위나 낡은 객관주의 보도의 관습이 변화된 정도를 과장해서는 안 될 것이라고 선을 긋는다.

역피라미드가 남북 전쟁이라는 중요한 사회적 사건과 함께 확산되었다면 해석적 보도의 필요성도 사회적 사건과 맞물렸다. 대표적으로 꼽히는 것이 이념적인 사냥이었던 매카시즘의 횡행이다. 해석적 보도가 필요하다는 인식이 미국 언론계 내부에서 높아진 것은 전통적인 스트레이트 보도가 허위 내용으로 무고한 사람을 공산주의자로 몰았던 매카시즘을 감시하고 비평하지 못했다는 반성과 결부된다.

속보 경쟁에 나선 언론은 공화당 소속 조지프 매카시Joseph McCarthy 상원의원이 누군가를 공산주의자라고 고발하면 이를 최대한 빨리 보도하고 매카시에게 더 많은 내용을 요구했다. 객관 보도는 매카시 시대에는 그저 뻔뻔한 거짓말을 실어 나르는 전송 벨트transmission belt의 역할을 했을 뿐(May, 1953; Maras, 2013: 132 재인용)이었다. 저널리즘은 철저히 실패했고, 언론은 매카시즘의 반대자가 아니라 공범이었다는 언론계 내부의 비판이 오래도록 이어졌다(Boylan, 1986). 매카시즘은 객관주의라는 이상이 재평가되고 개정되어야 하는 핵심적인 분기점(Zelizer, 1993)이 되었다. 위버(Weaver, 1975; Maras, 2013: 133 재인용)는 "어떠한 선동도 언론이 반향판 역할을 하지 않는 이상 운동이 될 수 없다. 객관주의 언론이라는 명분으로 매카시가 제기한 고발을 어떠한 비판 없이 반복하고 극적으로 드러낸 언론은 그런 반향판 역할을 한 것이다"라고 지적한다.

언론이 매카시즘을 저지하지 못한 것은 스트레이트 보도의 전형적인 관행 때문이었다. 당시의 언론계 상황에서 해석적 보도는 일부 특권을 가진 기자들만 할 수 있는 것이었다. 대부분의 기자들, 특히 통신사의 기자들은 스트레이트 보도에 자신들의 역할을 국한했다. 스트레이트 보도란, 그 자리에 없는 관객의 자리를 대신하는 것이었다. 관객처럼 스트레이트 보도를 하는 기자들은 공공 기록의 일부가 되는 경우를 제외하고는 동기나 다른 부가적인 문제에 대해 알아내려 하지 않았다. "매카시 시대에 스트레이트 기사를 쓰는 기자들은 온몸을 꽁꽁 묶는 스트레이트 재킷을 입은 것이나 마찬가지였고, 이러한 제한은 그의 첫 번째 임무, 즉 독자들에게 보다 명확한 이해를 제공해야 한다는 것을 불가능하게 만들었다. 이는 곧 현실 왜곡으로 귀결됐다"(Carter, 1950)라는 것이 당대 기자들의 반성이었다.

스트레이트 보도를 전형으로 하는 객관 보도는 1960~1970년대 흑인 민권 운동, 베트남전, 워터게이트 사건 등으로 미국이 정치 사회적으로 격동하는 동안 편견의 원천이라고 거부되거나 신뢰할 수 있는 언론의 관행으로서 재제도화되는 과정을 거친다.

저널리즘의 사회적 책임과 해석

해석적 보도에 대한 필요성은 언론계 내부에서만 제기된 것이 아니다. 언론이 사회적 책임을 수행하는 방법으로서 해석적 보도를 요구하는 사회적인 문제 제기가 있었다. 1947년 〈자유롭고 책임 있는 언론A Free and Responsible Press〉이라는 보고서를 발간한 허친스위원회Hutchins Commission는 책임 있는 언론이라면 고립된 사실isolated fact을 보도할 것이 아니라 "사실에 대한 진실the truth about the fact"을 보도해야 한다고 지적했다. 허친스위원회가 정의한 언론의 책임이란 공익을 위해 사건을 해석하고 그들을 맥락에 위치 지음으로써 시민들이 스스로 자신의 삶에 관계되는 공적 사안에 대해 판단할 수 있도록 식견을 갖게 하는 것이다. 그러나 허친스위원회가 3년여에 걸쳐 조사한 당대 미국 언론의 현실은 이러한 해석 기능이 더 많은 독자를 확보하기 위해 오락, 일탈적인 사건, 폭력적인 사건들을 풀이하는 데 초점을 맞추고 있는 것이었다. 허친스위원회는 당대의 저널리즘이 사람들의 실제 생활과는 관계없는 잡다한 스토리와 이미지만 쏟아내고 있다고 비판했다(Barnhurst, 2014). 이러한 사회적 요구는 곧 언론 교육에도 영향을 미쳤다. 1949년 발간된 언론 교과서에는 "공중이 사실을 아는 것만으로는 부족하다. 사실의 의미를 알아야만 한다"라며 해석적 보도를 강조했다(Wolseley & Campbell, 1949; Barnhurst, 2014: 115 재인용). 이러한 사회적 책임 이론은 냉전 시기 언론의 유형을 정리한 《언론의 4이론*Four Theories of the Press*》(1956)에도 반영된다. 《언론의 4이론》의 저자들은 전체주의 저널리즘authoritarian journalism의 대척점에 사회적 책임 이론을 두었지만 언론인이 시민을 계몽해야 하는 그들의 책무를 수행하는 정도는 부족하다며 민주주의 사회에서 시민들이 자치할 수 있도록 언론은 더 노력해야 한다고 강조했다(Siebert, Peterson, & Schramm, 1956).

언론에 사회적 책임을 요구하는 흐름에 대해 현장 언론은 거리낌이 있었다. 단지 상업적인 이유만은 아니었다. 해석에 대한 강조로 인해 객관주의 보도가 흔들릴 수 있다는 저항이나 우려가 현장 언론인 사이에서는 있었던 것이다. 매카시즘의 광풍이 잦아들던 1954년 베테랑 저널리스트인 에드먼드 코블렌츠Edmond Coblentz가 언론계 인사들의 주요 발언을 모아 무엇이 좋은 저널리즘인가를 제시하기 위해 펴낸 《기자가 말한다*Newsmen Speak*》에 따르면 언론인들은 정확성, 사실과 의견의 분리에 대해서는 이견 없이 그 중요성을 인정했지만, 뉴스를 설명함으로써 한 발짝 더 나아가야 한다는 데 대해서는 일부만이 동의했다. AP의 뉴욕지국장은 "독자들이 이해할 수 있도록 쉽고 완전하게" "오로지 사실로만 채워진 뉴스"를 요구했다(Barnhurst, 2014). 1941년에는 잡지 〈아메리칸 저널리즘*American Journalism*〉이 해석이 의견 표명으로 빠져들고 있다는 우려를 표명했고, 하버드대학교가 발간하는 〈니먼 보고서〉는 1949년 에디터들이 해석적 스토리에 너무 많은 의견이 담기는 것을 방치하고 있다고 비판했다.

1960년대는 해설 언론explatory journalism이 번성했다. 그 흐름은 먼저 기존의 권위 있는 언론사들이 해설을 전문으로 하는 매체를 창간하는 것으로 비롯됐다. 1962년 〈월스트리트 저널〉에서 최신 시사를 해설하는 주간지 〈내셔널 옵저버*The National Observer*〉를 발간한 것이 그 예다. 또 다른 흐름은 대항문화 운동을 벌이는 사람들이 발간한 새로운 매체의 출현이었다. 1955년 발간되기 시작한 〈빌리지 보이스*The Village Voice*〉는 '어떠한 제한도 없는 보도no-holds-barred reporting'라는 모토를 내걸고 영화, 예술 분야의 평론과 지역에서 일어난 사소해 보이는 개인적인 이야기를 엮은 내용으로 청년 문화를 이끌어 갔다. 〈빌리지 보이스〉에는 데스크의 편집도 없었고, 필자들에게는 고료가 없거나 있다 하더라도 미미한 수준이었다. 〈빌리지 보이스〉의 비즈니스 모델을 따르는 대안 언론이 생겨났고, 이들은 주류 언론의 방식을 도입하여 주류 언론을 공격하고 대안 문화에 대한 운동가적인 글을 육성했다. 〈빌리지 보이스〉 등의 흐름은 뉴 저널리즘으로 명명됐다. 언론과 문학의 경계를 넘나드는 노먼 메일러Norman Mailer의 르포, 캔자스주에서 벌어진 일가족 4명의 살해 사건을 6년간 추적한 트루먼 커포티Truman Capote의 논픽션 소설 《인 콜드 블러드*In Cold Blood*》 등이 대표 사례였다. 주류 언론에 속한 기자들도 이러한 흐름에 동참했다. 〈뉴욕 헤럴드 트리뷴*New York Herald Tribune*〉의 토머스 울프Thomas Wolfe, 〈뉴욕 타임스〉의 게이 탈리스Gay Talese 등이 대표적인 인물로 꼽힌다. 이런 흐름 속에서 〈뉴욕 타임스〉의 전 편집인은 대안 언론들의 주류 언론에 대한 조롱 섞인 비판에 대해 뉴 저널리즘New Journalism은 새로운 것도 아니고, 저널리즘도 아니며, 비판가들이 '육하원칙who-what-when-where-how and why' 스쿨이라고 비웃은 "오래된 저널리즘을 대체해서는 안 된다"라는 글을 〈미국편집인협회보〉에 기고하기도 했다(Barnhurst, 2014).

해석적 보도가 특히 영향을 미친 것은 정치 보도다. 정치인의 의도, 동기, 정책 수행의 방법, 효과 등에 질문을 던지는 해석적 언론에 대해서는 일견 감시견 언론으로 보이지만 실제로는 뉴스가 더 정치에 대해 부정적이 되었고 이로 인해 유권자들이 정치를 게임이나 전략으로 보는 관점을 갖게 됐다는 비판도 제기됐다. 빌 클린턴Bill Clinton 정부 출범 초기의 언론을 비판한 하버드대학교의 정치학자 토머스 패터슨(Patterson, 1996)은 미국 언론의 문제는 흔히 말하는 것처럼 리버럴 편향liberal bias인 것이 아니라 반정치적antipolitics이라는 데 있다고 비판했다. 공화당이든 민주당이든, 그들이 무엇을 했든지 간에 가릴 것 없이 비판의 대상이 된다는 것이다.

패터슨은 객관주의 언론에서도 벌어지고 있는 현상에 대해 회의하는 태도는 유지됐다며 그러나 현재 언론의 거친 비판은 회의주의가 아니라 정치를 조롱하는 태도라고 주장했다. 그는 이러한 태도의 원인을 고삐 풀린 해석적 언론의 만연에 두었다. 패터슨은 스트레이트 뉴스에서 저널리스트의 지침은 "누가, 언제, 누구에게whom 무엇을, 왜 말했느냐"는 5W였으며 배경에 깔린 정치적 상황의 보도보다는 사건 그 자체에 초점을 두는 것이었다고 스트레이트 뉴스의 특질을 규정했다. 그는 뉴스의 기본적인 공식은 "정치인이 무엇을 누구에게 말했는지 서술적 설명을 하는 것이며, 주관성의 영역인 왜 그것을 말했는지는 통상 파고들지 않았다. 최소한 언론인은 사실과 해석을 분리하는 고통을 감내했다"라며 사실과 해석이 자유롭게 교차되는 뉴스 보도에 대해서 비판했다. 묘사적descriptive 스타일과 달리 해석적interpretive 스타일은 취재원보다는 기자에게 뉴스 메시지에 대한 통제력을 더 많이 부여함으로써, 언론인은 보고자reporter가 아니라 해석자analyst의 위치에 서게 되며 사건의 관찰자이기보다는 정치적 과정의 직접 행위자로 참여하게 된다는 것이다.

패터슨은 뉴스가 이렇게 해석적이게 된 것이 텔레비전 뉴스와 신문 간의 시장 경쟁 때문이라고 주장한다. 속보 기능을 텔레비전에 빼앗긴 신문이 전날의 사건을 설명하고 윤색하는 것으로 독자들을 끌어들이고 있다는 것이다. 그 예로 패터슨은 1960년부터 1992년 사이 〈뉴욕 타임스〉의 1면 보도에서 해석적 보도가 차지한 비율이 8%에서 80%로 늘어났다고 지적한다. 베트남 전쟁과 워터게이트를 지나며 언론은 린든 B. 존슨Lyndon B. Johnson, 리처드 닉슨Richard Nixon 두 명의 대통령이 국민을 대상으로 거짓말한 것을 밝혔고, 이것은 언론으로 하여금 진보든 보수든 어떤 정치인도 거짓말을 할 수 있다는 가정을 하게 만들었다. 대통령과 선출직 의원들이 공약을 지키는가 아닌가가 탐사의 대상이 되었다. 패터슨은 의회와 대통령이 서로 견제하는 상황에서 공약이 지켜지지 못하는 것은 유권자에 대한 배신이 아니며 헌법이 정한 구조에 따른 결과라고 주장한다. 정치학자인 패터슨은 기자들이 결코 정치적 갈등에 깔려 있는 가치를 해석적 언론을 통해 표현할 수 없다며, 뉴스가 해석이 아닌 재현적 기능representational function을 강화할 때 정치인들이 더 많이 자신들의 목소리를 유권자들에게 전할 수 있는 것이라고 주장했다.

해석적 언론의 특징

해석적 언론에 대한 반발에도 불구하고 미국 언론은 사건 중심의 보도보다는 해석적 보도, 단편적인 사건의 제시보다 다른 사건들과의 관계를 밝혀 큰 그림을 제시하는 맥락 언론contextual journalism(Barnhurst & Mutz, 1997; Fink & Schudson, 2014)으로 꾸준히 변모해 왔다. 베트남 전쟁과 워터게이트 스캔들을 거치며 언론의 정부에 대한 과잉 협조적인 관계가 종식되면서, 과거의 묘사적인descriptive 객관주의 언론은 더 동적이고, 매개되고, 기자 중심적인 보도로 변화(Hallin, 1992)했다. 탐사기자협회(IRE)가 창설되고, 심층 보도/장문 보도/해설 보도 등 다양한 이름으로 불리는 흐름(Forde, 2007)이 형성되었다. 케빈 G. 반허스트(Barnhurst, 2014)는 이러한 일련의 흐름을 "해석적 전환"이라고 명명했다. 해석적 전환은 미국에만 국한된 것은 아니어서, 연립 정당의 구성에 대한 벨기에 언론의 29년간에 걸친 보도들에서 드러난 해석적 저널리즘으로의 급격한 전환, 기후 변화 같은 쟁점 사안에 대해 언론인들이 균형성을 벗어나 옳고 그름의 평가를 내리는 사례들(Brügemann & Engesser, 2017; Soontjens, 2019)이 다른 나라에서도 보고되어 왔다.

뉴스에서 해석의 기능이 강화된 것에 대해 긍정론과 부정론이 엇갈리는 가운데, 살가도 등(Salgado, Strömbäck, Aalberg, & Esser, 2017)은 해석적 저널리즘에 대한 다양한 견해를 종합해 개념화와 조작화를 시도했다. 살가도와 스트룀백(Salgado & Strömbäck, 2012)은 여러 나라에서 해석적 언론이 시도되고 있고 이에 대한 연구도 진행되어 왔지만, 해석적 언론의 개념과 조작화가 통일되지 않았고, 비교 연구에서 연구 대상으로 삼은 국가들이 한정되어 있었으며, 대부분의 연구들이 일상적인 정치 뉴스가 아닌 선거 보도만을 다루었고, 한 가지 미디어 종류만을 다루었다는 한계를 지적했다. 이러한 한계로 인해 해석적 언론이 다양한 문화권에서 존재하며 번성하고 있는지를 설명하는 데 한계가 있었다는 것이다. 이러한 문제의식에서 살가도 등(Salgado, Strömbäck, Aalberg, & Esser, 2017)은 미국을 포함해 16개국의 해석적 언론을 비교하여 해석적 언론의 개념을 정리하고 해석적 언론을 연구할 때 어떠한 변인들로 조작화해야 하는지를 제안했다. 연구에 앞서 이들은 16개국의 데이터가 보여 주는 일반적인 경향으로 조사 대상 16개국의 보도에서 3분의 1이 해석적 보도였으며 특히 프랑스나 미국의 보도에서 해석적 보도의 비중이 컸다는 점을 밝혔다. 해석적 언론의 예측 변인predictor으로 강력했던 것은 고급 신문 및 대중 시장 신문이 온라인 뉴스에 비해 더 해석적이며, 공영 방송보다는 상업 방송이 더 해석적이었고, 텔레비전 채널 간의 치열한 경쟁이 해석적 언론을 더 촉진하는 것으로 나타났다.

살가도와 스트룀백(Salgado & Strömbäck, 2012)은 언론이 해석적으로 되어 간다는 것은 기자와 취재원의 관계를 바꾸는 것이라는 점에서 중요하다고 지적한다. 패터슨(Patterson, 1993)이 비판했던 것처럼 기자들이 좀 더 해석적으로 되어 간다는 것은 뉴스에 대한 통제권을 기자가 더 갖게 된다는 것이고, 미디어의 개입이 그만큼 커진다는 것을 의미한다(Blumler & Gurevitch, 1975; Esser, 2008). 언론인들이 자신들의 말과 시나리오와 평가로 정치에 대해 보도할 때 개입의 정도는 커지며 취재원인 정치인들이 재현될 기회는 적어진다(Esser, 2008). 높은 정도의 해석적 언론과 미디어의 개입은 서로 연결되어 있으며, 정치의 미디어화mediatization of politics의 지표로 간주되어 왔다.

살가도 등은 "해석적 언론이 무엇을, 어디에서, 언제, 누가, 왜 중에서 왜에 초점을 맞추는 것으로 변모했다"(Salgado et al., 2017: 52)라고 정의했다. 해석적 언론이 확산되는 것과 정치에 대한 언론의 부정성이 증가하는 것(Farnsworth & Lichter, 2011), 전략적인 게임 프레임의 사용이 증가하는 것(Patterson, 1993) 등은 뉴스의 형태를 바꾸었다.

해석적 언론의 개념은 복잡하다. 저널리즘 문화와 규범, 가치가 나라들마다 다르고, 언론이 시대를 거치며 진화해 왔기 때문에 해석적 언론의 개념 정의 문제는 인식론과 존재론을 건드리지 않을 수 없다(Benson & Hallin, 2007; Esser, 2008; Esser & Umbricht, 2014). 1960년대부터 2000년까지 프랑스, 독일, 영국, 이탈리아, 스위스, 미국 신문들의 정치 기사 2,422개의 내용 분석을 통해 객관적 뉴스와 해석적 뉴스가 어떻게 진화해 왔는지를 분석한 프랭크 에서Frank Esser와 안드레아 움브리히트Andrea Umbricht(Esser & Umbricht, 2014)는 객관적 뉴스 패러다임이 어떻게 해석적 뉴스 패러다임으로 변천해 왔는지를 밝혔다. 이들은 먼저 객관적 뉴스, 곧 하드 뉴스hard news의 특질과 실행 방법을 역피라미드 구조, 균형 잡힌 보도, 검증 가능한 사실과 취재원 적시, 공정한 관점, 뉴스와 사설 기능의 분리로 정의했다. 매카시즘, 베트남전쟁, 워터게이트 등 보도에서의 하드 뉴스 보도의 한계가 드러난 뒤 언론이 더 확장되어야 한다는 패러다임이 전개되었고, 이는 기자에게 성찰과 비평적 전문 지식을 요구했다.

그러나 해석적이고 비판적인 언론이 결국 정치 세력과 연계되어 당파적 매체가 될 것이라는 우려도 있었고, 이는 미국 언론의 유럽화Europeanization로 귀결될 것이라고 예견됐다. 이러한 예견이 기우에 그치는 것이 아니라는 증거로 대니얼 핼린Daniel Hallin은 인터뷰(Moe & Sjøvaag, 2008)에서 미국에서의 이념적 미디어의 재출현은 케이블 뉴스, 토크 라디오, 블로고스피어를 통해 드러나고 있다고 지적했다. 에서와 움브리히트(Esser & Umbricht, 2014)는 서구 언론에서 정보와 해석이 뒤섞인 뉴스 분석과 의견을 기반으로 한 스토리가 늘어나는 동안 전통적인 하드 뉴스가 차지하는 비중은 눈에 띄게 줄었다고 분석했다. 2000년대 들어서 조사 대상 국가의 언론들은 '왜'에 대한 질문에 답하는 분석과 정치적 사건의 원인, 결과, 연관성을 밝히는 맥락화를 추구했다. 이들은 해석적 보도 자체를 나쁘다고 볼 수는 없다며, 정치 과정process이 아니라 정책policy에 초점이 맞춰진다면 해석적 보도가 공론장을 더 풍성하게 할 수 있지만, 실제 분석 결과는 정책보다는 정치 과정에 초점을 맞춘 뉴스가 더 많다는 것이라고 밝혔다.

살가도와 스트룀백(Salgado & Strömbäck, 2012)은 해석적 언론에 대한 이론과 연구를 검토한 뒤 해석적 언론의 종합적인 개념화를 시도했다. 이들은 해석적 저널리즘은 "'왜'와 검증 가능한 사실의 의미나 맥락에 초점을 두는 것"(154)이라고 정의했다. 패터슨(Patterson, 2000)은 서술적 스타일의 기사에서 기자는 관찰자였지만, 해석적 저널리즘에서는 기자가 분석가의 역할을 수행함으로써 뉴스 메시지에 대해 더 많은 통제권을 갖게 된다고 보았다. 로드니 벤슨Rodney Benson과 대니얼 핼린(Benson & Hallin, 2007)은 언론의 기능을 현재의 사실이나 진술을 보도하는 것, 배경 정보를 제공하는 것, 해석을 제공하는 것, 의견을 표명하는 것 등 네 가지로 구분한다. 이들은 "해석은 경험적인 담화의 일종이지만 현재의 사실, 환경 또는 역사적 맥락을 초월하여 중요성, 결과 및 동기에 대한 추측을 하는 것"(32)이라고 정의한다. 해석과 달리 의견 표명은 언론인들이 규범적으로든(좋다거나 나쁘다거나), 경험적으로나(참인지 거짓인지) 판단을 행사하는 것이라고 구분한다. 한편 모니카 예르프피에르Monika Djerf-Pierre와 레나르트 베이불Lennart Weibull(Djerf-Pierre & Weibull, 2008)은 해석적 언론에 비평적 언론, 추측, 옹호advocacy, 메타 언론의 네 가지 특성이 뒤얽혀 있다고 주장한다. 기자는 스튜디오 인터뷰에서 전문가로 자신을 자리매김하거나, 정치적 현실을 해석하여 청중에게 전달하는 논평가commentator로 스스로의 위치를 설정한다. 이러한 행위를 통해 기자들은 대중의 대표를 자임하여 공중의 이익이나 필요를 옹호한다는 것이다.

살가도와 스트룀백(Salgado & Strömbäck, 2012)은 여러 개념을 비교하면서 해석적 언론이 규범적인 개념으로 간주되어서는 안 된다고 주장한다. 패터슨(Patterson, 1993)의 분석에서 볼 수 있듯이 해석적 언론은 언론이 다루는 사실 특히 정치에 대한 부정성을 조장할 수도 있다. 그러나 살가도와 스트룀백은 해석적 언론이 현재 사건에 대한 기자의 해석과 분석, 공공적 논평을 중점으로 한다면, 이러한 해석과 분석은 정보가 풍부하거나 부족할 수 있고, 비판적이거나 비판적이지 않을 수 있으며, 맥락을 제공하거나 반대로 주의를 산만하게 할 수 있다고 지적한다. 어떠한 경우든 이것은 경험적인 문제이지 개념적인 문제가 아니므로 해석적 언론에 대한 규범적인 평가는 개념화와는 별도로 유지되어야 한다고 제안한다.

살가도와 스트룀백(Salgado & Strömbäck, 2012)은 해석적 언론은 검증 가능한 사실 뒤에 숨은 진실을 찾으려고 노력하는 것이라고 이해한다. 기자들이 이러한 노력을 기울이게 되는 이유는 첫째 가치 중립적인 사실이나 사실 자체가 말하는 개념에 대한 불신 때문이다. 다른 이유는 서술적인 보도가 뉴스 보도의 대상에게 뉴스의 내용을 정의하는 권한을 부여한다는 것에 있다. 기자들은 언론이 권력을 가진 사람들을 비판적으로 감시해야 한다고 믿기 때문에 뉴스의 대상이 뉴스의 내용을 정의한다는 것에 대해 반감을 갖는다. 언론인들은 정치적 취재원이 말하는 것에 대해 공공연히 의문을 제기할 수 없을 때가 많다. 편견이 있다고 인식받지 않으려면 기자들은 정치적 취재원의 행동과 말을 어떤 테마적 프레임 안에 놓을 것인지 결정하고, '무엇, 어디, 언제, 누가'의 의미를 분석할 수 있다. 그들은 뉴스를 맥락화하고 다른 사건이나 진술을 특정한 테마적 프레임 안에서 서로 연결시켜 설명하고 평가할 수 있다. 세 번째 이유는 사실의 의미를 전달하기 위해 맥락이 필요할 수 있으며, 해석적 언론은 그러한 맥락을 제공할 수 있다는 것이다. 해석적 언론이 발생하게 되는 배경을 이렇게 분석한 뒤 살가도와 스트룀백은 해석적 언론에 대한 여러 가지 개념들의 공통적 요소를 종합하여 아래와 같이 해석적 언론을 정의한다.

> 해석적 언론은 서술적이거나 사실 중심 및 취재원 중심source-oriented의 언론과 대립하거나 이를 초월하는 특성을 갖는다. 분석의 이야기 수준에서 해석적 언론은 독특한 기자의 목소리로 특징지어지며, 검증 가능한 사실이나 취재원의 진술을 초월하는 기자의 설명, 평가, 맥락화, 또는 추측을 특징으로 한다. 기자가 선택한 주제, 가치가 담긴 용어의 사용 또는 공공연한 논평으로 또한 특징지을 수 있지만, 이러한 요소들이 반드시 포함되는 것은 아니다. (Salgado & Strömbäck, 2012: 154)

살가도와 스트룀백은 해석적 언론이 가치가 담긴 용어나 공공연한 논평을 포함한다면 이는 벤슨과 핼린(Benson & Hallin, 2007)이 개념화한 "의견 언론journalism of opinion"이라며 이는 무엇이 옳고 무엇이 그른지, 무엇이 진실이고 거짓인지를 기자의 판단으로 명시적으로 드러내는 것이라고 개념화했다. 벤슨과 핼린의 개념이 보여 주는 것은 해석적 저널리즘의 스펙트럼이 넓다는 것이다. 해석적 언론은 '공공 서비스 또는 공공 책임 언론public service or public responsibility journalism,' '논평 언론commentary journalism,' '비판적이고 적대적인 언론critical and adversarial journalism' 등 다양한 유형의 해석적 언론으로 구별될 수 있으며, 이러한 다양성 때문에라도 해석적 언론에 대한 평가가 다를 수 있기 때문에 해석적 저널리즘의 개념 자체가 규범적이어서는 안 된다.

연구를 위해서는 개념적 합의뿐만 아니라 해석적 언론을 어떻게 측정할 것인가에 대해 조작적 정의가 통일되어야 할 필요성이 있다. 살가도와 스트룀백(Salgado & Strömbäck, 2012)은 여러 연구 사례에서 다

표 3 - 1 저널리즘이 해석적인지 측정하기 위한 변수

	변수	값
1	뉴스 스토리가 레이블을 통해 명시적으로 수용자에게 해석적 저널리즘이 기대된다는 신호를 보내고 있는가?	예/아니오
2	해석과 설명의 전반적인 양은 얼마나 되나?	주요함/2차적/주변적/없음
3	뉴스 스토리에 사건이나 행동의 원인에 대한 해석이나 설명이 포함되어 있나?	예/아니오
4	뉴스 스토리에 사건의 미래 결과에 대한 추측이 포함되어 있나?	예/아니오
5	뉴스 스토리에 사건이나 행동의 맥락화가 포함되어 있나?	예/아니오
6	기자가 사건이나 행동을 보도할 때 공공연한 논평을 포함하나?	예/아니오
7	뉴스 스토리에서 기자의 말이 차지하는 비중이 어떻게 되나?	퍼센트

출처: Salgado & Strömbäck, 2012: 156에서 인용.

양한 방식으로 해석적 언론이 조작화되었다는 것을 드러낸다. 대부분의 연구는 뉴스의 내용과 특성에 중점을 두었지만, 형식format과 관련된 측정 항목을 포함한 연구도 있었다.

예를 들어 반허스트와 다이애나 머츠Diana mutz(Barnhurst & Mutz, 1997)의 내용 분석 연구에서 코더들coders은 텍스트 내의 개별 행위자나 집단, 보도된 사건의 숫자, 언제 이러한 사건이 일어났는지, 어디서 사건이 발생했는지 여러 질문에 답했다. 코더들은 또한 배경 맥락, 함의, 해석 혹은 추천 등에 관한 정보가 있는지, 기사가 원인이나 일반적인 문제, 집단적인 사회적 이슈나 테마를 다루고 있는지도 코딩했다. 코더들은 10점 척도를 이용해 매우 구체적이고 이벤트 중심의 보도(1)부터 대단히 일반적인 뉴스 분석(10)까지 점수를 매겼다.

살가도와 동료들은 주로 스웨덴과 영국, 노르웨이, 스페인, 미국

과 같은 국가에서의 선거 보도를 비교하기 위해 내용 분석을 실시했다. 이 연구에서 해석적 언론의 조작화는 주로 지배적인 저널리즘 스타일을 기반으로 결정되었다. 따라서 내용이 중요하며 형식은 중요하지 않았다. 코더들은 뉴스 스토리가 일어난 일을 직설적으로 알려주면 '서술적'으로 코딩하고 '상황을 분석, 평가하거나 설명하면서 또한 그 일부를 묘사하는' 경우에는 '해석적'으로 코딩했다. 논평이 두드러지거나 가치가 담긴 용어가 사용되는 것도 해석적 언론의 지표로 사용되었다. 스웨덴 선거 뉴스에 대한 또 다른 연구에서(Strömbäck, 2008; Strömbäck & Nord, 2006)는 '스트레이트 뉴스'와 '뉴스 분석'을 구별하여 뉴스의 형식을 측정하는 변수가 추가되었다. '뉴스 분석'의 조작화는 '언론이 기자의 해석이 기대된다는 신호를 독자/청취자에게 전달하는 레이블을 명시적으로 부여한 뉴스 이야기'로 정의되었다. 방송 뉴스에서는 한 기자가 다른 기자를 인터뷰하는 코너를 포함했다.

살가도(Salgado, 2007; 2010)는 포르투갈의 선거 보도가 얼마나 해석적인지 조사하기 위해 다른 접근 방식을 채택했다. 형식에 따라 뉴스를 코딩하는 것 외에도 뉴스 이야기가 주로 회고적인지 미래에 대한 전망인지를 코딩했다. 주로 미래에 대한 전망으로 코딩된 경우, 미래의 가능성이나 미래에 대한 해석 또는 사건이나 사실의 결과에 중점을 둔 경우, 이는 해석적 저널리즘의 지표로 간주되었다.

이러한 다양한 조작화를 종합해 살가도와 스트룀백은 양적 연구에서 뉴스 스토리를 분석 단위로 하여 해석적 언론을 조작화할 때 사용할 수 있는 변인들을 다음과 같이 제안했다.

첫째, 뉴스 스토리가 레이블을 통해 명시적으로 청중에게 해석적 언론이 기대된다는 신호를 보내고 있는가다. 해석적인지 서술적인지를 가장 명백하게 나타내는 지표는 뉴스 스토리의 형식에 관한 것이며, 이와 관련해 여러 학자가 '하드 뉴스' 또는 '스트레이트 뉴스,' 논평, 의견, 뉴스 분석, 그리고 피처 등과 같은 범주를 구별하고 있다. 용어는 언론 매체와 국가에 따라 다를 수 있기 때문에 해석적 언론이 명시적으로 독자 혹은 시청자들에게 해석할 것이라는 신호를 레이블을 통해 제시하는지를 파악하기 위한 변수다.

둘째, 해석이나 설명의 전반적인 중요도나 양을 다루는 변수다. 이 양은 (a) 주요한 양primary amount, (b) 2차적인 양, (c) 주변적인 양, (d) 다루지 않음 등으로 구분될 수 있다. 이 변수의 단점은 해석 혹은 설명의 서로 다른 양을 구별하기 어려울 수 있으며 따라서 코더 간 신뢰성을 확보하는 것이 관건이다. 이러한 변수에 더하여 이들은 셋째, 뉴스 스토리가 사건이나 행동의 원인에 대한 해석이나 설명을 포함하고 있는가? 넷째, 뉴스 스토리에 사건의 미래 결과에 대한 추측이 포함되어 있는가? 다섯째, 뉴스 스토리에 사건이나 행동에 대한 맥락화가 포함되어 있는가? 여섯째, 기자가 사건과 행동을 보도할 때 공공연하게 논평을 하는가? 등을 변수로 포함할 것을 제안한다.

언론의 가장 중요한 민주적 기능 중 하나는 시민들이 자치에 필요한 정보를 제공하는 것이라는 데는 대략적으로 합의가 이루어진 것처럼 보인다(Kovach & Rosenstiel, 2021). 그러나 과연 어떠한 정보여야 하는가에 대해서는 합의가 쉽지 않다. 해석적 언론을 옹호하는 사람들에게 이 문제에 대한 답은 분석적이고 맥락화된 정보가 필요하다는 것일 수 있다. 사람들이 사실과 현재 일어나고 있는 일에 대해 더 잘 이해할 수 있도록 도와주는 정보가 필요하다는 것이다. 그러나 해석적 언론을 비판하는 사람들에게 답은 기자들에 의해 걸러지지 않은 정보, 최대한 취재원으로부터 직접 나오는 정보가 필요하다는 것일 수 있다.

살가도와 스트룀백(Salgado & Strömbäck, 2012)은 해석적 언론을 받아들일지에 대해 서로 다른 관점을 가지는 것은 충분히 타당성이 있는 일이라고 인정한다. 그러나 그것이 무엇인지what is와 무엇이어야 하는지what should be는 항상 분리되어야 하는 두 가지 다른 문제라는 점을 지적한다.

해석적 언론과 팩트체크 저널리즘

"해석적 언론은 검증 가능한 사실의 이면에 있는 진실을 밝히는 것을 목적"(Salgado & Strömbäck, 2012: 154)으로 한다. 이러한 점에서 1980년대 말 이후 미국 언론에서 전개되어 온 팩트체크 저널리즘 운동은 해석적 언론의 자장 안에 있다. '팩트체크'라는 용어는 검증의 의미에서 객관성을 연상시킬 수 있지만 주장의 진실이나 신뢰성에 대한 판정을 포함하기 때문에 해석적 전환의 일부로 이해될 수 있다(Birks, 2019). "팩트체크 운동은 더 해석적인 저널리즘에 연결된 (언론인들의) 직업적 문화를 반영하고 재생산하는 것"(Graves, 2016: 63)이다.

팩트체크 저널리즘은 주류 뉴스 보도의 수동적인 "그는 이렇게 말했고, 그녀는 이렇게 말했다" 보도에서 벗어나 자료를 평가하고 독자적인 해석을 찾는 점에서 스트레이트 뉴스 보도와 구별된다. 이것은 팩트체크를 하는 기자에게만 해당되는 것은 아니며 해석 언론과 공유되는 특징이다. 그러나 팩트체크를 하는 언론인들은 정치인들의 주장을 평가하며 이를 자신만의 합리적이지만 완벽하지는 않은 증거 해석을 기반으로 수행하기 때문에 비판에 노출되는 경우가 더 많다. 그럼에도 불구하고 팩트체크 저널리즘은 오늘날과 같이 진실이 불안정하거나 접근하기 어려운 것처럼 보이는 수많은 상반되는 주장으로 가득 찬 정보 환경에서 특히 가치 있는 교정 장치로 여겨진다(Birks, 2019).

팩트체크 저널리즘은 화자가 말한 내용을 정확하게 '받아쓰기' 하는 것을 넘어, 그 발언이 사실인가를 기자들의 독자적인 조사를 통해 규명한 뒤 판정 결과를 독자들에게 제시하는 검증과 해석, 판정이라는 평가적 과정에 초점(Amazeen, 2013)을 둔다. 팩트체크를 하는 기자들은 문자적 의미literal meaning와 맥락적 의미contextual meaning를 구분한다. 이들에게 가장 어렵고도 논쟁적인 일은 어떻게 언술된 것 그 자체와 그것이 의미하는 것을 구분할 수 있느냐는 문제다. 팩트체크를 하는 기자들에게 '맥락'이란 증거를 표면적으로만 이해하지 않으며 전체적인 맥락에서 사실성 여부를 판별하는 해석적 작업이다. 통계 등 숫자는 정확하게 인용했으되, 맥락이 왜곡됐을 경우 "사실이되 거짓true but false"이라고 판정하게 된다. 팩트체크 저널리즘에 대해 비판적인 이들은 팩트체크를 하는 언론인이 검증 대상의 맥락을 지나치게 확대 해석한다고 비판하지만 그들은 검증 대상을 추상적으로 평가하지 않는다. "일상적인 팩트체킹에서는 메시지의 내용, 그 형식, 그것이 생산된 정치적 맥락이 종합적으로 고려되어 그 메시지의 진실성을 구성한다"(Graves, 2016: 140)라는 것이 팩트체크 저널리즘의 방법론이다.

팩트체크 저널리즘의 해석적 경향은 여타의 해석적 언론과 차이를 갖는다. 검증 가능한 사실의 이면과 맥락에 초점을 맞추는 해석적 전통에 잇닿아 있으면서도 팩트체크 저널리즘은 객관성을 강조하는 방법들을 규범화하고 있다. 해석적 언론의 전통 아래 있으면서도 이러한 차이점 때문에 팩트체크를 하는 기자들은 자신들의 목표는 명확한 진실definitive truth을 제시하는 것일 뿐, 유권자들의 마음을 바꾸거나 정치인들이 거짓말을 하는 것을 멈추게 하는 것이 아니라고 주장한다(Mena, 2019). 유권자들이 필요로 하는 정보를 제공함으로써, 민주주의를 함양하는 것이 목적이므로 자신들의 활동이 선전선동가와 다르다는 것을 명백히 한다(Graves, 2016).

팩트체크 저널리즘은 해석적 언론과 객관주의 관행의 긴장과 교차점에 서 있다. 대표적인 특징이 의견을 검증 대상으로 삼지 않는다는 것이다. 팩트체크 저널리즘을 수행하는 기자들은 의견이 검증 대상이 아닌 것은 팩트체크의 가장 중요한 원칙이지만, 어디까지가 의견이고 어디부터가 검증 가능한가checkability의 기준을 설정하기는 쉽지 않다는 점을 토로한다(Graves, 2017). 조사investigative 기법으로서 원 발언자에게 발언의 배경, 근거로 삼은 출처를 확인하는 것으로부터 시작한다. 이는 검증 대상에게 자신을 변호할 기회를 주는 것이기도 하다. 팩트체크를 하는 기자들은 조사 과정에서 공적 데이터와 독립적인 전문가에 의지한다. 중립적인 취재원을 찾을 수 없을 경우 상반되는 의견을 청취해 서로 겹치는 부분을 찾아낸다. 만약 상충되는 독립적인 전문가를 찾을 수 없을 경우, '진실의 삼각 측량 triangluating the truth'으로서 다양한 취재원을 확보한다. 살가도와 스트룀백이 해석적 저널리즘의 변인으로 미래 예측을 포함한 것과 달리 팩트체크에서 미래를 예측하는 것은 관찰 가능하고 검증 가능한 사실의 영역을 다루는 것이 아니기 때문에 오류다(Uscinski & Butler, 2013).

팩트체크 기사의 또 하나의 특징은 기사 스타일이다. 팩트체크 기사는 검증을 어떻게 전개해 나갔는지 그 과정을 한 단계 한 단계 보여 주는 방식으로 서술된다. 이는 사건을 구성하는 가장 중요한 요소들을 기사 서두에 배치함으로써 경제적으로 전하는 역피라미드 형식과 달리 오히려 역피라미드를 거꾸로 뒤집는 방식(Graves, 2016)이다. 역피라미드 형식에 관해서는 부족한 사실성의 망을 정당화하는 객관주의 언론의 전략적 의례(Tuchman, 1972; 1978)라는 비판이 있어 왔지만 인지적 측면에서도 뉴스를 이해하는 데 효용이 있는지에 대한 의문이 제기되어 왔다. 전달할 정보를 경제적으로 배치함으로써 뉴스 독자가 가장 중요한 사실을 효과적으로 이해할 수 있으리라는 뉴스 생산자의 가정과는 달리 수용자들은 역피라미드 뉴스를 이해하는 데 더 많은 인지적 자원cognitive resources을 필요로 한다는 관찰들이 보고되어 왔다(Emde, Klimmt, & Schluetz, 2016; Lang, 2000). 제한 용량 모델Limited Capacity Model(Lang, 2000)에 따르면 기사의 초반에서 충분한 정보가 제공되지 않는 역피라미드 기사는 수용자들로 하여금 기사를 이해하기 위해 자신이 이미 알고 있는 것들을 끌어내게 하는 인지적 노력을 요구하기 때문에 오히려 기사에 대한 이해를 떨어뜨린다는 것이다. 전통적인 방식의 기사 읽기에 익숙하지 않은 독일의 10대 청소년들을 대상으로 역피라미드 기사와 내러티브 기사의 이해도를 측정한 카타리나 엠데Katharina Emde 등(Emde et al., 2016)은 특히 충분한 정보를 갖고 있지 않은 수용자들이 최저 임금과 같은 복잡한 사안을 이해하는 데 역피라미드 기사보다는 내러티브 기사가 도움이 된다는 점을 보고했다.

시민들이 그들의 선입견과 일치하는 주장을 선호하는 대신 정보에 기반한 판단을 내리도록 하고 싶다면, 언론인들은 어떻게 사실적인 증거가 제기된 주장을 지지하는지에 대해 해석적 맥락을 제공해야 한다. 이것은 팩트체크 언론인들이 실제로 하는 일이지만 이러한 노력은 그들이 내리는 판정이 당파적이어서는 안 된다는 객관주의 언론의 주류 규범을 위배하는 것처럼 보이기 때문에 저항에 맞부딪

치게 된다(Birks, 2021).

언론의 객관성은 여러모로 도전받고 있지만 쉽게 종말을 맞지는 않을 것이다. 오히려 "객관성 2.0"(Anderson & Schudson, 2019)이라고 부를 수 있을 만한 다양한 변화들이 이미 진행되고 있다. 그것은 "맥락적인," "분석적인," "해석적인"(Fink & Schudson, 2013; Barnhusrt, 2014; Graves, 2016; Anderson, 2018) 언론이라고 할 수 있으며, 고전적인 객관주의만으로는 충분하지 않다는 도전에 응답하면서도 객관적인 기자가 되기 위한 전문적 기준을 높인 것이다. 실용적 뉴스 객관주의pragmatic news objectivity를 주장한 워드(Ward, 1998)의 말처럼 과거에는 객관성이 사실과 판단 혹은 의견과의 단단한 분리로 해석되었지만 이러한 편협한 해석은 윤리적인 언론을 실천하는 데 더 이상 충분한 기초가 되지 못한다. 객관성이 요구하는 것은 지적 능력을 사용하는 능동적인 정신이며, 이러한 능동적인 정신의 힘을 통해 희망적 사고, 잘못된 추론, 하찮은 감정, 개인적 이익이 야기하는 보도의 왜곡을 줄여 나가야 한다.

미국에서 발전되어 온 팩트체크 저널리즘은 객관주의를 갱신하려는 이러한 시도의 하나로 성장해 왔다. 논란이 되는 문제의 양쪽을 단순히 인용하는 대신, 전문적인 근거를 독자적으로 제시하면서, 무엇이 정확히 참인지 왜 그런지에 대한 세심한 의견을 제시한다. 팩트체크 저널리즘의 원칙에 따른 사실 확인을 수행하는 사람들은 그것이 직업적인 기자이든, 아니면 자신을 팩트체커라고 부르든, 워드가 말한 것처럼 능동적인 정신의 힘을 통해 잘못된 추론이 만들어 나가는 보도의 왜곡을 능동적으로 줄여 나가는 것을 자신의 의무로 자각하는 이들이다.

4장

한국 언론의 객관주의 규범 수용 역사

한국 언론의 객관주의 인식과 실천을 논하기 위해서는 먼저 한국 언론이 어떠한 역사적 과정을 거쳐 형성되어 왔는지 그 특수성(남재일, 2010; 유선영, 1995)을 고려해야 한다. 서구 특히 미국에서의 객관주의 형성이 당대 과학과 철학의 변화, 기술의 진보, 신흥 도시 노동자의 발흥 등 시장의 변화가 맞물려 전개된 것이라면 한국은 식민지 경험과 독재 시기라는 정치적 경험과 그로 인한 권력, 시민 사회, 언론 관계의 왜곡된 설정(남재일, 2008)으로 인해 서구 객관주의 기준으로 평가될 수 없는(유선영, 1995) 특징을 갖기 때문이다. 한국에서의 객관주의 저널리즘은 서구와 달리 인식론적 토대가 확립되기 전에 구한말 개화파를 중심으로 한 이데올로기적 상부 구조의 변화에서 비롯된, 즉 뿌리가 없는 상태에서 열매부터 들어온 것이었다(유선영, 1995). 이러한 역사적 조건의 규명을 그 자체로 구조적 성격의 규정으로 연결할 수는 없지만 한국 언론의 객관주의 맥락에 대한 최소한의 이해는 제공한다(남재일, 2008: 239).

객관주의 수용 역사

갑오개혁 이전의 시기를 언론에 대한 기초적인 개념 인식이 출현한 시기라고 한다면 갑오개혁 이후는 언론에 대한 인식이 확대되면서 체계를 갖춘 언론 개념이 제시된 시기라고 할 수 있다(김영희·최운호·윤상길, 2011). 이 과정에서 1896년 4월 7일 창간된 〈독립신문〉의 역할은 핵심적이었다. 〈독립신문〉의 창간 목적은 창간 주역인 서재필이 당시 발행되던 〈코리안 리포지터리*The Korean Repository*〉에 기고한 글에서 분명히 드러난다(정진석, 2003).

> 신문을 발행하는 목적은 정치 문제를 토론하려는 것이 아니다. 나의 생각을 인민에게 전달함으로써 이 심각한 문제의 해결을 도모하고자 한다. 정부는 인민의 정황을 알아야 하고 인민은 정부의 목적을 알아야 한다. 정부와 인민의 상호이해를 위한 유일한 방법은 양측의 교육 외에는 없다.[6]

정부는 신문 창간에 필요한 재정적 지원을 했지만 제작과 경영에는 간여하지 않았다. 서재필은 중추원 고문으로서 매월 300원의 급료를 받았다. 갑신정변 실패 후 미국으로 도피하여 미국 동부에서 생활하며 공부한 서재필이 경험한 19세기 후반의 미국 언론은 도시 노

6 *The Korean Repository*

동자를 주 독자층으로 하는 값싼 페니 프레스가 주류를 이룬 시기였다. 영어에 익숙하지 않은 이민자들이나 엘리트 계층의 정치 뉴스보다는 인간적 흥미를 유발하는 기사나 일러스트레이션 등으로 독자의 주목을 끌어당기려 했던 선정적인 옐로 저널리즘Yellow Journalism의 시기였고 동시에 〈뉴욕 타임스〉를 인수한 아돌프 옥스가 사실성을 〈뉴욕 타임스〉의 모토로 삼아 언론계에 객관성, 공정성 등의 가치 등이 이전의 당파지를 대체해 가던 시기이기도 했다(Schudson, 2018).

서재필이 미국에서의 경험을 바탕으로 구한말에 언론을 통해 시도하려고 했던 것은 정보 제공, 비평, 공론 조성 및 교육 계몽에 관한 것이었다(김영희, 1996; 김영희 · 최운호 · 윤상길, 2011; 정진석, 2003). 특히 신문 기사의 성격으로 기사의 객관성, 불편부당성, 진실성, 대중성 등에 대한 인식도 분명했던 것으로 여겨진다. 객관성과 불편부당성에 관하여는 창간호에서 서재필이 아래와 같은 원칙을 천명한다(김영희, 1996: 46).

> 우리는 첫째 편벽되지 아니한고로 무슨 당에도 상관없고, 상하귀천을 달리 대접 아니하고 모두 조선 사람으로만 알고 조선만 위하며 공평히 인민에게 말할 터인데 우리가 서울 백성만 위할 게 아니라 조선 전국 인민을 위하여 무슨 일이든지 대언하려 주려 함

기자상의 원형이라 할 신문 기자에 대해서는 "인민을 의리 있고 충심 있으며 학문 있는 사람들이 되도록 도와주고, 계몽하는 역할, 공평하고 근거 있는 중요한 정보를 쉽게 이해할 수 있도록 제공하는 역할"을 한다고 인식했으며 "만일 이러한 신문의 직무와 권리를 제대로 수행하지 못하면 아예 없는 것만 못하다"(1898년 4월 12일자 논설; 김영희 · 최운호 · 윤상길, 2011: 18 재인용)라고 강조했다. 또한 정부 관리의 부정

부패나 탐관오리들의 행적을 폭로할 것이고, 민간인이라도 법에 어긋나는 일을 하는 사람은 신문에 게재하겠다(정진석, 2003)고 밝혔다. 이러한 계몽적 지사 역할은 일제 강점기에는 민족의 독립이라는 지상 과제를 위해 식민 정부에 저항하는 지사, 군사 정권 시기에는 민주화를 위한 민중의 대변자 역할을 요구받는(남재일, 2010) 전통으로 이어져 한국 언론인의 지배적인 정서인 '지사적 언론인'의 전통으로 굳어졌다고 볼 수 있다. 즉 한국에서의 기자 윤리는 처음부터 전문 직업인으로서의 전문 지식, 기술(박권상, 2007)이 강조되기보다는 사회에 대한 책임과 복무가 우선된 것이다.

〈독립신문〉에서 근대적 신문의 성격으로서 주목할 점은 대중 보급에 힘썼다는 것이다. 창간 당시 〈독립신문〉 구독료는 가판이 동전 한 푼(1전), 월 정기 구독료는 12전, 1년은 1원 30전이었다. 1897년 1월부터는 영문판을 내면서, 구독료 인상과 함께 한글판과 영문판의 가격을 차별화하였다. 한글판은 2푼(2전) 월 25전, 1년 2원 60전을 받는 것에 비해 영문판은 1장당 5전, 1개월 75전, 1년 6원으로 했다. 이는 영문판을 볼 수 있는 부유층으로부터 더 많은 구독료를 받아 서민들에게 신문 구독의 경제적 부담을 덜어 주어 많은 사람이 읽도록 하려는(정진석, 2003) 독자 확충 전략이었다. 이러한 가격 전략에 더하여 〈독립신문〉은 한글 전용을 시행함으로써 한문을 공부하지 못한 서민들도 읽기 쉽도록 했다.

〈독립신문〉을 비롯해, 〈제국신문〉, 〈황성신문〉, 〈대한매일신보〉, 등은 이보다 앞선 〈한성순보〉나 〈한성주보〉와는 달리 근대화를 통한 부국강병의 목표를 지향했고, 이는 신문을 통한 사람들의 전근대적 의식의 변화였으며 그러한 전략의 하나가 사실 지향성의 확산이었다(유선영, 1995). 유교 경전에 밝은 것이 인재가 아니라 시속의 일에 밝은 사람이 인재이며, 정보가 지식이고 학문이라는 담론, "옛 성현의 말에 결박되어 참이치를 궁구하지 못했으나 이제는 자기 눈으로 친히 본 후에 믿음으로써 서양의 진보적 문명으로 나아가자"(《제국신문》, 1902. 10. 29; 유선영, 1995 재인용)라는 논의가 확산된다.

전근대적 유교 경전으로부터 경험적 지식에 근거하는 객관주의적 인식으로의 이행과 관련해 유선영(1995)은 1930년대에 신문 시장에서 중요한 변화가 있었다고 지적한다. 하나는 인식론적인 변화라고 할 수 있다. 삼일 운동이 좌절된 뒤 과학적 합리적 지식이 강조되면서, 구체적인 사실에 대한 정보, 데이터, 수치에 대한 요구가 제기되고, '사실이 스스로 말하게 한다'라는 영미 객관주의의 순진한naive 객관주의와 같은 사고가 드러난다. "신문들이 사실 보도보다 평론에 치중한 적이 있었지만 이제는 사실 그대로만을 보도해 주면 독자가 스스로 판단할 것"(《개벽》, 1922: 63~64; 유선영, 1995 재인용)이라는 논의가 등장하기 시작한 것이다. 그러나 사실과 논평을 분리해야 한다는 인식은 합의를 얻어 갔지만, 1930년대까지도 현장 취재가 보편화된 것은 아니었다. 또한 직접적 관찰이나 취재에 대한 사실 보도가 그나마 이루어졌던 사회면에서도 기자는 지사적 열정과 통찰력, 주의 주장 문장력을 가진 자로서, 기사도 정의적情意的이어야 좋은 기사라고 평가되었다(유선영, 1995).

사실적 보도가 중요해진 것은 1930년대 이후 조선총독부의 정치적 억압 가운데 사업적으로 생존하기 위해 신문 기업들이 전략적으로 변신한 것과 맞물렸다(이정훈, 2013). 유선영(1995)은 1930년대 중반 이후의 신문은 종래와는 현격히 다른 징후들을 드러냈다며, 1930년대 들어 사실 보도 위주의 저널리즘이 관행화되었고, 이는 독자와 일제 검열 사이에서 시행착오를 거듭하는 과정에서 사실 보도, 피상적 중립성, 객관적 기준이 형성되어 간 것이라고 주장한다.

한국 언론의 상업화와 관련해 두 차례의 중요한 변곡점인 1933년과 1960년대 후반의 상업화론을 비판적으로 검토한 이정훈(2013)은 존 네론John Nerone(1987)이 19세기 미국 언론에 일어난 변화를 정치화politicization와 상업화commercialization의 쌍둥이 과정twin process이라고 개념화했던 것에 견주어 한국 언론의 상업화는 정치적 과정이 배제되었거나 지체된 상업화였다고 분석한다. 이는 한국 객관주의의 성격을 규정짓는 데 중요한 요인으로서, 언론이 시장 경쟁을 통해 부를 축적하는 것이 아니라 정치적 결정에 따라 하루아침에 생존 여부가 갈리는 상황을 일본 식민 지배, 독재 정권을 거치며 계속적으로 경험함으로써 객관주의는 탈정치적 성격을 갖게 된 것이다(남재일, 2008). 이는 페니 프레스로부터 20세기 초까지 미국 신문에서 보이는 무의식적인 객관성(Schiller, 1979)의 추구가 겉으로는 공공의 이익을 위해 관심을 보이면서 사적인 이익 추구, 주요 정보원에 대한 관리와 균형을 이루는 데 기여한 것과는 사뭇 다른 경로다.

한국 언론의 상업적 성장의 두 번째 변곡점인 1960년대에도 사정은 마찬가지였다. 군사 쿠데타로 집권한 박정희 정권은 사이비 언론 일소를 내세우며 4·19 혁명 이후 폭발적으로 늘어난 신문들을 강제 폐간[7]하고 언론인들을 구속함으로써 시장을 폭압적으로 재편했고(채백, 2015), 정부 취재원에 대한 완전 개방을 지양하고 1972년 프

7 5·16 쿠데타 주체 세력은 권력을 장악하자마자 공보부령 제1호를 공포하여 언론 기관 일제 정비를 단행한다. 이 정비로 등록 취소된 언론 기관은 일간지가 76개, 통신사 305개, 주간 신문 453개였다(채백, 2015).

레스 카드[8] 발급 사례로 드러나듯이 취재 활동에 제약을 가했다. 다만 조선총독부와 달리 박정희 정권은 많은 수의 언론을 정리한 뒤 체제에 순응하는 언론에게 직접적으로 경제적 특혜를 줌으로써 생존한 언론에게는 독과점 시장을 보장해 준 것이 상업화에 매우 유리한 조건으로 작용했다(이정훈, 2013: 324). 유선영(1995)은 1960년대 이후 언론은 정치적 통제와 기업화라는 두 가지 요인으로 인해 한국 언론에서 객관주의가 온전히 인식론적 기반을 다지지 못한 채 형식화의 길을 걷게 되었다고 분석한다.

형식화된 객관주의의 특징으로 나타나는 것이 불편부당론이며, 이는 〈조선일보〉가 1975년 3월 5일자 창간 사설("조선일보의 길")에서 밝혔듯이 "객관적 입장에서 물리적인 중간에 서는 것이 이성을 잃지 않은 최선의 방법이고 태도"로 표현되었고, 이는 언론이 독자적 관점을 포기하고 의견 논평 기능을 최소화하며 정보원에게 의존하는 관행을 초래했다(유선영, 1995: 115). 1978년에서 1982년까지 6대 중앙 일간지의 1면 기사를 분석한 바(송정민, 1983: 41; 유선영, 1995 재인용)에 따르면 사건 중심의 보도와 해설, 논평이 들어간 이슈 중심의 보도를 비교 분석한 결과 사건 중심이 93.4%, 이슈 중심이 6.6%였다.

정치가 배제된 언론의 상업화는 오늘날 한국 언론의 이념적 편향성에 대해서도 서구의 당파지 역사와는 다른 맥락의 독해가 필요하다는 점을 제기한다. 특정 정당이나 정파에 대한 언론의 정치적 지지

8 1971년 12월 17일 신문협회는 프레스카드제 실시를 발표했고, 이후 주간신문협회, 민간방송협회, 통신협회, 잡지협회 등도 비슷한 내용의 결정을 채택해 1972년 1월 1일부터 시행됐다. 프레스카드제는 언론인의 신분과 취재 기자의 수를 사실상 정부가 인증하는 제도로서 1988년 폐지될 때까지 15년간 시행되었다(박종렬, 2017).

와 특정 언론에 대한 정권의 정책적 특혜가 교환되는 시장이 뉴스 상품과 독자의 주목, 광고비가 교환되는 시장보다 언론에게 훨씬 더 중요해진 상황에서 언론이 정파성을 강하게 띠는 것은 이념적이기도 하겠지만 무엇보다도 상업적인 것(이정훈, 2013: 324)이기 때문이다. 좋은 언론이 경제적으로 성공한다는, 시장 경쟁을 통한 부의 축적이 아닌 정치 개입으로 왜곡된 한국 언론의 상업화 과정은 한국 언론의 탈정치적 객관주의는 물론 정파성에도 그 효과가 깊이 각인돼 있다.

한편 미국에서는 1920년대부터 객관성 규범이 직업적 이상으로 형성됐고(Schudson, 1978), 저널리즘 스쿨에서 사용하는 교과서에 객관성이 명시되었던 것과 비교해 해방 이전 한국에서의 언론·언론인 교육에서는 저널리즘의 규범으로서 객관성을 가르쳤다는 명시적인 기록은 보이지 않는다. 초기 언론학 교육을 연구한 김영희(2012)에 따르면 우리나라에서 전문학교 수준에서 신문을 연구하는 모임이 처음 조직된 것은 1933년 중앙불교전문학교의 신문학연구회이며 1930년대 들어 〈동아일보〉가 꾸준히 개최한 대중 강연에 '신문학新聞學'이 포함된 것을 확인할 수 있다. 실습 교육으로서의 언론학 교육은 1930년대 이화여자전문학교에서 영어 작문과 문법 관련 교과목으로 4학년 과정에 신문학Jouranlism이 주당 2시간으로 개설되어 실제 기사 작성과 신문 제작 실습이 이루어졌다.

해방 이후인 1947년 4월 5일 연희대학의 신문과학연구소는 "건실한 쩌널리스트" 양성을 목적으로 언론인 전문 교육 기관인 조선신문학원을 개원한다. 6개월 과정으로 강사진은 신문사의 편집국장과 주필, 대학교수들이 맡았다. 교과목에는 신문학연습(취재법, 기사작법, 논설작법, 편집정리법, 신문비교연구), 신문문장론 등과 같은 실기 과목도 있지만, 신문학이론, 근세조선 사회경제사, 근세조선 정치외교사, 근세 구미외교사, 극동 외교사, 영어, 소련어, 중국어(정진석, 1995) 등 전체 23과목 중 실습과 관련된 과목은 7과목이고, 사회과학 전반 등 교양 과목 비중이 16과목으로 언론인을 양성하는 직업 교육이기보다는 백과전서적인 지식인을 지향하는 커리큘럼으로 구성된 것으로 볼 수 있다. 일제 강점기에서 1950년대까지 우리나라 초기 언론학의 개념인 신문학은 대체로 저널리즘 그중에서도 신문 저널리즘newspaper journalism으로 인식되었던 것으로 평가할 수 있다(김영희, 2012).

일제 강점기 발간된 언론 관련 저서와 〈조선일보〉, 〈동아일보〉와 같은 신문, 〈쩌날리즘〉, 〈철필〉 등 언론 잡지, 〈개벽〉, 〈신동아〉와 같은 종합 잡지들의 언론 관련 기사 가운데 비교적 전문성 있는 글들을 대상으로 그 주제와 내용을 검토한 이민주와 양승목(2006)은 일제 강점기에는 아직 언론학의 제도적 기반이 마련되지 못했음에도 불구하고 언론의 정의, 성격이나 실무에 대한 논의가 언론학 연구의 중요한 주제가 되고 있었음을 확인했다(2006: 14). 일제 강점기에 발간된 언론학 관련 이론서인 《신문》(임경일, 1938)에서는 "그러면 신문이란 무엇인가? 누구누구의 정의를 인용할 필요도 없이 신문이란 '소문'이다 라고 나는 대답하겠다. …… (중략) 구미풍歐美風으로 말하자면 소문은 즉 '뉴쓰'라 할 수 있다"(이민주 · 양승목, 2006: 12 재인용)라고 정의한다. 또한 신문은 뉴스이고 신문지는 인간 사회의 욕구하는 모든 사건을 문자로 인쇄하여 정기적으로 배포하는 상품이라는 인식이 분명하며 뉴스 상품의 성격으로서 정확성, 신속성, 인간적 흥미 추구, 보편성 등 오늘날에도 인정되는 뉴스 가치news value(Harcup & O'neil, 2001)를 언급한다.

해방 이후 언론학이 체계를 갖추기 시작했다. 이 시기 언론학을 이끈 주역은 곽복산이라는 데 국내 학자들 사이에 이견이 거의 없다(안수찬 · 민혜영 · 장바울, 2016: 24). 1932년 일본 조치대학上智大學 신문학과를

1기로 졸업했고 〈동아일보〉 기자로도 활동했던 곽복산은 1947년 조선신문학원(훗날 서울신문학원으로 개칭)을 설립한 것을 비롯해 1954년 홍익대학교에 국내 처음으로 신문학과가 정규학과로 개설될 때 초대 주임 교수로 부임하는 등 국내 여러 대학에 언론학과가 창설되는 데 핵심적인 역할을 했다. 곽복산이 만든 조선신문학원은 언론계에 진출하려는 이들을 위한 이론과 실무를 동시에 교육한다는 성격을 분명히 했다. 강의 과목은 사회과학, 언론 관련 이론과 실제, 시사영어 및 특강이 포괄됐다. 곽복산은 1959년 6월 30일 창립된 한국신문학회의 초대 회장도 맡았다. 한국신문학회 창립 임원 10명 가운데 8명이 언론인이거나 언론인 출신이었고, 그중 곽복산, 임근수, 이해창, 최준 등은 한국 언론학의 4대 비조로 평가되기도 한다(차배근, 2009). 그러나 현직 언론인과 언론학의 강력한 연관은 1980년대 초반에 이르면 사실상 사라진다(안수찬 · 민혜영 · 장바울, 2016: 27). 이는 학회의 성격뿐만 아니라 대학에서의 언론학 교육의 방향성도 변화했음을 의미한다.

1950년대 후반 이후 언론학 교육에서 주목할 것은 1955년 서울대학교 사회학과에 '매스컴론'이 개설된 것이다. 이는 소수 사회학 전공 학생들을 대상으로 이론적이고 사회과학적인 언론학을 교육한 것으로서 이후 김규환 교수의 주도로 1963년 신문연구소, 1968년 신문대학원이 설립되면서 사회과학적인 매스 커뮤니케이션 연구가 강조된다(양승목, 2005). 이후 1960년대 중반부터 미국, 독일 등에서 유학한 연구자들이 대학에 부임하면서, 실무 중심의 언론학보다는 연구 중심의 언론학 교육이 한국 언론 교육의 지배적인 경향으로 변화한다(김영희, 2012). 이러한 상황은 언론학 교육이 대학에서 활성화되던 시기 언론이 양적으로 성장하기는 했으나 언론을 둘러싼 정치 사회적 환경은 언론에 폭압적이었던 것과 무관하지 않다. 제2공화국 시기처럼 언론 매체의 난립으로 인해 전문 인력 교육이 필요한 상황임에도 언론에 대한 공공연한 탄압과 간섭이 있던 시기이므로 언론인 양성은 전문적 지식보다 가치나 이념을 우선하는 성향이 더욱 공고해진 것이다(팽원순, 1990). 이러한 과정에서 커뮤니케이션 연구자들의 선도 아래 한국 언론학은 1970년대부터는 행동과학적 사회과학으로 자리 잡아 "사회과학으로서의 커뮤니케이션학"(양승목, 2005: 2)이라는 정체성을 굳혔다. 대학에서의 언론학 교육은 학부 과정의 인문주의적 언론학 교육이나 실무적 언론 교육보다는 대학원 차원의 과학적 연구 활동이 선호되었고, 현재에 이르기까지 대학, 특히 학부 과정에서의 언론 교육은 실무보다는 커뮤니케이션 현상을 연구하는 교육에 치중하는 방향으로 흘러왔다(이나연, 2024). 언론학계와 언론 현장이 상호 소통 없이 괴리된 채 존재하는 가운데, 대학에서의 언론학 교육은 일관성 있게 추구하는 교육의 가치가 담겨 있지 않은 채 기술 변화 등 트렌드에 따라 줏대 없이 오락가락하는 상황이다. 한국 대학의 언론 교육은 가치 교육의 부재, 백화점식 교과 구성으로 인한 파행적인 교과 제공, 교육 능력을 갖춘 실무 인력 부족 등의 난항을 겪고 있다(최지향 · 정은령 · 오해정, 2019).

실패한 전문직주의의 창출

영미 중심 언론 윤리의 핵심을 이루는 객관주의의 형성과 성격은 전문 직업인으로서 기자라는 집단적 자의식을 갖는 공동체가 생겨나는가 혹은 기자라는 집단적 자의식을 갖는 공동체가 어떠한 것을 이상적인 기자상으로 갖는가와 연관 지어 생각할 수밖에 없다. 1900년대 초부터 20세기 중반까지, 객관성은 미국, 캐나다 및 그 밖의 주요 신문에서 주류 윤리적 이상이었다. 1920년대에는 미국의 주요 저널리즘 협회들이 객관성을 보도의 윤리적 이상으로 채택하고, 정부 및 비즈니스의 영향으로부터 독립, 뉴스와 의견 간의 엄격한 구별을 요구하는 공식적인 규범을 채택했다. 이 결과로 기자들이 "사실만을 보도"하도록 보장하기 위해 복잡한 뉴스룸 규칙이 만들어졌다 (Mindich, 1998; Schudson, 1978; 2001).

미국 언론에서 객관주의가 확립되어 가던 시기 한국 개화기 기자의 사명은 "인민을 의리 있고 충심 있으며 학문 있는 사람들이 되도록 도와주고 계몽하는 역할"(《독립신문》, 1898. 4. 12자 사설)이었으며, 일제 강점기에 기자는 지사적 열정과 통찰력을 가지고, "민중의 계몽, 지도자 역할"(오기영, 1934: 83; 유선영, 1995 재인용)을 하는 것이었다. 해방 이후인 1947년 창간된 〈저널리즘〉에서는 "훌륭한 저널리스트는 백과전서주의자, 비평가, 사상가, 철학자적 자질을 가져야 하며 이를 기반으로 문화를 종합, 비판할 수 있는 사상과 철학을 가져야 한다"(조용만, 1947: 44; 유선영, 1995 재인용)라고 이상적인 기자상을 제시한다. 이런 기자들이 "뉴스 제공 이상의 임무, 즉 조국 민주화와 민주주의, 민족문화 수립에 기여"할 수 있기 때문이다.

이러한 지사적 기자관을 대체하여 전문 직업인으로서의 의식이 생기기 시작한 것에는 1950년대 후반 미국 국무성의 한국 언론인 교육 교류 사업이 영향을 미친 것으로 보인다(차재영, 2014). 1955년 11명의 젊은 기자들이 미국 정부 초청으로 미국 언론 연수에 나선다. 이들은 모두 처음으로 외국 땅을 밟은 것이었다(박권상, 2007). 이들을 위탁 교육한 노스웨스턴대학교 메딜 저널리즘 스쿨에서는 6~8주간 3개 강좌가 발표, 토론, 강의, 특별 실습 등의 형식으로 진행되었고,

대학에서의 교육이 끝난 뒤에는 2개월간 각자 서로 다른 지역에 있는 신문사에서 실습했다. 실습이 끝난 뒤에는 다시 모여 연수 과정 전반에 대해 평가하고 프로그램 개선을 위해 제안하는 세미나를 열었다(박권상, 2007; 차재영, 2014). 이 당시 미국 언론은 1947년 허친스위원회가 발간한 보고서 〈자유롭고 책임 있는 언론〉의 영향으로 언론의 사회적 책임 이론이 큰 공명을 얻고 있던 시기였다.

이 연수를 다녀온 당시 기자 경력 2, 3년차에 불과했던 1기생들은 귀국 한 달 뒤인 1956년 4월부터 1기 연수생인 언론인 박권상의 관훈동 하숙집에서 연수생 6명과 다른 4명의 기자의 합류로 연구 토론 모임을 갖기 시작했다. 이들의 공통 가치는 "자유 언론, 자유민주주의 건설에 뭔가 해야겠다"(박권상, 2007: 20)라는 것이었다. 이들은 1957년 1월 정식으로 '관훈클럽'을 결성하면서, 이 단체의 목적이 "언론 자유의 신장과 언론인의 공동 이익 및 친목 도모, 그리고 신문 연구와 품위 유지 및 질적 향상을 위해 힘쓰는 데 있다"라고 밝혔다. 그해 8월 창간한 회지 1호 권두언에서는 언론인의 투철한 직업적 사명과 진실 보도와 비판, 언론의 공정성과 정확성에 철저함을 직업적 신조로 삼고 회원들의 신문 연구를 클럽의 당면 과제로 내세웠다(남시욱, 2013).

관훈클럽의 창립을 주도했던 언론인 박권상의 회고를 빌리면 이들은 언론인을 신부, 법관, 의사 등과 같은 전문직profession으로 승화시키는 것을 이상으로 삼았으며, 이 전문직의 공통된 속성이 고도의 전문 지식, 기술, 남을 위해 봉사하는 윤리 의식이라고 본 것이라고 할 수 있다(박권상, 2007: 21~22).

이들은 언론 자유 신장과 신문 제작의 혁신을 위해 앞선 세대의 지사적 투철함보다는 일제 잔재가 남아 있던 지면 제작, 특히 기사 스타일부터 개혁하고자 했다. 즉 "자유 언론과 자유 민주주의 건설"에 일익을 담당하겠다는 목표를 앞선 시대 기자들의 사회적 개혁보다는 언론 내적인 업의 개선을 통해 도모하려 했던 것이다. 이러한 지향은 이들이 관훈클럽 창설 전 9개월간 진행한 공부 모임의 주제들을 통해서도 드러난다. 이들은 기사 스타일 문제, 한자 혼용, 선거 보도 문제, 문장의 구두점에 관한 문제, 기자의 연구 태도, 〈동아일보〉 창간사를 비롯한 전체 기사의 문장 분석, 언론 자유의 제한 문제, 기사의 리드 문제 등을 논의했다(남시욱, 2013).

이 중 3회 모임에서 회원 진철수가 "기사체에 관하여"라는 제목의 연구 발표를 통해 신문 사설이 난삽하고 진부한 한자 술어를 남용하고 있다고 지적하자, 최병우는 당장에 한자를 일소하는 일은 어렵다는 의견을 말하고 우리말과 영어의 구조적 차이점을 지적하면서 결론적으로는 '스타일북'을 만들어 용어의 통일을 기해야 한다고 제안했다. 최병우가 제안한 스타일북은 관훈클럽의 초기 사업으로 채택되어 1957년 8월 22일 발행한 관훈클럽의 〈회지〉 제호에 이시호가 '독자를 위한 신문 기사, 새로운 신문 기사를 위한 시안 몇 가지'를 발표했다. 관훈클럽의 선배 세대는 일제 강점기에 신문 기자를 시작해 일본식 기사 스타일에 익숙했지만, 젊은 기자들은 우리말과 일본어가 구조상 비슷하지만 무엇인가 새로운 스타일이 있어야겠다는 생각을 가지게 됐고, 서양식 기사를 모델로 새로운 스타일을 모색했던 것이다(관훈클럽, 2017: 57~58).

이들이 내세운 회원 자격도 이들이 기자를 '전문직'으로 지향했음을 드러낸다. 1956년 4월 30일 1차 모임에서 참석자들은 회원 가입의 세 가지 자격 조건으로 다음 사항을 내걸었다. 첫째, 선진 문물을 흡수하는 연구 활동을 하기 위해서는 영어 등 외국어의 해독이 절대로 필요하다. 둘째, 친목이라는 또 하나의 목적을 위해서는 동년

배들인 젊은 기자들이어야 한다.[9] 셋째, 신문계에 평생 투신할 뚜렷한 목적의식의 소지자라야 한다. 특히 셋째 항목은 언론직을 정계 진출을 위한 발판으로 삼는 것이 아니라 자신의 천직으로 삼는 것, 즉 직업 기자가 된다는 것을 의미했다.

남시욱(2013)은 관훈클럽의 성격을 미국의 언론인 클럽인 시그마 델타 카이Sigma Delta Chi(SDX)에 견주었다. SDX는 1909년 10명의 회원으로 창립되었으며 참석자들은 클럽을 배타적인 회원제로 하고 신입 회원 가입 승인을 전 회원 만장일치제로 했다. SDX는 1973년 명칭을 직업언론인협회Society for Professional Journalists(SPJ)로 바꾸어 직업 언론인들이 지켜야 할 윤리 규약 등을 제시하고 있다. 관훈클럽도 SDX처럼 신규 입회는 회원 2인이 추천해 충분한 토론을 거쳐 전원 찬성을 얻어 가입을 승인하도록 했다(관훈클럽, 2017).

이들이 지향하는 바람직한 언론상은 미국 연수 기간 경험한 미국 언론의 영향을 받아 허친스위원회의 보고서 제목처럼 '자유롭고 책임 있는 언론'을 지향하는 것이었다. 1959년 발간된 〈신문연구〉 창간호는 "우리들은 '자유롭고 책임 있는 신문'을 참모습으로 알고, 우리네의 신문을 보다 자유롭고 보다 책임 있는 것으로 만들고자 애쓴다"라고 강조했다. 이러한 생각은 신문윤리강령 제정으로 나아갔다. 신문윤리강령안을 기초한 천관우는 1950년 UN보도자유소위원회에서 기초해 발표한 적이 있는 '국제신문인윤리강령안'을 비롯해 전미국신문편집인협회의 윤리강령, 미국신문기자노조의 행동강령, 미주리 대학에서 연구 발표한 신문윤리강령 등을 검토한 뒤 한국 실정

9 새 회원의 기준은 35세를 넘지 않는 젊은 기자로 하되 일간 신문 통신에서 근무하는 자로 한정한다고 정하였다.

에 부합하는 신문윤리강령(안)을 기초했다(관훈클럽, 2017: 76~77).

관훈클럽은 창립 첫 해인 1957년에 '신문의 날' 제정, '한국신문편집인협회' 결성, '신문윤리강령' 제정 등을 추진한다. '신문의 날' 제정 전에 이들은 〈한성순보〉, 〈독립신문〉, 〈대한매일신보〉 등의 신문을 거론했으나 결국 〈독립신문〉이 '최초의 민간지'라는 점을 높이 사, 이 신문의 창간일인 4월 7일을 신문의 날로 정하자는 데 의견의 일치를 보았다(관훈클럽, 2017: 72). 이 일은 결국 한국 언론의 '전통'을 어디에 세우느냐는 문제였다. 한국신문편집인협회는 젊은 기자들의 단체인 관훈클럽이 "심부름꾼"의 역할을 맡으면서 이보다 연장자 그룹으로 구성됐고, 언론계 경력과 나이가 관훈클럽 회원들에 비해 위였다. 한국신문편집인협회는 1957년 4월 7일에 정식으로 창립하여 제1회 신문 주간 기념식을 열고 신문윤리강령을 선포했다.

관훈클럽의 태동과 초창기 관훈클럽이 진행한 일들은 선진국 언론을 경험하고 온 젊은 기자들이 '기자는 전문직'이라는 자의식을 갖고 언론의 사회적 책임을 언론 내적인 개선, 질적 성숙 등을 통해 풀어 나가려 한 흐름으로 이해할 수 있다. 이들의 활동과 한계에 대해서는 여러 해석이 있다. 1957년 7월 5일자로 미국 대사관이 국무성에 보낸 '1959년 국가 교육 교류 프로그램 제안서'는 "연수를 마친 한국의 소장 언론인들이 한국의 신문들을 발전시켰고, 자신들의 보도 능력을 향상시켰으며 전문적인 저널리즘의 성장을 자극했고, 한국의 언론계 지도자들에 대한 우리의 영향력을 증대시켰다"라고 보고했다(차재영, 2014). 차재영은 미국에서의 교육 경험은 미국 사회에 대해 호의적 태도를 형성케 하여 귀국 후 친미적 시각으로 미국 관련 이슈를 다룸으로써 한국의 미국에 대한 여론을 긍정적으로 이끄는 데 영향을 끼쳤을 뿐 아니라 한국 현대 언론의 친미적인 논조의 형성에도 이 프로그램이 하나의 중요한 계기가 되었다고 분석한다.

그러나 '직업주의'라는 표현으로 등장했던 관훈클럽의 전문직업인주의는 당시의 보편적인 직업 인식이라기보다 지향해야 할 이상에 가까웠다. 이정훈과 김균(2006)은 오히려 당시의 직업화 요구는 언론인들이 겪고 있는 직업적 불안에 대한 노동조합주의적 해결책이었다고 지적한다. 관훈클럽이 지향한 전문직주의는 경제적으로 허약한 토대 위에 놓여 있었던 것이다. 일례로 박정희 정권은 1962년 6월 발표한 언론 정책 중에 '언론의 전문성을 강조함으로써 기자직을 정규직업화'하는 방안을 내놓고 있다(유선영, 1995). 이러한 맥락에서 관훈클럽이 이상으로 내건 전문직으로의 향상은 당시의 한국 언론이 처해 있던 정치 경제적 환경과 어울리지 않았다. 경제적인 생활고와 직업적 불안에서 벗어나기 위한 수단으로 직업주의를 제창한 혁신적인 젊은 언론인들의 바람과는 달리 1960년대 이후 언론의 기업화 과정에서 기자는 샐러리맨으로서 기업적 위계질서 속으로 편입되었다(이정훈 · 김균, 2006: 65). 한국 언론이 처한 위기가 언론인의 직업 정체성에 있다고 주장한 이정훈과 김균(2006)은 "한국의 언론인들은 한순간도 진정한 의미의 전문 직업인이었던 적이 없었다"(79)라고 단언한다. 전문직주의가 탄생한 미국에서는 19세기 말 언론이 성공적인 비즈니스 기업으로 성장하면서 기자 조직의 번성, 소속 기업을 넘어선 언론인들 간의 동질감과 전문적 협력, 전문직으로서 기자를 격상시킬 수 있는 윤리로서의 무의식적인 객관성(Schiller, 1979)이 쌓여 갔다면, 한국 언론의 기업화는 언론사에 대한 경제적 특혜와 언론(인)에 대한 탄압이라는 이중성을 그 특징으로 하는 정책적 기업화였다. 기업화의 중요 국면마다 언론인에 대한 탄압이 있었고, 이는 언론인을 순응하는 샐러리맨으로 지속적으로 순치해 왔다는 것이다.

해당 직업 집단이 스스로를 전문직으로 만들기 위해 일상적으로 어떤 전략적인 노력을 행하는지를 '전문직 프로젝트'라고 명명한 마갈리 사파티 라슨Magali Sarfatti Larson(1977; 박진우, 2015 재인용)의 개념을 빌려 한국 언론인의 전문직 프로젝트의 특수성을 검토한 박진우(2015)는 한국 언론의 전문직 프로젝트는 대체로 사회적·경제적인 지위 상승, 그리고 이를 위한 정치적 권력의 획득을 핵심적인 행위 전략으로 삼아 왔다고 분석한다. 이정훈·김균(2006)과 마찬가지로 박진우도 경제적 성장이 전문직주의의 발전 및 정치병행성의 완화(Hallin & Mancini, 2004/2010)로 이어지는 일반적인 모델과 달리 한국 언론에서는 기업의 경제적 성장이 언론인의 자율성 신장과는 사실상 무관했다는 점을 지적한다. 병행되어야 하는 두 요소가 갈등하는 상황이 체계적으로 창출된 데는 정치권력이 작동했다. 언론인들의 자율성을 무기로 언론사 소유주가 국가 권력 및 독자와 상호 교섭하는 것이 고전적 모델이라면, 한국에서는 언론 기업의 성장에 국가 권력이 비대칭적으로 개입해 왔다는 것이다. 정치적 종속이 언론 산업의 카르텔화를 촉진시키고, 산업을 성장시키는 경제적 보상이 있었고(조항제, 2014), 언론인 개개인으로 보았을 때는 정계 진출 등을 통한 정치·언론의 인적 네트워크 창출이라는 혜택이 있었기 때문(강명구, 2004)에 정치 종속적인 집단적 특권의 취득이 한국의 전문직 프로젝트를 사실상 대표하는 행위 전략이 된 것이 아닌가라는 분석이다. 한국 언론의 전문직 프로젝트는 이를 제어할 내적인 힘도 없고, 이에 대한 대안적 전략도 구사하지 못하였다는 것이다(191). 박진우는 이러한 점에서 볼 때 한국 언론에 전문직주의의 갱신을 통해 질 낮은 정파 보도, 자사 이기주의, 선정주의 보도를 넘어서 언론의 고유한 공익 봉사를 수행하자는 요청(김경모·신의경, 2013)들이 꾸준히 이어져 왔지만,

한국 언론의 현실을 보건대, 이는 전문직주의의 신화화는 아닐 것인가라는 조심스러운 반문을 제기한다. 오히려 한국식 전문직 프로젝트의 특성은 언론 자유의 신장을 정파성 강화로 귀결시키고, 이를 국가와 결합된 권력 네트워크에 의해 체계적으로 재생산하는 과정과 병행하고 있다(192)는 것이다.

전술한 논의들을 보았을 때 "전문직주의가 전제하는 뚜렷한 규범적 지향들이 현실은 물론 자신의 내부에서도 급격히 단절되어 있"(박진우, 2015: 186)는 모습은 당연한 귀결일 수밖에 없다. "서구의 언론 윤리는 언론이 스스로 규제할 수 있다고 정부와 공중을 설득하기 위해 고안됐으며, 이를 통해 공중의 신뢰를 얻고 정부의 간섭을 미연에 배제함으로써 언론의 독립과 자율성이라는 권리를 지키기 위한"(Ward, 2004/2007: 320) 방패로 기능했다면, 한국 언론의 전문직주의는 이러한 규범의 내적 생산을 결여하여, 기자라는 전문직의 직업 이데올로기로서 언론 윤리가 자리매김되지 못한 것이다. 이러한 맥락에서 한국 언론계에서는 전문직주의가, 탈정치적이고 비윤리적인 전문화specialization(이종숙, 2004), 기술적인 능력을 중시하는 "전문기능인주의"(남재일, 2004), 전문직의 윤리와 사회적 책임에 무감각한 "샐러리맨화"(이정훈 · 김균, 2006)라는 모습으로 나타나고 만다.

내부적 규범이 아닌
외부에 대한 저항으로서의 기자 윤리

1987년 민주화로의 이행은 한국 언론계에 이전과는 다른 언론의 역할을 요구했다. 민주화로의 이행이 가져온 핵심적 변화는 언론이 관계 맺는 상대 주체 중 정치권력의 통제가 약화되고 시민 사회의 요구가 강화됐다는 것이다. 이는 과거 일제와 독재라는 정치적 억압의 시기에 민족 해방과 민주화라는 시대적 과제를 언론에 위임했던 시민 사회가 그 권리를 회수하기 시작했다는 것을 의미했다. 남재일(2010)은 이에 대해 "언론은 무한대의 책임(혹은 권리)을 짊어졌던 지사의 위치에서 직업적 규범에 충실한 직업인의 위치로 돌아가라는 시민의 명령"(83)이라고 해석한다. 이 명령에 충실하자면 "언론 윤리는 언론 자유의 관점이 아니라 통제가 강화된 자본과의 독립적 관계 정립, 통제 대신 유착 관계로 언론을 회유하는 취재원과의 독립적 관계 정립 등 뉴스 생산 현장 내부의 모순을 해소하려는 직업 윤리의 틀 속에서 상상돼야"(83) 하는 것이었다.

1987년 이전의 기자 위치는 일제 강점기는 식민 정부에 저항하는 지사, 군사 정권 시기에는 민주화를 위한 민중의 대변자였다. 이 시기에는 직업 윤리를 넘어 사회적 역할이 요구되던 때였기에 사회적 역할을 위한 전제 조건으로 언론 자유 확보가 시급한 과제였다. 민주화 이전 시대 공개적으로 표명된 언론 윤리에 관한 선언이나 강령들은 이러한 성격을 여실히 드러낸다. 1957년 4월7일 한국신문편집인협회가 채택하고 이후 1996년 전면 개정과 수차례의 부분 개정을 거친 '신문윤리강령'의 제1조는 "우리 언론인은 언론의 자유가 국민의 알권리를 실현하기 위해 언론인에게 주어진 으뜸가는 권리라는 신념에서 대내외적인 모든 침해, 압력, 제한으로부터 이 자유를 지킬 것을 다짐한다"다. 즉 언론 자유를 억압하는 외부적인 압력에 저항하는 것이 윤리의 첫째 조항이 된 것이다. 이는 편집인이 아닌 기자들의 조직인 기자협회의 윤리강령에서도 동일하게 발견된다. 한국기자협회 윤리강령 1조는 '언론 자유 수호'로서 "우리는 권력과 금력 등 언론의 자유를 위협하는 내·외부의 개인 또는 집단의 어떤 부당한 간섭이나 압력도 단호히 배격한다"라고 천명하고 있다. 한국기자협회는 전문에서 기자의 소명에 대해 "기자는 자유로운 언론 활동을 통해 나라의 민주화에 기여하고 국가 발전을 위해 국민들을 올바르게 계도할 책임과 함께, 평화통일·민족화합·민족의 동질성 회복에 기여해야 할 시대적 소명을 안고 있다"라는 인식을 밝힌다.

언론에 압력을 가하려는 외부에 대한 저항과 언론 자유가 언론 윤리의 첫 번째 원칙이 된 이유로는 언론의 책임을 앞세워 언론에 압력을 행사하려고 한 정치권력의 실제적 위협을 간과할 수 없다. 박정희 정권이 강제하려 했던 '언론윤리위원회법' 파동이 그 단적인 사례다. 1964년 8월 국회를 통과한 '언론윤리위원회법'은 언론의 자율 규제로 언론윤리위원회를 설치하며 언론사 대표는 의무적으로 위원이 되고, 윤리 상설 기구로 심의회를 두고, 심의회는 문제된 언론 내용을 윤리 요강에 따라 판정하고 모든 언론 기관은 판정 내용을 보도할 의무를 지도록 했다(구교태·조소영·이영희, 2022: 20). 언론계는 언론 자유를 크게 위축시킬 것이 분명한 이 법안에 결사반대했다. 국회·중앙청 기자단은 24시간 취재를 거부했으며, 같은 해 8월 5일에는 언론 단체 대표들이 모여 '언론윤리위원회법 철폐투쟁위원회'를 구성했다. 악법 반대 투쟁 과정에서 8월 17일 한국기자협회가 탄생했다. 박정희 정권은 언론윤리위원회법 시행에 반대한 〈조선일보〉, 〈동아일보〉, 〈경향신문〉, 〈대구매일신문〉 등에 대해 정부 부처와 산하 기관의 신문 구독 중지는 물론 은행 융자 제한, 기존 대출 자금 회수 등의 압력을 가했다. 이러한 조치에 주무 부처인 공보부 장관이 항의하는 뜻에서 사표를 내기도 했다. 극단으로 치닫던 대립은 언론사 대표와 박정희 대통령 간의 직접 대화 이후 시행 보류됐다(강준만,

2019). 언론 윤리 규제가 정부의 언론 탄압의 수단으로 여겨진 때문인지 한국의 언론 윤리 분야 연구는 1990년 이전까지 불모지나 다름없었다. 그러나 1990년대 들어서서 언론 현장의 관심이 높아지면서 관련 논문도 증가하고 언론 윤리의 중요성이 부각되었다(남재일, 2010).

이러한 역사적 맥락에서 형성된 기자 윤리는 객관주의를 전문직주의의 이념(김경모·신의경, 2013)으로 삼아 구체적인 취재 원칙과 규범을 정한 미국의 윤리 규정과는 큰 차이를 보여 준다. 미국의 직업언론인협회(SPJ)는 1926년 제정돼 1996년 개정된 윤리 규범에서 기자들이 따라야 할 원칙으로 '진실을 찾고 보도할 것Seek truth and report it,' '피해를 최소화할 것Minimize harm,' '독립적으로 행동할 것Act independently,' '책무적일 것Be accountable'을 명시하고 있다. 이 규범의 서문에서는 "양심 있는 기자들은 총체성과 정직성으로 공공에 봉사하려고 애쓴다. 전문적인 정직성은 언론인에 대한 신뢰의 주춧돌이다"(Society of Professional Journalism, 2011)라고 밝히고 있다. '언론의 자유'와 '언론의 책임' 그리고 '언론의 독립'을 가장 기본적인 원칙으로 천명하고, 실제 보도 및 평론에 있어서 지켜야 할 준칙이나 언론 보도와 가장 밀접한 개인의 기본권 보호에 관한 규정이 그 뒤를 따르는 한국의 신문윤리강령의 구조(조소영, 2022: 52)와 사뭇 다른 형식이다.

1987년을 전후해서 언론을 둘러싼 담론의 흐름이 언론의 자유와 책임에서 언론의 직업 윤리로 급격히 이행한 것은 변화한 기자의 직업적 위치와 조응하는 결과라고 할 수 있다(남재일, 2010: 84). 협회 차원의 윤리강령과는 별도로 개별 언론사들이 윤리강령을 공표하기 시작했다. 1988년 5월 〈한겨레신문〉이 최초로 개별 사 윤리강령을 제정했고, 1991년 〈동아일보〉가 그 뒤를 이었다. 방송에서는 1990년 KBS와 MBC가 자체 방송강령을 제정 공표했다. 1991년 무렵에는 중앙 일간지 대부분은 물론이고, 〈부산일보〉 등 지방지들도 자체 윤리강령을 제정 공표했다(조소영, 2022). 이전의 전국적 차원의 윤리강령이 추상적이고 구체성이 결여된 반면, 개별 언론사에 의해 제정된 윤리강령은 기자들이 일상의 취재 보도 활동에 있어서 지켜야 할 행동준칙, 금품 수수나 이권 개입 문제, 이해 상충 조항 등 비교적 현실적 적용이나 실천성을 강조한 점이 특징이었다(박종수, 1993).

국내 16개 언론사의 윤리강령을 비교 분석한 최근 연구(조소영, 2022)에 따르면 강령이 실천성을 담보하기 위한 규정의 성격을 갖는 것임에도 불구하고 '언론의 자유 수호'라는 가치를 공통적으로 담고 있다. 언론윤리강령들의 내용은 취재 보도 윤리·직업 윤리·권리 보호·피해 구제 또는 피해 최소화·언론인으로서의 품위 유지의 5개 영역으로 분류해 볼 수 있었다. 이 중 언론인으로서의 품위 유지와 자긍심에 관한 내용은 추상적이고 불명확한 규정 내용들이 많아서 실행 가능성 확보가 어려운 것들이었다. 언론사별 윤리강령의 운영 상황을 비교해 본 결과, 주기적인 교육 실행에 관해 명시적으로 규정을 둔 곳은 2개 언론사뿐이었다. 실제 윤리위원회의 구성과 권한 기능 등 실제적인 운영과 관련된 세부적인 규정들이 없거나 윤리강령을 외부에 공개하지 않는 경우도 많았다.

조소영(2022)은 언론윤리강령이 현장에서 실행되어야 하며, 언론사 자체 규범이라는 점에서 일종의 입법 형태라는 점을 고려하면 명확성이 있어야 하는데, 현재의 윤리강령에는 '부당, 합리적, 단호히'와 같이 추상적이고 불명확한 규정 내용이 많아서 실행 가능성은 물론이고 판단을 위한 기준 설정도 어렵다고 지적한다. 명확성만큼이나 구체성도 갖추어야 할 요소였다. 익명 취재원을 지양한다고 했을 때, 기사의 민감도에 따라 익명 취재원 공개 범위를 규정하는 〈뉴욕 타임스〉나 하나의 기사에 익명 취재원의 수를 제한하는 〈워싱턴 포스트〉의 경우처럼 현장에서 바로 행동에 적용할 수 있는 기준과 원칙이 구체화되어야 한다는 것이다. 마지막으로 언론 윤리 규정에 '조작하지 않는다,' '표절하지 않는다,' '이해 충돌적 행위를 하지 않는다'는 식의 의무 규정, 금지 규정이 있지만, 위반에 대응하는 징계나 제재 규정이 없어 실행의 강제성 확보가 미약한 점을 문제로 지적했다. 무엇보다도 언론윤리강령은 언론사 사규에 불과한 내부 자료가 아니라 언론사 스스로가 사회적 공기로서의 공적 책임과 의무를 수행하기 위해 정한 규정이므로 이를 공시해야 한다고 제안한다.

종합하면 전국적인 조직 수준의 윤리강령이든, 개별 사의 윤리강령이든, 객관주의가 한국의 언론윤리강령을 관통하는 이념적 기반으로 보이지는 않는다. 1987년 민주화 이후 지사적 윤리로부터 직업적 규범에 충실한 직업인으로서의 언론에 대한 윤리 실천 요구가 높아졌고, 이에 따라 개별 사들이 윤리강령을 채택해 오늘에 이르고 있지만, 여전히 윤리강령에 명확성, 구체성이 부족하고 실행 여부의 강제성도 낮아 현장에서 실천될 가능성은 낮다.

윤리강령에서 객관주의 이념의 핵심이라고 할 수 있는 진실성 추구가 제1조로 온 것은 2021년 1월 한국기자협회와 한국인터넷신문협회가 공동으로 제정해 공표한 '언론윤리헌장'에서다. 12명의 위원이 4개월간의 논의 끝에 만든 헌장은 다음 9가지를 명시했다.[10]

1. 진실을 추구한다

10 전문은 한국기자협회와 한국인터넷신문협회 홈페이지에 게시돼 있다. https://www.journalist.or.kr/news/section4.html?p_num=18

2. 투명하게 보도하고 책임 있게 설명한다
3. 인권을 존중하고 피해를 최소화한다
4. 공정하게 보도한다
5. 독립적으로 보도한다
6. 갈등을 풀고 신뢰를 북돋우는 토론장을 제공한다
7. 다양성을 존중하고 차별에 반대한다
8. 품위 있게 행동하며 이해 상충을 경계한다
9. 디지털 기술로 저널리즘의 가능성을 확장한다

1조 '진실을 추구한다'는 세부 설명으로 '윤리적 언론은 정확한 사실을 종합적이고 포괄적인 맥락으로 전달한다. 정확성은 신속성에 우선한다. 사실과 의견을 분리하고, 의도와 기술 방식이 진실을 가리지 않도록 양심에 따라 보도한다' 등을 제시한다. 2조 '투명하게 보도하고 책임 있게 설명한다'라는 윤리적 언론은 독자와 시청자가 정보에 대해 스스로 판단할 수 있도록, 취재원 보호 등 필요한 경우를 제외하고는 정보의 출처를 명확히 밝힌다. 보도에 영향을 미친 외부 지원과 후원 및 이해 상충 소지 등에 대해서도 정직하게 밝힌다'라고 세부 설명을 제시하고 있다.

각 사별 윤리강령이 제정됐고, 전국적 단위의 조직 차원에서도 객관성, 투명성 원칙이 보다 명시적으로 부상했지만, 규범적 지향들이 현실은 물론 자신의 내부에서도 급격히 단절되어 있는(박진우, 2015) 자기 분열은 계속되는 것으로 보인다. 2021년 5월 언론윤리헌장실천협의회 토론회에서는 "MZ 세대 기자들은 온라인 커뮤니티에서의 활동이 친숙해 동료 간 상호 평가를 많이 하고 혐오와 차별에 대한 감수성도 높다. 기사의 취지가 왜곡되지 않아야 한다는 '투명성

제고' 측면에서 보면 과거보다 나아지고 있다. 다만 데스크들이 이전에 했던 방식을 그대로 적용하면서 (취재·보도 과정에서 발생하는 여러 문제를) 걸러내지 못하는 경우가 있다"(김달아, 2021)라는 참여 기자의 지적이 있었다. 언론인들의 윤리강령에 대한 인식을 살펴보기 위해 기자 18명을 대상으로 시행한 심층 인터뷰(구교태·조소영·김영희, 2022)에서는 "입사 이후로 윤리강령이란 문서를 본 적이 없다"라는 답변부터 "입사할 때 기본적인 언론 윤리 관련해서 교육받고 서약서에 관련 내용 준수하겠다는 서명했다"까지 사별 편차가 컸다. 소속 언론사의 윤리강령 제·개정에 관해 알고 있는 경우는 드물었으며, 평소 언론윤리강령에 큰 관심을 두지 않고 취재를 하는 것으로 나타났다. 인터뷰 대상자들이 언론윤리강령 가운데 가장 중요하다고 여기는 조항은 언론 자유와 공정 보도였다. 선언적인 윤리강령을 지키기 어려운 현실 상황을 고려하여 구체적인 체크 리스트 형식의 보도 준칙이 수반되어야 한다는 지적이 있었으며, 낮은 연차 기자에게는 전형적인 딜레마 상황에 대한 사례 연구가 필요하다는 요구도 있었다. 교육 대상자에 관해서는 직급별 언론 윤리 교육이 필요하다는 의견이 많았다. 특히 데스킹 업무를 처음 맡은 관리자에게는 별도의 시간을 할애하여 언론윤리강령의 세부 지침을 교육해야 하며, 팩트체크나 독립성 등과 관련해 데스크의 역할이 무엇인지를 상기시킬 필요가 있다고 인터뷰 참여자들은 지적했다.

한국 기자들은 취재 윤리를 선배나 상사에게 도제식으로 직접적 또는 간접적으로 습득(구교태·조소영·김영희, 2022: 119)한다. 취재 윤리도 취재 방식과 마찬가지로 선후배 또는 동료와 현장에서 보고 듣고 얘기 나누며 습득하거나 스스로 터득하는 것이다. 이러한 점에서 한국 기자들이 사회화되는 첫 과정인 경찰 기자의 관행은 무엇이 올바른 취재 윤리이며, 객관적인 보도인가에 대해 이후 실천의 준거가 될 수 있다.

한국 언론의 객관주의 관행의 구조적 성격을 분석하기 위해 경찰 기자들이 쓴 기사에 대한 분석과 심층 인터뷰를 수행한 남재일(2008)은 '탈정치적 사건 중심 보도'를 한국 객관주의의 특징으로 개념화했다. 남재일은 1960년대 이후 한국 언론의 기업화 과정에서 결정적인 계기를 카르텔을 통한 지면 수 축소로 꼽는다. 지면 수 제한으로 취사선택권을 가진 데스크의 권한이 강화되면서 편집국 조직의 중앙집권적 통제가 강화되어 기자들의 정치적 비판을 억제할 수 있는 구조적 여건이 마련됐다는 것이다. 또한 기사의 길이가 짧아지면서 독재 기간인 1978~1982년 6대 일간지 1면 기사의 93.4%가 사건 중심 보도(송정민, 1983: 41; 유선영, 1995 재인용)로 채워져, 대부분이 단순 사실의 전달이었다. 중앙집권화된 편집국 조직 속에서 역피라미드 구조의 사건 기사가 특권화되었고, 이는 그 자체로 정치적 비판을 배제하는 여과기 구실을 할 수 있었다. 남재일은 이런 점에서 한국 신문의 객관주의 관행은 현상보다는 사건, 해석보다는 사실 기술을 우월한 보도 형식으로 간주하는 '탈정치적 사건 중심 보도' 관행으로 정착돼 왔으며 이는 객관성의 하위 개념 중 기사가 현실을 얼마나 잘 반영했는가의 문제인 유관성relevance보다는 전달된 사실의 정확성만을 강조하는 진실(Westerståhl, 1983) 개념을 특권화한 것이라고 주장한다. 인터뷰한 경찰 기자들은 기사가 객관적이기 위해 가장 중요한 가치는 '사실의 정확성'과 '기사 내용의 공정성'이라고 답했고, 객관성을 구현하는 데 가장 문제가 되는 점으로는 '심층 정보의 취재 부족,' '충분한 사실 확인의 부족'을 꼽았다. 정형화된 기사 형식, 위계적인 의사 결정 과정, 사건 기사의 정형화된 프레임의 이데올로기적 성격

등에 문제의식을 갖고 있는 기자들은 없었다. 즉 관행에 내포된 정치적 의미는 의식하지 못하고, 객관성의 절차적 형식을 수용하는 경향을 보인 것이다.

남재일은 특종을 사건 취재 능력의 척도로 간주하는 조건 속에서는 현상에 대한 해석보다는 사건의 사실적 기술을, 객관성을 구현하는 우월한 방법으로 생각하는 것이 직업적으로 유리하다며 "이 경향성은 객관성을 기사 텍스트의 정확성만을 갖고 평가하고자 하는 '형식적 사실주의와 객관성의 동일시'로 개념화할 수 있을 것 같다"(남재일, 2008: 262)라고 밝힌다. 이러한 형식적 사실주의와 관련해 이준웅(2022)은 한국 언론이 '사실에 부합하면 뉴스로 충분하다'라는 '사실충분성의 도그마'에 빠져 있다고 비판한다.

한국 언론의 객관주의 수용은 한국의 특수한 역사적 조건 아래에서 틀 지어졌다. 언론 기업의 성장과 함께 기자들의 전문직주의도 발달하고 전문직주의의 이데올로기이자 직업 윤리로서 객관주의를 기반으로 삼아온 영미와는 달리 한국에서는 정치 개입을 통한 언론 기업의 성장이 기자들의 전문직업인화를 이끌지도 않았으며, 윤리 규범은 언론의 독립과 자율성을 지키는 내적 규범이기보다는 독재 권력 등 외부의 간섭에 저항하는 선언적인 가치였다. 이러한 과정에서 한국 언론은 '어떻게'보다 '무엇을' 수행할 것인가 하는 것에 더 큰 무게 중심을 두어 왔다(김세은, 2006: 73). 일제하의 '계몽 저널리즘'이든 독재 시대의 '사회 발전 주역' 또는 '민주화 추동 세력'이든 공공선을 주창하는 것에 기울어 다양한 관점과 견해를 소통시키는 역할에는 상대적으로 소홀해 왔다는 것이다. 정치적 양극화, 사회 성원의 분극화로 인해 사회 성원 모두가 합의하는 공공선은 존재하지 않는 정치 사회적 환경을 고려하면 언론이 힘써야 할 것은 서로 추구하는 공공선이 달라서 경쟁적인 탐구와 해석을 하더라도 그 절차는 정당하여 소통이 가능하도록 절차와 규칙을 마련하고 이를 철저히 준수하는 일일 것이다. 언론 상호 간에 합의할 수 있는 수행 규칙은 "도그마에 빠져 있다"라고 비판받는다 하더라도 한국의 언론인이 가장 중요하다고 여기는 사실의 정확한 보도, 즉 보도의 정확성(한국언론진흥재단, 2023a)에 있을 것이다. 그렇다면 한국 언론의 사실 확인 관행은 어떠할까?

5장

한국 언론의 사실 확인 관행

뉴스는 크든 작든 정확하든 아니든 현실을 재구성하며, 이렇게 재구성된 현실은 독자와 시청자에게 재귀reflexive하여 그들의 다음 현실 구성에 영향을 미친다. 따라서 진실하지 못한 언론의 현실 재구성은 여러 가지 개인적, 사회적 차원의 폐해를 가져온다. 언론이 사실을 충실하게 수집해서 정직하고 신중하게 표상하도록 노력하지 않으면 안 되는 이유다(이민웅, 2002). 사실을 정확히 취재하고 보도하는 것은 한국 언론인들이 가장 중요하게 생각하는 가치다. 1997년부터 한국언론진흥재단이 기자들을 대상으로 실시해 온 언론인 의식 조사에서 '정확성'은 언론인들이 스스로 꼽은 취재 보도의 원칙 중 부동의 1위를 고수해 왔으며(남재일 · 이강형, 2017; 한국언론진흥재단, 2017), 가장 최근 조사에서도 이 결과는 달라지지 않았다(한국언론진흥재단, 2023a).

그러나 정확성이 가장 중요하다는 한국 언론인들의 가치관과는 달리 정확성을 제대로 실행하고 있는가에 대한 언론인들의 자기 평가 수준은 낮다. 중립성 등 여타의 취재 보도의 주요 원칙과 비교했을 때 언론인들이 생각하는 중요도와 실행도의 차이값 평균이 가장 큰 항목이 정확성이었다(남재일 · 이강형, 2017). 정확성을 가장 중요하게 생각하면서도 정확성을 제대로 준수하지 못하고 있다는 언론인들의 자기 평가는 한국 언론의 사실성 추구의 실패라고 규정할 만하다. 사실 확인이 취재와 보도의 초석이라는 점을 고려하면 이는 한국 언론의 본질적 위기를 드러내는 지표라고 할 수 있다.

왜 한국 언론은 정확성을 가장 중요하게 여기면서도 이를 실행하지 못할까? 이는 취재 보도의 관행을 들여다봄으로써 보다 면밀히 답할 수 있다. 뉴스 관행news routine이란 "미디어 종사자들이 그들의 직무를 수행하기 위해 사용하는 패턴화되고, 판에 박힌, 반복적인 실천과 형식"(Shoemaker & Reese, 1996: 105)이다. 기자들이 뉴스 제작 과정에서 관행을 형성하고 그 속에서 업무를 수행하는 이유는 한정된 자원으로 방대한 양의 원자료들을 가공해 뉴스로 만들어야 하기 때문이다. 관행은 그를 따르는 한 기자들이 제한된 자원을 갖고 가장 효율적인 방법으로 뉴스 소비자들이 가장 받아들일 만한 생산물을 만들어 내게 해 준다. 뉴스룸의 관행에 주목한 선구적인 연구자인 터크먼(Tuchman, 1973)은 뉴스 노동자들은 언제나 해야 할 일이 너무 많기 때문에 일의 흐름과 해야 할 일의 양을 통제하려고 한다고 지적했다. 그러나 통제되어야 할 것은 시간이나 물적 자원만이 아니다. 뉴스 조직은 시장에서 적절한 수익을 창출할 수 있을지, 수용자들의 신뢰를 얻을 수 있을 만큼 정당성을 확보할 수 있을지, 시간의 제한 속에 안정적으로 정보를 획득할 수 있을지라는 불확실성(Sparrow, 2006) 또한 통제해야 한다. 관행은 이러한 불확실성을 통제하는 장치다. 몰로치와 레스터(Molotch & Lester, 1974)는 "관행이 '좋은 언론'의 '전문적인 규범'으로 확립될 정도로 뿌리 깊게 자리 잡을 수 있다"라고 지적한다. 사건 발생 초기에는 적극적으로 보도하다가 시간이 지나면 점점 관심을 줄이는 관행, 대도시에 뉴스 인력을 집중시키는 관행, 먼 곳에서 벌어진 사건보다 가까운 곳에서 벌어진 사건을 덜 중요하게 다루는 관행 같은 것들이 뉴스룸에서 은연중에 '전문 규범'으로 자리 잡은 것들의 사례다.

전문직 규범의 핵심을 이루는 것이 객관성(Schudson, 2001)이고, 뉴스의 가장 기본적이고 필수적인 요소가 사실이므로, 기자들의 사실 확인과 관련된 관행에 대해 국내에서는 다양한 접근의 연구들이 전개돼 왔다. 더욱이 "우리 언론은 사실 보도를 강조하면서 정작 부실한 취재, 단순한 구성, 저품질 제작에 머물고 마는 실천을 돌보지 않는 경향이 있다"(이준웅, 2022: 8)라는 비판이 오랜 기간 지속돼 왔으므로 이러한 현상이 빚어지는 원인에 대한 고찰은 다각적으로 이루어질 수밖에 없었다. 기자들의 노동 과정, 가치 판단, 기자들이 뉴스 생산 과정에서 상호 작용하는 취재원, 에디터, '회사'로 일컬어지는 조직, 경쟁하는 동료 기자 집단 등과의 관계가 어떻게 사실을 취재 보도하는 관행으로 고착되는가를 기자들에 대한 심층 인터뷰를 통해 드러내려 하거나(김창숙, 2019; 2020a; 2020b; 남재일, 2008; 박동숙 · 조연하 · 홍주현, 2001; 박영흠, 2020), 기자들을 대상으로 한 설문 조사의 장기적인 변화 추이를 보아 객관성에 대한 기자 인식의 변화를 해독해 내려 하거나(남재일 · 이강형, 2017), 뉴스 텍스트에 나타난 기자의 주관을 객관화하는 담론 전략, 한국의 보도에서 고유하게 보이는 취재원 인용 방식 등을 통해 왜곡된 객관주의 실천을 분석(송용회, 2007; 이나연, 2018a)하고, 이론으로부터 출발하여 기자들의 사실 확인의 수준을 높일 규범과 실천의 변화를 제안(김경모 · 신의경, 2013; 김세은, 2006; 이준웅, 2010a; 2022; 이준웅 · 김경모, 2008)하는 연구 등이 지속되어 왔다. 각 연구가 지적하는 한국 언론의 사실 확인 관행의 불철저성의 원인과 양상, 이를 해소하기 위한 실천적 제언들은 서로 겹치기도 하고 다른 지평을 제시하기도 한다. 그러나 공통적으로 발견되는 것은 한국 언론의 사실 확인 관행, 한국 기자들의 객관성 실천이 '한국적'이라는 수식어를 붙여야 할 만큼 고유한 특수성을 갖고 있다는 것이다. 이러한 특수성이 형성된 배경에는 한국의 사회 정치적 역사와 그것이 낳은 문화가 있다. 슈메이커와 리즈(hoemaker & Reese, 2014)가 미디어 콘텐츠에 영향을 미치는 영향의 위계 모델에서 미시적 수준부터 거시적 수준까지 개인, 관행, 조직, 사회 제도, 사회 체계의 다섯 단계로 동심원을 그린 것에 비추어 보았을 때 거시적 수준의 사회 제도, 사회 체계가 한국 언론의 사실 확인 관행에 영향을 미치는 것이라고 볼 수 있다.

한국 언론의 사실 확인 관행의 역사적, 문화적 특수성

한국 언론의 사실 확인 관행에서 두드러지는 첫 번째 특징은 사실 확인보다 우위에 있는 경향성이다. 이는 한국 언론과 정치의 길항 관계에서 비롯된 것이라고 볼 수 있다. 일본 식민 정부, 독재 정권 등 강압적 국가 통제하의 '제도 언론'에서 1987년 한국 사회의 정치 민주화 이후 '자율 언론' 단계로 진입한 뒤 국면에 따라서는 국가 권력과 경쟁하는 '권력 언론'(박승관 · 장경섭, 2000)으로 변화해 오는 과정에서 경향성은 "우연한 것이 아니며 체계적으로 배양되어 전승되는 일종의 전통"(이준웅, 2010a: 192)이 되었다. 구한말부터 시작해 일제 식민지, 유신, 1980년대 이후 언론 민주화 운동 시대의 언론인들은 계몽적 선구자, 비판적 지식인, 가치의 주창자, 민주주의 수호자로 '지사적 전통'을 면면히 계승해 왔고, 논쟁적 사안임에도 불구하고, 특정한 가치를 일방적으로 제시하며 사회를 계몽하는 것이 언론의 임무라고 생각하는 전통에 따라 '알면서도' 경향성을 유지할지도 모른다(이준웅, 2010a: 192)는 것이다. 이준웅은 이러한 의구심에 기반하여 "우리 언론인들 중에는 사실과 의견의 분리와 같은 언론 규범을 진심으로 믿지 않고 있거나, 믿는다 하더라도 그 신념을 실제 취재 및 보도 과정에 적용하지 않는 이들이 많을 것"이라고 추측한다.

김경모와 신의경(2013)은 여기서 더 나아가 지사적 전통이 상업주의와 맞물린 지사형-상업주의 체질이 한국 언론에 팽배해 있다고 지적한다. 김경모 등은 "지사형 저널리즘이란 자기 신념의 과잉과 언론직의 사회적 책임감을 혼동함으로써 공익 봉사라는 전문직주의의 직업 가치와 실천 윤리를 체화하지 못한 채 중대 사안마다 질 낮은 뉴스를 반복 생산하는 한국 저널리즘 문화의 권위주의적 체질"(42)이며 상업주의 저널리즘은 언론 전문직주의의 미성숙과 저발전 구조가 지속된 한국 저널리즘 문화의 이윤 지향적 체질을 의미한다고 정의한다. 상업주의는 한국 언론이 정치권력과의 관계를 조율하고 시장의 생존 경쟁에서 살아남기 위해 택한 생존 전략이었다는 것이다.

두 번째 특징은 한국 언론에 전문직주의가 제대로 뿌리내려 본 적이 없다는 것이다. 사실 중심의 저널리즘을 발명한 영미(Chalaby, 1996), 특히 미국의 저널리즘에서 객관주의의 발전은 당파지와 달리 상업적인 성공을 목표로 삼았던 페니 프레스 등이 부수를 확장하고 이윤을 추구하기 위해 "공공선의 보호자"(Schiller, 1979)를 자임하면서 발전했고, 당대 과학계를 지배했던 베이컨주의로부터 인식론적 양분을 흡수했다. 19세기 말 미국의 언론인들은 상업적 번성 아래 전문직으로서 기자를 명확하게 격상시키기 위해 새로운 윤리와 규범을 만들어 냈지만, 창간호에 '불편부당'의 원칙을 밝힌 구한말의 〈독립신문〉은 정부가 재정적 지원을 했다. 신문 시장은 독재 기간 내내 정치권력에 의해 좌우되었다. 5·16으로 들어선 군사 정권은 입법 과정을 거치지 않은 '권장'이라는 이름으로 하루 두 번을 내던 조석간제를 조간이나 석간 중 하나를 택해 신문을 하루에 한 번 내는 단간제로 바꾸었고 1972년 2월부터는 정부가 발급하는 프레스 카드가 없이는 취재하지 못하게 했다. 프레스 카드를 받지 못해 언론계을 떠난 기자는 32.3%였다(강준만, 2019). 1972년 '자진 폐간 형식'을 빌려 추진된 언론 통폐합은 적자 운영을 벗어나려는 언론 기업의 문제를 해결해 주면서 언론 통제를 강화할 수 있는 방안이었다. 1980년 신군부는 신문협회와 방송협회에 강요해 언론 통폐합을 단행했다. 방송 공영화, 신문과 방송의 겸영 금지, 신문 통폐합, 중앙지의 지방 주재 기자 철수, 지방지의 1도 1사제, 통신사 통폐합으로 대형 단일 통신사인 연합통신사의 설립이 그 내용이었다. 강준만은 5공화국의 언론 통폐합이 가져온 7대 효과를 꼽으며 "언론 통폐합은 언론 매체 시장의 독과점을 제도화시키고 언론의 거대 기업화를 심화시킴으로써 언론의 순응 정서를 배양함은 물론 공산품 제조업체와 다를 바 없는 수준의 '이윤의 절대적 우선주의'가 언론사 경영자들의 언론 철학으로 고착되게끔 하는 결과를 낳았다"(379)라고 지적한다. 시장이 언론 성장의 발판이 되지 않고, 정치권력이 언론 매체 시장의 성패를 좌우하는 상황에서 물리적 면허는 갖고 있지 않아도 공공에 대한 봉사라는 태도로는 느슨한 의미의 전문가로서 객관주의 규범을 실행하는 전문가 집단으로서의 기자(김경모·신의경, 2013)는 형성될 수 없었다. 1987년 민주화 이후 권위주의 정부의 언론 통제가 약화되고, 편집권 독립을 위한 편집장 직선제 선출 등이 성과를 내면서 언론인의 외적, 내적 자율성이 증대됐다. 그러나 언론 시장 내의 경쟁이 격화되고 경제적 기반이 불안정해지는 한편, 1999년 김대중 정부, 2004년 노무현 정부가 잇달아 들어서면서 보수 성향의 유력 신문사들과 정부의 정치적 대립이 첨예해지는 상황에서 언론과 언론사 소속의 기자들은 사실적 정보의 전달자라기보다는 의견의 주창자가 되면서 전문직주의가 뿌리를 내릴 여지가 없어졌다(이준웅 · 조항제 · 송현주 · 정준희, 2010). 불안정하나마 전문직주의가 뿌리내릴 수 있었던 가능성이 좌절된 것이다.

전문직주의에 대한 인식과 경험이 일천한 것은 한국 언론이 사시나 취재 보도 가이드라인, 윤리강령 등을 통해 객관주의를 추구한다고 표방(남재일, 2010)하면서도 실상은 이를 실천하지 못하고 형식만 도구적으로 차용하는 결과를 빚었다. 객관주의가 전문직으로서의 기자들을 규정하는 가치나 인식 체계, 실제 취재 현장에서의 지침이 되지 못하고 도구적으로 그 형식만이 차용된 것이다(유선영, 1995). 이는 "언론계 내부에서 철학적 반성과 윤리 가치의 부재 또는 전문성의 미비와 저발전을 지속시키는 요인으로 작용"(김경모 · 신의경, 2013: 54)해 왔다.

세 번째, 기자들에 대한 전문적 교육이 거의 이루어지지 않고 있다는 점이다. 이상기와 강민영(2012)의 연구에 따르면 한국의 언론인들은 '일정 수준 이상의 지식과 훈련을 통해 오랜 시간 경험을 쌓고, 그로 인해 경제적 우위나 사회적 영향력을 행사할 수 있는 직종'을 전문직으로 인식하며 직업의 희소성이나 배타성을 전문직의 부수적인 특성으로 인식하고 있었다. 이들은 전문성을 더 갖추어야 할 필요성을 느끼며 학위 과정에 제한되는 것은 아니지만 석·박사 과정의 교육을 희망하고 있었다(이상기·강민영, 2012). 이러한 인식에서 읽을 수 있는 것은 한국의 언론인들이 전문직주의의 핵심에 윤리가 있다는 것을 이해하지 못한다는 것이다. 탈진실 시대를 맞아 언론 윤리에 대한 실무 교육의 중요성이 더욱 자주 언급되지만(김영욱, 2018), 한국의 경우 학부 과정의 저널리즘 교육에서부터 전문 직업인으로서 윤리 의식을 갖출 수 있도록 교육되지 않아 이후 직업 언론인이 되었을 때 조직 이기주의나 개인적 이익에 매달리는 현실(배정근, 2013)에 저항할 수 있는 기초적인 자질을 충분히 익히지 못한다. 미국의 경우 학부 저널리즘 프로그램 학과장 158명을 대상으로 교육에서 우선순위를 둘 과목에 대해 설문한 결과 전체 응답자의 58%가 '미디어 윤리와 법' 과목이 '취재와 스토리텔링'(55%), '멀티미디어 스토리텔링'(47%)보다 중요하다(Blom & Davenport, 2012)라고 답한 것과 대조를 이룬다. 한국언론재단이 2023년 실시한 한국의 언론인 조사에 따르면 조사에 응한 대학 이상 졸업자의 전공을 학부/석사/박사 통합하여 살펴보았을 때 신문 방송 계열이 27.2%로 가장 많았고, 다음으로 인문학 계열(어문 계열, 철학, 사학 포함)이 22.1%였다(한국언론진흥재단, 2023a).

한국의 학부 저널리즘 교육 관련자들을 심층 인터뷰한 연구(최지향·정은령·오해정, 2019)에 따르면 학계와 언론계를 망라한 인터뷰 대상자들은 "저널리스트로서의 소양이나 저널리스트가 가져야 될 자세, 태도 혹은 규범적인 인식, 가치관을 가르치는 기초적인 교과 과정이 부실"(54)하며 학생들이 언론을 가치로 생각하는 것이 아니라 기능으로 생각하게끔 만들어 온 교육이 저널리즘 교육 외면 현상을 낳았다고 지적한다. 대학 교육 과정에서 윤리적 딜레마의 문제를 다뤄 봄으로써 이후 실제 기자가 되었을 때 무엇을 하고 하지 않을지 스스로 기준을 세울 수 있을 것임에도 불구하고, 이러한 교육 없이 기성 언론의 관행을 곧 언론으로 등치하여 가르쳐 왔다는 것이다(56).

현장에서의 언론인 교육은 선배로부터 취재 방식, 취재원 관리, 기사 작성 등을 일방적으로 전수받는 도제식 교육이다. 선후배 간의 도제식 기술 전수는 뉴스 소재를 찾아내고 이를 기사화하는 데 필요한 기술을 전수하는 데 초점이 맞춰져 있다(박진우 · 송현주, 2012; 최석현 · 안중환, 2012). 입사 전 기자를 정의롭고 윤리적인 존재, 부조리를 폭로하고 부당한 억압에는 독립적으로 사고하고 행동하며 하고 싶은 이야기는 할 수 있는 직업, 사회적으로 중요한 일을 주체적 · 자율적 · 전문적으로 할 수 있는 직종으로 인식하고 취업했던 젊은 기자들은 특히 수습기자 교육부터 강압적이고 폭력적인 교육 방식을 접하며 직업에 회의를 느끼고 언론 현장을 떠나기도 한다(이석호 · 이오현, 2019).

이러한 뉴스 생산 문화는 한국 언론에서 역사적으로 '어떻게'보다 '무엇'을 수행할 것인가에 더 큰 무게 중심을 두는 방향으로 전개되어 왔다. 자유주의와 공동체주의에서 도출할 수 있는 언론의 규범적 모델로 '옳은 언론'과 '좋은 언론'을 각각 제시한 김세은(2006)은 한국 언론이 진정한 공론권으로 역할을 하기 위해 중점을 두어야 할 부분은 가치의 추구보다는 절차와 규칙의 마련 그리고 철저한 준수에 우선성을 두는 것이라며, '무엇'보다 '어떻게'에 초점을 두는 것이 필요하다고 주장했다. "언론은 일관성 있고 투명한 수행 규칙의 마련과 함께 엄격한 자기 규제와 윤리의 확립을 통해 언론 상호 간의 감시와 자기 점검을 지속적으로 해나가는 것이 필요하다"(74)라는 것이다.

한국형 객관주의의 현실 재현 프로세스

사실충분성의 도그마와 종합적 진실의 부재

한국 언론 관행에 대한 연구에서는 경찰 출입 기자, 법조 출입 기자를 포함해 사회부 기자들을 심층 인터뷰(남재일, 2008; 김창숙, 2019; 2020b; 김창숙 · 최지향, 2021; 박영흠, 2020)한 연구들이 기자들의 사실 확인 관행을 세밀하게 드러낸다. 대부분의 한국 기자들이 입사와 함께 경험하는 경찰 출입은 한국 기자들의 뉴스 가치 판단 기준, 취재 관행, 직업의식, 기사 작성 관행 등 객관주의 관행(남재일, 2008)을 내면화하는 첫 단계이며 기자로서의 사회화의 첫 단계다. 사건 중심 보도는 한국 언론사에서 특히 독재가 극한에 이르렀던 시기에 특권적으로 중요시된다. 이에 대해 남재일(2008)은 역피라미드 구조의 사건 기사를 특권화한 것은 정치적 비판을 배제하기 위한 중앙집권화된 편집국의 판단이라고 분석했다. 정치적 비판은 대개 단순 사건이 아닌 정치 현상인 경우가 많고, 이에 대한 비판은 해설이 가미된 기사 형식을 요구하는데, 기자 개인으로서는 더 많은 취재와 반론의 여지를 감수하면서까지 환영받지 못하는 정치 현상에 대한 비판 기사 쓰기를 고집하기보다는 사건의 속보 경쟁에 관심을 돌리는 것이 평가에 유리하다는 것이다(241). 남재일은 '탈정치적 사건 중심 보도'는 객관 보도의 전제 조건을 밝힌 요르겐 베르스테르슈탈(Westerståhl, 1983)이 객관성을 사실성과 불편부당성으로 나누고, 다시 사실성의 하위 개념으로 진실성truth과 유관성relevance을 설정한 데 비추어 볼 때 사실 전체를 얼마나 잘 반영했는가라는 유관성보다는 사실의 정확성 여부만을 강조하는 진실의 개념을 특권화한다고 주장한다. 이는 한국 언론이 사실의 '적절성'을 검증하지 않고 있다는 박대민(2015)의 지적과도 일치한다. 박대민은 4대강 사업 보도에서 〈조선일보〉와 〈한겨레〉가 직접 인용을 어떻게 다루었는지를 인용문을 통해 분석하며, 사실 보도를 위해서는 정보원이 말한 그대로 인용했는지에 대한 '사실성 검증'과 그 정보원의 의견의 사실적 근거에 대해 사실 확인을 하는 '적절성'도 따져 보아야 하는데, 한국 언론의 경우 '사실성 검증'은 이뤄지지만 '적절성 검증'은 이뤄지지 않고 있다고 지적했다. 조국 법무부 장관 임명 당시 검찰 출입 기자들의 취재 관행을 알아본 연구(박영흠 · 이정훈, 2020)에서도 취재원이 발언한 내용을 검증하는 방식의 사실 확인보다는 취재원이 발언한 사실이 있다는 점에만 초점을 맞추는 관행이 드러났다.

정확성 여부만을 강조하는 것은 단편적 진실이 아닌 종합적 진실whole truth(이민웅, 2002)을 드러내는 것과는 거리가 멀다. 기사의 정확성은 정확하지 않은 표현 요소들을 걸러내는 판단을 요구한다. ① 대상에 대한 관찰과 이해의 확립, ② 부정확한 표현의 제거, ③ 흥미 등 다른 동기의 적절한 통제(이준웅 · 김경모, 2008)가 필요하다. 또한 반드시 검증의 원칙을 구현해야 한다(Kovach & Rosenstiel, 2021). 검증의 원칙을 구현해야 한다는 것은 뉴스가 "누군가 언젠가는 경험적 검증을 통해 진실을 확인할 수 있는 내용을 근거로 작성"(이준웅 · 김경모, 2008: 32)되어야 한다는 것이다.

그러나 기자들이 증언하는 한국 언론의 사실 확인 관행은 이러한 규범적 요구들에 근접하지 못한다. 한국 주요 6개 신문사 사회부 취재 기자 2명과 에디터(시경캡,[11] 차장, 부장) 등 24명을 심층 인터뷰

11 사회부 경찰 기자들을 지휘하는 역할을 하며 차장, 부장 등의 중간 간부는 아니지만 준데스크 역할을 한다. 서울시 경찰청을 관할하며, 기자실도 서울시 경찰청에 있어서 전통적으로 시경캡이라고 지칭한다.

한 김창숙과 최지향(2021)의 연구에 따르면, 인터뷰이들은 '누가 뭐라고 말했다'라는 사실이 있다는 것만으로도 보도할 수 있는 것으로 여겼고, 매일 사건이 터지고 취재 경쟁이 벌어진 상황에 사실을 검증한 후에 보도하는 것은 '안이하고' '문제가 될 수 있다'며 사실이 확인되지 않았더라도 빨리 기사 내는 것을 더 중요하게 여겼다. 대부분의 취재 기자들은 저널리즘의 역할, 사실과 진실, 사실 확인을 위한 구체적인 방법 등을 질문했을 때 잘 모르는 상태에서 업무를 진행하고 있다거나, 잘 몰라서 심적으로 괴로움을 겪고 있거나, 설령 저널리즘의 기본 원칙이나 추구하는 목표 등에 대해 교육받은 경험이 있다 하더라도 조직 내 규범에 더 강력하게 영향을 받으면서 이전의 교육은 무용지물이 되고 있는 상황이었다(25~26).

이러한 현상을 지배하는 뉴스룸의 가치 판단은 이준웅(2022)이 한국 언론이 '사실이면 충분하다'라는 도그마에 빠져 있다고 비판하는 것에서 그 기원을 유추할 수 있다. 이준웅은 '사실충분성'의 도그마가 드러내는 현상으로서 "두 당사자 중 한쪽 이야기만 듣고 썼어도 사실을 챙겼으면 일단 뉴스로서 합격이다. 일 초만 빨리 기사를 써도 사실이면 단독이고, (중략) 전개하는 사건의 배경을 뒤지거나 당사자나 이해관계자의 해명을 구해서 듣거나 전문가의 해설로 맥락 정보를 구하는 일은 이른바 '사실을 챙기는 일' 다음이 된다"라며 이러한 풍조로 인해 현장의 기자들은 "기사의 훌륭함을 추구하는 경쟁이 아니라 사실 확인의 실패를 피하는 게임에 몰두하게 된다"(10)라고 주장한다.

정형화된 역피라미드적 취재 보도 관행과 편향적 사실 수집의 강화

'각角/pre-determined story angle 잡고 기사 쓰기'[12]는 기자들의 보편적인 관행이다(Shoemaker & Reese, 1996). 기사의 각은 곧 사안을 초점화하는 것이며, 그런 경향은 역피라미드 구조의 리드에서 가장 두드러지게 발견된다. 역피라미드 구조는 객관적으로 기사를 쓴다는 "전략적 의례"(Tuchman, 1972)의 장치로서 미국 언론계에서도 오랫동안 정형화된 형식이었다. 그러나 한국 언론에서는 오랜 시간 역피라미드 구조가 기사 작성의 거의 유일한 규범으로 인식되어 왔으며(박재영 · 이완수, 2008), "한국 신문사에 갓 입사한 수습기자들이 선배들로부터 가장 먼저 배우는 (실은 유일하게 배우는) 것도 역피라미드 스트레이트 기사다"(안수찬, 2007: 11). 한국 언론에서는 사건 사고를 다룬 스트레이트 기사는 물론 스트레이트가 아닌 기획 기사도 역피라미드 구조를 갖추고 있었다(남재일 · 박재영, 2007). 서로 정치적 경향성을 달리하는 〈경향신문〉, 〈동아일보〉, 〈조선일보〉, 〈중앙일보〉, 〈한겨레〉의 1면 머리기사의 94.1%가 역피라미드 구조(박재영, 2006)였다. 역피라미드는 기사의 형식뿐만이 아니라 기자의 취재 방법까지도 규정한다. 역피라미드 구조는 리드에서부터 사건(사안)의 초점을 뚜렷하게 제시하는데 이는 가능한 관점 중에 하나를 특권화하는 것(남재일, 2004)이며, 기자

12 한국 언론계에서는 일제 식민지 문화의 잔재로 이러한 '각 잡고 기사 쓰기'의 행위를 "야마를 잡는다"라고 표현한다. '야마'는 산山을 일본어로 발음한 것으로, '각 잡고 기사 쓰기'(Shoemaker & Reese, 1996)의 한국적 형태라고 할 수 있다. 한국의 기사 쓰기에서는 리드에서부터 여러 가지 가능한 관점 중 하나를 특권화하는 초점화(남재일, 2008)가 전형적이며, 리드의 각과 관련되지 않거나 심지어 반하는 정보는 수집되었더라도 기사에 포함되기 어렵고, 기사를 한쪽 방향으로 몰고 가는 "리드의 덫"(박재영, 2006: 179)이 작동한다는 문제점이 꾸준히 제기되어 왔다.

는 자기가 설정한 '리드의 덫'에 걸려 기사를 한쪽 방향으로 몰고가게 된다(박재영, 2006: 179). "사안을 어떻게 쓸 것인가"보다 "사안을 역피라미드 구조에 어떻게 집어넣을 것인가"를 고민하기 때문에 리드에서 각을 잡아놓은 것과 다른 정보가 수집되더라도 기사에 포함하기 어려워지는 것이다(박재영 · 이완수, 2008).

리드의 초점화는 기사의 프레임과 매우 유사하다(박재영 · 이완수, 2008). 한국 언론의 공정성/ 불공정성 문제를 프레임 분석의 효과 크기로 측정한 연구에서 지난 1990년대 중반 이래 20여 년간 축적되어 온 한국 언론의 불공정 보도는 양가성이나 이중성이 아니라 정파성의 모습을 띠는 것으로 드러났다(이종혁 · 길우영, 2018). 보수 매체와 진보 매체가 주요 이슈에 대해 자신의 정치적 성향에 부합하는 프레임으로 이슈들을 보도하는 정파성이 뚜렷하게 나타난 것이다. 언론의 정파성은 정치권력 창출과 밀접한 연관이 있다. 민주화 이후 치러진 13~17대 대선 기간의 보수 진보 언론의 사설을 분석한 결과 시간이 지날수록 언론은 지면을 통해 권력 창출 과정에 보다 적극적으로 개입하여 자신의 정치적 입장에 따라 지지하지 않는 상대 후보를 비판하고, 지지 후보에게 유리하도록 보도하였다(최진호 · 한동섭, 2012). 보수와 진보의 프레임 차이는 정치뿐만이 아니라 사회 · 경제 · 문화에까지 관철되고 있었다(이종혁 · 길우영, 2018).

한국 언론에서는 특히 정파적 판단이 개입되는 사안을 다룸에 있어 취재 초기부터 결과를 예측하고 이에 맞는 취재원을 통해서만 선별적으로 사실을 확인함으로써 기자나 소속 신문사의 정파성에 따라 취재 과정에서 확인하는 사실이 달라지는 모습이 자주 관찰된다(김창숙, 2019). 기자와 에디터가 가진 정치적 성향에 따라 사실 확인을 위해 취재하는 취재원이 달라지는 모습도 나타났다. 정치부가 아닌 사회부 기자들과 에디터들을 대상으로 한 심층 인터뷰 연구(김창숙 · 최지향, 2021)에서도 정치적 입장에 따라 판단이 달라지는 기사의 경우 신문사나 개인의 정파성에 맞는 사실을 수집하고 이에 맞지 않는 사실을 버리는 식으로 사실을 취사선택하는 모습이 나타났다. "결국 기자가 속한 언론사가 가진 정파성으로 인해 사실 확인 과정이 좌절되고 관성화되는 과정을 통해 확인된 사실을 보도하는 것보다는 정파성에 맞는 기사를 작성하게 되는 것이다"(37).

느슨한 게이트키핑

한국 언론 구조에서의 수직적 이동, 즉 승진은 전문성이 부족하더라도 어느 정도 보장되는 것으로 평가되어 왔다(장하용, 2003). 한국의 언론사에서 관리자로의 승진은 주요 출입처에서 경력을 쌓으며 특종을 많이 했던 기자가 팀장, 차장, 부장이 되는 구조다. 기사를 잘 쓰는 일과 조직을 이끌며 구성원들이 일을 더 잘할 수 있게 관리하는 것은 완전히 다른 역량을 요구하는 일이지만, 언론사들은 기자 일을 잘했던 자원이 관리자 역할도 잘해 낼 것이라는 근거 없는 믿음에 기초한 인사를 고집해 왔다(박영흠 · 서수민, 2023). 에디터가 되는 사람에 대한 리더십 교육이나 커뮤니케이션 역량을 요구하는 문화가 없기에 뉴스룸의 구성원들은 구조적인 불통을 경험한다. 이러한 가운데 다른 직종에서는 보기 어려운 독특한 조직 문화가 형성된다. 첫째는 뉴스 생산 시스템이 상명하복의 엄격한 위계 서열 속에서 작동한다는 것이다. 수직적 피라미드 구조 안에서 보고와 의사 결정이 이뤄지고 톱다운 방식으로 뉴스의 '주문 생산'이 발생하는 경우도 많았다(박영흠 · 서수민, 2023: 133). 그러나 이와는 달리 사적 공간에서는 가족이나 동지를 지향하는 유사 가족 같은 공동체성이 유지되고 있다. 이러한 공동체성은 수직적 문화가 만들어 내는 커뮤니케이션 공백을 완화하지만, 혈연에 의한 공동체가 합리적 커뮤니케이션에 기반하지 않는 것처럼 민주적 의사소통이 이루어지는 데 한계를 보인다. 상명하복의 위계질서와 전통적 공동체성이 뒤섞이는 독특한 뉴스룸 문화는 철저해야 할 게이트키핑을 '신뢰'라는 명분하에 느슨하게 만드는 구조로 작동하기도 한다. 6개 신문사 12명의 사회부 에디터를 심층 인터뷰한 연구(김창숙, 2020a)에서 에디터들은 기자가 취재해 온 내용을 사실이라고 믿고, 의문이나 의심이 가는 사실에 대해서도 데스크가 직접 확인하지 않고 취재 기자에게 재확인을 요구했다. 기사에 언급된 취재원에게 데스크가 직접 사실을 재확인하는 행위는 데스크와 취재 기자 모두 해당 기자를 불신한다는 뜻으로 받아들이므로 거의 일어나지 않는다(김창숙, 2020a: 15). 이는 에디터의 작업이 필연적으로 사실 확인을 포함하거나, 별도의 팩트체커가 있어 기자의 취재 내용을 재확인하는 미국의 언론사 전통과 차이가 있다. 이러한 뉴스룸 문화에서 에디터의 사실 확인을 중심으로 한 게이트키핑 과정은 통과 의례에 불과했다. 기본적으로 기자가 취재해 온 내용은 사실이라고 전제하고 확인하고 있었고, 구체적인 사실 확인의 매뉴얼도 확립되지 않았으며, 적극적인 사실 확인은 에디터와 기자 사이의 신뢰를 깨는 행위로서 회피되고 있었다. 그러나 과도한 신뢰에도 불구하고 인터뷰 대상이 되었던 모든 에디터가 취재 기자가 기사를 표절하거나 조작한 사례를 경험했다(김창숙, 2020a: 22). 가족 공동체 같은 문화가 과도한 신뢰를 정당화하여 엄격해야 할 게이트키핑 과정을 느슨하게 만든다면, 동시에 수직적 상명하복 구조는 데스크가 취재 기자와 논의하지 않고 일방적으로 기사를 수정하는 일을 만들어 낸다. 이러한 경우 수정 기사가 오보가 되기도 한다. 기자가 익명 취재원을 인용했을 경우도, 익명 취재원의 존재 여부, 주장에 대한 신뢰도를 판단할 기준이 부족한 상태에서 기사를 검토했다. 이는 궁극적으로 에디터들이 기사를 검토하는 과정에서 사실 확인을 하는 매뉴얼이 부재해 자신의 현장 경험과 감에 따라 판단하고 있다는 것을 의미한다(김창숙, 2020a: 15).

사실 확인을 할 수 있는 매뉴얼이 전혀 존재하지 않는 것은 아니다. 다수의 언론사가 취재 보도 준칙이나 윤리 규범을 갖고 있으며 해당 규범에는 사실 확인에 대해 기자와 에디터가 지켜야 할 원칙들이 구체적으로 포함돼 있다. 예를 들어 〈조선일보〉의 윤리 규범 가이드라인[13]은 확인 보도와 관련해 "마감 전까지 중간 및 최종 점검을 통해 구체적인 부분까지 확인한다. 사실이나 인용을 다시 확인하고 기사에 쓰인 단어 선택이 적절한지 점검한다," "사실 확인의 최종 책임은 기자뿐 아니라 담당 부서장도 함께 진다"라고 명시하고 있다. 한겨레 미디어 취재 보도 준칙[14]도 "취재원은 실명으로 표기하는 것을 원칙으로 한다," "취재원의 실명 및 신원을 비밀에 부치기로 했다면, 그 비밀을 엄격히 지킨다. 익명 취재원의 실명 및 신원 등을 보고받은 편집국장 등 취재 보도 부문 책임자 또는 그 권한을 위임받은 자도 그 비밀을 지킬 의무를 진다"라고 기자는 물론 에디터들의 사실 확인 책임에 대해 명시해 놓고 있다. 그러나 현장에서는 이러한 윤리 규범과 취재 보도 준칙이 실제 에디팅 과정에서 매뉴얼로 이용

13 〈조선일보〉 윤리 규범 가이드라인은 다음을 참조하라. https://www.chosun.com/site/data/html_dir/2017/12/26/2017122601251.html

14 〈한겨레〉 미디어 취재 보도 준칙은 다음을 참조하라. https://www.hani.co.kr/arti/society/media/944867.html

되지 않기 때문에 규범이 사문화되어 있는 것이다. 윤리 규범의 준수와 관련하여 기자들을 대상으로 한 인터뷰에서 데스킹 업무를 처음 맡은 관리자에게는 별도의 시간을 할애하여 언론윤리강령의 세부 지침을 교육해야 하며, 팩트체크나 독립성 등과 관련해 데스크의 역할이 무엇인지를 상기시킬 필요가 있다(구교태 · 조소영 · 김영희, 2022)는 지적이 나오는 것은 이러한 이유에서다. 매뉴얼이 있어도 지키지 않는 현실은 취재 윤리를 지키지 못하는 보도로 귀결될 뿐만 아니라 사실 확인도 부실하게 만드는 결과를 낳는다.

객관성을 대신하는 객관화 담론, 낮은 투명성

객관주의를 표방하는 취재 관행이 객관성이라는 최종적인 목표에 도달하지 못한다 하더라도(Tuchman, 1972), 기자가 제시하는 기사가 진실, 혹은 진실에 가까운 현실 묘사와 해석이어야 한다는 대중적 기대와 직업 가치적 요구가 엄존하는 한 기자는 기사 담론에서 객관성을 지속적으로 부각해야 한다. 이는 엄밀하게 말해 객관성이라기보다는 객관성을 나타낸다고 간주되는 관행을 기사 담론 안에서 구현하는 것이므로 '객관화 담론 전략'이라고 할 수 있다(송용회, 2007). 송용회는 객관화 담론 전략이 한국 사회에서는 언론의 정파성, 이데올로기적 역할이 커짐에 따라 더욱 강조되고 있다고 지적한다. 이데올로기는 많은 사람들이 받아들이는 보다 보편적인 가치와 결부될 때 자연스럽게 받아들여지고 효과적으로 작동하기 때문에 객관성, 타당성이 중요해지는 것이다(송용회, 2007: 232).

미디어 보도의 가장 명백한 특성 중 하나는 그것이 신문이든 TV든 특정 유형의 담화를 구성한다는 것이다. 또한 뉴스는 관행, 사용 가능한 인력, 마감 시간의 엄격한 제약 조건하에 생산되므로 뉴스 스키마news schema에 의해 조직되어야 한다(Van Dijk, 1988). 뉴스 보도를 이해한다는 것은 독자가 뉴스 보도의 대상인 사건에 대해 마음속에서 모델을 구축할 수 있음을 의미한다. 뉴스 보도와 기자들의 목표는 독자가 보도된 뉴스 사건에 대한 모델을 형성하는 것이다. 중요한 것은 이러한 모델의 구조와 내용이 뉴스 보도의 구조와 내용에 의해 만들어질 수 있다는 사실이다. 기자들은 각각의 뉴스 사건에 대한 모델을 가지고 있으며 일반적으로 독자가 그와 유사한 모델을 형성하도록 기사를 작성한다. 모델의 구조에 영향을 미치는 여러 가지 방법 중 하나는 뉴스의 헤드라인이나 리드 또는 사진에서 특정 요소를 더 또는 덜 두드러지게 함으로써 정보의 중요성을 조작하는 것이다(Van Dijk, 1995). 이러한 턴 반다이크Teun Van Dijk의 뉴스 담론 분석에 이론적 기초를 두고 송용회는 〈조선일보〉와 〈한겨레〉의 국가보안법 개폐 논쟁 관련 해설 기사를 분석했다. 해설 기사의 경우 스트레이트 기사보다 더 다양하고 교묘한 표현을 동원하여 객관성을 담보한 것처럼 보일 수 있기 때문이다. 송용회는 분석 결과 분석 대상인 두 개의 정파적 지향을 달리하는 언론사들이 현실 해석을 객관화하는 담론 방식으로 '전문가' 인용을 빈번하게 사용한다는 점을 지적했다. 이러한 '전문가' 인용의 이데올로기적 효과의 첫 번째는 전문가들이 일반인들보다 진실 파악을 더 잘할 수 있을 것이라는 믿음을 대중에게 줄 수 있는 것이고, 두 번째는 전문가들이 특정 사안에 대해 일치된 의견을 갖고 있다는 믿음을 줄 수 있다는 것이다. 전문가들은 개인의 성향, 학과, 계급적 이해에 따라 다르지만, 한국의 언론은 이 같은 전문가 집단 내 의견 다양성을 도외시하고 '전문가'라는 용어에 대해 사람들이 공유하고 있는 우월성과 의견 일치에 대한 막연한 믿음을 활용하고 있다는 것이다. 해설 기사의 객관화 담론 전략에서 두드러졌던 또 하나의 특징은 주체를 명시하는 부담을 덜 수 있는 피동형 서술어가 빈번하게 사용된다는 점이었다. 한국 뉴스 보도에서는 스트레이트 기사에서도, 해설 기사에서도 피동형 서술어의 사용이 빈번하다. 방송 보도에서도 "~라는 분석입니다, 지적입니다, 비판입니다, 계획입니다, 방침입니다, 우려가 나오고 있습니다, 가능성도 거론되고 있습니다, 의혹을 사고 있습니다, 관측되고 있습니다, 전망되고 있습니다"(이완수·박재영, 2013) 등의 무주체 피동형 서술어가 사용되고 있다. 법조 출입 기자들을 대상으로 한 심층 인터뷰 연구(박영흠, 2020)에서는 치열한 단독 경쟁 때문에 사실 확인이 제대로 안 된 상태에서 '지르는' 기사를 쓰며, '알려졌다,' '전해졌다,' '의혹이 제기됐다' 식의 주체가 없는 피동형 서술어를 쓰는 것으로 나타났다. 그러나 이러한 현실과는 다르게 국내 언론사의 취재 보도 준칙에서는 "'~로 알려졌다/전해졌다/전망이다' 등 판단의 주체를 분명히 밝히지 않고 서술하면 기자의 주관이 개입됐거나 일부 취재원의 입장만 강조하거나, 일부 내용을 과도하게 일반화하는 경우로 오해받을 수 있으므로 될 수 있으면 사용하지 않는다"(한겨레 미디어 취재 보도 준칙)라고 명시하고 있다.

객관주의 관행에서 최근 강조되는 것은 투명성이다. 뉴스의 시대가 '나를 믿어주세요Trust me'에서 '나에게 보여 주세요Show me'의 시대로 변화했기 때문이다(Kovach & Rosenstiel, 2021). 아서 하예스Arthur Hayes 등(Hayes, Singer, & Ceppos, 2007)은 심리학, 사회학, 조직행동학 등 타 분야에서 먼저 긍정적인 효과가 발견된 투명성과 신뢰도의 관계가 저널리즘 연구에서 주목되기 시작한 이유에 대해 언론인들이 온라인 환경에서 과거에는 가능하지 않았던 방식으로 정보를 투명하게 공개함으로써 독자와의 신뢰를 구축할 기회가 제공되었기 때문이라고 주장했다. 세실리아 프렌드Cecillia Friend와 제인 싱어(Friend & Singer, 2007)는 투명성은 수용자들이 기자가 취재 과정에서 수집한 정보의 타당성, 정보가 확보된 과정, 이러한 정보를 제공한 기자의 동기나 편견을 판단할 수 있게 해 줌으로써 오류를 예방하고 정보원에 의한 기만을 막을 수 있는 최선의 방법(76)이라고 권고한다. 베리카 루파Verica Rupar(2006)는 뉴스 수집news gathering 과정의 투명성이 중요한 이유는 뉴스라는 커뮤니케이션의 중재적 성격을 명확히 해 주기 때문이라고 주장했다. 현실과 현실의 표현 사이에 기자가 있다는 것을 독자에게 상기시킨다는 것이다. 코바치와 로젠스틸(Kovach & Rosenstiel, 2021)은 기자들에게 "실제로 당신이 알고 있는 것에 대해 사람들에게 솔직하게 밝히는 유일한 방법은 취재원과 취재 방법에 대해서 최대한 알려주는 것"(179)이라고 제언했다.

투명성이 실천되는 것은 인용quotation과 취재원 적시라는 절차적 과정을 통해서다. 언론 보도에서 정보원은 정보의 제공뿐만 아니라 기사 프레임에 직간접적 영향을 미치기 때문이다. 인용과 취재원 적시와 관련하여 국내에서는 외국의 주요 언론사와 비교하여 국내에서의 익명 취재원 사용 수준이 어떠한지 내용 분석을 통해 밝히는 연구(박재영 · 이완수, 2007; 이건호 · 정완규, 2009), 세월호 참사(송상근, 2016), 조국 전 법무부 장관 관련 검찰 수사(최윤규, 2020) 등에서의 익명 인용 비율이나 익명 정보원을 어떻게 활용했는지 등 중요한 사건이나 특정 직역과 관련한 보도에서의 익명 인용 방식에 대한 연구가 이어져 왔다.

한국 언론이 실행하는 객관주의 관행이 영미 유력지인 미국의 〈뉴욕 타임스〉, 영국의 〈더 타임스*The Times*〉와 어떠한 차이를 보이는지 기사 분석을 통해 비교해 본 이나연(2018a)은 투명성 측면에서 한국 언론은 실명 취재원을 사용하는 정도와 토대 정보를 제공한 취재원의 실명 비율 정도가 영미 유력지에 비해 유의하게 낮다는 것을 밝혔다. 한국 언론의 기사당 실명 취재원 숫자는 평균 2.55명이었으나, 〈뉴욕 타임스〉는 8.43명, 〈더 타임스〉는 4.26명이었다. 한편 토대 정보를 제공한 취재원의 실명 여부를 분석한 결과, 국내 기사의 경우 실명인 기사의 비율이 90.5%에 머물렀으나 〈뉴욕 타임스〉는 100.0%, 〈더 타임스〉는 96.3%였다. 이러한 차이는 국내 언론의 경우, '검찰 관계자' 등과 같이 정보 제공자를 확인할 수 없는 표현을 자주 사용하는 관행 때문인 것으로 풀이했다. 이 연구는 또한 국내 언론의 '직접 인용' 사용 방식이 영미 유력지에서는 찾아보기 어려운 것이라는 점을 밝혔다. 즉 특정 대상에 대한 부정적 내용을 타인의 발언을 인용해 보도하는 관행, 취재원의 발언을 직접 인용해 제목을 다는 관행, 타인의 발언을 직접 인용하며 기자의 주관을 서술어에 반영하는 관행 등은 해외 언론에서는 찾아보기 어려울 정도였으나 국내 언론에서는 쉽게 발견된다는 것이다(132). 이나연은 이러한 비교 결과에 비추어 볼 때 한국 언론이 준수하는 객관주의 관행은 현실의 진실한 모습을 전달하기 위한 과학적 방법이 아닌, 기자나 언론이 특정 대상을 비난하거나 혹은 자신의 주장을 펼치고 싶을 때 주관성을 감추려는 전략에 불과할 수 있다고 지적한다.

취재 보도의 투명성과 관련한 연구들이 가리키는 것은 윤리 규범이 현장에서 거의 지켜지지 않고 있다는 점이다. 한국신문윤리위원회의 신문윤리실천요강[15]은 "출처가 분명하지 않거나 확인되지 않은 사실을 부득이 보도할 때는 그 사유를 분명히 밝혀야 한다"(제3조

15 한국신문윤리위원회 신문윤리실천요강은 다음을 참조하라. http://www.ikpec.or.kr/sub/sub_0102.asp

4항)라고 '미확인 보도 명시 원칙'을 분명히 제시하고 있다. "보도 기사를 작성할 때는 취재원을 원칙적으로 익명이나 가명으로 표현해서는 안 된다. 다만 공익을 위해 부득이하거나 보도 가치가 우선하는 경우 취재원의 익명 요청을 받아들일 수 있지만, 소속 기관과 일반적 지위를 밝히도록 노력해야 한다"(5조 2항)라고 익명 조건에 대해서도 분명한 제한 요건을 두고 있다. 그러나 한국 주요 신문 정치 기사 975건을 분석한 연구(이나연 · 김창숙 · 김지현, 2021)에 따르면 익명 취재원을 사용한 798건의 기사 중 10건만이 '익명을 요청한' '불이익 관련 요청' 등으로 사용 이유를 밝혔다.

낮은 수준의 사실 확인 관행을 유지하는 구조적 요인

진실을 주장하지 못하는 뉴스, 진실을 입증하지 못하는 뉴스, 혹은 진실을 호도하는 뉴스는 이미 불완전하게 파악될 수밖에 없는 현실을 더욱 혼란스럽게 재구성할 것이므로, 언론인은 진실 보도 추구라는 담론적 실천을 수행함으로써 정연한 현실 구성에 참여해야 한다(이민웅, 2002). 그러나 한국 언론의 사실 확인 관행은 "파편화되고 형식적인 객관주의"(유선영, 1995)이고 "형식적 사실주의와 객관성을 동일시"(남재일, 2008)하는 것이며, 객관적으로 보이려고 하는 "담론 전략"(송용회, 2007)이자 "한국형 형식적 객관주의"(이나연, 2018a)이고, 사실 또는 진실이 아닌 내용을 "사실 만들기"(김창숙, 2019)하고 있다는 비판에 끊임없이 도전받아 왔다. 이러한 지적이 지속됨에도 불구하고 취재 관행에 변화가 없는 것은 희박한 전문직주의와 윤리 규범 수행의 불철저함만으로는 설명되지 않는다. 관행의 거시적인 맥락을 살펴보아야 하는 것이다.

기자들이 관행을 형성하는 이유는 미디어 조직이 당면한 구조적 불확실성을 통제해야 하기 때문이다. 뉴스 조직은 시장에서 적절한 수익을 창출할 수 있을지, 정당성을 확보하여 수용자들의 신뢰를 얻을 수 있을지, 시간 내에 안정적으로 정보를 획득할 수 있을지라는 서로 긴장 관계를 갖는 세 가지 불확실성을 통제해야 한다(Sparrow, 2006). 이런 맥락에서 보았을 때 현재의 불철저한 사실 확인 관행이 시장과 신뢰, 정보의 안정적인 공급이라는 불확실성을 통제하는 데 유효하기 때문에 존속되고 있는 것은 아닌가를 살펴볼 필요가 있다.

먼저 시장의 측면에서. 한국 언론은 전통 매체인 신문 하나만을 놓고 보았을 때도 급격한 구독률 하락을 징후로 보여 주는 '위기'(이준웅 · 최영재, 2005) 상황이라는 것이 2000년대 초반부터 논의되었다. 많은 언론인과 학자들은 한국 신문의 문제를 '산업'의 문제뿐만 아닌 '정치,' '언론인,' '저널리즘 규범과 실행'의 문제로 보면서, 한국 언론이 처한 문제점을 "가치 창출의 실패"(이준웅, 2010b)로 진단해 왔지만, 언론 현장의 대응은 이러한 진단의 적극적인 수용은 아닌 것으로 보인다. 역설적으로 한국 언론은 총량으로 볼 때 성장하는 추세다. 신문 산업의 최근 통계인 〈2023 신문 산업 실태 조사〉에 따르면 2022년 신문 산업의 매출액은 4조 5,022억 원으로 전년도에 비해 4,449억 원 증가했다. 전년도에 비해 사업체 수는 종이 신문사 59개, 인터넷 신문사 238개가 증가했다. 종이 신문의 전체 매출액은 8.4% 늘었고, 인터넷 언론사 전체 매출액은 23.6% 늘었다(한국언론진흥재단, 2023b). 즉 신문 구독률의 급격한 감소라는 징후, 방송 뉴스 및 인터넷 뉴스와의 기능적 대체와 보완, 저가치 제공으로 인한 독자 이탈, 신문의 불공정성에 대한 비판과 이로 인한 신문의 신뢰 저하(이준웅·최영재, 2005) 등이 문제점으로 지적되지만, 비즈니스 모델은 작동하고 있는 것이다. 특히 지난 10년간의 매출액 변화 추이를 살펴보면 종이 신문 판매 수입은 줄었지만, 인터넷상 콘텐츠 판매 수입은 4배 이상 증가했다(김창숙, 2022).

뉴스가 주로 포털을 통해 유통되고, 수익이 페이지 뷰(PV) 중심으로 배분되면서, 온라인상에는 선정적이고 자극적이면서도 사실 확인이 제대로 되지 않은 기사가 유통되고 있다. 특히 인터넷 신문사가 아닌 국내 포털에 주요 언론사가 제공하는 기사에서도 타블로이드 저널리즘의 주요 특성이 발견되는 '타블로이드화'(이나연·김창숙, 2023)가 진행되고 있다. 주목할 점은 포털에 뉴스를 게재한 주요 언론사 중 발행 부수와 사회적 영향력이 높은 일부 언론사에서 타블로이드 저널리즘 특성이 더 두드러진다는 것이다.

이러한 환경에서 규모가 큰 신문사일수록 취재와 에디팅 과정에서 사실 확인보다는 독자를 고려한 '핵심 논조' 유지에 더 신경을 쓰는 것으로 나타났다. 사회부 에디터들을 대상으로 한 심층 인터뷰 연구(김창숙, 2020a)에서 에디터들은 공통적으로 인터넷 기사에 달린 댓글이나 여론의 향방을 중요하게 여긴다고 답변했다. 신문사의 논조나 내부의 압력, 취재 기자의 관점보다는 독자들이 '원하는' 기사를 써야 할 때 기사에 대한 다른 관점을 포기한다는 것이다(26). 다양한 관점, 의견, 주장의 전개는 언론 공정성 개념의 전제 가치(이준웅·김경모, 2008)이지만, 에디터들은 다양한 관점을 넣는 것이 독자들이 원치 않는, 상업적으로 좋지 않은 전략이며, 글을 '흐리멍텅하게 만든다'고 보았다. 선정적이고 기만적인 클릭 유도성 뉴스를 읽고 나면 일반 뉴스의 품질도 부정적으로 지각하고, 이용 의도도 떨어지게 된다(이선민, 2020)는 보고가 있지만, 현장은 이에 역행하는 상업화된 뉴스 전략으로 장기적인 관점에서는 뉴스 생태계를 악화시키고 있는 것이다.

두 번째로 통제되어야 할 요소는 시간 내에 안정적으로 정보를 확보하고 공급할 수 있느냐는 것이다. 클릭 수, 즉 페이지 뷰 수가 기사의 영향력으로 인식되고, 매체의 광고 수익과 연결되다 보니, 기자들에게도 속보와 단독, 그리고 온라인에서 읽히는 기사에 대한 압박이 더욱 강해졌다. 온라인 포털에 뉴스가 배포·소비되면서 낙종은 더 빨리, 쉽게 확인하게 된 환경은 경쟁을 격화시키고, 취재 기자와 에디터에게 속보, 이슈가 되는 기사 작성에 대한 압박을 더욱 강하게 느끼도록 했다(김창숙·최지향, 2021). 2023년 기준 전체 신문 산업에서 인터넷 신문이 차지하는 비중은 76.9%(총 5,694개 중 4,322개)이며, 이들 중 58.6%가 기사를 수시(리얼 타임)로 업데이트하고 있었다(한국언론진흥재단, 2023b). 전통적인 시간적 뉴스 망의 해체는 기존의 뉴스 제작의 시간적 리듬과 뉴스 유형화typification를 둘러싼 관행적 인식의 변화를 의미한다(김경모, 2011). 기자 1인이 생산해야 하는 기사량이 얼마나 늘어났는가는 2000년부터 2012년까지 언론 종사자의 숫자는 11.0% 증가했지만, 발행 기사 건수는 498.6% 증가했다는 것만으로도 추론해 볼 수 있다(송해엽·양재훈·오세욱, 2020: 199). 이런 업무 사이클에서 평기자는 데스크에게 자신의 의사 전달을 할 시간이, 데스크는 현장에 피드백을 전해 줄 시간적 여유가 없다. 최소한의 커뮤니케이션으로 최대의 효율성을 내기 위해 조직은 불가피하게 수평적 토론보다 수직적 커뮤니케이션을 선택할 수밖에 없다(박영흠·서수민, 2023: 135).

주 52시간으로 근로 시간이 단축되면서 취재 시간, 취재원과의 접촉 횟수가 감소하고, 대면 취재, 현장 취재도 줄어드는 상황(이완수·양영유·신명환, 2020)에서 기사 생산량을 감당해야 하는 기자들은 온

라인과 지면 기사의 사실 확인에 대한 차별적인 인식과 대응으로 과다한 기사 생산과 노동량을 감당하고 있었다. 주요 6개 신문 사회부 기자와 에디터 24명을 심층 인터뷰한 연구에서 인터뷰이들은 인쇄되어 확정되는 지면 기사의 사실 확인이 더 중요하고, 가치가 높은 건 신문에 써야 한다고 생각하는 반면 온라인 기사는 다시 수정하면 된다는 생각으로 사실 확인에 소홀했고, 에디터의 게이트키핑도 단단하지 않았다. 온라인용 기사는 속보, 단신 가십거리 정도로 여겨, 개별적인 사실 하나만 있어도 별도의 사실 확인 없이 작성하는 것이 용인되고 있었다(김창숙 · 최지향, 2021). 독자적인 취재를 하지 않는 관행은 국내 주요 언론사가 포털에 게재한 기사를 분석한 결과에서 여실히 드러났다. 타 언론 특히 해외 비주류 언론의 가십성 기사를 추가 사실 확인 없이 베껴 쓰거나 인터넷 커뮤니티의 소식을 옮기는 뉴스가 38.1%를 차지했다(이나연 · 김창숙, 2023).

기자 1인이 감당하기 어려운 생산량을 감당하게 할 수 있는 구조로는 출입처 제도를 꼽을 수 있다. '한국형'이라고 할 수 있을 만큼 독특한 출입처 제도를 통해 기자들은 하루 3건의 많은 기사를 생산하고, 온라인 기사를 상시 마감할 수 있었다(박재영 · 허만섭 · 안수찬, 2020). 출입처 의존이 보도 자료에 의존한 빈약하고 획일화된 기사를 양산한다는 점, 출입처인 행정 기관 · 정치권 · 기업 등의 입장만 반영해 이러한 기관들로부터 영향받는 시민들의 목소리가 담기지 않는다는 점을 기자들도 문제점으로 인식하고 있었지만, 출입처 제도를 통해 생산량의 불확실성을 통제할 수 있다는 이점을 포기할 만큼 문제의식이 팽배해 있는 것은 아니었다. 조국 전 법무부 장관 관련 보도 등으로 주목된 출입처인 검찰의 경우 권력에 대한 감시와 견제를 해야 한다는 책무감도 출입처 제도의 존속을 정당화하고 있었다. 법무부가 제정해 2019년 12월 1일부터 현장에서 시행되고 있는 '형사사건 공개금지 등에 관한 규정'이 검찰에 의해 편의적으로 활용되면서 결과적으로 국민의 알권리를 침해한다는 것이 검찰 출입 기자들이 갖고 있는 문제의식이기도 했다(박영흠, 2020).

한국 언론이 상업적 위기에 처해 있으며 이의 근본적인 원인은 '가치 창출의 실패'에 있으므로 고유의 가치 창출을 하는 것이 대안이라고 제시되었지만(이준웅, 2010b), 지금까지 한국 언론의 대응은 그러한 근원적인 해결책으로 비즈니스 모델을 수립하는 것이 아니었다. 출입처 제도를 통해 노동 생산성을 최대한 높이고, 에디팅 과정에서 사실 확인을 최소화하거나, 자체 취재하지 않고 타 언론이나 커뮤니티발 뉴스로 온라인 환경이 요구하는 생산량을 채워 왔다. 텔레비전을 제외하고는 한국인들이 가장 많이 이용하는 뉴스 경로인 포털(한국언론진흥재단, 2023c)에 게시되는 기사가 자극적이고 선정적이라는 것은 오랜 기간 지적되어 온 바이지만, 그 주체가 과거 군소 인터넷 언론사나 일부 경제지(송해엽 · 양재훈, 2017)였다면 최근에는 주요 언론사까지 저품질의 기사가 확산되는 양상이다. 그러나 이러한 저품질 기사 양산에도 언론사의 수익은 총량적으로는 줄어들지 않는 것으로 나타난다. 시장에서의 수익, 시간 내에 안정적인 정보 획득이 어떠한 방식으로든 가능한 상황에서 수용자들의 신뢰도가 낮다 하더라도(최진호 · 이현우, 2023) 그것이 기자들의 취재 보도 관행을 바꿀 만큼 강력한 유인이 되지는 못하는 것이다. 사실 확인 관행이 부실하더라도, 아니 사실 확인 관행의 불철저함이 시장의 수익과 원활한 기사 공급을 보장하는 역설이 벌어지고 있다.

2부

팩트체크 저널리즘

6장

진실의 판정자, 미국 팩트체크 저널리즘의 등장

> 모든 기자는 사실 확인을 한다. 그렇다면 스스로를 팩트체커라고 부르는 사람들이 별도로 필요한 이유는 무엇인가? 미국과 서유럽에서는 그 중 3분의 1이 전통적인 언론사 소속인 상황에서? (Singer, 2020: 1930)

미국에서 현대적 팩트체크 저널리즘이 시작된 것은 로널드 레이건 Ronald Reagan 대통령 시절인 1980년대 말, 보수적으로 기준을 삼아 상설 팩트체크 기관이 생겨난 2000년대 초반으로부터 따져 보아도 20여 년 가까운 시간이 지났다. 그러나 팩트체크 저널리즘은 언론인들 사이에서도, 연구자들 사이에서도 여전히 유동하는 개념이며 혼동되는 개념이다. 이는 역사적으로 발전해 온 내부적 팩트체크와 외부적 팩트체크 개념의 혼재(Graves & Amazeen, 2019) 때문이기도 하며, 전통적인 객관주의 언론과는 달리 자신의 취재 대상 혹은 검증 대상에 대해 평가를 내리면서도 여전히 자신들의 실천은 객관주의 전통을 따르고 있다고 믿는 팩트체크 언론인들(Mena, 2019)의 가치관과 실천에서 발생하는 긴장 때문이기도 하다.

현대적 팩트체크의 발생 배경

아마진(Amazeen, 2020)은 현대적 팩트체크의 세계적인 확산을 중대한 분기점critical jucture 이론에 근거해 규명한다. 그녀는 미국 언론계에서 번진 팩트체크 운동을 저널리즘 내부의 자기 혁신 운동으로 규정한 그레이브스의 입장을 따른다. 그레이브스(Graves, 2016)는 현대 팩트체크의 등장을 전통적인 객관적인 보도의 붕괴에 연결시킨다. 그는 미국 정치 팩트체크 저널리즘 운동이 배태된 세 가지 요인으로 언론의 기준과 실천의 변화, 이전의 전통적 뉴스 미디어가 갖고 있었던 게이트키핑 역할을 약화시킨 디지털 기술의 등장, 균열되고 파편화된 미디어 환경에서 합리적인 공개 토론이 제한돼 왔다는 세 가지 요인을 강조했다. 그는 현대적 팩트체크를 "지난 30년간에 걸친 미국 공공 생활의 분열에 대응하기 위해 새로운 장르를 본질적으로 선언하는 전문적 개혁 운동의 핵심"이라고 규정했다(2016: 13). 이처럼 현대적 팩트체크 저널리즘의 성장을 자기 규제 노력의 일종으로 이해한다면, 이는 '중대한 분기점'(McChesney, 2007; Pickard, 2015)의 일종 혹은 위협이 인식될 때 취해지는 개입의 한 형태로 볼 수 있다는 것이 아마진의 주장이다.

아마진은 팩트체크 저널리즘의 등장을 역사적으로 반복되어 온 개혁 운동의 연장선상에 둔다. 빅터 피카드Victor Pickard(2015)에 따르면 개혁 운동은 지배적 권력을 무비판적으로 수용하기를 거부하는 하위문화의 (재)등장으로 해석할 수 있다. 개혁 운동은 '중대한 분기점'이 시작될 때(McChesney, 2007: 10) 혹은 '위기와 기회에 기인한 신속한 변화의 기간'(Pickard, 2015: 111) 뒤에 발생했다. 맥체스니(McChesney, 2007)에 따르면 중대한 분기점이 발생하려면 적어도 세 가지 조건 중 두 가지가 충족되어야 한다. 첫째, 기존 시스템을 무너뜨리는 혁명적인 커뮤니케이션 기술(예를 들어 인터넷의 등장과 진화), 둘째, 언론의 신뢰성이 지속적으로 낮아지고 정당성이 의심되는 것, 셋째, 심각한 사회 불균형이나 현재의 구조가 실패하는 정치적 위기, 그리고 사회 개혁을 위한 중대한 노력이 등장하는 것이다. 아마진은 '중대한 분기점' 이론은 장기적인 역사적 발전을 이해하려고 할 때 유용한 틀이지만 현대적인 현상과 관련된 주장을 할 때는 위험성을 내포하고 있다는 점을 인정한다. '중대한 분기점'이 언제 발생했는지를 정확히 알아내는 것은 시간이 흐른 후에야 가능할 수 있기 때문이다. 그럼에도 불구하고 아마진은 팩트체크 저널리즘의 등장을 미국 역사에서 30년 주기로 반복된 소비자 개혁 운동comsumer reform movement(McChesney, 2007; Stole, 2010)의 일환으로 해석한다.

소비자 개혁 운동의 첫 번째 파도는 도금 시대Gilded Age로 불리는 미국 자본주의의 폭발적인 성장의 끝에서 진보 시대Progressive Era를 향해 가던 때에 벌어졌다(McChesney, 2007; Stole, 2010). 이때 머크레커muckrakers[16]로 불리던 일군의 기자들은 오염된 식품, 효과가 없거나 위

16 20세기 초 미국의 진보 시대에 활발히 활동했던 사회 부조리 고발 언론인을 일컫는 말이다. muck(쓰레기, 오물)이라는 단어와 rake(긁어모으다)이라는 것을 합성한 단어로, 관료의 부패, 독점 기업의 부당한 이익 추구, 불량 식품의 생산과 유통 등을 폭로했다. 대표적인 언론인으로는 미국 대도시들의 정부가 어떻게 부패했는가를 장기적으로 취재해 보도한 링컨 스티븐스Lincoln Steffens, 스탠더드 오일Standard Oil의 독점과 부당

험한 특허 의약품 등을 고발했다. 이 초기 유형의 탐사 언론investigative journalism은 이후 소비자 언론으로 진화하여 연방 규제 및 제품을 시험하는 기관들이 생겨나 미국 정치와 사회 역사의 흐름을 바꾸었다.

개혁의 두 번째 파고는 1930년대에 발생했다. 이때는 미국 통신 시스템의 구조적인 변화를 요구하는 운동과, 대공황이 계속되는 동안 시장에 진입한 질이 의심스러운 새롭고 낯선 소비자 제품들에 대한 우려가 맞물렸다. 이 기간에는 소비자 연구Consumers' Research 및 소비자 조합Consumers Union과 같은 개혁 단체들이 등장했다(McChesney, 2007).[17]

1960년대와 1970년대에는 제3차 소비자 개혁 운동이 등장했다. 이 운동의 특징은 소비자의 경제적 요구보다는 광고의 상징적 기능을 바꾸는 데 중점을 두었다는 것이다. 광고 산업이 어떻게 소비자의 심리를 이용하는지 해부한 밴스 패커드Vance Packard의 《숨겨진 설득자들*Hidden Persuaders*》(1957)과 베티 프리던Betty Friedan의 《여성의 신비*Feminine Mystique*》(1963)는 구조가 아닌 이미지를 변화시키기 위한 이 운동에 강력한 영향을 끼쳤다(Stole, 2010). 이 시기 문제로 여겨진 것은 겉보기에 불안정해 보이는 대중이 자기 규정과 정체성의 도구로서 광고된 상품들을 소비하고 이것을 소유하는 것이었다.

행위를 고발한 아이다 타벨Ida Tarbell, 소설 《정글*Jungle*》을 통해 미국 육가공 산업의 비위생적인 현실을 폭로함으로써 프랭클린 루즈벨트Franklin Roosebelt 대통령의 식품 안전법 제정에 영향을 미친 업튼 싱클레어Upton Sinclair 등이 꼽힌다.

17 이 시기에 생겨난 것으로 1936년 소비자 권리를 지키기 위해 창설된 비영리 기관인 소비자 보고Consumer Report를 꼽을 수 있다. 소비자 조합이라는 이름으로 시작한 소비자 보고는 제품을 독립적으로 시험하고, 탐사 저널리즘 활동과 소비자 중심의 연구를 진행하며 소비자 교육과 함께 소비자 운동을 지속적으로 전개해 오고 있다.

아마진은 1990년대 후반과 21세기 초에 이르러 미국이 네 번째 개혁 운동을 맞고 있다고 지적한다. 많은 활동가는 상업화와 소비주의의 직간접적인 영향에 대해 점점 더 우려하고 있으며, 이는 특히 지속가능성과 기후 변화 같은 문제에 주목한다(Stole, 2010). 활동가들의 우려는 이제 국제적인 성격을 띠고 있으며, 전 지구적인 노동 조건, 과도한 상업화, 그리고 과거 개혁 운동에서도 보였던 공중 보건에 대한 불안도 포함된다(Stole, 2015). 상업화가 거의 모든 사회적 측면에 침투하는 가운데(Ruskin & Schor, 2009), 정치 선거는 점점 감자칩이나 마이크로칩을 판매하는 것과 유사해지고 있다. 아마진(Amazeen, 2020)은 정치적 팩트체크 저널리즘의 등장은 이러한 소비자 활동 개혁 운동과 친연성이 높거나 그것이 발전된 것일 수 있다고 진단한다.

그러나 정치적 팩트체크 저널리즘이 여타의 개혁 운동과 갖는 차이점은 지금까지의 개혁 운동이 아래로부터의 풀뿌리 운동 성격이었다면, 정치적 팩트체크 저널리즘 운동은 엘리트 주도 운동이라는 것이다. 이에 대해 아마진은 미국의 팩트체크닷오르그, 폴리티팩트, 아르헨티나의 체케아도Chequeado, 영국의 풀팩트Full Fact 등이 크라우드 펀딩을 성공시킨 점(Mantzalis, 2017)을 볼 때, 정치적 팩트체크 저널리즘이 온전히 엘리트 중심적인 운동은 아니라고 주장한다.

팩트체크 운동의 주도자들은 소비자들이 언론 기관에 대해 점점 더 회의적이며 수용자와의 신뢰를 회복하기 위해서는 수용자와의 관계를 복원해야 한다는 것을 알고 있다(Iannucci, 2017). 과거의 소비자 개혁 운동이 기업과 정부 기관에 대한 신뢰 감소에서 나타났던 것처럼, 팩트체크 저널리즘은 주요 언론 기관에 대한 신뢰가 감소되는 것을 보여 주는 증상일 수 있다.

정치적 오정보를 공개하려는 현대적 팩트체크 저널리즘은 그 연원이 길지 않지만, 팩트체크 저널리즘의 대중화에 앞서 진행된 연구들은 팩트체크 운동과 '중대한 분기점' 사이의 공통되는 속성과 유사점이 있다는 것을 드러낸다. 저널리즘의 쇠퇴, 기술 변화, 정치 사회적 위기, 그리고 개혁 운동의 유무가 그것이다(Amazeen, 2016). 아마진은 미국에서와 마찬가지로 전 세계적으로 확산되고 있는 현대적 팩트체크 저널리즘 운동은 언론의 쇠퇴를 막는 개선 노력으로 보이며 최종적으로는 공공 이익을 위한 수단으로 이해될 수 있다고 주장한다. 사회 정치적 갈등이 대중 행동과 책무accountability에 대한 요구를 불러일으키는 와중에 기술 변화가 이러한 노력을 용이하게 했다는 것이다(Amazeen, 2016). 아마진은 이런 의미에서 팩트체크 저널리즘은 민주주의 기관이 약화되거나 위협받는 경우에 나타나는 민주주의 건설의 도구로 이해될 수 있다고 주장한다.

미국에서 팩트체크 장르를 확립한 선구자들은 현대적 팩트체크 저널리즘이 공적인 정치적 주장의 진실성을 평가하는 것이라는 인식을 공유하고 있다. 이는 출판이나 방송 전에 오류를 제거하려는 전통적인 내부적 팩트체크internal factchecking와 혼동해서는 안 된다. 미국의 팩트체크 저널리즘 운동은 이를 일종의 뉴스 보도로 보는 전문 기자들에 의해 지배되고 있다. 심지어 이 분야에서도 팩트체킹의 정의는 명확하지 않고 때로는 논쟁을 일으켜 왔다. 이러한 개념적 혼란을 고려해 미국언론연구소American Press Institute(API)는 2014년에 가이드라인(Elizabeth, 2014)을 제시했다.

> 팩트체커와 팩트체킹 조직은 재보도와 조사를 통해 정치인이나 혹은 사람들의 삶과 생활에 영향을 미치는 발언을 한 누구의 것이든 공표된 발언, 또한 기록된 진술 중에서 주장된 사실을 재보도하고 조사함으로

써 이해를 증진하는 것을 목표로 한다. 팩트체커들은 검증 가능한 사실을 탐사하며, 그들의 일에는 당파성, 주창, 수사가 없다.

사실 확인의 목표는 명확하고 전문적으로 엄격하게 검증된 정보를 소비자들에게 전하는 것이어야 한다. 그렇게 함으로써 소비자들이 투표나 다른 중요한 결정에서 충분히 인지한 선택을 해야 할 때 이 사실을 이용할 수 있다.

미국의 신문에서는 적어도 1980년대 초반에는 현대적 팩트체크의 사례가 나타났으며, 이 장르는 1990년대에 번성한 선거 광고를 해부하는 '광고 감시Ad Watch' 보도에서 그 전신을 찾을 수 있다. 기자들로 구성된 첫 번째 팩트체크 기관은 2003년에 펜실베이니아대학교에 설립된 팩트체크닷오르그였다. 〈세인트 피터스버그 타임스*Saint Petersburg Times*〉 신문(현 〈탬파베이 타임스*Tampa Bay Times*〉)의 워싱턴 지국에서 출발한 폴리티팩트와 〈워싱턴 포스트〉의 팩트체커는 2007년에 시작됐다. 이러한 기관들의 설립은 2004년 이후 미국 전역으로 퍼져나간 현대적 팩트체크 저널리즘 흐름의 일단을 보여 주는 것으로서 〈뉴욕 타임스〉, 내셔널 퍼블릭 라디오*National Public Radio*(NPR), 전국 네트워크를 가진 방송사들은 물론이고, 주 단위나 지역 언론에서도 받아들였다(Amazeen, 2013; Graves, Nyhan, & Reifler, 2016; Spivak, 2011).

미국의 팩트체크 저널리즘은 전문 언론인들이 주도한 전문적 개혁 운동으로 볼 수 있다. 이 운동을 이끈 팩트체커들은 미국의 정치 보도에서 흔한 "그는 이렇게 말했고, 그녀는 이렇게 말했다"라는 식의 화자의 말만을 전달함으로써 기자가 개입하지 않는다는 전통적인 객관 보도의 프레임과 정책보다는 정치 과정에 초점을 맞추는 '경마식 보도'를 거부한다(Dobbs, 2012; Graves, 2016를 참조하라).

그레이브스(Graves, 2018a)는 미국의 팩트체크 저널리즘에서 두 가지 특징에 주목해야 한다고 지적한다. 첫째는 언론인과 정치적 행위자 간의 뚜렷한 구분이다. 전문적인 언론 기관 외에도 팩트체크는 정치 캠페인이나 정당 조직, 기타 정치적 행위자들에 의해 수행됐다. 이러한 정치적 '미디어 감시' 그룹은 언론인 팩트체커들에게는 맞대응해야 할 상대로 간주됐다. 보수 진영이 운영한 미디어리서치센터Media Research Center, 진보 진영이 주도한 미디어 매터스Media Matters 등은 자체적인 팩트체크를 진행하면서 언론인 팩트체커들의 작업을 홍보하거나 비판했다. 언론사에 소속된 팩트체커들이 주로 정치인들을 검증 대상으로 삼는다면, 이러한 정치적 그룹들은 주로 미디어를 대상으로 팩트체크를 진행했다.

전문적인 언론인 팩트체커들은 정치적 목적을 가진 팩트체커들과 명확하게 경계를 정하고 있다. 자신들의 팩트체크를 정치적 목적을 위해 인용하는 것을 허락하지 않으며, 정치적 팩트체커들의 공개 행사에 참석하지 않고, 자신들의 컨퍼런스에 이들을 초대하지도 않는다. 이 "경계 작업boundary work"(Gieryn, 1983)은 새로운 팩트체커들을 위한 교육 세션, 일상적인 사무실에서의 대화, 때로는 공적인 발언에서 지속적으로 나타난다. 예를 들어, 〈워싱턴 포스트〉의 초기 팩트체커인 마이클 돕스Michael Dobbs는 "만약 한쪽만 비판한다면, 당신은 더 이상 팩트체커가 아니다. 당신은 정치 캠페인의 도구다"라고 쓴 바 있다(Dobbs, 2012: 13). '경계 작업'의 다른 경우들과 마찬가지로(Carlson & Lewis, 2015; Coddington, 2014; Revers, 2014), 최종적으로 중요한 것은 분야 내의 지위다. 미국의 언론인 팩트체커들은 자신들이 속한 뉴스 기관과의 결속을 보호하고 현대적 팩트체크를 언론의 합법적인 형식으로 격상하기 위해 당파적인 기관들과의 거리를 두고 차별화하는 것이다(Graves, 2016).

미국 팩트체크 저널리즘의 두 번째 특징은 학계 및 비영리 영역과의 근접성이다. 언론인들은 합법적인 팩트체킹의 경계를 강력하게 지키지만, 자신들의 운동을 구축하는 데 도움이 되는 외부 영향을 받는 데는 적극적이었다. 뉴스 관련 비영리 단체인 미국언론연구소(API)와 포인터연구소Poynter Institute를 매개로 하는 공공 기관의 지원은 팩트체크 기관의 중요한 자금원이 되었으며, 이 운동의 결집을 가능케 하는 다양한 패널 토론과 컨퍼런스를 실현할 수 있게 한다. 언론인이 중심이 되는 전문 팩트체커들은 학계도 마찬가지로 환영하고 있다. 현장의 팩트체커들은 학술 연구를 포용함으로써 정당성을 획득하는 한편 자신들이 수행하는 일에 대한 실용적인 통찰을 얻고 있다. 또한 학계 연구는 주요 재단들로부터의 지원금을 받는 데도 필수적이다. 이러한 재단들은 종종 평가의 객관적인 항목을 요구하기 때문이다(Graves & Konieczna, 2015).

팩트체크의 과거와 현재

팩트체크의 개념과 실무는 시간이 지남에 따라 변해 왔다. 퓰리처가 "뉴스에 필요한 것은 정확성, 정확성, 정확성accuracy, accuracy, accuracy"이라고 한 것에서 이미 19세기 말, 늦어도 20세기 초에 정확성은 미국 언론에서 중요한 윤리적 기준이자 기사의 질을 좌우하는 요소로 간주되었음을 알 수 있다. 퓰리처의 아들은 〈뉴욕 월드*New York World*〉에 '정확성과 공정 행동Bureau of Accuracy and Fair Play'이라는 부서를 만들어, 독자로부터 들어오는 민원 사항을 처리하거나 노골적인 거짓이 신문에 실리는 것을 방지하는 역할을 했다. 그러나 그 역할은 여전히 신문 발행 사후에 발생하는 민원을 바로잡는 데 초점이 맞춰져 있었고, 발행 이전의 오류를 잡는 데 치중하지는 않았다.

최초의 팩트체커의 등장과 관련해서는 당대 언론 환경을 이해할 필요가 있다. 1922년 미국신문편집인협회(ASNE)는 언론인이 지켜야 할 '언론의 규범Canons of Journalism'을 처음으로 공표했다. 이를 통해 "보도는 어떠한 종류의 의견이나 편견으로부터도 자유로워야 한다"라는 객관성이 미국 저널리즘의 규범으로 자리매김했다(Schudson, 2001).

팩트체크란 단어가 언론계에 등장한 것은 1920년대 창간된 〈타임〉, 〈뉴요커*New Yorker*〉 등 미국 뉴스 잡지업계에서다. 새롭게 생겨난 〈타임〉에서는 처음에는 조사원researcher이라는 이름으로 사실을 확인하는 직원들을 뽑았다(Fabry, 2017). 1930년대에 이르면 언론 관련 업계지에서 '팩트체커 구함'이라는 구인 공고를 확인할 수 있다는 점에서 이 시기에 이르면 팩트체크의 저변이 확대된 것으로 추정할 수 있다. 초창기의 팩트체커는 성별 분화된 직종으로 뉴스룸의 기자들이 남성으로만 채워졌다면, 팩트체커는 대학을 졸업한 여성만이 맡았다. 남성도 팩트체커가 될 수 있었던 것은 1971년 〈뉴스위크*Newsweek*〉에 근무하던 여성들이 미국 연방고용평등위원회에 직장 내 성차별sex-segregation에 관해 제소하고 난 뒤였다.

팩트체커들은 보조적인 업무를 맡는 것 같았으나 상당한 자율권을 가지고 있었다. 편집진의 기사 검토가 다 끝난 것이라 하더라도 팩트체커가 최종적으로 확인하지 않으면 기사가 출고되지 못하기도 했다.[18] 기자와 '리서처'라고 불리던 팩트체커 간의 경계는 분명했으며,

18 시사주간지 〈타임〉의 팩트체커들은 자신들이 점검한 기사의 사실이 책 등 권위 있는

기자들은 팩트체커들의 꼼꼼한 사실 확인에 불만을 토로하기도 했다(Fabry, 2019). 여성이 소수자였던 뉴스룸에서 팩트체커들은 독특한 지위를 갖고 있었다. 이들은 기사가 출고된 뒤 최종 인쇄되기 전에 인쇄소로 가서 기자들이 써서 넘긴 원고에 오류가 없는지를 검토했다. 이들이 기사 안에 있는 오류를 찾아내기 위해 이용했던 근거는 뉴욕 공립 도서관의 책, 인명록, 사전 심지어 성경도 포함됐다(Fabry, 2017).

〈타임〉은 전성기에 27명의 팩트체커 팀을 보유하고 있었다. 〈뉴요커〉의 팩트체크 부서는 30명 이상의 인원을 보유했다. 〈리더스 다이제스트*Reader's Digest*〉, 독일의 〈슈피겔*Der Spiegel*〉과 같은 잡지들도 모두 팩트체크 시스템을 도입했다. 언론사가 운영하는 자문 시스템 그리고 오류와 방어 시스템은 시민들이 팩트체크에 참여할 수 있는 채널을 제공했다.

1973년에는 비영리 성격의 미디어 감시 기관으로서 전국뉴스평의회National News Council(NNC)가 설립되어 미디어의 공정하지 못한 보도에 대한 독자 불만 등을 조사했다(Hermanson, 1993). NNC의 조사 결과는 이행의 강제력이 없고, 언론사들의 협조를 통해서만 수정이 가능했지만, 이러한 시대적 분위기에 따라 〈뉴욕 타임스〉, 〈워싱턴 포스트〉 등의 신문들은 오류를 교정하는 고정 코너를 지면에 두고, 독자와 긍정적인 상호 작용을 구축하기 위해 노력했다.

이러한 고전적인 팩트체크 시스템은 인터넷의 출현으로 흔들리게 된다. 인터넷의 즉시성, 대규모성 및 상호작용성은 전통적인 팩트체크 시스템을 계속해서 교란했다. 무엇보다도, 네트워크의 즉시성

자료를 통해 확인됐을 때는 붉은색 점, 타 신문 기사가 근거일 때는 검정색 점, 사실 확인이 되지 않은 경우에는 초록색 점을 찍어 사실 확인의 정도를 표시했다(Fabry, 2017).

은 24시간 내내 뉴스를 발행하게 만들었고, 이는 전통적인 사전 확인pre-check을 어렵게 만들었다. 인터넷상의 막대한 정보에는 가짜뉴스와 소문, 기타 콘텐츠가 뒤섞여 있어 진위 파악이 어려워졌다. 웹 2.0 시대의 도래는 사용자가 게이트키퍼 없이 자체적으로 소셜 네트워크에 뉴스 콘텐츠를 게시할 수 있게 만들었다. 팩트체커들의 사전 확인과 같은 과정은 사용자 제작 콘텐츠에서는 기대할 수 없었다.

1980년대 미국 정치인들의 광고를 검증하는 광고 감시가 등장한 것은 팩트체크에 지금까지와는 다른 흐름을 만들어 내게 된다. 미국에서 정치 광고가 시작된 것은 1952년부터다. 1980년대에 이르면 언론인들은 부정적이고 유권자들을 오도하는 정치 광고에 대응하여 광고에서 제기된 주장의 진위를 적극적으로 조사했다. ABC, CBS, NBC와 같은 주류 미디어는 모두 '광고 감시' 코너를 마련했다. 이러한 시기에 워싱턴 정가를 취재하던 기자들을 중심으로 새로운 의미의 팩트체크 운동이 싹트기 시작했다.

현대적 팩트체크의 출현은 레이건 대통령 집권기인 1980년대 말로 거슬러 올라간다.[19] 선거 유세와 기자 회견 등에서 자주 사실이 아닌 주장을 펼친 레이건 대통령[20]의 발언을 검증하기 위해 〈워싱턴 포스트〉는 진실 팀truth-squadding이라는 것을 운영해 사실 확인fact-checking 작업을 했다. 1990년대에 들어서면서 대통령 선거 검증은 더욱 활발해졌다. 1992년과 1996년 CNN의 브룩스 잭슨Brooks Jackson[21]

19 현대적 팩트체킹의 기원을 레이건 대통령 집권기로 보는 인물로는 〈워싱턴 포스트〉의 공식적인 첫 번째 팩트체커인 마이클 돕스(Dobbs, 2012)가 대표적이다.

20 대표적으로 레이건 대통령은 선거 유세 중 자동차나 공장 굴뚝에서 나오는 매연보다 나무가 4배나 더 많은 오염을 일으킨다고 거듭 주장하곤 했다.

21 브룩스 잭슨은 2003년 펜실베이니아대학교에 설립된 팩트체크닷오르그의 첫 책임자

은 후보자 광고의 사실성을 검증하는 '광고 감시'와 '팩트체크'를 운영했고, AP도 이 대열에 동참했다. 이들은 경마식 보도horse race reporting로 선거를 보도하는 것에 대해 회의를 가졌다.

단순히 취재원의 발언을 전하는 것을 넘어서 그 발언의 사실 여부를 가리는 것이 중요하다는 인식이 미국 언론계에 확산된 데는 이라크전의 영향도 컸다. 조지 W. 부시Goerge W. Bush 행정부가 이라크에 대량 살상 무기(WMD)가 있다는 거짓 정보를 근거로 이라크전을 일으키는 동안 미국 언론은 이를 밝혀내지 못했다. 정부 고위 소식통의 것이라고 여겨지는 정보를 전함으로써 결과적으로 오보를 낸 〈뉴욕 타임스〉의 주디스 밀러Judith Miller는 오보의 책임을 잘못된 정보를 준 취재원에게 돌렸지만, 이는 정확한 정보를 소식통에만 의존하는 보도가 어떻게 실패할 수 있는지를 보여 준 사례일 뿐이었다. 〈워싱턴 포스트〉의 편집국장은 훗날 "그때 당시 우리 내부에 지금과 같은 팩트체킹 조직이 있었더라면……"(Dobbs, 2012: 7)이라고 안타까워했다.

2008년 대선을 앞두고 정치 팩트체크 저널리즘의 붐이 일었다. 펜실베이니아대학교의 팩트체크닷오르그는 이미 2003년부터 활동하고 있었고, 〈워싱턴 포스트〉의 팩트체커, 직관적인 '진실검증기truth-O-Meter'를 선보인 〈세인트 피터스버그 타임스〉의 폴리티팩트[22]도 출범했다. AP, ABC뉴스도 새롭게 활기를 띠는 팩트체크 저널리즘에 동참했다. 팩트체크 저널리즘 운동에 앞장섰던 〈워싱턴 포스트〉의 노장 기자 데이비드 브로더David Broder는 "정치 광고를 낸 후보

가 된다.

22 폴리티팩트는 2018년 언론인을 위한 비영리 기관인 포인터재단Poynter Institute에 합병됐다.

에게 증거를 요구하고 그 반대자에게서 반론을 수집하라. 그리고 난 뒤 우리 스스로 상황을 조사한다면 독자들에게 무엇이 사실이고 무엇이 유해한 허구인지를 말할 수 있다"(Broder, 1990; Graves, 2016: 58 재인용)라고 기자들에게 사실 여부에 대한 적극적인 판정자가 될 것을 요청했다. 〈워싱턴 포스트〉 최초의 팩트체커 마이클 돕스는 "팩트체크는 기자가 어떠한 경우에도 입장을 취하지 않는 '그는 이렇게 말했고, 그녀는 이렇게 말했다'라는 [전통적인 보도 기법에서] 떨어져 나온 것"(Dobbs, 2012: 12)이라고 평가한다.

현대적 팩트체크 저널리즘은 20세기 초 미국 언론계를 중심으로 확립된 객관주의 보도의 전통적인 규범들과 차이가 있다. 객관주의 보도는 사실을 가치와 분리할 수 있다는 믿음에 기초한다. 객관주의 보도 규범에 따르면 기자들은 정치적인 논쟁이 있을 경우, 논쟁의 주체들을 공정하게 재현해야 하며, 보도하는 사실에 대해 논평을 더하거나 편향을 보이지 않고 '뉴스'만을 보도(Schudson, 2001: 150)해야 한다. 그러나 팩트체크를 하는 언론인들은 정치인들에 의해 제기된 주장의 정확성을 직접 평가evaluation한다는 점에서 전통적인 객관주의 규범과 대조를 이룬다(Graves, Nyhan, & Reifler, 2016). 현대적 팩트체크의 초점은 "발언을 정확하게 인용했는가에 있기보다는 보도하고자 하는 발언이 정확한가"(Amazeen, 2020)에 있다. 즉 현대적 의미의 팩트체크 저널리즘은 화자가 말한 내용을 정확하게 '받아쓰기'하는 것을 넘어, 그 발언이 사실인가를 기자들의 독자적인 조사를 통해 규명한 뒤 판정 결과를 독자들에게 제시하는 검증과 해석, 판정이라는 평가적 과정에 초점을 맞추는 것이다(Amazeen, 2013). 팩트체크 저널리즘 운동을 주도한 기자들은 미국 저널리즘을 지배해 온 한 흐름이 기자들은 자신이 쓰는 기사에 주관적인 의견을 주입해서는 안 되며, 공정성을 유지하기 위해 "그는 이렇게 말했고, 그녀는 이렇게 말했다"라고 양쪽 입장을 모두 반영해야 한다는 전통에 서 있다면, 다른 한 흐름은 기자를 진실 탐구자truth seeker로 규정해 기자들 스스로 판정할 수 있는 한 최선을 다해 진실이 무엇인지를 말하는 것에 발 딛고 서 있다며 후자가 현대적 팩트체크 저널리즘의 등장 배경이라고 설명한다(Dobbs, 2012).

마크 코딩턴 등(Coddington, Molyneux, & Lawrence, 2014)은 직업적인 객관주의professional objectivity와 과학적 객관주의scientific objectivity를 구분하고, 현대적 팩트체크가 과학적 객관주의의 범주에 있다고 주장했다. 이들에 따르면 미국 언론의 규범으로 정착된 직업적 객관주의의 핵심은 가치나 의견이 사실과 구분될 수 있으며 구분되어야 하고, 기자는 오로지 사실만을 보도해야 한다는 것이다(Schudson, 2001). 실증주의의 주관-객관 분리의 영향을 받은 이러한 가치관은 실제 취재 현장에서는 중립성, 균형성으로 표상되고, 이를 수행하기 위해 "그는 이렇게 말했고, 그녀는 이렇게 말했다"라는 취재 방식을 통해 논쟁 중인 양쪽의 입장을 다 쓰되, 그 판단은 설령 그것이 검증 가능한 사실의 영역이라 하더라도 독자의 몫으로 남겨두었다.

이에 반해 과학적 객관주의는 사실과 가치의 분리라는 전통적인 객관주의의 흐름 안에 있지만, 직업적인 객관주의가 양쪽 입장의 균형을 취하는 것과 달리 가설을 세우고 증거의 무게에 기반해 결론을 내린다는 차이가 있다. 이러한 맥락에서 코딩턴 등은 의견이 아닌 사실에서 검증 대상을 선정하고, 증거를 수집하며 이에 기반해 판정을 내리는 현대적 팩트체크는 과학적 방법을 동원한 것으로, 이를 수행하는 기자들이 자신들이 객관주의의 전통 안에 있다고 주장하지만 그 성격은 직업적인 객관주의가 아니라 과학적 객관주의의 체현이라고 주장한다.

그레이브스와 아마진(Graves & Amazeen, 2019)은 이러한 차이점에 착안해 1920년대 이후 미국 언론계에서 활동해 온 팩트체크를 내부적 팩트체크, 1980년대 말 이후 정치 보도를 중심으로 싹튼 현대적 의미의 팩트체크를 외부적 팩트체크로 구분했다. 내부적 팩트체크가 사실적 정확성factual accuracy에 초점을 두어 최종 발간 이전에 텍스트에 포함되어 있는 오류를 사전에 찾아내 이를 제거하는 것이라면 외부적 팩트체크는 정치인이나 기타 공적인 인물들에 의해 이미 만들어진 오류, 즉 발언의 진실성을 평가한다. 외부적 팩트체크의 주체로는 언론인뿐만이 아니라 시민 사회 단체, 대학 등 뉴스룸 바깥의 기관들이 참여하고 있다. 내부적 팩트체크와 외부적 팩트체크는 상호 대립하는 것이 아니라 기사의 정확성, 진실성을 높이기 위해서는 상호 병행해야 하는 것이다.

20세기 후반 미국 언론의 역사적 전개 과정에서 팩트체크 저널리즘의 출현을 자리매김하고 싶어하는 학자들은 현대적 의미의 팩트체크를 수행하는 기자들은 자신들이 증거에 기반하여 발언의 무게를 재고 불편부당성에 기반하고 있다는 점에서 본질적으로 '객관적'이라고 주장하지만, 그들의 일은 뉴스에서의 '해석적 전환'의 맥락에 서 있는 것이라고 평가한다(Singer, 2018).

반허스트(Barnhurst, 2016)는 20세기 미국 뉴스는 사실주의에서 모더니즘으로 변모해 갔으며 그 증거로 뉴스에서 묘사description의 핵심을 이루는 '누가' '어디서' '무엇을'의 중요성은 약화된 반면, 맥락적 요소인 '언제'와 '왜'는 계속 그 중요성이 확대되어 왔다고 지적한다. 반허스트는 이러한 흐름을 해석적 전환이라고 정의했다. 기자들이 단순한 묘사에 그치지 않고 해석에 무게를 두는 변화는 1960년대 베트남전 보도, 워터게이트 보도 등을 거치며 강화되어 왔다. 미군이 베트남전에서 저지른 미라이My Lai 학살, 닉슨 대통령의 사임을 불러온 워터게이트 사건 보도 등으로 탐사 보도가 활발해졌고, 심층 보도, 장문 보도, 해설 보도 등으로 불린 흐름(Forde, 2007)이 이어졌다. 캐서린 핑크Katherine Fink와 마이클 셔슨(Fink & Schudson, 2014)은 〈뉴욕 타임스〉, 〈워싱턴 포스트〉, 〈밀워키 저널 센티넬*Milwaukee Journal Sentinel*〉 등 3개 신문의 1면을 1955년부터 2003년까지 내용 분석한 결과 고전적인 역피라미드 형식으로 개별 사건을 다루는 기사가 보도되는 비율이 1955년에는 85%였으나 2003년에는 절반 이후로 감소한 것을 발견했다. 핑크와 셔슨은 보도 방향이 개별 기사들을 단편적으로 제시하던 것에서 다른 사건들과의 관계를 밝혀 큰 그림을 제시하는 것으로 변모한 이러한 흐름을 맥락 언론이라고 명명하며, 언론인들은 좀 더 공격적이 되었고, 뉴스의 양은 길어졌으며, 자기 나름의 해석과 맥락을 더 자주 제공하게 되었다고 분석했다.

그레이브스 등(Graves, Nyhan, & Reifler, 2015)은 팩트체크 저널리즘이 이러한 해석적 전환의 연장선상에 있는 저널리즘의 혁신innovation이라고 그 역사적 위치를 자리매김한다. 그레이브스 등은 해석적 전환의 요체는 "객관적 사실에 대한 협애한 정의에 의문을 제기하며 공적인 행위와 발언들을 상세하게 기술하는 대신 그에 대한 분석과 해석을 장려하는 것"(3)이라고 주장한다. 팩트체크를 실행해 온 언론인들은 이러한 해석의 행위가 진실의 탐구자truth-seeker, 정치적 감시견political watchdog이라는 저널리즘의 사명에 보다 충실한 것이라고 여겨왔다는 것이다. 그레이브스와 브렌든 나이언Brendan Nyhan, 제이슨 라이플러 Jason Reifler(Graves, Nyhan, & Reifler, 2016)는 기자들이 팩트체크 저널리즘을 받아들이는 이유를 온라인 실험 연구를 통해 분석했다. 2014년 미국 중간 선거를 앞두고 미국 전역의 82개 언론사의 정치 담당 기자 1,689명에게 '뉴스 이용자가 팩트체크 저널리즘을 원한다'라는 상업적 목적의 메시지와 '팩트체크 저널리즘을 수행하는 것이 언론의 가치를 실현하는 것'이라는 메시지를 보낸 결과, 언론 가치 실현 메시지에 노출됐던 기자들이 더 많이 팩트체크에 참여한 것으로 나타났다. 즉 팩트체크 저널리즘을 수행하는 이유가 새로운 수익원의 창출이기보다는 기자로서의 자기 효능감 제고가 이유가 된다는 것이다.

현대적인 팩트체크의 출현에는 언론 보도를 둘러싼 기술적 환경의 변화도 영향을 미쳤다. 인터넷 환경에서 제도권 언론이 아닌 수많은 정치 블로거들이 자신이 지지하는 후보와 경쟁하는 상대 후보를 공격하는 게시물을 쏟아내자 미국 언론들이 그 해독제 성격으로 앞다퉈 팩트체크 포맷을 도입했다(Dobbs, 2012). 온라인 데이터베이스도 현대적 팩트체크의 지형도를 완전히 바꾸어 놓았다. 과거에는 검증 대상인 정치인의 발언이나 인터뷰 기록을 모으는 것이 수고스러운 일이었지만, 이제는 모든 데이터가 온라인에 게시돼 클릭 몇 번으로 발언들을 다 찾을 수 있게 된 것이다.[23]

팩트체크 저널리즘에 대한 반격

팩트체크 저널리즘은 많은 지지를 받았지만 시작부터 비판을 받기도 했다(Flood, 2020; Gutfeld, 2020). 사실의 전달에 그치지 않고 사실에 대

23 대표적인 데이터베이스로 렉시스넥시스LexisNexis, CQ(Congressional Quarterly Transcripts)를 꼽을 수 있다.

한 참 거짓의 판정을 수용자에게 제시하는 팩트체크 저널리즘의 양식은 "민주 사회의 시민들에게 자치自治를 위해 필요한 정보를 제공한다"[24]라는 공적인 취지에도 불구하고 논쟁을 일으켰다. 한편으로는 팩트체크가 다루는 사실이 무엇인가라는 인식론적 논쟁이 벌어져 왔고, 다른 한편으로는 팩트체크가 특정 정치 당파에 편향적이라는 논란에 맞닥뜨려 왔다.

〈월스트리트 저널〉의 편집자들은 현대적 팩트체크 저널리즘에 대해 "모든 정치적 논쟁을 세계관이나 원칙의 차이가 아니라 거짓, 오정보 사실로 구별하려는 언론 흐름의 일종"이라고 묘사했다. 팩트체크 저널리즘 자체가 잘못된 것이라는 전면적인 부정도 있었다. 쟁점이 되는 문제들은 흔히 사실의 문제가 아니라 서로 다른 사람들에 의해서 서로 다르게 해석되는 것일 뿐이라는 주장이다(Uscinski & Butler, 2013). 맥락과 해석의 영역에 들어가면 더 이상 사실 검증이라고 말할 수 없다고 팩트체크 저널리즘에 대한 비판자들은 지적한다. 또 다른 비판자들은 팩트체크 저널리즘의 주창자들이 미국 언론의 오래된 객관주의 원칙인 비당파성, 균형성을 좇아 진실과 거짓을 거의 동등하게 다룬다고 비판했다(Krugman, 2013). 경제학자이자 〈뉴욕 타임스〉의 칼럼니스트인 폴 크루그먼Paul Krugman은 그의 칼럼에서 "대부분의 언론사, 특히 폴리티팩트는 공화 민주 양당이 일반적으로 사실을 존중하며 거짓과 망상도 양당에 동등하게 분포되어 있는 것처럼 가정한다. (양당의 사실과 거짓에 대한) 고도로 비대칭적인 현실에 직면하면 이들은 숨죽이면서 민주당의 작은 과장을 공화당의 명백한 거짓과 동등하게 취급하며 공화당의 난장판에 가까운 왜곡을 약간의

24 PolitiFact(www.politifact.com)의 our process를 참조하라.

잘못된 설명인 것처럼 다룬다"라고 비난했다.

인식론과 관련한 첫 번째 논쟁 지점은 과연 팩트체커들이 검증 가능한 것을 검증하느냐는 것이다. 그레이브스(Graves, 2016)는 미국의 팩트체커들이 사실적으로 검증 가능한 주장을 선택하려고 노력하고 주관적인 의견을 검증 대상으로 삼는 것을 피한다고 했지만, 전문가 판단, 과학적 패러다임 특히 경제학 등의 영역에서는 검증이 가능한 것인지 판정하기 어려운 회색 지대가 있다는 것을 인정했다.

팩트체크 저널리즘 무용론을 주장한 조지프 유스친스키와 라이든 버틀러(Uscinski & Butler, 2013)는 검증 가능한 대상에 대해 훨씬 좁은 관점을 제시한다. 그들은 인과관계, 미래 예측, 그리고 정의definition는 검증 대상이 되어서는 안 된다고 주장한다. 유스친스키와 버틀러는 팩트체커들이 흔히 상관관계를 인과관계로 혼동한다며 인과관계는 팩트체커들이 흔히 하는 것처럼 답을 찾아보는 방법으로는 확인할 수 없다고 비판한다. 인과관계 질문에 대한 답은 복잡한 통계 분석을 통해서만 얻을 수 있다는 것이다. 그러나 젠 버크스(Birks, 2019)는 이에 대해 유스친스키와 버틀러의 주장은 언론이나 정치적 토론에 적용하기에는 지나치게 엄격한 기준이라고 지적한다. 버크스는 더 나은 기준으로서 최선의 행동 과정에 대한 결정을 내리는 것과 관련된 실천적인 논증practical argumentation을 제안한다. 실천적인 논증에서는 우연성이나 제3의 설명 요소와 같은 대안적인 설명을 검토하도록 요구할 뿐(Walton, 2006: 103)이라는 것이다. 언론에서의 팩트체커들은 엄격한 연구를 통해 인과관계에 도전하거나 이를 입증하는 해당 분야 전문가들의 연구를 활용할 수도 있다.

유스친스키와 버틀러(Uscinski & Butler, 2013)는 팩트체크와 미래 예측의 관계에 대해서도 비판적이다. 이들은 통계적 경향이나 모델링을 기반으로 한 미래 예측은 실제로 이루어지기 전에는 관찰 가능한 사실이 아니므로 이론적이라고 할 수 있다며, 전문가가 예측과 다르게 의견을 표명하더라도 그것을 틀렸다고 할 수는 없다고 주장한다. 그러나 버크스(Birks, 2019)는 이에 대해서도 실천적 논증 이론에서 전문 지식에 대한 주장은 전문가의 신뢰성, 전문 분야의 관련성, 분야 내 다른 전문가들과의 일관성 및 근거에 대한 비판적 질문을 받을 수 있다(Walton, 2006)라고 반박한다.

과연 언론인 혹은 팩트체커가 검증 대상이 된 주장에 판정을 할 수 있는지 혹은 해야 하는지에 관한 것도 팩트체크 비판의 쟁점이다. "팩트체크란 사실을 검증하고 최대한 진실이 무엇인지를 결정하기 위해 노력한 기자가 증거에 기반해 주장하는 것으로서 독자나 정치인이 판정 결과에 대해 찬성하거나 찬성하지 않는 것은 자유"(Dobbs, 2012: 12)라고 팩트체크를 하는 기자들이 유보적인 태도를 취한다고 해도, 판정 결과가 검증 대상의 평판이나 시민들에게 영향을 미치기 때문에 팩트체크의 타당성에 대한 논란은 불가피하다. 특히 논쟁점이 되는 것은 등급 척도rating scale다. 폴리티팩트의 진실검증기, 〈워싱턴 포스트〉의 피노키오 테스트 등이 대표적인 예다. 미국 팩트체크 기관들만이 이러한 척도를 사용하는 것은 아니다. 그레이브스와 페데리카 체루비니Federica Cherubini(Grvaves & Cherubini, 2016)가 2016년 유럽의 팩트체크 기관 30곳을 조사한 바에 따르면 조사 대상 기관의 60%가 이러한 판정에서 진실성의 정도를 나타내기 위해 서열 척도를 사용한다고 답했다. 유스친스키와 버틀러는 팩트체크가 필연적으로 참, 거짓의 이분법적인 판단을 내포하며, '절반의 사실half-true' 같은 판정이 혼란스럽고 복잡한 판단이 필요한 문제를 단순하게 만들어 버린다고 비판한다.

검증 대상 선정이 당파성에 의해 좌우되고 있다는 비난도 끊이지 않는다. 미국의 경우 보수 진영인 공화당이 진보 진영인 민주당에 비해 더 많이 거짓 발언을 한 것으로 팩트체크 기관들에 의해 판정되는 것으로 나타났다(Ostermeier, 2011; Reeve, 2013; Rogerson, 2013). 듀크대학교의 리포터스랩Reporters' Lab의 연구에 따르면, 보수주의자들은 진보주의자들보다 팩트체크 저널리즘을 더 비판적으로 평가한다는 결과가 나왔다(Adair & Iannucci, 2017).

버크스(Birks, 2019)는 팩트체커들이 인위적으로 정당이나 공적 개인에 대한 검증의 비율을 맞추는 것은 명백히 더 큰 문제이며 '거짓 균형false balance'을 형성할 것이라고 이러한 비판들을 재반박한다. 팩트체커들이 어느 정당을 더 검증하고, 어느 정당 혹은 정당 소속 정치인의 발언에 사실 아님이라는 판정을 더 많이 했는지 그 비율은 정치인들의 정직도나 신뢰성을 비교하는 기준으로 신뢰할 수는 없지만, 정치인들 사이에는 진실성에 대해 분명히 차이가 있다는 것이다. 버크스는 판정에 균형을 맞추다 보면 상대적으로 정직한 후보가 정치적으로 큰 의미가 없는 사소한 사실성을 위반했을 때도 이를 강조하는 우를 범할 수 있다고 우려한다.

당파성과는 다른 검증 대상 선정의 일관성 없음도 비판 대상이 되어 왔다. 모건 마리에타Morgan Marietta와 데이비드 바커David Barker, 토드 바우저Todd Bowser(Marietta, Barker, & Bowser, 2015)는 기후 변화, 인종주의의 영향, 국가 부채의 귀결 등 세 개의 논쟁적 사안에 대한 폴리티팩트와 팩트체크닷오르그, 〈워싱턴 포스트〉의 팩트체커를 내용 분석으로 비교한 결과 검증 대상과 검증에 대한 판정에서 일치도보다는 상이성이 두드러진다고 보고했다. 인종 문제에 대해서는 폴리티팩트가 여러 번 정치인의 발언을 검증했지만, 팩트체크닷오르그나 팩트체커는 2년 동안 이 주제를 다루지 않았다. 기후 변화에 관해서는 세 팩트체크 기관이 기후 변화가 사실이 아니라는 주장에 대해서만 거짓이라고 판정하는 결과를 동일하게 내놓았고, 〈워싱턴 포스트〉의 팩트체커와 팩트체크닷오르그는 기후 변화가 사실이라는 주장에 대해서는 검증하지 않았다. 국가 채무에 대해서는 세 개 기관의 판정이 엇갈렸다. 이러한 결과를 근거로 마리에타 등은 팩트체커들이 선택 편향selection bias을 가질 수 있으며 판정 결과는 상호 모순적일 수 있다고 주장했다. 즉 팩트체크의 검증 대상 선정은 사회과학적인 방법처럼 체계적인 것이 아니라 주관적이라는 것이다.[25]

가치를 사실과 분리할 수 있다는 생각은 객관주의 모델의 핵심이다(Schudson, 2001). 가치를 사실과 분리하는 객관주의를 통해 언론은 정치적 세력이나 시장에 의해 쉽게 공격받을 수 있는 "취약한 직분uninsulated profession"(Schudson, 1978)을 방어해 왔다. 그러나 힐러리 퍼트넘Hilary Putnam(1981)이 갈파한 것처럼 사실과 가치는 불가분의 관계다. "모든 사실은 가치를 적재하고 있으며 모든 가치는 사실을 적재하고 있는 것"(201)이다. 언론이 다루는 사실은 증거evidence와 해석interpretation의 조합에 의지하며 이 사실들은 가치가 내재된 제도적이고 정치적인 맥락하에 있다는 것이 뉴스 사회학sociology of news의 고전적인 관찰(Gans, 2004; Tuchman, 1978)이었다. 객관주의의 한계에 대해 비판했던 뉴스룸 민족지학자들의 문제의식이 팩트체크 저널리즘의 검증 대상 선정과 판정 기준에 대한 논란을 통해 다시금 수면 위로 떠오른 셈이다.

25 폴리티팩트의 창설자인 빌 아데어 교수는 이에 대해 "우리는 뉴스 판단에 따른다. 우리는 모두 사회과학자가 아닌 언론인들이다"라고 말한다(Graves, 2016: 93).

사실 전달과 진실 추구의 분리: 보도와 사실 검증

팩트체크 저널리즘에 쏟아지는 비판과 회의 중 근본적인 것은 팩트체크의 존립 근거인 사실 검증에서 '사실'이라는 것이 팩트체크를 하는 언론인들이 판정하는 것처럼 명료하게 포획되느냐는 것이다. 유스친스키와 버틀러(Uscinski & Butler, 2013)는 언론인들이 혼란스러운 정치의 세계를 해석하기 위해서는 정치적 이데올로기를 동원할 수밖에 없고, 이러한 이데올로기의 개입은 어떤 발언에 대해서 편견이 없게 되는 것을 불가능하게 만든다고 주장한다. 유스친스키 등은 "정치에서의 주관적인 문제들은 복잡하고 모호하며 심지어 경험적인 데이터에 기반해 해석을 할지라도 여러 가지 충돌하는 해석에 열려 있다"(163)라고 지적한다. 따라서 팩트체커가 검증한 사실에 대해서 정치가가 동의하지 않는다고 해서, 그것이 정치가를 거짓말쟁이로 판정하는 이유가 될 수 없다는 것이다.

이에 대해 아마진(Amazeen, 2015)은 유스친스키와 버틀러가 팩트체크 언론인들이 사실이 자명한 것인 것처럼 여긴다고 주장했지만, 사실이 자명하지 않고 복잡하기 때문에 팩트체크가 더 필요한 것이라고 반박한다. 팩트체크는, 유스친스키와 버틀러가 주장한 것처럼 정치적인 논쟁에서 다뤄지는 주관적인 문제들을 검증 대상으로 삼는 것이 아니라, 검증이 가능한 사실에 관한 발언을 다루는 것이라고 전제한 뒤 팩트체크 언론인들의 판정도 유스친스키와 버틀러의 주장처럼 흑백 논리가 아니라 오히려 참과 거짓을 이분법적으로 가를 수 없다는 것을 스스로 인정하는 것이라고 논박한다.

그레이브스(Graves, 2017)는 유스친스키와 버틀러의 인식론 논쟁에 대해 직업적인 언론인들에 의해 수행되는 객관주의 규범의 미묘함을 제대로 고려하지 못한 것이라고 지적한다. 그는 저널리즘이 다루는 사실은 존 설John Searle(1995)이 말한 제도적 사실의 세계이며 제도적 사실이란 원시적이고 단단하고 논쟁할 여지가 없고 의심의 여지가 없는 사실이 아니라, 복잡하고, 조심스럽게 공교화되었으며 집합적으로 만들어진 것(Latour, 2005)임을 강조한다.

그레이브스는 직업적인 언론인들은 사실에 대해 흑백 논리적인 관점을 갖고 있는 것이 아니라, 진실이 우리의 목표이기는 하지만, 최선을 다해도 이를 잡기 어렵다는 것을 알면서, 여전히 이 목표를 품고 있는 것(Kobach & Rosenstiel, 2021)이라는 유보적이고 겸양적인 윤리임을 강조한다. 그는 셔슨을 빌려 20세기에 확립된 객관주의는 뉴스가 사실을 반영한다는 순진한 경험주의에 대한 대안으로 출현한 것이며, "사실이란…… 세계의 상相이 아니라 합의에 의해 타당성을 갖게 된 진술"(Schudson, 1978: 6)이라고 주장한다. 그레이브스는 유스친스키의 주장처럼 정치의 영역에서는 사실을 가릴 수 없고, 오로지 다른 의견만 있을 뿐이라고 하는 것은, 의견과는 달리 합리적이고 증거에 의해서 지지되며 전문가들의 합의와 일치하는 사실적인 논증factual argument을 의견opinion으로 등치시켜 버리는 것이라고 비판한다. 팩트체커들은 의견 문제는 검증할 수 없다는 데 동의하지만 그 레이블(의견)을 속임수에 대한 라이선스로 사용하는 당파적인 사람들에게는 반대한다는 것이다.

팩트체크 저널리즘에 종사하는 미국의 언론인들은 기성 언론들을 '가짜뉴스'라고 공격하고 팩트체크 저널리즘을 노골적으로 비판한 트럼프 후보가 대통령이 된 2016년 대통령 선거를 치르면서 자신들이 팩트체킹을 하는 목적을 무엇이라고 생각하고 있을까? 팩트체크 저널리즘을 수행하거나 팩트체크 저널리즘에 관심을 갖고 있는

61명의 미국인 저널리스트를 대상으로 한 폴 메나Paul Mena(2019)의 설문 조사 결과는 그 현재상을 보여 준다. 설문에 참여한 응답자들은 팩트체킹의 목적이 공인이나 공적 기관의 진실성을 평가하고 언론의 이상을 유지하는 것이라고 답했다. 마찬가지로 대다수 응답자들은 팩트체킹의 또 다른 목적이 소셜 미디어에서 퍼져 나가는 오정보를 폭로하는 것이라고 답했다. 그러나 응답자들은 팩트체크 저널리즘의 목적이 사회적 이상이나 대의명분을 촉진해야 한다거나, 어떤 이슈에 대해 입장을 취하거나 옹호할 수 있다는 데 대해서는 명백히 반대 입장을 나타냈다. 응답자 대다수는 팩트체크 저널리즘과 사회 운동 간에는 명확한 경계가 존재해야 한다고 생각했다. 이 결과는 언론인들이 자신들이 다루는 대상들로부터 독립되어야 하며 활동가로 자신의 역할을 자임하지 않으면서 사람들에게 정보를 전해야 한다는 객관주의 언론의 규범적인 이상, 윤리적 관점과 일치하는 것이다. 코바치와 로젠스틸(Kovach & Rosenstiel, 2021)이 '저널리즘의 기본 원칙'에서 언급했듯이 "언론인의 역할은 특별한 종류의 참여에 기반하는 것이다. 대중에게 정보를 제공하는 데 헌신하는 것으로서의 참여이지 활동가로서 직접적인 역할을 하는 것이 아니다"라는 관점을 미국의 팩트체크 언론인들은 견지하고 있는 것이다.

그레이브스와 톰 글레이시어Tom Glaisyer(Graves & Glaisyer, 2012)는 미국 언론에서 팩트체크 저널리즘이 왜 모든 보도의 기본적인 도구가 아니라 특화된 장르가 된 것인지에 대해 정직하게 질문을 던질 필요가 있다고 지적한다. 〈뉴욕 타임스〉나 〈워싱턴 포스트〉와 같은 권위지에서조차 '무엇이 말해졌는가?'를 보도reporting하는 것과 '그것이 사실인가'를 묻는 사실 검증fact checking은 분리되어 있다. 그레이브스와 글레이시어는 기자들이 끊임없이 사실을 점검하는 것이 무엇을 의미하며, 헌신적인 팩트체크 언론인에 의해 개발된 취재 기술, 즉 투명한 분석, 기명 인용만 하는 것, 사실이 아닌 주장에 대해서는 비판하는 것이 모든 의회 보도나 선거 보도 등에서 작동할 수 있는지를 살펴봐야 한다고 지적한다. 그레이브스 등은 팩트체킹이 일상적인 보도로 녹아들지 못하고 특화된 장르로 진화한 이유 중 하나가 취재원과의 관계를 보호해야 하는 기자들이 효과적인 팩트체커가 되지 못하기 때문이라고 분석한다. 그러나 그 역도 성립한다. 정치적 주장에 도전할 용의가 있는 기자들이 내부 정보를 얻는 데 충분히 능숙하지 않아 전문적이지 않을 수도 있는 것이다.

많은 팩트체커들은 기자들에게 잘못된 주장에 도전하도록 촉구한다. 〈워싱턴 포스트〉의 팩트체커였던 마이클 돕스(Dobbs, 2012)는 "진실을 찾는truth seeking" 언론이 되어야 한다고 주장했다. 이러한 주장은 오늘날 기자들이 자신들의 취재원에게 도전하는 것을 피하는 이유를 솔직하게 살펴보아야 함을 의미한다. 팩트체크 저널리즘이 관행이 되었을 때 기자가, 권력이 있으며 동시에 검증 대상이 되는 취재원과의 관계를 어떻게 바꾸게 될지, 더 나아가 그것으로 무엇을 잃게 될지까지를 숙고할 때 팩트체크 저널리즘의 더 현실적인 실행으로 옮겨갈 수 있을 것이다.

7장

팩트체크 저널리즘의 방법론과 규범

팩트체크 저널리즘은 로켓 과학이 아니다. 이는 하나의 기본 질문을 기반으로 한 철저한 분석이다. 그 질문은 바로 "우리는 어떻게 알 수 있는가?"라는 것이다. 팩트체크 저널리즘은 맞춤법 검사 같은 것이 아니다. 모든 사실이 기록된 사전 스타일의 안내서도 아니고 문서를 검토하고 언제든지 사실로 오인된 것을 알릴 수 있는 간단한 소프트웨어도 아니다. 팩트체크 저널리즘에는 고유의 절차가 존재한다. 이탈리아 팩트체크 기관 파젤라 폴리티카Pagella Politica의 팩트체커로서 국제팩트체킹연맹International Fact Checking Network(IFCN)의 디렉터를 역임한 알렉시오스 만잘리스Alexios Mantzalis는 유네스코에서 발간한 보고서에서 사실 검증의 과정을 3단계로 설명한다(Mantzalis, 2018).

첫 단계는 의회 속기록과 같은 입법 기록, 언론 보도, 소셜 미디어 등에서 사실 확인이 가능한 주장을 찾는 것이다. 이 과정에서는 '사실 검증이 가능한가'와 '사실 검증을 할 필요가 있는가'가 판별의

그림 7 – 1 팩트체크 저널리즘의 일반적인 과정 개념도

기준이 된다. 두 번째 단계는 검증 대상이 된 주장에 대한 최상의 증거를 찾아 사실을 확인하는 것이다. 세 번째 단계는 증거를 기반으로 주장을 평가하여 오류를 수정하기이며 이는 일반적으로 '사실,' '거짓' 등의 진실성 척도로 표현된다.

그레이브스(Graves, 2017)는 폴리티팩트에서의 참여 관찰 경험을 바탕으로 팩트체크의 과정을 다섯 개의 서로 다른 영역으로 나눈다. 첫 번째는 검증할 주장을 선택하기, 두 번째는 발언자와의 접촉, 세 번째는 거짓 주장의 경로 추적, 네 번째는 전문가 다루기, 다섯 번째는 네 일을 보여 주기showing your work라고 정리한다.

팩트체크의 과정은 일반적으로 검증 대상의 선정, 선정된 대상에 대한 조사, 이에 대한 판정, 검증 과정과 판정을 공개하는 기사 작성, 공표된 검증 결과에 대한 검증 대상 혹은 공중의 반응 수집의 5단계로 구성된다고 할 수 있다. 이 과정은 선형적으로 표현할 수 있지만, 검증을 진행하는 과정에서 재귀되기도 한다.

팩트체크 저널리즘의 첫 단계이자 가장 어려운 관문: 사실 확인 가능한 주장 찾기

검증할 사실을 찾는 것은 팩트체크 과정에서 중요하고 시간이 많이 걸리는 작업이다. 이는 "확인 가능한 사실을 찾는 예술"이라고 표현될 정도다(Graves, 2017). 검증 대상을 찾는 것은 뉴스 가치, 정치적 중요성뿐만 아니라 상상 속 대중의 흥미나 유용성, 공정성과 균형을 모두 고려해야 한다. 팩트체크 기관들에서는 검증 대상을 찾는 작업을 일상적으로 수행한다. 팩트체크를 하는 언론인들은 "우리는 언론인이지 사회과학자가 아니다. 우리는 뉴스 판단news judgement에 근거해 검증 대상을 정한다"(Graves, 2016: 88)라고 답해 왔다.

사실 확인은 최소 하나의 사실이나 수치가 포함되어 그 진실성이 객관적으로 검증될 수 있는 주장에 중점을 둔다. 사실 확인은 의견과 예측, 과장, 풍자 혹은 농담의 진실성을 평가하지 않는다(Mantzalis, 2018). 사실 확인의 전체 과정은 거짓되었거나 시민들이 이를 접했을 때 오도될 수 있는 주장을 식별하고 이를 검증 대상으로 선택하는 것으로 시작된다. 모든 팩트체커는 주로 주류 언론 및 소셜 미디어 플랫폼을 적극적으로 모니터링한다. 사실이 아닌 주장들이 소셜 미디어 등을 통해 거대한 규모로 확산되는 것을 고려할 때, 몇 가지 변수들이 검증 대상 선정에 고려된다. 인도의 팩트체크 기관인 붐BOOM은 더 많은 수용자에게 영향을 미칠 수 있는 주장이나 도발적이고 민감한 내용을 담은 콘텐츠에 대한 검증을 우선한다. 인도의 또 다른 팩트체크 기관인 뉴스체커Newschecker는 선택 기준에 선전, 분열적인 콘텐츠 및 건강, 공공 안전, 법 질서에 영향을 미칠 수 있는 주장을 포함한다.

팩트체커들은 공익을 위해 긴급하게 확인해야 할 주장을 우선시한다. 검증 대상을 선정할 때 어떤 기준을 갖느냐를 공개하는 것은 전통적인 언론과 비교했을 때 팩트체크 저널리즘의 독특한 차이다. 전통적으로 언론사들은 게이트키핑을 통해 뉴스를 선택함에도 불구하고 "뉴스 판단과 관련된 문제를 공유하는 데 깊은 거부감을 갖기"(Chadha & Koliska, 2015: 226) 때문이다. 국제팩트체킹연맹(IFCN)의 서명 기관들은 검증 방법을 공개해야 한다는 윤리 규범에 따라 검증 대상 선정 기준을 공개한다. 미국의 3대 팩트체크 기관으로 꼽히는 펜실베이니아대학교의 팩트체크닷오르그, 〈워싱턴 포스트〉의 팩트체커, 그리고 폴리티팩트도 검증 대상 선정의 기준을 홈페이지에 명시하고 있다. 미국의 경우 팩트체크 저널리즘을 시작한 나라로서의 강한 전통 때문에 양당 정치에서의 정치적 발언에 대한 검증이 주를 이룬다.

팩트체크닷오르그[26]의 경우 대통령 선거가 있는 해에는 대통령 후보자들에, 중간 선거가 있을 때는 상원 선거, 선거가 없는 해에는 의회에서 벌어지는 일들에 초점을 맞춘다. 무엇을 검증할 것인지 선택하는 데 대해서 팩트체크닷오르그는 공화당과 민주당의 주장을 검토하는 데 동일한 시간equal amount of time을 할애하려고 노력한다고 밝힌다. 따라서 공화 민주 양당 의원들이 공통적으로 발언을 하는 장소 혹은 프로그램 등을 검증 대상 선정의 원천으로 삼는다. 팩트체크닷오르그가 홈페이지에 밝힌 바에 따르면 ABC, NBC, CBS, Fox News, CNN 등의 일요일 토크쇼 대본, 대통령, 상원 및 하원의 선거용 TV 광고, 의회와 백악관을 주로 취재 보도하는 비영리 공공방송 C–SPAN에서 방영한 대통령 발언, 주요 입법안에 대한 본회의

26 다음을 참조하라. https://www.factcheck.org/our-process/

토론 및 주요 이슈에 대한 위원회 청문회 중계를 모니터링한다. 대통령 발언은 백악관 웹사이트에 게시되며 이와 더불어 백악관 공보실에서 팩트체크닷오르그로 대통령 발언을 담은 이메일을 보낸다. CQ[27]에서 제공하는 모든 의원의 발언, 위원회 청문회 및 기자 회견 대본, 선거 캠페인 공식 웹사이트 보도 자료, 정치인과 선거 후보의 웹사이트, 페이스북, X(트위터)와 같은 소셜 미디어 그리고 독자 질문이 검증 대상 선정을 찾는 원천이라고 밝히고 있다.

〈워싱턴 포스트〉의 팩트체커[28]는 검증 대상 선정과 관련한 원칙으로서 "이것은 의견 확인이 아닌 사실 확인 작업이다. 우리는 검증 가능한 사실에만 관심이 있으며 때로는 정치적 수사rhetoric의 근원을 검토할 수 있다"라고 밝힌다. 또 "우리는 유권자들에게 가장 중요한 문제에 주의와 자원을 집중할 것이다. 모든 연설의 중요하지 않은 세부 사항까지 모두 검토할 수는 없다. 특히 뉴스 가치가 있거나 중요한 문제와 관련된 진술을 검토하려고 노력한다. 우리는 모든 사람이 특히 즉흥적으로 말할 때 틀릴 수 있다는 것을 알기 때문에 이런 실수를 검증하지는 않는다"라고 밝힌다.

폴리티팩트[29]는 검증 대상을 선정할 때 몇 가지 질문을 스스로 던진다고 밝힌다. 첫째, 정치인을 포함한 공인의 진술이 검증 가능한

27 CQ(Congressional Quarterly Transcript)는 의회에서 열리는 모든 청문회의 사본을 1시간 내에 제공하는 유료 서비스다. CQ는 1945년 설립되어 의회, 백악관을 다뤄 온 비정파적인 언론사로서 설립 목적은 워싱턴 정가로부터 멀리 떨어져 있는 지역 신문들에게 의회에서 벌어지는 일들에 대한 심층 정보를 전한다는 것이었다.

28 다음을 참조하라. https://www.washingtonpost.com/politics/2019/01/07/about-fact-checker/

29 다음을 참조하라. https://www.politifact.com/article/2018/feb/12/principles-truth-o-meter-politifacts-metho dology-i/#How%20we%20choose%20claims

사실에 근거하고 있는가다. 사실 검증은 의견을 확인하는 것이 아니며, 연설과 정치 수사에는 과장이 허용된다는 것을 알고 있다고 밝힌다. 둘째, 진술이 듣는 사람에게 오해를 불러일으키거나 잘못 들릴 만한가를 검토한다. 셋째, 진술이 중요한가다. 넷째, 진술이 다른 사람들에게 전달되고 반복될 가능성이 있는가다. 다섯째, 보통의 사람들이 진술을 듣거나 읽었을 때 "사실일까?"라고 의문을 가질 만한가를 고려한다. 폴리티팩트는 산술적으로 양적 균형을 맞추지 않고, 민주당과 공화당 양쪽에서 확인할 사실을 선택하려고 노력한다고 밝힌다. 그와 동시에 권력을 가진 정당이나 주의를 끄는 잘못된 진술을 반복하는 사람들에게 주목한다는 점을 명시한다.

사실 확인의 첫 단계: 발언자와의 접촉

팩트체크닷오르그, 폴리티팩트, 〈워싱턴 포스트〉의 팩트체커는 모두 검증의 첫 단계에서 의심스러운 주장을 펼친 발언자에게 연락하는 것을 강조한다. 미국의 팩트체크 저널리즘 기관은 공통적으로 사실 검증의 1차 책임을 검증 대상이 되는 발언을 한 당사자에게 지우고 있다. 이는 공정성을 추구하는 것이자 조사 테크닉이다. 검증 대상이 되는 사람이나 기관은 자신이 한 말에 대해 설명할 기회를 가져야 한다. 발언 당사자로부터 설명을 듣지 못하더라도 사실 확인은 계속되지만, 조사 초기에 주장의 당사자에게 연락하는 것은 폴리티팩트에서는 "사실에 이르는 로드맵"으로 지칭된다. 주장의 당사자로부터 발언이 어떤 근거에서 비롯되었는지에 대한 설명을 들음으로써, 반론을 제시할 기회를 주는 것과 동시에 조사 시간을 줄일 수 있기 때문이다. 발언자들은 때때로 팩트체커들이 연락해 올 것을 예상해 문서나 대비책을 마련해 두기도 한다. 불충분한 문서조차도 검증 대상이 된 발언에서 언급한 데이터가 선택적으로 인용되었거나 맥락에서 벗어난 말임을 보여 주는 일에 유용한 증거 자료로 쓰일 수 있다(Graves, 2017). 팩트체크닷오르그의 경우, 발언자가 제시한 자료들이 정확하면 그 주장에 대한 검증을 멈추고 다른 주장을 검토한다고 밝힌다.

검증의 첫 단계에서 발언자와 접촉하는 것은 팩트체크 저널리즘을 다른 종류의 보도와 구분 짓는 중요한 특징이다. 이에 대해 그레이브스(Graves, 2016)는 팩트체크는 취재의 마지막 단계에서야 비판 보도의 대상이 되는 당사자에게 그간 취재한 것들을 확인하고 반론할 기회를 제공하는 탐사 보도와 달리 '매복ambush'이 아니라고 묘사한다.

짧은 역사를 지닌 한국의 팩트체크 언론인들은 취재원과의 다툼, 즉 검증 내용에 대한 항의를 받거나 언론중재위에 제소가 되는 등의 과정을 거치며, 당사자로부터 출발하는 취재 기법을 점점 확대해 나가고 있는 것으로 보인다. 한국의 팩트체크 언론인들 10명을 심층 인터뷰한 정은령(2018)의 연구에 따르면, "취재를 다 끝내 놓고 마지막에 면피성으로 반론을 물어보는 것과는 달리 시작할 때부터 (다툼이 있는 양자가 있을 경우) 양자의 얘기를 다 물어보는" 것이다. 법적 분쟁에 휘말리는 것을 방지하기 위해서 당사자의 의견을 초기에 청취하는 것뿐만 아니라 "주장에 대한 검증을 하려면 출발점은 주장하는 사람에 근거"해야 하며 그렇게 하는 것이 "심플하다"라는 취재의 경제성에 대한 고려도 있었다.

당사자의 의견을 검증 초기에 듣는 이유는 법적 분쟁의 회피, 취재의 경제적 편의성만을 위한 것이 아니다. 실제로 당사자의 주장이 맞는지 다른 언론 보도를 확인 취재하는 의미도 있다. 이는 다른 언론의 선행 보도를 독자적으로 확인하지 않고 취재했을 때 잘못된 정보로 사실 검증을 할 수 있다는 경험으로부터 비롯된 것이었다.

주장과 관련된 최상의 정보를 찾아 사실을 확인하는 것

팩트체커들은 검증 대상이 된 정보가 최초로 나왔던 곳이 어디인가를 추적한다. 이러한 주장들은 종종 뉴스 보도에서 처음 소개되는 경우가 많다. 폴리티팩트에서는 검증 대상이 되는 주장을 하는 공인들은 자신의 의견을 지지하는 블로그나 그 자체로 단단하지 않은 뉴스 보도에 의존해 주장을 하는 경우가 많으므로 발언의 기원을 추적하는 데는 이러한 사이트나 보도를 찾는 것이 유용하다고 새로 입문하는 기자들의 훈련 세션에서 강조한다(Graves, 2017). 팩트체커들의 활동은 검증 대상 발언의 기원을 찾고, 그것이 어떻게 확산되어 나갔는지를 재구성하는 것이다. 어떻게 주장이 전파되는지가 주장의 진실 가치를 평가하는 데 중요한 맥락적 단서를 제공한다.

조사를 하는 과정에서 중요한 것은 전문가와 함께 일하는 것이다. 팩트체커들은 매일 다양한 주제와 문제를 다루기 때문에 해당 분야의 전문가들에게 자문을 구한다. 전문가들의 의견은 검증 과정에서 결론 도출에 도움이 된다. 때때로 자체 전문가 패널을 보유하는 경우도 있다.

미국의 팩트체커들은 먼저 인구통계처, 의회예산처, 정부 회계

처과 같은 정부 기관이 발간하는 공식 데이터를 사용하는 것을 선호한다. 이러한 자료로부터 파생되는 2차 자료보다는 원자료를 사용하도록 권고된다. 팩트체커들은 찾은 데이터를 해석하기 위해 불가피하게 학계나 싱크탱크에 소속된 전문가들에 의존하게 된다. 이 과정에서 어떠한 정치적 입장이나 검증 이슈에 대한 경향성을 갖지 않은 중립적인 전문가를 찾는 일은 대단히 어렵다. 싱크탱크의 경향성들을 탐색하는 것은 팩트체커들이 가진 암묵지의 영역이다. 어떤 기관이나 전문가들은 그들의 이념적 경향성에도 불구하고 신뢰할 수 있는 전문가로 분류될 수 있다. 폴리티팩트나 팩트체크닷오르그의 콘텐츠에는 종종 이념적으로 상반된 그룹의 분석이 포함되는 경우가 있는데, 폴리티팩트에서는 이를 "진실의 삼각 측량"(Graves, 2016)이라고 지칭한다. 독립적이고 중립적인 전문가를 찾을 수 없다면, 각각 보수와 진보 진영을 취재한 뒤 그들이 어디에서 겹치는지를 확인하라는 것이다. 모든 팩트체커는 검증을 위해 체계적인 방법으로 조사한다. 다양한 원천에서 수집한 증거들을 분석한다. 결론은 사전에 결정되는 것이 아니라 조사가 드러내는 내용에 따라 정해진다.

인도의 팩트체크 기관인 붐은 "우리는 해당 주제에 대한 이전 글을 검색하며 해당 주제에 대한 모든 공개 가능한 자료를 찾는다. 정부 데이터베이스, 국제적인 시각을 제공하는 연구 기관, 기타 신뢰할 수 있는 정보원으로부터 데이터를 찾는다. 주장을 지지하거나 논박할 수 있는 자료를 모두 찾기 위한 것이다"라고 밝힌다. 검증 과정을 온전히 문서 검색으로 채우는 것은 아니다. 팩트체커들은 때로 현장의 목격자, 피해자, 관계 당국, 관련 당사자에게 연락을 시도하기도 한다. 인도의 알트 뉴스Alt News는 "바이럴되는 루머의 진실을 확인하기 위해 때로 경찰, 지방 당국 및 관련 당사자에게 연락한다"라고 밝힌다.

팩트체커들은 문서 자료에만 의존하지 않는다. 사진, 동영상 등의 조작을 확인하기 위해 구글 역이미지 검색Google Reverse Image Search, 틴아이 역이미지 검색TinEye Reverse Image Search, 얀덱스 역이미지 검색 Yandex Reverse Image Search 등의 도구를 사용하여 사진과 비디오의 출처를 추적한다. 역이미지 검색은 주어진 사진이 이미 게시되었던 것을 끌어다 쓴 것이 아닌지, 다른 맥락에서 쓰인 것을 오용하는 것이 아닌지를 밝히는 데 유용하다. 사진과 비디오의 경우, 팩트체커들은 이미지의 세부 분석을 수행하고 유용한 정보를 나타낼 수 있는 시각적 단서를 찾는다. 사진과 비디오에서 보이는 게시판 및 랜드마크는 맥락을 확인하는 데 유용한 시각적 단서를 제공한다. 비디오의 경우 오디오 부분(언어, 방언 및 어조)도 확인에서 중요한 역할을 한다.

결과에 대한 판정

객관주의 보도 규범에 따르면 기자들은 정치적인 논쟁이 있을 경우, 논쟁의 주체들을 공정하게 재현해야 하며, 보도하는 사실에 대해 논평을 더하거나 편향을 보이지 않고 '뉴스'만을 보도(Schudson, 2001)해야 한다. 그러나 팩트체크를 하는 언론인은 정치인에 의해 제기된 주장의 정확성을 직접 평가evaluation한다는 점에서 전통적인 객관주의 규범과 대조를 이룬다(Graves, Nyhan, & Reifler, 2016). 즉 현대적 의미의 팩트체크 저널리즘은 화자가 말한 내용을 정확하게 '받아쓰기'하는 것을 넘어, 그 발언이 사실인가를 기자들의 독자적인 조사를 통해 규명한 뒤 판정 결과를 독자들에게 제시하는 검증과 해석, 판정이라는 평가적 과정에 초점을 맞추는 것이다(Amazeen, 2013). 팩트체크닷오르그의 설립자인 브룩스 잭슨은 "언론이 살아남으려면 정보의 게이트키퍼에서 심판자 혹은 중재 혹은 어떠한 형태로든 판정자로 진화해야 한다"라고 주장했다. 인쇄하기에 적합한 모든 뉴스를 인쇄All the news that's fit to print[30]해서 제시하는 것으로는 독자들에게 충분히 봉사할 수 없으며 거짓되거나 오도된 사실에 대해 대처해야 한다는 것이다(Spivak, 2010).

그러나 판정은 팩트체커들을 진흙탕 속으로 빠져들게 하는 위험한 일이기도 하다. 특히 다수의 팩트체크 기관들이 시각적인 판정표를 제시하는 것은 팩트체크 저널리즘 내부에서는 물론, 커뮤니케이션 효과를 연구하는 학자들 사이에서도 긍정적인 효과와 부정적인 효과가 함께 논의 되어 왔다.[31] 미국 팩트체크 기관의 75% 이상이 어떤 형태로든 등급표를 사용(Stencel, 2016)하며 이를 사용하는 기관들은 이러한 등급이 검증 결과를 더 이해하기 쉽게 만든다고 주장한다(Amazeen, Thorsen, Muddiman, & Graves, 2018). 그러나 언론계 내부에서조차 팩트체크의 판정에 대한 반대자들은 이러한 등급을 두고 신랄한 비평을 쏟아낸다. 정치 전문 매체 〈폴리티코*Politico*〉의 벤 스미스Ben Smith는 팩트체크 저널리즘이 날조한 측정기로 유사 과학의 기치 아래 의견 저널리즘을 하는 것이라고 비판했다(Dobbs, 2012). 팩트체크 기관들 사이에서도 등급판정표를 써야 할 것인가에 대해서는 의견이 엇갈린다. 팩트체크닷오르그의 잭슨(Jackson, 2012)은 폴리티팩트의 '진실검증기'나 〈워싱턴 포스트〉의 '피노키오 테스트'와 같은 장치를

30 〈뉴욕 타임스〉의 로고로 불편부당한 객관주의 언론의 상징적 모토로 자주 인용된다.
31 이에 대한 논의는 10장 팩트체크의 효과에서 다룬다.

사용하여 등급을 매기는 것은 독자에게 인기가 있으며 주목을 끌 수는 있지만, 본질적으로 주관적이라고 지적한다. '피노키오'가 하나 또는 두 개인 차이는 개인적인 판단 문제이며 논쟁의 여지가 있다는 것이다. 어떤 주장은 분명히 사실이고 어떤 주장은 명백히 거짓이지만 그사이 어딘가에 속하는 정도의 거짓말인지 정확하게 결정하는 합의된 방법은 없다는 것이다.

그러나 시각적 판정표의 옹호자들은 비록 이러한 판정이 주관적이라 할지라도 '일관성consistency'을 유지하고 있다고 반박한다. 2007년 〈워싱턴 포스트〉가 운영하는 팩트체커의 피노키오 테스트를 창안한 마이클 돕스는 "피노키오는 다소 생동감 있게 표현된 결론일 뿐이다. 그것은 사실을 검증한 기자가 증거에 기반해 펼친 의견이며 독자나 정치인은 그것에 동의하거나 반대할 자유가 있다"라고 말한다. 그는 "판정은 식견 있는 토론의 출발점이지, 돌에 새겨진 칙령이 아니다"(Dobbs, 2012: 13)라고 강조한다. 돕스에 이어 팩트체커를 운영하는 글렌 케슬러Glenn Kessler는 피노키오의 할당이 가장 어려운 일이며, 분명히 주관적인 일이라는 것을 알지만 일관성을 유지하고 스태프들과 몇 번에 걸쳐서 검토한다고 밝힌다(Dobbs, 2012).

팩트체크닷오르그, 폴리티팩트는 한 사람의 기자의 판정에 맡기지 않고 다수의 에디터들이 판정에 참여하는 것으로 판정의 주관성을 최대한 억제하는 장치를 마련해 두었다. 폴리티팩트는 팩트체크 기사를 쓴 기자가 판정 결과를 부기하면 이를 검토한 편집자와 기자가 1차적으로 합의에 도달한다. 이 결과를 기사 작성에 참여하지 않은 두 명의 에디터가 추가적으로 검토한다. 최종적으로 3인이 투표한 결과, 두 명 이상이 찬성한 판정 결과를 게시한다. 이들은 모든 투표에 앞서 공통된 질문들을 던지고 토론한다. △ 진술이 문자 그대로 진실인가? △ 진술을 다르게 해석할 다른 방법이 있나? 진술에 해석의 여지가 있나? △ 발화자가 증거를 제시했나? △ 과거에는 유사한 진술을 어떻게 다루었나? 폴리티팩트의 과거 판정은 무엇이었나를 검토한다.[32] 이는 주관적인 판정 과정에서 최대한 개인적인 편견을 배제하고, 이전의 판정과의 일관성을 유지하기 위한 노력이다. 그러나 어떤 경우이든 판정이 전적으로 과학적인 절차나 계량화를 통해 이루어지지 않는 것은 분명하다.

때로는 명확한 판정에 이르지 못하는 경우도 있다. 이럴 때에도 그 한계를 밝히고 검증 과정을 투명하게 드러내는 것이 팩트체크의 원칙이다. 인도의 팩트체크 기관 붐은 "우리가 어떤 주장을 증명하거나 반박할 수 없는 경우에는 명시적으로 이를 공개하고, 우리가 수행했던 모든 과정을 나열한다"라고 밝히고 있다(Mantzalis, 2018).

기사 서술: 네 일을 보여 줘라

판정까지를 거치고 나면, 이제 검증의 전 단계를 기사를 통해 드러내는 일이 남는다. 팩트체커들은 자신들이 내린 결론에 대해 반발하거나 의구심을 품는 검증 대상자, 수용자에게 설명할 수 있도록 자신들의 작업 과정을 투명하게 보여 주는 것을 강조한다. 작업 과정을 투명하게 보여 주는 첫 번째는 이용한 취재원을 모두 밝히는 것이다. 폴리티팩트의 경우 직접 인용되지 않은 것까지 포함해 검증 과

32 다음을 참조하라. https://www.politifact.com/article/2018/feb/12/principles-truth-o-meter-politifacts-methodology-i/중How we determine Truth-O-Meter ratings

정에서 접촉하거나 참고한 모든 인물, 문서를 팩트체크 하단에 '우리의 출처our source'라고 밝히고 나열한다. 폴리티팩트는 공개된 취재원만을 사용한다는 원칙을 지킨다. "익명 출처를 인용해 진실을 폭로할 수는 없다"(Graves, 2016)라는 것을 핵심 수칙으로 강조한다. 취재 자료에 무료로 연결할 수 있는 링크는 물론 유료로 연결되는 링크도 포함한다. 이러한 취재 참고 자료는 때로 수십 개에 이르기도 한다. 이렇게 취재 자료를 드러내는 이유는 팩트체커들이 판단의 근거로 삼았던 자료를 독자들도 검토할 수 있게 함으로써 독자가 스스로 판단하여 그 결정에 동의할 수 있는지 판단을 돕기 위한 것이다. 또한 폴리티팩트는 1차적 정보, 원본을 강조한다. 보도 자료 등 2차 가공된 것이 아닌 정부 보고서, 논문, 기타 데이터들에 직접 접근한다. 2차 자료에 의존하는 것이 충분하지 않다고 보기 때문이다. 이미 동일한 내용을 보도한 경우가 있다 하더라도 이 보도를 그냥 인용하지 않고 독립적으로 확인한다. 불가피하게 다른 언론에서 보도한 뉴스를 인용해야 할 경우는 첫째 그것이 인용해야 할 만한 가치가 아주 높아야 하며, 둘째 폴리티팩트가 그들의 보도를 독립적으로 검증할 방법이 없었다는 점을 밝힌다.

팩트체크닷오르그의 경우 어떤 정보 출처를 주로 인용하는지를 나열하고 있다. 중립적인 정부 기관이 내놓는 보고서와 분석, 이곳에 소속된 전문가들이 1차적으로 검토하는 정보 출처다. 여기에는 의회예산처Congressional Budget Office, 조세공동위원회Joint Committee on Taxation, 정부회계실Government Accountability Office, 의회조사처Congressional Research Service, 의료보험 및 의료보험서비스센터Centers for Medicare & Medicaid Services 그리고 연방감사관이 포함된다. 또한 건강 관련 데이터에 대해서는 카이저패밀리재단Kaiser Family Foundation, 세금 데이터에 대해서는 세금정책센터Tax Policy Center, 주립 입법 기관에 대해서는 미국 전국주의회회의National Conference of State Legislatures와 같은 신뢰할 수 있는 외부 전문가들에 의존한다고 밝힌다. 해외 문제를 다룰 때는 해당 지역의 전문가들과 접촉한다. 팩트체크닷오르그에서는 전문가의 의견을 인용할 때, 가능한 해당 전문가가 과거에 정부 또는 선거와 관련해 어떤 일을 했는지 등 취재원의 배경을 알 수 있는 정보를 공개한다. 이는 취재원이 가질 수도 있는 편향을 드러내는 것이다.

팩트체크닷오르그에서는 팩트체크 기사를 발행하기 전에 대부분의 경우 기사 작성에 참여하지 않은 네 명이 기사를 검토한다고 밝힌다. 첫 번째는 라인 편집자line editor로서 맥락이 빠지지 않았는지, 글쓰기는 명료한지 단어 선택이 정확한지 등 내용을 살핀다. 두 번째는 교열 편집자copy editor로서 적절한 스타일로 쓰였으며 문법은 정확한지를 검토한다. 세 번째는 팩트체커다. 팩트체크 기관 내의 자기감시적인 기능인 이 일을 담당하는 팩트체커는 기사를 한 줄씩, 한 단어씩 살펴서 모든 사실이 정확하고 기사가 제시하는 모든 진술과 결론이 증거를 기반으로 정확한지 확인한다. 또 기사의 출처가 된 모든 정보가 하이퍼링크되어 독자들이 확인할 수 있도록 되었는지도 점검한다. 마지막 단계에는 팩트체크닷오르그의 모기관인 펜실베이니아대학교 아넨버그 공공정책센터의 디렉터인 캐슬린 홀 제이미슨Katheleen Hall Jamieson 박사(펜실베이니아대학교 아넨버그 커뮤니케이션대학 교수)가 내용을 검토한다.

기사의 서술 과정에서 팩트체커들은 전통적인 정치 보도와는 다른 모습을 보여 준다. 팩트체커들은 명시적인 사실 주장을 펼치며 왜 이것을 검증 대상으로 선택했는지 독자들에게 자신의 선택을 정당화하고, 특정 주장이 검증되어야 하는 이유, 어떻게 특정 정보나 전문가가 선택되었는지, 최종 판정은 어떻게 도출되었는지 등을 설명한다(Graves, 2017).

작업 내용을 보여 주는 행위는 팩트체커가 수행한 사실 검증이 객관적이라고 주장하는 근거가 된다. 이는 팩트체커의 평가를 정당화하기 위한 증거를 제공하는 것뿐만 아니라 독자가 팩트체커의 판정에 동의하지 않고 비판할 때조차 그러한 비판에 대한 답변 역할을 한다. 폴리티팩트의 팩트체커였던 앤지 홀란Angie Holan은 이에 대해 "우리는 독자들이 우리가 매기는 모든 등급에 동의할 것을 기대하지 않는다. 때로는 그들이 강하게 반발하기도 하지만 전반적으로 우리가 보도와 방법론에서 매우 투명하게 작업하기 때문에 누군가가 우리의 등급에 동의하지 않더라도 우리의 기사에서 몇 가지를 배울 수 있기를 바란다"라고 말했다(Pittner, 2014).

반응 수용과 수정

팩트체크 기관들, 특히 IFCN의 서명 기관들은 반드시 수정 정책을 명시해야 한다. 전통적인 언론에도 오류에 대한 수정이 있지만, 팩트체크 기관이 갖는 차이라면 이러한 수정을 명시적이고 공개적으로 한다는 것이다. 게시된 검증 결과는 그것으로서 모든 것이 종결된 것으로 여겨지지 않는다. 어떤 사실적 오류나 부적절한 해석을 발견하면 팩트체커들은 실수를 인정하고 투명하게 정정 작업을 수행한다. 팩트체크닷오르그는 만약 팩트체크 기사가 게시된 후 새로운 정보가 드러나서 원래의 기사가 본질적으로 변경되어야 한다면, 그것을 명확하게 하거나 수정하거나 업데이트한다. 이렇게 수정할 때는 독자들에게 원래의 기사에서 무엇이 바뀌었는지, 왜 수정이 이루어졌는지와 함께 수정된 날짜를 명시한다.

폴리티팩트는 수정을 요청하는 근거가 없을 경우를 제외하고는 독자나 기타 관계자들이 오류를 발견하여 폴리티팩트를 접촉하면 최대한 빠르게 공개적으로 이를 수정한다는 원칙을 밝히고 있다. 오류의 정도에 따라 공개적인 수정의 방식에도 차이가 있다.

'주요 사실 오류Major error of fact'로 간주되는 경우는 심각한 오류

그림 7-2 폴리티팩트의 수정 이력 제도

POLITIFACT
The Poynter Institute

EDITOR'S NOTE, July 3: Days after this fact-check's publication, the White House press office emailed PolitiFact links to a 2020 Mamdani tweet and 2021 video in which Mamdani mentions "seizing the means of production." We re-interviewed several experts about his remarks in this July 3 story. We found the significance of his comment inconclusive and not reflective of his 2025 mayoral platform, so our rating remains unchanged.

2025년 6월 25일 도널드 트럼프 대통령은 자신의 트루스 소셜Truth Social 게시글에 조란 맘다니 당시 뉴욕시 시장 민주당 예비 선거 후보가 "100% 공산주의 미치광이"라고 하는 글을 게시했다. 폴리티팩트는 7월 3일 맘다니가 공산주의자라는 트럼프 대통령의 주장을 '사실 아님false'으로 판정했다. 이 팩트체크가 공개된 며칠 후 백악관 대변인실은 폴리티팩트의 판정을 반박하기 위해 맘다니가 "생산 수단의 장악"을 언급한 2020년 트윗과 2021년 영상 링크를 폴리티팩트에 보내왔다. 폴리티팩트는 이에 따라 여러 전문가를 다시 인터뷰했으나 해당 발언의 의미가 결정적이지 않고, 2025년 시장 공약과도 직접적 관련이 없어 판정을 변경하지 않았다는 점을 밝히고 있다.

가 발생하여 폴리티팩트 특유의 등급 게시인 진실검증기의 등급을 바꾸어야 하거나 기사의 전체적인 틀을 바꾸어야 할 경우 해당 기사 상단에 수정 표기가 게시된다. 내용은 새로운 정보로 갱신되지만, 그렇다고 해서 앞선 기사를 감춤 처리하거나 삭제하지 않는다. 이전 검증 결과는 복사본이 저장되고 링크로 연결된다. 또한 해당 아이템의 링크는 업데이트된 것으로 대체하며 '정정 및 업데이트Corrections and Updates' 태그가 부여된다.

등급을 바꿔야 할 만큼 큰 오류가 있지 않거나 사실 검증의 전체적인 틀이 바뀌지 않는 정도의 오류는 팩트체크 하단에 수정 표시가 게시된다. 내용은 새로운 정보를 담아 갱신되며, 갱신되었다는 사실이 명백히 서술된다. 필요할 경우 명확성을 위해 부정확한 정보를 반복해서 게시한다. 때로는 오류의 정정이 아닌 업데이트가 있다. 기사가 게시된 후에 검증 대상이 된 발화자가 판정을 바꿀 만한 사안은 아니지만 응답을 해 온 경우, 발간된 내용과 관련하여 새롭게 발생한 최신 뉴스가 있을 때 이를 추가한다. 업데이트는 텍스트 내에 괄호로 날짜 표기와 함께 이루어질 수도 있고, 기사 마지막에 위치할 수도 있다. 텍스트를 고치지 않고, 때로 편집자 노트를 추가하기도 한다. 독자들이 게시된 팩트체크에 많은 반응을 보였을 경우, 상황에 맞게 기사의 상단이나 하단에 편집자 노트를 게시한다. 폴리티팩트에서 수정된 모든 사항은 홈페이지의 어바웃 어스About US 메뉴 하단에 '정정 및 업데이트'의 별도 항목으로 묶여 있어 수정 사항을 살펴볼 수 있도록 공개하고 있다.

팩트체크 저널리즘의 규범

현대적인 팩트체크 저널리즘은 공적인 주장들의 진실성을 평가하는 활동이다. 이는 기사를 게시하기 전에 실수를 확인하여 교정하는 전통적인 사실 확인과 혼동되어서는 안 된다(Graves, 2018a; Graves & Konieczna, 2015). 또한, 팩트체크 저널리즘은 고정 출입처를 갖고 있는 기자들의 업무와는 다르며, 보완적인 활동으로 이해할 수 있다. 〈워싱턴 포스트〉 팩트체커의 에디터인 글렌 케슬러는 팩트체커가 하는 일에 대해 "특정 주제나 단일 주장에 심층적으로 파고들 수 있다. 정치인이 자신의 주장을 어떻게 정당화하는지 그리고 그에 대한 사실적 기초가 있는지를 자세히 설명할 수 있다"(Kessler, 2011)라고 말한다.

사실은 끊임없이 넓은 내러티브 구조 안에서 의미 있게 구성되고 정렬되며 재정렬된다. 이러한 내러티브 구조는 동일한 기본 사실에 대해 다른 의미를 부여할 수 있게 한다. 더구나 진실은 사실의 집합 이상이다. 팩트체크 저널리즘은 대안적 해석을 차단하기 위한 도구로서가 아니라 내러티브와 개인적 성향에 영향을 미칠 수 있는 일련의 사실을 뒷받침함으로써 합리적 토론에 기반을 제시하기 위한 것이다.

미국 팩트체커들은 팩트체크 저널리즘을 책무 언론accountability journalism의 도구로 간주한다(Graves, 2018a). 팩트체커들은 자신들이 편견에 따른 판정을 한다는 비난에 대응하여 재원으로부터의 독립성, 정치적 중립성, 그리고 실천을 규정하는 일련의 규범을 갖고 있다고 주장한다(Graves, 2016). 팩트체크 저널리즘의 핵심에는 사실을 의견이나 허구로부터 구별해야 한다는 개념이 있다. 팩트체커들은 공적인 주장과 관련된 사실을 수집하고, 해당 주장을 확인하거나 도전하는 증거를 찾아내며, 이러한 과정을 통해 도달한 판단의 결론을 시민들에게 보고한다. 이러한 방식으로 팩트체킹은 과학적 방법의 기본 요소를 차용한 사실 중심의 활동으로 간주된다(Coddington, Molyneux, & Lawrence, 2014).

그러나 팩트체크 저널리즘의 이러한 구체적 맥락을 넘어서 고려할 것이 있다. 언론 연구들이 밝혀온 것처럼 기자들의 정보 평가는 그들의 기존 태도에 의존하며 개인적 신념이 특정 메시지에 주어지는 중요성에 영향을 미친다(Mothes, 2017). 기자들은 보도하는 사람, 기관, 혹은 현상에 대해 가설을 세우기도 한다(Stocking & LaMarca, 1990). 기자들의 신념과 뉴스 결정 사이에 주요한 상관관계가 나타나기도 했다(Patterson & Donsbach, 1996). 이러한 점에 비추어 볼 때 팩트체커들이 사실 검증을 수행할 때 자신의 확증 편향confirmation bias에 대처하기 위해 원칙과 확립된 방법 또는 지침을 따르는 것은 유용하다.

비단 팩트체크 저널리즘만이 아니라 언론인들이 널리 공유하는 기준은 언론인들이 윤리적 문제에 당면했을 때 이에 대처할 수 있는 유용한 틀이 된다(García-Avilés, 2014). 팩트체크 저널리즘에 종사하는 61명의 미국 기자들을 설문 조사한 폴 메나(Mena, 2019)의 연구에 따르면 팩트체커들은 몇 가지 수행 원칙에 대해 높은 수준의 동의를 보였다. 취재원 투명성에 대한 강조, 정치적 행동주의와 팩트체크 저널리즘의 경계 구분 등이 그 예다. 팩트체커들이 스스로의 활동을 통해 발전시켜 오고, 국제적으로 통용되는 준칙Code of Principles으로까지 성문화한 원칙들은 팩트체커들이 자신들의 확증 편향이나 개인적 성향을 넘어서 검증 대상을 공정하게 다루고 윤리적 의사 결정을 하는데 기준을 제공한다.

팩트체크를 하는 기관들은 검증 대상 선정, 조사 과정, 판정verdict에 대한 기준을 갖추고 있다. 이러한 규범은 2016년 국제팩트체킹연맹(IFCN)이 팩트체커들이 공통적으로 지켜야 할 규범으로서 5개 항으로 이루어진 준칙을 제정하며 국제 표준이 만들어졌다.

(1) 비정파성과 공정성Nonpartisanship and Fairness

(2) 취재원 투명성Transparency of Sources

(3) 재정과 조직에 관한 투명성Transparency of Funding & Organization

(4) 검증 방법의 투명성Transparency of Methodology

(5) 공개적이고 정직한 수정Open and Honest Corrections

IFCN의 다섯 가지 준칙의 내용을 요약하면 크게 두 가지로 압축할 수 있다. 불편부당성과 투명성이 그것이다.

불편부당성

국제팩트체킹연맹의 준칙은 비당파성과 공정성의 준수로 시작한다. IFCN은 서명 기관이 되고자 할 경우 비당파성과 공정성 준칙을 준수하는지를 확인하기 위해서 다섯 가지 기준을 충족해야 한다고 명시하고 있다.

첫째, 검증 대상이 되는 발언이 누가 한 것이든지 관계없이 동일하게 높은 증거와 판단 기준을 사용하여 사실을 확인해야 한다. 둘째, 사실 검증을 과도하게 어느 일방에 집중하지 않으며 검증하기로 선택한 주장의 확장과 중요성을 고려하여 웹사이트에 어떻게 주장을 선택했는지를 설명해야 한다. 셋째, 팩트체커 자신이 인용하는 출처의 이해관계를 검증 결과에서 공개하여 독자가 그러한 이해관계가 제시된 증거에 영향을 미칠 수 있다고 합리적으로 결론을 내릴 가능성을 보장해야 한다. 또한 팩트체크 뉴스 이용자들이 사실 확인 결과에 영향을 미칠 수 있다고 합리적으로 결론 내릴 수 있는 상업적 또는 기타 그에 상응하는 관계들을 공개해야 한다. 넷째, 서명 기관이 되고자 하는 팩트체크 기관의 누구도 어떤 정당, 어떤 정치인이나 정치 주체에 대한 지지를 선언하거나 보여 주어서는 안 되며, 투명성과 정확성을 제외한 모든 문제에 대해 어떠한 정책적 입장도 주장하지 않는다. 다섯째, 서명 기관이 되고자 하는 조직은 조직 구성원을 위한 비당파적인 정책을 세워 이를 기관 홈페이지에 게시하여야 한다. 서명 기관이 되고자 하는 조직의 구성원은 조직의 작업을 편향적으로 보일 수 있게 하는 방식으로 성명이나 의견을 공표하지 않는다.

팩트체크 저널리즘을 둘러싼 다양한 풍경에서 어떤 것이 정당성을 획득한 검증으로 간주되는지는 까다로운 문제가 되었다. 가장 명백한 구분은 비당파적인 팩트체커(일반적으로 기자들)와 정치적 목적을 가진 팩트체커 사이에 있다. 팩트체커는 진실의 비당파적인 심판으로 인식되며(Humprecht, 2020), 그들의 기자적 실천은 어떠한 정치적, 경제적 이해도 없다고 여겨진다(Graves, 2018a).

IFCN의 규범을 준수하는 팩트체커들은 블로그와 당파적 미디어 평론가들이 자신들의 정치적 경쟁자의 작업을 비교하고 이를 평가절하한다는 점에서 그들이 팩트체커로서 자격이 없다고 간주한다. 팩트체크닷오르그, 폴리티팩트, 그리고 〈워싱턴 포스트〉의 팩트체커는 자주 서로의 작업을 인용하지만 정치적 분석가나 정치 블로거의 작업을 인용하지 않는다. 정치적 분석가들이 정당성을 인정받을 수 있는 팩트체커의 범위에 포함될 수 있는지를 판가름할 수 있는 유일한 방법은 앞서 서술된 실제 작업 과정에 있다.

그러나 IFCN 준칙의 제1원칙인 비당파성과 공정성은 가장 많이 공격받는 항목이기도 하다. 최근 스페인의 권위 있는 팩트체크 기관인 뉴트랄Newtral의 팩트체크 결과를 통계 분석하고 팩트체커들을 인터뷰한 사례 연구에서는 '불편부당해야 한다'라는 제1원칙이 아주 느슨하게 수행되고 있다는 점을 밝혔다(Fernández-Roldán, Elías, Santiago-Caballero, & Teira, 2023). 뉴트랄의 검증 원칙은 명확하지 않고 개인적 재량에 여지를 많이 남겨 두는 것으로 보인다고 연구진은 분석한다. 검증 대상 선정 등 검증 과정 중 일부는 판정 결과에 더 많은 영향을 미칠 수 있다. 그러나 이러한 결정 중 일부를 무작위화 등으로 통제하더라도 사실 검증 과정의 나머지 부분의 공정성이나 불편부당성에 대한 보장이 없다고 연구진은 주장한다. 연구진은 IFCN이 수행하는 것처럼 몇 가지 체크리스트를 확인하는 경미한 외부 감사로는 문제의 심각성을 감지하지 못할 것이라고 지적했다. 이러한 문제를 개선하기 위해 연구진은 IFCN과 같은 감사기관이 검증 가이드라인을 강화하여 팩트체커 개개인에게 허용되는 재량적 결정의 양을 줄여야 한다고 주장한다. 또한 팩트체크 기관들은 모든 구성원이 체계적으로 자신들의 방법을 사용할 수 있도록 교육해야 한다고 권고한다.

투명성

1980년대에는 투명성이 부패 혐의에 직면한 정부들의 신뢰 상실을 막는 수단으로 간주되었다(Christofoletti, 2021). 인터넷 시대에 들어선 뒤 투명성은 일종의 시대정신으로 사회 각 분야에서 중요시되고 있다. 뉴스 제작 과정이 수용자들에게 공개되는 상황에서 투명성은 새로운 저널리즘 규범으로 부상한 것이 자명해졌다(Kumar, 2022). 미국의 논객인 데이비드 와인버거David Weinberger는 그의 온라인 블로그에서 "투명성은 새로운 객관성"이라는 주장을 펼쳤다(Weinberger, 2009). 투명성은 디지털 시대에 진실 말하기를 향상시키는 데 기여한다고 여겨지며(Hellmueller, Vos, & Poepsel, 2013), 이를 통해 대중으로부터의 신뢰와 뉴스 매체의 신뢰도를 높이고 있다(Plaisance, 2007).

칼리아니 차드하Kalyani Chadha와 마이클 콜리스카Michael Koliska(Chadha & Koliska, 2015)는 투명성을 "대중에게 뉴스 제작 과정에서의 결정, 방법, 취재원들을 가시화하는 것"(216)이라고 정의한다. 에다 험프레히트Edda Humprecht(2020)에 따르면, "투명성은 수용자가 기자를 의지할 수 있게 하며, 믿을 수 있게 해 주고 기자를 존중받게 해 준다"(311). 차드하와 콜리스카는 투명성에 대해, 수용자가 뉴스 제작 과정에 대한 더 많은 통찰을 얻을 수 있게 함으로써 언론 기관의 책무성과 정당성을 증대하는 혁신이라고 주장한다. 《저널리즘의 기본 원칙*The elements of journalism*》의 저자들인 코바치와 로젠스틸(Kovach & Rosenstiel, 2021)은 "더 나은 검증을 위한 가장 중요한 하나의 원칙은 투명성"이라며 "취재 방법과 동기에 대해 할 수 있는 한 투명하라"(80)라고 제언했다. 프렌드와 싱어(Friend & Singer, 2007)도 투명성은 수용자들이 기자가 취재 과정에서 수집한 정보의 타당성, 정보가 확보된 과정, 이러한 정보를 제공한 기자의 동기나 편견을 판단할 수 있게 해 줌으로써 오류를 예방하고 정보원에 의한 기만을 막을 수 있는 최선의 방법(76)이라고 권고한다.

본질적으로 투명성 윤리는 언론이 뉴스 제작 과정을 공개해야 하며, 이를 통해 뉴스 보도에 대한 신뢰성과 수용성을 강화할 것을 요구한다. 와인버거(Weinberger, 2009)는 "과거에는 저자가 객관적이므로 믿을 수 있다고 생각했다면 오늘날에는 저자가 어떤 관점에 이르기까지 동원한 취재원과 가치를 저자의 글을 통해 볼 수 있기 때문에 믿는다"라고 지적했다. 단순히 객관적인 의례를 따르고 있다고 주장하는 것보다 제작 과정을 완전히 투명하게 하고 분별할 수 있게 함으로써 수용자들로부터 더 신뢰받을 수 있다는 것이다. 투명성을 설명하는 하나의 단어가 있다면, 그것은 '공개성'이다(Allen, 2008; Christofoletti, 2021; Plaisance, 2007). 투명성은 뉴스가 어떻게 획득되었으며 왜 그렇게 표현되었는지에 대한 새로운 인식을 뉴스 보도에 삽입하는 것을 의미한다.

마이클 칼슨Michael Karlsson(2010)은 투명성을 다시 공개 투명성disclosure transparency과 참여 투명성participatory transparency으로 구분했는데, 공개 투명성은 뉴스 생산자들이 뉴스가 어떻게 만들어졌는가를 공개하는 것이고, 참여 투명성은 수용자들이 뉴스 생산 과정에 관여할 수 있도록 하는 것을 목표로 한다. 공개 투명성은 뉴스 생산자가 뉴스가 선택되고 제작되는 방식을 해석하고 공개할 수 있다는 것을 의미한다. 이는 원본 자료에 대한 링크를 게시하고 사용된 출처를 밝힘으로써 달성 가능한 것으로 여겨진다(Hayes, Singer, & Ceppos, 2007; Lasica, 2004). 오류를 공개적으로 밝히는 것도 공개 투명성이라고 할 수 있다. 한편 참여 투명성은 수용자와의 소통을 강조한다. 이는 수용자들을 뉴스 생산 과정의 여러 단계에 참여하도록 장려한다. 뉴스 수용자들이 직간접적으로 뉴스 콘텐츠나 맥락을 생산하거나 영향을 미칠 수 있는 모든 상호 작용이 참여 투명성으로 간주될 수 있다.

투명성은 팩트체크 저널리즘이 달성하고자 하는 목표를 정확하게 수행하는 것이므로 팩트체커들은 투명성을 제고하기 위해 노력한다. 이용자들이 팩트체커들의 전문성, 의도, 정직성에 대해 부정적인 인식을 가지면 팩트체크 저널리즘의 개입을 통한 허위 정보 대항 능력이 약화된다(Brandtzaeg & Følstad, 2017). 따라서 이용자들의 부정적인 감정을 극복하고 신뢰성을 강화하기 위해 팩트체커들은 그들이 어떤 기관에 소속되었는지, 누구로부터 후원을 받는지, 조직은 어떻게 구성되며 검증 과정은 어떤 원칙에 따라 진행되는지 투명성을 보장해야 한다는 것이 여러 연구를 통해 권고되어 왔다(Brandtzaeg & Følstad, 2017; Brandtzaeg, Følstad, & Domínguez, 2018; Humphrecht, 2020; Pavleska, Školkay, Zankova, Ribeiro, & Bechmann, 2018). 정치적인 양극화와 공적 담론에서 진실을 확립하기 위한 지속적인 투쟁이 이루어지는 환경에서, 팩트체크 기관의 투명성 제고는 수용자들에게 도달하고 그들을 설득하는 데 필수적이다(Humprecht, 2020). 팩트체커들의 투명성 실천은 그들이 비당파적이라는 것을 드러내는 것이며, 팩트체크에 대한 신뢰성을 강화하는 데 도움이 될 것이다.

IFCN은 5개 항으로 이루어진 준칙에서 취재원 투명성, 재정과 조직에 관한 투명성, 검증 방법의 투명성, 공개적이고 정직한 수정 등 4개 항목에서 투명성을 강조했다. 취재원 투명성은 독자가 팩트체커의 작업을 복제할 수 있을 정도로 취재원의 개인 보안이 위협될 수 있는 경우를 제외하고는 가능한 모든 취재원을 충분한 세부 정보를 제공하며 밝히는 것을 의미한다. 재정과 조직에 관한 투명성에서는 특히 재정적 지원의 주체가 사실 검증의 결론에 영향을 미치지 않는 것을 보장해야 한다. 즉 지원은 하되 간섭하지 않는 팔길이 원칙arm's length principle을 지키도록 요구하는 것이다. 서명 기관은 조직 내 주요 인물의 전문적인 배경을 자세히 설명하고 조직의 구조 및 법적 지위를 공개해야 한다. 방법론의 투명성은 서명 기관이 자신들의 사실 검증을 선택, 연구, 작성, 편집, 게시 및 수정하는 방법론을 설명하는 것을 의미한다. 팩트체커들은 독자들에게 왜, 그리고 어떻게 팩트체크를 했는지를 밝혀야 하는 것이다.

'(독자들에게) 네 일을 보여 줘라'는 팩트체크 언론인들의 훈련 과정에서 지속적으로 강조되는 원칙(Graves, 2016; 2017)이다. 팩트체크 기사에서 "과잉이다 싶을 만큼 취재원을 공개하는 것은 과학적인 재현 가능성을 실행하는 것"(Graves, 2016: 125)이며, 같은 맥락에서 팩트체커들은 원자료의 링크 등 제3자가 팩트체크했을 때도 동일한 판정에 이를 수 있는 근거들을 공개한다. 익명 취재원을 사용하는 것은 팩트체크 저널리즘의 기본 원칙을 위반하는 것으로 간주된다. 미국, 영국, 독일, 오스트리아 4개국의 팩트체커 8명이 생산한 651개 팩트체크 뉴스의 투명성을 비교한 최근 연구에서는 근거 자료에 대한 링크(통계, 공개 리포트, 데이터베이스 등), 뉴스 사이트로의 링크, 인포그래픽이나 표의 사용, 지도나 사진 등의 비주얼 사용 등으로 취재원 투명성을 측정했다(Humprecht, 2020).

크레이그 실버만Craig Silverman(2013)은 실수에 대해 투명하고 정직하게 공개하고 그것을 수정함으로써 공공의 신뢰를 강화하는 것이 좋다고 제안했다. 투명성의 '의례ritual'는 팩트체크 저널리즘의 일상적인 관행을 수용자들이 식별할 수 있게 만들어 그들의 작업을 정당화하고 신뢰성을 구축하는 데 기여한다.

8장

팩트체크 저널리즘에 대한 새로운 도전, 가짜뉴스

가짜뉴스는 인류 역사에서 새로운 현상은 아니다. 소문과 거짓으로 꾸며낸 이야기는 인류가 집단을 이루어 살며 그 안에서 권력 행위가 중요해진 시간만큼 오래된 것이다(Burkhardt, 2017). 그러나 2016년 미국 대통령 선거와 영국의 브렉시트를 통해 가짜뉴스가 유권자들에게 영향을 미쳐 선거를 교란할 수 있다는 위험성이 확인된 이후(Allcott & Gentzkow, 2017; Grinberg, Joseph, Friedlan, Swire-Thompson, & Lazer, 2019), 가짜뉴스의 특징과 확산 메커니즘은 그 전과 다른 양상이라는 점이 새롭게 주목됐다. 구글이 2019년 발간한 〈허위 조작 정보 종합 보고서How Google Fights Disinformation〉[33]에서 밝히듯이 "열린 웹의 속도, 규

33 전문은 다음을 참조하라. https://kstatic.googleusercontent.com/files/388aa7d18189665e5f5579aef18e181c2d4283fb7b0d4691689dfd1bf92f7ac2ea6816e09c02eb98d5501b8e5705ead65af653cdf94071c47361821e362da55b

모, 기술을 이용해 속이고 오인하게 하려고 하는 고의적인 노력"이 쉽고 빠르고 광범위하게 확산되고 있는 것이다.

2016년 미국 대통령 선거 기간 동안 선거와 관련해 만들어진 가짜뉴스 중 자주 언급된 상위 20개는 페이스북에서 871만 1,000회의 공유, 반응 및 댓글을 생성한 데 비해, 같은 기간 전통적인 주요 언론사 19개의 웹사이트에 게시된 상위 20개 선거 기사의 공유, 반응, 댓글 수는 736만 7,000회였다. 사실을 다룬 뉴스보다 가짜뉴스가 더 많은 이용자 반응을 얻은 것이다(Silverman, 2016). X(트위터)에서의 가짜뉴스는 일반적으로 사실 정보에 비해 더 많은 사용자에게 리트윗되며 특히 정치 뉴스의 경우 훨씬 더 빠르게 퍼져 나가는 것으로 나타났다(Vosoughi, Roy, & Aral, 2018). 2016년 미국 대선 과정에서 가짜뉴스의 확산과 소셜 미디어의 역할에 주목한 헌트 앨컷Hunt Allcott과 매튜 겐츠코Matthew Gentzkow(2017)는 가짜뉴스 현상은 새로운 것이 아니지만 최근의 가짜뉴스에 관해서는 주목해야 할 요소들이 있다고 지적했다. 디지털 기술 진입 장벽이 낮아져 웹사이트 등을 만들기 쉬워졌고 가짜뉴스로 수익을 취할 수 있게 되었으며 소셜 미디어가 가짜뉴스를 전파하기에 적합한 환경을 제공하고 있다. 반면 전통적인 언론에 대한 신뢰는 낮아지고 정치적 양극화가 심화되고 있어서 가짜뉴스에 대한 사회적 저항력은 점점 더 약화되고 있다는 것이다.

가짜뉴스에서 허위 조작 정보로

가짜뉴스fake news는 다양한 형태로 나타난다. 따라서 가짜뉴스에 대한 개념도 학계에서는 합의되지 않았다. 클레어 워들Claire Wardle(2020)

은 사실인 줄 알고 잘못된 정보를 공유하는 오정보와 사실이 아닌 줄 알면서도 악의를 갖고 공유하는 허위 정보, 개인이나 기업을 해치기 위해 악의적으로 조작되고 위조되어 유포되는 악의적 정보malinformation로 구분한다. 워들(Wardle, 2020)은 가짜뉴스의 범주를 풍자와 패러디부터, 내용과 전혀 상관없이 오로지 클릭을 유도하기 위해 낚시성 제목을 붙이는 것 같은 종류의 허위 연결false connection, 어떠한 이슈나 인물을 특정한 프레임에 맞추기 위해 편의적으로 이미지나 인용을 취사선택하는 오인 내용misleading content, 사실 정보를 엉뚱한 맥락에 끼워 넣는 가짜 맥락false context, 기자나 기관을 사칭하는 내용impostor content, 속이려는 목적을 갖고 실제 이미지를 쓰지만 날짜, 장소, 사건들을 조작하는 내용manipulated content, 교황이 미국 대선 당시 트럼프 후보를 지지했다는 종류의 조작 내용fabricated content으로 구분했다.

신이 저우Xinyi Zhou와 레자 자파라니Reza Zafarani(Zhou & Zafarani, 2020)는 가짜뉴스를 다음과 같이 분류한다. ① 진정성(비사실적인 진술을 포함하거나 그렇지 않은지), ② 의도(대중을 속이기 위한 것인지 또는 오락을 위한 것인지), ③ 정보가 뉴스인지에 따라 속임수 뉴스deceptive news(Allcott & Gentzkow, 2017; Lazer et al., 2018), 거짓 뉴스false news(Vosoughi et al., 2018), 풍자 뉴스satire news(Rubin, Chen, & Conroy, 2015; Tandoc Jr., Lim, & Ling, 2018; Wardle, 2017), 허위 조작 정보disinformation(Kshetri & Voas, 2017; Wardle, 2017), 오정보misinformation(Kucharski, 2016; Wardle, 2017), 체리 피킹Cherry-picking(선택적으로 사실을 고르는 것)(Asudeh, Jagadish, Wu, & Yu, 2020), 클릭베이트clickbait(Chen et al., 2015), 소문rumor(Zubiaga et al., 2018).

가짜뉴스라는 단어를 34개의 선행 논문에서 어떻게 조작화했는지를 검토하여 혼란된 개념 정리하고자 에드슨 탄독Edson Tandocx과 동료들(Tandoc Jr., Lim, & Ling, 2018)은 가짜뉴스의 공통점은 실제 뉴스의 외관과 느낌을 도용하는 것이라고 지적한다. 웹사이트의 모습에서부터 기사의 쓰임새, 그리고 사진에 속성이 포함되는 방식까지, 가짜뉴스는 어떻게든 실제 뉴스처럼 보이려고 노력함으로써 신뢰성을 획득하려고 한다는 것이다. 탄독과 동료들이 가짜뉴스를 이루는 두 개의 축으로 정리한 것은 사실성과 기만하려는 의도intention to deceive다. 이들은 두 개 요소의 정도에 따라 풍자satire, 패러디, 네이티브 광고, 선전 선동, 교묘한 조작manipulation, 날조fabrication로 가짜뉴스의 종류를 구분했다.

첫 번째 차원인 사실성은 가짜뉴스가 사실에 의존하는 정도를 나타낸다. 예를 들어, 풍자는 사실에 의존하지만 그것을 흥미로운 형식으로 제시하며, 패러디와 날조는 광범위한 사회 맥락을 기반으로 가상의 이야기를 창조한다. 네이티브 광고는 사실 중에서도 일면적인 것만을 사용하지만, 날조는 사실적 기반 없이 이루어진다.

두 번째 차원은 작성자의 의도로, 가짜뉴스를 만든 사람이 얼마나 의도적으로 이 정보에 노출된 사람을 오도하려고 하는지를 나타낸다. 뉴스 풍자와 패러디는 사실을 비꼬아 유머를 만들기 위한 것이라는 점을 이를 만든 사람과 수용한 사람들이 상호적으로 이해한다. 이러한 유형의 가짜뉴스는 이것이 실제 뉴스가 아니라는 것을 누구나 자명하게 알고 있다는 것을 가정한다. 반면에, 날조를 하거나 교묘한 조작을 하는 사람들은 처음부터 이것이 사실이 아니라는 어떠한 명시 없이 오도하려는 의도를 갖고 있다. 날조를 하거나 교묘한 조작을 하는 것의 궁극적인 목표는 사람들의 인식을 오도하는 것이거나 광고 수익을 위해 클릭을 유도하는 것이다. 탄독과 동료들은 사실성과 속이려는 의도를 좌표의 두 축으로 하여 4사분면을 구성했

표 8-1 가짜뉴스 정의의 유형학

<table>
<tr><th rowspan="2">사실성의 정도</th><th colspan="2">속이려는 의도</th></tr>
<tr><th>높음</th><th>낮음</th></tr>
<tr><td rowspan="2">높음</td><td>네이티브 광고</td><td rowspan="2">뉴스 풍자</td></tr>
<tr><td>프로파간다</td></tr>
<tr><td rowspan="2">낮음</td><td>조작</td><td rowspan="2">패러디</td></tr>
<tr><td>날조</td></tr>
</table>

출처: Tandoc Jr., Lim, & Ling, 2018: 148에서 인용.

다(표 8-1 참조).

탄독 등은 현재 가짜뉴스의 정의들은 주로 3사분면, 즉 조작manipulation, 날조fabrication에 중점을 두고 있다며, 이는 사실성이 낮고 속이려는 의도가 높은 것들이라고 설명한다. 탄독 등은 사실성과 속이려는 의도의 높고 낮음을 통한 자신들의 유형 구분이 현재의 맥락에서 '가짜뉴스'라는 용어를 어떻게 사용해야 할 것인지에 대한 한계를 설정할 수 있게 해 준다고 주장한다. 조작과 날조를 '가짜뉴스'라고 부르는 것과 특정 그룹 또는 인물의 불명예스러운 측면을 드러내 정확하게 보도하는 것을 '가짜뉴스'라고 비난하는 것은 다르다는 것이다. 탄독 등은 '가짜뉴스'라는 단어를 정치적인 반대자를 공격하는 데 사용하는 트럼프 전 대통령을 명시적인 예로 제시하지는 않았지만, "점점 더 일부 그룹은 가짜뉴스라는 용어를 사용하여 자신들이 동의하지 않는 해설을 중단시키려고 한다"라며, 의견이 존재한다는 것이 어떤 글을 가짜뉴스로 만들지는 않는다고 지적한다. 뉴스 기사로 속이지 않고 저자가 직접 의견에 책임을 지는 것이 명확하게 확인된 의견 기사는 가짜뉴스가 아니라 그 자체로 의견 기사라는 것이다.

가짜뉴스의 정의가 합의되지 않는 이러한 현실 때문에 가짜뉴스를 대신할 용어로 각국 정부와 학계, 전문가들이 사용하고 있는 용어는 허위 조작 정보disinformation[34]와 오誤정보misinformation다.[35] 오정보는 허위 조작 정보와는 달리 정보의 수용자들을 속여서 영향을 미치려고 하는 의도성이 없으며 이를 확산하는 정보 이용자들도 이것이 잘못된 정보인지 인지하지 못하는 유형의 정보다. 허위 조작 정보는 영어권에서도 상대적으로 그 연원이 길지 않은 용어다. 허위 조작 정보라는 단어가 처음 쓰이기 시작한 것은 냉전 시기였던 1950년대로 추정된다. 옥스퍼드 영어 사전은 허위 조작 정보가 러시아어 사전의 데진포르마치야dezinformacija로부터 온 것으로 기술하고 있다. 허위 조작 정보는 애당초 냉전 상황에서 정부와 정부 요원이 주도해 타국에 영향을 미치기 위해 생산하고 유포하는 거짓 정보였다(정은령·고예나, 2018).

가짜뉴스라는 단어를 의도적으로 피해야 하는 이유는 유럽연합 집행위원회EU Commission로부터 허위 조작 정보에 대처하기 위한 청사진을 마련해 달라는 요청을 받고 위촉된 고위 전문가 그룹High-Level Group of Experts(HLEG)이 낸 보고서(European Commission, 2018)[36]에 명백히 제시된다.

34 국내에서는 disinformation을 허위 정보 혹은 허위 조작 정보로 번역하여 사용하고 있는데, 이 책에서는 허위 조작 정보로 통일한다.

35 예를 들어 영국 정부는 디지털·문화·미디어·스포츠위원회가 2018년 7월 발표한 〈허위 조작 정보와 '가짜뉴스'Disinformation and 'fake news' 중간 보고서〉에서 가짜뉴스라는 용어의 폐기를 권고한 이후, 정부 공식 문서에서 가짜뉴스 대신 허위 조작 정보라는 용어를 사용하도록 하고 있다(김민정, 2019).

36 보고서 전문은 다음을 참조하라. https://digital-strategy.ec.europa.eu/en/library/final-report-high-level-expert-group-fake-news-and-online-disinformation

첫째, 가짜뉴스라는 용어는 허위 조작 정보가 야기하는 복합적인 문제를 적절하게 포착해 내지 못한다. 허위 조작 정보는 내용에 있어서 전적으로 거짓이 아니라, 사실과 조작된 정보들이 교묘하게 직조되어 있는 경우가 많다. 뉴스라는 형식을 흉내 내지 않는 허위 조작 정보도 있다. 기업이나 정치적인 조직(정부 기구를 포함해)들이 마치 광범위하고 자발적인 운동이 일어난 것처럼 계정을 자동 생성하기도 하고, 가짜 팔로워들로 네트워크를 만들기도 하며, 조작된 비디오를 올리고, 조직적으로 트롤링을 하기도 한다. 무엇보다도 가짜뉴스라는 용어는 허위 조작 정보로 인한 문제점이 정보의 생산보다는 정보의 유통 단계, 즉 포스팅, 댓글 달기, 공유, 트윗, 리트윗 등에서 빚어지는 것임을 간과하게 만들 수 있다.

둘째, 가짜뉴스라는 용어는 이미 정치인들이나 그 지지자들에 의해 그릇되게 전유되고 있다. 권력자들은 자신이 동의할 수 없는 뉴스를 부정하고 언론사를 공격하거나 폄훼하기 위해서 가짜뉴스라는 단어를 무기처럼 사용한다. 자신이 받아들일 수 없는 견해를 가짜뉴스라고 낙인찍는다면, 민주주의 사회에서 서로 다른 의견을 수용할 수 있는 토론의 가능성은 봉쇄되며 언론 자유는 물론 언론 신뢰도 붕괴된다.

EU의 고위 전문가 그룹은 보고서에서 허위 조작 정보를 "의도적으로 공중에게 위해를 끼치거나 이익을 취하기 위해 고안되고, 게시되고, 조장되는 부정확하고 오도하는 정보"라고 규정했다. 공중에게 끼치는 위해는 건강, 과학, 교육, 재정 등 여러 분야에 걸쳐 민주적인 정치 질서와 가치를 위협하는 것이다. 이러한 허위 조작 정보들은 경제적인 이익이나 정치적 이념적 목적 때문에 생성되고 확산되며, 어떤 개별적인 수용자나 공동체가 이 허위 조작 정보를 받아들이고,

관여하고, 이를 확대하는지에 따라 상황은 더욱 나빠질 수 있다.

고위 전문가 그룹의 보고를 받아들인 EU 집행위는 '허위 조작 정보'를 보다 구체적으로 ① 경제적 이익을 얻거나 고의적으로 공중을 속이기 위해 만들어져 제시되고 유포된 정보, ② EU 시민의 건강과 환경, 안전을 보호하는 등의 공익과 더불어, 민주주의의 정치적 과정 및 정책 입안 과정을 위협하려 하는, 공익에 해를 끼칠 수 있는 정보로 정의했다. 그러나 EU는 '허위 조작 정보'에 언론의 오보, 풍자 및 패러디, 혹은 당파적인 뉴스나 의견은 포함되지 않는다고 명시했다. 이러한 영역들을 허위 조작 정보로 규정할 경우 표현의 자유와 언론 자유를 침해하는 것은 물론이며, 시민들이 각자의 의견을 갖고 이를 주고받을 수 있는 헌법적 권리를 침해하는 것이기 때문이다(정은령 · 고예나, 2018).

국내에서는 가짜뉴스의 개념 정의 논의가 20대 국회 때부터 여야를 막론하고 발의된 가짜뉴스 관련 법안으로 인해 확장되어 왔다. 한국 사회에서 가짜뉴스/허위 조작 정보의 개념을 수립하려는 시도는 법률적 제재를 위한 명시적인 기준 설정이 목적이었다. 가짜뉴스를 법으로 막겠다는 시도가 가짜뉴스가 무엇인지, 가짜뉴스를 어떻게 정의해야 하는지, 가짜뉴스를 법으로 제재하는 것이 어떤 결과를 초래할 수 있는지 등에 대한 숙고를 낳게 한 것이다.

가짜뉴스 개념에 대한 초기의 탐색에서 박아란(2017)은 허위의 사실 관계를 고의적, 의도적으로 유포하기 위한 목적으로 기사 형식을 차용하여 작성한 것이라고 가짜뉴스를 정의했다. 황용석과 권오성(2017)도 "상업적 또는 정치적 목적에서 타자를 속이려는 의도가 담긴 정보, 수용자가 허구임을 오인하도록 언론 보도의 양식을 띤 정보, 사실 검증이라는 저널리즘의 기능이 배제된 가운데 사실처럼 허위 포장된 정보" 등을 가짜뉴스로 정의하고 있다. 오세욱·정세훈·박아란(2017)은 "원본과 작성 주체의 불명확성이라는 특성을 감안해, 그 강도에 상관없이 정치적·경제적 목적으로 거짓 내용을 작성하고, 독자를 기만할 목적으로 뉴스 형식을 차용한 거짓 정보로서 이용자가 믿을 수 있는 뉴스 형식을 갖춰 한눈에 전체 내용을 파악할 수 없는 소셜 미디어, 모바일 메신저 등 유통 플랫폼을 통해 콘텐츠 확산을 의도한 뉴스 형식의 정보"(42)라고 가짜뉴스의 형식적 특성만이 아니라 유통되는 경로로까지 가짜뉴스 개념의 외연을 확장했다.

20대 국회에서 발의된 가짜뉴스/허위 조작 정보 관련 법안들과 해외의 허위 조작 정보 대응안을 비교 검토한 김민정(2019)은 발의된 법안들에서 공통적으로 발견되는 요소를 ① 정치적 또는 경제적 이익을 취하기 위해서라는 정보 생산 및 유포의 목적성, ② 정보 수용자를 속이려는 기만적 의도 혹은 고의성, ③ 정보 내용의 허위성, ④ 언론 보도 모방이라는 정보의 형식(55)으로 요약했다. 김민정은 먼저 가짜뉴스라는 용어는 허위 조작 정보가 발생시키는 복잡한 문제들을 아우르기에 부적합하고 정치적으로 악용되고 있으며 무엇보다도 '언론 보도 형식'을 핵심 요소로 상정하는 것은 부적절하므로 폐기하는 것이 맞다고 제안한다. 또한 우리나라에서는 허위 사실 표현이 초래하는 피해에 대해 다양한 법적 대응 장치가 마련되어 있어 추가 입법의 필요성을 납득하기 어려우며, 허위 사실을 의도적으로 조작했다는 요소를 충족시킨다고 해도 구체적으로 침해되는 법익이 없다면 표현의 자유를 규제하는 법률은 헌법적 정당성을 가질 수 없다(74)는 근본적인 문제점을 지적한다. 김민정은 나아가 허위 조작 정보는 단일한 성격을 띠는 표현물이 아니라는 점을 기억해야 한다고 강조한다. 때로는 허위 조작 정보가 개인의 인격권을 침해하는 명예훼손적 게시물일 수도 있고, 상업적 이익을 노리고 조작된 '좋아요' 개수일 수도 있으며, 딥페이크Deep Fake 기술을 이용하여 특정인의 얼굴을 합성한 포르노물일 수도 있고, 특정 개인을 지속적으로 괴롭히는 언어적 따돌림cyber bullying(혹은 harassment), 소수자 집단 전체를 공격하는 혐오 표현hate speech 등으로 다양하게 발현된다는 것이다. 따라서 "하나로 묶일 수 없는 허위 조작 정보를 법적 규제의 대상으로 설정하기보다는 허위 조작 정보가 발현되는 다양한 양태들을 구체화하고 그중 입법적 공백이 발생하고 있는 지점이 있는지를 세부적으로 논의하는 작업이 필요하다"(75)라고 제안한다.

'가짜뉴스'는 허위성falsity과 속이려는 의도intention to deceive라는 요소를 최소한의 요건으로 한다 하더라도, 정의나 합의가 어려운 개념이다. 가짜뉴스라는 단어가 권력자들에 의해 오남용됨으로써 언론의 신뢰를 떨어뜨리고, 정치적인 토론을 봉쇄하는 효과를 낳는다. 가짜뉴스 대신에 허위 조작 정보라는 개념으로 대체한다고 하더라도 이것이 법적 규제를 정당화하지는 않는다. 허위 조작 정보에 대한 대책을 세우는 데 놓치지 말아야 할 것은 표현의 자유, 언론의 자유, 사상의 자유라는 헌법적 가치들을 위축시켜서는 안 된다는 점이다.

가짜뉴스 대신에 채택된 허위 조작 정보라는 개념은 동태적으로 형성되고 있다. 즉 기술의 발전에 따라 허위 조작 정보의 양태가 무엇인지에 대한 목록은 계속 늘어나게 될 것이며, 허위 조작 정보의 생산을 억제하는 것 못지않게 유통 과정을 교란하고 차단하는 것이 중요한 과제로 떠오르고 있다. 허위 조작 정보가 공공에 끼치는 해는 선거 등 민주주의 사회의 근간을 이루는 질서와 가치를 흔드는 것뿐만 아니라 경제, 건강, 교육, 과학, 공공 안전, 이민자 문제, 소수자 혐오 등 전 사회적 영역에 걸쳐 있다. 좀 더 넓은 관점에서 보았을 때, 허위 조작 정보는 전 세계적으로 확산되는 정치적인 대중주의populism의 자장 안에서 형성되고 확산되고 있다. 더 큰 맥락에서의 사회문제들이 해결되어 나가지 않는다면 허위 조작 정보는 시민들이 갖고 있는 분노와 공포 심지어 희망 위에서 생산되고 확산되어 나가게 될 것이다.

정은령과 고예나(2018)는 "어떻게 규정하려 해도 그 실체를 틀 안에 가두기 어려운 개념 정의에 초점을 맞추기보다는 허위 조작 정보가 어떻게 생산되고 유통되는지 그 실태를 파악하고 이에 대한 대책을 마련하는 것이 급선무"라며 "그 과정에서 진화해 나가는 허위 정보의 개념을 구체화하고 지속적으로 갱신하여 대처하려는 노력이 필요하다"(11)라고 제언한다.

허위 정보가 팩트체크 저널리즘에 가져온 변화: '공공 이성'에서 '공중 보건'으로

2016년까지 대부분의 팩트체커들에게는 인터넷 공간에서 바이럴되는 오정보와의 싸움은 거의 주된 관심사로 취급되지 않았다. 전문적 언론에 뿌리를 둔 팩트체크 저널리즘은 정치인이나 다른 공적 인물들의 사실과 다른 발언을 검증하는 정치 팩트체크 저널리즘에 집중되어 있었던 것이다. 그러나 이른바 "정보 장애information disorder"(Wardle & Derakhshan, 2017)라고 불리는 허위 정보와 오정보로 인한 정보 생태계 교란의 문제가 커짐에 따라 팩트체크 공동체 내에서도 강조점이 변화하기 시작했다.

2016년 이후 '가짜뉴스'에 대한 경고가 증가함에 따라 팩트체크 기관들은 정치적인 엘리트 담론에서 눈을 돌려 온라인 공간에서 바이럴되는 속임수, 가짜, 음모론을 반박하는 데 주력하기 시작한다(Graves & Mantzarlis, 2020). 신생 팩트체크 기관은 소셜 미디어에서 유통되는 허위 정보 콘텐츠를 폭로하는 데 더욱 중점을 두게 되었으며 구글의 클레임리뷰를 이용해서 게시된 양으로 살펴보았을 때 2020년 현재 이 영역은 전 세계적으로 사실 확인의 주요 부분이 되었다(Van Damme, 2021). 이러한 변화의 원동력은 팩트체크 기관과 소셜 미디어 기업 간의 파트너십이다. 특히 메타는 2023년 현재 119개 국가의 팩트체커들이 페이스북, 인스타그램에서 유통되는 허위 정보를 감시하도록 하면서 그들에게 재정 지원을 하는 제3자 팩트체킹 프로그램(3PFC)를 운영하였다.[37] IFCN이 발간한 〈2024년 팩트체크 현황 보고서2024 State of the Fact-Checkers Report〉에 따르면, 조사에 참여한 67개국 141개 팩트체크 기관 중 61.4%가 3PFC에 참여해 재원을 마련하고 있었다.[38]

2017년 글로벌팩트Global Fact에서는 처음으로 '가짜뉴스'에 명시적으로 중점을 둔 패널 세션이 포함됐다. 당시 컨퍼런스에 참여해 이 새로운 흐름을 목격한 〈워싱턴 포스트〉의 팩트체커 미셸 예희 리Michelle Ye hee Lee(2017)는 "새로운 팩트체크 그룹들은 조작된 이미지와 동영상을 폭로debunking하는 데 중점을 두고 있으며, 의심스러운 콘텐츠를 감지하기 위해 정교한 포렌식 도구들을 사용한다"라고 보도했다.

37 메타는 2025년 1월 미국에서의 3PFC를 중단하고 기존의 팩트체크 기능을 커뮤니티 노트Community Notes로 대체하겠다고 발표했다. 이 갑작스러운 결정은 트럼프 대통령의 취임을 앞두고 단행된 것이다. 전 세계 팩트체크 기관들은 메타의 3PFC 종결이 미국을 넘어 전 세계적으로 확산될 것을 우려하고 있다.

38 보고서 전문은 다음을 참조하라. https://www.poynter.org/wp-content/uploads/2025/03/2.Facts-Report-March-2025-.pdf

이 새로운 현상에 대해서는 전통적인 팩트체크 저널리즘과는 구별되는 용어가 필요했다. 이르면 2014년부터 소셜 미디어에 번지는 조작된 이야기와 이미지에 맞서는 대응들을 표현하기 위해 사용되기 시작한 '폭로'라는 단어가 전통적인 정치 팩트체크 저널리즘과 차이를 보이는 이 새로운 흐름을 설명하는 단어가 됐다. IFCN의 전 디렉터인 알렉시오스 만잘리스는 유네스코에서 발간한 자료집(2018)에 벤다이어그램으로 팩트체크 저널리즘과 폭로, 검증verification의 차이와 공통점을 설명했다.

이 개념도에 따르면 팩트체크는 사후적인 것으로 공적인 관여성을 갖는 주장에 대해 전문가나 학자로부터 정보를 얻어 팩트체커가 주장의 진실성에 대해 판정을 하는 것이다. 반면 검증은 주로 이용자 생산 콘텐츠User Generated Contents를 대상으로 현장을 목격한 사람이나, 구글맵 등의 지정학적 도구, 이미지의 진실성을 확인하는 역이미지 검색 기술들을 동원해 사실성 여부를 판별하는 것이다. 만잘리스는 폭로는 팩트체크와 검증의 교집합으로서 팩트체크의 일부분이지

그림 8－1 팩트체크와 폭로, 검증의 차이점

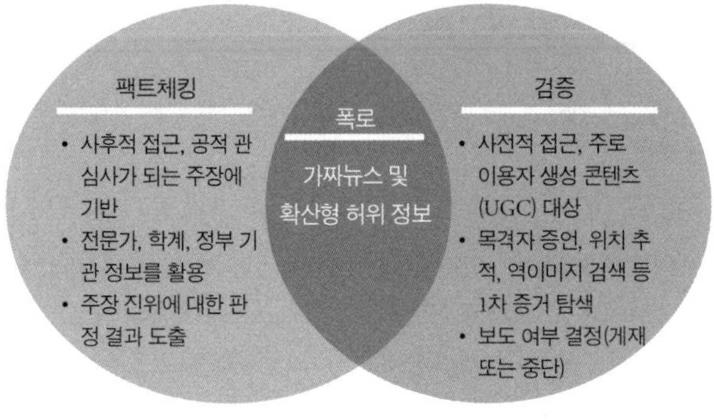

출처: Mantzalis, 2018: 83 재인용.

만 어떤 이미지가 조작되었는지 등을 검증할 수 있는 특별한 기술을 필요로 하는 것이라고 설명했다.

팩트체크 저널리즘의 전 세계적 확산 과정에서 두 번의 중요한 변곡점이 있었다. 첫 번째는 특유의 진실검증기를 통해 공인들이 자신의 말에 책임을 지게 하는 도구를 선보인 폴리티팩트가 2009년 퓰리처상을 수상하면서 주류 언론에서 인정받으며 현대적인 팩트체크 저널리즘이 무엇인지를 대중에게 각인한 사건이다. 두 번째는 소셜 미디어에서 바이럴되는 오정보를 "청소cleaning up"(Arnold, 2020a)하는 '폭로'의 중요성이 부각된 것이라고 할 수 있다(Mantzalis, 2018). 소셜 미디어 콘텐츠를 대상으로 한 사실 확인은 2016년부터 2020년 사이에 사실 검증된 내용을 태그로 분류하는 클레임리뷰 프로젝트Claim Review Project를 통해 게시된 팩트체크 수를 기준으로 보았을 때 약 5%에서 66%로 급증했다(Van Damme, 2021). 그레이브스와 동료들(Graves, Bélair-Gagnon, & Larsen, 2023)이 "폭로 전환debunking turn"이라고 명명한 이 변화는 코로나 팬데믹을 거치며 가속화됐다. 온라인 공간에서 확산되는 코로나19 관련 오정보로 인포데믹infodemic이 벌어지는 동안,[39] 전 세계 팩트체커들은 소셜 미디어에서 유통되는 오정보를 막는 일에 주력했다. 국경을 넘나드는 코로나19 관련 오정보에 맞서기 위해 IFCN에 참여하는 각국의 팩트체크 기관들이 #코로나바이러스사실동맹#Corona VirusFactsAlliance을 결성해 2020년 1월부터

39 코로나19가 팬데믹 상황으로 치닫고 있던 2020년 2월 15일 세계보건기구(WHO)의 테워드로스 아드하놈 게브리여수스Tedros Adhanom Ghebreyesus 사무총장은 "우리는 단지 전염병과 싸우고 있는 것이 아니다. 우리는 인포데믹과 싸우고 있다"라며 "가짜뉴스는 바이러스만큼 위험하지만 바이러스보다 더 빠르고 쉽게 퍼져 나간다"라고 주의를 촉구했다.

2022년 2월까지 110개국에서 40개 이상의 언어로 1만 7,000여 개의 팩트체크를 진행했다.[40] 영어로 게시된 코로나19 관련 팩트체크는 2020년 1~3월 사이 900% 늘었다(Brennen, Simon, Howard, & Nielsen, 2020).

소셜 미디어에서의 허위 조작 정보를 걸러내야 한다는 목표는 거대 소셜 미디어 기업들이 자진해서 시작한 일은 아니었다. 2016년 미국 대통령 선거 이후 '가짜뉴스 확산의 주범'으로 지목된 소셜 미디어들 특히 페이스북은 자구책을 세워야 했다. 2016년 미국 대선에서 주류 언론 690개의 사이트와 가짜뉴스 사이트에 정보 이용자들이 접근한 경로를 분석한 결과, 가짜뉴스는 주로 소셜 미디어를 통해 확산되는 것으로 나타났다(Allcott & Gentzkow, 2017). 플랫폼 사업자들이 허위 조작 정보 유통에 책임을 져야 한다는 정관계의 요구는 2018년 4월 페이스북의 창업자인 마크 저커버그Mark Zuckerberg 등 페이스북 수뇌부를 의회로 불러낸 청문회로 이어졌다. 팩트체커들은 전통적인 정치 팩트체크 저널리즘만으로는, 소셜 미디어를 통해 확산되는 허위 조작 정보가 선거 등 시민들의 공적인 삶에 영향을 미치는 일을 막기에 충분하지 않다는 것을 절감했다. IFCN의 서명 기관들은 2016년 11월 '마크 저커버그에게 보내는 세계 팩트체커들의 공개서한'을 통해 "우리는 페이스북이 자사의 뉴스 피드에 더 정확한 뉴스 생태계를 만들기 위해 기본 원칙에 대한 대화를 공개적으로 시작해야 한다고 믿는다. 전 세계 팩트체크 커뮤니티는 이 대화에 참여하고 싶다"(IFCN, 2016)라고 페이스북과의 협력을 요청한다.

메타와 팩트체커 양자의 공동의 필요에 의해 2016년 메타의 제

40 #코로나바이러스 사실 동맹의 활동은 다음을 참조하라. https://www.poynter.org/coronavirusfactsalliance/

그림 8－2 메타와 협력 관계를 맺은 IFCN의 서명 기관이 페이스북에서 '거짓'인 정보를 감지했을 때 표시되는 주의 경고

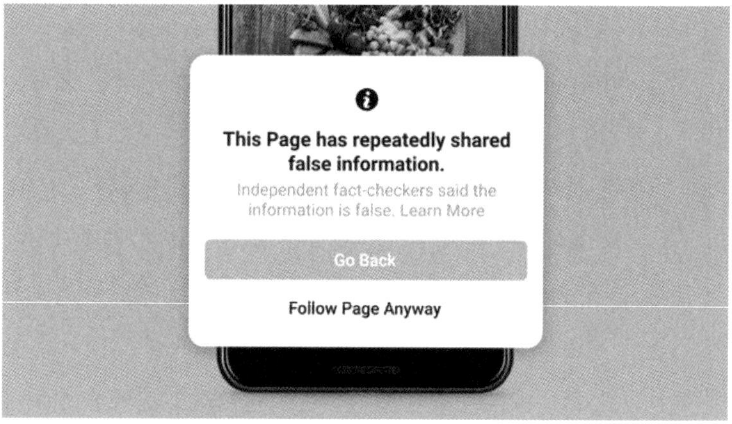

출처: 메타.

3자 팩트체크(3PFC)가 시작됐다. 3PFC의 협력 기관이 될 수 있는 것은 IFCN의 서명 기관으로 제한했다.[41] 페이스북, 인스타그램 등 메타의 플랫폼에 게시되는 콘텐츠를 평가하는 IFCN의 서명 기관들은 거짓, 조작, 일부 거짓, 맥락 누락(거짓 주장을 직접적으로 진술하지 않고 암시하는 콘텐츠), 풍자, 사실 등의 여섯 가지로 판정을 내린다. 소셜 미디어에서 오정보 또는 허위 조작 정보를 가리는 팩트체커들은 바이럴이 얼마나 되는지를 주요 기준으로 콘텐츠를 선별한다. 어떤 콘텐츠가 빠르게 소셜 미디어에서 퍼져 나가고 있는지를 확인하기 위해 크라우드 탱글Crowd Tagnle[42]과 같은 도구를 사용하기도 했다. 빠르게 바

41 한국에서는 2020년 IFCN의 서명 기관이 됐던 jtbc가 메타와 3PFC 협력을 맺고 있다.

42 크라우드 탱글은 메타가 허위 조작 정보 등이 무작위로 확산되는 것을 막기 위해 운영하던 페이스북의 공개 인사이트 도구로서 페이스북, 인스타그램, 레딧, X(트위터) 등 소

이럴되는 오정보를 평가하는 일은 팩트체커들에게 상당한 시간 압박으로 작용하며, 이들을 소셜 미디어상에서 허위 조작 정보가 어떻게 유통되는지 모니터링하는 역할로 밀어 넣는다(Steensen, Kalsnes, & Westlund, 2023).

메타와 협력하는 팩트체크 기관들이 모든 콘텐츠를 검토할 수 있는 것은 아니다. 메타는 가이드라인으로서 정치인의 발언과 주관적 의견은 사실 검증 대상이 아니라고 밝히고 있다. 정치인의 게시물이나 광고도 콘텐츠 평가 대상에서 제외된다. 정치인 혹은 후보 캠프에서 만든 것으로 명확하게 명칭이 붙은 텍스트, 사진, 동영상, 동영상 클립 등이 제외된다. 메타는 정치인의 발언을 제외하는 이유에 대해 "비판적인 방식으로 정치적 발언을 제한하면 사람들이 선출직 공직자가 언급하는 내용을 접할 기회가 줄어들고 정치인들이 자신의 발언에 대해 지는 책임이 경감될 수 있기 때문"이라고 설명하고 있다. 팩트체크 기관에 의해 반복적으로 허위 조작 정보를 생성 게시하는 것으로 평가된 페이지, 그룹, 계정, 도메인에 대해서 메타는 추천 노출 위치에서 제외하거나, 수익화 및 광고 기능, 페이스북에서 뉴스 페이지로 등록할 수 있는 기능을 삭제하고, 콘텐츠를 공유하거나 팔로하려는 사용자에게 페이지 그룹 또는 계정이 잘못된 정보를 반복적으로 공유한다는 사실을 알리는 팝업 게시 등의 조치를 취한다. 팩트체커들이 소셜 미디어에 바이럴되는 오정보를 감시하는 일은 효과를 보였다. 2017년 10월 페이스북이 팩트체커들에게 보낸

셜 미디어의 콘텐츠 동향을 쉽게 따라가고 분석하여 보고하는 도구다. 공유, 조회 수, 댓글 및 반응 등 해당 콘텐츠에 대한 참여 데이터를 빅 데이터화하여 정렬한다. 사실 검증에 유용한 도구로 평가되었으나 2024년 8월 운영이 종료됐다.

비공개 이메일에 따르면, 팩트체커들이 페이스북에 떠도는 허위 조작 정보들을 검증해 레이블을 붙인 경우, 허위 조작 정보의 확산이 80% 정도 줄어든 것으로 나타났다(Silverman, 2017).

그러나 팩트체커들 사이에서는 이러한 변환이 가져오는 것에 대한 긍정적인 논의만 있었던 것은 아니었다. 변환이 가져오는 기존 질서에 대한 내부적 충격이 있었다. 먼저 두 가지 다른 스타일의 사실 검증이 서로 다른 기술과 자원을 필요로 하는지에 대한 논의가 있었다. 일부 기관은 전통적인 정치 팩트체크 저널리즘을 하는 팀과 소셜 미디어에서 바이럴되는 오정보를 감시하는 팀을 조직 내에서 나누거나 웹사이트의 편집에서 두 개의 작업을 분리했다(Graves, Bélair-Gagnon, & Larsen, 2023). 두 번째는 보다 근본적인 정체성에 관한 질문으로서, 소셜 미디어에서의 허위 조작 정보 대응이 팩트체크 저널리즘의 전통적인 영역인 정치인 혹은 공인들에게 책임 있는 발언을 하게 하는 것에서 멀어지게 만드는 것은 아닌가라는 비판 의식이었다(Graves & Mantzalis, 2020).

팩트체크 저널리즘의 '폭로 전환'은 팩트체커들에게 새로운 재원을 창출하는 것인 동시에 거대 플랫폼 기업들에 대한 의존도를 높였다. 페이스북과 팩트체커들과의 협력 관계를 탐구한 마이크 아나니Mike Ananny(2018)는 팩트체커들과 플랫폼 기업 간의 관계가 비대칭적이며 불투명하다고 지적했다. 아이다 A. 니센Ida A. Nissen과 동료들(Nissen, Walter, Charquero-Ballester, & Bechman, 2022)은 소셜 미디어를 운영하는 테크 기업들이 팩트체커들에게 사실 여부를 판정해 주도록 제시하는, 문제 있는 콘텐츠를 어떻게 선택하고 분류하는지 그 과정을 투명하게 공개하지 않고 있다고 지적했다. 페이스북은 커뮤니티의 피드백 유사성 감지와 같은 시그널을 사용하여 팩트체크 기관에 허위일 수 있는 정보를 노출한다. 소셜 미디어 플랫폼과의 이러한 관계는 정보 투명성을 옹호하고, 정치인들에게 책임을 묻고, 공정하고 사실 중심의 객관성을 강조(Laughlin, 2022)하는 팩트체크 저널리즘의 초창기 임무에서 벗어난 것으로 보인다.

그레이브스 등(Graves et al., 2023)은 '폭로 전환'이 끼친 가장 궁극적인 변화는 팩트체커가 수용자와 맺는 관계에 있다고 지적한다. 이들은 '폭로 전환'이 민주적 공중에게 식견을 갖게 한다는 핵심 임무가 더 이상 중심이 되지 않는 경향을 보여 준다고 주장한다. 이러한 임무는 팩트체크 저널리즘의 기준을 기존의 뉴스 제작 관행에 둔 시대의 규범이었다. 그러나 '폭로 전환'은 공중에게 식견을 갖게 하는 일과 공중을 보호하거나 심지어 관리하는 일 사이에 긴장을 가져왔다. 온라인에서 확산되는 허위 조작 정보를 확성하지 않고, 폭로 작업에 대한 반발을 억지하기 위한 전략은 때로 전통적인 뉴스 가치를 어느 정도는 벗어나는 일이 되었다. 전통적으로는 '이것은 사실이 아니다'라고 명시적으로 밝혀야 하지만, 이러한 일들이 오히려 허위 조작 정보를 확성할 수 있다는 우려 때문에 수용자에게 끼칠 잠재적 피해를 최소화하기 위해서는 이러한 정보 제공에도 주의가 필요하다는 인식이 커진 것이다.

그레이브스와 동료들은 이에 대해 '폭로 전환'은 언론의 "식견 있는 시민" 이상(Schudson, 1999)을 전제로 한 '공공 이성public reason' 모드와 민주주의에 대한 염려로 인해 수용자들의 행동에 명시적으로 주의를 기울이는 '공중 보건public health' 모드 사이의 이분법을 분명하게 했다고 지적하며 팩트체크 저널리즘이 '공공 이성' 패러다임에서 '공중 보건' 패러다임으로 변화하고 있다고 분석한다.

그레이브스와 동료들이 27개국 35개 팩트체크 기관의 37명의 팩트체커들과 가진 심층 인터뷰에서 팩트체커들은 플랫폼 회사와의 협력에 대한 '좋은 방법'과 '나쁜 방법' 사이에 선을 긋고 있었다. 이러한 내부 구별은 예산 확보라는 필요성을 충족하면서도 팩트체크 저널리즘이 가지고 있는 민주적인 임무를 구현하도록 하는 것으로 보인다. 인터뷰에 응한 팩트체커들은 플랫폼 기업으로부터 보조금을 받는 유료 폭로 작업이 전통적인 정치 팩트체크 저널리즘의 역할을 빼앗아 가는 것이 아니라 강화한다는 방어를 반복했다. 그레이브스와 동료들은 진지한 정치적 주장에 대한 '엄격한' 사실 확인과 소셜 미디어에서 확산되는 속임수를 겨냥한 유료 폭로를 이렇게 구분하는 것이 전통적인 언론에서 하드 뉴스와 소프트 뉴스(Sjøvaag, 2015)를 구분하는 것과 닮아 있다는 점을 지적한다.

'폭로 전환'은 팩트체크의 수용자를 제공된 정보를 통해 식견을 쌓아 가는 시민이기보다는 보호해야 할 대상으로 보는 새로운 언론 감성과 잇닿아 있다. 허위 조작 정보와 오정보가 정보 생태계를 어지럽히는 '정보 장애'의 상황에서 이러한 감성은 팩트체크의 '폭로 전환' 이전에도 몇몇 연구자들에 의해 지적되어 온 바다. 예를 들어 아나니(Ananny, 2013; 2021)는 2013년 보스턴 마라톤 테러가 벌어지자 전통적인 언론은 말할 것도 없고, 트위터와 페이스북 이용자들의 실시간 피드, 경찰과 사법 당국의 계속되는 업데이트, 인터넷 커뮤니티까지 모두 정보를 발원함으로써 말하지 않는 것이 더 나을 때 끊임없이 발화한 것이 문제였다는 점을 지적했다. 그는 "무엇을, 언제 말하지 **않아야** 하는지에 대한 인식이 필요"(강조는 아나니)하다며 침묵을 정치적 커뮤니케이션으로 이해해야 한다고 주장한다. 그는 오늘날과 같은 정보 시스템에서 침묵과 불참은 경청과 관찰, 숙고와 결합될 때 민주주의 사회의 시민의 목적인 자치self-governance의 핵심이라고 주장한다(Ananny, 2021: 141). 자신이 원하지 않았음에도 알고리즘에서 비가시적이 되거나 인공 지능이 훈련하는 빅데이터에서 자신이 제외된다면 이것은 사회의 참여자로서 자신이 지워지고 유권자로서의 목소리를 잃는 부정적 상황이지만, 반대로 사람들이 침묵하고 참여하지 않을 때 온라인 감시나 프로파일링, 광고 등은 효과적으로 억지될 수 있다는 것이다.

그레이브스와 동료들(Graves et al., 2023)은 팩트체커들 사이에서 공중의 피해 감소에 대한 강조가 높아지는 것은 아나니가 지적한 것과 같은 민주주의적 침묵의 맥락에서 이해될 수 있다고 평가한다. 그러나 폭로 전환은 이러한 심사숙고된 침묵에서는 드러나지 않는 과제를 제기하고 있다. 이는 팩트체크 저널리즘의 수용자들을 사실 검증의 결과를 통해 배울 수 있는 생각하는 주체가 아니라 오정보의 잠재적인 피해자로 보는 관점을 강화하는 것이다. 더구나 이것은 거대한 테크 기업들이 운영하는 플랫폼에서 알고리즘을 통해 제시되는 콘텐츠들을 팩트체커들이 유료 서비스를 통해 모더레이션하는 맥락에서 발생하고 있다는 점이 간과되어서는 안 된다(Graves et al., 2023).

특히 메타의 3PFC는 서구의 교육 수준 높고 산업화되어 있으며 부자이고, 민주주의 국가Western, Educate, Industrialized, Rich, and Democratic (WEIRD)가 아닌 지역의 팩트체크 기관에 미치는 영향이 막대했다. 페이스북, 인스타그램, 왓츠앱 등의 허위 조작 정보를 탐지하고 이를 폭로하는 것을 주력 업무로 삼는 것이, 국내 정치인들의 발언 감시라는 목적 수행을 저해한다는 것이다(Vinhas & Bastos, 2023).

정치인들은 메타의 3PFC 프로그램 규칙에 따라 팩트체커들의 레이블링에서 제외된다. 언론 자유를 누리고 있는 성숙한 민주주의 국가에서는 정치적 발언이 언론에 의해 가장 감시 받는 발언임을 전제로 한 것이다. 그러나 이것은 정치인들이 쏟아내는 명백한 거짓말이 종종 정치 질서를 위협하는 아직 신생기 혹은 불안정한 민주주의에는 해를 미치는 정책이다. 오타비오 빈하스Otávio Vinhas와 마르코 바스토스Marco Bastos(2023)의 연구에서 아프리카의 한 팩트체커는 '5G 타워가 코로나바이러스를 전파하는 것'이라는 코로나19 음모론의 허위성을 폭로했지만, 몇 주 후에 동일한 거짓말을 유명 정치인이 페이스북에서 되풀이하면서 지지자들에게 허위 조작 정보 전파를 독려했다며 페이스북 정책에 불만을 나타냈다. 실제로 코로나19 초기의 허위 조작 정보의 유형과 진원지를 조사한 바에 따르면, 정치인 유명인 또는 이름난 공인들이 차지하는 비율은 소셜 미디어의 공유, 댓글 등에서 69%를 차지한 것으로 드러났다(Brennen et al., 2020).

메타는 국가나 언어적 맥락이 다른 여러 나라에서 해당 국가에 맞는 커뮤니티 가이드라인을 적용하지 않는다. 이러한 이유 때문에 메타가 상정하는 성숙한 민주주의 국가가 아닌 신생 민주주의 국가, 정치 환경이 불안정한 지역에서 허위 발언을 하는 정치인들의 게시물에 팩트체커들이 '허위'라고 레이블링을 할 수 없는 것은 간과할 수 없는 문제다. 이는 팩트체크 저널리즘의 원래 목적에 역행하는 것이라고 할 수 있다. 비非WEIRD 지역 팩트체커들은 메타의 콘텐츠 모더레이션 정책이 불균형하게 시행됨으로써 지역 엘리트 행위자로부터 발원하는 거짓 정보를 막기 어렵고, 명백하게 허위인 사실이 플랫폼에 게시되고 있어도 속수무책으로 있게 된다는 우려를 표명한다. 팩트체커들은 페이스북 등 소셜 미디어 게시물에 제3자 팩트체크를 할 경우 허위 조작 정보의 도달 범위가 현저하게 줄어든다는 긍정성을 인정하면서도, 메타가 어떻게 삭제 등의 조치를 취하는지에 대해서 팩트체커들에게 투명하게 공개하지 않는다는 불만을 토로한다. 메타가 정치적 압력을 받을 경우 팩트체커들을 희생양으로 삼지만, 내용 삭제 등의 조치를 취하는 데에는 팩트체커들의 참여를 배제한다는 것이다(Vinhas & Bastos, 2023).

소셜 미디어에서 바이럴되는 콘텐츠를 사실 검증하는 일은 전통적인 팩트체크 저널리즘과 구별되는 일일 뿐만 아니라 팩트체커들에게 소셜 미디어 이용자들로부터 비판을 야기하는 일이기도 하다. 팩트체크 저널리즘은 사실적 추론factual reasoning을 지향하지만, 소셜 미디어는 감정적이고 정체성을 드러내는 참여에 보상(Chadwick, Vacari, & Kaiser, 2021)하는 구조로 유지된다. 영국의 소셜 미디어 이용자 설문조사를 통해 주기적으로 과장되거나 거짓인 뉴스를 공유하는 소수 이용자들(전체 소셜 미디어 이용자들의 10%)의 동기를 연구한 앤드루 채드윅Andrew Chadwick과 동료들은 가짜뉴스 공유에 "정체성 공연적 동기identity-performative motivations"가 있다는 점을 드러냈다. 누군가를 화나게 하거나, 기쁘게 하거나 어떤 집단에 소속감을 느끼고 싶다는 욕망이 가짜뉴스 공유 의도에 중요한 요인이라는 것이다. 채드윅 등의 연구에서 주목할 점은 소셜 미디어에 게시되는 정치 뉴스에 대해 부정적인 감정을 가질수록, 우익 이데올로기를 가질수록 과장되거나 허위인 뉴스를 더 공유하는 것으로 나타났다는 것이다. 감정이나 자기 정체성 과시와 사실적 추론은 상반된다. 따라서 성공적으로 허위조작 정보를 반박하는 사실 검증 결과를 소셜 미디어에 게시한다 해도 이것이 공통의 합리적인 담론을 이끌어 내기보다는 서로 대립하는 그룹 간의 감정적 극화를 촉진할 가능성(Törnberg, 2022)이 크며, 팩트체크 결과에 대해서도 자신이 지지하는 후보와 지지하지 않는 후보에 대해 선택적이고 당파적으로 공유함으로써 이를 무기화하는 경향이 나타난다(Shin & Thorson, 2017)는 문제점이 보고되고 있다.

고도화되는 가짜뉴스: 딥페이크

미국 등 4개국에서 실시된 포커스그룹 인터뷰에 따르면 사람들은 "가짜뉴스와 뉴스를 명백하게 구분하는 것이 아니라 그저 정도의 차이"쯤으로 인식하는 것으로 나타났다(Nielsen & Graves, 2017). 뉴스 이용자들은 무엇이 가짜뉴스인가라는 질문을 받았을 때, 뉴스를 가장하고 만들어진 허위 조작 정보보다는 질 낮은 저널리즘poor journalism, 선전 선동propaganda, 특정 종류의 광고 등을 더 꼽았다. 가짜뉴스에 대한 태도도 관용적이어서 가짜뉴스가 사회 문제라고 생각하는 사람들도 가짜뉴스를 나눈 경험이 있다고 답했다. 2016년 퓨리서치센터Pew Research Center의 조사에 따르면 허위 조작 정보를 나눈 사람 가운데 4명 중 1명은 정보를 공유할 당시 허위 조작 정보임을 알았다고 답했다. 가짜뉴스를 자주 접하기 때문에 사회적 혼란을 야기할 수 있다는 경각심을 가진 사람들일수록 스스로 가짜뉴스를 잘 가려낼 수 있다고 자신하는 비율이 높았다(Barthel, Mitchell, & Holcomb, 2016). 국내 조사에서도 2018년 3월 한국언론진흥재단이 1,050명을 대상으로 설문 조사한 결과에 따르면 일반 수용자들은 뉴스 형식을 사용한 거짓 정보, 즉 협의의 가짜뉴스만을 가짜뉴스로 인식하는 것이 아니라, 언론사의 오보, 어느 한쪽 의견만을 전달하는 편파적 뉴스, 댓글에 게시되는 정보까지도 가짜뉴스로 받아들였다(김위근, 2018). 2019년 조사에서도 일반인들은 메신저 등을 통해 유포되는 속칭 '찌라시,' 뉴스 기사 형식을 띤 조작된 콘텐츠뿐만 아니라, 언론 오보, 선정적 제목을 붙인 낚시성 기사, 편파적 기사, 광고성 기사를 모두 가짜뉴스로 간주했다(양정애, 2019). 이 같은 연구 결과는 일반인들이 '가짜뉴스에 노출됐다'고 답변할 때 연구자들이 가짜뉴스의 범주에 두지 않는 전통적 언론 매체의 오보, 선정적 기사, 편파적 기사, 광고성 기사 등을 모두 포함할 수 있음을 시사한다.

셔슨과 바비 젤리저Barbie Zelizer는 가짜뉴스 현상을 제대로 다루기 위해서는 가짜뉴스가 최근 들어 발생한 새로운 현상이 아니며, 저널리즘의 역사를 되돌아보면, 심지어 언론이 가짜뉴스의 발원이 되었던 사례들이 다수 존재한다는 점을 직시해야 한다고 지적했다. 오늘날 우리는 리얼리티 텔레비전 프로그램, 포토샵, 리믹스 등 속임수fakery를 자진하여 쉽게 받아들이는 환경에 살고 있다는 것이다(Schudson & Zelizer, 2017). 현재의 정보 환경에서 수용자들은 가짜뉴스 담화narrative에 익숙해져 있다고 할 수 있다.

가짜뉴스는 어떻게 대중의 신뢰를 얻을 수 있을까? 연구들은 다양한 사회적, 심리적 요소들이 작용한다는 것을 밝혀 왔다. 사회심리학과 커뮤니케이션 분야의 연구에 따르면 사람들이 허위를 탐지하는 능력은 확률적으로 둘 중의 하나를 골랐을 때 참일 가능성인 50%보다 조금 더 나은 수준인 55~58% 범위에 있었다. 1,000명 이상의 피험자를 대상으로 하는 100개가 넘는 실험에서 평균 정확도는 54%였다(Rubin, 2010). 상황은 허위 조작 정보가 뉴스 형식을 띠었을 때 더 악화된다. 뉴스의 경우 수용자들이 신뢰성과 객관성을 기대하기 때문에 허위 조작 정보라 하더라도 뉴스의 형태를 띠었을 때는 신뢰를 얻기가 더 쉬워진다. 또한 사람들은 거짓 정보라 하더라도 반복 노출되거나(Boehm, 1994), 자신이 갖고 있는 신념이나 태도가 옳다고 확인해 주거나(Nickerson, 1998; Metzger, Hartsell, & Flanagin, 2020), 자신을 기쁘게 해 주는 경우(Fisher, 1993) 더 믿는 경향을 보인다.

텍스트로서 가짜뉴스가 더 설득력 있다는 것은 이미 미국에서 〈콜베어 리포트〉 등 뉴스 형식을 흉내 낸 풍자적인 가짜뉴스 텔레비전 쇼[43]들이 뉴스를 대체할 때부터 제기됐던 분석이다(Baym, 2005). 특히 주류 언론의 객관주의 보도에 관심을 보이지 않는 청소년층이 뉴스 형식을 흉내 낸 정치 풍자 쇼 등에 더 친연성을 느끼는 것은 가짜뉴스 텔레비전 쇼들이 더 많은 토론의 공간을 부여하고, 뉴스의 함축적인 의미를 이해할 수 있게 배경 정보를 더 제시해 주기 때문(Marchi, 2012)이라는 연구도 있었다.

오정보가 입력되었을 때 사람들은 그럴듯한 해석을 제공하는 지어낸 이야기myth를 통해 정신 모형을 형성한다. 지어낸 이야기의 허위성이 폭로되면 정신 모형에는 틈이 생기게 된다. 이런 딜레마에 맞닥뜨렸을 때 사람들은 불충분한incomplete 모델보다는 부정확한incorrect 모델을 선호한다. 즉 사실성의 틈을 메워 주는 허위 조작 정보를 더 쉽게 받아들이는 것이다(Lewandowsky et al., 2012).

2016년 미국 대선을 기점으로 소셜 미디어에서의 정치적인 목적을 띤 허위 조작 정보의 확산이 민주주의를 위협하는 위험으로 떠올랐다면, 2020년부터 3년여 간 전 지구적으로 창궐한 코로나19의 위기는 정치가 아닌 과학과 공중 보건의 영역도 허위 조작 정보의 확산이 시민들의 의료 당국 등 책임 있는 기관에 대한 불신을 가중하고, 잘못된 정보를 통해 생명에 위협을 끼칠 수 있다는 사실을 각인시킨 중요한 변곡점이었다. 옥스퍼드대학교 연구 팀(Brennen et al., 2020)이 코로나19 초기 확산됐던 허위 조작 정보의 유형을 조사한 데 따

43 풍자적인 정치 텔레비전 쇼 등을 가짜뉴스로 포함하는 것에 대해서는 연구자들 사이에서도 유보적인 태도가 있다. 그러나 소셜 미디어를 통해 생산되는 모든 정보를 받아들이면서, 풍자를 풍자로 인식하지 못하고 진짜 정보로 이해하는 사람들도 있다는 점에서 가짜뉴스를 담은 풍자나 패러디도 가짜뉴스의 한 유형으로 분류된다(Tandoc Jr., Lim, & Ling, 2018; Wardle, 2020).

르면 대부분의 허위 조작 정보는 완전히 꾸며진 것이 아니라 부분적으로 사실인 정보를 섞어서 비틀거나 재맥락화하거나 재작업된 것이었다. 재구성된 콘텐츠가 완전히 조작된 콘텐츠보다 소셜 미디어에서는 더 많은 반응을 이끌어 냈다. 가장 흔한 형태인 '오도하는 콘텐츠misleading content'(29%)는 일부 사실을 포함하고 있지만 세부 사항이 재구성되고 선택되며 재맥락화되어 거짓이 된 것이었다. 두 번째로 흔한 허위 조작 정보 유형은 이미지나 비디오에 실제와는 다른 설명을 붙이는 것이었다. 다른 시간대, 다른 장소에서 찍힌 사진이나 동영상을 코로나19의 상황인 것처럼 조작한 것이었다. 이러한 조작은 고도의 기술을 요하지 않고 단순하고 값싼 기술이나 비디오 편집 기술을 사용한 것이었다. 딥페이크나 기타 AI 기반 도구를 사용한 허위 조작 정보의 예는 코로나 초기에만 해도 흔하지 않았다. 오히려 사진과 영화가 있었던 시점부터 존재해 온 기술을 사용한 "저렴한 가짜cheap fakes"(Paris & Donovan, 2019)가 흔히 발견되는 유형이었다.

미국 대통령 선거 등 전 세계 인구의 절반인 40억 명이 투표에 참여한 2024년, 딥페이크는 민주주의를 위협하는 대표적인 허위 조작 정보 유형으로 부상했다. AI로 조작된 페이스 스왑face-swap(얼굴을 바꿔치기하는 것) 비디오의 최초 사례로 알려진 것은 2017년 11월 'deepfakes'라는 이용자명을 가진 레딧Reddit 이용자가 유명 여배우들의 얼굴을 다른 배우들의 몸에 이식시켜 포르노그래피 비디오 시리즈에 올린 것이다(최순욱 · 오세욱 · 이소은, 2019; Paris & Donovan, 2019). 그 이후로 언론은 비슷한 동영상 조작을 딥페이크로 지칭했지만, 기술적으로 딥페이크는 인공 지능의 바탕이 되는 기계 학습 기법인 딥러닝deep learning을 사용해 원본 이미지나 동영상 위에 다른 이미지를 중첩superimpose하거나 결합combine해서 원본과는 다른 이미지와 영상을 만들어 주는 이미지/동영상 조작 기술을 말한다(최순욱 · 오세욱 · 이소은, 2019). 이론적으로는 딥페이크가 중첩하거나 결합할 수 있는 이미지의 종류가 특정 영역에만 국한되지는 않는다. 그러나 현재 딥페이크는 주로 A의 몸에 B의 얼굴을 합성하는 방식으로 사람의 얼굴을 바꿔치기하는 데 주로 사용된다.

아날로그 사진에서도 필름이나 인화지에 색을 칠하거나 연필로 수정하는 방식의 이미지 조작은 있었다. 코닥Kodak, 후지Fuji와 같은 필름 제조사들이 필름 원본을 크게 확대해 수정을 좀 더 용이하게 해 주는 리터칭 머신retouching machine을 사진관에 직접 공급하기도 했다. 디지털 이미지 시대에 들어서는 이미지 조작이 더 쉬워지고 고도화됐다. 모든 이미지 조작이 어도비의 포토샵으로 통합됐다(최순욱 · 오세욱 · 이소은, 2019).

그러나 딥페이크는 이런 과거의 이미지, 동영상 조작에 사용된 기술과는 차원이 다르다. 사람의 특별한 지시가 없어도 스스로 최적의 결과물을 산출할 수 있는 기계 학습이 적용된 허위 조작 정보 생성 기술이기 때문이다. 게다가 딥페이크는 애초부터 조작의 대상을 '동영상'으로 상정하고 있다. 1분의 조작 영상을 만들기 위해 각 프레임을 구성하는 수천에서 수만 장에 이르는 이미지를 일일이 수정해야 할 필요를 없앤 것이다.

딥페이크 탐지 기술을 연구하는 딥트레이스Deeptrace의 2020년 보고서에 따르면 전 세계 딥페이크 기술 관련 음란물 사이트 중 미국이 41%로 가장 많았으며, 한국은 25%로 그다음 순위였다.[44] 이미

44 국내에서는 딥페이크 범죄의 광범위한 유포와 피해에 대한 정부 대처가 필요하다는 사회적 여론이 비등해지자 2024년 9월 이른바 '딥페이크 성범죄 방지법'이 국회에서 의

한류 스타들을 대상으로 한 딥페이크, '지인 능욕' 등의 음란물이 사회문제가 되고 있다. 필립 왕Phillip Wang이 만든 웹사이트 '이 사람은 존재하지 않는다This person does not exist'는 실제로 존재하지 않는 사람의 이미지도 생성할 수 있음을 보여 주었다. 딥페이크 기술에 대응하는 여러 가지 노력이 진행되고 있지만, 기계가 생성한 이미지는 그 흔적조차 남기지 않기 때문에 미국 국방성에서 딥페이크 문제를 담당하는 방위고등연구계획국(DAPRA)은 "우리는 이 전투에서 지고 있다"라며 비관적인 견해를 제시한다(오세욱 · 박아란, 2020).

딥페이크 기술의 발전은 그나마 우리가 믿을 수 있다고 생각했던 동영상마저도 조작이 가능하다는 생각을 일반화시켜, 2016년 미국 대통령 선거 등이 초래한 탈진실을 넘어 "진실의 종말end of truth" (Horowitz et al., 2018)을 야기할 것이라는 경고가 이어지고 있다. 사람들은 점점 더 분파로 쪼개어진 정보원에 의존해 각자 자신만의 현실을 제시하거나 지각하게 된다는 것이다. 딥페이크 대응에 대한 비관적인 견해에도 불구하고 니콜라스 디아코풀로스Nicholas Diakopoulos(2018)는 고도로 발전하는 딥페이크 기술의 조작 여부를 판단하는 데는 매개된 현실mediated reality의 평가자인 언론인들이 중요한 역할을 해야 한다고 주장한다. 언론사와 언론인들은 디지털 포렌식 도구를 다루는 훈련을 하고 디지털 기술에 대한 이해를 높이는 한편 업무의 투명성을 강화해야 한다는 것이다. 더 이상 재현물의 사실성을 검증

결됐다. 이 법에 따르면 성적 허위 영상물을 소지, 구입, 저장 또는 시청할 경우 3년 이하 징역이나 3,000만 원 이하의 벌금에 처해진다. 기존의 성폭력 처벌법을 일부 개정한 이 법에서는 기존 법에서 허위 영상물을 '반포할 목적'으로 편집 · 합성 · 가공한 자를 처벌한다는 조항에서 '반포할 목적'을 삭제해, 당사자의 의사에 반해 불법 합성물을 제작할 경우 목적과 관계없이 처벌할 수 있게 됐다.

할 수 없고, 재현물의 사실성에 근거한 핍진성verisimilitude이 약화되고 있는 현실에서 이제 "사실은 전달되는 것이 아니라 '입증되어야 하는 것'"(최순욱 · 오세욱 · 이소은, 2019: 372)이 되고 있다.

9장

팩트체크 저널리즘의 세계적 확산과 새로운 주체들의 등장

듀크대학교의 리포터스랩은 2014년부터 매년 전 세계에서 활동하고 있는 팩트체크 기관의 수를 활성화되어 있는 사이트의 수로 조사해 공개한다.[45] 2024년 6월 현재 활동 사이트는 439개였으며, 111개국에서 팩트체크가 수행되고 있었다(Stencel, Ryan, & Luther, 2024). 2008년 11개로 기록됐던 팩트체크 기관의 웹사이트는 2023년 417개로 늘어났다. 그러나 전반적인 경향으로 보아서는 폭발적인 성장세는 주춤한 상황이다. 2018년 이후 듀크리포터스랩이 집계해 온 팩트체킹

45 리포터스랩은 팩트체크 기관 사이트의 활동이 모든 당사자와 진영의 주장을 불편부당하게 검토하는지, 개별적인 주장을 분석하고 결론을 도출하는지, 취재원을 투명하게 공개하고 팩트체크 방법을 설명했는지, 재정 지원의 주체와 어디에 소속되었는지 공개를 기준으로 사이트를 집계한다. 독립적인 팩트체크 기관이 아닌 언론사의 부속팀, 교육 기관이 운영하는 경우도 포함한다. https://reporterslab.org/how-we-identify-fact-checkers/

그림 9-1 연도별 팩트체크 기관 수

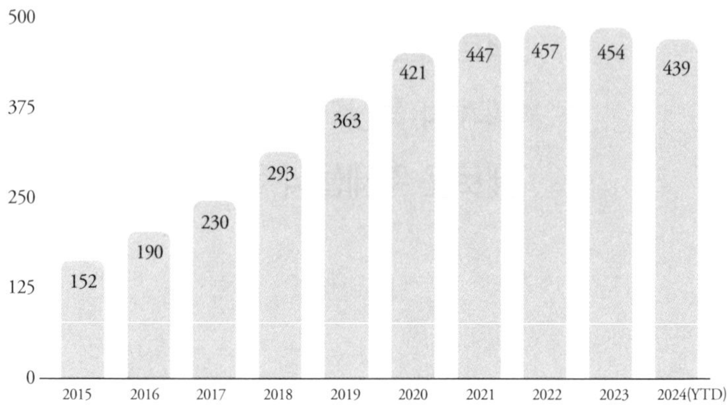

출처: Stencel, Ryan, & Luther, 2024에서 인용.

사이트의 수는 47% 증가했다. 그 이전 다섯 해 동안에는 600%의 증가를 보였다. 2020년 이전에는 아프리카, 아시아, 유럽 및 남미에서 팩트체크 저널리즘 프로젝트의 중요한 성장이 있었다. 그러나 같은 시기에 미국을 중심으로 한 북미 지역의 팩트체크 저널리즘 성장세는 둔화하기 시작했고 그 이후 대부분의 지역에서 팩트체킹의 성장이 정체되는 양상을 보이고 있다. 팩트체크 사이트의 평균 수명은 6년 이하였다. 그러나 50여 개의 사이트는 10년 이상 활동하고 있다.

팩트체크 저널리즘의 성장세가 둔화된 데는 사실 검증을 하기 어려운 정치사회적 환경에 놓인 국가들의 영향도 있었다. 2023년 세계 언론 자유 지수2023 World Press Freedom에 따르면 언론 상황은 31개 국가에서 '매우 심각'으로 평가되었다. 그중 거의 절반인 15개 국가에는 팩트체크 기관이 존재하지 않았다. 이들 국가는 바레인, 지부티, 에리트레아, 온두라스, 쿠웨이트, 라오스, 니카라과, 북한, 오만, 러시아, 타지키스탄, 투르크메니스탄, 베트남, 예멘, 그리고 팔레스타인이다(Stencel, Ryan, & Luther, 2023). 반면 '매우 심각' 목록에 있는 다른 16개 국가에는 62개의 팩트체크 기관이 있다. 그중 세계 언론 자유 지수에서 161위로 기록된 인도에서는 30여 개의 팩트체크 기관이 활동하고 있다.

억압적인 언론 정책을 펴는 나라의 팩트체커들은 자신이나 가족을 보호하기 위해 해외에서 활동하거나 익명으로 일하거나 아니면 외국인 신분으로 자국의 팩트체크 저널리즘을 진행하는 경우가 빈번하다. 캐나다에서 활동하는 이란의 팩트체크 기관 '팩트-나메Fact-Nameh'('사실의 책'이라는 뜻)와 이라크의 사실 확인 기관인 '테크 4 피스Tech 4 Peace,' 터키와 유럽에서 활동하는 시리아의 '베리파이-시Veryfy-Sy' 등이 이러한 사례다.

전 세계 팩트체커들의 현황을 보여 주는 또 다른 자료는 국제팩트체킹연맹(IFCN)이 매년 발간하는 〈팩트체커들의 현황 보고State of the Fact-Checkers Report〉에서도 살펴볼 수 있다. 이 자료에는 IFCN의 준칙을 지키는 서명 기관만이 포함된다. IFCN이 전체 서명 기관 중 141개 서명 기관을 설문 조사해 발표한 2024년 자료[46]에 따르면 응답 기관의 59.6%가 비영리 기관이었다. 36.9%가 영리를 추구하는 언론사 소속, 3.5%는 대학 등 교육 기관이 운영을 주도했다.

응답 기관들의 73.7%가 10명 이하의 전업 인력으로 운영되고 있었다. 이러한 비율은 팩트체크 기관이 대부분 소규모로 운영되고 있

46 설문 결과는 다음을 참조하라. https://www.poynter.org/wp-content/uploads/2025/03/2.Facts-Report-March-2025-.pdf

다는 것을 보여 준다. 31명 이상의 전업 팩트체커가 일하는 기관은 7.8%에 불과했다. 팩트체크 저널리즘이 소규모 인원으로 수행된다는 것은 발생하고 있는 오정보에 빠르고 광범위하게 대처할 인적 자원이 부족하다는 것을 의미한다.

2024년 설문에 참여한 인증 기관들의 재원 확보에서도 재정이 안정된 기관과 취약한 기관 사이의 차이가 두드러졌다. 한 해 예산이 100만 달러 이상인 기관은 11.3%, 50만~100만 달러 미만인 기관은 17%였다. 반면 한 해 예산이 2만 달러 이하인 기관은 11.3%였다. 존립이 어려운 기관들이 문을 닫는 가운데, 생존에 성공한 기관들은 재정적으로 안정되어 가는 경향을 보이는 것이다.

2024년 조사에 참여한 기관들이 꼽은 가장 큰 과제는 재정적인 지속가능성이었다. 재원의 가장 큰 비중을 차지하는 것은 메타의 '제3자 팩트체킹 프로그램(3PFC)'이다. 조사에 참여한 141개 기관 중 61.4%가 메타의 제3자 팩트체킹 프로그램에 참여하고 있었다. 3PFC가 중단된다면 어떻게 할 것인가라는 질문에 대해 59.4%가 직원을 줄이거나 팩트체크 콘텐츠 생산을 줄이겠다고 답했다. 이 같은 결과는 팩트체크 기관들의 활동이 소셜 미디어에서 발생하는 허위 조작 정보를 가려내는 데 집중되어 있으며 그러한 활동에 대한 대가로 플랫폼 기업으로부터 지원받는 비용이 팩트체크 기관들의 재정에 절대적인 비중을 차지한다는 점을 드러낸다. 플랫폼 기업 특히 메타의 '제3자 팩트체킹 프로그램'에 재정을 의존하는 비서구 국가들의 팩트체크 기관들은 자국 정치인들에 대한 감시라는 책무 저널리즘의 기능보다는 온라인상의 바이럴 콘텐츠의 허위성을 폭로하는 데 우선을 둔다는 우려가 제기된다(Vinhas & Bastos, 2023).

많은 팩트체커들은 검증에 불만을 품은 정치인 등 유력 인사들이나 그들의 지지자들로부터 온라인 댓글을 통한 괴롭힘이나 법적 위협, 심지어 신체적 폭력까지 당한다. 2024년 6월 보스니아헤르체고비나의 수도 사라예보에서 열린 글로벌팩트11에서는 팩트체커들에 대한 이러한 공격을 규탄하는 '사라예보 선언문Sarajevo Statement'[47]이 발표되기도 했다. 선언문은 "최근 몇 년간 팩트체커들은 온라인 검열자라는 비난을 끊임없이 받아왔고, 이러한 공격 이후 많은 팩트체커들이 언어 폭력과 신상 털기, 조직적인 공격, 법적 위협, 정치적 압력, 심지어 신체적 폭력까지 겪는 일이 발생하고 있다"라며 "팩트체킹은 표현의 자유의 한 형태이지 검열이 아니다"라고 주장했다. 〈팩트체커들의 현황 보고〉 2024년 설문에 참여한 팩트체크 기관들의 77.7%가 온라인 괴롭힘이나 신체적 위협을 겪었다고 응답했다.

경계를 넘는 확산, 새로운 모델의 등장

미국 언론계에서 장르가 확립된 팩트체크 저널리즘은 20세기 초 다른 나라에도 확산되기 시작했다. 2005년 영국에서는 채널4Channel 4의 팩트체크Fact Check가 의회 선거를 다루기 시작했다. 프랑스에서는 좌파 신문인 〈리베라시옹*Libération*〉이 2008년에 온라인으로 팩트체크 섹션인 '데장톡스Desintox'를 시작했다. 2009년에는 세르비아에서 미국의 폴리티팩트를 모방한 이스티노머Istinomer가 출범했다. 인도에서는 알트뉴스, 붐 등이 설립됐고, 아프리카에서는 케냐, 나이지리아,

47 '사라예보 선언문'의 전문은 다음을 참조하라. https://www.poynter.org/ifcn/2024/global-fact-statement-sarajevo/

남아프리카, 세네갈에 각각 팀을 둔 연합체로서의 아프리카체크Africa Check가 출범했다. 남미에서는 아르헨티나의 체케아도, 브라질의 아우스파투스Aos Fatos, 루파Lupa 등이 두각을 나타냈다. 새롭게 생겨난 기관들은 신문·방송 등 언론 매체와 관련된 것들만 있는 것은 아니었다. 대학에 근거를 둔 기관도 있었고, 비정부 기구(NGO)와 관련된 경우도 있었으며, 팩트체크만을 목적으로 하는 독립적인 사이트도 있었다. 이 과정에서 팩트체크닷오르그, 폴리티팩트 등 미국의 팩트체크 기관들은 남아메리카, 아프리카, 호주 및 유럽 전역에서 새롭게 팩트체크 저널리즘을 시작하는 기관들을 자문했다(Graves, 2018a; Ye, 2023).

전 세계적으로 팩트체크 저널리즘이 확대되어 가는 과정에서 미국이 영향을 강하게 미친 것은 맞지만, 저변이 전 세계로 확대되어 갈수록 영향은 상호적이 되어 갔다. 즉 후발로 뛰어든 나라들이 팩트체크 저널리즘을 시작한 미국 모델을 수용했지만, 이들의 전개 과정이 미국 팩트체크 저널리즘에도 영향을 미친 것이다. 전 세계 팩트체커들의 컨퍼런스인 글로벌팩트를 창립 때부터 참여 관찰하며 연구해 온 그레이브스(Graves, 2018a)는 팩트체크 저널리즘이 전 지구적으로 퍼져 나감으로써 미국 팩트체커들이 자신들이 벌이고 있는 일을 하나의 '운동movement'으로서 정체성을 더 명확하게 인식하게 됐다고 분석했다. 2007년 처음으로 미국의 팩트체커들이 모였을 때부터 미국의 팩트체커들은 팩트체크를 하나의 '운동'으로 언급했지만(Graves, 2016), 미국이 주도적인 역할을 하여 글로벌화하는 상황에서 이 정체성은 새로운 힘을 얻었다는 것이다.

팩트체크 저널리즘이 세계화하기 이전까지 미국의 팩트체크 기자들은 자신들이 수행하는 일이 유권자들에게 직접적으로 영향을 미친다는 생각을 거부해 왔다. 객관적인 기자의 역할은 정보를 전달하는 것일 뿐, 유권자의 마음을 바꾸거나 정치적 행동을 바꾸는 것이 아니라는 태도를 견지한 것이다. 이러한 태도는 미국 언론의 전통에서 팩트체크 저널리즘을 객관 언론으로 확립하는 데 중요한 역할을 했다(Graves, 2016).

그러나 미국의 팩트체커들은 팩트체크 저널리즘이 정치에 변화를 가져올 수 있다는 입장으로 서서히 변모했다. 2015년 열린 전 세계 팩트체커들의 연례 국제회의인 '글로벌팩트체킹 서밋Global Fact-Checking Summit' 개회사에서는 "주지사부터 미국 상원의원까지, 미국 정치인들은 분명히 우리로 인해 행동을 바꾸고 있다"라고 밝히기도 했다(Graves, 2018a). 이러한 변모는 직업적인 언론인 중심이었던 미국과는 달리 활동가, 정치 개혁가, 사회운동의 일환으로서 언론 활동을 하는 기자들이 팩트체크 저널리즘의 주체로 참여한 것에 영향을 받은 것이라고 할 수 있다.

팩트체크 저널리즘을 시작한 미국에서의 저널리즘 주도 경향은 후발 주자인 다른 나라들의 영향으로 인해 경계가 확장되어 왔다. 이는 사회학자 토머스 기어린Thomas Gieryn이 명명한 것 같은 "경계 활동"(1995; Carlson, 2015 재인용)이라고 할 수 있다. 기어린은 경계 설정에 관해 정당하게 어떤 일을 했다는 것에 대한 사회적 인정을 받기 위한 사회적 그룹 간의 공적 투쟁이라는 점을 강조한다. 여러 사회 그룹들은 현실의 경계 영역을 정의하고 설명하는 인식론적인 권한을 두고 공개적으로 경쟁하는데, 이러한 '경계 활동'에는 수사가 동원된다(Carlson, 2015). 언론의 경계 안에 있었던 팩트체크 저널리즘의 흐름은 이질적인 주체들이 유입되면서, 경계 활동이 벌어지게 되었고, 이를 통해 경계가 확장돼 왔다. 2016년 팩트체커들에 대한 조사(Stencel, 2016)에 따르면 미국의 팩트체커는 90% 이상이 전통 언론과 연계되었지만, 전 세계로 확대했을 때는 그 비율이 절반으로 떨어졌다. 언론사 근무 경험 등이 전혀 없는 팩트체커들도 많았고, 미국 팩트체크 저널리즘이 시작했던 것처럼 정치에 초점을 둔 사이트들도 있었지만 언론에서 발생한 오류를 정정하는 것을 목표로 하는 언론 감시적 성격의 사이트들도 있었다. 다양한 미디어 환경, 정치적 환경에서 활동하는 팩트체커들의 유입에 의해 미국 저널리즘의 전통에서 배태된 팩트체크 저널리즘의 규칙들도 도전받게 되었다.

팩트체크 저널리즘 붐은
민주주의의 결실 혹은 실패?

팩트체크 저널리즘이 국제적으로 확산된 동력은 어디에 있을까? 아마진(Amazeen, 2020)은 인터넷 접근성, 언론 자유 수준, 정치사회적 불안정성 등의 변인으로 측정한 결과 두 개의 핵심 요소가 특정 국가에서 팩트체크 기관이 설립되는지에 영향을 미치는 것을 발견했다. 두 요소는 민주적 통치의 정도와 인터넷 접근성(155)이었다. 아마진은 건강한 민주적 문화가 성숙한 곳에 팩트체크 기관이 생겨나는 것이 아니라 오히려 민주적 기관들이 위협에 처했을 때 팩트체크 기관이 출현한다고 주장했다. 세계 각국에서 동시다발적으로 팩트체크 기관이 설립되는 것에 대해 "중대한 분기점"(McChesney, 2007; Pickard, 2015) 이론에 근거해 설명하는 아마진은 정치사회적 불안정성이나 정치 위기가 너무 심각해서 현재의 틀로는 이를 해결할 수 없을 때 사회 개혁을 위한 노력이 발생한다고 설명한다. 이탈리아에서 팩트체크 기관이 창설된 2012년은 이탈리아 역사상 가장 논란이 된 선거가 치러진 해였고, 멕시코에서는 사회적 동요가 극심한 가운데 여러 개의 팩트체크 기관이 창설됐다. 언론 자유 지수가 '매우 심각'으로 평가된 국가에 팩트체크 기관이 존재하지 않는 것(Stencel, Ryan, & Luther, 2023)도 분명한 경향성이지만, 최소한의 민주주의 통치에서도 팩트체크 기관은 생겨났다. 아마진은 이란, 이집트, 아프가니스탄, 우크라이나, 네팔, 모로코, 마케도니아에 팩트체크 기관이 존재한다는 것은 팩트체크 저널리즘이 건강한 민주주의 문화의 결과물이 아니라 민주주의 건설의 도구임을 더 강하게 드러내는 것이라고 주장한다(104).

다른 미디어 체계media system(Hallin & Mancini, 2004)에 속해 있는 팩트체크 기관들이 각각 어떻게 고전적인 자유 민주주의 개념에서 저널리즘에 부여하는 감시견 역할(Donsbach, 1995; Hanitzsch & Vos, 2018)을 수행하고 있는지 특이성singularity을 살펴본 파울로 페라치올리Paulo Ferracioli 등(Ferracioli et al., 2022)은 미국의 팩트체크닷오르그, 이탈리아의 파젤라 폴리티카, 독일의 코렉티브Correctiv, 브라질의 루파 등 4개 기관의 팩트체크 콘텐츠를 내용 분석했다. 이들이 팩트체크 기관의 감시견 역할에 주목한 이유는 팩트체크 저널리즘의 사실 검증이 정치적 진술의 진실성을 평가함으로써(Graves, 2018a), 언론의 감시 기능을 가장 직접적으로 구현할 수 있는 장르 중 하나(Coddington, Molynux, & Lawrence, 2014)이기 때문이다.

페라치올리 등은 각 팩트체크 기관들이 핼린과 만치니(2004)가 분류했던 미디어 시스템의 특성을 반영하며 전혀 균질하지 않다는 분석 결과를 제시했다. 독일 코렉티브의 사실 검증은 전문 기자들이 공공 서비스를 제공하는 것에 중점을 두는 민주적 조합주의 Democratic-corporatist 모델의 특성을 반영하고 있었다. 코렉티브의 팩트체커들은 정치인 발언의 정확성을 검증하는 것보다는 정치인들을 둘러싼 루머를 밝히는 데 더 주의를 기울였다. 자유주의 모델에 속하는 미국의 팩트체크닷오르그는 정부 공무원의 진술에 중점을 두고 거짓된 진술을 검증하는 데 초점을 맞췄다. 극화된 다원주의 Polarized Pluralist 모형에 속하는 이탈리아의 파젤라 폴리티카는 같은 유럽 국가인 독일과 동일한 의회 제도를 갖추었음에도 불구하고 독일의 코렉티브가 정치인 개개인의 진술에 초점을 두기보다는 공적 루머에 관심을 갖는 것과는 달리 내각 및 의회 지도자를 비판적으로 검증했다. 핼린과 만치니의 미디어 체계 분석에는 포함되지 않은 브라질의 루파의 경우 진술의 진실성에 중점을 두었으며 '거짓'으로 판정하기보다는 '사실'이라고 판정하는 경향이 두드러지게 나타났다. 이러한 결과는 팩트체크 저널리즘의 영역에서 감시견으로서의 지향이 서로 다른 미디어 체계에서 균일하지 않게 수행되며 공통 기준을 공유한다 하더라도 각 지역의 고유한 정치사회적 환경이 기자들 혹은 팩트체커들의 수행을 구체적으로 규정짓는다는 것을 드러낸다. 이는 실비오 웨이스보드Silvio Waisbord(2013)가 지적한 것처럼 "똑같은 윤리적 개념도 지구상의 여러 뉴스룸에서 똑같은 의미가 있는 것은 아니다"(190)라는 것을 입증한다.

그레이브스(Graves, 2018a)는 전 세계적으로 확산되는 과정에서 팩트체크 저널리즘은 수렴convergence과 확산divergence을 동시에 겪고 있다는 관점을 제기한다. 한편으로 보아서는 팩트체크 저널리즘 운동의 전 세계적 확산은 언론 논리journalistic logic(Waisbord, 2013)의 승리로 보인다. 다수의 팩트체커들은 팩트체크 저널리즘을 신뢰를 잃고 있는 주류 언론을 되살리는 방법으로 이해한다. 많은 나라에서 독립적인 언론을 확립하거나 회복하려는 노련한 기자들에 의해 팩트체크 저널리즘 운동이 주도되고 있다. 이탈리아의 파젤라 폴리티카의 대표는 "이탈리아의 언론은 병들었으며 팩트체크는 그에 대한 약"이라고 역설했고, 아프리카체크의 대표는 자신들의 목표가 "다음 세대의 기자들 사이에 정확성의 문화를 육성하는 것"이라고 밝혔다. 심지어 "러시아 프로파간다에 대항하는 것이 목표"라고 운동 단체와 같은 목표를 내세운 우크라이나의 스톱 페이크Stop Fake 같은 팩트체크 기관도 "우리는 어떤 당파를 대변하지도 돕지도 않는다"라는 독립성의 원칙을 내세우고 있다.

그러나 이러한 수렴과 달리 확산의 경향도 뚜렷하다. 예를 들어 미국의 팩트체커들이 검증 과정에서 필수적으로 수행하는 '원출처에게 확인하기'에 대해 다른 정치사회적 배경을 가진 나라의 팩트체커들은 이것이 정치적 개입의 가능성을 열어 줄 수 있다고 반대한다. 장문의 해설에 다양한 이해관계자를 인용하는 스타일이 미국 팩트체크 저널리즘에서는 주류를 이룬다면, 영국의 풀팩트는 간결한 스타일로 팩트체크 결과를 제시한다. 가장 큰 차이점은 미국 폴리티팩트의 진실검증기와 같은 진실성의 등급을 포함하는가 아닌가다. 등급 측정이 비과학적이며, 지극히 환원적이라고 평가하여 등급 판정을 사용하지 않는 팩트체크 기관이 있는가 하면, 등급판정표야말로 팩트체크 저널리즘의 결과를 시민들이 소화할 수 있게끔 만드는 장치라며 적극적으로 수용하는 기관도 있다.

그레이브스는 국경을 넘어서는 팩트체크 운동이 전문적인 언론인들과 학계, NGO를 연결하면서 비언론 영역에서 전문 언론이 뿌리를 내릴 가능성을 보여 준다고 의미를 평가한다. 이는 독립 언론의 전통이 약한 미디어 시스템에서 NGO를 기반으로 한 단체가 팩트체크 기관으로 자리매김하는 것을 모색한다든가, 양질의 언론이 위기에 처해 있고, 점점 더 비영리 영역과 함께 일하는 것이 흔해지는 미국에서도 동시적으로 발견되는 현상이다. 즉 전 세계적으로 확산되어 가는 팩트체크 저널리즘은 언론적인 핵심은 유지하되 다양한 변주를 겪고 있으며, 새로운 주체들의 진입은 팩트체크 저널리즘의 경계를 유동하게 만들면서 계속 변화해 가고 있다는 것이다.

팩트체크의 세계적 연대, IFCN

팩트체크 저널리즘이 세계적으로 확산되면서 각국의 팩트체크 기관들은 자연스럽게 연대체를 형성하게 됐다. 2014년 런던에서 '글로벌 팩트체킹 서밋'이란 이름으로 세계 각국 팩트체커들의 첫 번째 국제 컨퍼런스가 개최됐다(Kessler, 2014). 미국의 언론 교육 연구 기관인 포인터재단의 후원으로 치러진 이 행사에는 6개 대륙 20개 국가의 팩트체커들이 모였다. 팩트체크 저널리즘을 선도적으로 시행한 미국을 비롯하여, 아르헨티나, 호주, 칠레, 이집트, 인도, 세르비아, 남아프리카, 우크라이나의 팩트체커들이 참여했다. 참여한 기관들 중 2010년 이전부터 활동한 기관은 4곳에 불과했다. 이들은 이 자리에서 서로의 아이디어를 교환하기 위해 매년 연례 컨퍼런스를 갖기로 했다. 듀크대학교 리포터스랩은 이 해, 세계 각국에서 활동하고 있는 팩트체커의 숫자를 48개로 기록했다. 첫 모임에서 각국의 팩트체커들은 동질성과 함께 각국의 특수성이 그들의 검증 수행에 반영되고 있다는 것을 확인했다. 미국의 폴리티팩트가 대통령들이 선거 과정에서 내건 공약을 취임 후 얼마나 이행하는지를 검증하는 것처럼 이집트의 팩트체크 기관도 동일한 공약 검증을 시행했다. 참가한 4분의 3에 해당하는 팩트체크 기관들은 미국 폴리티팩트의 진실검증기나 〈워싱턴 포스트〉가 운영하는 팩트체커의 피노키오처럼 진실성의 등급을 매기는 시각적인 장치들을 이용했다.

이질성도 드러났다. 영국의 풀팩트는 정치인은 물론 미디어의 오류도 검증했고, 우크라이나의 스톱 페이크는 소셜 미디어에서 러시아의 선전 선동을 찾아내는 데 주력했다. 정부에서 내놓는 통계를 신뢰하지 못하는 아르헨티나의 체케아도는 자체적으로 데이터베이스를 구축해 검증에 이용하고 있었다. 이탈리아의 파젤라 폴리티카와 호주의 ABC팩트체크는 각각 자국의 인기 TV 프로그램에 고정 출연해 팩트체크 결과를 더 많은 뉴스 이용자에게 전파했다. 팩트체크의 표현 양식도 각국 문화의 특수성을 드러냈다. 2014년 당시 이탈리아 국영 TV인 라이2Rai2의 금요일밤 인기 프로그램 〈비루스〉에 고정 출연하던 파젤라 폴리티카의 팩트체커는 자신이 검증한 대상과 함께 앉아 팩트체크 결과에 대한 반박을 듣고 이에 재반박하는 토론을 펼치기도 했다(Kessler, 2014). 이듬해인 2015년 다시 런던에서 열린 글로벌 팩트체킹 서밋[48]에서는 팩트체크의 국제적 연대에 획기적인 진전이 있었다. 다음 해에도 전 세계 팩트체커들의 회의를 열 수 있도록 공익 재단인 오미디아르Omidyar 등으로부터 30만 달러의 기부를 받게 됐고, 미국의 포인터재단에 전 세계 팩트체크 기관들의 허브 역할을 할 국제팩트체킹연맹(IFCN)을 상주 기관으로 창설하게 된 것이다(Lee, 2015).

IFCN이 창설된 이후 가장 먼저 진행한 일은 팩트체크 저널리즘의 전 세계적 기준을 마련한 것이었다. 팩트체크 저널리즘이 시작된

48 Global Fact Checking Summit이라는 명칭은 2017년 마드리드에서 열린 4차 대회부터 Global Fact로 바뀌었다.

것을 거슬러 올라가면 미국 레이건 대통령 임기 중(Dobbs, 2012; Kessler, 2014)이지만, 여전히 전통적인 미디어 시스템 내에서는 실천으로 정당화되어야 할 상대적으로 새로운 분야(Lowrey, 2017)이고, 팩트체크 저널리즘의 국제적 확산으로 인해 기자와 비기자 출신들이 함께 책임보도accountability reporting를 실천하고 증진시키는 새로운 양식(Graves, 2018a)이기 때문에 방법론적인 표준화는 이러한 실천에 정당성을 부여하는 작업이라고 볼 수 있다(Rodríguez-Pérez et al., 2023). 표준화나 합법화legitimization는 한편으로는 팩트체크 저널리즘이 전통적인 언론에서도 가시화되고, 재생산되는 데 필수적이었다(Graves & Konieczna, 2015).

전 세계 팩트체크 기관들이 공통적으로 준수할 수 있는 원칙 제정에 대한 논의는 2016년 부에노스아이레스에서 열린 세 번째 서밋에서 본격화되었다. 20세기 초 미국의 언론인들이 PR 담당자들과 자신들의 정체성을 구분하기 위해 객관성을 규범으로 내세웠던 것처럼(Schudson, 2001), 팩트체커들은 다양한 정치적 환경에서 자신들이 지키고 있는 기준들을 표준화할 필요가 있으며 이러한 일련의 원칙은 "정치 캠페인이나 독재 정부, 로비 그룹들이 팩트체크라는 용어를 오용하고 있는 시기에 나쁜 팩트체크와 좋은 팩트체크를 구별하는 데 도움이 될 것"(Mantzarlis, 2016)이라고 인식했다.

실무단의 준비 작업을 거쳐 2016년 9월 팩트체커들이 공통적으로 지켜야 할 규범으로서 5개 항으로 이루어진 준칙이 제정됐다. (1) 비정파성과 공정성, (2) 취재원 투명성, (3) 재정과 조직에 관한 투명성, (4) 검증 방법의 투명성, (5) 공개적이고 정직한 수정 등으로 구성된 준칙은 팩트체크 저널리즘의 실천을 "점차적으로 일관되고 안정적인 제도적 분야"(Graves & Lauer, 2020: 158)로 수립하려고 하는 것이었다.

IFCN의 상설기구화가 '전 지구적인 팩트체크 공동체global fact-checking community'를 가시화했다면, 준칙은 이 공동체의 정체성을 규율하는 원칙이 되었다. 준칙을 준수하는 것으로 평가받은 기관만이 서명 기관이 된다. 2016년 준칙이 도입되고 27개국 35개 팩트체크 기관이 서명 기관이 되었다. 서명 기관이 되는 것은 단지 준칙을 지킨다는 서명으로 이루어지는 것이 아니다. 독립적인 평가자들assessors이 서명 기관이 되고자 하는 기관들이 제출한 서류들을 검토하여 준수 여부를 평가한다. 평가자들은 대학교수 등을 포함한 저널리즘 교육자들이나 은퇴한 저널리스트들로서 해당 국가의 언어와 정치 환경을 이해하며 현대적인 팩트체크 저널리즘을 이해하는 사람들로 구성된다. 투명성 원칙에 따라 평가자들은 IFCN의 홈페이지에 공개되며 평가자들은 특정 기관을 심사하기 전에 이해충돌이 없는지를 밝혀야 한다.

서명 기관 자격을 얻기 위해 신청하는 팩트체크 기관들은 홈페이지에 누구나 볼 수 있도록 명시적으로 준칙 5개 항을 어떻게 준수하는지 밝혀야 한다. 항목마다 이를 실행하고 있는가에 대한 구체적인 질문들이 주어지고 평가자들은 이 질문들에 신청한 기관이 부합하는지를 평가한다.

예를 들어 첫 번째 항목인 '비정파성과 공정성'에 관해 편집 과정이 국가나 정당 정치인에 의해 통제되지 않음을 입증해야 하며, 만약 국가 또는 정치적 행위자로부터 재정 지원을 받는 경우 편집 과정이 그러한 정치적 영향으로부터 명확하게 분리되어 있음을 입증해야 한다.[49] 불편부당성을 준수하는지에 대해서는 홈페이지에 명시적

49 예를 들어 서명 기관인 AFP 팩트체크Fact Check의 경우 프랑스 정부로부터 자금 지원을 받지만 정부의 영향력으로부터 독립적이라는 것을 1957년에 제정된 법률1957 statute 조항을 홈페이지에 명시함으로써 입증하고 있다.

으로 ① 검증할 주장을 선택하는 기준, ② 팩트체크가 한쪽에 치우치지 않는 방법을 어떻게 보장하는지, ③ 검증하는 주장의 영향력과 중요성을 어떻게 고려하는지를 밝혀야 한다. 이와는 별개로 평가자에게 서명 기관에 신청하기 전 6개월간의 검증에 대해 검색 가능한 스트레드시트를 제공해야 한다.[50][51]

평가자들의 평가가 끝나면 그다음 단계는 IFCN 자문위원회The Advisory Board의 투표를 거치는 것이다. 자문위원회는 2024년 현재 각 대륙을 대표하는 15명의 서명 기관 대표 출신의 자문위원과 서명 기관은 아니지만 독립적으로 참여하는 4명의 자문위원으로 구성되어 있다. 자문위원회의 주된 역할은 평가자의 평가가 끝난 기관을 서명 기관으로 승인할 것인지에 대해 자문하는 것이지만, 국제적 영향을 미치는 다른 모든 판단 사안에 대해서도 자문한다. 독립 자문위원들은 서명 기관 승인 여부 투표에는 참여하지 않으나 다른 모든 결정에는 참여한다. 서명 기관이 되기 위해서는 서명 기관 대표 출신 자문위원들로부터 3분의 2 이상의 찬성투표를 얻어야 한다. 인증은 매년 갱신되어야 한다. 즉 인증에 필요한 모든 기준을 맞추고 있는지를 매년 평가받아야 하는 것이다. 한국에서는 2020년 jtbc가 최초로 서명 기관이 되었고, 2025년 자격을 갱신했다. 2025년 5월 현재 전 세계적으로 활동 중인 서명 기관은 159개다.

표준화된 규칙을 준수하는 기관들은 그러한 정체성을 기반으

50 IFCN은 2024년 현재 평가자가 272명 있다. 평가자들은 평가 요청을 받은 지 15일 이내에 평가를 마치기를 권고받는다. 평가자에게는 평가 1건 당 350달러가 주어지며, 이 중 200달러는 응모 기관들이 내는 응모료, 150달러는 IFCN의 자체 재원으로 충당된다.

51 응모 기관들이 어떤 조항들에 대해 답변해야 하는지에 대한 가이드라인은 IFCN의 준칙 소개에 공개되어 있다.

그림 9-3 IFCN 서명 기관에 주어지는 배지

로 허위 조작 정보 유통과 확산을 막을 책임이 있는 거대 플랫폼 기업에 입장을 표명하고 협상을 벌이기 시작했다. 2016년 미국 대통령 선거 직후 IFCN의 서명 기관들은 페이스북 창립자 마크 저커버그에게 공개서한을 보내(IFCN, 2016) "우리는 페이스북이 뉴스 피드에서 더 정확한 뉴스 생태계를 기반으로 할 수 있는 원칙에 대해 공개적인 대화를 시작해야 한다고 믿는다. 전 지구적인 팩트체크 공동체는 이 대화에 참여하고 싶다"라며 소셜 미디어에서 확산되는 허위 조작 정보를 억지할 대책을 함께 모색할 것을 제안했다. 페이스북은 이에 '제3자 팩트체킹'을 도입하겠다고 응답했다. 즉 페이스북이 직접 플랫폼에 떠도는 허위 조작 정보를 걸러내는 것이 아니라 사실 검증의 준칙을 준수하는 IFCN의 서명 기관이 페이스북에 유통되는 허위 조작 정보로 의심되는 정보들을 검증하면 이를 경고 메시지와 함께 노출하는 것이다.[52] 제3자 팩트체킹은 처음 미국에서 시작되었으나 2025년 현재 IFCN의 서명 기관이 있는 60개국으로 확대되었다.

2022년 1월에는 80개 서명 기관이 유튜브 CEO에게 공개서한을 보냈다(IFCN, 2022). "매일매일 우리는 유튜브가 전 세계적으로 온라인 허위 조작 정보와 오정보의 주요 매개체 중 하나인 것을 목격한다"라고 심각한 우려를 표한 서명 기관들은 유튜브가 허위 조작 정보의 기원, 그들의 영향과 확산 정도, 그리고 이러한 허위 조작 정보를 폭로하기 위한 가장 효과적인 방법들에 관한 독립적인 연구를 지원해야 하며 인공 지능의 사용을 포함해 허위 조작 정보와 오정보에 관한 유튜브의 통제 정책을 공개하라고 요구했다.

2022년 11월 구글과 유튜브는 IFCN에 전 세계 팩트체크 기관을 후원할 수 있는 기금 1,320만 달러(약 170억 원)를 2025년까지 지원하겠다고 발표했다. 이 중 1,200만 달러는 글로벌 팩트체크 펀드Global Fact Check Fund로 분류돼 팩트체크 기관들을 지원하고 있다. IFCN은 공개 경쟁을 통해 이 기금을 배분하고 있다. 기금은 서명 기관, 서명 기관의 추천을 받은 비서명 기관, 협력하는 조직 등에 주어진다. 기금의 목적은 팩트체크 기관의 활동 품질, 양, 빈도, 규모 및 영향을 증가시키는 것이다. 2023년 첫 수혜가 시작돼 BUILD(선정된 기관당 최대 2만 5,000달러 지원), GROW(선정된 기관당 5만 달러 지원), ENGAGE(선정된 기관당 10만 달러 지원)로 나뉘어 지원되었다.

거대 플랫폼 기업의 지원금은 특히 영세한 신설 팩트체크 기관

52 코로나19, 우크라이나 전쟁 등과 같은 중요한 뉴스 이벤트가 발생할 경우 페이스북은 팩트체크 기관이 쉽게 찾을 수 있도록 키워드 감지를 사용하여 관련 콘텐츠를 취합한다. https://www.facebook.com/formedia/blog/third-party-fact-checking-how-it-works

에게는 재정의 중요한 축을 담당하게 됐다. 메타의 제3자 팩트체킹 파트너가 되는 것도 주요한 수익원이다. 플랫폼 기업과 팩트체크 기관의 결합은, 허위 조작 정보가 가장 많이 유통되는 플랫폼에서 팩트체크를 통해 허위 조작 정보를 억지한다는 목적을 가진 것이지만, 플랫폼 기업 의존도를 높이는 결과 또한 낳았다. 이러한 의존은 팩트체크 저널리즘의 방향을 전통적인 정치 영역의 사실 검증으로부터 소셜 미디어의 허위 조작 정보를 폭로하는 방향으로 전환하게 했고, 그레이브스와 동료들(Graves, Bélair-Gagnon, & Larsen, 2023)이 "폭로 전환"이라고 부른 이러한 경향은 팩트체크 저널리즘 운동을 새로운 방향으로 이끌고 있다. 각국의 자발적인 팩트체크 기관의 연대체로 시작한 IFCN은 서명 기관을 인증하는 역할을 함으로써 각국의 팩트체크 기관에 대한 영향력이 커지게 됐고, 개별 팩트체크 기관을 대신해 플랫폼 기업과의 협상 대표로 참여하게 됐다.

IFCN의 서명 기관들은 여전히 초기의 공동체적인 대화 채널을 유지한다. 서명 기관들만이 공유하는 메일링 리스트를 통해 수시로 주요한 소식들을 올리며 매월 온라인으로 서명 기관 전체 회의를 열어 현안을 논의한다. 자문위원회도 매월 주요 사안을 검토하며, 자문위원회에서 논의했던 내용들은 서명 기관들 전체 회의에도 공유된다. 그러나 이러한 공동체적 성격에도 불구하고 IFCN이 행정 기구로서 점점 영향력이 커져 가는 점, IFCN의 우산이 되어 있는 포인터가 미국에 근거를 둔 공익 재단이라는 점, 미국과 유럽 남미 등의 문화적 갈등이 존재한다는 점에서 IFCN은 전 지구적인 팩트체크 공동체의 허브로서 불안정하면서도 그 역할은 날로 커지는 이중적 상황 속에 있다.

최근에는 유럽 지역의 팩트체크 기관들이 유럽팩트체킹기준네트워크European Fact-Checking Standards Network(EFCSN)를 구성해 2022년 별도로 준칙Code of Standards[53]을 제정했다. 유럽 팩트체크 기관 간의 전문적이고 지속적인 연결을 구축하는 데 목적을 두는 EFCSN은 EU 정부, 플랫폼 기업들과의 협상 창구 역할을 한다. EFCSN은 2023년 6월로 종료된 유럽연합집행위원회의 재정 지원으로 출발해 현재는 가입비와 후원으로 운영되고 있다. 2025년 2월 현재 EFCSN에 가입한 유럽의 팩트체크 기관은 50개 이상이다. EFCSN의 준칙은 방법론, 윤리적 기준, 투명성 등 7개의 챕터로 구성되어 있다. 방법론 등에서 IFCN의 준칙과 큰 차이를 보이지 않음에도 불구하고 별도의 준칙을 제정함으로써 유럽의 팩트체크 기관들은 IFCN의 서명 기관이 되는 것과 마찬가지로 EFCSN의 서명 기관이 된다.

EFCSN의 존재는 EU의 허위 조작 정보 억지 정책을 감사하는 민간 주체로서의 역할에서 도드라진다. 2024년 1월 EFCSN은 2022년에 서명된 '허위 조작 정보에 관한 실천 강령Code of Practice on Disinformation'[54]을 검토한 보고서[55]를 발간했다. 유튜브, 구글, 페이스북, 인스타그램, 틱톡, 링크드인, 마이크로소프트빙, 왓츠앱, X(트위터),

53 준칙의 자세한 내용은 다음을 참조하라. https://efcsn.com/code-of-standards/

54 '허위 정보에 관한 실천 강령'은 허위 정보 억지와 관련된 정부, 시민사회, 언론, 기업 등 주체들이 2018년 처음으로 제정한 거대 플랫폼 기업들이 준수해야 할 자율 규제 도구다. 2018년 유럽연합집행위원회는 역내 국가들의 허위 정보를 방지하기 위한 종합적인 대책인 "정책 발표문: 온라인 허위 정보 대응을 위한 유럽의 접근Communication — Tackling online disinformation: a European approach"을 발표했고, 이에 따라 플랫폼 기업들이 자율 규제로서 실천해야 할 강령도 설정했다. '허위 정보에 관한 실천 강령'은 2022년 디지털서비스법Digital Service Act과 결합하여 보다 포괄적인 규제로 개정됐다. 실천 강령에는 44개의 의무와 128개의 구체적인 조치가 포함된다.

55 보고서는 다음을 참조하라. https://efcsn.com/app/uploads/2024/01/FINAL_Fact_checking_and_related_Risk_Mitigation_Measures_for_Disinformation.pdf

텔레그램이 '허위 조작 정보에 관한 실천 강령'을 어떻게 준수했는가를 보고했다. '허위 조작 정보에 관한 실천 강령'에 따르면 (1) 플랫폼은 독립적인 팩트체크 기관과 협력하여 EU 회원국과 공식 언어의 서비스 구역를 완전히 커버하는 계약을 체결하고, (2) 플랫폼은 사용자의 이익을 위해 팩트체크를 통합하거나 꾸준히 서비스에 활용해야 하며, (3) 플랫폼은 팩트체커에게 자신의 작업의 품질과 영향을 극대화하기 위해 필요한 데이터에 접근할 수 있도록 해야 한다. EFCSN은 30개 이상의 유럽 국가에서 활동하는 50개 이상의 독립적인 팩트체크 기관을 대표하여 온라인 플랫폼 기업들의 디지털 서비스 법(DSA) 및 '허위 조작 정보에 관한 실천 강령' 시행 현황을 검토한 결과 "거대 온라인 플랫폼과 검색 엔진 대다수는 여전히 디지털 서비스 법이 요구하는 대로 효과적인 디지털 위험 완화 조치를 취하지 않고, 그들의 약속을 이행하는 것과 거리가 있다"라고 평가했다.

글로벌 사우스Global South로 분류되는 아랍 국가들에서도 최근 팩트체크 기관들의 연대체가 출범했다. 아랍 팩트체커 네트워크Arab Fact-Checkers Network(AFCN)는 코로나19 와중에 출범했다. 역내 팩트체크 기관들의 연대, 팩트체커들의 재교육을 위한 워크숍 등을 개최하는 AFCN은 권위주의 정부가 많은 아랍 지역에서 여전히 새로운 언론적 실천인 팩트체크 저널리즘을 확산하는 데 목적을 두고 있다. 이스라엘, 하마스 간의 전쟁이 벌어진 이후, AFCN에 소속된 팩트체크 기관들은 전쟁에 관련된 허위 조작 정보들을 데이터베이스로 만들어서 아랍어 해독 능력이 없는 지역에서 번지는 전쟁 관련 허위 조작 정보들을 검증한 뒤 영어로 알리는 서비스도 진행했다.

EFCSN이나 AFCN처럼 전 세계를 아우르는 IFCN과의 관계를 유지하면서도, 지역의 정치사회적, 문화적 특성에 맞춘 권역별 국제 협력이 계속 이어져 가는 것이 현재 팩트체크 저널리즘 세계화의 추세다.

10장

팩트체크 효과: 사실은 신념을 교정하는가

민주주의의 성공은 시민들의 정치적 오해를 바로잡을 수 있는 방법이 있는가(Garrett, Nisbet, & Lynch, 2013)에 달려 있으며, 팩트체크 저널리즘은 시민들이 필요로 하는 사실적 정보를 쉽게 전달하는 방법(Jarman, 2016)으로 간주되어 왔다. 이런 점에서 팩트체크 저널리즘은 민주주의를 건설하는 도구이며, 의회 등 민주적 기관들이 약화되고 위협적인 상황에 놓인 데 대한 대응(Amazeen, 2020)이라고까지 평가되어 왔다. 그럼에도 불구하고 정확한 정보를 제시하는 것만으로는 사람들의 잘못된 믿음이 쉽게 교정되지 않는다는 것이 특히 정치적인 내용의 팩트체크 효과를 검증한 연구들(Jarman, 2016; Nyhan & Reifler, 2010; Walter, Cohen, Holbert, & Morag, 2020)에서 보고되는 바다.

현대적 팩트체크 저널리즘의 효과에 대한 순진한 가정은 합리적인 시민이라면 선거와 같은 중요한 공적 이슈에 대해 자신의 의견을 갱신할 때 정확한 정보를 이용하리라는 것이었다(Jarman, 2016). 그러나 정확한 정보는 그대로 수용자들에게 수용되는 것이 아니었다. 팩트체크의 설득 효과, 좀 더 나아가 그릇된 믿음의 교정 효과에 대한 연구 결과는 혼재되어 있다. 팩트체크의 교정 효과를 발견한 연구들이 있는가(Fridkin, Kenney, & Wintersieck, 2015; Gottfried, Hardy, Winneg, & Jamieson, 2013; Pingree, Brossard, & McLeod, 2014; Wintersieck, 2017; Wood & Porter, 2019) 하면 팩트체크에 노출된 수용자들이 기존 신념을 강화하는 역효과backfire effect가 발견(Nyhan & Reifler, 2010; Jarman, 2016)되기도 한 것이다. 역효과의 발견은 팩트체크 수용을 저해하는 인지적 저항의 메커니즘이 무엇인지를 규명하는 연구를 발전시켰고, 어떻게 하면 이러한 저항을 완화하여 팩트체크 효과가 높아질 수 있는지 팩트체크 콘텐츠의 품질, 메시지 디자인에 주목하는 연구로 이어졌다(염정윤 · 정세훈, 2018; 정성욱, 2018; 정성욱 · 윤석민, 2021; 정은령 · 최지수 · 박유진, 2020; Amazeen, Thorsen, Muddiman, & Graves, 2018; Kim et al., 2022; Young, Jamieson, Poulsen, & Goldring, 2018). 누가 팩트체크를 했느냐는 것도 팩트체크의 설득 효과에 영향을 미친다. 즉 팩트체크의 정보원(염정윤 · 정세훈, 2018)이 누구인지가 팩트체크 효과를 매개하며, 팩트체크 주체의 문제와 확증 편향이 팩트체크 효과에 영향을 미친다는 것이다(이은주 · 김현석 · 이종민, 2023). 팩트체크의 설득 효과보다 더 근본적인 것, 즉 과연 팩트체크가 허위 조작 정보의 확산을 막는 역할을 하는가에 주의를 돌려야 한다는 문제의식도 제기된다. 이러한 허위 조작 정보 억지 효과에 초점을 맞춘다면 팩트체크가 가진 효용을 오로지 잘못된 믿음에 대한 교정 역할misbelief correcting role로만 볼 것이 아니라 주의 환기 기능alerting role에서도 찾을 수 있지 않겠는가는 논의(Chung & Kim, 2021)가 제기되고 있는 것이다.

팩트체크 효과를 떨어뜨리는 인지적 편향

팩트체크의 설득 효과가 크지 않다는 연구들은 이를 거부하는 인지적 편향들에 대한 이론적 설명에 기반을 두고 있다. 사람들은 왜 오정보를 받아들이며, 받아들이고 나면, 이에 대해 올바른 정보를 제공해도 교정이 이뤄지지 않을까?

스테판 레완도스키Stephan Lewandowsky 등(Lewandowsky et al., 2012)은 오정보를 철회하는 데 효과적이라고 현재까지 확인된 요인은 세 가지 정도라고 요약했다. 첫째, 오정보에 노출된 순간 이에 대해 경고를 하는 것, 둘째, 주어진 오정보에 대한 철회retraction를 반복할 것 셋째, 철회를 통해 발견된 논리적인 빈틈을 메우는 다른 이야기를 제공할 것(116)이다.

연구자들은 오정보가 입력되고 난 후에 인식이 수정되는 것은 입력되기 전보다 어렵다는 점을 발견해 왔다. 폴 그라이스Paul Grice(1975; Lewandowsky et al., 2012 재인용)에 따르면, 사람들은 기본적으로 자신에게 제공되는 정보가 타당할 것이라고 기대하지만 이에 대해 경고가 선행되면 이러한 기대는 바뀐다. 오정보가 일단 입력되고 난 뒤에는 이를 철회하는 정보가 계속적으로 강한 강도로 주어지는 것이 오정보를 수정하는 데 효과적이다. 그러나 아주 약한 정도의 오정보라도 오정보가 한번 수용자에게 입력되고 나면, 오정보의 효과가 없어지거나 지속되지 않을 정도로 효과가 낮아지기는 극히 어렵다. 오정보를 철회하는 정보를 정보 수용자들이 받아들이지 못하는 이유에 대해 레완도스키 등은 오정보를 철회한 뒤 생긴 논리적 공백을 사람들이 견디지 못하기 때문이라고 설명한다. 따라서 이를 줄여 주는 대안적인 이야기가 제시될 때 오정보의 교정이 가능하다. 효과적으로 오정보를 대체하기 위해서 대안적인 이야기에는 왜 애당초 오정보가 발생했는지에 대해 인과를 분명히 밝혀 주는 설명이 담겨야 하며, 특히 오정보의 배후에 담긴 동인을 밝혔을 때 교정 효과가 커진다는 것을 발견할 수 있었다고 레완도스키 등은 보고한다. 이러한 설명은 허위 조작 정보를 폭로하는 팩트체크가 맥락성(정은령 · 최지수 · 박유진, 2020; Kim et al., 2022)을 충분히 제공해야 한다는 실천적 함의를 갖는다.

사람들은 뉴스가 얼마나 정확한 정보를 담고 있는가보다 얼마나 자신이 원래 가지고 있는 신념과 일치하는가에 따라 받아들이거나 거부하는 것으로 여러 연구에서 보고되어 왔다. 즉 자신의 신념 체계에 반하는 정보는 회피하고 이를 강화하는 정보를 선별적으로 찾는 것이다(Taber & Lodge, 2006). 이러한 인지적 편향에 주목해 팩트체크의 설득 효과, 혹은 교정 효과가 나타나는지를 살펴본 다수의 연구들은 동기화된 추론Motivated Reasoning(Kunda, 1990)을 이론적 근거로 삼았다(박진우, 2020; 정성욱, 2018; 정성욱 · 윤석민, 2021; Flynn, Nyhan, & Reifler, 2017; Nyhan & Reifler, 2010; Walter et al., 2020). 동기화된 추론 이론에 따르면 인지적 처리는 정확성 목표accuracy goal와 방향성 목표directional goal의 두 가지 동기에 의해 진행된다. 정확성 목표는 옳은 결론에 도달하고자 하는 욕구로 정확성 동기가 높으면 관련 정보를 최대한 수집하고 살핀다. 반면 방향성 목표는 자신의 기존의 믿음과 부합하는 결론을 미리 정해 놓은 후 그것을 유지하고자 하는 욕구다. 방향성 목표에 이끌린 정보 처리 과정에서는 기존 신념과 일치하는 정보는 비판없이 긍정적으로 받아들여지는 데 비해 일치하지 않는 정보는 보다 면밀히 검토되고 덜 긍정적으로 받아들여진다(Ditto, Scepansks, Munro, Apanovitch, & Lockhart, 1998).

나이언과 라이플러(Nyhan & Reifler, 2010)는 사람들이 기존의 신념과 일치하는 정보를 맞닥뜨렸을 때보다 어긋나는 정보에 맞닥뜨렸을 때 반대되는 견해를 더욱 강하게 생성하는 것을 역효과로 개념화하였다. 이들은 세 개의 가설을 세우고 실험 연구를 진행했다. 첫째 잘못된 인식에 대한 교정 효과는 실험 대상자의 이데올로기에 의해 조절될 수 있으며, 둘째 집단적으로 잘못된 이해를 공유하고 있는 그룹에서는 교정이 실패할 수 있고, 셋째, 어떤 경우에는 교정과 잘못된 인식 사이에 강한 상호 작용이 발생함으로써 이데올로기적으로 동질적인 그룹에서 잘못된 인식이 더 확대될 수 있다는 것이었다.

이들은 ① 이라크가 대량 살상 무기(WMD)를 갖고 있다는 주장, ② 부시 정부의 세금 인하 정책이 경제 성장을 가져와 실제로는 세수가 늘어났다는 주장, ③ 부시 행정부가 줄기세포 연구를 중지시켰다는 민주당 의원들의 주장 등 세 가지를 주제로 가상의 뉴스를 작성해 실험 자극으로 삼았다. 이 뉴스들은 모두 사실이 아닌 것으로 판명된 것으로서 앞선 두 개는 보수적인 정치관을 가진 쪽에서 동의하는 내용이고, 세 번째는 민주당 성향의 지지자들이 흔히 갖는 잘못된 인식이었다. 실험 결과 응답자의 이데올로기적인 편향에 따라 교정 효과가 현저히 다르게 나타난다는 것이 확인됐다. 이보다 더욱 부정적인 결과는 이데올로기적으로 동질적인 그룹에서 잘못된 인식이 더욱 강화된다는 것이었다.

기존에 갖고 있던 정치적 귀속affiliation이 교정 효과에 영향을 미친다는 점은 제프리 자만Jeffrey Jarman(2016)의 연구에서도 확인됐다. 그는 오바마 대통령의 이민 정책 개혁안에 대한 발언을 검증문으로 제시해 실험 참가자 전원에 보여 준 뒤 이 중 한 그룹에는 이를 '거짓'으로 판정한 팩트체크 기관의 해석을 보여 주고 나머지 한 그룹에는 '사실 반 거짓 반'으로 판정한 분석을 보여 준 뒤 결과를 측정했다. 실험 결과 주어진 검증문을 사실과 거짓으로 판단하는 첫 번째 단계의 질문에서는 피험자들이 갖고 있던 원래의 정치적 귀속에 따라 통계적으로 의미 있는 차이가 빚어졌다. 즉 민주당 지지자들은 오바마 대통령의 이민 정책에 대한 발언을 사실이라고 인식한 반면, 공화당 지지자들은 거짓이라고 답변하는 경향이 강했다.

검증문에 대한 판정이 '거짓'과 '사실 반 거짓 반'으로 제시되었을 때 민주당 지지자들은 오바마 대통령의 발언이 '거짓'이라고 판정되었을 때도 당초의 발언이 참이라고 믿는 결과가 오히려 강화되는 것으로 나타났다. 이는 기존의 당파성이 그대로 유지되는 한 팩트체크의 교정 효과가 이로 인해 제한될 수 있다는 부메랑 효과를 확인해 준다. 또한 자신의 신념 체계를 그대로 유지하려는 성향을 지닌 사람들에게 '사실 반 거짓 반'의 판정은 자신의 신념이 일부일지라도 사실이라고 확인된 것으로 간주돼 잘못된 정보에 대한 자신의 기왕의 믿음을 더욱 강화하는 것으로 나타났다.

30개의 팩트체크 관련 연구를 메타분석한 네이선 월터Nathan Walter 등(Walter et al., 2020)은 먼저 동기화된 추론 이론에 근거해, 신념에 대한 팩트체크의 효과는 자신의 태도와 부합하는 교정일 때가 역행하는 교정일 때보다 더 강하게 나타날 것이라는 가설을 세웠다. 정치적 지식이 더 많은 사람일수록 팩트체크 결과에 노출되어도 신념이 덜 영향받을 것이라는 가설도 세웠다. 정치적 이데올로기와 관련하여 공화당 지지자들에 비해 민주당 지지자들의 신념에 대한 팩트체크 효과가 더 클 것이다라는 가설과 진보/민주당 지지자들에 비해 보수/공화당 지지자들이 더 자신의 태도에 부합하는 팩트체크는 받아들이고 역행하는 팩트체크를 받아들이지 않는 상호 작용 효과가 있을 것이라는 가설도 세웠다.

연구 결과 자신의 태도에 부합하는 팩트체크, 즉 상대 이데올로기를 폭로하는 팩트체크에 대한 효과는 강하게 나타났지만, 자신의 이데올로기를 부정하는 팩트체크의 효과는 그에 비해 약하게 나타났다. 정치적인 지식이 많을수록 팩트체크의 효과는 더 약하게 나타났다. 진보/민주당 지지자들과 보수/공화당 지지자들 사이에 팩트체크로 인한 신념 교정 효과는 유의미하게 차이나지 않았다. 그러나 보수/공화당 지지자들에게서 진보/민주당 지지자들에 비해 자신의 태도에 역행하는 팩트체크로 인한 교정보다 부합하는 교정으로 인한 효과가 더 크게 나타났다. 즉 보수/공화당 지지자들 사이에서 자신의 기존 신념에 부합하는 정보를 더 받아들인다는 동기화된 추론의 경향이 더 강하게 나타나는 것이다.

한편 재닝 리Jianing Li 등(Li, Foley, Dumdum, & Wagner, 2022)은 사람들이 팩트체크 결과를 받아들이는 데 동기화된 추론과 적대적 매체 지각이 동시에 작동할 것이라는 가설을 세웠다. 팩트체크 뉴스를 읽는 것이 정확성 동기를 자극함으로써 수용자들에게 좀 더 정확한 신념을 갖게 할 것이라고 본 것이다. 동시에 검증 과정에서 객관적이고 공정한 방법을 견지한다고 해도 팩트체크의 결과물은 어느 한쪽에 치우친 것으로 나타나며, 이로 인해 당파성을 가진 사람들은 실제로 그 결론이 극화된 정도보다 훨씬 더 극화된 것으로 파악하는 적대적 매체 지각이 작동할 것이라고 예상했다.

두 차례의 온라인 설문 조사를 실시한 이들은 실험 참가자의 당파성이 무엇이든, 해당 뉴스를 어떤 언론사가 보도했든 팩트체크 형식으로 뉴스를 제공하는 것이 전통적인 정치 뉴스 포맷보다 실험 참가자가 갖는 신념의 정확성을 높인다는 것을 발견했다. 동시에 전통적인 정치 뉴스 포맷보다 팩트체크 형식으로 뉴스를 제공했을 때 뉴스 스토리나 언론인들이 더 편향되었다고 인식하는 적대적 매체 지각이 증가한 것으로 나타났다. 특히 적대적 매체 지각에서는 언론사가 어디인가가 조절 효과를 나타냈다. 실험 참가자들은 보수나 진보로 분류되는 언론사가 팩트체크 형식의 뉴스를 제공했을 때, 중립으로 분류되는 언론사의 경우보다 더 편향적이라고 인식하는 것으로 나타났다.

리 등의 연구 결과는 팩트체크 뉴스의 효과가 '양날의 검'이라는 점을 드러냈다. 팩트체크 뉴스가 사람들에게 무엇이 사실이고 사실이 아닌지를 이해하는 능력을 높이지만, 사람들은 그러한 정확성 인식과 동시에 팩트체크 뉴스를 제시한 언론사나 언론인이 편향됐다고 인식하는 것이다.

한편 팩트체크의 주체가 누구인가도 팩트체크 효과에 영향을 미쳤다. 팩트체크 검증 주체와 확증 편향이 팩트체크 메시지의 효과에 미치는 영향을 온라인 실험을 통해 검증한 연구(이은주 · 김현석 · 이종민, 2023)에서는 인간 팩트체커만이 아니라 인공 지능도 팩트체크 주체로 피험자들에게 소개됐다. 연구진은 동일한 팩트체크 메시지에 대해 전문가나 크라우드 소싱과 같은 사람이 했다고 안내받았을 때와 인공 지능이 수행했다고 안내받았을 때 이용자들의 판정 결과 수용 정도, 메시지의 공신력에 대한 평가, 공유 의도가 차이를 보이는지와 자신의 정치적 성향과 일치하는 판정 결과를 제시하는 팩트체크 메시지에 우호적으로 반응하는 확증 편향이 언제 강하게 나타나는지 탐색했다.

확증 편향(Nickerson, 1998)은 팩트체크 결과를 받아들이기 어렵게 만드는 또 다른 인지적 편향이다. 사람들은 자신의 신념이나 태도와 반대되거나 양립하기 어려운 외부 자극에 접하게 되면 심리적 불편함을 느끼고 이러한 인지 부조화cognitive dissonance(Festinger, 1957)를 피하기 위해 방향성 목표에 입각해 메시지를 처리함으로써 이미 가지고 있던 신념, 가치, 의견, 태도 등을 유지하려고 한다.

연구 결과 팩트체크 주체의 효과는 판정 결과가 실험 참가자의 정치 성향과 불일치할 때, 일치할 때보다 더 강하게 나타났다. 구체적으로 실험 참가자들은 인공 지능이 수행했다고 안내받은 팩트체크 메시지를 인간 전문가의 팩트체크 메시지보다 더 공신력이 있다고 평가했다. 반면 팩트체크 판정 결과가 자신의 정치 성향과 일치할 때는 팩트체크 주체에 따른 메시지 공신력 평가의 차이가 유의하게 나타나지 않았다. 팩트체크 공유 의도에도 팩트체크 주체의 효과는 나타났다. 실험 참가자들은 판정 결과가 자신의 정치 성향과 불일치할 때 인공 지능 팩트체크 메시지를, 전문가 내지는 크라우드 소싱 팩트체크 메시지보다 더 공유하고자 했다. 메시지 공신력의 결과와 마찬가지로 판정 결과가 정치 성향과 일치할 때는 팩트체크 주체의 효과가 유의하지 않았다. 이 연구는 팩트체크 메시지를 처리하고 수용하는 과정에서 확증 편향이 견고하게 작동하는 것을 확인한 한편, 판정 결과의 정치 성향 일치도가 팩트체크 주체의 효과를 조절하는 것을 발견했다. 참가자들은 판정 결과가 자신의 정치 성향과 일치하지 않을 때 인공 지능이 수행한 팩트체크 메시지를 전문가 팩트체크 메시지보다 더 신뢰할 만하다고 판단했고, 공유하려는 의도도 높았다(75).

정치적 성향에 따라 팩트체크에 대해 상이한 반응을 보이는 것은 어떤 팩트체크를 공유하는가에서도 드러났다. 신지은과 키어스

틴 소슨Kjerstin Thorsen(Shin & Thorsen, 2017)은 트위터 이용자들이 어떤 팩트체크를 공유하며 팩트체크의 판정에 대해 어떤 댓글을 다는지를 분석한 결과 당파성에 따라 선택적 공유selective sharing가 일어난다는 사실을 확인했다. 신지은 등은 대선이 치러졌던 2012년 10월 미국의 3대 팩트체크 기관으로 꼽히는 팩트체크닷오르그와 폴리티팩트, 〈워싱턴 포스트〉의 팩트체커의 트윗을 X(트위터) 유저들이 어떻게 공유하고 댓글을 달았는지를 분석했다. 당파성이 강한 사람들은 자신이 지지하는 후보에게 유리하고 반대 후보에게 불리한 팩트체크를 공유함으로써 이념적으로 편협한 팩트체크를 지지자들에게 확산하고 있었다.

팩트체크 메시지에 대한 선택적 공유가 갖는 함의는 첫째 당파성을 가진 사람들에게는 팩트체크 메시지조차 자신이 속한 집단을 지지하고, 상대 그룹을 깎아내리는 도구로 활용될 수 있다는 점이다. 지금까지 선택적 노출selective exposure(Stroud, 2010)은 매체의 편향성에 따라 이를 선택적으로 소비하는 것에 집중해 왔지만, 당파성이 강한 사람들은 편향되지 않은 매체에서 생산된 메시지조차 선별적으로 골라 자신의 소셜 네트워크에 가시화했다. 즉 미디어 소비자 자신이 자신의 X(트위터) 팔로워들에게 당파적인 정보원 역할을 하는 것이다.

팩트체크는 효과가 없는 것일까

팩트체크가 정치적 성향에 따른 인지적 편향을 거스를 수 없다면 무용한 것인가? 나이언과 라이플러(Nyhan & Reifler, 2010)가 팩트체크의 역효과를 실증한 이래 이를 반박하는 연구도 잇따랐다. 토머스 우드

Thomas Wood와 이선 포터Ethan Porter(Wood & Porter, 2019)는 자신이 갖고 있는 믿음에 배치되는 정보가 제시되었을 때 이를 반박한다는 것은 자신이 기존에 갖고 있던 믿음에 배치되는 정보를 받아들이는 것보다 더 많은 인지적 노력cognitive effort을 필요로 하기 때문에 역효과가 나타나지 않을 것이라고 보았다. 자신의 기존의 견해와 맞지 않는 교정corrections이 일어났을 때 인지적 노력을 기울여 이에 대해 반박하기보다는 교정을 무시하거나, 무기력하게phlegmatically 이를 받아들인다는 것이다.

우드와 포터는 나이언 등(Nyhan et al., 2010)이 실험에 사용했던 대량 살상 무기(WMD)에 대한 발언 등을 먼저 보여 준 뒤 이를 교정하는 사실을 보여 주고 교정된 사실에 동의하는지를 질문했다. 발언한 정치인은 민주, 공화 양당의 인물들을 포괄했다. 그 결과 민주당 지지자, 공화당 지지자, 중도 모든 그룹에서 교정된 사실을 지지하는 결과가 나타났으며, 특정 당 지지자에서 교정된 사실에 더 반박하는 경향도 드러나지 않았다. 이러한 결과를 바탕으로 우드와 포터는 사람들이 교정된 사실에 노출됐을 때 자신의 이데올로기보다는 사실적 정보factual information에 주의를 기울인다고 주장했다.

나이언과 라이플러(Nyhan & Reifler, 2015a)도 자신들의 이전 연구 결과와는 다른 가능성을 보여 주는 연구 결과를 내놓았다. 2014년 미국 하원의원 선거를 계기로 팩트체크의 효과를 선거 전과 후에 걸쳐 다섯 번에 걸쳐 종단 연구한 결과 선거 전후로 팩트체크에 노출됐던 사람들은 팩트체크 결과물이 제대로 된 정보를 전달한다고 긍정적인 반응을 보였다. 그러나 팩트체커들이 팩트체킹의 설득 효과를 높이기 위해 유념할 것도 있었다. 첫째, 획득하는 정보의 양이 적고 교육 수준이 낮으며 정치적 지식이 적은 사람들은 팩트체크에 대해 덜 긍정적인 태도를 취했다. 또한 팩트체크는 보수적 지지자들에 비해 진보적 지지자들에게 더 호응을 얻었다. 이러한 격차를 어떻게 해소할 것인가가 팩트체커들의 과제로 주어졌다.

서로 엇갈리는 연구 결과를 내어오던 두 연구 팀, 즉 나이언, 포터, 라이플러, 우드(Nyhan, Porter, Reifler, & Wood, 2020)가 공동 연구를 통해 내놓은 결과는 팩트체크의 교정 효과가 갖는 가능성과 한계를 동시에 드러냈다. 2016년 대선 동안 진행된 두 차례의 실험을 통해 이들은 혼재된 결과를 발견했다. 트럼프 지지자들은 트럼프의 주장을 반박하는 팩트체크를 받아들여 자신들의 믿음을 교정했다. 그러나 그 교정의 정도는 클린턴 지지자들에 비해 적었다. 언론의 팩트체크에 노출된 것이 사실에 대한 인식에는 변화를 가져왔을지 몰라도 그들의 태도 변화를 이끌어 내지는 않았다. 즉 트럼프가 한 주장이 사실이 아니라는 것을 받아들여 자신들의 사실적 신념을 갱신하기는 해도, 이것이 트럼프에 대한 지지를 철회하는 등의 후보에 대한 평가, 투표 선택의 변화 등에 영향을 미치는 증거를 발견하지 못한 것이다. 이러한 결과는 언론의 팩트체크가 오정보에 대한 믿음을 교정할 수는 있지만, 후보자에 대한 평가나 투표 선택에는 미미한 영향을 미친다는 것을 보여 준다.

국내에서도 김선호와 백영민(2018)이 19대 대선 기간 후보자들이 상대 후보에 대해 부정적인 의혹을 제기한 것에 노출됐던 유권자들이 정치적 선유 경향(투표를 통해 지지했던 대통령 후보)과 무관하게 팩트체크 뉴스의 판정에 맞게 자신의 입장을 변화시키는지(설득 효과) 아니면 정치적 선유 경향과 부합할 경우에만 팩트체크 뉴스의 판정을 수용하는지(부메랑 효과)를 살펴보았다. 이들은 대부분의 팩트체크 효과 연구들이 제기된 주장을 '거짓'으로 판정한 것을 분석 대상으로 삼은 것과는 달리, 참과 거짓의 어느 쪽도 확정하지 않는 '사실 반 거짓 반'에 대한 이용자의 반응도 살펴보았다.

대선 이후에 시행된 온라인 실험 결과 홍준표 후보 지지자를 제외한 대부분의 미디어 이용자가 팩트체크 뉴스에 포함된 판정 결과를 수용하는 쪽으로 태도를 바꾸는 설득 효과가 발견되었다. 연구자들이 특히 주목한 것은 팩트체크 뉴스의 설득 효과가 어느 후보가 어느 후보에게 의혹을 제기했는가 하는 정치적 의혹 제기 상황(예: '문재인 후보의 홍준표 후보에 대한 의혹 제기,' '문재인 후보의 안철수 후보에 대한 의혹 제기,' '홍준표 후보의 문재인 후보에 대한 의혹 제기,' '안철수 후보의 문재인 후보에 대한 의혹 제기'), 미디어 이용자의 정치 성향에 상관없이 비슷한 양상으로 나타났다는 것이었다. 이는 한국의 미디어 이용자에게 팩트체크 뉴스가 미치는 영향이 부메랑 효과보다는 설득 효과에 가까움을 드러낸 것이지만, 연구자들은 이러한 결과 해석에 유보적이었다. 이들이 실험 자극으로 택한 정치적 의혹이 미디어 이용자의 정치적 신념이나 정체성에 도전하는 필수적 정치 정보가 아니기 때문에 팩트체크 뉴스의 판정에 대해 심리적 저항을 느끼지 않았을 가능성이 높았기 때문이다.

총론적으로 보아 팩트체크 메시지는 메시지에 노출되는 사람의 정치적 이데올로기나 기존의 입장이 무엇이든, 검증 대상이 선거와 같은 정치적인 이슈든 아니면 일상적인 것이든, 전혀 사실 아님이라는 판정이 내려졌든 아니면 부분적으로만 사실이라는 판정이 내려졌든 관계없이 신념에 긍정적인 영향을 미쳤다(Walter et al., 2020). 우드와 포터(Wood & Porter, 2019)가 주장했듯이 "시민들은 정보가 자신의 이데올로기를 거스르는 경우라 하더라도 사실적 정보에 주의를 기울이는 것"(1)이다. 그러나 네이선 월터 등(Walter et al., 2020)의 메타분석 결과는 팩트체킹이 오정보를 교정하는 데 대단히 제한적이라는 것도 동시에 보여 준다. 특히 미국의 진보/민주당 지지자들과 보수/공화당 지지자들의 팩트체크에 대한 수용도와 해석 차이는 크다. 보수/공화당 지지자들은 자신의 기존 태도에 부합하는 팩트체크는 받아들이지만 그에 역행하는 팩트체크는 그보다 덜 받아들였다. 팩트체크 기관들이 불편부당성과 독립성을 규범으로 강조한다고 해도, 이러한 정치적, 이데올로기적 분열은 넘어서지 못하는 것으로 보인다. 또한 연구 결과는 정치적인 팩트체크가 그 어느 때보다 필요한 선거 기간, 사람들의 동기화된 추론도 절정에 이르기 때문에 이 시기의 팩트체크는 덜 효과적이라는 점을 드러냈다. 정치적 오정보를 교정하는 정치적 팩트체킹은 가치가 적재된value laden 팩트체크로서 건강, 마케팅처럼 당파성이나 저항을 불러일으킬 만한 요소가 상대적으로 적은 이슈의 팩트체킹에 비해서 기존 신념 변화에 미치는 영향이 적다고 할 수 있다.

팩트체크의 품질: 메시지 디자인에 대한 탐색

교정 정보corrective information를 담은 독특한 장르의 정치 기사로서(Li et al., 2022) 인지적 저항을 불러일으킬 수도 있고, 형식적 측면에서도 복잡성이 큰 팩트체크 기사의 효과를 높이기 위해 어떻게 메시지를 디자인할 것인가, 어떤 형식이 더 팩트체크에 대한 이해도와 신뢰성을 높이는가, 팩트체크 기관들이 사용하고 있는 시각적 판정표 등의 장치들이 과연 효과적이기는 한 것인가 등도 팩트체크 효과 연구에서 주목되어 온 주제다.

대너걸 영Dannagal Young 등(Young et al., 2018)은 지면과 비디오format, 유머러스한 스타일과 유머러스하지 않은 스타일tone 중 어떠한 팩트체크 메시지가 더 설득 효과가 있는지 실험을 통해 확인했다. 이들은 대부분의 팩트체크가 텍스트와 판정 결과를 직관적으로 이해할 수 있는 등급rating 이미지로 구성되어 있지만, 텔레비전이나 유튜브 등 비디오를 이용한 팩트체크가 점차 확산되고 있는 것에 주목했다. 또한 유머가 메시지에 대한 주목과 흥미는 높이지만, 메시지를 정교하게 논박하는 능력은 떨어뜨린다는 선행 연구(Nabi, Moyer-Gusé, & Byrne, 2007; Young, 2008)에 근거해 팩트체크 메시지가 유머러스하다면 기존의 신념을 교정하는 데 효과적일 것이라는 가설을 세운다. 연구 결과 유머러스한 스타일이든 유머러스하지 않은 스타일이든 긴 텍스트보다는 비디오의 설득 효과가 더 큰 것으로 나타났다. 비디오가 더욱 흥

그림 10－1 세계 각국의 팩트체크 사이트들이 사용하고 있는 시각적인 등급표

폴리티팩트 (미국) / 워싱턴 포스트 팩트체커 (미국) / 파젤라 폴리티카 (이탈리아)

포틀랜드 프레스헤럴드 (오리건, 미국) / 크리키 (호주) / 덴버 포스트 (콜로라도, 미국)

출처: Amazeen, Thorsen, Muddiman & Graves, 2018: 29 재인용.

미롭고, 내용을 전달하는 데 혼돈을 덜 주었다.

아마진 등(Amazeen et al., 2018)은 팩트체크 사이트들이 사용하고 있는 직관적인 이미지의 등급표rating scale가 당파성과 어떻게 상호 작용하는지를 온라인 실험을 통해 살펴보았다. 이들은 등급표의 사용과 관련해 세 개의 가설을 제시했다. 첫째, 시각적 등급표가 포함되는 것이 없는 것보다 독자의 오지각misperception을 줄이는 데 더욱 효과적일 것이다. 둘째, 교정 내용이 독자가 원래 갖고 있는 당파적 믿음과 일치하지 않을 때는 시각적 등급표가 있는 것이 없는 것보다 덜 효과적일 것이다. 셋째, 교정 내용이 독자의 정치적 성향이나 선입견을 거스르는 것일 경우, 시각적 등급표가 부가되는 것이 해당 팩트체크를 시행한 기관에 대한 평가를 낮출 것이다 등이었다.

실험 결과 시각적인 등급표는 사람들에게 사안에 대한 이해력을 높이는 데 실제적으로 효과가 있었으며 특히 비정치적인 주제를 다뤘을 때 그 효과는 더 두드러지게 확인됐다. 이는 비정치적인 주제의 경우 관여도가 낮아 정교화 가능성 모델Elaboration Likelihood Model(ELM)(Petty & Cacioppo, 1986)의 두 개의 경로 중 주변적인 경로를 통해 설득되는 것이라고 해석했다. 그러나 정치적인 주제가 다뤄졌을 때 시각적 판정표의 효과는 복합적으로 나타났다. 팩트체크를 통해 발언이 교정된 후보가 지지 후보였을 경우는 시각적 판정표가 텍스트와 함께 제시되든, 텍스트만 제시되든 설득에 효과적인 것으로 나타났다. 그러나 발언이 교정된 후보가 반대 진영의 후보였을 경우는 어떤 포맷이든 설득 효과가 나타나지 않았다. 이러한 결과가 나타난 데 대해 연구자들은 '천장 효과ceiling effect' 때문일 것이라고 추론했다. 즉 반대 진영 후보에 대한 의심의 최저 수준이 자기 진영 후보에 대한 의심의 최고 수준을 상회하기 때문에 설령 반대 진영 후보에 대한 교정이 일어난다 하더라도 이미 해당 후보에 대해서는 진실을 말하지 않는다는 선입견이 형성되어 있어 교정 효과가 나타나지 않는다는 것이다.

팩트체크 효과 연구를 메타분석한 월터 등(Walter et al., 2020)은 사실성 정도를 가리는 척도가 있는 것이 팩트체크의 효과를 높일 것이라는 가설을 세웠지만, 결과는 척도의 삽입이 오히려 팩트체크의 효과를 현저히 감소시키며 오정보의 교정에 오히려 역효과를 내는 것으로 나타났다. 메시지 길이가 길면 좀 더 많은 주장을 담기 때문에 더 설득적이라고 생각했지만, 메시지 길이는 팩트체크 효과에 뚜렷한 차이를 나타내지 않는 것으로 나타났다. 복잡한 언어는 수용자들을 오히려 멀어지게 할 수 있기 때문에 팩트체크 메시지가 더 복잡할수록, 메시지와 관련된 신념에 영향을 덜 미치게 될 것이라는 가설을 세웠는데 분석 결과 어휘의 복잡성은 팩트체킹의 효과에 심각하게 부정적인 요인으로 작용했다. 월터 등의 연구 결과는 팩트체크를 할 때 메시지 디자인에 있어서 진실 척도와 같은 시각적 장치를 쓰지 않고, 단순하게 메시지를 전달하는 것이 팩트체킹 효과는 더 높일 수 있음을 시사한다.

염정윤과 정세훈(2018)은 팩트체크의 품질이 높으면 정보원(팩트체크를 한 매체)에 관계없이 팩트체크에 대한 평가가 상승하는 것을 발견했다. 이들은 실험 연구에서 팩트체크 결과를 제시하고 이후 판단의 근거를 기관의 발표나 법령에 기초해 설명한 것을 강한 주장, 팩트체크 결과만 제시하고 근거는 언급하지 않은 것을 약한 주장으로 조작했다. 정보원은 각각 진보 보수로 분류되는 매체였다. 기존 연구들에서는 신념과 불일치하는 정보에 대한 체계적 처리는 동기화된 추론을 증가시키고 판단의 정확성을 떨어뜨린다는 것(Kahan, 2013)이었기 때문에 이에 따라 예측하자면 팩트체크 주장의 품질이나 정보원과 관계없이 신념과 일치하는 가짜뉴스에 대한 팩트체크는 평가절하되어야 했을 것이다. 그러나 실험 결과는 팩트체크 주장의 품질이 강한 경우, 즉 판정 결과뿐만이 아니라 판정의 근거를 밝혔을 경우, 정보원에 관계없이 팩트체크에 대한 평가가 높아지는 것으로 나타났다. 염정윤 등은 이와 같은 결과를 근거로 적절한 근거를 제시하여 가짜뉴스를 반박한다면, 비록 신념과 일치하는 것에 대한 반박일지라도 설득 효과가 나타날 수 있을 것이라고 보았다. 주목할 것은 실험 대상자가 우호감을 느끼는 정보원(특정 언론 매체)이 제대로 된 근거를 제시하지 않은 채 자신의 신념과 반하는 팩트체크 결과를 제시하면 비우호 정보원이 근거를 제시할 때에 비해 팩트체크에 대한 긍정적 평가가 오히려 낮게 나타났다는 점이었다.

팩트체크 뉴스의 형식적 특징으로부터 판정 제시 방식(암시적 판정 vs 명시적 판정 vs 시각적 판정), 검증 방식(사실 검증 vs 맥락 검증), 판정의 명확성 여부(대체로 거짓 vs 거짓)라는 세 가지 변인을 도출해 실험 연구한 정성욱(2021)은 제시된 뉴스에 대한 이해와 판정 결과에 대한 동의 정도를 보았을 때 결론을 직접적으로 제시한 명시적 판정과 시각적 판정이 결론을 분명하게 제시하는 대신 수용자가 스스로 이해할 수 있도록 유도하는 암시적 판정에 비해 효과적이었다고 보고했다. 팩트체크 뉴스가 매체 신뢰도를 향상시킬 수 있는지를 탐색한 정성욱과 윤석민(2021)은 실험을 통해 시각적 판정 제시 방식과 판정 결과가 '절반의 사실' 등으로 모호하지 않고 '거짓'으로 명확히 제시되었을 때 매개 효과나 조절된 매개 효과를 통해 매체 신뢰도에 영향을 미치는 것을 발견했다. 이에 따라 이들은 수용자가 판정 결과를 이해하는 데 어려움이나 혼란을 느끼지 않도록 처음부터 끝까지 일관되게 이해할 수 있게 뉴스가 작성되어야 하며, 판정 결과가 시각적 이미지를 통해 제시되어야 한다고 제안했다. 특히 팩트체크 뉴스의 경우 일반 기사보다 분량이 많기 때문에 휴대전화 등 모바일 환경에서 뉴스를 보는 정보 환경을 고려했을 때 한두 번의 스크롤링으로 판정 결과를 알 수 있고 이를 통해 전체 내용을 비교적 쉽게 파악할 수 있어야 한다는 것이다. 이는 시각적인 판정 척도의 삽입이 오히려 팩트체크의 효과를 현저히 감소시키며 오정보 교정에 역효과를 내는 것으로 보고한 월터 등(Walter et al., 2020)의 메타분석 결과와는 상충되는 결론이다.

팩트체크 기사의 메시지 디자인 효과가 대부분 온라인 실험 등으로 측정된 것과 달리 김현석 등(Kim et al., 2022)은 실제 한국 언론이 생산한 팩트체크 기사 914건을 정보원 투명성, 맥락적 정보, 선명성 vividness 등의 카테고리로 내용 분석하고, 해당 기사에 대해 수용자들이 어떻게 좋아요, 화나요, 공유, 댓글 달기 등의 반응을 보였는지 포털 네이버에 나타난 이용자 데이터를 결합해 분석했다. 이를 통해 팩트체크 뉴스 메시지의 어떤 특징들이 수용자의 어떤 반응을 이끌어 냈는지를 탐색한 것이다. 이 중 통계, 공공 보고서, 법원 판례나 행정 규칙, 기사, 보도 자료 웹사이트, 인터뷰 등 팩트체크 기사가 검증에 동원한 정보원을 밝히는 정보원 투명성과 관련하여 특히 통계와 공공 보고서를 이용한 경우 '좋아요'를 제외한 모든 종류의 이용자 반응을 이끌어 냈다. 이는 투명성이 팩트체크의 중요한 원칙일 뿐만 아니라 이용자의 평가적 반응을 이끌어 내는 동력임을 시사하는 것이다. 맥락적 정보의 제공도 이용자 반응을 이끌어 내는 중요한 요소였다. 검증 대상이 되는 발언을 한 주체의 정체성을 밝히는 것은 '좋아요'와 '화나요' 반응을 증가시켰다. 왜 해당 발언이나 이슈를 팩트체크하는 것이 중요한지 이유를 밝힌 경우 더 많은 댓글이 달렸다. 이는 더 풍부한 맥락적 정보를 제공하는 것이 뉴스 이용자의 능동적인 참여를 활성화한다는 것을 시사한다. 이 연구는 팩트체크 기사의 메시지 특성이 전반적인 이용자 참여에 어떻게 영향을 미치는지뿐만 아니라 개별적인 메시지 특성이 '좋아요,' '화나요,' 댓글 달기 등의 각각 다른 참여에 어떻게 관련되는지를 밝혔다는 점에서 주목할 만하다.

팩트체크와 가짜뉴스: 나와 타인에 대한 다른 이해

팩트체크와 동전의 양면과 같은 단어는 가짜뉴스다. 팩트체크 뉴스 소비에 가장 크게 기여하는 요인은 '가짜뉴스의 심각성 인식'이라는 연구 결과도 보고됐다(백영민·김선호, 2017). '가짜뉴스를 접하는 사람이 팩트체크도 더 찾아본다'라는 이러한 연구 결과는 가짜뉴스를 본 사람들이 팩트체크를 찾아볼 것이라는 선형적 연관성을 상정하지만 실제로 이러한 선형적 이용은 보장되지 않는다. 현실에서 뉴스는 다중의 미디어를 통해 개별적으로 또는 동시적으로 사람들에게 노출되기 때문에 가짜뉴스에 선pre 노출되고 팩트체크에 후post 노출되는 시간적 연속성을 가정하기는 어렵다. 가짜뉴스와 팩트체크 뉴스 이용자들의 인식과 평가는 어느 하나의 매체를 분리하여 뉴스 노출과 그 효과를 파악하려는 것보다는 다매체 뉴스 미디어 환경의 동시 이용 행태를 고려해야 한다(Guess, Nyhan, & Reifler, 2018). 국내 만 18세 이상 남녀 1,483명을 설문 조사한 결과에서도 가짜뉴스와 팩트체크 뉴스 모두 노출 경험이 있는 집단의 대다수는 TV–포털–SNS 중심의 다중 매체 이용 비율이 상대적으로 가장 높았고, 가짜뉴스 경험도 없고, 팩트체크 경험도 없는 집단은 TV 중심의 단일 매체 이용 비율이 가장 높았다(김형지 등, 2020).

가짜뉴스와 팩트체크에 노출되는 것이 이후에 어떤 행동으로 연결되느냐는 것은 정치적 선유 경향뿐만이 아니라 메시지가 끼치는 영향력에 대해 자신과 타인의 반응을 어떻게 지각하는지에 의해 크게 좌우된다. 즉 자신이 허위 조작 정보를 판별할 수 있는지에 대한 자신감, 타인은 오정보에 취약할 것이라는 제3자 인식 등이 팩트체크 결과에 대한 수용, 공유 의도 등에 영향을 미치는 것이다.

백영민과 김선호(2017)는 19대 대선 기간 팩트체크 기사를 접했던 유권자의 특성이 무엇인지를 온라인 설문 조사를 통해 탐색하며 '팩트체크를 접한 사람에게서 자신에 대한 영향력 인식 수준과 타인에 대한 영향력 인식 수준은 어떻게 나타나는가'에 주목했다. 사람들은 설득적 메시지가 본인보다 제3자에게 더 강한 영향력을 행사한다고 생각하는데(제3자 인식), 특히 메시지가 사회적으로 바람직하지 않을 경우에는 제3자 인식이 나타나지만, 긍정적일 경우에는 본인(제1자 인식)에게 더 강한 영향력을 미친다고 인식하는 경향이 두드러진다. 이를 근거로 백영민과 김선호는 팩트체크 뉴스의 영향력 인식의 방향성을 통해 뉴스 이용자가 팩트체크 뉴스를 어떻게 바라보고 있는지를 가늠해 볼 수 있다고 추론했다. 연구 결과, 팩트체크 뉴스를 접한 유권자들은 일반 유권자들이 자신보다 팩트체크 뉴스로부터 더 큰 영향력을 받았을 것으로 인식했다. 즉 팩트체크 뉴스 효과 인식에서 제1자 인식보다는 제3자 인식이 강하게 나타나는 '제3자 효과Third Person Effect(TPE)'가 확인됐다. 반면 팩트체크 뉴스 공유 경험은 '나는 팩트체크 기사를 신뢰했다,' '나는 팩트체크 기사가 바람직하다고 생각했다,' '팩트체크 기사는 나의 투표 선택에 도움을 주었다'와 같은 제1자 인식이 강할수록 더 빈번하게 나타났다. 이는 19대 대선 기간의 팩트체크 뉴스 공유는 타자에 대한 우려보다는 정치적 자기표현의 형태로 나타난 것이라고 해석할 수 있게 한다.

정묘정과 김누리(Chung & Kim, 2021)는 제3자 효과를 통하여 사람들이 팩트체크 정보와 가짜뉴스에 대한 영향력을 자신과 제3자에 대해 각각 어떻게 다르게 지각하는지, 그러한 지각이 다시 개인들의 소셜 미디어에서 뉴스를 공유할 의도에 어떤 영향을 미치는지를 연구했다. 이들은 사람들이 자신이 가짜뉴스를 읽고 있다는 것을 깨달았을 때 자신에게는 가짜뉴스가 미치는 영향을 부정할 수 있지만 다른 사람들에게는 그 영향이 있을 것으로 가정할 수 있다고 보았다. 즉 가짜뉴스의 영향력에 대해 제3자 지각이 나타나는 것이다. 이러한 지각은 다시 소셜 미디어에서 뉴스를 공유할 의도를 감소시킬 수 있다. 이 뉴스에 자신이 영향을 받았다는 것을 인정하지 않으며 이것을 더 알리지 않기로 결정하거나 뉴스가 확산되면 제3자들이 가짜뉴스에 영향을 받을 것을 우려하기 때문이다. 자신과 다른 사람들에게 가짜뉴스가 미칠 영향을 가정하라는 요청을 받았을 때 질문을 받은 사람들은 자기보다 다른 사람들이 더 영향을 받는다는 고전적인 제3자 인식을 하는 것으로 나타났다(Stefanita, Corbu, & Buturoiu, 2018).

정묘정과 김누리는 소셜 미디어의 지표(예를 들어 '좋아요'와 공유 숫자의 많고 적음)가 제3자 지각과 소셜 미디어에서의 공유 의도에 어떻게 영향을 미치는지 그리고 이러한 영향이 팩트체크 정보에 의해 어떻게 완화되는지를 실험 연구를 통해 탐색했다. 앞선 연구는 소셜 미디어 지표가 높은 뉴스를 읽은 사람들은 자신도 해당 뉴스에 영향을 받았다고 보고했지만, 소셜 미디어 지표가 낮은 뉴스를 읽은 사람들은 고전적인 제3자 지각, 즉 자신은 이 뉴스에 영향을 안 받았지만,

제3자는 받았을 것이라고 인식한다고 보고했다(Stavrositu & Kim, 2014). 이는 한 가지 입장이나 항목이 높은 인기를 누리는 경우 개인들이 해당 트렌드를 따르는 밴드웨건 효과bandwagon effect로 설명될 수 있다. 그러나 이러한 효과는 사람들이 뉴스가 가짜라는 것을 모를 때에만 나타날 수 있다. 사실 확인을 통해 뉴스가 거짓임을 알게 되면 뉴스가 정당하다고 생각하거나 타인의 추천을 긍정적으로 생각하던 것은 부정적인 것으로 바뀐다.

두 번의 실험 결과 팩트체크 없이 페이스북에서 가짜뉴스를 본 참가자들은 뉴스를 더 신뢰할 만하고 정확하며 유익하다고 인식했으며, 자신이 뉴스에 영향을 받은 정도가 다른 사람들과 유사한 것으로 추정했다. 그러나 팩트체크를 통해 가짜뉴스인 것이 밝혀지면 실험 참가자들은 뉴스의 품질이 낮다고 평가하고 다른 사람들이 자신보다 더 뉴스에 영향을 받을 것이라고 추정하는 제3자 지각을 보였다. 팩트체크 정보에 노출된 결과 제3자 지각이 증가함에 따라 소셜 미디어에서의 뉴스 공유 의도가 약화됐다.

이러한 연구 결과는 팩트체크 효과가 소셜 미디어의 공유 의도에 미치는 심리적 메커니즘에 대한 이론적 설명을 제공한다. 팩트체크를 통해 사람들이 읽은 뉴스가 가짜임을 알리면 이는 사람들에게 자신은 영향을 받지 않지만 타인은 가짜뉴스에 영향을 받을 것이라는 제3자 지각을 높이고, 이로 인해 결과적으로 소셜 미디어에서 뉴스를 공유할 가능성을 줄이는 것이다. 따라서 이러한 심리적 메커니즘을 보았을 때 팩트체크는 사실과 어긋나는 사람들의 기존의 믿음을 바꾸지는 못하더라도 가짜뉴스라는 경보를 울리는 것만으로도 가짜뉴스가 확산되는 것을 억지하는 효과를 나타낸다고 추론할 수 있다.

팩트체크의 부수적 효과:
공인의 책임 있는 발언, 미디어 신뢰

팩트체크의 목표는 유권자들이 올바른 판단을 하도록 설득하는 데만 있지 않다. 언론인들이 팩트체크를 하는 이유는 팩트체크의 대상이 되는 발언자들, 즉 정치인이나 선출직 공직자들이 자신들의 발언이 팩트체크되어 부정적인 평가를 얻게 된다면 평판에 손상을 입을 것을 염려해 발언에 경각심을 갖게 될 것이라는 기대에 있다. 나이언과 라이플러(Nyhan & Reifler, 2015b)는 이러한 가설을 현장 실험을 통해 검증해 보았다. 2012년 11월에 치러진 선거를 3개월여 앞두고 이들은 미국 9개 주의 주 의회 의원 1,169명을 3개의 실험 그룹에 무작위로 배정했다.

처치 조건에 배정된 의원들은 팩트체크 기관인 폴리티팩트가 의원의 발언을 해당 주에서 팩트체크하고 있으며, 부정적인 팩트체크가 되었을 때 선거나 평판에서 어떤 결과가 초래될 수 있는지, '새빨간 거짓말'로 판정된 사례가 무엇인지 등의 내용을 담은 우편물을 세 차례에 걸쳐 받았다. 두 번째로 위약placebo 조건에 배정된 의원들은 정치인 발언의 정확성을 연구하고 있다는 것을 알리는 우편물을 세 차례에 걸쳐서 받았다. 처치 조건과는 달리 이 우편물에는 팩트체크에 대한 언급이나, 정확하지 않은 발언을 했을 때의 예상되는 결과 등에 대한 경고는 없었다. 세 번째는 통제 조건에 속한 의원들로 어떤 우편물도 받지 않았다.

연구자들은 각각의 그룹이 ① 팩트체크 기관인 폴리티팩트로부터 부정적인 평가를 받았는가, ② 선거 운동 기간에 발언의 정확성에 대해 의구심이 제기되는 보도가 있었는가 등을 종속 변수로 확인했다. 결과는 처치 그룹의 의원들이 위약 그룹이나 통제 그룹에 속한 의원들에 비해 통계적으로 유의미하게 사실성에 문제가 있다는 폴리티팩트의 평가를 덜 받았고, 폴리티팩트가 아닌 저자나 언론 보도에 의해서도 정확성에 대한 문제 제기를 덜 받았다는 것이다. 연구자들은 이러한 연구 결과가 처치 그룹의 의원들이 위약 그룹이나 통제 그룹의 의원들보다 발언 횟수가 적거나, 보도가 덜 되어서라는 점 때문은 아니라는 것을 밝혔다.

공인들에게 책임accountability을 일깨우는 이러한 팩트체크의 효과는 그 결과가 혼재되어 나타나는 팩트체크의 설득 효과보다 민주주의의 수행에는 더 중요한 의미를 가질 수 있다. 월터 등(Walter et al., 2020)은 정치인들이 자신들의 발언이 팩트체크에 의해 꼼꼼하게 검토될 것이라는 점을 인지함으로써 더 책임 있는 발언을 하도록 공적 발언에서 사실이 아닌 것들을 걸러 내려고 주의한다면, 이를 통해 거짓된 주장이 만들어지고 반복되는 것을 줄이는 예방적 효과가 있을 것이라고 팩트체크 저널리즘의 긍정적인 효용을 지적했다.

팩트체크의 또 다른 효과는 추락한 미디어의 신뢰를 높이는 데 기여할 수 있는가 하는 것이다. 전통적인 언론사 및 그들이 생산하는 뉴스를 신뢰하는 사람들이 줄어들고 있다. 한국 뉴스 소비자의 뉴스 신뢰도가 국제 비교에서 낮게 나타나지만 이를 한국만의 특수한 현상이라고 볼 수 없다. 뉴스 신뢰도 감소는 세계 여러 국가에서 징후적으로 나타나는 현상이다. 국가 간 비교 연구를 수행하는 여러 시계열 조사의 결과에서 이러한 언론 신뢰도 하락은 일관되게 나타난다(최진호·이현우, 2023; Hanitzsch, van Dalen, & Steindl, 2018; Newman, Fletcher, Schulz, Andi, Robertson, & Nielsen, 2021). 추락한 신뢰도를 회복하기 위해서 가장 기본적인 전제는 해당 언론사나 기자들이 보다 품질 좋은 보도를 위해 노력한다고 독자들이 인정하는 순간에만 나타날 수 있다(박진우, 2020). 양질의 보도를 실현하는 방법에는 여러 경로가 있지만, 언론의 가장 배타적인 영역이자 제1의 원칙(Kovach & Rosenstiel, 2021)으로 간주되는 진실 추구를 적극적으로 추구하는 팩트체크가 이러한 노력에서 제외될 이유는 없다.

텔레비전 뉴스에서 팩트체크 코너가 미디어 신뢰에 미치는 영향에 대해 살펴본 안지수(2019)는 뉴스의 팩트체크 기능이 뉴스 소비자들에게 불확실했던 정보에 대해 사실을 확인해 줌으로써 뉴스의 유용성을 높여 주고 그 정보를 생산하고 전달해 주는 미디어에 대한 신뢰를 향상시켜 줄 수 있을 것이라고 예상했다. 전통 미디어를 신뢰할수록 그 미디어를 더 사용하는 경향이 있었다(Ardèvol-Abreu & Gil de Zúñiga, 2017)는 보고에 기반한다면, 신뢰도를 높이는 것은 결국 언론사의 수익성에도 연결되는 일이라고 할 수 있다. 연구 결과 팩트체크 뉴스를 시청한 집단이 일반 뉴스를 시청한 집단보다 방송사를 더 신뢰하고 팩트체크를 전달하는 아나운서도 더 신뢰하는 경향이 있었다. 이 실험 연구에서 확인된 것은 더 많은 근거를 제시할수록 설득이 잘 된다(Vraga & Bode, 2018)는 기존 연구 결과와 맥을 함께하는 것이었다. 즉 실험물로 보여 준 일반 뉴스가 미세 먼지가 건강에 미치는 영향과 마스크의 필요성을 강조하는 데 그쳤다면, 팩트체크 뉴스는 산업용 마스크가 미세 먼지를 완벽히 차단해 줄 수 있다는 것이 오정보임을 밝히고 정확한 마스크 사용법을 다루었기 때문에 참여자들이 팩트체크 뉴스에서 미세 먼지와 관련된 정보를 더 많이 얻게 되었다고 생각했을 것으로 추론했다. 다만 이 연구는 정치적 팩트체크처럼 가치가 적재된 것이 아닌 건강 이슈였기 때문에 검증 결과 판정에 대해 역효과를 불러일으킬 만한 요소가 상대적으로 적었다는 점이 고려되어야 한다.

팩트체크 뉴스가 과연 매체 신뢰도에 영향을 미칠 수 있을지를 실험 연구를 통해 검증해 보고자 한 정성욱과 윤석민(2021)은 팩트체크 뉴스에 노출되었다는 이유만으로 매체 신뢰도가 증가하는 것은 아니었으며 팩트체크 뉴스에 노출된 후 특별한 인지 과정을 통해서만 매체 신뢰도가 증가하는 것을 확인했다. 인지 과정을 이해, 동의 정도, 미래 뉴스 사용 동기로 측정했을 때 동의 정도만이 매체 신뢰도에 정적 영향을 미치는 것으로 나타났다. 그러나 정성욱 등은 동의 정도에 영향을 미친 것은 팩트체크 뉴스 그 자체만이 아니라 수용자의 정치적 성향이 강한 영향을 미친 것으로 볼 수 있다고 유보적으로 해석했다. 실험에서 변인으로 사용한 판정 제시 방식(암시적 vs. 시각적 이미지가 추가된 명시적 방식)이나 판정의 명확성(거짓 vs. 대체로 거짓)보다는 피험자의 정치적 성향에 따라 동의 정도가 좌우되었을 가능성이 높다는 것이다. 이러한 한계점에도 불구하고 연구진은 팩트체크 뉴스의 설득 효과를 높이기 위해서는 공인된 기관의 자료를 인용하고 해당 분야 전문가나 기관을 대표하는 인물을 인터뷰하는 등 고품질의 팩트체크 뉴스를 제작하는 것이 동의 정도를 증가시킬 수 있다고 제언한다.

그러나 팩트체크 뉴스가 미디어 신뢰를 높인다는 긍정적이고 규범적인 예측만을 할 수는 없다. 호주에서 국가적인 스캔들이 된 부패 사건을 실제 실험물로 삼아 두 개의 전국망을 갖춘 언론사의 기사로 만든 뒤 절반에게는 팩트체크된 기사를, 나머지 절반에게는 팩트체크가 없는 기사를 보여 준 결과 팩트체크된 기사를 본 사람들의 해당 기사와 미디어에 대한 신뢰가 더 감소하는 역효과가 발견되기도 했다(Carson, Gibbons, Martin, & Phillips, 2022).

지금까지 살펴본 것처럼 팩트체크의 설득 효과는 제한적이다. 사람들이 한 번 받아들인 오정보를 교정하는 일은 오정보가 입력되기 이전보다 어려우며 이러한 교정은 정치적 신념 등에 따라 역효과를 일으키기도 한다. 그러나 팩트체킹 메시지에 노출되는 사람의 정치적 이데올로기나 기존의 입장이 무엇이든, 검증 대상이 선거와 같은 정치적인 이슈이든 아니면 건강, 마케팅 등의 일상적인 것이든 "정보가 자신의 이데올로기를 거스르는 경우라 하더라도 사실적 정보에 주의를 기울이는 것"(Wood & Porter, 2019: 1)은 일관되게 발견된다. 팩트체크 저널리즘이 오정보의 교정에 즉각적인 효력을 미치지 못한다 하더라도 오정보인 것을 알려줌으로써 이를 공유하려는 의도를 감소시키는 것(Chung & Kim, 2021), 사회적으로 영향력 있는 발언자들이 자신의 발언의 진실성에 책임감을 갖도록 감시하는 것(Nyhan & Reifler, 2015b), 팩트체크라는 새로운 저널리즘 양식의 실천을 통해 추락한 미디어의 신뢰를 회복하는 시도를 하는 것(안지수, 2019; 정성욱 · 윤석민, 2021) 등에서 팩트체크의 더 넓은 범위의 영향을 가늠해 볼 수 있다.

11장

생성형 AI 시대의 자동화된 사실 확인

디지털 시대에 생산되는 허위 조작 정보의 양과 확산 속도는 인간 팩트체커들이 감당할 수 없는 수준이다. 현대적 팩트체크 저널리즘이 수행하는 사실 확인은 고도의 지적 작업을 요구하며, 노동력과 노동 시간이 많이 투입된다.

이러한 도전은 자동화된 사실 확인 시스템의 필요성을 제기한다. 그러나 자동화된 사실 확인 기술의 발전 수준은 이러한 필요성에 부응하기에는 여전히 역부족이다(Hassan et al., 2017). 2020년 풀팩트가 50개국 24개 팩트체크 기관의 팩트체커들과 인터뷰를 실시한 결과 팩트체커들이 기술이 도움을 줄 수 있다고 믿는 주요 도전 과제는 잠재적으로 해로운 콘텐츠를 모니터링하는 것을 포함해, 검증이 필요한 주장의 선택, 기사 작성 및 배포, 독자로부터의 제안 관리 등이 포함되었다(Arnold, 2020b). 팩트체커들은 전형적인 사실 확인의 마지막 단계인 검증은 자동화될 수 없다고 예측했다. 오늘날 인간 팩트체커들이 보여 주는 사실 확인의 수준은 데이터 저널리즘, 탐사 저널리즘의 발전을 수용해 높은 수준의 결과물을 내놓고 있다. 인간 팩트체커 수준에 도달하기 위해 기계 학습machine learning, 자연어 처리Natural Language Process(NLP), 데이터베이스 쿼리 기법database query techniques 등이 자동화된 팩트체크 연구에 동원되어 왔다. 그러나 자동화된 시스템에는 신뢰성 문제가 있다(Arnold, 2020b). 따라서 합리적인 해결책은 자동화된 사실 확인 시스템을 활용하여 인간 사실 확인자를 지원하는 것이다.

자동화된 사실 확인 개발 노력은 인간 팩트체커들을 돕기 위해 기술을 적용해 온 전문적인 팩트체크 기관들의 노력과 컴퓨터공학과 데이터 저널리즘을 결합하여 자동화된 사실 확인을 개발해 온 컴퓨터 사이언스 쪽으로부터의 접근법의 두 갈래로 설명될 수 있다. 각각의 노력은 팩트체커들을 통해 축적되어 온 수동적인 사실 확인의 성과와 컴퓨터공학 특히 인공 지능(AI)의 결합으로서, 팩트체커들은 인공 지능 연구의 성과를, 인공 지능 연구자들은 인간 팩트체커들이 생산한 텍스트를 기계 학습, 자연어 처리 등의 학습 데이터로 삼아 상호 병행적으로 발전해 왔다.

인간 팩트체커들의
자동화된 사실 확인 개발 노력

전 세계의 팩트체크 기관들은 2015년 이래 사실 확인 과정의 일부를 자동화하거나 인공 지능을 사용하여 간소화하고 가속화하는 시스템 개발에 박차를 가해 왔다. 여기에는 사실 검증 가치가 있는 주

그림 11 – 1 사실 확인 경로

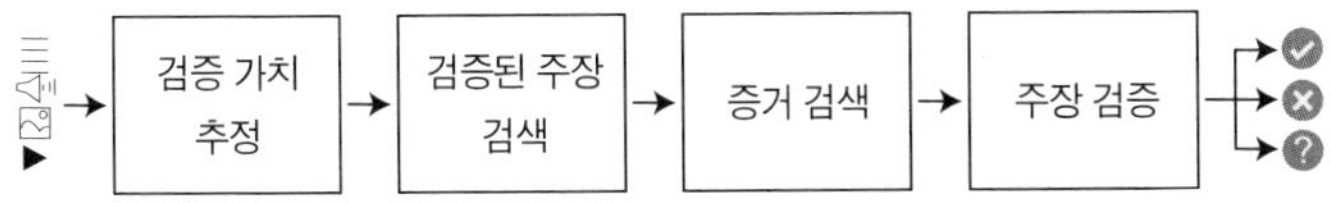

출처: Nakov et al., 2021에서 인용

장을 식별하는 것, 이전에 검증된 주장을 감지하는 것, 주장을 검증하기 위한 관련 증거를 검색하는 것, 그리고 실제로 주장을 확인하는 것이 포함된다(Nakov et al., 2021). 이러한 요구는 현대적 팩트체크 저널리즘에서 수행하는 사실 확인의 일반적인 경로pipeline에서 발생하는 전 과정과 관련된다.

팩트체커들의 첫 번째 희망 사항은 잘못된 정보가 발화됐을 때 이를 즉시 교정하는 것이다. 듀크대학교 리포터스 랩에서 개발한 '스쿼시Squash'라는 프로그램은 구글의 클레임리뷰ClaimReview[56]에 저장된 대규모 데이터베이스를 활용하여 정치인이 비디오에서 무엇을 말하는지 감지하고, 이를 이미 실행된 검증 결과와 일치시켜 관련 팩트체크를 화면에 표시한다. 실제로 '스쿼시'는 2019년 미국 대통령의 신년 교두 연설부터 투입돼 실시간 사실 확인을 시행했다. 이 시스템은 연설이나 토론을 '듣고' 오디오 클립을 구글 클라우드로 전송하여 텍스트로 변환한다. 그 텍스트는 '클레임버스터ClaimBuster'를 통과하

56 구글이 지정한 클레임리뷰라는 마크업markup을 기술적으로 준수하면 팩트체크 기사로 기계가 자동 인지하는 방식으로 작동한다. 이를 위해서는 마크업이 정의한 방식대로 특정 요건의 정보를 입력해야 한다(오세욱 · 황구현, 2018: 71～72).

여 알고리즘이 확인하기에 적절한 문장으로 간주하는 문장들로 나뉜다. 이 문장들은 이미 게시된 팩트체크 데이터베이스와 비교되어 일치 여부가 확인된다. 일치하는 경우 해당 사실 확인의 요약이 화면에 나타난다(Adair, 2021).

그러나 '스쿼시'는 오디오를 텍스트로 바꾸는 과정에서 음성 인식 오류가 발생할 경우 제대로 기능하지 않았으며 발언 중에 검증해야 할 만한 것이 나왔다 하더라도 이와 일치하는 기존 팩트체크가 없을 경우 결과를 내놓지 못하는 한계가 있다. 시스템 개발을 주도한 듀크대학교의 빌 아데어Bill Adair 교수는 '스쿼시'가 팩트체커들이 항상 갖고 있던 즉시 사실 확인instant factchecking의 꿈을 어느 정도 실현시킨 것이라고 의의를 설명한다(Abels, 2022).

스페인의 팩트체크 사이트인 뉴트랄은 '클레임 헌터Claim Hunter'라는 도구의 개발을 주도했다. '클레임 헌터'는 오디오를 청취하여 이를 필터링하며 검증 대상이 될 만한 진술을 감지하고 검토한다. '클레임 헌터'는 또한 400명의 정치인 X(트위터) 계정을 모니터링하며 사실 여부를 다툴 수 있는 진술이 공유될 때 '클레임 헌터'의 이용자들인 팩트체커들에게 알림을 보낸다. 뉴트랄은 이렇게 해서 "정치 모니터링의 시간을 90% 절약한다"(Abels, 2022)라고 주장한다. 뉴트랄은 2022년부터 이 기술을 다른 언어에서도 테스트 중이다.

포르투갈어를 쓰는 브라질의 팩트체크 기관 아우스파투스는 소셜 미디어에서 유통되는 오정보를 예측하기 위해 자동화 기술을 개발했다. 아우스파투스는 정치적 팩트체크뿐만 아니라 코로나19 대유행 중에도 오정보가 어떻게 확산되는가에 대한 흐름을 파악할 수 있도록 많은 양의 데이터를 체계화하고 조직화했다.

자동화된 사실 확인 분야에서 괄목할 만한 성과를 이룬 것은 영국의 팩트체크 기관인 풀팩트[57]다. 풀팩트는 2019년에 아프리카체크, 아르헨티나의 체케아도와 더불어 구글의 AI 임팩트 챌린지에 선정되어 기금을 지원받게 됐다. 이후 3년 동안 풀팩트는 구글의 재정적 지원은 물론 구글 소속 컴퓨터 과학자들과 협의하면서 AI를 통해 새로운 사실 확인 도구를 개발하고 배포하여 그 효과를 평가했다. 이 풀팩트AI는 이제 다른 기관들이 유료 라이선스를 통해 사용할 수 있다.

풀팩트는 AI의 지원을 받는 자동화된 사실 확인 도구를 설계하며 팩트체커들이 겪는 어려움을 완화하고자 특히 세 가지에 중점을 두었다. 첫째 검증해야 할 가장 중요한 대상이 무엇인지를 매일 파악하는 것, 둘째 누군가가 이미 거짓임을 알고 있으면서도 이를 반복할 때 감지하는 것, 셋째 가능한 실시간으로 사실 확인하는 것이었다. 이러한 목적을 수행하기 위해 풀팩트는 데이터의 수집부터 실시간 사실 확인 후 이를 배포하는 과정까지 각 단계에 AI 기술을 적용했다.

첫째 풀팩트의 자동화된 사실 확인 도구는 실시간으로 중계되는 TV나, 온라인 뉴스 사이트, 소셜 미디어 페이지 등에서 데이터를 모은다. 풀팩트AI를 이용하는 팩트체커들은 이 중 자신이 지속적으로 탐지하고자 하는 매체를 UI를 통해 설정할 수 있다. 입력된 모든 정보를 텍스트화하고 나면 풀팩트AI는 이를 사실 검증의 원자 단위라고 할 수 있는 문장sentence 단위로 나눈다. 이 문장은 이후 여러 단계를 밟아 좀 더 사실 확인하기에 유용한 형태로 변형된다.

풀팩트AI에서는 어떤 문장에서 사실 검증이 가능한 부분을 주장claim으로 정의한다. 주장에는 여러 가지 유형이 있다. 첫째 숫자에 관한 주장(가령 2023년에 국내총생산이 몇% 증가했다), 둘째 원인과 결과에 관

57 풀팩트AI는 다음을 참조하라. https://fullfact.org/about/ai/

한 주장(가령 이 정책은 어떠어떠한 결과를 이끌었다), 셋째 미래에 관한 예측 주장(가령 2026년에는 얼마만큼 경제가 성장할 것이다)이 있을 수 있다.

풀팩트AI는 이러한 주장 유형 분류기를 개발하여 팩트체커들이 검증할 만한 가치가 있는 주장을 빠른 시간에 세분하여 제공한다. 풀팩트는 이러한 유형 분류기 개발에 구글이 개발한 버트BERT (Bidirectional Encoder rRepresentations from Transformers) 모델을 사용했다. 버트 모델은 트랜스포머Transformer 구조를 응용한 사전 학습 모델pretrained Model을 기초로 한 것으로, 전이 학습Transfer Learning을 통해 비약적인 성과를 만들어 내고 있다(정성욱, 2023). 사전 학습 모델이란 대규모 텍스트 데이터를 가지고 이미 사전 학습된 모델로서, 적은 양의 데이터를 가지고도 추가 학습을 통해 성능이 높아지는 것을 기대할 수 있다(Devlin et al., 2018). 버트에서 중요한 것은 전이 학습인데, 전이 학습이란 특정 과제를 학습한 모델을 간단한 추가 훈련을 통해 다른 임무 수행에 재사용하는 기법이라 할 수 있다(이기창, 2021).

구글은 100여 개 언어로 수백만 개의 문장에 대해 버트를 훈련시켰다. 풀팩트AI는 버트 모델을 활용해 자신들이 기존에 분류해 놓은 각 유형의 주장 문장들을 추가로 학습시켜 새로 등장하는 문장들이 어떤 주장 유형에 해당하는지를 자동으로 판단하게 했다. 이를 통해 팩트체커들이 다뤄야 할 '검증할 만한 주장'의 범위를 좁히는 것이다. 그다음 단계로 풀팩트AI는 이 주장을 다시 정치, 보건 등의 주제로 추가 선별filtering하여 시간이 부족한 팩트체커가 해당 주제에 대해 100가지 중요한 주장을 즉시 볼 수 있도록 한다.

풀팩트AI는 주장을 분류labeling한 후 이 문장들이 이전에 이미 사실 확인이 된 내용과 일치하는지를 확인한다. 어떤 주장은 그 문장의 특수성이나 모호성으로 인해 다른 것보다 모델링하기 쉬운 경우가 있다. 즉 문장에 대한 일치 또는 비일치를 예측하기 위해 버트 스타일의 모델을 훈련시켰고, 그런 다음 개체 분석entity analysis을 통해 서로 다른 단어가 사용되었더라도 주장이 반복되는 것을 찾아낸다.

검증의 마지막 단계로서 풀팩트AI는 외부 프로세스를 사용한다. 주어진 문장에서 주제, 경향, 가치, 날짜, 위치 등을 식별한 뒤 추출된 정보를 영국 국립통계청UK's Office for National Statistics의 데이터들과 대조한다. 영국 국립통계청의 데이터들은 인플레이션, 실업 같은 주제에 대한 정보가 있으며 풀팩트AI가 산출한 주장들을 이와 대조함으로써 정확성 여부를 확인할 수 있게 된다. 다만 이러한 과정을 거치기 위해서는 영국 국립통계청의 데이터처럼 기계 판독이 가능한 형식으로 데이터가 공개되어 있어야 한다는 전제 조건이 있어서 풀팩트AI를 사용한다 하더라도 각 나라에서 사용할 수 있는 조건은 달라지게 된다.

검증된 주장이 얼마나 많이 시민들에게 가 닿을 수 있는가, 즉 배포와 확산의 문제도 AI를 통해 도움을 받는다. 풀팩트AI는 사실 확인한 결과를 구글의 '클레임리뷰'를 통해 웹에 배포한다. '클레임리뷰'의 마크업을 사용한 사실 확인 결과물은 자동으로 웹에서 '팩트체크'로 분류되어 노출된다.[58] 영문판 구글 팩트체크 익스플로러에는

58 구글은 2025년 6월 '클레임리뷰'를 더 이상 유지하지 않기로 결정했다. 협업해 오던 팩트체커들에게 사전 고지는 없었다. 2015년 '클레임리뷰'가 시작된 이래 전 세계 팩트체크 기관들은 20만 건이 넘는 사실 확인 데이터베이스를 '클레임리뷰'에 축적했다. 풀팩트는 "웹은 이제 조금 더 신뢰하기 어려워졌다The web just got a little harder to trust"라는 제목의 기사를 통해 구글의 이번 결정은 메타의 미국 내 3PFC 종료에 뒤이은 조치로 보인다고 분석했다. 전문은 다음을 참조하라. https://fullfact.org/technology/the-web-just-got-a-little-harder-to-trust/

2019년 기준 13만 건 이상의 팩트체크가 게시됐고, 조회 수는 40억 회에 이르렀다.

풀팩트는 자체 개발한 풀팩트AI를 실제 상황에 투입하고 있다. 2023년 치러진 나이지리아 대통령 선거에 풀팩트AI를 사용한 것이다(Wilkinson, 2023). 풀팩트는 2월 25일에 치러진 나이지리아 대선을 앞두고 인간 팩트체커들을 미리 훈련하여 풀팩트AI를 사용하도록 하였다. 아프리카에서 가장 인구가 많은 나이지리아에서는 17만 개가 넘는 투표소에서 9,000여만 명이 투표권을 행사했다.

선거 전 풀팩트 팀은 23명의 나이지리아 팩트체커를 교육했다. 나이지리아에서 사용된 풀팩트AI는 80개 이상의 뉴스, 방송 등 미디어 출처로부터 일 평균 4만 건 이상의 주장을 감지해 냈다. 이는 다시 키워드, 주장의 유형, 화자 등으로 정교하게 검색된다. 4만 건 이상의 주장 중 대통령 선거와 관련해 검증이 필요하다고 판단된 주장은 25건이었다. 이 주장에 대해 풀팩트AI로 교육받은 나이지리아 팩트체커들이 검증했다. 구체적으로 팩트체커들이 풀팩트AI로부터 받은 도움은 첫째 검색이다. 풀팩트AI는 팩트체커들이 매일 확인해야 하는 가장 중요한 주장을 찾도록 도와줬다. 온라인 매체, 소셜 미디어, 필요한 RSS 피드를 모니터했다. 둘째, 반복되는 허위 주장에 대한 알림alert 기능이다. 이전에 허위임을 이미 확인했기 때문에 팩트체커들은 신속하게 대응하고 정확한 정보를 삽입하여 거짓 정보를 제거할 수 있었다. 팩트체커들의 수고를 덜어 준 또 하나의 기능은 트랜스크립트transcript 제공 기능이다. 선거 토론이나 인터뷰, 타운홀 미팅 등에서 후보자들이 발언한 것은 자동적으로 텍스트로 만들어졌다. 이는 팩트체커들이 일일이 현장에 가서 발언을 확인하는 시간을 줄여 주었다. 또한 풀팩트AI는 말한 내용, 이 중 어떤 주장이 사실 확인이 가능한 검증의 영역인지, 어떤 주장이 과거에도 이미 사실 확인되었는지에 대한 정확한 기록을 실시간으로 제공했다. 나이지리아 팩트체커들은 2월 15일 라고스 주지사 후보 토론에서 이 실시간 팩트체크 기능을 처음으로 사용했다. 이 실험을 통해 다시 한 번 확인된 중요한 사실은 AI의 도움을 받더라도, 그 결과 값을 맥락화하고 분석하고 정확성을 확인하고 검토하는 것은 여전히 인간 팩트체커의 몫이라는 것이었다.

풀팩트를 포함해 팩트체크 기관에서 AI를 이용해 개발한 기술들은 인간 팩트체커들이 느끼는 고충pain point을 어떻게 풀어갈 것인지로부터 문제 해결의 실마리를 찾는다. 인간 팩트체커들이 오정보를 식별하는 데 드는 시간, 비용, 노력을 절약하겠다는 것이 문제의식이다. 인간 팩트체커들에게서 가장 고민이 되는 것은 쏟아져 나오는 많은 주장 중에서 어떤 주장이 과연 검증할 만한 가치가 있는가를 판별하는 것이다. 또한 이미 이러한 주장들이 사실 확인되었다면, 이를 반복하는 수고를 하지 않도록 축적된 기존 데이터와 이를 대조하여 최대한 실시간으로 검증 결과를 시민들에게 제공하는 것이다. 현장의 인간 팩트체커들은 AI로부터 이 고충을 완화해 줄 해답을 찾기 위해 지속적으로 자동화된 사실 확인 기술을 개발해 나가고 있다.

2025년 6월 25일부터 27일까지 브라질 리우데자네이루에서 열린 글로벌팩트12에서 참석자들은 AI가 팩트체크만이 아니라 정보 생태계 전반을 뿌리부터 바꾸고 있다는 데 의견을 함께했다. 클레임리뷰를 창안하기도 한 빌 아데어 교수는 "우리는 클레임리뷰를 통해 세계에서 가장 포괄적인 팩트체크 데이터베이스를 구축했지만 이것은 옛 세상 즉 URL과 검색 중심의 세상을 위한 것이었고, 그 세상은 점점 사라지고 있다"라며 "생성형 AI가 모든 것을 변화시키고 있기 때문에 우리의 작업 방식도 달라져야 한다"라고 말했다. 영국 풀팩트의 AI 책임자인 앤드루 더드필드Andrew Dudfield는 "팩트체커들이 실제로 어떤 과정과 질문을 거치는지를 AI의 추론 과정에 추가하는 것이 필요하다"라고 지적했다. "검증을 할 때 팩트체커들이 스스로에게 어떤 질문을 던지는가? 어디서 정보를 찾아왔는가? 어떤 출처를 신뢰했는가? 이런 추론 과정을 함께 구조화해서 AI에 전달할 수 있다면 AI도 우리가 신뢰하는 출처를 기반으로 판단하게 될 것이다. 팩트체크를 작성한 이유가 무엇인지, 어떤 위해harm에 대응하기 위한 것인지, 어떤 사회적 필요에 의해 생산되었는지도 담을 수 있다면 팩트체크의 사회적 맥락까지 함께 전달할 수 있을 것이다. 우리 팩트체커들은 매우 구조적인 의사 결정 과정을 거쳐 팩트체크를 작성한다. 그걸 AI가 이해할 수 있는 구조화된 정보structured information로 AI에 전달해야 한다"라는 것이다.

컴퓨터 과학자들의 자동화된 사실 확인 개발

비록 인간 팩트체커들의 수준에는 이르지 못했지만 컴퓨터 공학으로 사실 확인의 첫 단계부터 마지막 단계까지를 구축한 대표적인 사례가 알링턴 텍사스주립대학교 컴퓨터공학부에서 주도해 개발한 클레임버스터[59]다. 클레임버스터는 실시간 토론(가령 인터뷰, 연설 및 토론), 소셜 미디어 및 뉴스를 모니터링하여 사실 확인이 가능하며 검증이 필요한 주장을 식별하고, 전문적인 인간 팩트체커들이 이미 이러한 주

59 클레임버스터의 기능은 다음을 참조하라. https://idir.uta.edu/claimbuster/

그림 11-2 자동화된 팩트체크를 위한 자연어 처리 프레임워크

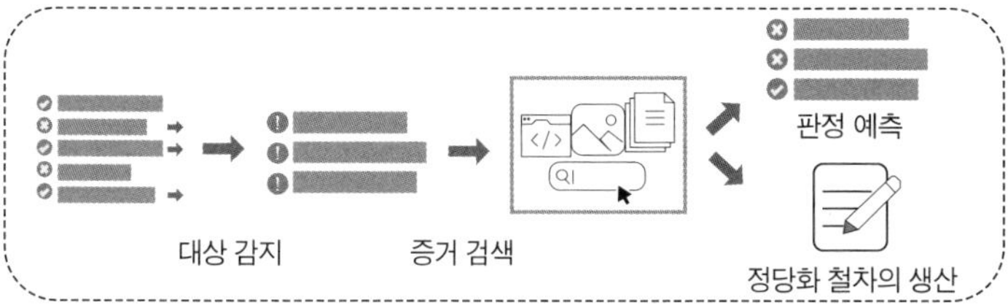

출처: Guo et al., 2022: 180에서 인용.

장에 대해 검증을 했다면 그 결과를 이끌어 내어 검증이 필요한 주장과 대조match한다. 이러한 과정을 거쳐 그 결과를 실시간 토론 중 대선 후보가 거짓 주장을 할 경우 팝업 경고를 표시하는 등의 방식으로 수용자들에게 즉시 전달한다(Hassan et al., 2017).

자동화된 팩트체킹은 컴퓨테이셔널 저널리즘(Cohen et al., 2011; Graves, 2018b)에서 논의되어 왔고, 인공 지능 연구자들 사이에서 주목받아 왔다. 특히 자연어 처리(NLP)는 자동화된 사실 확인의 진전에 크게 영향을 미쳤다. 안드레아스 블라코스Andreas Vlachos와 세바스티안 리델Sebastian Riedel(Vlachos & Riedel, 2014)은 자연어 처리 과정을 모델로 하는 사실 확인의 구조를 일련의 연속적인 요소로 구조화했다. 이에 따르면 자연어 처리를 기반으로 하는 자동화된 사실 확인은 3개의 단계로 구성된다. 즉 검증 대상의 감지claim detection,[60] 증거 검색evidence retrieval, 검증claim verification이다. 이 중 검증은 판정 예측

60 자동화된 팩트체킹 연구에서 쓰이는 주장이란 단어는 정치인 등의 발언만을 의미하는 것이 아니라 소셜 미디어에서 유통되는 루머 등 검증할 만한 가치가 있는 대상을 포괄하는 것이다.

verdict prediction과 판정에 대한 정당화 절차의 생산justification production으로 다시 세분된다(Guo, Schlichtkrull, & Vlachos, 2022).

자동화된 사실 확인의 첫 단계는 검증할 대상을 감지하는 것이다. 감지는 '과연 검증할 만한 가치가 있는가check-worthiness'에 좌우된다. 검증할 만한 가치란 공중이 진실을 아는 것에 관심을 가질 만한 것인가(Hassan et al., 2015)라고 규정할 수 있다. '10초간 숨을 참을 수 있으면 코로나19에 감염되지 않은 것으로 진단할 수 있다'라는 주장은 '물은 섭씨 100도에서 끓는다'라는 주장에 비해 공중이 그 진실 여부를 아는 데 더 관심을 가지며, 실제적으로 공중 보건에도 영향을 미치는 것이므로 검증할 만한 가치가 있는 것으로 판단될 수 있다.

클레임버스터의 경우, 정치적 사안에 대한 사실 확인에 관하여 검증할 만한 가치가 있는 주장을 식별하는 데 중요도 순위priority ranking를 제공했다. 주장은 문장sentence 단위로 분석됐으며, 중요도는 0.0부터 1.0까지 매겨져 점수가 높을수록 검증할 만한 사실적 주장이며, 점수가 낮을수록, 사실적이지 않고 주관적이며 의견이 강한 문장으로 분류된다. 이 모델은 인간 코더들이 과거의 대통령 선거 토론에서 언급됐던 수만 개의 문장들을 분류한 것을 학습하여 개발됐다(Hassan et al., 2017).

검증할 가치를 감지하는 또 다른 방법은 루머를 감지하는 것이다. 루머는 검증되지 않은 채 소셜 미디어에서 유통되는 이야기나 발언을 의미하며, 루머 감지에서는 언어의 주관성이나 소셜 네트워크에서 얼마나 많은 사람들이 읽는지 그 증가세를 통해 감지한다(Qazvinian, Rosengre, Radev, & Mei, 2011).

그러나 검증할 만한 가치나 루머성은 모두 주관적이다(Guo, Schlichtkrull, & Vlachos, 2022). 사회 집단별로 무엇을 검증할 만한 가치가 있는지에 대한 평가가 다를 수 있고, 시의성 등이 고려될 때는 사회적인 영향력이 작아도 최신인 것이 사회적 영향력이 커도 발생 시기가 이른 검증 대상보다 더 검증할 만한 가치가 높다고 판단될 수 있기 때문이다.

데이터가 가진 편향도 검증할 만한 가치를 기계적으로 측정할 때 영향을 미칠 수 있다. 사회적으로 지배적인 그룹이 생산한 이야기는 사회적으로 주변부에 있는 그룹이 생산한 이야기보다 더 신뢰하는 경향이 자동화된 사실 확인이 토대로 삼는 데이터에 이미 반영되었을 수 있는 것이다(오세욱, 2017). 예를 들어 기자들은 남성 취재원들이 생산한 이야기에 대한 검증 필요성을 덜 느끼는 것으로 나타났다(Barnoy & Reich, 2019).

자동화된 사실 확인의 두 번째 단계는 증거 검색이다. 증거 검색은 검증 대상의 주장을 넘어서는 정보를 찾아 진실성을 나타내는 것을 목표로 한다. 이때 동원되는 정보는 텍스트뿐만이 아니라 통계표, 이미지, 관련되는 메타데이터 등이다. 그러나 자동화된 사실 확인이 증거 검색에 이용하는 모든 정보가 신뢰할 수 있는 것은 아니라는 것이 근본적인 한계다. 대부분의 자동화된 사실 확인에서는 위키피디아와 같은 백과사전 또는 검색 엔진에서 검색한 결과들을 신뢰할 수 있는 정보로서 접근하는 것을 암묵적으로 가정한다(Thorne, Vlachos, Christodoulopoulos, & Mittal, 2018; Augenstein et al., 2019). 증거는 이러한 정보원들로부터 추출된 것으로서, 이 증거와 일치하느냐가 진실성veracity을 확증하게 된다.

다양한 출처로부터 발원한 데이터들 간의 충돌을 해결해야 할 필요성에서 출발한 진실 발견truth discovery(Li et al., 2016)은 그 핵심이 각 원천의 신뢰도를 추정하여 여러 원천source들 간의 잡음 정보를 통합하는 것이다. “원천이 신뢰할 수 있는 정보를 자주 제공하면 이 원천에 높은 신뢰도를 부여한다. 신뢰도가 높은 다양한 원천들이 일단의 정보를 지지한다면, 이 경우 진실로 채택될 가능성이 높다”라는 것이 진실 발견의 기본 추정이다. 자동화된 사실 확인이 실제 세계에 적용될 때는 이러한 진실 발견의 자동화된 방법의 도움을 받든지, 인간 팩트체커가 직접 수동적으로 개입하든지 또는 이들의 조합을 통해 증거를 선별해야 한다.

검증 대상이 선정되고, 이에 대해 증거가 검색되면 그다음 단계인 판정 예측은 검증 대상의 진실성을 확인하려고 시도한다. 가장 간단한 접근법은 이분법적인 분류로서 검증 대상의 주장을 참 또는 거짓으로 판정하는 것이다(Nakashole & Mitchell, 2014; Popat, Mukherjee, Yates, & Weikum, 2018; Potthast, Kiesel, Reinartz, Bevendorff, & Stein, 2017). 이러한 이분법적인 분류를 할 때는 ‘참/거짓’보다는 ‘증거에 의해 지지되는 또는 반박되는’으로 표현하는 것이 선호된다. 검증을 위해 사용된 증거들이 자동화된 사실 확인 시스템에 의해 직접 평가된 것이 아니기 때문이다.

왜 어떠한 판정을 내렸는지를 정당화하는 것은 전문적인 인간 팩트체커들의 사실 확인 과정에서는 중요한 단계다. 증거를 어떻게 해석했는지에 대해 독자들을 납득시키는 것이기 때문이다. 사람들은 자신이 믿었던 것이 사실이 아닌 것으로 판명될 경우, 자신의 믿음과의 불일치가 만들어 내는 공백이 설명되지 않으면 판정에 설득되기보다는 오히려 자신의 잘못된 믿음을 강화한다(Lewandowsky, Ecker, Seifert, Schwarz, & Cook, 2012). 이러한 역효과를 억지하기 위해서는 맥락이 있는 설명을 제공함으로써 판정을 충분히 정당화하는 과정이 필요하다.

‘블랙박스’와 같은 요소를 가진 자동화된 사실 확인에서는 이러한 정당화가 더욱 필요하다. 개발자들이 의사 결정 과정을 이해할 수 없는 블랙박스 모델을 채택할 때는, 의도하지 않은 유해한 결과를 초래할 수 있다(O'Neil, 2016). 모델 예측을 설명하는 개발 기법은 이 문제에 대한 잠재적인 해결책으로 제안된다. 이에 따라 자동화된 사실 확인 연구에서도 최근에는 '설명 가능한explainable' 정당성 생성에 초점을 맞추는 경향이다(Kotonya & Toni, 2020).

검증 대상의 감지, 증거 검색, 검증의 각 단계에서 사용되는 데이터를 살펴보면 먼저 감지 단계에서 입력되는 것은 소셜 미디어 게시물이다. 가장 일반적인 것은 문장 수준의 진술로서, 이는 인간 팩트체커들이 검증 대상과 관련해 오로지 관련 있는 맥락만을 포함하기 위해서 실제로 수행하는 방식이다(Mena, 2019). 검증 대상의 감지를 위해서 만들어진 데이터 세트는 주로 폴리티팩트 등 전문적인 팩트체크 사이트들을 크롤링해서 구축됐다(Vlachos & Riedel, 2014; Wang, 2017; Hanselowski, Stab, Schulz, Li, & Gurevych, 2019; Augenstein et al., 2019). 인위적으로 검증을 위한 주장이 만들어지기도 했다. 위키피디아 게시물의 문장을 변형하여 검증 대상이 되는 주장을 생성한 예(Thorne et al., 2018)가 여기에 해당한다.

증거 검색에서 고려되는 일반적인 유형은 게시 날짜, 정보 출처, 사용자 프로필 등과 같은 메타데이터다. 이러한 증거는 텍스트로 된 소스에 보완적이지만, 검증 대상 주장 그 자체에 근거한 증거를 제공하지는 않는다. 뉴스 기사, 학술 논문, 위키피디아 문서와 같은 텍스트 소스는 사실 확인에 가장 일반적으로 사용되는 증거 유형 중 하나다. 뉴스 기사의 헤드라인만 이용되기도 하고, 전체 기사가 이용되기도 하며(Ferreira & Vlachos, 2016; Pomerleau & Rao, 2017), 팩트체크 기사와 함께 기사 요약을 제시해 검증 대상에 대한 증거로 사용하기도 한다(Alhindi, Petridis, & Muresan, 2018; Hanselowski et al., 2019). 과학 및 공중 보건과 같은 전문 영역의 문서도 증거 데이터로 이용된다(Wadden et al., 2020; Zhang, Deng, Ma, & Lam, 2020).

그러나 이러한 서면 증거들은 더 많은 정보가 수집되고 수정됨에 따라 시간이 지나면서 변경되는 경우가 많다. 이러한 변화에 적응하기 위해서 자동화된 사실 확인 모델은 지지되는 증거의 미묘한 차이에 민감해야 한다. 위키피디아를 대규모 지식 원천large knowledge source으로 삼아 문장들을 각각의 주장에 대해 지지하는 것과 반박하는 것으로 주석을 단 시도들(Thorne et al., 2018; Jiang et al., 2020)은 이러한 필요에서 출발했다. 특히 탤 슈스터Tal Schuster 등(Schuster, Fisch, & Barzilay, 2021)은 위키피디아를 변형하여 언어나 내용에 있어서 거의 동일하면서 각각 하나는 검증 대상을 지지하고 다른 하나는 반박하는 40만 개의 주장–증거 쌍을 만들었다. 그러나 이러한 시도들은 세상의 지식을 단일 원천인 위키피디아로 제한하여 웹에서 이질적인 원천들을 이용해 증거를 검색하는 과제를 무시했다. 이를 해결하기 위해 다른 연구들은 인터넷에서 증거를 검색했지만(Popat et al., 2018; Augenstein et al., 2019), 이러한 검색 결과에는 주석이 달리지 않았다. 따라서 증거에 관련 없는 정보가 포함되어 있을 수 있고, 반대로 검증에 필요한 정보가 누락될 수도 있다.

초기 자동화된 사실 확인 모델에서의 판정은 참/거짓의 이진법적인 것이었다(Bachenko, Fitzpatrick, & Schonwetter, 2008; Mihalcea & Strapparava, 2009). 그러나 인간 팩트체커들은 일반적으로 진실성의 정도를 나타내기 위해 진실, 대부분 진실 등 여러 층위의 분류 기준lable을 사용한다. 이사벨 아우겐슈타인Isabelle Augenstein 등(2019)이 다양한 팩트체크 사례들로부터 수집한 바에 따르면 분류 기준의 수는 2에서 27까지 다양했다. 하나의 척도에 진실성의 분류 기준을 배치하기 어려운 것이다. 반면, 다른 시도들(Hanselowski et al., 2019; Kotonya & Toni, 2020; Gupta & Srikumar, 2021)은 분류 기준을 간단히 하기 위해 규칙을 기반으로 분류 기준을 후처리하여 정규화를 수행했다.

대부분의 기존 데이터 세트는 팩트체커들이 판결에 대한 정당성으로 제공한 텍스트 설명을 포함하지 않는다. 최근에 니마 코토니아Neema Kotonia와 프랜시스카 토니Francesca Toni(2020)는 명시적으로 최선의 설명을 포함하는 첫 번째 데이터 세트를 구축했다. 이는 팩트체크 기사 및 기타 뉴스 항목으로 구성되어 있으며, 후행적으로 판결에 대한 정당성을 제공하기 위해 자연어 생성 모델을 훈련시키는 데 사용될 수 있다. 그러나 팩트체크 기사는 검증이 이뤄지고 난 뒤에 만들어지는 것이라 이를 추론 중에 사용하는 것은 현실적이지 않다. 따라서 훈련된 시스템이 검색된 증거를 기반으로 정당성을 제공할 수 없게 된다.

생성형 AI 시대가 제기한 위험: 오정보 확산

인공 지능 생성 콘텐츠Artificial Intelligence Generated Content(AIGC)의 증가는 오정보, 허위 조작 정보와의 싸움에서 새로운 도전으로 부상했다. 딥페이크는 생성형 AI 출현 이전에도 존재했지만 생성형 AI 기술로 인해 일반인들도 쉽게 딥페이크를 만들 수 있게 됨에 따라 그 문제의 심각성이 높아졌다. 새로운 생성형 AI 모델은 사용하는 데 최소한 또는 전혀 교육이 필요하지 않아 허위 조작 정보를 값싸게 만들 수 있다(Xu, Fan, & Kankanhalli, 2023). 이러한 모델은 특정 지침을 기반으로 다양한 디지털 미디어 콘텐츠를 조작하고 생성할 수 있다. 예를 들어, 스테이블 디퓨전Stable Diffusion은 텍스트 프롬프트에서 이미지를 생성한다(Rombach, Blattmann, Lorenz, Esser, & Ommer, 2022).

지금까지 허위 조작 정보 탐지는 텍스트 기반, 시각적, 오디오를 포함하여 광범위하게 연구되어 왔다. 초기 접근 방식은 텍스트 내용, 작성 스타일, 워터마크 및 수동 기능 유형을 사용했다. 시각적 기능의 경우 카메라 지문 및 생체 신호가 허위 조작 정보 탐사 기술로서 이용되었다(Tiwari, Dave, & Vanamala, 2023). 지속적인 발전에도 불구하고 이전 모델은 일반적인 멀티모달 오정보에 대한 설명 가능성explainability과 확장성이 부족하다.

AIGC가 증가하면서 특히 딥페이크 모델은 주목받는 연구 분야로 떠올랐다. 딥페이크와 같은 딥러닝 모델은 이미지, 비디오 및 오디오 콘텐츠를 생성하거나 조작하여 시청자들을 속여 해당 콘텐츠가 진짜인 것으로 믿게 만든다(Ahmed et al., 2022). 딥페이크 모델 외에도 생성 모델은 의미적으로 오해를 일으킬 수 있는 텍스트 및 멀티 모달 정보를 생성하는 데 사용될 수 있다. 다양한 생성 기술에 대한 접근성이 증가함에 따라 AIGC가 향후 허위 조작 정보 전파 환경을 지배할 전망이다.

생성형 AI를 통해서 허위 조작 정보가 전파되는 것은 크게 세 가지 층위로 분류할 수 있다. 첫째, 변형transformation, 둘째 조작tampering, 셋째 생성generation이다(Xu, Fan, & Kankanhalli, 2023).

변형은 정보를 한 형태에서 다른 형태로 전송하는 것을 의미한다. 이미지 캡션, 비디오 캡션, 텍스트에서 이미지/오디오/비디오로의 변형과 같은 다양한 형태 변환을 위해 설계된 확장성 있는 생성 모델은 생생하고 설득력 있는 멀티 모달 정보를 생성하여 잘못된 정보를 효과적으로 전달할 수 있다. 변형에는 두 가지 접근 방식이 있다(Xu, Fan, & Kankanhalli, 2023). 첫째로는 속일 목적으로 조작된 기사에 마치 증거처럼 보이는 이미지, 오디오 클립 또는 비디오를 생성하여 실시간 상호 작용을 하는 것이다. 둘째는 이미 존재하는 이미지, 오디오 클립, 또는 비디오를 사용하여 오인식을 일으킬 수 있는 조작된 서술을 만드는 것이다.

조작Tampering은 기존 콘텐츠를 편집하는 것을 의미한다. 대규모 생성 모델은 원하는 결과를 생성하기 위해 수정 프롬프트만 필요로 하기 때문에 조작은 기존의 사진 또는 오디오 편집 소프트웨어보다 훨씬 쉽다(Chang et al., 2023). 이는 단일 및 멀티 모달 신호에 모두 적용될 수 있다.

생성Generation은 새로운 허위 조작 정보를 처음부터 만드는 것을 의미한다. 이는 무작위 및 특정한 오정보 생성을 포함한다. 무작위 허위 조작 정보는 인기 있는 현대적인 주제를 결합하여 공중을 혼란스럽게 하거나 정보 장애를 유발하기 위해 AI 모델에 의해 만들어진 주목을 끄는 콘텐츠를 의미한다. 한 유명 백인 배우가 BTS 멤버 지민을 닮은 얼굴로 성형 수술을 하다가 사망했다(Abraham, 2023)는 허위 조작 기사 같은 것이 예다. 주로 특정한 목표를 이루기 위해 의도적으로 만들어지는 것으로서 개인적인 피해는 더 커지게 된다. 이는 다중 또는 다중 모달 생성 AI 모델에 프롬프트나 예제를 제공함으로써 이루어질 수 있다(Borji, 2022). 특히 악의성이 없다 해도 대규모 생성 모델은 부정확하거나 편향된 훈련 데이터의 결과로써 부적절한 콘텐츠나 편향된 콘텐츠, 오정보를 생성할 수 있다(Zhuo, Huang, Chen, & Xing, 2023).

대니 수Danni Xu와 샤오징 펜Shaojing Fan, 모한 칸칸할리Mohan

Kankanhalli(2023)는 생성형 AI가 만들어 내는 오정보의 위협을 크게 세 가지로 분류한다. 첫째 텍스트, 이미지, 비디오, 오디오의 경계를 어떤 기술적인 어려움 없이 넘나드는 다중 모달 허위 조작 정보가 더 그럴듯한 허위를 만들어 낸다는 점이다. 얼굴을 바꾸거나 리터칭하여 허위임에도 불구하고 매우 사실적인 정치인의 동영상을 만드는 딥페이크는 흔하다(Seow, Lim, Phan, & Liu, 2022). 미드저니Midjorney와 같은 인공 예술 애플리케이션은 현실적으로 보이지만 실제로는 일어나지 않은 가상의 역사적 사건을 만들어 내기도 한다. 생성형 AI가 여러 모달리티를 합쳐서 콘텐츠를 만들어 내는 것은 사용자뿐 아니라 알고리즘 조차도 진실과 가공물을 구별하기 어렵게 만든다(Goldstein et al., 2023).

두 번째 위협은 생성형 AI를 통해 허위 조작 정보가 대단히 개인화될 수 있다는 것이다. 생성형 AI는 사용자 데이터를 활용하여 개인의 선호 및 특성을 포착해서 개인화된 정보를 생성할 수 있다(Baird, Amiriparian, & Schuller, 2019; Kasneci et al., 2023). 이용자의 선호도, 브라우징 기록 및 이용자의 온라인 행동을 이해함으로써 생성 모델은 개인의 관심사에 특별히 맞춘 개인화된 뉴스 기사, 제품 추천 또는 심지어 소셜 미디어 게시물까지 생성할 수 있으므로 이러한 것이 허위 조작 정보 생산에 맞춰진다면 매우 설득력이 높아 개인의 참여는 물론 전파 가능성까지 높이는 것이다(Kaptein, Markopoulos, De Ruyter, & Aarts, 2015).

셋째, 생성형 AI를 통해 오정보와 허위 조작 정보의 생산과 확산의 규모와 속도가 전례 없이 커지고 빨라졌다는 것이다. 챗GPT와 같은 생성형 AI의 사용자 친화성은 사용자 자신이 허위 조작 정보의 전파에 기여할 수 있게 만든다. 하드웨어의 발전과 최적화 기술로 인해서 조작된 이미지나 딥페이크 동영상은 온라인 플랫폼과 소셜 네트워크를 통해 빠르게 전파될 수 있다(Goldstein et al., 2023). 더하여 자신의 신념에 반대되는 사실성 있는 정보에 노출되기보다는 확증 편향을 부추기는 허위 조작 정보로 구성된 반향실echo chamber에 갇힐 가능성도 커진다. 반향실만으로도 충분히 그럴듯한 허위 조작 정보가 지속적으로 공급되기 때문이다(Barberá, Jost, Nagler, Tucker, & Bonneau, 2015; Del Vicario et al., 2016).

생성형 AI 시대의 자동화된 사실 확인의 역할

수와 펜, 칸칸할리(Xu, Fan, & Kankanhalli, 2023)는 생성형 AI 시대의 오정보를 억지하기 위해서는 그에 걸맞는 새로운 프레임워크가 필요하다고 주장한다. 이 프레임워크에서는 신호 레벨signal level, 지각 레벨perceptual level, 의미 레벨semantic level, 인간 레벨human level 등 네 가지 레벨의 요소들이 적용된다.

첫 번째 신호 레벨에서 파악할 수 있는 것은 진짜 비디오와 오디오에는 있지만 AIGC에는 없는 요소들을 찾아내는 것이다. 예를 들어 진짜 시각 혹은 오디오 콘텐츠를 수집, 디지털 변환 및 전송하는 과정에서는 다양한 종류의 흔적이 형성된다. 여기에는 카메라 센서 노이즈(Lukas, Fridrich, & Goljan, 2006) 및 전기 네트워크 주파수와 같은 것이 포함된다. 그러나 이러한 흔적은 AIGC에는 없다. 또한, 자연스러운 콘텐츠는 이미지에서의 연속적인 밝기와 선명함, 음성에서의 일관된 톤, 음질과 같은 특정한 신호 특성을 나타낸다. 그러나 AIGC 또는 조작된 콘텐츠에서는 이러한 자연적인 특성이 부재하거나 왜곡되어 나타난다. 따라서 이러한 신호 특성의 변화는 신호의 신뢰성을 나타내는 데 활용될 수 있다.

두 번째, 지각 레벨은 한마디로 말하자면 물리적 세계에서 현실적이지 않은 콘텐츠를 배제하는 것이다. 진짜 콘텐츠라면 인간이 쉽게 이해할 수 있어야 한다. 알아보기 어렵거나 오해를 불러일으키는 콘텐츠라면 잠재적으로 AI 생성의 결과가 아닌가 의심해 볼 수 있다. 지각 수준에서 중요한 것은 일관성이다. 예를 들어 텍스트와 이미지가 교차되는 멀티모달에서 이미지는 새를 보여 주는데, 텍스트는 '비행기'라고 한다면 의미의 불일치가 지각될 수 있다. 라이브 비디오의 경우도 입모양과 말소리는 동기화되어야 하며, 서로 다른 사람의 음성은 다른 음색을 갖고 있어야 한다.

세 번째, 의미 레벨에서는 콘텐츠의 조작 여부를 가린다. 콘텐츠의 조작은 진실한 정보와 오정보를 가르는 가장 중요한 요소다. 허위 조작 정보를 만들어 내는 주체는 기왕에 벌어진 사건을 조작하거나 기존 사건을 오도한다. 따라서 조작된 사건 및 논리적으로 이어지지 않는 연결을 감지하는 것이 중요하다. 특히 이러한 정보는 특정 그룹의 이익을 위해 정보를 거르고 선택적으로 제시함으로써 편향된 정보의 확산을 부추긴다. 의미 레벨에서는 인간 지식 기반을 사용하여 각 정보 조각의 신뢰성을 평가하고 논리적 일관성과 맥락적 합리성을 평가한다. 거기에 더하여 주관적 표현이나 적용 범위에 기초하여 정보가 편향되었는지를 평가할 수 있다.

네 번째, 인간 레벨에서는 인간이 가지고 있는 확증 편향이나 사회적 증명social proof 욕구 등이 악의적인 허위 조작 정보 생산자들에 의해 잠재적으로 이용될 수 있다는 것을 인식하여 이를 식별해 내는 것이 핵심이다. 강한 감정을 불러일으키는 요소, 매우 강하게 편파적인 태도를 이끌어 내는 피드백, 비정상적인 공유나 '좋아요' 패턴, 그리고 특정 사용자의 특정 관심사나 요구를 명확하게 반영하는 콘텐츠를 포함한다. 이러한 심리적 특성을 프레임워크에 통합함으로써 허위 조작 정보를 생성하고 전파하는 사람들의 관점에서 허위 조작 정보를 탐지할 수 있게 되는 것이다.

끊임없이 기술을 발전시키는 허위 조작 정보 유포자들과 이를 감지하려는 노력은 고양이와 쥐의 쫓고 쫓기는 게임과 같다. 기술적인 발전도 중요하지만, 규제 법률 교육도 중요하며 악의적인 행위자에게 책임을 물리는 일도 필요하다. 비판적 사고와 미디어 리터러시 역시 필수적이다. 무엇보다도 AIGC는 허위 조작 정보의 유포뿐만 아니라 허위 조작 정보에 대항하는 기회도 제공할 수 있다는 점을 유념해야 한다. AIGC는 정보의 신뢰성을 평가하기 위한 실시간 지식 기반으로 활용될 수 있다. AIGC의 표현력과 시각화 능력은 사용자를 위한 설명 가능하고 영향력 있는 허위 조작 정보 분석을 생성할 수 있게 한다. AIGC는 맞춤형으로 사용자의 취약성을 분석하고 이를 보완할 수 있는 맞춤형 권고 사항을 제공할 수도 있다. AI 시대의 허위 조작 정보에 맞서기 위해 AIGC는 창이자 방패인 셈이다.

생성형 AI 시대에 전통적인 인간에 의한 사실 확인은 과연 무슨 효용이 있을까? 최근의 생성형 AI에 맞서는 자동화된 사실 확인의 한 연구 사례는 인간 팩트체크의 활동이 여전히 믿을 만한 데이터 세트를 만드는 데 결정적인 근거가 된다는 것을 보여 준다.

버지니아공과대학교 연구진(Yao, Shah, Sun, Cho, & Huang, 2023)은 최근 증거 검색, 검증, 설명 생성Explanation Generation의 전 과정end to end이 이루어지는 멀티모달 팩트체크 데이터 세트 MOCHEG을 구축했다. 이 연구진이 목표로 삼은 것은 텍스트만이 아니라 이미지도 검증되며 "설명 가능성explainability"(Kotonya & Toni, 2020)이 보장되는 데이터 세트였다. 이들은 데이터 세트를 구축하는데, 데이터 원천으로서 팩트체크 기관인 스놉스Snopes와 폴리티팩트의 인간 팩트체커들이 검증한 것들을 이용했다. 이들이 수집한 데이터는 순수하게 텍스트에 기반한 주장으로서, 사실성에 관한 판정이 내려졌고, 판정에 동원한 외부 증거들이 텍스트만이 아니라 이미지도 있는 것으로, 왜 이렇게 판정이 내려졌는지 이에 대한 설명도 포함된 것들이었다. 이러한 데이터 수집 작업을 거쳐 데이터 세트에는 1만 5,601개의 주장이 담겼으며 각 주장에는 판정과 판정 이유가 제시되었다. 증거로는 3만 3,880개의 문장과 1만 2,112개의 이미지가 제시되었다. 실험 결과는 아직 인간 판정만큼의 수준에 도달하지 못하는 것이었지만, 생성형 AI가 만들어 내는 허위 조작 정보가 멀티모달로서 더욱 사람들에게 믿을 수 있다는 생각이 들게 하는 만큼 자동화된 사실 확인 결과 역시 멀티모달로 제공되어야 하며, 무엇보다도 왜 어떤 판정이 내려졌는지에 대해 설명이 제공되어야 한다는 점에서 의미 있는 시도라고 평가할 수 있다. 또한 이 과정에서 여전히 데이터의 원천source이 되는 것은 인간 팩트체커들이 여러 가지 증거들을 동원하여 주장한 바의 사실 여부를 판정하고, 그 판정의 이유를 설명한 것들이다. 이는 생성형 AI가 만들어 내는 허위 조작 정보에 맞서기 위한 자동화된 사실 확인에도 인간 팩트체커의 작업이 필수적으로 결합되어야 함을 의미한다.

특히 이 가운데서도 생성형 AI가 만들어 내는 허위 조작 정보에 대응하는 목적으로 만들어지는 자동화된 사실 확인의 설명 가능성은 더욱 중요해지고 있다(Hamed, Zachara-Szymanska, & Wu, 2024). 챗GPT나 구글 제미나이Gemini를 이용하는 사용자들은 동일한 질문을 입력해도 서로 다른 답변을 받을 수 있다. 이러한 답변에는 어떠한 설명이나 참고 자료, 정당화도 제공되지 않는다. 작동 과정을 알 수 없는 블랙박스와 같은 것이다. 이러한 점에서 윤리적인 AI가 되기 위해서는 설명 가능성과 재현성이 무엇보다도 중요해진다.

생성형 AI의 발전 등으로 조작된 콘텐츠, 아예 사실적 기반이 없이 허구로 만들어진 콘텐츠 등이 양산되는 상황에서 원본의 진본성과 출처를 증명하기 위한 최근의 노력으로 C2PA(Coalition for Content Provenance and Authenticity)[61]도 주목할 만하다. C2PA는 미디어 콘텐츠의 출처와 이력을 인증하기 위한 기술 표준을 개발하여 온라인에서 오정보나 허위 조작 정보가 확산되는 것을 저지하기 위한 프로젝트다. C2PA는 앞서 진행됐던 두 개의 사업을 통합한 것으로 하나는 어도비가 〈뉴욕 타임스〉, X(트위터) 등과 함께 시작한 '콘텐츠 진본성 이니셔티브Content Authenticity Initiative'이고, 다른 하나는 '오리진 프로젝트Project Origin'로서 BBC, CBC 라디오 캐나다, 마이크로소프트, 〈뉴욕 타임스〉 등이 참여했다. 현재 C2PA에는 어도비, 아마존, 구글, 오픈AI 등 기술 기업과 언론사인 BBC, 콘텐츠 진위 확인 기술 기업인 트루픽Truepic 등이 운영위원회를 구성하고 있으며 게티이미지, NHK 등 34개 사가 일반 회원, 한국의 네이버 등 174개 업체가 기여 회원으로 참여하고 있다. 즉 콘텐츠의 생산과 유통, 확인 과정에서 유기적으로 연결되는 플랫폼 기업, 기술 기업과 콘텐츠를 생산하는 언론사 등이 공동으로 참여하고 있는 것이다.

C2PA의 핵심은 '콘텐츠 인증 정보content credentials'라는 일종의 콘텐츠 자격 증명서로서 콘텐츠의 출처와 변경 이력을 증명하는 디

61 C2PA 프로젝트를 주관하는 것은 비영리 기관인 공동개발재단Joint Development Foundation으로서 워싱턴 DC에 있다. C2PA에 관한 자세한 기술은 다음을 참조하라. https://c2pa.org/

지털 여권, 혹은 신분증으로 이해할 수 있다(오세욱 · 김지원 · 최지향, 2024: 54). C2PA는 콘텐츠 출처와 진위성을 보장하기 위한 기술적 규격technical specification을 개발했다. 이 규격은 다양한 개인과 조직이 활용할 수 있는 디지털 출처 인증 생태계를 구축하는 것을 목표로 한다. 출처provenance 정보는 콘텐츠의 생성 방식, 변경 내역, 변경된 내용 등을 명확히 공개할 수 있도록 한다. 콘텐츠가 수정될 때마다 기존 출처 정보가 유지되며, 새로운 변경 사항이 지속적으로 추가된다. 이러한 과정을 통해 정보 소비자가 수정된 내용을 인지하고 신뢰성을 평가할 수 있도록 돕는 것이다.

일례로 BBC는 소셜 미디어 등에 공유되는 동영상 등을 선택해 보도할 때 C2PA의 규격에 따라 자체 검증한 뒤 콘텐츠에 BBC 검증 팀BBC Verify이 확인했다는 것과 콘텐츠 인증 정보 마크를 병기한다. 콘텐츠 인증 정보에 담기는 내용은 해당 동영상이 처음 게시된 곳(예를 들어 틱톡, 페이스북 등 특정 소셜 미디어 플랫폼)과 시간, 실제 촬영 지점(경위도), 비디오와 오디오의 진위를 BBC 검증 팀이 어떻게 확인했는지 등에 대한 상세 설명이다. 이렇게 함으로써 확인되지 않은 사실이 확산되는 것을 막는 한편, 이미 유통되고 있는 콘텐츠에도 어떤 조작이나 변경이 있었는지까지 정보 소비자들이 확인함으로써 정보를 믿어도 될 것인지 판단하는 데 도움을 주는 것이다.

EU 인공 지능 법안AI Act의 유럽의회 초안은 모든 인공 지능 시스템에 적용 가능한 인간 감독을 원칙으로 제안했다. 2024년 2월 생성형 AI와 허위 조작 정보에 관한 백서를 발간한 EU 역내와 영국의 전문가들(Bontcheva et al., 2024)은 생성형 AI가 문맥의 민감성이나 무엇이 참과 거짓을 구성하는지 그 복잡성을 구현해 낼 수 없다는 점을 분명한 한계점으로 지적했다. 이들은 콘텐츠 검증 과정의 완전한 자동화는 가능하지도 않을뿐더러 바람직하지도 않다며 인간의 감독이 EU의 규제안 안에 반드시 포함되어야 한다고 제언했다. 문제는 이러한 인간 감독을 '무엇'에 대하여, '언제' 할 것이며, '누가' 할 것인가에 대해 맥락화된 법적 연구가 더 필요하다는 것이다(Enquivist, 2023).

생성형 AI는 허위 조작 정보와 오정보의 빠르고 광범위한 생성에 결정적인 역할을 할 것이 분명하다. 생성형 AI의 특징인 환각은 시민들의 정보에 대한 신뢰, 정부를 포함한 공공 기관 및 언론에 대한 신뢰를 잠식하며 공적 토론에 참여할 권리에 부정적인 영향을 미칠 수 있다. 생성형 AI가 만들어 내는 허위 조작 정보에 대응하기 위해 생성형 AI를 사용해야 하는 역설적인 현 상황에서 설명 가능성과 투명성은 무엇보다도 중요한 과제로 떠오르고 있다. 현재까지의 기술 수준은 인간 팩트체커가 수행하는 만큼의 산출물을 자동화된 사실 확인이 만들어 내지 못한다는 것이다. 그러나 EU 인공 지능 법안의 유럽의회 초안이 모든 인공 지능 시스템에 적용 가능한 인간 감독을 원칙으로 한 것처럼 콘텐츠 검증 과정의 완전한 자동화는 가능하지 않을뿐더러 바람직하지도 않아 보인다. 생성형 AI 시대에 시민들의 헌법적 권리, 프라이버시를 침해하지 않으면서도 안전하게 AI를 사용할 수 있는 법(이에 관해서는 미국의 'AI 행정 명령'을 참고하라),[62] 제도, 사회 각 분야의 감시와 협업 정책 마련이 피할 수 없고, 긴급한 과제로 남아 있다.

62 바이든 대통령은 2023년 10월 안전하고 믿을 수 있는 AI에 관한 행정 명령을 내렸다. Fact Sheet는 다음을 참조하라. https://www.whitehouse.gov/briefing-room/statements-releases/2023/10/30/fact-sheet-president-biden-issues-executive-order-on-safe-secure-and-trustworthy-artificial-intelligence/

3부

한국의 팩트체크 저널리즘

12장

한국 팩트체크 저널리즘은 어떻게 전개되었나

2017년은 한국 팩트체크 저널리즘의 원년으로 꼽힌다(김선호·김위근, 2017). 한국언론진흥재단이 19대 대통령 선거 투표자 1,092명을 대상으로 설문 조사를 실시한 바에 따르면 투표자 중 가짜뉴스로 의심되는 정보를 접해 본 경험이 있다는 응답자는 65%, 대선 기간 팩트체크 기사를 접해 본 적이 있다는 응답자는 53%로서 전체 응답자의 절반을 넘었다. 가짜뉴스 의심 정보를 접해 본 응답자에 한정했을 때 팩트체크 기사를 접해 봤다는 비율은 69%였다. 팩트체크 뉴스를 접해 본 사람과 그렇지 않은 사람 사이에 가짜뉴스의 심각성에 대한 인식이 달랐다. 팩트체크 기사를 접해 본 사람의 88%가 올해 대선 기간 가짜뉴스 문제가 "심각했다"라고 응답한 반면, 접해 보지 못한 사람의 경우 77%가 "심각했다"라고 답했다.

한국 팩트체크 저널리즘의 기원

19대 대선 기간 중 포털사이트 네이버에 팩트체크를 수행한 매체로 분류된 것은 모두 28개였다(정은령, 2017). jtbc의 〈팩트체크〉, SBS의 〈사실은〉, 〈한겨레〉의 '진짜 판별기'(짜판) 등 팩트체크 뉴스를 제작하기 위해 별도 팀을 꾸리고 방송과 지면에 코너를 운영한 언론사들을 포함해 다수의 언론사들이 대선 기간 중 후보 발언 등을 검증하기 위해 '팩트체크'라는 양식을 도입했다.

한국에서 팩트체크 저널리즘은 2012년 〈오마이뉴스〉가 미국의 폴리티팩트의 진실검증기를 변형한 판정표를 응용한 "오마이팩트"를 신설하면서 선보였고, 2014년 jtbc의 메인 뉴스인 〈jtbc뉴스룸〉이 "팩트체크"를 고정 코너로 신설해 주 4회 방송하면서 대중화가 이루어지기 시작했다(문용필, 2017). 그러나 본격적으로 팩트체크 저널리즘이 붐을 이룬 것은 19대 대통령 선거 국면이라고 할 수 있다. 한국에서도 박근혜 전 대통령의 탄핵과 조기 대선 정국을 거치며 정치적 선동의 목적을 가진 가짜뉴스가 다량으로 제작 유통되는 현상이 목격되었고, 정치권을 중심으로 이에 대한 법적 제재 주장이 제기됐다.[63]

그러나 가짜뉴스를 누가, 어떤 방식으로, 어떻게 정의해서 걸러낼 것인가의 문제는 결코 간단하지 않다. 정부가 개입할 경우 자칫 국민의 정치적 표현의 자유와 알권리를 침해하는 검열 행위가 될 수

63 일례로 김관영 국민의당 의원은 가짜뉴스가 유통되는 통신망 서비스 사업자들이 가짜뉴스를 발견하고도 삭제하지 않을 경우 3,000만 원 이하의 과태료를 부과하도록 하는 이른바 '가짜뉴스 청소법'(정보통신망법 개정안)을 2017년 4월 발의했다.

있다.[64] 법적 규제 대신 객관적이며 독립적이고 전문적인 '판정자'가 유통되는 정보들의 진위를 가려내어 이용자들이 지침으로 삼을 수 있도록 제시하는 대안이 요청되는 가운데 사실 확인을 일상적인 업무로 삼는 언론의 역할이 그 어느 때보다 부각되었다. 2017년의 조사(오세욱 · 정세훈, 2017)에서 국내 언론 수용자 85.7%가 팩트체크 의무화에 찬성했고, 의무화할 때 팩트체크의 주체는 누가 돼야 하느냐는 질문에 언론사(71.5%)가 정부(65.6%), 플랫폼 사업자(55.0%), 대학 등 교육 기관(49.1%)을 앞서 1위로 나타났다. 이러한 사회적 환경에서 탄생한 것이 SNU팩트체크(factcheck.snu.ac.kr) 서비스다.

SNU팩트체크는 언론계와 학계의 협업형 사실 검증 서비스 모델(최순욱 · 윤석민, 2017)이었다. 서울대학교 언론정보연구소는 언론사들이 사실 확인한 기사들을 게시할 수 있는 팩트체크 플랫폼을 개발했고, 출범 당시 제휴했던 16개 언론사들은 검증 기사를 바탕으로 이 플랫폼에 팩트체크 콘텐츠를 올렸다(정은령, 2017). 국내 최초의 팩트체크 플랫폼인 SNU팩트체크는 출범 당시 내용과 형식, 운영 방식에서 몇 가지 특징을 가졌으며 이는 이후 한국 사회에서 진행된 팩트체크 저널리즘의 성격에 크게 영향을 미쳤다.

첫째, 사회적으로 가짜뉴스에 대한 법적 제재 등이 논의되고 연일 언론에서도 가짜뉴스에 대한 우려와 폐해가 다뤄지던 시점에 출범했음에도 불구하고, "SNU팩트체크가 '페이크 뉴스'나 '가짜뉴스'

64 선거관리위원회가 19대 대선과 관련하여 가짜뉴스를 단속하겠다며 2017년 1월부터 '비방, 흑색 선전 전담 TF팀'을 꾸린 데 대해 망중립성을 지향하는 사단법인 오픈넷은 "선거법상 독소조항들을 근거로 국민의 정치적 표현의 자유와 알권리를 과도하게 침해하는 검열 행위"라는 논평을 냈다(오픈넷, 2017).

에 특별히 초점을 맞춘 것이 아니라는 점"(최순욱 · 윤석민, 2017: 181)이다. SNU팩트체크는 형식과 내용을 모두 기만하는 가짜 정보로서의 가짜뉴스(황용석, 2017)에만 검증 대상을 한정하지 않고, 그 내용이 진실하다고 주장하는 모든 종류의 사실적 진술의 참 거짓을 판별하는 것을 목적으로 하였다. 출범 당시 운영 규정에서는 검증 대상을 "공적 관심 사항으로 언론 보도, 공직자 및 선거 (예비) 후보 등의 진술, 기타 정보통신망 등을 통해 알려진 사실적 정보"(3조 1항)로 정하고 사상이나 의견 등은 검증 대상에서 엄격히 배제했다(19조 1항). 실제 웹사이트에서는 이를 ① 정치인(공직자)의 발언, ② 정치인(공직자)과 관련된 사실, ③ 기타의 셋으로 구체화해 제시했다(최순욱 · 윤석민, 2017). 검증 대상을 정치인, 공인의 발언이나 관련 사실로 규정함으로써 SNU팩트체크는 미국 언론계에서 발전한 정치 팩트체크 저널리즘 중심의 성격(Dobbs, 2012; Graves, 2016)을 가지게 되었다.

둘째, 검증 주체를 전통적인 언론 기관으로 한정한 것이다. 검증할 사실의 선정, 검증 결과의 판정은 각 제휴 언론사 또는 담당 기자가 자율적으로 결정하며, 플랫폼을 개설한 서울대학교 언론정보연구소는 이 과정에 개입하지 않았다. 이는 언론사의 편집권을 보호하고 존중하기 위해서다(최순욱 · 윤석민, 2017). 사실 확인을 수행하는 주체를 전통적인 언론사로 한정함으로써 한국 언론의 팩트체크 저널리즘 모델은 대학과 언론이 협업하는 유럽 팩트체크 기관에서 볼 수 있는 전문가 모델이자 실질적으로는 미국 팩트체크 저널리즘 모델을 지향하게 되었다(Graves & Cherubini, 2016).

셋째, 언론사 간의 상시적인 교차 검증을 시스템에 내장한 것이다. SNU팩트체크 홈페이지에서는 두 개 이상의 언론사가 동일한 사안을 검증할 경우 '교차 검증'으로 분류됐다. 2017년 19대 대통령 선거 때는 22건이 교차 검증되어 이 중 10건의 판정이 일치했다(정은령, 2017). 동일한 사안에 대한 검증 결과의 일치 여부는 팩트체크 신뢰도와 관련해 중요한 의미가 있다. 팩트체크 연구자들은 신뢰도를 높이기 위해 교차 검증이 필요하다고 강조하지만(Lim, 2018; Marietta, Barker, & Bowser, 2015), 교차 검증 시도는 많지 않다. 2017년 프랑스 대통령 선거를 앞두고 구글 뉴스랩과 퍼스트 드래프트First Draft의 지원을 받은 프랑스의 37개 언론사들이 허위로 의심되는 사안에 대해 공동으로 사실 여부를 검증하는 '크로스체크CrossCheck'라는 프로젝트를 단기적으로 운영한 바 있다. 검증에 참여하는 2개 이상의 언론사들이 공통의 온라인 워크스테이션인 슬랙Sclack에서 논의를 한 뒤 사실 혹은 거짓이라는 공통된 결론에 이르면 이를 대표 집필자인 AFP가 정리하는 방식이었다(방송기자연합회, 2017). 반면 SNU팩트체크는 하나의 사안에 대해 교차 검증을 하되 언론사 간의 협의 없이 각자 독립적인 팩트체크를 진행했다. SNU팩트체크 플랫폼에서 언론사 간의 교차 검증이 제한적이나마 이루어진 것은 정파성이 강한 한국 언론의 현실에서 언론사들이 간접적으로나마 소통하는 것이라고 평가할 수 있다(정은령, 2023).

다수 언론사들의 협업 모델로 탄생한 SNU팩트체크의 이러한 성격은 한국 사회에 본격적으로 현대적 팩트체크 저널리즘을 소개하며, 정치 중심, 전문가 모델로 한국 팩트체크 저널리즘을 틀 지었다고 평가할 수 있다. 그러나 외견상 미국의 정치 중심 팩트체크 저널리즘과 유사해 보이지만, 그 출발점에서 언론 내부의 성찰적인 운동이기보다는 언론 외부를 향한 위기의식과 비판의 성격이 강했다. "최순실 국정 농단 사태와 대통령 탄핵 등 어지러운 시국을 틈타 가짜뉴스가 대거 생산됐는데 오는 5월 대선을 앞두고 여론을 왜곡, 선동할 가능성이 높다"(《매일경제신문》, 2017)라는 인식이 대표적이다. 즉 미국의 팩트체크 저널리즘이 기자 공동체 내부의 저널리즘 혁신 운동으로 발전해 온 것이라면, 2017년 대선을 기점으로 확산된 한국 언론계의 팩트체크 저널리즘의 문제의식은 제도 언론 '바깥'에서 유입되는 오정보로부터 시민들을 보호해야 한다는 위기의식과 반격의 성격을 가졌다고 할 수 있다(정은령, 2018). 이는 민주주의를 수행할 수 있는 "식견 있는 시민informed citizen"(Schudson, 1998)을 전제로 '공공 이성'을 강화하자는 패러다임과 오정보의 범람으로 인해 민주주의가 훼손될 것에 대한 염려로 수용자들의 행동에 주의를 기울이는 '공중보건' 패러다임이 해외의 경우 코로나19 등 중요한 사회적 이벤트를 거치며 순차적으로 변화되어 왔다면(Graves, Bélair-Gagnon, & Larsen, 2023), 팩트체크 저널리즘의 후발 주자인 한국에서는 처음부터 두 개의 패러다임이 착종되어 나타난 것이라고 할 수 있다.

가짜뉴스 대응과 팩트체크 저널리즘

한국 사회에서는 팩트체크 저널리즘의 원년부터 가짜뉴스에 대한 규정, 제재 여부가 정치적인 맥락에서 논의되었다. 이는 진보로 분류되는 문재인 정부와 보수로 분류되는 윤석열 정부를 거치며 일관되는 흐름이다. 문재인 정부에서는 이낙연 초대 국무총리가 "가짜뉴스는 표현의 자유 뒤에 숨은 사회의 공적"(금준경, 2023a)이라며 강력한 제재 필요성을 주장했고, 윤석열 정부에서는 윤석열 대통령이 "가짜뉴스와 허위 조작 선동이 이 나라의 민주주의를 위협하고 있다"(노지민, 2023)라고 집권 초기부터 강조해 왔다. 유럽연합집행위원회가 위축한 고위 전문가 그룹(HLEG)이 2018년 3월에 낸 보고서(European Commission, 2018)에서, 가짜뉴스라는 용어가 정치인들이나 그 지지자들에 의해 그릇되게 전유되고 있으며, 권력자들은 자신이 동의할 수 없는 뉴스를 부정하고 언론사를 공격하거나 폄훼하기 위해서 가짜뉴스라는 단어를 무기처럼 사용하기 때문에 가짜뉴스라는 단어를 쓰지 말아야 한다고 권고했던 것과는 반대되는 흐름이다.

심석태(2022)는 "문재인 정부의 언론 정책을 상징하는 키워드를 찾아본다면 '가짜뉴스와의 전쟁'과 '징벌적 손해배상제가 아닐까 싶다"(30)라고 문재인 정부 5년의 언론 정책을 평가했다. 문재인 정부 전반기에는 가짜뉴스 대책을 내놓으라는 전방위적 압박에 관련 부처 담당자들이 머리를 싸맸고, 집권 후반기에는 언론중재법 개정을 통한 징벌적 손해배상제 도입이라는 구호로 언론에 관한 복잡한 개혁 과제들을 단순화했다는 것이다. 문재인 정부는 2018년 10월 방송통신위원회 주도로 '허위 조작 정보 대응 범정부 종합 대책'을 내놓으려고 했으나 대책이 미진하다는 이유로 발표하지 않았다. 이후 문재인 정부의 방송통신위원회 위원장들은 별도의 가짜뉴스 규제 대책을 마련하지 않고 관련 전문가 회의의 논의 결과인 '허위 조작 정보 문제 해결을 위한 제안'을 받아들였다. 이 제안에서는 허위 조작 정보를 "허위 사실임을 알면서, 정치적 경제적 이익 등을 얻을 목적으로, 정보 이용자들이 사실로 오인하도록 생산·유포된 모든 정보"로 정의하고 "언론중재법에 의한 언론사의 기사, 패러디, 풍자, 정치적 견해 등은 제외"한다고 정의했다(금준경, 2023a). 2020년 11월에는 오픈팩트체크 플랫폼인 '팩트체크넷'이 출범했다. 팩트체크넷은 방송통신위원회가 지원하는 예산으로 산하 기관인 시청자미디어재단의 위탁을 받아 사업을 수행하는 방식으로 방송기자연합회, 한국기자협회, 한국PD연합회 등 언론 현업인 3단체와 사회적 협동조합 '빠띠'가 컨소시엄을 구성해 설립했다. 언론사들이 주도하는 SNU팩트체크와 달리 팩트체크넷은 시민과 소통하고 시민의 요구를 충족하는 시민 친화적 공간으로 만들어 가는 것을 목표로 했다(김고은, 2020). 팩트체크넷에서 직접 팩트체킹에 나서는 주체는 전문 팩트체커와 시민 팩트체커로 구분됐다. 전문 팩트체커는 언론사 기자 및 각 분야 전문가를 중심으로 구성됐고, 시민 팩트체커는 방송기자연합회에서 실시한 팩트체크 관련 교육 과정을 이수하거나 팩트체크 시민 공모전에서 수상하는 등 사실 확인 역량이 인정된 시민과 학생들 가운데 시민 팩트체커 활동을 자원한 사람들 중 선발됐다(정재철, 2021).

2020년 이후 정부와 여당을 중심으로 언론 보도에 대한 징벌 배상을 제도화하고자 하는 움직임이 본격화되고 이에 야권 및 언론 등의 격렬한 반발이 이어지면서 여러 갈래의 정치적 움직임이 격화되었다(최은철 · 윤석민, 2022). 2021년 7월 여당인 민주당과 열린민주당은 "고의 또는 중대한 과실로 인한 허위 조작 보도에 따라 재산상 손해를 입거나 인격권 침해, 정신적 고통"이 있을 경우엔 손해액의 다섯 배까지 배상이 가능하도록 기존의 언론중재법에 언론사의 허위·조작 보도에 대한 특칙을 신설한 언론중재법 개정안을 국회 문화체육관광위원회에서 표결로 통과시켰다(노지원, 2021). 언론의 오보, 풍자 및 패러디, 혹은 당파적인 뉴스나 의견을 '허위 정보'에 포함할 경우, 표현의 자유와 언론 자유를 침해할 수 있기 때문에 이를 명시적으로 배제한 EU(정은령 · 고예나, 2018)와는 첨예하게 다른 행보였다. 여야 간의 갈등, 언론과 정치권의 갈등은 2021년 8월 언론중재법 개정 시도를 둘러싸고 정점에 달했다. 8월 한 달간 언론중재법을 키워드로 뉴스 빅데이터 분석 서비스인 빅카인즈에서 검색한 결과 관련 보도는

3,296건이었다(금준경, 2021). 더불어민주당은 같은 달 30일 본회의에서 언론중재법 개정안 상정 및 표결을 추진하였으나 여야 간 합의를 이루지 못한 채 본회의가 무산됐다(최은철 · 윤석민, 2022). 언론계뿐만 아니라 국가 기관에서도 정부 · 여당의 기조와는 다른 견해가 제시됐다. 국가인권위원회는 2021년 9월 "허위·조작 정보의 폐해가 심각한 사회 문제로 대두되고 있는 상황에서, 진실한 보도의 중요성을 환기함으로써 언론 등의 책임성을 강화하려는 개정 법률안의 취지에는 공감하나, 언론 보도에 대한 규제 강화는 필연적으로 우리 '헌법'에서 보장하는 언론 및 표현의 자유 제한과 밀접한 관련이 있으므로 기본권 제한에 요구되는 '과잉 금지의 원칙'이나 '명확성의 원칙' 등이 엄격하게 준수될 필요가 있다"(국가인권위원회, 2021)라는 의견을 국회의장에게 전달했다.

더불어민주당과 국민의힘 두 당은 국회에 언론미디어제도개선특별위원회를 구성하여 언론중재법 개정안을 포함한 언론 개혁 의제에 대한 논의를 2021년 12월 31일까지 이어 나갈 것에 합의했지만, 서로의 견해차만 확인한 채 활동 기한을 2022년 5월까지로 연장했다가 5월 24일 활동을 종료했다. 징벌적 손해배상제 도입에 대해선 아무 결론을 내지 못했다. 수개월간 특위가 공전하는 가운데 '언론 탄압'과 '가짜뉴스 방지' 프레임만이 부각됐고, '피해 구제' 논의는 뒷전이 되었다(정철운, 2022). 주요 언론 단체는 6명의 학자가 참여하는 연구위원회를 구성하고 언론중재법 개정안에 대한 대안으로서 '통합형 언론 자율 규제 기구' 설립 방안 초안을 12월 24일 내놓았다(정철운, 2021). 통합 기구는 언론 단체들이 공동 설립하며 분쟁 처리를 담당하는 자율 조정인을 두어 규약을 위반한 언론사에 시정을 요구할 수 있도록 했다. 그러나 이러한 안에 대해서는 방송통신심의위원회

(방심위), 언론중재위원회와 관련해 당장 이중 삼중 규제가 될 수 있다는 문제 제기가 있었다. 특히 "방심위는 국가 기관이기 때문에 (통합 기구가) 법제화되지 않고서는 이중 규제 문제를 해결할 수 없다"(정철운, 2021)는 비판도 나왔다. 아무런 합의 없이 활동을 종료한 국회와 마찬가지로 언론에서 대안으로 준비한 '통합형 언론 자율 규제 기구' 설립도 더 이상 진전이 없는 상태다.

윤석열 정부는 지난 정부에서 사용하던 '허위 조작 정보'라는 용어 대신 공식 문서와 보도 자료에 '가짜뉴스'라는 표현을 쓰기 시작했다(금준경, 2023a). 윤석열 정부에서 "가짜뉴스"를 공개석상에서 빈번하게 언급한 것은 윤석열 대통령이다. 2023년 윤석열 대통령은 4월 한 달만 해도 신문의 날 축사, 부활절 연합 예배, 4·19 혁명 기념사에서 연거푸 "가짜뉴스"를 언급했다. 이러한 언급 직후인 4월 20일 문화체육관광부는 '가짜뉴스 퇴치' 대책을 발표했고 한국언론진흥재단에는 '가짜뉴스 신고·상담 센터'가 설치된다(박재령, 2024). 적극적인 가짜뉴스 대응 기조는 인터넷 공간에 떠도는 허위 정보에 대한 규제나 억지가 아닌 정부 여당 등에 비판적이거나 부정적인 기사를 낸 언론사 기자들에 대한 형사고발 등으로 구체화됐다. 대통령실은 역술인 천공의 대통령 관저 이전 개입 의혹을 보도한 뉴스토마토와 〈한국일보〉를 형사 고발했고, 뉴스타파가 보도한 '김만배 녹취록'과 관련해 뉴스타파와 MBC 기자 6명을 고발했다. 검찰은 '대선 개입 여론 조작 특별 수사 팀'을 꾸려 대선에 영향을 주기 위해 고의로 허위 인터뷰 및 명예훼손 기사를 썼다는 혐의로 뉴스타파와 〈경향신문〉 전현직 기자, 뉴스버스 기자 등을 압수 수색했다(이세영, 2023). 방송통신위원회는 행정 기구를 통한 직접적인 규제에 나섰다. 이동관 전 방송통신위원장은 "가짜뉴스 원스트라이크 아웃제 도입"과 "포털의 가짜뉴스 전달 책임을 엄중하게 묻는 입법이 필요"(박국희, 2023)하다고 주장했다. 이 전 위원장은 취임 이후, ① 방송통신위원회 내 가짜뉴스 전담 기구 설립, ② 방송통신심의위원회의 인터넷 언론사 대상 사상 첫 심의, ③ '심의 중'인 사안을 포털에 공표하게 하거나 우선 삭제하도록 하는 가짜뉴스 대응 패스트트랙 도입, ④ 원스트라이크 아웃 및 가짜뉴스 만든 종사자 갈아타기 방지법 입법 추진(금준경, 2023a) 등을 공언했다. 방송통신심의위원회에는 잇따른 내부 반발에도 2023년 9월26일 '가짜뉴스심의전담센터'(이후 가짜뉴스신속심의센터로 개칭)가 개소했다가 같은 해 12월 운영이 종료됐다(강한들, 2023a). 가짜뉴스신속심의센터는 인터넷 언론인 뉴스타파 심의에 나섰고, 이후 방송통신심의위원회는 11월13일 뉴스타파의 '김만배 녹취록'을 인용 보도한 MBC, KBS, YTN, jtbc에 총 1억 4,000만 원의 과징금을 부과(박재령, 2024)했다. 그러나 법원은 4개 방송사에 대한 과징금 처분을 집행 정지했다(이근아, 2024).

기자에 대한 형사 고발, 압수 수색 등이 이어지자 전국언론노동조합(이하 언론노조)은 2023년 10월 외신 기자들을 대상으로 기자 회견을 열었다. 외신 기자들은 문재인 정부의 가짜뉴스 대응과 윤석열 정부 대응 차이를 물었고, 이에 윤창현 언론노조 위원장은 문재인 정부 시절 언론중재법을 개정해 가짜뉴스를 규제하려 할 때도 비판 언론을 공격하고 싶은 정치적 이해를 가진 사람들에 의해 오염될 가능성이 크다는 점을 지적했다며 "윤석열 정부는 법 제정이 아니라 정부 기관을 동원해 자의적으로 가짜뉴스를 규정하고 직접 제재하는 과격한 방식을 택했다"라고 말했다(강한들, 2023b). 가짜뉴스를 정치적인 맥락에서 사용하는 것은 윤석열 정부만은 아니다. 더불어민주당은 2024년 4월 총선을 앞두고 '가짜뉴스 대응 태스크포스'(TF)를 출범시켰다. 더불어민주당은 TF를 통해 방송 등 언론은 물론 유튜브 커뮤니티, SNS 등에서 유통되는 허위 정보 및 허위 조작 정보에 대해 무관용 원칙으로 강력하게 법적 대응 하겠다는 입장을 밝혔다. 이에 대해 언론노조는 성명서를 내 "윤석열 정권을 비난하며 언론자유특위까지 만들었던 정당이 180도 입장을 바꿔 그들과 같은 목소리로 가짜뉴스 때려잡기에 나섰다"라고 비판했다(최성진, 2024).

한편 국회는 2023년 12월 딥페이크를 활용한 선거 운동을 못하도록 하는 공직선거법 개정안을 의결했다. 개정안에는 선거일 90일 전부터 선거일까지 인공 지능 기술 등을 이용해 만든 실제와 구분하기 어려운 가상의 음향, 이미지 또는 영상 등을 제작·편집·유포·상영·게시할 수 없도록 했다. 선거일보다 90일 넘게 남았더라도 선거 운동에서 딥페이크를 활용할 때는 가상의 정보라는 사실을 명확하게 인식할 수 있도록 표시해야 한다고 규정하고 있다(최평천·안채원, 2023).

2024년 2월 경찰은 방송통신심의위원회에 "가상으로 꾸며본 윤 대통령 양심 고백 연설"이란 제목의 게시글을 삭제·차단해 달라는 공문을 보냈다. 해당 영상은 2023년 말부터 틱톡·메타·인스타그램 등 소셜 미디어를 중심으로 퍼진 46초 분량의 영상이었다. 경찰은 해당 영상에 대한 고발을 접수하고 수사에도 착수하며 개정된 공직선거법 적용 가능성을 시사했다. 방송통신심의위원회는 2월 23일 "사회 혼란을 현저히 야기할 우려가 있는 내용"(정보통신에 관한 심의규정 8조 3항)에 해당한다며 접속 차단 조치 결정을 했다. 같은 날 대통령실은 "일부 매체에서 사실과 다른 허위 조작 영상을 풍자 영상으로 규정하거나 가상 표시가 있어 괜찮다고 보도하는 것에 대해 심각한 우려를 표한다"라며, "해당 영상은 명백히 허위 조작 영상이며 설령 가상 표시를 했다고 하더라도 가상 표시를 삭제한 편집 영상이 온라인에서 확대 재생산되고 있으므로 허위 정보 확산을 막아야 한다는 당위성에 비춰 반드시 근절되어야 한다"라는 입장을 밝혔다(최경운, 2024). 언론 보도도 해당 영상을 '딥페이크'로 규정한 경우와 '짜깁기 영상'으로 규정한 경우가 엇갈렸지만, 서울경찰청의 의뢰를 받아 해당 영상의 딥페이크 여부를 검토한 경찰청 국가수사본부는 딥페이크 탐지 프로그램을 통해 분석한 결과 딥페이크가 아니라는 사실을 서울경찰청에 통보했다(전현진, 2024). 딥페이크를 둘러싼 이 소란은 가짜뉴스에 대한 제재가 명확한 개념 정의에 기반한 것이기보다는 정치화되어 있었다는 것을 보여준 사례다.

한국과 EU의 가짜뉴스 정책 형성 담론을 비교한 김세환과 황용석(2019)은 EU의 가짜뉴스에 대한 정책 형성은 정책 형성에 영향력을 발휘하는 모든 이해관계자 즉 학계, 언론계, 온라인 플랫폼, 시민사회, 팩트체크 기관 등을 포함한 다양한 민간 전문가들이 아이디어를 내는 조정적 단계가 복잡하고 정교했지만, 결정된 정책을 대중에 전달하는 소통적 단계는 단순했다고 평가했다. 반면 한국의 가짜뉴스 정책 형성은 조정적 단계에서 입법부의 소수 정책 행위자의 주도하에 폐쇄적으로 진행되었고, 소통적 단계에서는 공론화보다 정책행위자의 주장을 정당화하는 수단으로 변질됨으로써 다양한 의견을 수렴하지 못하고 이해관계에 따른 갈등을 증폭하는 기제로 작동했다고 분석했다. 가짜뉴스 대처를 위한 EU의 정책 프레임워크인 '정책 발표문: 온라인 허위 정보 대응을 위한 유럽의 접근(이하 정책 발표문, 2018)'[65]은 건강한 디지털 생태계를 위해 독립적이고 강한 팩트체

65 커뮤니케이션의 전문은 다음을 참조하라. https://digital-strategy.ec.europa.eu/en/library/

커들의 긴밀한 연대가 필수불가결하다고 강조하면서 EU 차원의 팩트체크 네트워크의 창설을 지원했다. 또한 저널리즘 활성화 방안의 하나로서 역내의 모든 종류의 미디어들이 EU의 당면 현안을 범 EU적 관점에서 취재하는 경우 이들의 기획 취재를 지원했다(정은령·고예나, 2018). 이처럼 가짜뉴스 대응 정책에는 사실 확인과 언론의 역할이 중요하지만, 한국에서는 정부가 가짜뉴스에 대한 대응 강도를 계속적으로 높여 가는 과정에서 언론은 논의에서 소외되거나 오히려 가짜뉴스의 생산자로 지목됐다.

가짜뉴스를 퇴치하겠다는 진보, 보수 정부들의 공언 와중에 팩트체크 저널리즘은 역설적으로 위축됐다. 한국의 팩트체크 저널리즘은 문재인 정부 때부터 법적 정치적 압력을 받아 왔다. 2017년 당시 야당이던 자유한국당은 서울대학교와 서울대학교 언론정보연구소를 상대로 SNU팩트체크 사이트가 정치적으로 편향된 매체들의 기사를 검증 없이 인용해 명예가 훼손됐다며 1억 원의 손해배상을 요구했다. 그러나 1심인 서울남부지방법원은 2019년 5월 원고의 주장을 기각했다.[66]

재판부는 판결문에서 “대통령 후보, 국회의원 등 국가 사회적 영향력이 큰 공적 인물의 정치적 이념, 사회적 이슈에 관한 시각, 능력 등은 국가·사회에 미치는 영향이 크므로 그 존재가 가진 정치적 이념 등은 철저히 공개되어 검증되어야 한다”라며, “언론사가 제시한 검증 결과가 언제나 옳다고 단정할 수는 없다. 그러나 언론사가 믿을 만한 근거를 토대로 합리적 사고 과정을 거쳐 판단한 결과라면, 쉽사

communication-tackling-online-disinformation-european-approach

66 서울남부지방법원 2019. 5. 21. 선고 2017가단248135 판결.

리 명예훼손이라 인정하여서는 안 된다. 언론사가 근거를 가지고 공적 인물의 발언 등을 비판하는 것이 공적 인물의 발언 등이 아무런 여과 없이 국민들에게 전달되는 것보다 민주적 정치 질서의 유지에 바람직하기 때문이다"라고 팩트체크 저널리즘의 사회적 순기능을 인정했다. 무엇보다도 재판부는 "그와 같은 감시와 비판 행위는 언론 자유의 한 내용이자 정당한 언론 활동에 해당한다"라고 평가했다.

팩트체크 저널리즘에 대한 공격은 법적 압력에 그치지 않고 재정 지원을 봉쇄함으로써 더 이상의 활동이 불가능하게 만드는 방식으로도 이루어졌다. 정부 예산으로 운영되어 오던 시민참여 팩트체크서비스 팩트체크넷은 2023년 예산이 전년에 비해 절반 넘게 삭감되자 이사회를 열고 해산을 결의했다. 팩트체크넷은 국감 때마다 "국민의 혈세로 운영되는 팩트체크 사업에서 지나치게 편향성을 가진 사람들이 활동하며 팩트체크 사업의 의미를 희석시켰다"라는 당시 야당의 지적을 받았고(김승재, 2023), 사업 예산은 2021년 27억 4,000만 원 규모였으나 2023년에는 6억 1,000만 원으로 줄었다(금준경, 2023b). 팩트체크넷은 해산 이후 방송통신위원회 감사를 받았으며 방송통신위원회는 감사 결과 인건비가 과다 책정됐다며 보조금법 위반 혐의로 경찰에 수사를 요청했다(배한님, 2024).

SNU팩트체크 사업에 2017년부터 6년간 60억 원을 지원한 네이버는 여당 의원으로부터 2023년 1월 "네이버가 문재인 정부 기간 60억 원의 뒷돈을 대고 '뉴스 영역'에 판을 깔아준 SNU팩트체크센터, 한국언론학회의 팩트체크 사업이 윤석열 정부와 국민의힘을 '가짜뉴스' 선동자로 전락시켰다"라고 공개적으로 공격당했다(김연정, 2023). 이후 네이버는 2023년 8월 말로 종료된 SNU팩트체크와의 지원 협약을 연장하지 않음으로써 SNU팩트체크센터는 물론 한국 언론계의 팩트체크 저널리즘 활성화를 위해 벌여 왔던 다수 프로젝트의 재정 지원을 끊었다. 네이버는 재정 지원만을 멈춘 것이 아니라, SNU팩트체크의 게시물을 2018년 1월부터 네이버 뉴스홈을 통해 공개하던 연동 기능도 2023년 9월 26일 중단했다. "국정감사 전에 내려야 한다"라는 것이 이유였다(박재령 · 금준경, 2023).

'가짜뉴스와의 전쟁' 국면에서 가짜뉴스 대응에 핵심적인 기능이 되어야 할 팩트체크 저널리즘이 위축되고 위협당하는 한국의 상황은 모순적일 뿐만 아니라 허위 정보 대응이라는 실질적인 목표에서 멀어지는 것으로 평가됐다(박재령, 2023; 이종규, 2023).

팩트체크 저널리즘 수행이 한국 언론에 가져온 변화

팩트체크 저널리즘은 이를 주창한 미국 언론에서는 진실의 탐구자, 정치적 감시견이라는 저널리즘의 사명에 보다 충실하기 위한 일종의 저널리즘 혁신 운동(Graves, Nyhan, & Reifler, 2015)으로 발생했다. 한국 언론에는 팩트체크 저널리즘의 수용이 혁신을 가져왔을까? 즉 기자들의 인식과 실천, 보도에 변화가 생겨났을까?

홍원식(2018)은 워드(Ward, 2004/2007)의 실용적 객관성 개념에 기반하여 언론의 객관성에 대한 접근 역시 객관성의 근원에 대한 것이기보다는 언론 객관성이 어떠한 규범적 실용성을 갖고 있는가에 대한 판단이어야 한다는 문제의식을 갖고 다섯 명의 언론사 소속 팩트체커에 대한 심층 인터뷰를 통해 이러한 윤리적 가치의 실천 여부를 탐색했다. 인터뷰를 통해 나타난 공통적인 모습은 객관주의에서 주장하는 것과 같이 취재나 보도의 관행 자체를 언론의 객관적 진실로 간주하기보다는 취재 활동의 결과로서 발견할 수 있는 목표로서 정의하고 있다는 것이었다(207). 인터뷰한 팩트체커들은 객관적 진실을 목표로 하지만, 그 목표가 취재와 보도의 언론 탐구 활동을 통해 완벽히 표상되거나 대체될 수 있는 것으로 생각하지 않았다. 홍원식은 이에 대해 "바로 이 부분이 언론 객관성의 핵심"이라고 지적한다. 객관적 진실이 존재하지만 쉽게 다가가기 어려운 것으로 규정될 때 그들의 취재 활동은 지속적인 탐구 활동이 되며, 그 탐구 활동이 객관적 사실 판단의 완벽한 종결점이 아닐 수 있기 때문에 다른 사실 주장들과 비교 판단되고 타당성이 검증되는 영역으로 규정될 수 있다(209)는 것이다.

팩트체크 기사 제작진은 자신들의 객관 보도를 균형이나 공정에 대한 관점으로 이해하는 것에 대해 이를 "나열"이나 "인용 저널리즘"으로 평가하며 부정적인 태도를 보였다. 홍원식에 따르면 팩트체크는 흔히 공화주의적 공론장의 견해에서 얘기하는 것과 같은 "끊임없는 대화의 연속"으로서의 의미를 갖는 것이 아니라 "한 걸음 더 들어가는" 심화된 대화로서 의미가 있다(211). 객관성이 갖는 한계에 주목한 기존 연구들이 이를 대체하기 위한 새로운 개념으로 '공정'과 '균형'을 강조하였지만, 팩트체크 기사 제작진과의 인터뷰에서 발견한 것은 이러한 대체 개념들이 팩트체커들에게 '객관성'만큼 철학자 리처드 로티가 말한 '마음의 울림'을 만들어 내지는 못한다는 것이었다. 팩트체크 제작진은 객관적 진실을 취재의 목표로 설정하고 있으며 때로는 모순적이고 복합적이면서도 이를 추구하고자 하는 것이 팩트체크를 하는 강력한 동기로서 작동하고 있다(216)는 것을 이 연구는 확인했다.

정은령은 두 차례에 걸친 팩트체크 기자 심층 인터뷰(2018; 2019b)를 통해 팩트체크 저널리즘이라는 새로운 경험이 기존의 뉴스룸 관행과 어떻게 충돌하며, 이를 통해 어떤 변화가 일어나는지를 관찰했다.

팩트체크 저널리즘 수행 경험을 통해 기자들에게서 발견되는 것은 팩트체크가 다루는 사실과 일상적인 취재에서의 사실 확인 보도를 구분한다는 것이었다. 팩트체크 저널리즘이 다루는 사실이 언론이 본질적으로 추구해야 할 사실이지만 현재의 언론이 다루는 사실이 이를 충분히 담보하지 못하기 때문에 팩트체크 저널리즘이 필요하다고 평가하고 있었다. "기존의 취재 부서에서 해 온 것은 새로운 내용이 뭐가 있는지, 주로 취재원의 발언에 의지해서 앞으로 이런 일이 있을 것 같다, 생길 것 같다, 이런 것들을 전한다면, 팩트체크는 과거의 자료나 데이터를 찾아서 발언이나 사실을 검증하는 "후행적이며," "시시비비를 가리고 무엇이 진짜인지를 판단하는" 행위(정은령, 2018: 23)라고 인식했다. 이는 두 개의 다른 층위의 사실이 있다고 인정하는 것이다.

언론이 본질적으로 추구해야 할 사실을 취재와 보도를 통해 충분히 담보하지 못하는 이유에 대해 기자들은 마감 시간의 압박과 온라인 환경에서 지속적으로 속보를 쏟아 내야 하는 부담을 꼽았다. 이러한 상황에서 "모든 기자가 똑같이 팩트체크만 할 수는 없고, 누군가는 보도 자료를 써야 되고, 누군가는 정치인의 말을 그대로 인용하는 뉴스를 써야 한다"라는 뉴스룸 안에서의 역할 분담이 일어나고 있었다. 즉 팩트체크 언론인들이 추구하는 사실은 '모든 기자들이 할 수 있거나 해야 하는 일'이 아니라 팩트체크를 할 수 있는 팀이나 전담 기자가 맡아서 해야 하는 일로 인식되고 있었다.

정은령(2018)은 팩트체크의 도입과 함께 나타난 이러한 현상을

"둘로 분리될 수 없는 '사실'이 편의적으로 분리되어 팩트체크 언론인에게는 사실 '검증'의 임무가 출입처 취재처럼 부과되고, 대부분의 기자들은 사실을 '받아쓰기'하는 관행을 유지함으로써 빈약한 사실 추구의 틈을 메우는 분할 전략이 이중 층위의 사실 운영을 통해 수행되는 것"(40)이라고 분석했다. 이러한 분할 전략은 미국의 팩트체크 저널리즘 전개 과정에서도 발견되었던 현상이다. 그레이브스와 글레이시어(Graves & Glaisyer, 2012)는 미국 저널리즘에서 〈뉴욕 타임스〉나 〈워싱턴 포스트〉와 같은 권위지에서조차 '무엇이 말해졌는가?'를 취재 보도하는 것reporting과 '그것이 사실인가'를 묻는 것fact checking은 분리되어 있다며, 팩트체커들에 의해 개발된 취재 기술 즉 투명한 분석, 기명 인용만 하는 것, 사실이 아닌 주장에 대해 비판하는 것 등이 의회나 선거를 다루는 모든 보도에 작동할 수 있어야 한다고 지적한 바 있다.

팩트체크 저널리즘을 수행하는 기자들 사이에서는 기존 기사와 차별되는 취재 방식, 글쓰기 방식 등이 실천되고 있었다.

첫째 리드나 첫 문장이 관점을 정하면 기사를 예정된 방향으로 몰고 가면서 독자에게 다른 시각을 보여 주지 않는(남재일, 2008; 박재영, 2006) 역피라미드형 기사 쓰기와는 달리 팩트체크 기사 쓰기는 결론에 대해 열려 있다는 것이다. 한국 언론의 무리한 "야마 잡기" 관행은 사실 확인 전반을 특정 의도에 맞춘 행위로 만들고 있고(김창숙, 2020a), 주어진 '야마'에 맞춰 납득할 수 없는 기사를 억지로 써야 하는 상황이 젊은 신문 기자들이 기자 생활에 회의를 느끼고 언론을 떠나게 하는 핵심 요인으로 작용할 만큼(이석호·이오현, 2019) 뉴스의 품질뿐 아니라 기자들의 노동 과정에도 악영향을 미치는 요인으로 꼽힌다. 이러한 현실과 달리 팩트체크 기사를 쓰는 기자들은 수용자들에게 사안을 이해할 수 있도록 맥락을 제공하기 위해 역피라미드 방식의 기사 쓰기를 지양하면서 기승전결이 있는 기사 쓰기를 추구하고 있었다(정은령, 2018). 검증 대상을 설정했을 때 예상했던 방향과 다른 결론이 나오는 경우 예상하지 못했던 면까지 다 넣어주는 방식을 받아들였다(정은령, 2019b). 기자들은 취재 과정에서 확보한 원자료를 지면이나 방송 시간의 제한 때문에 다 소개할 수 없다면 온라인 기사를 통해서라도 원자료의 링크를 걸거나 파일을 첨부했으며 이는 독자들에게 "자신 있다, 내가 다 검증했다, 공개한다"라는 의미로 받아들여지고 신뢰를 얻을 수 있을 것이라고 진술했다(정은령, 2018: 33). 자료를 취재 방향에 맞게 왜곡해서 '가지치기'하여 왜곡해서 인용하지 않았다는 것을 보증할 수 있다는 것이다. 이는 최근 "새로운 객관성"(Weinberger, 2009)으로 강조되는 투명성(Humprecht, 2020; Karlsson, 2010; Vos & Craft, 2017)의 실천이라고 볼 수 있다.

둘째, 검증 규율이 강화되고 있었다. 취재원의 코멘트에 의존하기보다는 공공 기관의 정보, 통계, 논문, 판결문, 단체의 규칙 조항 등 수용자들에게도 공개할 수 있는 물적 자료를 선호(정은령, 2018; 2019b)했다. 검증 당사자의 의견을 선제적으로 검증 초기에 확인하려고 했으며(정은령, 2018; 2019b), 복수의 취재원으로부터 확인하거나 검증 과정을 여러 사람이 동시 진행함으로써 교차 확인을 하는 안전장치를 마련하려고 했다. "검증 대상자를 배제하지 않고 참여시켜 발언권을 주고, 가능한 모든 자료들을 검토하고 상호 반대되는 주장을 하는 전문가들의 해석을 청취하며, 기명으로 사실을 밝힐 수 있는 신뢰성 있는 취재원만을 인용하는 것"(정은령, 2019a: 293)은 미국의 팩트체크 기관들이 명문화하고 있는 중요 수칙이다. 팩트체크 저널리즘을 수행하는 한국의 언론사들이 미국의 팩트체크 기관과 같이 검증 절차를 명문화하고 있지는 않지만, 사실 확인을 하는 과정에서 검증 대상과 법적 분쟁을 회피할 수 있는 방법 등을 모색하며 기존의 뉴스 생산 관행과는 다른 새로운 관행을 발견적heuristic으로 정착시켜 나가고 있는 것으로 보인다.

한국 언론계에서 팩트체크 저널리즘을 수행하는 데 따르는 첫 번째 어려움은 노동 집약적이라는 데 있었다. 특히 방송 팩트체크 기자들의 경우, 검증 과정에서 근거로 삼았던 통계 등을 시청자들이 직관적으로 이해할 수 있도록 컴퓨터 그래픽을 반드시 동원하는데 그 오류가 꼼꼼히 확인되는 등의 과정을 거치다 보니, "데일리 리포트 쓰는 것보다 팩트체크 하나 하는 게 2.5배 힘이 더 들 뿐 아니라, 마감 시간도 일반 리포트 데드라인보다 앞당겨야 한다"(정은령, 2019b: 72)라는 어려움을 토로했다. 인력의 문제는 뉴스룸 자원의 배분, 경영의 문제와 잇닿아 있었다. 팩트체크 저널리즘을 수행하는 기자들은 사건 중심의 기사 쓰기보다 더 많은 시간과 인력이 드는 팩트체크 저널리즘을 유지할지는 경영상의 단기적인 손익 판단으로 결정될 것이라고 지속 여부에 관해 비관적으로 전망했다(정은령, 2018).

자원 배분을 넘어선 뉴스룸 안의 긴장도 팩트체크 수행의 어려움이었다. 팩트체크 담당 기자들은 별도의 출입처 없이 팩트체크 기사 제작만을 업무로 삼기 때문에 출입처를 중심으로 기사 생산이 이뤄지는 상황에서 보도국의 책임자가 팩트체크 전담 팀의 역할을 인정해 주고 적절하게 개입하지 않을 경우 기자들 간에 영역 침범에 대한 불만 등 긴장이 생길 수 있다고 어려움을 밝혔다(정은령, 2019b).

팩트체크 저널리즘의 원칙인 불편부당성을 어떻게 수행할 것인가는 팩트체크 뉴스를 제작하는 기자들이 느끼는 내적 갈등이었다. 검증 대상을 선정할 때 담당 기자 개인이 결정하는 것이 아니라 보도국 책임자의 재가를 받기도 하는 등, 회사의 방침policy과 어긋나는 검증 대상이 선정되기는 어려운 구조였다. 인터뷰를 한 팩트체크 뉴스 제작 기자들은 "소속 언론사나 기자 당사자의 정치적 경향성이 완전히 배제된다고 보기는 어렵다"라고 인정했으며, 편향성이나 정파성, 당파성은 결국 무엇을 검증할 것이냐는 검증 대상 선정에 달려 있다고 보았다(정은령, 2018; 2019b). 인터뷰 대상자들은 검증 대상 선정과 검증 과정을 분리해서, 대상 선정에는 편향이 나타날 수 있지만, 검증 과정이나 판정에는 이러한 편향성이 나타나지 않도록 한다고 합리화하기도 했다(정은령, 2018). 팩트체크 저널리즘을 수행하는 기자들은 검증 대상의 선정이나 판정에서 기계적 균형을 맞추는 것이 공정성fairness은 아니라고 인식했다. 기계적 균형 대신 사실 확인하려는 내용의 최초 발언의 취지와 맥락을 당사자에게 제일 먼저 확인하고, 반론권을 보장해 주는 것이 대안이라고 보았다(정은령, 2019b).

팩트체크 기사에는 직간접적인 외압이 있었다. 주요 검증 대상자가 정치인이다 보니 발언의 영향력이 큰 공직자나 정치인들이 민감하게 피드백을 한다는 것이다. 언론중재위원회에 정정 보도를 요청한다든지, 방송의 경우 방송통신심의위원회에 민원을 제기하기도 한다. 방송의 경우 정부가 지상파 방송 재허가, 종편의 재승인 권한을 갖고 있기 때문에 검증 대상에 성역이 없음에도 불구하고 "살아 있는 권력은 못 건드릴 것 같다"라고 말하는 팩트체크 기자도 있었다(정은령, 2019b: 86).

팩트체크 기자들의 이러한 인식만큼 팩트체크 기사는 다른 기사들과 차별성을 가질까? 이는 팩트체크 기사의 텍스트 분석을 통해 탐색해 볼 수 있다.

19대 대통령 선거가 끝난 뒤 SNU팩트체크와 제휴하여 후보자들의 발언과 공약을 검증한 12개 언론사의 팩트체크 기사 174건을 분석한 이나연(2018b)은 국제팩트체킹연맹(IFCN)의 검증 준칙의 핵심 조항인 불편부당성과 투명성을 얼마나 준수하는지를 분석했다. 내용 분석 결과 국내 언론사의 팩트체크 기사에서 투명성은 대체로 낮은 편이었다. 174건의 기사에서 사용된 투명 취재원의 숫자는 평균 2.69건, 익명 취재원은 평균 0.89건으로 나타나 선행 연구(김경모·박재영·배정근·이나연·이재경, 2018)에서 조사된 일반 기사에서 사용된 숫자와 유사하였다. 또 전체 팩트체크 기사의 절반 이상에서 익명 취재원을 사용하였으며 익명 취재원을 사용할 때에도 그 이유를 밝히지 않았다. IFCN의 준칙은 '공개적이고 정직한 수정'을 명시하고 있지만, 분석 대상 기사 174건 중 124건이 수정되었으나 어떠한 내용을 수정하였는지를 설명한 기사는 없었다.

불편부당성의 경우 두 개 이상의 언론사가 동일한 대상을 검증한 팩트체크 기사에서의 판정 결과의 일치도와 "팩트체크를 하면서 서로 반대 의견을 가진 견해를 모두 취재하여 반영하였는가"라는 이견 수용, 2개 항목으로 측정한 결과 판정 일치도는 대체로 높아 특정 후보자에게 불리한 검증이 이뤄졌다고 판단하기 어려웠다. 이견 수용과 관련해 분석 대상의 대부분(95.4%)에서 이견 취재원을 포함하고 있었다. 언론사가 정파성에 따라 특정 후보자를 더 많이 검증하였는지를 분석한 결과, 언론사별로 선택 편향의 가능성은 높지 않았다. 다만 특정 언론사가 자신의 정파와 반대되는 후보에게 불리한 발언을 집중적으로 검증하였을 가능성을 분석한 결과 미약하나마 편향의 가능성이 발견되었다. 인식론적으로 오류가 있는 경우, 즉 인과적 내용, 미래 예측, 정치적 수사를 분석한 경우가 있는지를 살펴본 결과 미래 예측을 담은 발언을 검증한 팩트체크 기사가 전체

10.3%, 인과관계를 포함한 팩트체크 기사가 18.4%였다. 그러나 이나연(2018b)은 대다수 공약이 미래에 대한 내용을 담고 있으므로, 대선 검증 공약에서 미래 예측을 한 결과가 100% 정확하지 않더라도 의미가 없다고 할 수는 없고, 정책 효과 등을 검증할 때 인과관계에 대한 해석은 반드시 필요하므로 최선의 원인을 찾는 것은 여전히 의미 있는 작업일 수 있다며, 분석 결과 해석에 유보적 입장을 취했다.

코로나19를 검증한 팩트체크 기사가 맥락성과 투명성에서 일반적인 해설 기사와 차이가 있는지를 분석한 정은령·최지수·박유진(2020)은 코로나19를 주제로 한 팩트체크 기사 92개와 동일한 주제를 다뤄 이에 대응하는 일반 해설 기사 92개 등 총 184개의 기사를 비교 분석했다. 이들이 맥락성에 초점을 맞춘 이유는 오정보가 끼치는 영향을 줄이기 위해 가장 효과적인 방법은 오정보를 폭로하는 데 그치는 것이 아니라 그 폭로에 의해서 생긴 공백을 대체해 줄 설명을 제공(Cook & Lewandowsky, 2011)하는 것이라는 선행 연구를 근거로 삼은 것이었다. 검증 가능한 사실의 이면에 있는 진실을 밝히는 것이 해석 언론(Salgado & Strömbäck, 2012)이라면 팩트체크는 해석 언론의 흐름 속에 있는 것(Graves, 2016)이라는 선행 연구가 연구 문제 설정의 이론적 배경이었다.

분석 결과 팩트체크 기사가 일반 해설 기사보다 배경 설명과 기자의 평가, 상충되는 입장을 더 많이 담고 있는 것으로 나타났다. 팩트체크 기사 중 역피라미드 형식을 갖춘 기사는 15.2%밖에 되지 않아 일반 해설 기사(64.1%)와 서술 방식에 있어 뚜렷한 차이를 보였다. 투명 취재원의 수, 익명 취재원을 사용하였을 경우 그 이유를 명시했는지에 대해 팩트체크 기사와 일반 해설 기사의 차이를 살펴보았을 때 통계적으로 유의미한 차이는 없었다. 기자가 검증에 사용한 근거 자료를 수용자들이 직접 확인할 수 있도록 원자료 링크를 포함했는지를 살펴본 결과 팩트체크 기사와 일반 해설 기사 모두 링크를 포함한 기사는 많지 않았지만, 팩트체크 기사가 일반 해설 기사에 비해 뚜렷하게 더 많이 링크를 제시한 것으로 나타났다. 요약하면 한국의 팩트체크 기사는 일반 해설 기사에 비해 배경 정보의 설명이나 상충되는 입장의 반영, 기자의 평가, 서술 방식의 역피라미드 탈피 경향 등을 통해 일반적인 해설 기사에 비해 맥락성이 상대적으로 높지만, 투명성에 있어서는 팩트체크 기사의 투명 취재원 평균 숫자(1.51개)가 국내 주요 일간지 1면을 분석해 밝힌 선행 연구의 2.6개(박재영 · 이나연, 2018)나 19대 대선 팩트체크 보도를 분석한 선행 연구의 2.69개(이나연, 2018b)보다 적어 팩트체크 기사의 질 제고를 위해서는 투명성이 무엇보다도 개선되어야 할 점이라는 것이 드러났다.

김수정과 정연구(2021)는 2018년 전국동시지방선거 전후 메인 뉴스 프로그램에서 팩트체크 뉴스를 독자적인 코너로 운영한 MBC, SBS, jtbc, TV조선 4개 방송사의 뉴스를 양적, 질적으로 분석해 방송사별 팩트체크 뉴스에서 자원 동원 정도는 어떻게 다르게 나타나는지, 정치적 편향성과는 다른 종류의 지향성이 있다면 어떤 내용인지를 탐색했다. 여기서 자원 동원 정도는 '언론이 사실 검증에서 최대한 종합적인 정보를 제공하려는 노력의 정도'(12)로서, 양적으로는 방송 시간(초단위) × 검증 방법 합계(수)로 측정됐다. 팩트체크 뉴스의 지향성이란 팩트체크 뉴스의 주제가 정치 이외의 분야로 다양해짐에 따라 수용자를 일정한 방향으로 이끌고자 하는 편향의 지평도 다양하게 확대될 수 있다는 문제의식에서 비롯된 것으로 '정치적 편향을 포함하여 저널리즘의 뉴스 생산 과정에서 선택과 집중에 영향을 미치는 세계관'으로 정의되었다.

연구진이 제7회 전국지방선거를 전후로 한 2018년 2월 1일부터 2018년 9월 30일까지의 4개 방송사 팩트체크 보도를 전수 조사한 결과 방송 뉴스의 결과 제시는 '사실'(10.06%)이거나 '허위'(18.87%)를 분명하게 밝힌 경우보다 사실과 거짓이 '혼재'(71.07%)한 경우가 다수를 차지했다. 팩트체크 방송 뉴스의 평균 방송 시간은 211.79초로 짧은 방송 뉴스가 90초인 점에 비해 방송 시간이 긴 것으로 나타났다.

방송 뉴스에서 팩트체크 기사의 자원 동원 정도에 영향을 미친 변수를 살펴보면 사회, 법 규정과 관련한 주제일수록 자원 동원 정도가 높고, 정치, 행정 정책, 기타 주제의 경우에는 자원 동원 정도가 낮은 경향이 나타났다. 결과 제시의 측면에서 보면 '사실'이나 '허위'로 검증 결과를 제시하는 경우에 '혼재'로 검증한 경우보다 자원 동원 정도가 높은 경향을 보였다. 방송사별로는 비교 분석 대상인 4개사 중 jtbc가 방송 시간과 검증 방법이라는 자원 동원 정도 면에서 다른 모든 방송사보다 통계적으로 유의미한 수준의 차이로 높았다.

방송사별로 자원 동원 정도가 높은 5건씩의 뉴스를 질적으로 분석한 결과 MBC와 TV조선은 옳고/그름(가치 판단)을 제시하는 특성이 보였고, SBS와 jtbc는 사실인지를 구분하는 사실 판단 자체를 강조하는 차이를 보였다. 검증 주제가 겹치는 총 13건 보도에서 11건의 검증 결과는 동일했다. 그러나 판정 결과가 방송사별로 상반되게 제시된 최저 임금 차등 적용 기준, 북한산 석탄 수입 의혹, 검침 날짜를 바꾸면 누진제 구간을 피해 폭염 전기료를 줄일 수 있는가라는 3가지 검증문에 대해 jtbc와 TV조선은 다른 판정을 내놓았다. 김수정과 정연구(2021)는 이에 관하여, 조작적 정의와 기준이 공유되지 않았으므로 상반된 판정을 내놓은 방송사의 뉴스가 모두 옳을 수 있다며, 그러나 사회적 공론장 형성과 관련한 함의를 생각해 보면 서로 크게 차이가 날 수 있는 검증 결과를 내놓음으로써 사람들 사이의 사실 관계 논쟁에 문제를 일으킬 수 있는 측면이 상당히 내재되어 있다는 점을 지적한다. 특히 MBC와 TV조선의 경우 판정 결과에 방송사의 가치 판단으로 상당한 의미를 부여하고 있다는 특성이 영향을 미칠 수 있다며, 가치 판단을 할 경우에는 사실 판단을 놓칠 가능성에 대한 경계심을 가지고 신중해야 한다고 지적한다.

지금까지 팩트체크 언론인들을 심층 인터뷰하고 그들이 생산한 기사를 분석한 연구들은 팩트체크 저널리즘을 경험한 언론인들이 객관적 진실을 목표로 하지만, 그 목표가 취재와 보도의 언론 탐구 활동을 통해 완벽히 표상되거나 대체될 수 있는 것으로 생각하지 않는 겸손한 태도(Kovach & Rosenstiel, 2021)를 유지하면서, 받아쓰기 보도를 지양하려 한다는 결과를 보여 줬다. 검증 과정에서 원 발언자에게 발언 취지를 미리 물어본다거나 역피라미드 기사 서술을 지양하는 것을 통해 기존의 취재 관행이나 기사 쓰기의 문법을 바꾸려는 시도도 나타난다. 이러한 실천을 통해 텍스트에서 사건의 '왜'(Salgado & Strömbäck, 2012)를 설명하는 맥락성은 일반 기사에 비해 높은 것으로 나타났지만, 투명 취재원의 수, 취재 출처를 온라인으로 공개하기 등 투명성 등은 여전히 개선해야 할 여지가 많다는 것을 보여 줬다. 팩트체크 기사의 지향성에서도 가치 판단과 사실 판단이 혼재되어 나타남으로써 가치 판단이 사실 판단을 흐릴 수 있는 것에 대해 스스로 경계심을 가져야 한다는 과제를 드러냈다.

SNU팩트체크를 통해 본 한국 팩트체크

한국 언론 역사상 최초로 팩트체크 저널리즘 결과를 체계적으로 게시한 플랫폼이었던 SNU팩트체크는 정치적 압력에 의한 재정 지원의 중단으로 2024년 8월 18일 무기한 휴지에 들어갔다. 단위 기관이지만 SNU팩트체크의 활동은 2017년 이후 한국 팩트체크 저널리즘의 전개 과정과 가짜뉴스를 둘러싼 정치적 공방 및 법적 행정적 제재 시도와 관련해 중요한 의미를 갖기 때문에 그 활동을 별도로 고찰해 볼 필요가 있다. SNU팩트체크 활동의 의의는 일곱 가지로 정리될 수 있다.

첫째, SNU팩트체크는 허위 조작 정보 억지의 자율적인 규제 모델로서 작동해 왔다. 가짜뉴스에 대한 정부와 정치권의 법적, 행정적 억지 시도가 계속되어 왔지만, 그보다는 팩트체크 저널리즘과 같은 언론의 자율적 노력을 통해 수행되어야 한다(장영수, 2019)는 주장의 실제적인 근거로서 존재했다. 정부가 가짜뉴스인지를 사전적으로 검토하는 것은 언론에 대한 허가 및 검열 금지에 해당하며, 사후적인 제한의 경우도 가짜뉴스와 직접적인 이해관계를 갖는 경우 정부가 그 판단 주체가 된다는 것은 판단의 객관성과 공정성을 의심받을 수 있다. 따라서 팩트체크 저널리즘이라는 긍정적 억지책으로 가짜뉴스 대응에 나서야 할 주체는 무엇보다도 언론(오세욱 · 정세훈, 2017)이며, 이를 통해서 언론 자유에 대한 침해를 최소화할 가능성이 크다. 또한 팩트체크 저널리즘의 실효성과 신뢰성을 강화하는 것은 언론 그 자체의 품질을 높인다는 의미가 있다(장영수, 2019).

둘째, SNU팩트체크는 한국어로 유일하게 체계화된 팩트체크 데이터베이스다. 2024년 8월 무기한 활동 중지 시점까지 7년이 넘는

표 12-1 SNU팩트체크 원칙

	내용
1	팩트체크는 불편부당성과 비당파성을 견지해야 한다.
2	팩트체크의 검증 대상은 정당한 공적 관심사public concern와 관련 있는 것이어야 한다. 의견은 검증 대상이 될 수 없다. 시민들이 팩트체크의 검증 대상을 제안할 수 있도록 한다.
3	사실성에 오류가 없는지가 검증 대상 선정부터 판정까지 검증 과정을 일관하는 기준이어야 한다. 어떠한 편견 없이 오로지 증거가 결론을 이끌어 내도록 해야 한다.
4	팩트체크의 근거 자료들은 확인 가능하게 공개되어야 한다. 팩트체크를 하는 주체는 취재원의 안전에 위협이 되지 않는 한 자신들이 검증에 사용한 근거를 이용자들이 확인할 수 있도록 최대한 구체적으로 밝힌다.
5	팩트체크에 오류가 있다면 이를 정직하게 수정하고 공개적으로 알려야 한다.
6	팩트체크의 재원을 투명하게 공개해야 한다. 팩트체크의 재정 지원 원칙은 '지원은 하되 검증 결과에는 간섭하지 않는다'는 팔길이 원칙이 지켜져야 한다.
7	팩트체크의 주체들은 정당이나 이해관계가 있는 단체의 구성원이어서는 안 된다.

활동 기간을 통해 5,000건이 넘는 사실 확인 결과가 누적됐다. SNU팩트체크센터는 각 언론사가 입력한 게시물을 형식 기반style based 방식에 따라 메타데이터로 축적했다(오세욱·황구현, 2018). 팩트체크 데이터에는 언론사가 직접 입력하지 않으면 추출이 되지 않는 중요 정보들이 있다. 검증을 위해 근거로 제시한 자료 유형(가령, 관련인 발언, 법조문, 통계, 보고서, 논문, 기타)과 검증 근거/출처로 삼은 자료를 확인할 수 있는 URL 주소가 여기에 해당한다. 이처럼 자동 추출이 되지 않으나 언론사도 입력하지 않은 메타데이터의 경우 SNU팩트체크센터 소속

연구원이 팩트체크 게시물의 내용을 분석해 수동으로 입력했다(정은령, 2023). SNU팩트체크의 데이터는 가짜뉴스의 유형, 팩트체크 저널리즘의 특징, 팩트체크에 대한 수용자 반응, 허위 정보에 대응하기 위해 자동화된 사실 확인을 시도하는 국내외 연구자들에게 토대 자료로 쓰이고 있다.

셋째, 언론인들 스스로 자신을 규율할 기준을 설정함으로써 한국 언론 역사에서 취약한 부분이라고 할 수 있는 전문직주의(박진우, 2015)의 실천을 보여 줬다는 것이다. SNU팩트체크에 참여하는 제휴 언론사들은 2019년 각 사의 정치적 지향의 차이에도 불구하고 SNU 팩트체크 플랫폼에 결과를 올릴 때 준수해야 하는 원칙을 스스로 만들어 만장일치로 합의했다(표 12-1 참조). SNU팩트체크 원칙은 본질적으로 IFCN의 다섯 가지 준칙을 한국 상황에 맞게 적용한 것이다.

그러나 이러한 원칙의 실행이 철저하다고 평가하기는 어렵다. SNU팩트체크 원칙이 어떠한 강제성도 갖지 않는 합의이기 때문에 각 제휴 언론사가 검증 대상의 선정과 검증 과정에서 불편부당성과 비당파성을 지키지 않는다 하더라도 이를 제재할 방법은 현실적으로 없었다. 이러한 이유로 SNU팩트체크 혹은 SNU팩트체크 제휴 언론사 중 특정 언론사들이 한쪽 진영에 유리하거나 불리한 선택적인 팩트체크를 한다는 주장과 정치적 공격은 끊이지 않아 왔다(김연정, 2023). SNU팩트체크센터가 각 제휴 언론사의 편집권에 개입하지 않기 때문에 검증 대상의 선정에도 관여할 수 없다. 이러한 한계점을 보완하기 위해 SNU팩트체크의 운영을 총괄하는 SNU팩트체크 센터는 제휴 언론사 실무자협의회에서 원칙을 재확인하고 이의 실천을 독려하며 상시적인 사후 모니터링을 했다. 불편부당성과 비당파성에 대한 제휴 언론사의 자각을 높이기 위한 노력의 일환으로 2023년

4월부터 매달 초 제휴 언론사들에게 앞선 달에 어떤 언론사가 어떤 팩트체크를 했는지 전체 공개하기도 했다(정은령, 2023).

넷째, SNU팩트체크는 진영화된 한국 언론 현실에서 보수와 진보를 아우르는 협업을 추구했다. SNU팩트체크 협업의 특징은 서로 정치적 경향성을 달리하는 언론사들이 느슨하나마 협의체를 구성했다는 것이다. SNU팩트체크의 제휴 언론사들은 플랫폼 유지에 필요한 주요 사안을 대면회의나 온라인 협의를 통해 결정했다. 제휴 언론사 중에는 보수 계열로 분류되는 언론사들과 진보 계열로 분류되는 언론사들이 포괄됐다. 각 사의 정치적 지향 차이에도 불구하고 협의체의 논의 사항은 대개 만장일치로 결정됐다. SNU팩트체크 플랫폼에서는 하나의 사안에 대해 서로 다른 언론사들이 상시 교차 검증cross checking을 한다. 상시 교차 검증 비율은 2024년 4월 현재 전체 검증의 12.4%였다. 서로 다른 판정 결과가 게시된 결과 제휴 언론사 간에 분쟁이 발생한 경우는 없었다.

다섯째, SNU팩트체크 7년여의 운영은 한국 사회에서 정치적, 경제적으로 독립적인 팩트체크 기구를 어떻게 운영할 수 있을 것인지 거버넌스에 대한 질문을 제기했다. 권력자들의 발언을 검증하는 감시견 언론으로서의 팩트체크 저널리즘의 성격은 필연적으로 권력과의 긴장과 불편함을 낳을 수밖에 없다. 정치권력과의 갈등은 SNU팩트체크 운영 기간 내내 활동을 위축시키려는 여러 가지 압박으로 나타났다. SNU팩트체크센터와 서울대학교에 대한 민형사상 고소 고발 이외에도 SNU팩트체크센터가 민간 지원금으로 활동을 하고 있음에도 불구하고 국정감사의 피감 기관인 서울대학교 소속이라는 이유로 매년 국정감사 때마다 자료 제출 요구를 받았고, 교육부 감사를 받기도 했다. 급기야 이는 SNU팩트체크의 설립 이래 팔길이 원칙을 지켜, 지원하되 간섭하지 않는 후원을 해 온 네이버의 지원 중단을 초래했다(전지현, 2023).

한국 사회에서 정치권력으로부터 자유로운 재정 지원자를 찾기는 쉽지 않다. 거버넌스의 한계에 대한 대안으로 팩트체크 기구가 공적 기구로서 독립적인 지위를 가질 수 있도록 EU의 모델처럼 온라인 플랫폼 기업과 광고업계, 언론계, 시민단체, 팩트체커, 학계 등 다양한 이해관계자들의 자발적 참여와 대화, 협상, 조정을 통한 '협치'로서의 신거버넌스가 제안되기도 한다(최지수 · 윤석민, 2019). 그러나 허위 정보 억지라는 전 세계적, 시대적 과제에 대응하기보다는 가짜뉴스가 보수 진보 정부를 막론하고 정치적인 캠페인을 위해 편의적으로 활용되는 상황(금준경, 2023a)에서 이러한 신거버넌스 구성은 정치권의 불간섭, 최소한 중립적인 태도 견지가 있지 않고는 난망이다.

여섯째, SNU팩트체크는 한국의 팩트체크를 전 지구적 팩트체킹 커뮤니티global fact-checking community에 알리고 동시에 한국에서 팩트체크 저널리즘을 수행하는 기자들을 국제적인 표준에 노출시키는 일을 해 왔다. SNU팩트체크는 2017년부터 한국의 팩트체크 기관을 대표해 전 세계 팩트체크 기관이 연례적으로 벌이는 '글로벌팩트'(Graves, 2018)에 참여했다. 2018년부터는 국내 기자들 중 '팩트체크 디플로마'를 선발해, 글로벌팩트에 파견해 왔다.[67] 이러한 활동의 결과 SNU팩트체크는 2023년 6월 글로벌팩트 10회 컨퍼런스를 IFCN과 공동으로 서울에서 개최했다(최승영, 2023). 글로벌팩트가 시작된 이래 아시아 지역에서 이 행사가 열린 것은 처음이었다.

일곱째, SNU팩트체크의 누적된 데이터를 바탕으로 팩트체크의

67 코로나로 인해 글로벌팩트가 온라인으로 열린 2020년과 2021년에는 파견하지 않았다.

효과를 탐색한 연구, 팩트체크 언론인들에 대한 관찰 등 한국 언론의 팩트체크 저널리즘을 학술적으로 분석하는 다양한 연구들이 진행되어 왔다. SNU팩트체크에 축적된 데이터를 이용한 다양한 연구들이 수행된다면, 팩트체크가 한국의 수용자들에게 어느 정도의 효과가 있는지, 팩트체크의 설득 효과를 높이기 위해서 어떤 측면이 보완되어야 하는지, 한국어로 된 데이터를 기반으로 어떻게 허위 정보에 대처하는 자동화된 사실 확인 시스템을 설계할 수 있는지에 대한 실천적 대안들이 더 정교하게 제안될 수 있을 것이다. 한국 사회에서 허위 정보가 어떻게 생산, 유통, 소비되고 시민들에게 영향을 미치는지에 대한 경험적 연구도 진전될 수 있을 것이다.

SNU팩트체크는 2023년 8월 말 재정적 지원을 해 오던 네이버의 지원 중단 이래 운영에 어려움을 겪었다. 그러나 위기는 역설적으로 SNU팩트체크가 지향해 온 진영을 넘어선 협력이라는 목표를 가시화하기도 했다. 2023년 9월 네이버가 SNU팩트체크 게시물의 뉴스홈 연동을 중단하기로 하자 SNU팩트체크 제휴사 팩트체커들은 입장문을 냈다. 이들은 "숱한 정치적 오해와 공격을 버텨 내며 저널리즘의 중심을 잡기 위해 노력하고 있다. 우리는 보수를 지향하지도, 진보를 지향하지도 않는다. 우리는 팩트를 지향한다. 진실에 복무하는 것이 우리의 사명이다"라고 자신들의 정체성을 천명했다(김시연, 2023). 입장문 표명에는 보수 지향으로 분류되는 언론사, 진보 지향으로 분류되는 언론사의 기자들이 함께 참여했다.

SNU팩트체크는 한국 언론계는 물론 한국 사회에 현대적 팩트체크 저널리즘의 규율을 소개하고, 이를 실행하는 허브로 기능함으로써 한국 언론이 팩트체크 저널리즘을 지속할 수 있도록 하는 구심점 역할을 했다. 규율 강제 기구로서의 근본적인 제한, 재정적 취약성, 불안정한 거버넌스에도 불구하고, 허위 조작 정보가 정보 생태계를 교란하는 것이 뉴노멀로 굳어져 가는 시기에 자율적 허위 정보 억지가 어떻게 가능한지, 진영화된 언론이 '진실 검증'이라는 원칙에 합의하여 어떻게 반목을 넘어 협력할 수 있는지에 대해 다른 가능성을 제시해 왔다는 데서 활동의 의의를 찾을 수 있다.

13장

한국의 팩트체크 기자들과 뉴스룸 환경

팩트체크 저널리즘은 고유한 사회문화적 맥락 안에서 전개된다. 한국의 경우 팩트체크 저널리즘의 본격적인 시작은 2017년부터이며 여전히 언론계에서는 새로운 영역이다. 한국 언론계 취재 보도 관행의 전형은 출입처 보도(박동숙 · 조연하 · 홍주현, 2001; 허만섭 · 박재영, 2022)로서, 팩트체크 저널리즘의 도입은 이러한 출입처 보도 체제 안에서 형성되고 있다. 한국의 출입처 제도는 일제하 식민지 시기에 원형이 형성된 뒤, 독재 정부를 거치며 정부 취재원과의 타협 아래 독특한 언론 문화를 형성했다(김남석, 2001; 김관규 · 송의호, 2004; 박재영 · 허만섭 · 안수찬, 2020; 이정훈, 2023). 팩트체크 저널리즘을 수행하는 기자들은 이러한 전통적인 관행과는 달리 출입처 없이 취재 보도하는 경험을 통해 기자가 수행하는 '검증'은 무엇인가, 출입처 제도하에서 한국 언론의 검증규율은 과연 충분한가와 같은 성찰적 질문을 던지고 있다(정은령, 2018; 2019b).

팩트체크 저널리즘이 한국 언론에서 '검증'이라는, 기자와 기자 아닌 것을 구분짓는 경계 활동을 어떻게 재기획하는지는 출입처 기자와 팩트체크 기자[68]들의 관계를 통해 탐색할 수 있다. 이러한 문제의식을 바탕으로 출입처 기자들과 팩트체크 기자들이 각각 자신의 일과 서로의 일을 어떻게 규정하는가를 심층 인터뷰했다. 출입처 보도의 경험이 있으면서 팩트체크 저널리즘을 수행해 본 기자들과 팩트체크 저널리즘을 수행해 본 적이 없는 출입처 기자들이 각각 '검증'을 무엇이라고 생각하는지, '팩트체크'는 무엇이라고 생각하는지에 대한 인식을 살펴보았다. 이러한 탐색은 현재의 환경에서 언론인들이 기자 정체성을 규정하는 경계 활동인 검증(Hermida, 2015)을 새로운 규범을 통해 복구하려고 노력하는지 아니면 디지털 환경에서 느슨해진 전통적인 객관주의의 전략적 의례(Tuchman, 1972)로서의 검증(Shapiro et al., 2013)을 팩트체크 저널리즘이라는 새로운 양식으로 땜질하는 것인지를 가늠하기 위한 것이었다.

68 이 장에서는 팩트체크 저널리즘을 수행하는 기자들을 '팩트체크 기자'로 지칭한다. 이 장에서 수행한 연구 과정에서 인터뷰이들이 팩트체크 저널리즘을 수행하는 기자들을 '팩트체크 기자'로 호명한 데 따른 것이다. 전 세계적으로 보았을 때 팩트체크를 수행하는 사람들, 즉 팩트체커들은 전통적인 언론사에 소속된 기자들만이 아니라 대학, 싱크탱크에 소속된 연구자, 언론사에서 근무한 경험이 있지만 독립적인 팩트체크 기관으로 옮겨 팩트체크만 수행하는 사람 등 다양하다. 그러나 한국에서는 언론사의 기자들이 주로 이 일을 수행하고 있기 때문에 기자들은 팩트체크를 담당하는 기자들도, 경찰기자, 법조 기자 등과 같이 하나의 특화된 영역을 담당하는 기자들로 인식하고 있었다.

출입처 보도와 팩트체크 저널리즘

출입처 보도는 현대 언론의 시작을 알린 뉴스 제작 관행이다. 19세기 말 미국에서 언론 노동의 효율성을 높이기 위해 도입되었으며 기자의 전문직화professionalism, 신문 저널리즘의 합리성rationalization과 연결된다(Blach-Ørsten, Bendix Wittchen, & Møller Hartley, 2021; Magin & Maurer, 2019; Reich, 2012). 그러나 1세기 넘게 강고하게 유지되어 온 이 관행은 21세기 들어 도전받으며 흔들리고 있다. 언론사의 규모 축소와 구조 개혁, 디지털화 등이 지역이나 주제에 따라 나뉘어 온 전통적인 출입처 제도에 균열을 내는 동시에 과거 존재하지 않았던 새로운 출입처들이 등장하고 있다(Broersma & Graham, 2013).

출입처 관행은 한국 언론계에서 주류적인 생산 양식이지만 질 낮은 보도가 생산되는 근본적인 이유로 꼽혀 왔다(박재영·허만섭·안수찬, 2020). 2018년 KBS의 신임 보도국장은 "출입처 제도는 필요한 정보의 전달, 안정적 기사 생산이라는 기능을 하고 있지만 모든 언론사를 균질화한다"라며 "반드시 필요한 영역과 역할을 제외하고 출입처 제도를 폐지하겠다"(김혜인, 2019)라고 선언한 바 있다(김시연, 2019). 그러나 출입처 제도 폐지는 이상이며, 출입처 없이는 뉴스룸이 뉴스를 적정 수준에서 공급할 수 없다거나, 출입처가 존재해도 이미 권력 기관이 정보 공개를 꺼리고 취재 경로를 차단하는 경향이 강화되고 있다(박영흠, 2020; 박재영·허만섭·안수찬, 2020)는 현실론이 동시적으로 전개되어 왔다.

미국 언론계에서는 흔히 출입처를 지리적 출입처geographic beat(가령 백악관, 중동)와 전문 출입처specialty beat(가령 법원, 경찰, 건강, 지역 정부)로 구분한다(Magin & Maurer, 2019). 19세기 미국 언론계에서 창안된 출입처 시스템은 노동 분업을 통해 효율성을 높임으로써 뉴스 대량 생산을 이끌었고, 언론의 전문직화로 연결된다. 언론의 전문직화는 신문이 정치, 경제, 생활 등 현대적인 범주category로 구분되는 것과 동전의 양면을 이뤘고(Nerone & Barnhusrst, 2003), 이렇게 범주화된 뉴스들에 목표 독자층을 겨냥하는 광고가 유치됨으로써 언론사의 경제적 이해 추구에 기여했다(Magin & Maurer, 2019; Nerone & Barnhurst, 2003). 미국에서의 출입 기자는 일반 배정 기자general assignment reporter와 구분되며, 일반 배정 기자가 데스크가 지시하는 기사들을 생산하는 것과는 달리 일정 정도의 자율성, 전문성을 갖고 더 심층성 있는 기사를 작성한다. 한국의 출입처 기자는 '해당 기관 전담 기자'인 반면에 영미의 출입처 기자들은 '해당 영역 담당 기자'라고 할 수 있다. 한국 기자가 출입처를 잘 벗어나지 않는 데 비해, 영미의 출입처 기자는 해당 주제를 파악하기 위해 물리적인 출입처에 머물기보다는 현장 속으로 뛰어들고, 따라서 해당 분야의 전문 기자와 유사하다(박재영·허만섭·안수찬, 2020; Magin & Maurer, 2019).

출입처 기자들은 출입처의 취재원들과 장기적인 관계를 맺음으로써 어디서 어떤 정보를 얻어야 할 것인지를 정확하게 파악해 효율적으로 취재할 수 있을 뿐만 아니라 독점적이고, 신뢰할 수 있고, 뉴스 가치가 있는 정보들에 접근하는 것이 가능하다. 그러나 이러한 전문화는 관점의 다양성을 갖지 못하게 할 뿐만 아니라 극단적으로는 떼거리 저널리즘pack journalism이나 집단 사고로 귀결될 수 있다는 비판을 받아왔다(Magin & Maurer, 2019).

갠스(Gans, 2004)는 출입처 기자들이 출입처에서 대부분의 시간을 보내며 출입처와 반대되는 시각에는 노출되지 못함으로써, 비록 개인적으로 취재원의 정치적 가치관이나 목표를 공유하지는 않더라도 출입처의 관행을 받아들이고 출입처의 목표에 익숙해진다고 지적했다. 특히 그 취재 결과가 극적이거나 독점적일 때 이러한 출입처와의 일치는 더 강화된다(135). 기자가 취재원이 제공하는 자료에 의존하거나 출입처의 논리에 동화되는 현상은 어느 출입처에서나 빈번히 발생하고(박용규, 1996), 반복적인 취재와 접촉 과정에서 상호 협력적 공생 관계를 구축한다(박동숙 · 조연하 · 홍주현, 2001)는 비판이 한국에서도 꾸준히 제기되어 왔다. 최근 한국에서는 검찰 출입 기자들이 특히 피의자의 관점을 배제한 채 언제나 출입처 취재원인 검찰의 관점에서 사건을 보도한다는 지적을 집중적으로 받아 왔다(박영흠, 2020).

20세기 후반 정점을 이뤘던 미국 언론에서의 출입처 기자 제도는 20세기 말 언론 산업의 위축과 함께 특히 지역 신문을 중심으로 인력 감축이 일어나면서 재구조화에 직면하게 된다. 언론사들이 기존에 유지하던 출입처를 폐지하거나 통합하는 동안 과거에는 존재하지 않았던 데이터 저널리즘, X(구 트위터) 등의 소셜 미디어가 한정된 노동력으로 뉴스를 수집하는 환경에서 편리하고 값싸게 정보를 얻을 수 있는 새로운 '출입처'(Broesrma & Graham, 2013)로 부상했다.

한국의 출입처 제도는 일본 언론의 기자 구락부를 본떠 생성되었다고 볼 수 있다. 일본인 기자들까지 포함된 기자단이 1922년부터 결성되었으며 체신국 출입 기자와 관리들이 공동으로 구성한 광화구락부, 이왕직 출입 기자들이 만든 운동기자구락부, 연예부 기자들이 만든 찬영회 등 출입처와 주제에 따라 기자단이 결정되었다(강준만, 2019). 박정희 정권하에서 출입처 제도는 정권이 기자들을 통제하는 도구로 작동했다. 과거 정권에서는 없었던 청와대 기자실이 생기기는 했으나 출입 기자 선임에 대해 청와대가 승인을 하는 이른바 '아그레망' 제도를 관행화했다. 정부 기관 대변인과 기자단의 접촉으로 기사를 취재하는 일이 관행화되고, 각 부처에 공보관 제도를 둠으로써 공보관들이 기자단과 부처 사이의 완충지 역할을 맡게 된다(김남석, 2001). 언론은 이러한 통제를 받아들이는 반대급부로 상시적인 취재 및 보도 공간으로서의 기자실을 확보했다(이건호, 2013).

민주화 이후 출입처 기자 제도는 과거의 위로부터의 통제와 달리 기자들 스스로가 독점권을 유지하기 위해 자율적인 통제의 성격을 갖게 된다. 언론 간 경쟁으로 엠바고가 깨지는 상황이 발생하기도 하고, 지방 자치 단체가 기자실을 폐쇄하는 등 취재원들이 출입 기자 제도에 반발하기도 하며, 촌지 사건 등 기자실의 부패가 부각되면서 기자실에 대한 부정적 인식이 커졌다. 여전히 진입 장벽이 높은 기자실에 출입하지 못하는 신생 언론사나 군소 언론사와 기존의 출입 기자들 사이에 갈등도 커졌다(김남석, 2001).

참여정부에서 기자실 제도는 극적인 변화를 맞는다. 참여정부가 기자실 통폐합을 골자로 하는 '취재 지원 시스템 선진화 방안'을 추진하면서 각 정부 부처 기자실을 폐쇄했다. 그러나 이명박 전 대통령이 후보 시절 대선 공약으로 기자실 복원을 내걸고 취임 후 기자실 전면 복원을 발표함으로써 출입 기자 제도는 복원된다(이주현, 2007; 조현호, 2008).

참여정부의 기자실 개방과 브리핑제는 비출입 언론사에 대한 신규 진입 제한, 취재원과의 유착, 촌지 수수 및 향응 등의 폐단을 개선하는 데 일정 정도 순기능을 했지만, 방문 취재를 제한함으로써 언론 감시를 통한 국민의 알권리 보장에는 부정적이었다는 평가(송의호 · 이상식, 2007)를 얻는다. 문재인 정부에서는 이른바 '조국 사태' 등을 거치며, 출입처 기자들 특히 검찰 출입 기자들은 검사의 말을 "받아쓰기"한다는 뉴스 이용자들의 거센 비판에 직면했다(문현숙 · 신지민, 2019). 출입처 동화 문제만이 아니라 특정 공간이나 분야에 대한 배타적인 취재 방식 때문에 이슈가 연속적으로 보도되지 못함으로써 결과적으로 보도의 질 저하가 초래된다는 점도 문제다. 일례로 "현행 취재 시스템에서 검찰이 공소를 제기하고 사건이 법원으로 넘어가는 순간 담당 기자는 검찰 출입 기자에서 법원 출입 기자로 바뀐다. 사건을 오랫동안 취재해 왔고 충분한 지식을 갖춘 검찰 출입 기자는 사건에 지속적인 관심이 있더라도 '나와바리 침범'이 될까 봐 더 이상 사건에 손대지 못한다"(박영흠, 2020: 299)라는 것이다.

온라인 미디어 환경이 되면서 언론은 24시간 생산 체제, "유동하는 데드라인들의 시대era of fluid deadlines"(Buhl, Günther, & Quandt, 2019)로 진입했다. 한국의 경우에도 포털에 뉴스를 공급하기 시작하던 초기는 지면 마감 이후 기사를 집중적으로 송고했지만, 점차 낮 시간 대 송고 기사 비중이 높아진 것으로 나타났다. 노동 시간이 길어진 것뿐만 아니라 기사 생산량도 폭발적으로 증가한다. 한국 언론계에서 언론 종사자 숫자는 2000년부터 2012년까지 11.0% 증가하는 동안 발행 기사 건수는 498.6%가 증가한 것으로 추정된다(송해엽 · 양재훈 · 오세욱, 2020). 기자 1인이 생산해야 하는 기사 건수가 폭발적으로 증가한 것이다.

온라인 미디어 환경에서는 수용자들이 다양한 미디어를 이용하여 적극적으로 자신을 표현한다. 언론이 주도했던 의제 설정에 대해서도 오랫동안 최소한의 역할자minimal player로 간주됐던 수용자들이 역으로 의제 설정을 함으로써 공중이 뉴스 미디어에 영향을 미칠 수 있게 됐다(Conway, Kenski, & Wang, 2015). 시민 언론의 활성화와 함께 언론인은 비인격적이고, 독립적인 관찰자impersonal, detached observer여야 한다는 인식도 도전받게 된다(Allan & Hintz, 2009).

온라인 미디어 환경은 시민 언론의 대두와 같은 긍정적인 결과만을 낳지는 않았다. 기술적 진입 장벽이 낮아지고, 온라인 공간의 트래픽이 이윤을 창출하는 동시에 기성 언론에 대한 불신과 정치적 양극화가 동시에 진행되면서 소셜 미디어를 통해 허위 정보와 오정보가 확산되는 이른바 가짜뉴스 현상이 나타났다(Allcott & Gentzkow, 2017). 언론은 이에 대응해 오정보를 감시하는 새로운 부서를 만들고 있다(Haughey et al., 2020).

이러한 가운데 팩트체크 저널리즘이 한국 사회에 등장했다. 팩트체크 저널리즘을 주창한 미국의 기자들은 객관주의 저널리즘의 관행으로 인해 "오랜 시간 유권자는 '그는 이렇게 말했고, 그녀는 이렇게 말했다'라는 보도 외에는 (정치적 판단의 근거로 삼을 만한) 아무런 결론이 없는 상태에 내던져져 왔다"(Spivak, 2010)라는 문제의식을 가졌다. 1920년대부터 미국 언론에서 이루어져 왔던 전통적인 사실 확인이 화자가 말한 내용을 정확하게 옮기는 것을 '팩트체크'라고 간주한다면 새로운 팩트체크 저널리즘은 그 인용구 안의 말이 사실인가를 규명하는 것에 초점을 맞추는 것이라고 구별할 수 있다(Graves & Glaisyear, 2012). 화자가 말한 내용을 정확하게 받아쓰기하는 것을 넘어 그 발언이 사실인가를 기자들의 독자적인 조사를 통해 규명한 뒤 판정 결과를 독자들에게 제시하는, 즉 검증과 해석, 판정이라는 평가적 과정에 초점을 맞춘다(Amazeen, 2013). 이러한 새로운 방식의 사실 확인 과정을 거친 뉴스의 생산은 기자와 취재원 간의 관계, 기사 아이템 선정 등 취재 방법, 노동 과정과 생산성 등에서 출입처 취재와 차이를 만들어 낸다. 출입처 기자와 팩트체크 기자의 가장 큰 차이점은 공간이나 특정 주제 영역에 기반해서 상주하지 않으며, 취재원의 발언을 그대로 옮기는 것이 아니라 발언의 사실성을 평가한다는 점이다.

한국에서는 2017년이 "팩트체크 저널리즘의 원년"(김선호·김위근, 2017)으로 꼽힌다. 이후 팩트체크 저널리즘은 지속돼 일례로 2024년

8월까지 30개 언론사와 서울대학교 언론정보연구소가 협업하여 운영한 플랫폼인 SNU팩트체크에 게시된 검증 건수는 5,000건을 넘어섰다.

지속적인 활동에도 불구하고 출입처 없는 취재 영역인 팩트체크 저널리즘을 담당하는 기자들은 이 활동이 지속되기 위해서는 '상업적인 성공 가능성'과 '인력난,' '부서 간 장벽'의 문제를 어떻게 해결할 것인가가 관건이라고 꼽는다(정은령, 2018; 2019b). 별도의 팩트체크 팀이 있어서 상시적으로 기사 생산을 담당하지 않는 한 팩트체크 저널리즘을 지속하기는 어렵지만 이러한 별도 팀을 지속하려면 "언론사도 기업이기 때문에 수익 부분에서 어떤 해결책이 나와야 한다"라는 것이다(정은령, 2018).

기자들의 기사 생산이 출입처를 중심으로 이뤄지고 있는 상황에서 보도국의 책임자가 팩트체크 저널리즘 전담 팀의 역할을 인정해 주고 적절한 개입을 하지 않을 경우, 기자들 간에 긴장 관계가 생기기도 한다. 선행 연구에서 팩트체크 기자들은 "출입처 제도에 편입되지 않음으로써 기사작법의 새로운 틀을 시도해 볼 수 있지만, 인력 수급이 불안정하고, 출입처와의 협업이 쉽지 않으며 출입처 기자들의 영역을 다룰 때 긴장 관계가 형성된다"(정은령, 2018; 2019b)라고 토로했다. 팩트체크 기자들은 출입처 기자가 있는 영역을 검증할 경우, "해당 부서와 소통을 많이 하는 것"이 사실 확인에 이용할 수 있는 정보를 얻는 데도 도움이 되고 발생할 수 있는 긴장을 예방할 수 있다고 말했다(정은령, 2019b).

뉴스룸의 생산성을 극대화하고 기자 전문직주의를 가능하게 했던 출입처 제도는 국내외적으로 뉴스룸의 인력 축소, 디지털화로 인한 미디어 생태계 변화로 인해 재구조화의 압력을 지속적으로 받고 있다. 특히 한국 언론의 출입처 제도는 경제적 동기가 주로 작동하며 전문직화로 이어진 해외의 출입처 제도와는 다르게 정치권력과의 타협 가운데 소수의 기자들이 배타적으로 정보에 접근할 수 있는 권리를 보장하는 방식으로 유지되어 오다가 브리핑제 도입과 24시간 마감이라는 디지털 환경으로의 전환, 소셜 미디어를 통한 뉴스 이용자들의 역동적인 미디어 감시 등으로 인해 새로운 변화에 맞닥뜨리고 있다.

이러한 가운데 도입된 팩트체크 저널리즘은 특정 출입처에 한정되지 않는 한편, 취재원 발언의 내용적 진실성을 검증하고 판정하는 새로운 형태의 언론 실천으로서 전통적인 출입처 제도에 포괄되지 않는 새로운 조류의 등장이라고 볼 수 있다.

출입처 기자와 팩트체크 기자는 서로를 어떻게 바라볼까

재구조화의 압력 속에서도 여전히 뉴스룸의 생산 관행은 출입처 중심인 가운데 특정 출입처에 한정되지 않는 팩트체크 저널리즘의 수용이 출입처 관행과 어떻게 조응하고 있을까? 양자는 서로를 어떻게 재설정할까? 출입처 제도가 언론 관행에 끼치는 영향에 대한 논란이 지속되는 상황에서 출입처를 갖고 있지 않은 기자들의 실천 양식인 팩트체크 저널리즘에 대해 출입처 기자들은 어떻게 생각할까? 출입처 제도가 완강하게 존재하는 구조에서 팩트체크 기자들은 출입처가 있는 사안을 다루게 될 때 출입처 기자들과 어떤 타협과 절충을 하게 될까? 출입처를 가진 기자들과 팩트체크 기자들은 서로의 역할을 어떻게 규정하며, 어떻게 협력 혹은 경쟁할까?

나는 이와 같은 문제의식으로 2020년 출입처가 있는 기자와 팩트체크 저널리즘을 전담하는 기자들의 인식과 이들의 상호 관계를 탐색해 보기 위해 심층 인터뷰를 진행했다.[69] 질적 연구 방법으로서 심층 인터뷰는 인터뷰 대상자가 가진 지식과 견해를 얻기 위한 상호 작용으로서, 의미가 풍부한 일차 자료를 얻기에 적절하다(Ritchie, Lewis, Nicholls, & Ormston, 2013). 충분한 정보를 가진 인터뷰 대상자들은 연구자가 자기 능력만으로는 꿰뚫어 파악할 수 없는 국지적 환경local setting의 사회적 삶을 드러낼 수 있고, 연구자는 이를 통해 구체적으로 형상화되어 나타나지 않는 사회적 실체social reality를 이해할 수 있게 된다(Lindolf & Taylor, 2002). 출입처 기자와 팩트체크 기자가 뉴스룸과 출입처에서 맺는 관계는 내부자insider인 기자들의 자기 경험에 대한 기술을 통해 잘 포착될 수 있다고 판단했다.

인터뷰 대상자로는 인터뷰 당시 출입처를 갖고 있는 기자 6인과 팩트체크를 담당하는 기자 6인 등 총 12명을 의도 표집했다. 뉴스룸에서 출입처가 있는 것과 출입처 없이 기획 취재 등을 하는 차이를 이해할 수 있을 만큼의 경력을 갖춘 사람이 뉴스룸 문화(Ryfe, 2009)의 정치적 동학을 설명할 수 있을 것이기 때문에 최소 5년 이상의 경력을 가진 기자들을 선정했다. 한국 언론에서 팩트체크 저널리즘이 대중화된 것이 2017년(김선호·김위근, 2017)이므로 한국 팩트체크 기자들의 경력은 상대적으로 짧다. 팩트체크 담당 기자들의 경우도 출입처 취재를 이해하고 있어야 하기에 팩트체크 취재 기자로서 10개월 이상 활동한 경력을 갖고 있고, 동시에 과거 출입처 경력을 갖고 있는

69 이 연구의 수행 기간은 2020년 3~10월이다. 생명윤리시스템(IRB)의 승인을 받아 데이터를 확보했으나 연구 결과를 학술지에 발표하지 않았다. 어떤 기관으로부터도 연구비 지원을 받지 않고 독자적으로 연구를 수행했다.

표 13－1　인터뷰 대상자

구분	소속 매체	직위	부서 (출입처)	경력 (년)	팩트체크 경력	전임 부서
B1	방송사	기자	정치부 (정당)	12	X	경찰, 시청, 교육청
B2	신문사	기자	사회부 (법조)	5	X	경찰
B3	신문사	기자	정치부 (국방)	24	X	외교
B4	신문사	기자	정치부 (정당)	9	X	산업부
B5	방송사	기자	사회부 (경찰)	10	X	사회부, 정치부, 경제부
B6	신문사	기자	사회부 (교육)	10	X	경찰, 보건복지부, 산업
F1	인터넷 신문	기자	팩트체크	14	3년 2개월	경찰, 금감원, 교육부 등
F2	통신사	기자	팩트체크	12	10개월	법조(검찰, 법원) 등
F3	방송사	기자	팩트체크	15	1년 10개월	경찰, 법조, 기획재정부 등
F4	인터넷 신문	에디터	팩트체크	9	2년 2개월	편집부, 정치부 (정치부 정당 출입)
F5	방송사	기자	팩트체크	14	1년	정치부(정당 출입), 복지부, 교육부
F6	방송사	기자	팩트체크	15	2년 6개월	보건복지부, 서울시, 경찰 등

* B는 beat reporter로 출입처 기자, F는 fact-checking reporter로 팩트체크 기자를 의미한다.

팩트체크 기자들을 대상으로 했다.

이렇게 하여 출입처 기자 6인, 팩트체크 기자 6인을 의도 표집해 인터뷰를 요청했다.[70] 인터뷰는 2020년 8월 한 달 간 진행되었다.[71] 인터뷰에서 주어진 공통 질문은 "팩트체크와 출입처 보도가 어떻게 다르다고 생각하나?," "출입처 보도의 장점이나 필요성은 무엇이라고 생각하나?," "팩트체크는 기자라면 누구나 다 하는 것이라고 생각한다. 그런데 팩트체크를 담당하는 기자나 부서를 따로 두어야 할 필요가 있을까?" 등 서로의 업무에 대한 인식을 묻는 것으로부터 시작했다. 내內집단 바깥의 시선으로 서로의 업무를 어떻게 이해하고 있는가를 탐색하기 위한 것이었다.

"기자가 취재 과정에서 신뢰할 수 있는 정보를 얻을 수 있는 핵심적인 취재 방식이 무엇이라고 생각하나?," "팩트체크를 하는 기자들이 다루는 '사실'과 출입처 기자들이 다루는 '사실'은 차이가 있다

70 매체별로는 신문사(4명), 방송사(5명), 인터넷 신문사(2명), 통신사(1명) 등이 포함됐고, 신문사는 모두 종합 일간지이며, 방송사에는 지상파, 종합 편성 방송, 보도 전문 채널이 포함됐다. 한 언론사에서 팩트체크 기자와 출입처 기자가 각각 인터뷰한 경우는 한 곳이었다. 따라서 11개 사 12명의 기자가 인터뷰 대상이 됐다. 출입처 기자는 방송사(종합 편성, 보도 전문 채널 포함)와 신문사 기자로 구성됐고, 팩트체크 기자는 신문사는 종이 신문은 없으며 인터넷 신문, 방송사(지상파, 보도 전문 채널), 통신사로 구성됐다. 방송사, 통신사의 경우 팩트체크 저널리즘 업무를 팀제로 운영하고 있으나 일간 신문사의 경우 전담 팩트체크 기자를 두고 있는 언론사가 없는 데 기인한 불가피한 선정이었다.

71 12명의 기자들을 일대일 대면 면담을 통해 1~2시간 인터뷰했다. 인터뷰 대상자들이 자신에게 자연스러운 환경에서 면담할 수 있도록 인터뷰 대상자가 속해 있는 출입처, 소속사 인근의 카페 등 인터뷰 대상자가 선정한 장소로 연구자가 찾아갔다. 인터뷰 전에 이메일을 통해 공통 질문을 먼저 보냈으나 실제 대면 인터뷰에서는 공통 질문의 순서에 구애받지 않고, 인터뷰 대상자가 이야기를 전개해 나가는 대로 순서를 바꾸는 반半구조화된 방식으로 진행했다.

고 생각하는가"라는 질문은 사실 검증이라는 기자의 본질적 업무가 팩트체크 저널리즘의 등장으로 어떻게 다르게 해석되고 있는가를 탐색하기 위한 것이었다. 전통적으로 사실 검증은 무엇이라고 간주되어 왔는데, 팩트체크 저널리즘 이후 그 사실 검증이 다르게 해석되고 수행되고 있다면 그 차이점은 무엇인지, 그것이 기자 집단에 끼치는 영향은 무엇인지를 살펴보려 했다.

"출입처 기자라면 팩트체크 기자들과, 팩트체크 기자라면 출입처 기자들과 협업을 시도해 본 적이 있는가? 협업이 잘 되거나 잘 안 된다면 무엇 때문인가?," "팩트체크 보도가 현재 출입처 보도의 부족한 부분을 메워 줄 것이라고 생각하나? 양자의 관계가 어떻게 되어 갈 것이라고 생각하나?"는 출입처 기자와 팩트체크 기자 사이의 협조, 긴장, 갈등 등 뉴스룸 구조 안에서 생겨날 수 있는 관계 맺기의 다양한 양상을 포착하는 한편, 협업을 위해 필요한 것이 무엇인가를 이들의 현실 인식을 통해 알아보기 위한 것이었다.

'꾸미' 의존하는 출입처 기자, "논다고 욕 먹는다"라는 팩트체크 기자[72]

24시간 온라인 속보 체제에서 국회, 경찰 등 스트레이트 기사에서

72 인터뷰이들의 진술은 가능한 그들이 사용하는 용어를 그대로 표현했다. 예를 들어 팩트체크 저널리즘 원칙에 기반해 작성하는 기사들을 인터뷰이들은 모두 '팩트체크'라고 표현했다. 이미 뉴스룸에서 이 용어가 보편화됐다는 현실을 반영하므로 이를 그대로 표기한다.

낙종을 하지 않아야 한다는 압박이 심한 출입처에서는 '꾸미くみ'[73]라는 변형된 풀 기자단이 작동하고 있었다. "할당된 업무량이 있어서, 기삿거리가 없으면 어떻게든 만들어 내야 하는"(B1) 상황에서 중요한 현장에 모두 가 있을 수는 없으므로, 정치부 국회 출입의 경우 의원들의 발언을 어떤 기자든 받아친 뒤 이를 메모장 등에 복사해서 카카오톡으로 공유하는 것이다. 같은 출입처라고 해도 "검찰 관계자 멘트 하나 받아 가지고 단독"(B2) 기사로 만드는 검찰 출입 기자들은 폐쇄성과 경쟁으로 인해 정치부 국회 출입이나 경찰 출입에 비해 상대적으로 꾸미가 비활성화되어 있다고 평가했다. 한 출입처 기자는 부족한 인력을 "기생적이고 비정상적으로 돌리는"(B4) 메커니즘이 출입처이고, 꾸미라고 지적했다.

> 일단 기본적으로 언론사가 굉장히 인력이 없습니다. 2008년 이후로는 3명이 해야 될 일을 다 1명의 기자들이 하고 있어요. 52시간제가 되고는 있으나 다들 신입 뽑지 않고 인력이 굉장히 부족하기 때문에 그렇다면 가장 손쉽게라고 해야 될까요. 인력 운용을 하는 데 이게 제대로 돌아가려면 출입처를 (해야 하고) 그래야 또 책임이 분명해지고요. (중략) 꾸미도 왜 하냐? 사람이 없어서 하는 겁니다. 이거를 만약에 말진들이 있어요. 그러면 하루 일정 5, 6개 되면 동시다발로 이루어져요. 그걸 회사에서는 말진이라고 혼자 챙기게 놔두죠. 절대 못 챙겨요. 그러니까 타사

73 박재영·허만섭·안수찬(2020)은 "'조직'을 뜻하는 일본어 꾸미くみ에서 비롯했다는 주장이 유력하다"라며 기자들 사이에서 널리 시작한 것은 2010년대 이후인 것으로 추정하고 있다. 꾸미는 사적인 인연을 공유하는 특징이 있으며, 오늘날의 출입처에서는 꾸미가 취재 보도의 핵심이 되고 출입처 기자단은 느슨한 상태로 유지된다고 보고했다 (73).

도 같이 다 이거를 공공재로 만들어서 공생하는 겁니다. (B4)

꾸미의 공유 문화가 "허위 정보 창궐에 일정 정도 영향을 끼치지 않나"(F4)라는 염려도 있었다. 꾸미에서 공유되는 정보들이 "주식 투자하는 사람들 방, 찌라시 도는 방에서도 도는 것을 목격했다"라는 것이다(F4).

노무현 정부에서 도입했던 '취재 지원 시스템 선진화 방안'이 폐지되고 출입 기자 제도가 부활한 것에 대해서, 단지 이명박 대통령의 공약 실천이 아니라 "취재 기자와 출입처 간에 서로 의견이 맞았던 것"(B5)이라고 보기도 했다. 기자실에 출입하는 "매체가 많아지면 보안을 지키기 어렵고, 사회 복리나 공공의 안녕에 도움이 되기 위해 지키는 엠바고조차 뚫릴 때는 적확한 취재원을 만나지 못하거나 현장을 다 담지 못하는 취재상의 불편이 초래된다"(B5)라는 것이었다.

팩트체크 기자들은 출입처 기자들이 절대 생산량을 채워야 한다는 압박에 시달리는 것과 비교하여 낮은 노동 생산성을 보이는 것 때문에 뉴스룸 내부에서 "주위에서 논다고 욕하는 것 같은"(F3) 다른 종류의 압박감을 느끼고 있었다. "뭔가 현장이 아니라고 생각하고 바쁘지 않다고 생각하고 치열하지 않다고 생각하는 데 그걸 혼자서 개개인이 잘 견뎌 내고 성과물도 내야 하기 때문에"(F3) 부담이 크다는 것이다. 출입처 기자들이 대량의 기사를 생산해야 하는 급박한 리듬에 "치이기 시작하면, 내가 힘든 원인을 찾기 시작하고 그럼 저기서 지금 출입처도 안 나가고 앉아 있는 저, 재네들이 미운"(F3) 상황이 된다는 것이다. "출입처별로 팩트체크를 못하니까 팩트체크 부서가 만들어진 것이긴 한데 그런데 지금 그것에 대해서는 생산성이 너무 낮다고 하기도 하고, 입장이 다르면 반박도 들어온다고 하기도 하고 그러니까 상당히 상태는 불안정하다"(F2)라고 했다. 즉 적은 인력으로 많은 기사를 생산하는 현재의 뉴스룸 구조에서는 출입처 기자들과 팩트체크 기자들이 서로 다른 종류의 압박감을 견뎌 내고 있었다.

무엇을 기자가 취재하는 사실이라고 볼 것인가, 신뢰할 수 있는 정보를 어떻게 구하는가에 대해 출입처 기자들과 팩트체크 기자들은 차이를 갖고 있었다. 출입처 기자들은 자신들이 다루는 사실이 제한된 시간 내에서 표면적으로 확인 가능한 범위 내의 것이라고 규정하고 있었다.

> (정치부 기자의 팩트체크는) 그 사람이 말한 발언을 최대한 틀리지 않게 옮겨 적는 거, 팩트체크라고 할 수 있는 게 옮겨 적되 아무튼 내 해석이 자의적인 해석이 안 들어가게 하는 거가 지금의 최선이지 않나 싶어요. 그리고 이 사람의 그 발언이 정말 사실에 근거하는 게 맞는 건지 이거는 이차적으로 확인을 해야 되는데 거기까지는 아직 못 미치고 있는 것도 사실인 것 같고요. (B1)

출입처 기자들은 일상적인 출입처 취재원들과의 접촉을 통한 "신뢰"(B6, B3)가 믿을 수 있는 정보를 얻는 관건이며 취재는 결국 "관계," "인맥," "사람 장사"(B2)에 달려 있다고 보았다. 신뢰할 수 있는 정보를 얻을 수 있는 방법은 "내가 취재하는 대상의 무게, 그 사람이 얼마나 핵심 관계자인지 고위 관계자인지, 어떤 정보의 가치를 판단할 수 있는 사람인지"(B4)에 달렸고, "저 기자에게 이 문제를 얘기했을 경우에 결과물이 배신하지 않는다. 취재원 보호한다. 몇 가지 그런 믿을 수 있는 증거들을 보여 주면 신뢰를 많이 얻을 수 있"(B3)다는 것이었다.

그러나 팩트체크 기자들은 이러한 인맥에 의존하지 않았다. 팩트체크하는 사안에 따라 과거 출입했던 부처의 인맥이나 경험을 동원하는 경우도 있지만, "공문 밟으라," "절차 밟으라" 하는 공적 시스템을 거쳐서 정보를 얻는 방법을 체화하려고 했다. 출입처가 없는 팩트체크를 하기 위해서는 피할 수 없는 일이라고 했다(F3). 일상적인 관계를 맺는 취재원이 없으므로, 취재원에 따라 다른 가치를 부여하여 특정 취재원의 말을 상대적으로 더 신뢰하는 인적 취재원에 대한 의존이 출입처 기자들에 비해 현저히 낮았다. 출입처 기자들에게는 취재에 응하는 "전화를 받아 줄"(B1, B2) 믿을 만한 인맥을 유지하는 것이 취재의 성패를 가르는 것이라면, 팩트체크 기자들은 다른 시각을 가진 여러 명의 취재원을 접촉하는 것으로서 검증의 신뢰성을 높이려고 시도하고 있었다.

> 아무튼 우리는 누군가의 말을 들어서 그것을 기사로 쓰는 사람이니까, 그럼 도대체 누구의 말을 신뢰할 만한가, 그 사람이 한 말은 신뢰할 만한가, 그 사람에 대한 평가를 계속해야 되는 것 같아요. 그런데 그 사람도 완벽하진 않으니까, 가능한 많은 사람의 말을 들어 보는 게 가장 중요하고, 그게 뭔가에, 가장 객관적인 팩트에 가까워지는 방법인 것 같거든요. 지금 출입처 기자들 대부분의 관행은 그냥 기사 쓰고 전문가 한 명 구색 갖추기 식으로 넣는다면 그래도 세 명 연락하고 다섯 명 연락하는 거는 그나마 나으니까요. 그래도 그 세 명은 아무나 연락하는 게 아니라 조금 반대되는 사람 그러니까 이렇게 주장하는 것과 반대 의견을 피력하고 있는 사람에게 연락을 하는 거죠. 세 사람을 하더라도. 그럼 이 세 사람이 얘기하는 걸 쭉 스크립트를 풀어서 그래도 이 세 사람이 모두 다 인정할 수 있는 팩트를 추출하는 과정을 보통 그런

식으로 저는 팩트체크를 했거든요. 그러니까 어쨌든 대푯값이라고 저는 가정을 하는 거죠. (F5)

노동 시간의 구성도 확연히 달랐다. 출입처가 있는 기자들의 경우 "월요일에는 (출입처에서) 이런 내용을 발표할 예정이고 화요일에는 장관이 이런 중요한 행사가 있고 수요일에는 국회에서 이런 것들이 있을 예정이고" 등 미리 정해진 일정이 있어서 출입처가 취재 기자의 시간표를 어느 정도 정해 주는(B6) 것과 달리 팩트체크 기자들은 "아침에 출근하면 인터넷 커뮤니티를 검색하고 논란이 될 만한 이슈가 뭐가 있는지를 체크하고 타사 팩트체크 기사와 아침 라디오 프로그램의 인터뷰 내용 등을 체크하는"(F2) 일과를 만들어 가고 있었다. 출입처 기자들이 업무량에 치인다면, 팩트체크 기자들은 "출입처에서 공급되는 정보가 없다 보니 하루종일 기삿거리 생각만 하고 있으니까 힘이 달린다"(F2)라고 고충을 털어놓기도 했다. 이에 대해 한 출입처 기자는 "팩트체크는 프리랜서처럼 뛰는 선수들이고, 언론사에서 이 프리랜서들에게 힘을 실어 줘서 그 사람들이 자꾸 이슈를 만들고 치고 나가야 출입처 기자들이 자기들이 훨씬 더 많이 아는데라고 반박도 하고 이러면서 내부건 외부건 조금 더 나은 보도로 돼 갈 거라고 생각하는데, 지금은 치고 나가는 게 너무 부족"(B3)하다고 지적했다.

"팩트체크 기자들은 취재원과 관계 맺을 필요 없지 않나"

출입처 기자들은 팩트체크 저널리즘의 보도가 출입처 보도와는 기사 아이템 선정, 취재원, 기사 스타일 등에서 모두 다르다고 생각했다. 팩트체크 저널리즘 보도가 출입처 보도에 보완이 되지만, 질을 유지할 수 있을까에 대해 의구심도 갖고 있었다.

먼저 기사 아이템 선정과 관련해 출입처 기자들은 "출입처 자료, 관련된 이슈들을 기사 아이템으로 삼는다면 팩트체크는 이슈 중심"(B3)이며 "아래로부터 위로 올라가는"(B2), "한 발 더 들어가는"(B5) 보도라고 생각하고 있었다.

(출입처 기자는) 일단 사고 자체가 기사를 쓰려고 할 때 어, 저거 검증해 봤으면 좋겠다, 이런 생각이 들다가도 이게 내 출입처하고 관계가 없으면 생각을 접죠. 저거는 따져 볼 만한 내용 같은데 이런 생각이 들다가도 그거는 그냥 이슈를 보면서, 내 출입처랑 관련 없는 것 같다는 생각이 들면 그쪽 팀 사람 하고 얘기를 직접 해 보거나, 이것 좀 한 번 알아보면 좋지 않을까 이렇게 얘기하거나 이런 게 아닌 이상은 그냥 마는 거죠. 왜냐하면 출입처가 이미 어느 정도는 영역이 정해져 있는 거니까. (B3)

출입처 기자들은 팩트체크 저널리즘의 취재원은 "기본적으로 데이터 중심, 기록 중심"이며 "굳이 취재원과 관계를 맺을 필요가 없다"(B4)라고 생각하고 있었다. 특히 취재원과 관계를 맺을 필요가 없다는 점은 취재원과의 관계 악화를 우려해 보도를 회피하게 되는 출입처 보도의 한계를 보완하는 요소로 꼽혔다(B1, B3, B4).

…… 본인한테 확인하는 게 가장 중요하잖아요, 본인이 말을 했다고 하면. 그런데 그런 게 반복이 된다, 지적을 하고, 당신 봤더니 몇 년 전에 그렇게 말 안 했더라, 이런 식으로 계속 뭔가 이렇게 얘기를 하면 이 사람들이 연락을 안 받아요. 뭔가 확인을 해야 하는데 전화를 안 받습니다. 관계 형성이 안 되죠. 일을 못 해요. 그리고 여긴 되게 노골적이에

요. 국회의원들이 누구 눈치 볼 일이 뭐가 있겠어요. 언론사 하나 연락 안 받는다고 한들 국회의원 힘들지 않아요. 언론사도 워낙 또 많기 때문에……. (B1)

"출입처 보도가 진행형이라면 팩트체크 보도는 사후적"(B4, B5)이라고 평가하기도 했다. "출입처는 하루 종일 챙겨야 하는 것이 많아서 데이터를 붙잡고 며칠을 분석할 인력도 시간도 없고"(B4), "출입처 기반 기자들은 오늘 발언을 다시 물고 들어가서 검증하기에는 내일 또 다른 사안이 생겨 버리지만"(B6), "팩트체크는 통계, 그걸 뒷받침할 수 있는 유관 기관에 물어본다든지, 시민단체 자료라든지 이런 것들을 통해서 보강"(B5)을 할 수 있다는 것이다.

기사 스타일에 대해서도 출입처 기자들은 팩트체크 저널리즘 기사에 대해 "판정을 내리는 게 팩트체크 기사의 골자"(B3)라고 차이를 이해했다. "막연하게 경마식 보도를 한다는 게 시청자들에게는 피로할 수도 있고, 그래서 어떻다는 거냐 결론을 내기를 바라는 부분들도 있을 것"(B5)이라고 뉴스 소비자의 기존 뉴스 스타일에 대한 피로감을 팩트체크 기사 스타일의 필요성으로 인정하기도 했다.

그러나 "오래 출입해서 전문성을 가진 기자가 그 노하우를 가지고 팩트체크를 하면 굉장히 도움되는 그리고 파괴력 있는 팩트체크 기사가 나올 수 있을 것"(B3)이라며 출입처에서의 팩트체크 저널리즘 활성화의 필요성을 제안하는 기자도 있었다. 이는 팩트체크 저널리즘의 전문성이나 질에 대한 출입처 기자들의 의구심으로 표출되기도 했다. "팩트체크가 (현장에 나가지 않고 뉴스룸) 안에서만 기사를 쓰면서 그게 과연 원활한 취재가 가능할 것인가"(B2)라는 회의도 있었고, "팩트체크 전담 부서를 둬야 팩트체크 콘텐츠가 지속적으로 생산될 수 있지만, 어제는 정치, 오늘은 경제, 내일은 법조를 다룰 텐데, 그때마다 굉장히 초보적인 것부터 시작해야 하는 문제가 있다. 즉 생산성을 생각하면 전담 부서가 있어야 하지만, 그 질에 대해서는 고민이 된다"(B6)라는 것이다.

> 제가 본 몇몇 팩트체크 보도에서는 어떤 교수의 발언을 가지고서 팩트체크 내용의 대부분을 채운 보도가 있었는데 저는 그 교수가 역대 정부에서 어떤 역할을 맡아왔는지 알거든요. 그럼 저 같으면 그 교수를 취재원으로 사용하지 않았을 것 같아요. 이 교수가 현 정부와 이 사안에 대한 위치가 어떤지를 알기 때문에. 그런데 아마 팩트체크 담당한 그 팩트체커 같은 경우에는 그걸 모르고 썼거나 알고 썼다면 정말 문제인 것 같고 모르고 썼겠죠. (B6)

"출입처 제도보다 경제성 있는 정보 획득 시스템 없다"

팩트체크 기자들은 출입처 제도는 문제가 있지만 출입처 제도는 존속해야 한다는 데 의견이 일치했다. "출입처 시스템에서 얻었던 장점을 능가하는 다른 무언가가 있냐라고 반문했을 때 없다"(F6)라는 것이다. 한 출입처에 오래 있다 보면 매몰되어 출입처의 이슈는 깊게 알게 되지만 지류는 알지 못하는 상황이 발생하는 반면, 팩트체커에게 부족한 지점은 시야는 넓은데 깊지 못하다고 말했다.

팩트체크 기자들이 꼽는 출입처 존속 필요성의 첫 번째 이유는 경제성이었다. "기자의 관점에서 보면 정보를 빠르게 효율적으로 수집할 수 있다. 출입처 소스 의존은 탈피할 필요가 있지만 출입처 제도 자체를 없애 버려야 한다는 것에는 부정적이다"(F1)라며 출입처의 필요를 인정했다. 또한 "출입처 기사는 해당 출입처의 정형화된 포맷이 있기 마련이다. 논리 전개의 방식을 익힘으로써 기사를 빨리 쓰게 되는 스킬을 배운다"(F3)라며 기자 훈련에도 출입처가 필요하다는 의견을 제시하기도 했다. "신속성도 매우 중요한 영역이기 때문에 출입처 기자는 당연히 존재할 수밖에 없고 존재해야 된다"(F5)라고 생각했다.

두 번째 이유는 감시견 역할의 필요성이었다. "대중의 관심이 전혀 없는 이슈라 하더라도 출입처 기자들은 계속 팔로업한다. 그러다 중요한 사안이 터졌을 때 설명할 수 있어야 한다. 대중의 관심이 없는 걸 계속 팔로하고 있는 기자들이 출입처에 있다는 것은 중요하다"(F3)라는 것이다. "속보 경쟁을 해야 하는 스트레이트 기사를 쓰기 위해서라기보다는 계속 접점을 만들어서 나중에 더 큰 보도를 위해서 계속 관리를 해야 되는 측면이 있기 때문에 (출입처) 시스템을 나와 버린다고 하는 건, 나온 사람만 손해"(F6)라고 했다.

팩트체크 저널리즘을 수행하는 기자들은 출입처를 갖지 못한 것의 장점과 단점에 대해 기사 공급의 불안전성과 낮은 취재원 접근성은 단점이지만, 취재원으로부터의 상대적인 독립성은 장점으로 꼽았다. "기삿거리가 제공되는 출입처와 달리 안정적인 기사 공급이 안 되고 기삿거리를 고민"(F2)해야 하고, "팩트체크 기자들이 알려 달라고 하면 계속 안 알려주는데 출입처 기자 통해서 하면 정보가 쉽게 얻어진다. 예를 들어 법원은 팩트체크 기자가 판결문을 보고 싶어서 요청하면 일단 받기가 굉장히 어렵고, 정말 궁금한 건 지워져 있고. 그럴 때는 출입처 기자들에게 얻어달라고 한다. 출입처들 가운데서도 배타적인 곳은 팩트체크를 하려면 출입처 기자들의 도움이 있어야 한다"(F3)라고 했다.

출입처 기자들이 팩트체크 보도의 장점이라고 꼽았던 취재원으로부터의 상대적인 독립성은 팩트체크 기자들도 공감하는 것이었다.

"출입처에서는 검증이 되지 않더라도 정보원에 대한 신뢰가 있으면 기사를 쓰게 되지만, 팩트체크 팀에서는 취재원과의 그런 높은 유대감이 없다 보니 검증을 많이 해야 한다"(F2)라고 했다. "어떤 당을 비판하는 기사를 쓸 때 취재 기자가 취재원과의 관계가 악화될까 봐 상당히 갈등하게 된다. 팩트체커는 그런 것으로부터 비교적 자유롭다는 것이 특장점이다"(F4)라고 말했다.

팩트체크 저널리즘을 수행하는 기자들이 가장 많이 성찰하게 되는 것은 생산자 즉 기자 중심의 기사 생산에 대한 것이었다. 다수의 팩트체크 기자들이 "백지상태에서 시작한다"(F3, F5, F6)라는 것을 팩트체크 저널리즘의 어려운 점이자 장점으로 꼽았다.

> 출입처 기자들은 본인이 알고 있는 것은 누구나 다 안다는 가정하에 기사를 쓰기 시작하기 때문에 뉴스 소비자들과의 소통에 실패합니다. …… 팩트체크 기사는 밑바닥부터 출발하고 기사에 대한 고민 시간이 길다 보니까 조금은 여유로워서 아무래도 처음부터 차근차근 출발하는 기사 쓰기를 많이 해요. 출입처 기자들에게는 너무 당연한 말들도, 팩트체크 기자는 처음부터 모르는 상태에서 학습을 시작하게 되고, 팩트체크는 또 정밀해야 하니까 계속 공부를 많이 하게 되고 기사 쓰는 방식이 달라지게 되죠. (F5)

"출입처 기자들은 보도 자료도 챙기고 관련 이슈도 챙기다 보면 사실 사람들은 궁금해하지 않는 것까지 기사화해야 되는 게 있고, 취재원 논리에 동화까진 아니어도 착각하는 순간이 있지만 팩트체크는 정말 백지상태에서 출발한다. 제로베이스에서 막 학습을 시작해서 시간과 품이 굉장히 많이 들고, 내가 틀릴 수 있지 않을까 하는 걱정을 항상 갖고 간다"(F6)라고 팩트체크 저널리즘의 기사 쓰기와 출입처 기사 쓰기의 차별성을 이해했다.

팩트체크 기자들은 "출입처 기자들이 팩트체크를 할 때 훨씬 더 영향력이 있고, 피드백이 온다"(F1)라고 생각하지만, 출입처 기자들은 "기자들은 특종과 단독을 제일 좋아하는 사람들인데, 팩트체크 보도는 이미 나온 사안을 가지고 되새김질하는 형태가 대부분이라 빛이 안 난다"(B6)라고 생각했다. 시간과 인력이 받쳐 주지 않아 출입처에서 팩트체크를 할 수 없다는 한계점을 인정하면서 동시에 출입처가 "관성이 강하다"(F3)라는 점도 변화가 어려운 원인으로 지적했다. 관성을 유지하게 하는 요인은 개인적인 보수성이기보다는 "빠른 생산과 납품"이라는 기사 생산량 압박이 더 크게 작동한다고 생각했다.

> 다들 새로운 걸 하는 거에 대한 거부감이 굉장히 있더라고요. 기존에 하는 걸 하고 싶어해요. 그냥 자기네들 문법대로 쓰는 게 가장 편한 거고 옳다고 믿어요. 물론 그 부처에서 나오면 생각이 확 바뀌긴 하지만 거기 있는 한 대부분 그 관성들이 굉장히 강하더라고요. 그런데 사실 그분들이 써오던 그 문법대로 기사를 빨리 생산해서 납품을 해야 되는 거고 그러다 보면 하루가 가고. 그거를 좀 팩트체크라는 새로운 형식으로 접근하려면 또 다른 비용이 지불돼야 하잖아요. (F3)

출입처 경험도 갖고, 팩트체크 저널리즘 경험도 가진 팩트체크 기자들이 바라보는 팩트체크 기사와 출입처 기사의 결정적인 차이점은 '야마'를 잡지 않고 기사를 쓴다는 것이다. '무리한 야마 잡기'는 한국 언론의 사실 확인 기능을 저해하고 기사의 질을 떨어뜨리며, 기자들의 자율적인 취재와 판단을 저해하는 관성으로서 지속적으로 비판받아 왔다(김경희, 2017; 김창숙, 2020b; 박재영 · 이완수, 2008; 박영흠 · 이정훈, 2020; 이오현 · 이석호, 2019).

'야마 잡기'에 대해 팩트체크 기자들은 "야마를 잡을 필요도 없고, 야마를 잡는 순간 기사가 정말 엉뚱하게 나가 팩트체크를 다시 팩트체크해야 되는 불상사가 생길 수 있다"(F2)라고 설명했다. 팩트체크 기사는 "허무맹랑한 주장에 대한 팩트체크가 아닌 이상 (출입처 기사처럼) 방향성이 안 맞으면 버리는"(F2) 일이 없다는 것이다.

> 출입 기자 같은 경우는 어떤 이른바 야마를 세우고 그 야마에 맞는 와꾸(틀)를 만들고 전문가 코멘트를 끼워다 맞추는 식으로 기사를 쓰잖아요. 출입 기자의 기사 쓰기는 그냥 사실상 뭐 위에서 나름의 와꾸(틀)를 조형하는 식으로 이루어지기 때문에 전문가 코멘트나 이런 거는 구색 맞추기로 들어갈 때가 많더라고요. 그런데 팩트체커인 저 같은 경우에는 어떤 주제가 있으면 전문가들 네다섯 명을 연락을 확 돌리기 시작해요. 그래서 거기서 중첩되는 지점을 뽑기 위해서 되게 노력을 해요. 왜냐하면 전문가별로 다양한 스탠스가 있고 또 요즘에 진영 논리도 워낙 강하다 보니까. 그런데 그런 품을 들일 수 있는 여건이 출입 기자는 안 되니까요. (F5)

팩트체크 기자의 막힌 혈을 뚫어 주는 출입처 기자

출입처와 팩트체크 기자들은 서로 긴장과 협조 관계를 동시에 유지하고 있었다. 출입처 기자들은 팩트체크 기자들이 영역을 침범하는 데 따른 부작용이 생길 것을 우려하면서도, 팩트체크 기자가 출입처 기자들이 하지 못하는 부분을 보완한다는 점을 인정하고 있었고, 팩트체크 기자들이 접근하기 어려운 자료를 얻는 관문 역할을 해 주고 있었다. 양자가 서로 협조하는 데 장애가 되는 것은 이들의 역할을 조율해 시너지를 낼 수 있게 하는 뉴스룸 내의 지휘부가 없다는 점에 있었다.

출입처 제도는 출입처 기자와 팩트체크 기자 사이에서만이 아니라 "부서와 부서 간 협업을 할 때 잘 안 되는"(B6) 결과를 낳고 있었다. 여러 부서가 협력해야 할 일이 생길 경우 서로 떠넘기려거나 독점하려고 하는 "부서 이기주의"(F6)가 필연적으로 발생하고, 기자 개인으로는 "중요한 이슈이니 검증해 봤으면 생각하다가도 내 출입처하고 관계가 없으면 생각을 접는"(B3) 소극적인 보도를 합리화하는 명분이 되었다. 기자들이 "자기 구역에 대한 침범이라는 개념이 크고, 자기가 써 놓은 기사가 반박되는 상황을 많은 기자들이 바라고 있지 않은 것"(F2)도 긴장의 이유였다.

출입처의 민감한 사안을 팩트체크 저널리즘을 담당하는 기자가 접근할 경우, "일단 자기 나와바리(영역)가 침범당했다고 생각"(F5)하며, "자기 영역 외부의 조직에서 긁어 부스럼을 만들게 놔두는 거는 못 보겠고, 그냥 이거를 내가 컨트롤할 수 있는 내 조직 안에서 해야 되겠다"(F6)라는 불안감 때문에 경계했다. "자기 이름 안 걸고 조력해 주는 것에 대한 박탈감"(F5)도 협력을 저해하는 요소로 꼽혔다. "자기 부서에서 내 일도 하기 힘든데 이거(팩트체크 기자와의 협업) 하자고 하면 일단 부서장들은 안 그래도 힘들어 죽겠는데"(B1)라고 거부부터 한다는 것이다.

팩트체크 기자는 출입처 기자의 영역을 다루었을 때 "'너 하는 거 별로 중요한 맥락도 아닌데 하고 있다'라고 폄훼하는 사람도 있고, '내가 이런 걸 했어야 되는데, 미안해요'라고 하는 사람도 있다"고 말했다. "사과를 하든 공격을 하든 다 불편해하기 때문에 내가 침범한 거 아닌가, 내가 사기 꺾는 거 아닌가, 미안함도 있고 고민이 항상 있다"(F5)라고 출입처 기자들과의 관계 맺기의 예민함을 토로했다.

이런 긴장에 대응하는 방식은 "그냥 (출입처 기자들에게 묻지 않고) 내가 하는 쪽"(F6)을 택하거나 "사전에 양해를 구하는"(F5) 것으로 나타났다.

> 왜냐하면 항상 먼저 (협업) 시도를 해 보려고 전화를 해도 일단 항상 바쁘고 항상 바빠서 '카톡으로 주세요' 해서 카톡으로 연락을 하고 또 통화가 돼서 통화를 해 봐도 "아 그거에 대해서 제가 정확하게 잘 모르겠는데요" 이런 답변이 오고. 그런 과정이 반복되다 보니까 차라리 그 시간에 내가 직접 해당 공무원한테 연락해서 알아보고 그냥 관련 자료를 내가 찾아보는 게 더 빠르겠다 싶어서 그냥 제가 하는 쪽으로 자연스럽게 방향을 틀게 된 것 같아요. (F6)

> 기획서를 편집회의 올리기 전에 출입처 기자한테 보내 줘요. 사전에 양해를 구하는 식의 이건 저의 정무적인 요령이죠. 그러니까 출입처에서 크게 뭐 화낼 만한 것 같지가 않다 싶은 거는 안 보내고요. 출입처에서 약간 예민하게 볼 수 있겠구나 싶은 거는 무조건 그냥 그 출입 기자한테 기획서를 보내서 오늘 이러이러한 거 쓰려고 합니다. 참고하세요라고 이렇게 카톡으로 보내면 그쪽에서 그냥 크게 기분 나빠하지 않더라고요. 왜냐하면 본인한테 미리 알려준다라는 행위는 있으니까. 어떤 좋은 분들은 더 추가적으로 아 이 부분은 이렇게 이렇게 쓰면 될 것 같아, 여기여기 알아봐 토스해 주시는 분들도 있고. (F5)

출입처 기자와 팩트체크 기자 사이에 긴장 관계가 있다 해도 출입처 기자들은 팩트체크 기자들에게 어려운 '관문'을 통과하게 해 주고 구하기 어려운 자료를 얻게 해 주는 필수적인 조력자였다. 출입처 기자들도 "출입처 없는 팩트체크 기자들은 고생한다. 출입처 기자들은 5분이면 받을 정보를 이삼일씩 걸려서 받는 경우도 있고, 그러면 효율성이 엄청 떨어진다. 받아서 자료 던져 줘요, 이러면 일이 훨씬 수월해진다"(B2)라고 인정했다. 검찰, 법원 등 가장 배타적인 출입처로 꼽히는 경우 출입처 기자들을 통해서 자료를 얻는 것이 유일하고 가장 신속한 방법으로 꼽혔다. "저희가 판결문을 보고 싶어서 요청을 하면 일단 받기가 굉장히 어렵고, 정말 궁금한 건 지워져 있어요. 대법원 출입 기자가 판사한테 얘기하면 그냥 주거든요"(F3). 한 출입처 기자는 "팩트체크 전담 부서에서 아이템을 선정하고 취재는 하겠지만 취재하는 데 있어서 막힌 혈들을 뚫을 수 있는 방법은 출입처 기자가 도와주면 베스트"(B6)라고 말했다. "내가 이런 걸 해 보려고 하는데 괜찮을까. 야 그 사람은 이런이런 문제가 있으니까 이 부분까지는 들을 수 있지만, 이 부분은 가려서 들어야 된다라든가 이런 가이드를 해 줄 수 있는 게 가능하다면 가장 좋지 않을까"(B6)라는 제안이었다.

출입처 기자들이 반기는 것은 아니지만, 자사 보도에 관해서도 "결이 다른"(F6) 팩트체크를 하는 경우도 있었다. 팩트체크 저널리즘을 수행하는 기자들이 사실 확인하는 와중에 "해당 취재 기자한테 전화도 하고 물어보기도 하잖아요. 그랬을 때 아, 내가 틀렸네요라고 인정한 경우도 있었"(F6)다는 것이다. 이런 경우 자체적으로 교정이 된 거라 독자들은 그 과정을 모르고 기사를 소비하게 되지만, 내부적으로는 "교정은 됐고, 교정된 사항에 대해서 해당 취재 기자도 인지하게 됐으니까 내부적으로는 아, 이런 시너지가 나름 있구나"(F6)라고 자평했다.

짧은 시간에 기사를 준비해야 하는 출입처 기자들이 팩트체크 기자들이 쓴 기사를 취재 자료로 삼기도 했다.

> 나름대로 취재 부서에서도 팩트체크 기사를 꼼꼼히 보더라고요. 보면서 적극적으로 피드백이 오는 경우는 많지는 않은데 가끔씩 오는 경우들 보면 아 모니터링을 하고 있구나, 취재 부서에서. 그리고 심지어는 제가 쓴 팩트체크 기사 내용을 참고로 해서 기사를 쓰기도 하고. 그러니까 참고 자료가 되고 있다라는 거를 많이 느끼거든요. 실제로 그런 피드백도 오고. 그러면 이게 서로서로 좋은 거 아니냐. 왜냐하면 진짜 갑자기 방송 들어가기 한 2시간 전에 야 너 이거 리포트해, 해서 하는 경우도 왕왕 있는데. 왕왕도 아니죠. 자주 있죠, 자주 있는데 그런 상황에서는 내가 면밀하게 할 수 없는데 찾아보다 보니까 마침 관련 팩트체크 기사가 있네? 그런데 여기에는 근거 자료도 다 들어가 있고 좀 더 자세하게 설명이 돼 있으니까 이걸 보고 또 팩트를 여기에서 따서 넣어서 리포트 기사도 작성하고 하더라고요. (F6)

출입처 기자들은 취재원과의 관계 때문에 보도하기 껄끄러운 주제를 팩트체크 기자들이 담당해 줌으로써 취재원과의 긴장을 회피하면서도 보도해야 할 것을 보도할 수 있을 것이라고 보았다. 정치, 법조, 경찰 등의 출입처의 경우 출입 기자들은 사건의 내막을 더 잘 알 수 있는 취재원들을 확보하고 있지만, 이들을 공격하거나 드러내는 보도를 하는 순간 "끈 떨어지는"(B1) 위험이 있기 때문에 그런 아이템의 경우, "이거 한 번 해 보면 재미있겠다라는 아이디어를 던지는 공간이 있으면, 그걸 데이터 팀이나 팩트체크 팀에서 보고는 아이거 재미있겠네"(B1) 하고 제작하는 방식이 적절하겠다는 것이다.

팩트체크 기자들이 쏘아 올린 질문, "왜 우리 기사는 뉴스 소비자들과 소통되지 않는가"

출입처 없이 팩트체크 저널리즘을 수행하는 기자들은 팩트체크 기사 작성의 경험이 생산자 즉 기자 중심 보도의 한계를 확인하게 해 주었다(F1, F5, F6)고 평가했다. 지금까지의 보도가 "일반인들의 관심사보다는 기자 본인의 관심사와 권력에 대한 얘기를 하는 데 좀 더 치우친 게 아닌가"(F1)라는 생각을 한다는 것이다. 그렇다고 이것이 출입처 보도 때문에 생긴 문제라고 보지는 않았다. 그보다는 "미디어 소비자들 눈높이가 높아졌고 니즈도 달라졌는데 적응하지 못한 것이 문제"(F6)라는 것이다. "면밀한 조사 없이 중요한 맥락이 거세되고 표피적인 보도를 하는 관행들 때문에 고품질의 기사를 제공해 주지 못하는 것이 문제지 출입처에 있어도 기사를 잘 쓰는 사람은 잘 쓴다"(F6)는 것이다. 팩트체크 기자들의 경험은 출입처가 필요하냐 아니냐의 문제보다는 "왜 우리의 기사가 뉴스 소비자들과 잘 소통이 되지 않는가"(F5)라는 근원적인 질문에 닿아 있었다.

> 기자도 사람인지라 정보를 계속 두 번 들을 때, 세 번 들을 때, 네 번 들을 때, 다섯 번 들을 때 너무 다르게 들려요. 정보는 다섯 번 정도 듣게 되면 이거는 보편적 사실이 되나 봐요. 다 아는 사실처럼 돼 버리니까 아 이 사실조차 대중이 헷갈릴 수 있겠구나라는 연상이 잘 안 돼요. 저도 그랬고요. 그리고 심지어 데스크도 마찬가지일 거 아니에요. 마찬가지겠죠. 데스크나 부장도 딱 보고서 그 사람도 계속 정보를 접하니까요. 결국은 나가는 기사는 실패하는, 시청자와의 소통과 정보 유통에

실패하는 기사가 될 수밖에 없는 거예요. 출입처에서 자유로운 사람이 글을 쓴다면 시간이 많이 걸리죠. 그리고 학습량도 많아야 되고요. 여러 비효율이 발생할 수 있지만 적어도 출입처에서 벗어난 기자들의 글쓰기는 내가 몰랐으니까 나는 그 정보를 접한 적이 없으니까 좀 더 쉽게 쭉 갈 수 있는 것 같아요. (F5)

출입처 기자도, 팩트체크 기자도 지금과 같은 뉴스 구성과 스타일로는 뉴스 소비자들에게 가 닿기 어렵다는 문제의식을 갖고 있었다. "뉴스 소비자들의 시각에서는 기존의 문법이 관성적이고 질렸다"(B5)라는 것이다. 팩트체크 기자들은 "포맷이 관성을 바꿨다"(F5)라고 말했다. "팩트체크는 설명을 해 줘야 하기 때문에 시간을 많이 줘야 된다. 많은 시간을 할당해 주기 때문에 기존의 (방송 뉴스의 경우) 1분 40초에 7문장, 인용 2개라는 틀의 경제적인 기사 쓰기와는 다른 서술이 가능하다"(F5)라고 했다. 출입처 기자들도 역피라미드 기사 쓰기는 디지털 환경에 적절하지 않아 팩트체크 저널리즘 등 다양한 시도가 이루어지는 것이라고 현재 상황을 해석했다.

역삼각 형식의 스트레이트 기사를 가능하면 탈피하려고 하는 이유는 팩트체크의 영향을 받았다거나 그런 것보다는 일단 모바일 디바이스 환경에서 살아남으려고 하는 거거든요. 어떻게 하면 가능한 한 이 기사를 독자가 끝까지 스크롤할 수 있도록 할 것인가가 중요하거든요. 기사를 끝까지 소모했으면 좋겠는데 역삼각 형식의 기사는 앞부분에 제목과 첫 부분 리드 수준에서 거의 중요 내용이 다 나와 버리면 이걸 끝까지 긴장감 있게 읽을 필요가 별로 없어지거든요. 그러면 신문보다도 모바일이 훨씬 더 뒤로 가기나 다른 기사로 링크를 넘어가기가 쉽다 보니까 이탈이 너무 쉬운 거죠. 그래서 완독률이 떨어지는 기사와 떨어지지 않는 기사는 어떤 차이가 있는가, 어떻게 해야 독자가 끝까지 긴장감을 갖고 기사를 볼 수 있게 하는가 그것들이 중요해지다 보니까 아직까지 뭐가 정답인지 잘 모르겠어요. 그런데 어쨌든 기존의 작법만 가지고서는 다른 언론들과 차별화하기도 힘들고 모객이 안 되는 거죠. 독자들을 이 기사를 읽고 끝까지 긴장감을 갖게 만들기 쉽지 않으니까 다른 시도들을 계속해 보려고 하는 거죠. (B2)

팩트체크 기자들과 출입처 기자들은 독립적인 팩트체크 조직이나 부서별 혹은 팀별로 팩트체커가 한 명씩 있는 것이 이상적이지만 이는 현재의 인력난에 비춰 볼 때 불가능하므로, 대안으로서 팩트체크 기자들과 출입처 기자들 간에 유기적인 협력이 가능하도록 리더십을 발휘하는 통합 데스크가 있어야 한다고 말했다(B1, F5, F6). "부서별로 어떻게든 아이디어가 잘 모일 수 있는 공간이 좀 활성화됐으면 좋겠다"(B1), "현장과 팩트체크의 콜라보가 필요하다고 생각하는 데스크 또는 회사가 있다면 그건 충분히 가능"(B2), "가장 현실적인 것은 정말 감각이 있고 똑똑한 리더가 팩트체크와 출입처 기자 간에 협력을 기분 나쁘지 않게 서로가 유연하게 할 수 있는 리더십을 발휘하는 것"(F5)이라고 했다. 부서를 아우르는 "슈퍼 데스크"(F6)의 필요성을 제기하기도 했다.

(출입처 기자와) 야, 우리 팩트체크 같이해 보자라고 제안했을 때 거쳐야 되는 단계가 여러 단계다 보니까 이거 뭐 되겠어? 시간만 걸리겠지 해서 안 하게 되는 거죠, 스스로. 벌써 팀장에게 보고를 해야 되고 팀장이 또 우리 부서장에게 보고를 하고 그 부서장이 해당 취재 부서장과

또 협의를 해서 그게 팀장을 통해서 그 취재 기자에게 또 내려가서 오케이 하는 과정이 필요하잖아요. 그냥 너랑 나랑 해 보자 해서 그쪽 취재 기자와 저 단둘의 문제로 그냥 끝나 버리는 게 아니고. 그렇게 했을 때는 각 부서 계통을 무시했다라고 싫어하시고. 또 사실 따르는 게 맞는 거니까. 그러면 벌써 한 서너 단계의 협의 과정을 거쳐야 되니까 이게 너무 비효율적인 거죠. 그래서 이것도 결국에는 슈퍼 데스크가 한 방에 쫙주면 되는 거잖아요. 그런 역할을 할 사람이 누군가가 꼭 필요하겠다라는 데 의견이 모이지만 결국 누가 할 수 있을까 부분에서는 사실 답이 안 나오는 거죠. (F6)

인터뷰를 한 팩트체크 기자들 누구도 출입처 제도 폐지에 동의하지 않았고, 가능하다면 출입처 기자가 팩트체크를 하는 것이 좋겠다고 했다. "발언 자체도 뉴스 가치가 있다. 발언도 소개하고, 발언을 팩트체크한 기사도 별도로 싣는 것이 좋다. 두 개를 같이 빠른 시간에 낼 수 있으면 이상적인데, 시차가 발생할 수밖에 없다면 발언도 쓰고 발언을 팩트체크한 기사도 쓰는 것이 좋다. 온라인에서는 그런 게 다 되니까 같이 한 묶음으로 묶어 주는 이런 식의 작업들이 좀 돼야 하지 않나"(F1)라는 것이 팩트체크 기자들의 현실론이었다. 출입처 기자들도 스스로 팩트체크를 할 시간은 없지만, 팩트체크가 따로 존재하는 것이 좋겠다고 했다. "팩트체크가 팩트체크만으로 존속하는 것보다는 기존 출입처 보도나 다른 일반적인 기자들의 보도 행위 안에 자연스럽게 녹아들어서, 정치인 발언이나 정부의 발표를 일방적으로 보도한 뒤에라도 후속 검증 보도하는 마인드가 일반적으로 갖춰질 수 있게 학습되는 것이 가장 이상적인 형태다. 그러나 현재의 인력 상황에 비추어 보았을 때는 실현이 어렵다"(B6)라고 출입처 기자는 비관적인 전망을 내놓았다.

출입처 기자와 팩트체크 기자가 시너지 내는 에디터십 절실

뉴스룸 문화는 놀랄 만큼 변화에 탄력적이며 동시에 변화에 저항하는 경향이 강하다(Ryfe, 2009). 24시간 온라인 기사 생산 체제하에서 출입처 제도는, '꾸미'라는 변형을 낳으며 해체보다는 기형적으로 공고해져 왔다. 출입처 제도는 여전히 적은 인력으로 생산량을 늘리는 가장 효율적인 시스템으로 작동하면서 기자들을 과중한 업무에 내몰고 있다.

기자들은 인터넷이 생기기 이전부터 언제나 신속성과 정확성 사이에서 타협해 왔다. 그러나 인터넷 시대에 속도와 정확성 사이에서 균형을 맞추는 일은 더욱 기자들에게 딜레마를 초래한다. 언론사가 소셜 미디어에 떠도는 정보들을 무시하면, 대중은 언론을 더 이상 새로운 소식을 얻을 수 있는 출처로 여기지 않게 된다. 그러나 나중에 사실이 아닌 것으로 밝혀진 일을 검증 없이 보도했을 경우 언론은 신뢰성을 잃을 위험을 감수해야 한다(Hermida, 2015).

포털이 '출입처 발표를 재빨리 베낀 기사'를 중요한 위치에 게시하는 한국의 언론 환경에서 대형 언론사들일수록 더 많은 자원을 출입처에 배치함으로써 물량 공세를 편다(박재영 · 허만섭 · 안수찬, 2020). 속보 경쟁에 쫓기는 출입처 기자들이 제한된 시간 내에서 밝혀내는 '사실'의 최선의 수준은 "자의적인 해석이 들어가지 않고 틀리지 않게 옮겨 적는 것"이며, "진실에 가까운 사실이냐를 더 검증해 나가는 것이 언론 본래 역할에 충실한 것"이라고 생각하지만, 출입처 업무와 병행하기는 어렵다고 고충을 토로했다.

출입처 중심의 취재는 가장 믿을 만한 정보를 얻는 방법으로 '인맥,' 믿을 만한 취재원과의 '신뢰'에서 얻을 수 있는 독점적 정보에 의존했다. 취재원에 대한 의존성은 취재원과의 관계가 불편해지는 보도를 꺼리게 했다.

팩트체크 기자들의 출입처 기자들과의 가장 큰 차이점은 출입처가 없기 때문에 일상적인 관계를 맺을 취재원도 없고, 그만큼 취재원으로부터 자유롭다는 것이었다. 새로운 취재 방식과 스타일을 개발할 수밖에 없는 여건이었다. 믿을 만한 한 사람의 취재원에 의존하기보다는 모르는 취재원 여러 명의 이야기를 교차 검증하고, 말이 아닌 데이터, 보고서, 논문, 법조문, 통계 등의 자료를 검증에 동원했다. 출입처 기자들이 출입처에서 진행되는 일에 따라 일정 정도 예상 가능한 시간표를 갖게 되는 것과 달리, 팩트체크 기자들은 기삿거리를 찾는 것이 어려움이었다.

출입처 기자들이 출입처의 보도 자료, 취재원으로부터 뉴스거리를 찾는다면 팩트체크 기자들은 무엇이 주요 이슈인가를 찾았다. 어떤 취재를 하든 거의 "백지상태"에서 출발하는 팩트체크 기자들은 출입처 기자들이라면 뉴스 소비자들도 다 알 것으로 생각하고 설명을 생략하는 것도, 스스로가 학습한 과정을 반추하며 뉴스 소비자들이 이해가 가능하도록 설명하려고 시도했다. 팩트체크 기자들은 출입처 중심의 보도가 뉴스 소비자와의 소통에 실패하고 있다고 진단했다. 이는 "한국 언론의 출입처 의존은 언론-취재원 간의 연결을 도왔는지 몰라도 언론-시민 간 연결에는 악영향을 끼쳤다"(박재영 · 허만섭 · 안수찬, 2020: 137)라는 지적과 맥을 같이하는 성찰이다.

그러나 어떤 팩트체크 기자도 출입처가 무용하다고 생각하지 않았다. 출입처가 가장 안정적으로 기삿거리를 얻을 수 있는 원천이어서이기도 하지만, 출입처를 일상적으로 관찰하는 기자가 있는 것이 결정적인 순간에 감시견 역할을 하는 데 꼭 필요하다고 판단하고 있었다. 팩트체크 기자들은 상시적인 인력난에 시달리는 뉴스룸에서 자신들이 "노는 것처럼 보일까 봐" 압박감을 느꼈다.

출입처 기자와 팩트체크 기자가 서로 시너지를 내기 위해서는 이들의 역할을 매끄럽게 연결할 에디터십이 발휘되어야 한다는 데 양측의 기자들이 모두 동의했다. 출입처 기자가 시간적인 압박이나 취재원과의 관계 때문에 다루지 못하는 아이디어들을 던져두는 공간이 있다면, 이 공간에 모인 것을 팩트체크 팀이나 디지털 팀이 수행할 수 있도록 강력한 조정자가 필요하다는 것이다. "부서 이기주의" 때문에 협력 취재가 어려운 뉴스룸의 현실은 달라져야 한다는 데 인터뷰를 한 출입처 기자도, 팩트체크 기자도 동의했다.

팩트체크 저널리즘이 팩트체크 기자들만의 일로 존속하는 것보다는 기존 출입처 보도나 다른 일반적인 기자들의 보도 행위 안에 자연스럽게 녹아들어서, 정치인 발언이나 정부의 발표를 일방적으로 보도한 뒤에라도 후속 검증 보도하는 태도가 일반적으로 갖춰질 수 있게 학습되는 것이 가장 이상적인 형태라는 데 인터뷰한 기자들은 동의했다. 이를 위해서는 동일한 분량의 기사를 백화점식으로 나열(김창숙 · 최지향, 2021)할 것이 아니라 선택과 집중을 통해 팩트체크 뉴스 등 특정 아이템을 심화하는 것으로 제한된 인력을 효과적으로 운용하는 것이 필요하다고 인터뷰한 기자들은 지적했다. 여전히 지면 발행을 최우선으로 하는 신문사의 경우, 온라인에서는 지면을 결정하는 간부진이 중요하지 않다고 판단한 기사도 주목을 받을 수 있기 때문에 충분한 분량으로 쓸 수 있어서 팩트체크 보도의 새로운 기회가 열릴 수도 있다는 견해도 제기됐다.

앞으로 출입처 제도는 정부 부처, 몇몇 주요 기업을 제외하면, 공간 위주의 출입처 배정은 점점 약화되고 주제 위주로 재구성되는 방향으로 변화할 것이라고 예상할 수 있다. 한 분야를 오래 출입하는 것으로서 얻어지는 출입처의 전문성과 수용자 주도의 미디어 환경에서 수용자의 눈높이와 문제의식에서 기사 아이템을 발굴하고, 기사 서술도 수용자가 이해하고 상호 작용할 수 있는 방향으로 변화되어 갈 필요성이 있음을 출입처 기자와 팩트체크 기자의 상이한 경험, 견제와 협력의 메커니즘에서 읽어 낼 수 있었다. 출입처를 폐지할 것인가 말 것인가를 해결 과제로 먼저 내세울 것이 아니라, 출입처가 기형적으로 변형되어 온존될 수밖에 없는 이유를 이해하고, 생산자 중심의 제작 보도 패러다임을 뉴스 소비자의 시선으로 변화해 나아가야 할 필요가 있다. 이 과정에서 현재 한국 뉴스룸에서 절대적으로 결여돼 있는 에디터의 조율 기능이 강력하게 발휘되는 것이 전면적인 팩트체크 저널리즘의 수행으로 가기 전 거쳐야 할 중간 단계 혹은 절충안이 될 수 있다.

14장

한국 언론의 위기와 팩트체크 저널리즘

2023년 초 〈워싱턴 포스트〉의 칼럼 코너에서는 흥미로운 논전이 벌어졌다. 1월30일 "뉴스룸은 객관성을 넘어서야만 신뢰를 쌓을 수 있다Newsrooms that move beyond 'objectivity' can build trust"(Downie, 2023)라는 제하의 레너드 다우니 주니어Leonard Downie Jr.의 기고로부터 논전은 시작됐다. 다우니는 〈워싱턴 포스트〉 편집국장을 지낸 애리조나주립대학교의 언론 담당 교수다. 그는 젊은 기자 시절 〈워싱턴 포스트〉의 칼 번스틴Carl Bernstein과 밥 우드워드Bob Woodward가 오늘날 탐사 보도의 시작점으로 간주되는 워터게이트 특종을 하는 과정을 지켜본 사람이었고, 1991년부터 2008년까지 〈워싱턴 포스트〉의 편집국장을 지냈다. 다우니는 최근의 뉴스룸에서 기후 위기, 인종 차별과 경찰의 폭력적 진압, 성소수자들(LGBTQ+)에 대한 보도, 이민 정책, 소득 불평등과 사회문제에 대한 보도 등에서 객관주의가 더 이상 준거로 삼을 수 있는 기준이 되지 못한다는 불만이 팽배하다고 지적했다. 지난 수세대에 걸쳐서 미국 언론의 기준으로 편집국을 지배해 온 객관주의는, 남성 에디터와 백인 중심의 뉴스룸에서 이들의 관점을 관철하기 위해 쓰여 온 도구라는 것이다. 객관주의는 거짓 균형을 유발하고, 여성, 성소수자의 권리, 소득 불평등, 기후 위기와 같은 당면한 사회적 문제들에 대해 양시양비론bothsidesism으로 여론을 호도한다는 것이 쌓여온 불만이었다. 여성, 성소수자, 흑인 및 이민자 출신 기자들은 객관주의 규범에 따라 진실을 추구하려 할 때 자신들의 정체성, 삶의 경험, 문화적 맥락이 부정당하는 것을 느낀다고 불만을 토로해 왔다.

객관주의는 폐기되어야 하는가

이러한 갈등상태에서 다우니와 동료 연구자는 오늘날 주류 언론의 가치와 실천은 무엇인가를 탐사하기 위해 75명의 뉴스룸 리더, 기자, 전문가들을 인터뷰했다(Downie & Heyward, 2023). 인터뷰 결과를 종합해 그들이 다다른 결론은 진실을 찾는 뉴스 미디어라면 반드시 객관성을 넘어서야 한다는 것이었다. AP의 여성 편집국장은 연구진에게 "객관성은 누구의 기준인가?"라고 반문하며, "그 기준은 교육받고 부유한 백인의 관점이며, 사람들이 뉴스를 자신의 이야기로 느끼지 못한다면, 그건 그들이 그러한 기준에 맞지 않는 사람들이기 때문이다"라고 말했다. 라틴계인 〈샌프란시스코 크로니클*San Francisco Chronicle*〉의 통합 편집국장은 "객관주의는 이제 사라져야 한다"라고 말했다. 〈샌프란시스코 크로니클〉의 뉴스룸에서는 주요한 사안을 다룰 때 여성, 흑인, 라틴계, 아시아계 미국인, 성소수자들(LGBTQ+)이 포함될 수 있도록 대표진을 구성하기도 했다. 〈뉴욕 타임스〉의 편집국장은 "누군가에게 '인종차별주의자'라거나 '거짓말을 하고 있다'라는 딱지를 붙이려면 높은 수준의 증거가 필요하다"라고 전제한 뒤 "그러나 증거가 있다면, 우리는 우리의 독자들에게 분명하고 직접적으로 이 질문에는 여러 관점이 있는 게 아니라 이건 거짓말이다라고 밝혀야 한다. 어떤 사람이 거짓을 반복한다면, 그건 분명히 허위 범죄다"라고 말했다.

다우니는 오늘날의 뉴스룸은 검증 가능한 사실에 기반한 정확성에만 애쓸 것이 아니라 "얻을 수 있는 최선의 진실"(Kovach & Rosenstiel, 2021)을 추구해야 하며, 이는 탐사investigating와 보도reporting를 포함하는 것이라고 제언했다. 또한 뉴스룸은 성별, 민족적 배경, 경제, 교육 정도, 지역 등 모든 면에서 다양한 공동체를 반영할 수 있어야 하며, 취재 과정과 편집적 결정에 대해 투명해야 한다고 조언했다. 이러한 가치들을 지켜 나갈 때 공중과 기자 간에 더욱 강한 연대를 만들어 낼 수 있을 것이라고 주장했다.

다양한 가치와 갈등 상황에 놓인 미국 뉴스룸에 더할 수 없이 적절한 조언인 것 같은 이 칼럼이 실린 두 달 후인 3월 24일 또 한 사람의 전직 〈워싱턴 포스트〉 편집국장인 마틴 배런Martin Baron이 다우니의 칼럼을 반박하는 칼럼을 기고했다. 제목은 "우리는 객관적인 판사와 의사를 원한다. 저널리스트는 왜 아닌가We want objective judges and doctors. Why not journalists too?"(Baron, 2023)였다. 배런은 판사, 검사, 경찰, 의사, 은행 창구의 직원이나 신용카드사까지 객관적이기를 원하는 것은 우리가 사는 세상이 유해하지 않고 건강한가에 대해 자신감을 갖길 원하기 때문이라고 말했다. 우리가 먹고 마시고 숨 쉬는 모든 것을 신뢰할 수 있는 핵심은 과학자와 의료 전문가들이 객관적이라는 믿음에 있다는 것이다. 마찬가지로 오정보, 허위 조작 정보, 음모론이 정치를 중독시키고 공중 보건을 위협하는 오늘에야말로 언론인들은 지도자들에게 '객관적 현실objective reality'이 무엇인가를 질문해야 한다고 주장했다. 배런은 물론 판사도, 검찰도, 경찰도 객관적이지 않은 것이 현실이지만, 기준을 성취하지 못하고 실패했다는 것이 그것을 불필요하게 만드는 것은 아니라고 주장했다.

배런은 현장 언론인들뿐만 아니라 학자들도 객관성이 오늘날 언론이 맞닥뜨린 모든 문제의 뿌리인 것처럼 여기고 있다며, 대표적인 비판 논점들을 열거한다. 첫째는 우리 모두는 의견을 갖고 있기 때문에 객관적일 수 없다는 것이다. 두 번째는 진정한 객관주의는 성취할 수 없다는 것이다. 어떤 이야기를 쓸 것인지 선택하고, 누구를 인터뷰할 것이며, 어떤 질문을 던지고, 그것을 어떻게 쓸지라는 저널리즘의 모든 과정이 객관적일 수 없다는 것이다. 그러니 객관주의를 구현하는 것처럼 가장하지도 말고, 아예 시도도 하지 말자는 것이다. 세 번째는 객관주의는 거짓 균형, 중립, 양시양비론, '한편으로는, 다른 한편으로는' 저널리즘일 뿐이라는 비판이다. 증거가 압도적으로 한 방향을 가리킬 때조차, 객관주의에 입각해 부정직하게 다른 방향을 제시한다는 것이다.

배런은 객관주의에 대한 반론에 대한 재반론으로 월터 리프먼(Lippman, 1922)의 고전적인, 그러나 오늘의 현실에 적확하게 들어맞는 경고를 인용한다. 리프먼은 사람들이 진실에 반응하지 않고 실제로 있는 일이 아니라 사람들이 그렇다고 주장하는 의견에만 반응하는 환경을 두려워했다. 그가 보기에 "가장 중요한 사실은 객관적 정보와의 접촉 손실"이며 "자신의 선입견에 가장 편안하게 들어맞는 것을 믿는다"라는 것이었다. 당대의 선전 선동의 창궐을 우려하던 리프먼은 "거짓을 탐지할 정보가 없는 공동체에 자유는 없다"라고 단언했다. 그는 우리 모두에게 편견이 있다는 것을 인정했지만, 이론이 아니라 진실을 위해 싸워야 한다며, "가능한 한 인간적으로 공정한 사실 탐사impartial an investigation of the facts as is humanly possible"를 요청했다.

배런은 자신이 객관주의를 옹호한다고 했을 때 그것은 정확히 리프먼이 말한 것을 의미한다고 밝혔다. 그것은 또한 코바치와 로젠스틸(Kovach & Rosenstiel, 2021)이 말한 것처럼 저널리스트가 객관적인 것이 아니라 그 방법이 객관적이라는 의미이다. 배런은 "우리는 답변으로부터 시작하지 않는다. 올바른 질문을 하기 위해서 강력한 도전에 맞닥뜨려야 하며, 검증의 번거로운 과정을 거쳐 그것을 마친다"라며, "우리가 모르거나 완전히 이해하지 못하는 것을 배우기 위해 떠나는 것, 나는 그것을 보도라고 부른다"라고 말했다. 배런은 다우니의 칼럼에서 주장했던 것처럼, 기자들의 삶의 경험이 아이디어와 시각의 소중한 자원인 것은 맞지만 우리를 그 경험 안에 한정할 수도 있다고 지적한다. 기자가 자신을 넘어서는 세계를 이해하는 데 제약이 있다면 그 제약을 극복하려고 노력해야 한다는 것이다. 그는 자신의 라이벌이었던 〈뉴욕 타임스〉의 전 편집국장 딘 바켓Dean Baquet의 말을 빌려, "우리 직업의 주요한 위기 중 하나는 보도의 우선순위가 침해되고 있는 것"이라며, 열린 마음과 공감적인 보도의 아름다움에 대한 이야기는 충분히 이뤄지지 않는 데 비해, 인터넷에 떠도는 편파적이고 강력한 의견hot takes, 설익은 분석quick analysis, 장광설riffs이 높이 평가되는 시대에 보도의 가치가 사라질 것을 우려했다. 배런은 결함이 없는 직업은 없으며, 언론이라고 해서 예외는 아니라고 인정한 뒤, 그러나 "우리의 실패는 원칙의 실패가 아니라, 그 원칙에 따라 살지 못하는 것의 실패"라고 말했다. 민주주의와 언론이 공중에게 어떻게 더 잘 봉사할 수 있는가라는 질문에 대한 답은 원칙을 버리는 것이 아니라, 그것을 고쳐 말하고, 강화하며, 다시 실천하는 것이라고 객관주의를 옹호한다.

언론인들이 벌인 '오늘의 언론이 추구해야 할 가치는 무엇인가'라는 이 논쟁은 이미 21세기 초반부터 학계에서 지속되어 온 바다. 디지털이 가져온 멀티미디어, 다문화주의multicultrutalism로 인해서 '언론이 무엇인가'라는 정체성에 관한 질문은 피할 수 없는 것이 되었다(Deuze, 2005). 저널리즘을 통해 공공에 봉사한다는 것은 이제 '사람들이 필요로 하는 것을 말하는 것이 아니라 사회 여러 공동체 간의 대화를 확성하는 것'으로 변화했다. 개인화가 진행됐고, 사람들이 무엇인가에 집중하는 시간은 초 단위로 짧아졌다. 하나의 콘텐츠는 여러 미디어 플랫폼을 횡단하게 되었고, 이를 위해서는 팀워크가 필요하게 되었다. 다문화주의 언론이란 그동안 그 목소리의 발현이 억눌려 있던 공동체들의 목소리를 들리게 하는 것이며, 다양한 사람들의 공적 생활에 적극적으로 개입할 필요를 제기했다. 다문화적인 민감성은 '양쪽의 주장을 다 담는다'라는 객관주의의 오랜 공식에 도전해 양쪽이 아니라 더 많은 관점과 복잡성을 수용하도록 요청했다. 상호작용성을 포용하는 멀티미디어는 여러 다른 문화들(뉴스와 방송, 하드 뉴스와 소프트 뉴스, 마케팅과 편집)을 융합했고, 이는 직업적인 언론인들을 딜레마에 빠뜨렸다(455~456). 이전까지 당연시해 오던 언론 정체성의 어느 것도 당연시할 수 없는 상황이 된 것이다.

이러한 상황에 대해 개혁적 노선이든 혁명적 노선이든 저널리즘이 변화하지 않으면 저널리즘은 소멸할 수 있다고 주장하는 젤리저 등(Zelizer, Boczkowski, & Anderson, 2022/2023)은 언론이 엘리트만을 위해서 존재해 왔고, 규범은 언론을 현실과 동떨어지게 만들며, 수용자들은 언론을 더 이상 신뢰하지 않는다고 단언한다. 이들은 리프먼식Lippmanian 방안은 언론을 엘리트적 활동으로서 엘리트에 의해, 궁극적으로 엘리트를 위해 생산되는 것으로 보는 것이라며, 정치적 권력 외부에 있는 이들의 생각과 이해관계를 충분히 반영하지 못함에도 불구하고 20세기 내내 리프먼식 사고가 지배적인 위치를 차지해 왔다고 비판한다(62). 더구나 트럼프 대통령의 당선이 보여 주듯이 언론의 주요하고 믿을 만한 취재원으로서 간주되던 엘리트가 균열하는 상황은 언론을 심판의 순간으로 몰아넣고 있다는 것이다.

이들은 언론의 규범성이 모든 언론 노동은 공통의 목적을 지향한다는 환상을 지속시키지만 '언론은 어디에서나 진실, 책임, 사회정의를 지향한다'라는 주장은 아파르트헤이트의 지속을 정당화했던 남아프리카 공화국의 언론이나 정부가 무엇을 보도하고 할 수 없는지 가이드라인을 제시하는 싱가포르 같은 상황을 보면 결코 보편적으로 적용 가능하지 않다고 지적한다. 더 나아가 정상적인 뉴스룸 문화로 간주되는 것들이 여러 형태의 억압, 즉 인종주의, 성차별 및 여성 혐오, 계급 편견, 외국인 혐오, 동성애 혐오, 정착민-식민주의 등을 발생시킨다고 이들은 주장한다. 퓰리처상을 받은 〈뉴욕 타임스〉의 흑인 기자 웨슬리 로워리Wesley Lowery가 2020년 자사에 기고한 칼럼 "객관성에 대한 흑인 언론인이 평가A reckoning over objectivity, led by black journalists"는 객관성을 '백인의 관점과 성향'이라고 지적하면서 이를 논점의 틀로 선택했다. 하지만 젤리저 등은 여기서 더 나아가 객관성은 "지금쯤이면 시대착오적 표현으로 자리 잡았어야 할 용어"(98)라며, 현대적 의의가 없음에도 불구하고 사라지지 않는 객관성의 이러한 끈질김이야말로 규범의 고착 능력을 증명하는 것이라고 비판한다.

반면 미디어 윤리학자 스티븐 워드(Ward, 2020)는 여전히 객관주의를 견지해야 할 언론의 규범으로 제안한다. 그러나 그가 주장하는 객관성은 다른 얼굴을 갖고 있다. 그는 언론을 '객관적인 참여objective engagement'로 생각해야 한다는 절충안을 내놓는다. 그는 전통적으로 언론이 주관성과 객관성을 상반되는 이원론으로 분리해 왔다고 말한다. 이는 사실과 해석interpretation의 분리, 사실과 가치의 분리라는 이원론으로 연장된다. 그러나 워드는 어떤 기자도 해석 없이 기사를 쓸 수 없다는 점을 지적한다. 자각하든 자각하지 못하든 기자는 사건의 해석자로서 자신의 개념적인 스키마conceptual schemes에 따라 사건을 해석한다. 기자는 뉴스의 각angle을 결정하고 어떤 사실과 어떤 취재원을 이용할 것인가를 선택한다.

워드는 참여와 객관주의가 양립할 수 있다고 주장한다. 참여가 목표라면 객관주의는 방법론이기 때문에 그렇다는 것이다. 워드는 인간의 얼굴을 한 객관주의, 도덕적 객관주의moral objectivity, 실용적 객관주의를 주장하며, 이것이 열정적 불편부당성passionate impartiality이라고 설명한다. "역사적으로 열정은 불편부당한 질문의 동기였다. 앎과 배움에 대한 열정, 수수께끼를 풀고자 하는 열정, 경이에 대한 열정, 공정성에 대한 열정이 그렇다. 객관주의를 실천하는 사람들은 이러한 열정을 소중히 했다. 실용적인 객관주의란 불편부당한 질문에 대한 열정적인 실행이다"(153)라고 객관주의와 주관주의, 이성과 감정의 이원화를 통합한다.

워드가 말하는 참여는 민주주의적으로 참여하는democratically engaged 언론(186)이다. 이 민주주의는 포퓰리즘적인 민주주의도, 엘리트 민주주의도 아닌, 다원적이고 평등한 자유 민주주의다. 워드에 따르면 다원적인 민주주의는 강고하고, 지식 기반이며, 대화를 존중하고, 공동선을 위해 기꺼이 타협하며, 자신의 부분적인 관점을 시험하고 수정할 수 있는 준비가 되어 있는 민주주의다. 워드는 저널리즘이 이러한 민주주의의 수행 과정에서 핵심적이며, 민주주의적 목표를 위해 사실적이고 불편부당한 언론이라는 방법을 소중히 해야 한다고 주장한다. 이러한 시민적 참여는 좁은 의미에서 당파적이고 운동가적인 언론이 아니다. 기자들은 중립성을 내려놓고, 다양한 시민 집단의 대화 일부가 되어야 한다. 참여적인 언론이란 민주주의적인 시민의 삶을 향상시키는 것을 목표로 하는 넓은 의미에서의 개혁적 언론이라는 것이다.

공중과 언론 간의 강고한 연대를 만들어 내기 위해서는 객관주의를 넘어서야 한다는 다우니의 주장, 기자들의 삶의 경험이 아이디어와 시각의 소중한 자원인 것은 맞지만 우리를 그 경험 안에 한정할 수도 있으므로 올바른 질문을 던지고 고단한 검증 과정을 거쳐 결론에 이르는 객관주의는 여전히 소중하다는 배런의 주장, 객관주의는 시대착오적이라는 젤리저 등의 비판, 참여와 객관주의의 양립을 통해서 민주주의적인 시민의 삶을 향상시키는 개혁적 언론을 하자는 워드의 주장들은 모두 지금 이대로의 언론으로는 충분치 않다는 각성이자 동시에 '다른' 언론을 생각할 때 여전히 객관주의는 핵심적인 주제일 수밖에 없다는 것을 드러낸다.

이것은 객관주의 언론을 발전시켜 온 미국만의 얘기일까? 나는 미국을 중심으로 전개되어 온 이 논쟁들이 한국 언론의 위기, 한국 언론의 객관주의 실행에 대한 반성, 그러면 한국의 언론인들은 무엇을 해야 할 것인가에 대해 많은 것을 이야기할 수 있다고 생각한다. 한국에서는 이미 시대착오적이라고 공격받는 전형적인 객관주의조차도 제대로 실행된 적이 없거나 더 악화되고 있으므로 사실을 맥락 있고, 투명하게 드러내는 객관주의 언론을 실행해야 하며, 이는 결코 중립이나 양시양비론, 인간의 얼굴을 하지 않은 객관주의가 아니라 민주주의적인 시민의 삶을 향상시키는 것을 목표로 하는 것이 되어야 한다고 주장한다. 실천적으로는 검증이라는 고난한 과정을 기꺼이 견디는 보도를 강화해야 한다는 배런을 지지하며 이론적으로는 워드의 실용적 객관주의를 받아들인다. 이러한 것이 팩트체크 저널리즘을 관통하는 사상적, 실천적 토대라고 생각한다. 이러한 주장을 위해서는 한국 언론의 위기를 무엇이라고 보는지부터 설명해야 할 것이다.

한국 언론의 위기와 객관주의

한국 언론은 위기인가? 위기라면 그것은 경제적 위기인가, 언론의 독립성을 침해받는 언론 자유의 위기인가, 아니면 한국 언론을 규율할 사상적 토대의 부재 혹은 왜곡의 위기인가?

2000년대 이후부터 폭증한 언론 위기 담론에 대해 언론 연구자를 심층 인터뷰해 비판적으로 고찰한 유용민(2021)의 연구는 '과연 한국 언론의 위기란 무엇을 말하는가'라는 질문을 시작하는 데 적절한 토대를 제공한다. 먼저 유용민은 세계 각국의 언론 연구자들 사이에서 당면한 언론 현실을 '위기' 내러티브로 기술하는 것이 합당한가라는 비판 의식이 제기되고 있다며, 광고 수익에 의존하는 인쇄 신문의 쇠퇴에 주목하는 한 언론은 위기로 설명될 수 있지만, 그러한 쇠락의 이면에서 발생하는 새로운 흐름을 바라보지 못하게 하는 맹점이 있음을 지적한다(149~150). 인터뷰 응답자들 다수가 언론 위기와 저널리즘 위기를 구분[74]하였고, 한국 언론이 경제적 위기에는 즉각적으로 반응해 왔지만, 저널리즘의 위기에 대해 책임졌는가에 대해서는 회의적인 반응이었다. 언론 위기 담론이 언론 위기라는 수사 뒤에 가려져 있는 저널리즘 위기의 실체를 다른 곳으로 호도하는 논리로 작동한다는 것이다(156). 유용민은 인터뷰에 응한 연구자들의 인식을 종합하면 언론 위기는 디지털이 중심이 된 뉴스 시장 환경하에서의 구조적 위기와 그런 변화에도 불구하고 변화나 혁신을 이뤄내기는커녕 여전히 문제적 관행과 품질에 멈춰 있는 행위자의 내적 위기라는 문제가 양립하고 있다고 정리한다. 응답자들은 현대 저널리즘의 "본질적인 무엇의 지속가능성에 대한 의문"을 던지는데, 그 하나가 최근 언론이 겪고 있는 위기가 기존 언론 모델의 소생을 통해서 해소될 수 있는 것인가에 관한 질문이고, 다른 하나는 사회적으로 필요한 언론의 대안적 모습들을 확인해 가야 할 필요에 관한 문제의식이었다(165).

언론의 본질적인 무엇이 기존 언론 모델의 소생을 통해서 지속

74 전문직주의 언론, 주류 언론, 특히 언론의 산업적 위기에 초점을 두어 언론 연구자들을 심층 인터뷰한 이 연구(유용민, 2021)에서 연구자는 '저널리즘 위기'나 '언론 위기' 등 상이하게 불릴 수 있는 범언론 위기를 '언론 위기'로 표현했다. 연구자는 언론 위기 담론을 새로 바라보려는 이 작업이 언론 위기 담론의 본질이나 위기의 합의된 표준 같은 지점 혹은 그 명확한 경계를 선험적으로 전제하지 않고, 언론 연구자들의 언론 위기에 대한 주관적 인식을 드러내고자 했다고 연구 목적을 밝혔다. 따라서 인터뷰이들이 언론과 저널리즘을 구분하여 말하고 있지만 그 차이가 무엇인지는 명확하게 정의되지 않았다. 인터뷰이들의 언론과 저널리즘에 대한 구별은 "언론이 진실을 추구하고 민주주의 실현에 기여하는 규범적 사명을 갖는 것으로 기대되기는 하지만 그 둘의 위상을 동일시하는 것은 적절하지 않다. (모든) 언론이 저널리즘을 수행하고 있다는 착각"(155) 등에서 드러난다.

될 수 있을 것인가라는 의구심에 대해 이재경(2005)은 일찍이 그 본질적인 무엇이 한국 언론에는 만들어진 적이 없다고 단언한 바 있다. 한국 언론에는 거시적 언론 사상이 부재했고, 그 공백을 계몽주의, 발전주의, 민주화를 위한 선도역 등의 도구주의적 이념이 채워왔다는 것이다. 이재경은 한국 사회에서 언론은 항상 무엇을 위한 도구였을 뿐, 언론을 언론 자체가 스스로 존재 이유를 갖는 대상으로 인식하지 않았다며 도구적 언론관이 오늘날 한국 언론의 지배적 인식 틀로 자리 잡고 있다고 지적한다. 이재경은 존 메릴(Merrill, 1977; 이재경 2005 재인용)을 빌려, 내면화한 가치 체계가 기자의 행동을 지배하는 것이니만큼 한국 언론인들이 시급하게 해야 할 일은 내면화한 언론에 대한 가치 체계를 철저하게 성찰하는 작업이라고 요청했다. 이 성찰의 대상에는 기사는 어떠한 원칙을 바탕으로 취재하고 작성해야 하는가라는 문제부터 기자의 사회적 임무와 언론의 사회적 책임의 문제까지가 포괄되는 것이라고 지적했다.

기자가 바뀌어야 한다는 이러한 요구에 대해서 기자들은 어떻게 생각할까? 최근의 기자들을 대상으로 한 심층 인터뷰 연구(김영욱 · 이지상 · 이재현, 2023)는 기자들이 이윤 창출을 할 수 있는 언론 비즈니스 모델에 대해서도 회의하고, 그런 현실에 휩쓸려 있는 자신에 대해서도 회의한다고 보고하고 있다. 기자의 업무가 좋은 기사를 생산하는 것인지, 기사의 품질과 상관없이 조회 수가 높은 게 좋은 것인지 혼란스럽다는 기자들도 있었다(78). 기자들은 바뀐 디지털 환경 속에서 언론의 속성 자체가 저널리즘을 추구하기 위한 공공재 역할보다는 시장 원리인 조회 수로 역량이 평가되고 가치가 매겨지는 상황에서 공공성을 띠는 것이 얼마나 현실적으로 가능성이 있을까에 대해 회의했다. 탐사 보도 등 공공성을 강화하기 위한 노력이 인정받지 못하는 상황에서 현재의 구조적 문제를 타개하기 위해 공공성을 강화하자는 제안은 매력적이지 않다고 보는 시선이 팽배했다(83~84). 게다가 한국의 기자들은 세월호 전원 구조 오보, 조국 전 법무부 장관 보도 등의 정치사회적 사건을 통해 언론의 고유 업무 수행 실패에 대한 비판을 넘어 기자의 직업적 특성, 윤리, 사회적 가치 등이 무시되고, 고유한 존재가 아닌 기자 집단의 일원인 '기레기'로 간주되는 혐오(Shin, Kim, & Joo, 2021)를 겪고 있다.

지속 가능한 비즈니스 모델이 창출되지 않아 주목을 끌기 위해 자극과 혐오를 부추기는 기사를 양산하는 것에 대해 기자들이 자조하지만, 그렇다고 해서 자조와 냉소가 언론 관행을 바꿀 수 있는 내부적인 힘이 되지 않는 현실(김영욱·이지상·이재현, 2023)과 한국 언론을 바꾸려면 기자의 행동을 지배하는 내면화한 언론에 대한 가치 체계를 정립해야 한다(이재경, 2005)는 규범적 요청은 닭이 먼저냐, 달걀이 먼저냐는 논쟁처럼 보인다.

그러나 산업적 위기와 언론의 규범적 위기를 갈라 세우고, 언론 규범의 위기를 극복해 나가는 과정에서 지속 가능한 비즈니스 모델을 만들어 나가야 한다고 생각한다. 한국 언론 산업이 디지털 환경 이전이라고 성공적인 비즈니스 모델을 가졌다고 평가하기 어렵다. 한국 언론 기업의 성장에는 국가 권력이 비대칭적으로 개입하여, 기업의 경제적 성장이 전문직주의 발전이나 정치병행성의 완화(Hallin & Mancini, 2004/2010)를 불러오는 일반적 모델과는 달리 언론인의 자율성 신장과는 사실상 무관하게 진행되었다. 한국 언론의 기업화는 언론사에 대한 경제적 특혜와 언론(인)에 대한 탄압이라는 이중성을 그 특징으로 하여 언론인을 순응하는 샐러리맨으로 지속적으로 순치해 왔다(이정훈·김균, 2006).

모든 언론인이 순치되었던 것은 아니었다. 박정희 정권의 폭압 가운데도 1972년 10월 24일 〈동아일보〉의 기자들은 "신문·방송·잡지에 대한 어떠한 외부 간섭도 우리의 일치된 단결로 강력히 배제한다"라는 '자유 언론 실천 선언'을 발표하였고, 〈조선일보〉 등 31개 언론사가 이틀 만에 선언문을 채택하는 민주화 운동의 불씨가 되었다. 이러한 저항의 대가로 〈조선일보〉에서 32명, 〈동아일보〉에서 113명이 폭력적인 진압을 통해 해직되었고, 다른 직장에 취직하는 것마저 금지된 채 오랜 시간 고통스러운 삶을 살아야 했다(강준만, 2019). 자유 언론 운동을 한다는 일이 연행·투옥·고문 등 목숨을 대가로 요구하는 일이었던 엄혹한 시기에도 순응하지 않았던 기자들이 있었던 것이다. 그러나 이러한 저항은 한국 언론 전문직주의의 사상적 토대로는 뿌리내리지 못한 것으로 보인다. 순응을 택해 남은 기자들이 자유 언론 운동의 저항 정신을 자신의 가치 체계로 내면화하여 후배 기자들에게 전수할 리는 만무했고, 민주화라는 절박한 과제에 기자라는 직을 걸고 투쟁한 것이었지만, 언론이 민주화를 위한 도구였다는 점에서는 자유 언론 운동도 도구주의적 한계를 벗어날 수 없었다. 이것이 노정하는 한계는 해직 언론인들이 창간 주역이었던 〈한겨레신문〉의 초기 방향성을 둘러싼 내부 이견에서 드러난다. 창간의 주축인 해직 언론인들의 관심사는 새 신문보다 그 해 치러질 대통령 선거에 있었다. 지지 후보에 따라 비판적 지지파, 후보 단일파 등으로 파벌이 나뉘게 된다. "〈한겨레〉가 정치적으로 중립적일 수가 없죠. 창간 이유가 뭔데, 독재 권력과 투쟁하려고 만들어진 거지"(김세은, 2012: 310)라는 해직 언론인의 발언을 통해 알 수 있듯이, 언론은 정치적 변혁을 위한 도구였다.

캐리(Carey, 2007)는 "언론의 기원은 공화적이고 민주적인 형식의 통치의 기원과 같으며, 언론이 없다면 민주주의도 없다"(13)라고 했을 만큼 언론과 민주화는 떼려야 뗄 수 없는 관계지만, 한국의 정치 상황은 "기자들은 그들이 취재하는 대상으로부터 반드시 독립을 유지해야 한다"(Kovach & Rosenstiel, 2021)라는 원칙을 내적 규율로 확립하기 이전에 정파적 언론 생태계(심석태, 2023)의 블랙홀 속으로 빨려 들어갔다. 기존의 신문·방송이 아닌 다른 선택지로서의 인터넷 언론의 등장, 인터넷 공간에 언론에 대한 비판을 쏟아 낼 수 있는 비판적 담론 공중(이준웅, 2005)의 등장 이래 오래 지탄받아 온 공정성 위기(이준웅·최영재, 2005), 정파성(이종혁·길우영, 2018)의 문제는 한국 현대사에서 광범위하고 깊게 구조화되어 있다. 그 결과 권력에 대한 비판적 감시가 특정 진영을 향해서만 작동하고, 심지어 언론사 차원에서의 팩트체크 저널리즘을 특정 진영에 대해서만 하겠다며 당당하게 정파성을 드러내도 되는 것이 지금 한국 언론계의 상황이다(심석태, 2023: 31). 정파적 자세를 역사의식 있는 정의로운 언론인의 태도로 생각하는 문화에서 작은 사실 하나에도 회의적으로 접근하고 근거를 따져야 하는 언론인을 기대하기는 어렵다.

〈워싱턴 포스트〉의 두 전직 편집국장이, 공중과의 연대를 위해 '객관주의를 넘어서야 한다거나,' '객관적인 의사와 판사를 원한다면 왜 기자는 아닌가'라고 객관주의를 반대하거나 옹호하는 논쟁을 벌인 것은 한국 언론의 현실로부터는 멀어 보인다. 용도 폐기되어야 한다고 할 만큼 객관주의의 관행들이 기자들의 근육에 기억되어 본 적이 없기 때문일 것이다. "자기 스스로 하는 취재에 의지하라"(Kovach & Rosenstiel, 2021)라는 원칙이 한국 기자들의 기본적인 사실 검증 규율로 자리 잡았다면 세월호 전원 구조 오보는 막을 수 있었을지도 모른다. 그러므로 "저널리즘의 첫 번째 의무는 진실에 대한 것이다"(Kovach

& Rosenstiel, 2021), "진실은 우리의 궁극적인 목표다"(Sigma Delta Chi, 1926; Ward, 2020 재인용)와 같은 진부해 보일 정도로 고전적이고 규범적인 이 원칙들이 한국 언론에서는 제대로 성찰되고 실천된 역사가 부재하다고 본다. 물론 한국의 기자들은 끊임없이 객관성과 정확성이 가장 중요한 가치라고 인식해 왔다(남재일 · 이강형, 2017; 한국언론진흥재단, 2023a). 그러나 그 객관성은 "형식적 사실주의와 객관성의 동일시"(남재일, 2008), "두 당사자 중 한쪽 이야기만 듣고 썼어도 사실을 챙겼으면 일단 뉴스로서 합격. 일 초만 빨리 기사를 써도 사실이면 단독"이라는 "사실충분성의 도그마"(이준웅, 2022)의 수준에 그쳤다.

이상의 서술에 비추어 한국 언론이 자생적인 비즈니스 모델을 개발하기 위해서라도 '언론의 첫 번째 의무는 진실에 대한 것이다'라는 것을 내적 가치 체계로 세우고 이를 실행하는 구체적인 규범들을 '다시'가 아니라 '처음부터' 정립해야 할 필요가 있다고 생각한다. 언론의 기본으로 돌아가는 것이 개인적인 차원에서 고무적인 면이지만, 이러한 접근이 한국 언론이 맞닥뜨린 사회 구조적인 문제를 해결할 수 있느냐는 회의(김영욱 · 이지상 · 이재현, 2023)에 대해서는 디지털 환경 아래서 심하게 망가진 언론의 제1 원칙을 어느 수준으로든 복구하지 않으면, 상품으로서의 언론은 그 기본적인 가치인 신뢰성을 상실해 언론 소비자들에게 결코 믿을 만한 가치재로 소비되지 못할 것이라고 답하고 싶다. 시장에서 살아남으려면, 상품이 가지고 있는 대체 불가능한 고유의 것, 연구자들이 말해 온 경계 활동으로 특징지어지는 언론 고유의 영역이 없다면, 외면받을 수밖에 없을 것이기 때문이다. 그리고 그 고유의 영역은 소셜 미디어의 등장, 다양한 저널리즘 주체들의 등장으로 끊임없이 불안정하게 흔들리면서 강화되고, 재구성되고, 재창조되는 경계인 '검증verification'(Hermida, 2015)일 수밖에 없다.

순진하거나 진부하게 들릴 수도 있는 '언론의 궁극적인 목적은 진실 탐구에 있다'라는 주장이 여성, 성소수자의 권리, 소득 불평등, 기후 위기와 같은 당면한 사회문제들은 뉴스룸에 진실 검증의 규칙이 먼저 정립되고 난 뒤에야 해결해야 할 후순위 과제라는 의미는 전혀 아니다. 여성, 성소수자의 권리, 소득 불평등, 기후 위기와 같은 당면한 사회적 문제들에 대해 양시양비론으로 여론을 호도하는(Downie, 2023) 객관주의 관행의 한계가 만들어 내는 문제점은 이미 한국의 뉴스룸에서도 현재진행형이다. 한국 언론계는 미투 운동 보도와 관련해 법적 소송을 피하기 위해서 '중립성,' '객관주의' 원칙이라는 이름으로 유명 가해자 남성에 대한 보도를 자제하거나 가해자 입장에 대한 보도도 '공평하게' 싣는 것으로서 2차 피해를 묵인, 방조하거나, 2차 가해의 주체가 되고 있다고 비판받은 바 있다(김세은·홍남희, 2019). 재판 과정에서 가해자 측의 증인 채택이나 주장들을 "그는 이렇게 말했고, 그녀는 이렇게 말했다" 식으로 양 측의 '공방'처럼 다루었고, 언론사 스스로 논쟁의 중심에 서는 것을 피하기 위해 편의적으로 채택한 형식적인 객관주의는 피해자에 대한 루머 재생산, 그로 인한 2차 피해 양산으로 귀결됐다. 이러한 객관주의의 한계는 "과학주의적 인식론이 애초부터 여성을 지식 세계로부터 추방하여 은폐되거나 파편화된 존재로 타자화/주변화시켜 온 것과 같은 선상에서 보도의 객관주의 또한 여성을 소멸시키는"(유선영, 1999: 34) 것이므로 객관주의의 '남근 이성중심주의'가 초래하는 근본적인 한계라는 지적도 통렬하다. 한국의 젠더 보도는 거기에 더해 근현대사를 통해 구성되어 온 가부장적 남성성으로 인해 서구 사회에서 볼 수 있는 수준의 휴머니즘에 입각한 최소한의 배려조차 결여해 왔다.

객관주의가 이처럼 근본적인 한계를 드러내고 있으므로, 객관주의를 부정하는 것으로서 대안적 지평으로 나아갈 수 있을까? 그렇지 않다고 생각한다. '양시양비론' '중립성'이 언론이 지향해야 할 객관주의라고는 이제 어떤 성찰적인 뉴스룸에서도 말하지 않는다. 객관주의 보도는 배런(Baron, 2023)이 말한 것처럼 올바른 질문을 하기 위해서 강력한 도전에 맞닥뜨리며, 검증의 번거로운 과정을 거쳐 그것을 마치는 것이며, 우리가 모르거나 완전히 이해하지 못하는 것을 배우기 위해 취재라는 여정을 시작하는 것이다. 여성, 성소수자, 장애인 등 언론인들의 고유한 삶의 경험을 아이디어와 시각, 뉴스룸의 주요한 결정의 자원으로 삼되, 언론인들의 고유한 경험이 진실을 위한 탐구로 나아가는 데 자신을 한정하는 장벽이 되지 않도록 도전하는 일이기도 하다. 한국의 형식적 객관주의(유선영, 1995)를 객관주의의 전부이자 현재라고 생각하는 것은 객관주의가 갖고 있는 다면성과 잠재성을 송두리째 부정하는 것일 수 있다.

한국 언론에 사실 검증 규범 정립이 시급한 이유

한국 언론의 가치 체계가 사실, 검증, 객관주의를 중심으로 제대로 정립되어야 한다고 주장하는 데는 최소한 세 가지의 이유가 있다. 첫 번째, 언론 소비자들이 언론을 외면하는 원인을 극복해 나가는 데 사실을 중심으로 하는 언론의 실천이 첫걸음이기 때문이다. 2022년 한국 언론 수용자 조사에서 한국 언론의 가장 큰 문제점으로 지적된 것은 편파적 기사(22.1%)였고, 그다음이 허위 조작 정보(19.9%)였다(한국언론진흥재단, 2022). 2023년의 조사에서는 5점 만점 척도에 대한 응답에서 낚시성 기사, 편파적 기사(3.83점)가 가장 높게 나타났고, 어뷰징 기사(3.82점), 허위 조작 정보(3.80점), 받아쓰기식 기사(3.77점)가 그 뒤를 이었다(한국언론진흥재단, 2023c). 46개국의 언론 수용자를 대상으로 뉴스 회피 경험을 물은 또다른 조사 결과(최진호, 2022)에서 한국인들은 뉴스를 회피하는 이유로 "뉴스를 신뢰할 수 없거나 편향적이다"를 1순위로 꼽았다. 조사 대상국 중 "뉴스를 신뢰할 수 없거나 편향적이다"가 뉴스 회피의 가장 큰 이유로 꼽힌 국가는 한국이 유일했다. 요약하면, 한국의 언론 수용자들이 한국 언론에 가진 불만은 편향성과 디지털 환경에서의 낚시성 기사, 어뷰징 기사, 받아쓰기식 기사 등 사실성을 구현하지 못하는 질 낮은 보도라고 볼 수 있다.

한국 언론의 노골적인 정파성을 극복하기 위해 공정성을 어떻게 실천할 것인가에 대해서는 언론 연구자들이 다양한 시각에서 논의해 왔다. 공정성 실현의 해법으로 제시되는 것에는 연구자들 사이에 무시될 수 없는 중요한 차이들이 있다.[75] 이 중 주목하는 것은 연구자들이 주장하는 공정성 실현의 해법 차이에도 불구하고 한국 언론에 엄연히 존재하는 첨예하게 입장을 달리하는 주체들 간에 서로가 소통할 수 있는 규범, 서로를 인정할 수 있는 최소한의 공통적 금도가 필요하다는 공감대가 있다는 것이다. "공정성 원칙이란 논쟁하는 한 측이 다른 한 측에게 강제할 수 있는 불평등 조건 내지 항복 문서가 아니라 서로가 상대의 입장을 살피면서 타협과 양보를 통해 만들어 내는 게임의 규칙"(윤석민, 2015: 807~808)이라거나, "진보 보수 양 진영의 언론이 서로에 대해 갈등하고 경쟁하되 서로가 일종의 금도 같은 최소한의 선, 전문직 언론으로서 지켜야 하는 윤리적·합리적 경

75 예를 들어 윤석민의 《미디어 공정성 연구》(2015)에 대한 조항제의 비판적 서평(2016)을 참고할 수 있다.

계를 넘지 않아야"(조항제, 2019: 206) 한다는 요청이 그것이다. 한국 언론이 진정한 공론권으로 역할을 하기 위해 중점을 두어야 할 부분은 서로 합의되지 않는 가치의 추구보다는 절차와 규칙의 마련, 그에 대한 철저한 준수가 우선되어야 한다는 지적도 이러한 공통의 소통 규범이나 금도 논의와 맥락을 함께한다. "공공선에 대한 경쟁적 탐구와 해석이 정당한 절차에 따라 이루어져야만 그것이 추구하는 가치가 훼손당하지"(김세은, 2006: 73) 않기 때문이다.

그러면 서로를 인정하는 소통의 규범, 넘지 않아야 할 금도, 정당한 절차의 기반으로서 단단하게 자리 잡아야 할 것은 무엇인가? 그것은 "사실의 존중"(조항제, 2019)이다. 이때의 사실이란 현실을 거울처럼 비추는 사실이 아니다. "끊임없이 추구의 과정에 있을 수밖에 없는" 과정적 진리(강명구, 1989)다. "특정한 현실에 대한 언론의 보도가 그 현실을 구성constitute하는 사실facts을 정확하고 종합적으로 표상하여 그 사실에 최대한 근접할 때 우리는 진실true이라고 정의할 수 있다"(이민웅, 2002)라고 할 때의 그 사실과 진실이다. 객관적 진실을 목표로 설정하면서도 객관적 진실을 최종적으로 표상하기 어려운 것으로 간주하면서 객관적 진실을 찾기 위해 지속적으로 탐구하는 객관성이다(홍원식, 2018). 정파주의자들, 이데올로기적 웹사이트와 유튜버들이 자신의 믿음을 편안하게 확증해 줄 때조차도 세상에서 어떠한 일이 벌어졌는지를 정확하게 알려주는 언론이다(Kovach & Rosenstiel, 2021).

한국의 언론 수용자들이 언론을 회피하는 요인인 편파성이 공론장 자체를 붕괴시키지 않게 하려면 가치의 합의가 아니라 절차의 합의가 필요하다.[76] 절차 합의의 주춧돌은 한국 언론인들이 잘 지키

76 정파성이 뚜렷한 전통적인 매체인 종이 신문을 구독하는 독자들은 개별 신문이 지닌

지 못한다고 생각하면서도 가장 중요한 취재 보도의 원칙으로 꼽는 정확성(남재일 · 이강형, 2017; 한국언론진흥재단, 2023a), 사실에 대한 존중일 수밖에 없다.

두 번째, 허위 조작 정보가 정보 생태계를 어지럽히고, 생성형 AI가 허위 조작 정보 확산의 원천이자 대책이 되는 상황에서 사실 확인의 중요성은 다시금 중요해지고 있다. 12장에서 논의했던 대로 한국에서 가짜뉴스라는 단어는 정치적으로 오용되어 왔다. 가짜뉴스라는 단어가 한국 정치에 본격적으로 등장한 2017년 이래 한국 언론은 허위 조작 보도의 생산자로 지목되어 징벌적 손해 배상의 대상이 될 뻔하기도 하고, 고의로 허위 보도를 했다는 혐의로 검찰 조사를 받기도 했다. 가짜뉴스에 관련한 시민들의 인식과 한국 언론인, 언론 연구자들의 인식 사이에는 차이가 있다. 시민들은 언론사 오보(84.7%), 어느 한쪽 의견만을 전달하는 편파적 뉴스(70.9%)도 가짜뉴스로 인식하고 있다(김위근, 2018).

한국 언론이 의도적으로 허위 조작 정보를 만들어 내지는 않는다고 해도, 가짜뉴스의 확산에는 책임이 없다고 할 수 없다. 일례로 2019년 4월 강원도 고성에서 산불이 일어났을 시간 문재인 대통령이 언론사 사장들과 술을 마셨다는 가짜뉴스가 광범위하게 유통됐을 때 보도 자료를 낸 대통령실은 소문의 진원지로 특정 유튜브를 거론했지만, 소문이 확산되어 가는 과정에서 전통적인 언론사의 역할도

정파성과 논조를 신문의 매력이자 가치로 평가하기도 한다. 신문 이용자들은 신문의 색깔이 뚜렷해야 자신이 선호하는 신문을 더 쉽게 고를 수 있고, 신문사별로 논조와 경향이 있음을 알면 이를 '견제'하는 것이 가능하다고 이야기했다. 즉 신문이 정파적일 수 있다는 사실을 아는 것 자체를 정파성에 대한 대응 방식이라고 생각했다(이소은, 2024: 249).

무시할 수 없었다는 연구 결과가 보고된 바 있다(김춘식·홍주현, 2020). 언론사들은 유튜브 채널에서 다룬 내용을 사실 여부를 확인하는 팩트체크 저널리즘 형식의 뉴스가 아니라 하나의 사건으로 간주해 여야의 주장을 정치적 공방으로 다루거나 국회의원의 근거 없는 일방적 주장이라며 이를 가짜뉴스 측면에서 조명하기도 했다(428). 연구진은 주류 언론이 가짜뉴스의 진위를 가리는 대신 이를 정치적 사건으로 다루는 관행이 정파성과 결합될 때 언론은 가짜뉴스를 확산시키는 주요 통로로 전락하게 된다고 지적했다. 언론이 허위 정보의 확산자 효과amplifier effect를 내고 있는 것이다(Bennett & Livingston, 2018). 언론의 사실 검증 없는 균형성만 맞추려는 형식적 객관주의 보도가 낳은 결과라고 할 수 있다.

로이터저널리즘연구소의 설문 조사에서 한국 응답자들은 정부와 정치인(32%)에 이어 언론사와 기자(23.5%)를 허위 정보 유포가 우려되는 주체로 꼽았다(박아란·이소은, 2020). 현직 언론인 351명을 대상으로 설문 조사한 최근 연구 결과에서 언론인들은 가짜뉴스의 주된 책임이 출입처, 마감, 속보 경쟁 등의 언론 관행이나 언론인 개인보다는 언론사 조직에 있다고 생각하는 것으로 나타났다(정재철, 2025). 이에 대해 최지향(2021)은 언론이 복잡해지는 정보 환경에서 사실과 허위의 분별력 있는 생산 및 유통을 위해 정보 확산과 관련한 윤리를 명확히 하고 실천해야 한다고 요구한다. 언론은 일반 시민보다 더 큰 확산력을 발휘할 수 있고, 또 언론이 정보를 유포할 때 해당 정보의 타당성을 승인하는 역할을 한다는 점에서 더욱 언론의 적극적인 사실 검증이 긴급하게 요청되는 것이다.

허위 정보 생태계에서의 언론의 정보 확산 윤리가 어떠해야 할 것인지에 대해 정립된 실천이 없는 가운데, 생성형 AI가 뉴스 생산 과정에도 도입되기 시작했다. 2024년 4월 국내 언론사 최초로 뉴스 보도에서 생성형 AI를 어떻게 활용할 것인가에 대해 준칙을 제정한 〈한국일보〉[77]는 다음과 같이 명시한다.

– 사실 확인 책임: AI 생성물(문장, 그래픽, 영상 등)은 검증되지 않은 정보로 간주해야 하며 기자, PD 등 뉴스 제작자가 사실 확인의 책임을 진다. 입수 자료를 보도할 때도 생성형 AI로 조작된 정보가 아닌지 확인하기 위해 출처 확인, 주요 언론 보도와 비교 등을 거친다.

– 글쓰기 제한: AI가 생성한 문장을 검토나 수정 없이 보도하지 않는다. 기사는 기자의 독창적 기획·취재·글쓰기의 종합적 산물임을 인식하고 창의적 글쓰기를 생성형 AI로 대체하지 않도록 유의한다.

한국 언론의 사실 보도의 관행과 그로 인한 현실에 비추어 볼 때, 생성형 AI 시대의 '사실 확인 책임'은 획기적으로 개선되어야 할 필요가 있다. 관행이 되어 버린 '베껴 쓰기'는 특히 문제다. 안수찬과 박재영(2022)의 연구에 따르면 한국의 기자들, 특히 직접 취재 보도를 하지 않고 주어진 자료를 활용해 기사를 쓰는 온라인부, 디지털부 소속 기자들은 '디지털 마와리(순회)'를 돌아 포털, 언론사, 통신사, 소셜 미디어, 인터넷 커뮤니티를 살펴 기사로 옮길 만한 정보를 찾는 것을 '정상적 취재 방식'으로 인식하고 있다. 일반 기자들도 '꾸미'를 통해 직접 가지 않은 기자 회견의 회견문, 회의록 등을 공유하고 있다. 문서 발굴 및 분석, 대면 인터뷰, 현장 관찰 등 원천 보도original reporting

77 준칙 전문은 다음을 참조하라. https://www.hankookilbo.com/News/Read/A2024032813480004813

의 취재 방법은 탐사 기자에게서만 발견될 뿐, 일반 기자나 디지털 기자에게는 예외적인 일이었다. 원천 보도의 가장 무게 있는 단계라고 할 수 있는 당사자 직접 인터뷰는 디지털 기자 유형에는 전혀 없었고 일반 기자의 경우도 타사 기자들과 함께 어울려 취재원과 밥 먹는 자리를 제외하면 독립적으로 이슈 당사자를 직접 만난 경우는 발견되지 않았다. 뉴스 현장을 찾아가는 관행은 디지털 기자나 일반 기자 모두에서 발견되지 않았다. 사실 발굴과 검증을 뉴스룸 외부에 맡기는 이러한 관행의 만연이 과연 기자의 사실 검증의 책임이 중요해지는 생성형 AI 시대에 획기적으로 바뀔 수 있을 것인가? 안수찬과 박재영은 원천성을 뉴스 관행에 적용할 새로운 원칙으로 강조할 필요가 있다고 주장한다. "보도 자료와 통신 기사를 읽는 것으로 취재를 마치려는 기자들에게 그 잘못을 일깨우고, 그러한 외부 정보가 가리키는 대상의 실체를 직접 확인하는 순간부터 진짜 보도가 시작된다는 것을 알려준다는 점"에서 원천성은 새롭게 주목해야 할 언론 원칙이라는 것이다. 그러나 이는 새로운 것이라기보다는 객관주의 보도의 오래된, 그러나 한국 언론의 현실에서는 충분히 실현된 적 없는 과거를 오늘에 복원하는 것이라고 생각한다. 이 원칙을 복원하지 않는다면 현재의 사실 검증 없는 관행이 이미 한국 언론계에 당도한 생성형 AI와 함께 살아가야 하는 가까운 미래마저도 잠식할 것이다.

한국 언론의 가치 체계가 사실, 검증, 객관주의를 중심으로 제대로 정립되어야 한다고 주장하는 세 번째 이유는 한국 언론인들에게서 발견되는 어떤 '징후' 때문이다. 언론인들이 스스로의 역할 정체성을 정의하며, '객관 보도' 지향에서 '개입 보도' 지향으로 변화해 가고 있다는 점이다(배정근, 2024). 2003년부터 2017년까지 한국언론진흥재단이 진행한 '언론인 의식 조사' 자료를 활용해 국내 언론인들의 정체성 인식을 시계열적으로 분석한 연구(전진오·김형지·김성태, 2020)는 군집 분석을 통해 한국의 언론인 집단을 객관적objective 언론인, 해설적interpretive 언론인, 시의적time-conscious 언론인, 그리고 비판적critical 언론인으로 구분했다. 연구진은 각 집단의 페르소나persona로서, 객관적 언론인은 보도의 객관성과 정확성을 중시하는 전통적인 객관주의 언론인, 해설적 언론인은 자신들의 저널리즘 이상이 현실에서 구현되지 않고 있는 것으로 자각하는 왜소화된 해설 지향, 신속한 보도를 지향하지만 냉소적인 시의적 언론인, 높은 사회적 역할 인식 속에서 사회 문제에 개입하고자 하는 진보 성향의 비판적 언론인을 부여했다. 2000년대 이후 국내 언론을 집단 특성으로 살펴보면 언론의 객관적 보도를 표방하는 집단(객관적 언론인과 시의적 언론인)과 어느 정도의 개입을 지향하는 집단(해설적 언론인과 비판적 언론인) 간 비율은 약 44%(객관 지향) 대 56%(개입 지향)으로 나타나는데, 주목할 점은 개입적 성향의 해설적 언론인과 비판적 언론인의 관계에서, 해석적 언론인의 비율은 지속 감소한 반면 비판적 언론인의 비율은 지속 상승하는 트레이드 오프trade off가 발견된다는 점이다(434). 연구자들은 이러한 시기적 변화를 언론 환경 변화와 맞물려 해석한다. 예를 들면 '비판적 언론인'의 구성비 증가는 종합 편성 방송에서 패널을 활용한 토론식 정치 시사 프로그램이 대거 편성되기 시작한 시기이자 정파성 강한 김어준의 〈나는 꼼수다〉 등 팟캐스트 미디어가 확산되던 시기라는 것이다.

1997년부터 2013년 사이 언론인 의식 조사의 데이터를 통해 좋은 언론에 대한 기자들의 인식 변화를 추적한 남재일과 이강형(2017)은 '좋은 저널리즘'에 대한 기자들의 전반적인 인식이 정확성, 중립성, 사회 정의, 진실성에 중요도를 부여하는 형태를 보이며, 현재에 가까울수록 사회 정의에 대한 중요도가 높아진다고 분석했다. 패러다임 차원에서 볼 때 이는 객관주의 저널리즘 이념에 대한 공고한 믿음에 약간의 균열이 생기는 와중에 주창 저널리즘에 대한 요구가 새롭게 생성되는 징후로 읽을 수 있다(104~105)는 것이다.

언론인 의식 조사에서 언론 역할의 중요도와 실행도에 대한 언론인들의 답변을 항목별로 1999년부터 2021년까지 분석한 배정근(2024)은 정확한 사실 보도가 1999년에서 2013년까지는 1위였지만, 2019년부터는 '정부와 공인에 대한 비판과 감시' 항목이 1위로 올라서고 '정확한 사실 보도'가 2위로 내려앉았으며, 이는 2021년 조사에서도 마찬가지였음을 밝혔다.

기계적이고 형식적인 객관주의 보도를 넘어서 심층 분석이 있는 해설 보도를 지향한다는 것은 긍정적이다. 그러나 5장에서 살펴보았듯이 한국 언론의 현실은 사실 검증의 수준이 디지털 환경에서 갈수록 떨어지고 있는 것이다. 출입처 제도를 통해 노동 생산성을 최대한 높이고, 에디팅 과정에서 사실 확인을 최소화하거나, 독립적으로 문서 발굴 및 분석, 대면 인터뷰, 현장 관찰을 하는 대신 '디지털 마와리'로 남의 기사나 인터넷 커뮤니티의 화제를 베껴 쓰거나 '꾸미'를 통해 직접 보고 듣고 확인하지 않은 취재원의 발표나 회의 내용도 공유하는 것이 일반적인 관행으로 굳어지고 있다. 이러한 부실한 사실 확인 관행이 언론사의 수익 확보와 원활한 기사 공급을 보장하는 역설적인 상황이 빚어지고 있다.

이렇게 취재 보도의 기초 체력이 부족한 상황에서 주창 저널리즘이 강해진다는 것은 한국 언론의 오랜 지사적 체질이 재생산되는 것이라고 평가할 수 있다. 수행하는 기자들은 사회 정의에 대한 책임감에서 출발하는 것이라 하더라도 사실 검증에 기초하지 않는다면, "자기 신념의 과잉과 언론직의 사회적 책임감을 혼동"(김경모·신의

경, 2013: 42)하는 한국 언론의 체질적인 지사형 저널리즘의 소셜 미디어와 생성형 AI 시대의 버전일 뿐이다. 사회 개입의 필요성을 강하게 느끼는 비판적 언론인의 증가 시기가 "사담의 저널리즘화"(박지영 · 김예란 · 손병우, 2014)라고 일컬어지는 종편의 시사 토크쇼가 대거 편성되고, 〈나는 꼼수다〉 등 팟캐스트 미디어가 확산되던 시기라는 것은 이러한 우려에 무게를 싣는다. 즉 객관적 정보나 합리적인 논증을 통해 시청자나 독자를 설득하기보다는 개인의 주관적인 의견과 감정을 강도 높게 표현하는 이러한 언론 수행 양식이 언론인들 사이에도 바람직한 것으로 받아들여진다면, 취재 보도하는 대상에 대한 꼼꼼한 검증보다는 허술한 보도를 관점이 강한 의견으로 보완하려는 편향적이고 부실한 보도들이 지배적인 기사 유형이 될 위험성이 크다. 이미 한국 언론계에서는 "'사실의 의미를 전하려면 칼럼이 필요하다'거나 '독자는 기사보다 칼럼을 좋아한다'거나 '칼럼 잘 쓰는 기자가 훌륭한 기자다'라는 오해"(안수찬, 2023)가 만연하다. 안수찬이 제언한 대로 "기자는 칼럼 쓰지 말고, 분석하고 해석하여 설명하면서 맥락을 제공하는 기사를 쓰면 된다." 그러한 분석과 해석의 출발점은 말할 것도 없이 사실에 대한 단단한 검증이다.

팩트체크 저널리즘은 무엇을 할 수 있는가

편향성이 언론 회피의 이유가 되고, 뉴스룸의 AI 수용이 기자의 검증을 그 어느 때보다 높은 수준으로 요구하는 시대에 팩트체크 저널리즘은 과연 무엇을 할 수 있을까? 나는 그에 대해서도 최소한 세 가지의 효용이 있다고 주장한다. 맥락성과 투명성, 시민의 눈높이에서 취재 보도하기가 그것이다.

첫째, 맥락성은 현재의 미디어 환경에서 뉴스를 뉴스 소비자에게 이해할 수 있을 만한 무엇으로 만드는 데 핵심적인 요소다. 한국의 뉴스 소비자, 그중 뉴스 소비 하락을 주도하는 밀레니얼 세대(1980년대 중반~1999년 출생)의 뉴스 이용을 탐색한 연구(이선민 · 진민정 · 이봉현, 2020)에서 밀레니얼 세대는 뉴스에 관심이 없는 것이 아니라 기성 언론이 찍어 내듯 만들어 내는 뉴스에 흥미를 느끼지 못하고 있는 것으로 나타났다. 이 세대를 겨냥해 만들어진 국내외 뉴스 서비스들도 정보를 선별해서 보여 주는 뉴스 큐레이션 서비스, 비디오 스토리텔링 등이다. 이들에게 중요한 것은 배경과 맥락의 설명이다. 이 점에서는 최근 뉴스 채널로 급격히 부상하고 있는 유튜브 현상에 주목할 필요가 있다.

한국인들이 뉴스를 검색, 읽기, 보기, 공유, 또는 토론하기 위해 이용한 소셜 미디어는 단연 유튜브다. 2022년 옥스퍼드대학교 로이터저널리즘연구소가 46개국을 대상으로 조사한 바에 따르면 소셜 미디어 플랫폼별 뉴스 이용률에서 한국은 유튜브 이용률이 44%로 이는 조사 대상국 평균 30%를 훌쩍 뛰어넘는 수치였다(최진호 · 박영흠, 2022). 2019년 '대학내일 20대연구소'가 조사한 바에 따르면 15~34세의 MZ 세대가 가장 신뢰하는 온라인 정보 채널은 포털이 아닌 유튜브였다(이선민 · 진민정 · 이봉수, 2020).

왜 유튜브에 이렇게 경도되는 것일까? 유용민(2019)은 이에 대해 유튜브상의 정치 채널들은 이슈에 대한 단순한 정보 제공이라기보다는 이슈에 대한 의미, 가치, 배경을 설명하고 다른 정보와의 연결적 맥락을 제공하는 안내 저널리즘이나 맥락 저널리즘의 기능을 제공하는 측면이 있다며, 언론 역사에서 뉴스가 덜 현상 지향적이고, 더 해석 지향적으로 변모해 왔다(Barnhurst, 2014; Fink & Schudson, 2014)는 점을 고려하면 유튜브 저널리즘을 언론이라고 간주하지 않는 입장이 타당하거나 쓸모가 있는지를 의심해 봐야 한다고 지적한다. 2020년 총선을 배경으로 주요 방송사와 정치 시사 인플루언서 채널이 선거 기간 게시한 유튜브 동영상 2,613건을 분석한 김창숙과 민영(2021)은 유튜브 현상이 기존 언론에 변화를 촉구하는 것이 있다고 제언했다. 이들이 첫째로 꼽은 것은 사건과 이슈의 배경과 인과관계에 대한 심층적 설명과 맥락 보도가 필요하다는 것이다. 언론의 속보 경쟁 속에서 사실적 정보가 파편화되어 전달되면서 시민들은 사안의 배경과 추이를 이해하기 불가능하게 되었다. 따라서 기존 언론은 신뢰할 수 있는 전문가 정보원을 통해 사안에 대한 더 심층적 정보와 의미 있는 해석을 전달하고 다양한 시민의 관심사와 관점을 반영해야 한다는 것이다(159).

팩트체크 저널리즘은 해석적 언론과 객관주의 관행의 긴장과 교차점에 서 있다. 검증 가능한 사실의 이면과 맥락에 초점을 맞추는 해석적 언론의 성격을 가지면서도 단단한 검증을 바탕으로 삼는다. 팩트체크 저널리즘의 방법론은 조사 과정에서 통계, 논문, 판례 등 물적 근거의 동원과 독립적인 전문가에 의지할 것을 요구하며, 중립적인 취재원을 찾을 수 없을 경우 상반되는 의견을 청취해 서로 겹치는 부분을 찾아내는 '진실의 삼각 측량'을 권장한다(정은령·최지수·박유진, 2020; Graves, 2016). 팩트체크 기사는 역피라미드 형식을 거꾸로 뒤집어 검증을 어떻게 전개해 나갔는지 그 과정을 한 단계 한 단계 보여 주는 방식으로 서술됨으로써 뉴스 소비자의 이해를 돕는다(정은령, 2018).

맥락성은 허위 조작 정보의 허위성을 폭로하여 사실이 아닌 것을 사실로 믿게 된 시민들의 인식을 교정하는 데도 필수적이다. 사람들은 오정보가 만들어 낸 그럴듯한 이야기를 믿음으로써 정신 모형을 형성하면 그것이 폭로되어 정신 모형에 틈이 생겼을 때 불충분한 상태로 남기보다는 부정확한 설명이라도 택하여 그 틈을 메우려 한다(Ecker, Lewandowsky, Swire, & Chang, 2011). 따라서 무엇이 오정보라고 폭로하는 데 그치는 것이 아니라 그 폭로에 의해서 생기게 되는 공백을 대체해 줄 설명을 제공해야 하는 것이다(Cook & Lewandowsky, 2011). 한국에서 팩트체크 저널리즘을 수행해 온 팩트체크 기자들은 적어도 맥락성에서는 일반적인 기사보다 나은 정보를 제공하는 것으로 보인다. 코로나19를 다룬 팩트체크 기사와 해설 기사를 내용 분석으로 비교한 연구에서 팩트체크 기사는 사건이나 행동의 이유를 설명하고, 복합적 관점을 제시하고, 기자가 평가자로 나서는 경향이 일반적인 해설 기사에 비해 더 두드러졌다(정은령 · 최지수 · 박유진, 2020). 언론이 시민들에게 더 친절하고 해박한 안내자가 되기 위해서 맥락성은 강화되어 나가야 한다.

두 번째, "새로운 객관성"(Weinberger, 2009)으로 여겨지는 투명성은 뉴스 소비자와의 신뢰 구축, 생성형 AI 시대의 믿을 수 있는 정보원으로서의 뉴스의 사회 기여라는 측면에서 절실하게 요구되는 덕목이다. 최근의 국내 연구(오세욱 · 김지원 · 최지향, 2024)에서도 기사 수정이나 삭제 시 그 사유가 함께 제공된 경우, 뉴스 이용자들의 기사 신뢰도, 뉴스 기사 질, 기자 평가에서 모두 긍정적인 반응이 나타났다. 독자들이 언론사의 의사 결정 과정을 이해할 수 있도록 맥락이 제공될 때 투명성 장치가 효과를 발휘하는 것이다.

코바치와 로젠스틸(Kovach & Rosenstiel, 2021)은 "투명성은 뉴스 소비자에게 왜 그들이 당신의 기사를 믿어야 하는지 설득할 수 있는 자료를 충분히 공급하는 것"(182)이라고 말한다. 이는 먼저 취재원과 취재 방법에 대해서 최대한 알려 주는 것으로 시작할 수 있다. 정보를 알게 되면 뉴스 이용자들은 정보의 타당성을 판단할 수 있게 된다. 만약 기자가 얻을 수 있는 최고의 정보가 치우칠 수도 있는 취재원에게서 온다면, 취재원을 실명으로 드러내는 일은 뉴스 소비자가 그 정보의 치우침 가능성을 알게 해 주고 동시에 취재원이 뉴스 소비자를 속이지 못하도록 하는 기능을 할 수도 있다(180). 인터넷은 언론에 해결하기 어려운 문제를 안기기도 했지만, 투명성을 실천할 수 있는 다양한 도구들을 제공하기도 했다. 실천하려고 마음먹는다면, 데이터베이스, 원본 자료, 오디오, 영상 인터뷰, 컴퓨터 제작물의 코드, 독자 질문들에 대한 답변 도표, 정정 내용 도표 등이 모두 독자들에게 공개될 수 있다(182).

팩트체크 저널리즘에서 투명성은 무엇보다도 강조되는 원칙이다. 전 세계 팩트체크 기관들이 적실성 있는 팩트체크의 준거로 삼는 국제팩트체킹연맹(IFCN)의 준칙Code of Principles의 5개 항목 중 불편부당성을 제외한 4개가 취재원 투명성, 재정과 조직에 관한 투명성, 검증 방법의 투명성, 공개적이고 정직한 수정에 관한 것이다.

한국 언론의 관행에서 투명성은 거의 제대로 지켜지지 않는 규범이다. 투명성이 실천되는 것은 인용과 취재원 저시를 통해서인데, 한국 언론의 실명 취재원을 사용하는 정도나 토대 정보를 제공한 취재원의 실명 비율 정도는 영미 유력지에 비해 유의하게 낮다(이나연, 2018a). 한국의 개별 언론사들이 제정한 윤리 가이드라인이나 한국신문윤리위원회의 신문윤리실천요강은 공통적으로 "기사를 작성할 때는 취재원을 원칙적으로 익명이나 가명으로 표현해서는 안 되며," "출처가 분명하지 않거나 확인되지 않은 사실을 부득이 보도할 때는 그 사유를 밝혀야 한다"라고 규정하고 있지만, 이러한 규범들은 언론 현장에서는 사문화되다시피 했다. 이는 기자들의 편의적인 익명 취재원 사용이 용인되는 직업적 규범 해이에도 원인이 있지만, 언론중재위원회 조정이나 민형사 소송 등을 통해 프라이버시권 침해를 주장하는 취재 대상과 다툼이 생기는 것을 기피하는 것으로도 볼 수 있다.[78] 일례로 2024년 제1야당의 이재명 대표가 피습됐을 때도 경찰이 피의자의 이름을 공개하지 않아 언론도 모두 김 모 씨로 익명 보도했지만, 〈뉴욕 타임스〉는 이름은 물론 직업, 자택 위치에 대한 정보, 모자이크 없이 피의자가 이 대표를 찌르는 모습을 담은 영상까지 보도했다(박재령, 2024). 이는 한국 언론에 등장하는 익명 취재원 문제가 관행이 되어 버린 낮은 수준의 투명성 실천의 문제와 날로 높아지는 프라이버시권에 대한 국민 인식, 소송 기피 등이 맞물린 현상이라고 풀이할 수 있게 한다.

한국의 팩트체크 저널리즘 수행에서도 투명성이 강조되지만,[79] 실증적인 연구에서 팩트체크 저널리즘의 투명성 준수 정도가 일반적인 기사에 비해 더 높은 것으로 나타나지는 않았다. 19대 대선 기간

78 언론중재위원회의 최근 10년간 시정 권고 현황을 분석한 연구(김주용, 2023)에 따르면 사생활 비밀이나 통신 비밀, 초상권, 성명권과 같은 프라이버시권 침해 관련 시정 권고 빈도는 지속적으로 증가하는 추세다. 대부분의 침해 사례에서 피해자에 대한 비식별·익명 처리가 전혀 없었거나, 있었다 하더라도 불충분한 경우가 많았는데, 이는 언론이 소셜 미디어와 온라인 동영상 플랫폼, 온라인 커뮤니티에 게시된 내용을 주요 취재원으로 삼거나 베껴 쓰기 하는 과정에서 심화되는 것으로 분석되었다.

79 예를 들어 SNU팩트체크의 제휴 언론사들이 합의하여 정한 "SNU팩트체크 원칙" 4항은 "팩트체크를 하는 주체는 취재원의 안전에 위협이 되지 않는 한 자신들이 검증에 사용한 근거를 이용자들이 확인할 수 있도록 최대한 구체적으로 밝힌다"라고 명시한 바 있다.

SNU팩트체크 제휴 언론사의 선거 보도 174건을 분석한 결과 투명 취재원의 숫자는 일반 기사를 분석한 선행 연구의 투명 취재원 숫자와 유사하였다(이나연, 2018b). 코로나19 해설 기사와 팩트체크 기사를 비교 분석한 연구에서도 투명 취재원 수에 양자 간에 통계적으로 유의미한 차이가 없는 것으로 나타났다(정은령 · 최지수 · 박유진, 2020).

마이클 칼슨(Karlsson, 2010)은 투명성을 공개 투명성과 참여 투명성으로 구분했는데, 공개 투명성은 뉴스 생산자들이 뉴스가 어떻게 만들어졌는가를 뉴스 소비자들에게 공개하는 것이고, 참여 투명성은 수용자들이 뉴스 생산 과정의 여러 단계에 참여할 수 있도록 하는 것을 목표로 한다. 참여적 투명성의 일환으로 세계 각국의 팩트체크 기관은 독자에게 검증이 필요한 주장이나 대상을 제안하도록 요청한다. 팩트체크 저널리즘을 더 유익하고 신뢰할 수 있도록 만들기 위해서는 전문가와 시민이 모두 사실 확인 과정에 참여하는 "협력적 팩트체킹collaborative fact-checking"이 제안되기도 한다(Brandtzaeg, Følstad, & Domínguez, 2018).

11장에서 밝힌 것처럼, 생성형 AI 시대에 인공 지능 생성 콘텐츠 Artificial Intelligence Generated Content(AIGC)로 만들어지는 허위 조작 정보에 대처하기 위해 투명성은 더욱 중요해졌다. AIGC에 대응하는 자동화된 사실 확인Automated Fact Checking 시스템 개발에서 설명 가능성은 핵심적인 요소다. 챗GPT에 동일한 질문을 입력해도 사용자마다 다른 답변을 받지만 그 답변이 어떻게 생성되었는지는 어떠한 설명도 제공되지 않는다. 즉 작동 과정을 알 수 없는 블랙박스와 같은 것이다. 이러한 점에서 윤리적인 AI가 되기 위해서는 설명 가능성, 투명성이 요구된다. 또한 자동화된 사실 확인의 완전 자동화는 가능하지도 않을뿐더러 바람직하지도 않다는 것이 생성형 AI와 허위 정보에 관한 백서를 발간한 EU 역내와 영국의 전문가들(Bontcheva et al., 2024)의 권고다. 자동화된 사실 확인의 과정에도 인간의 감독이 반드시 포함되어야 한다는 것이다. 생성형 AI의 자동화된 사실 확인을 위해서는 데이터 세트가 구축되어야 하는데, 여기에 이용되는 것이 인간 팩트체커가 사실성에 관해 다양한 외부 증거들을 동원해 검증하고, 그렇게 검증한 이유를 설명한 팩트체크 결과물들이다. 생성형 AI 시대에 믿을 수 있는 자동화된 사실 확인 시스템 개발을 위해 인간 팩트체커의 맥락성, 투명성이 더욱 중요해지는 이유다.

마지막으로 팩트체크 저널리즘이 한국 언론에 기여할 수 있는 바는 시민의 눈높이에서 취재 보도하기다. 팩트체크 기자들은 출입처 제도가 전형적인 한국의 뉴스룸에서 출입처 없이 활동한다. 이것이 팩트체크 기자들에게 시민의 처지가 되어 보는 경험을 제공한다. 좋은 품질의 기사를 독자에게 제공하는 것이 언론인의 의무이지만 그 품질 기준에 대한 평가는 오랜 시간 생산자인 기자 중심, 생산자 중심의 '규범의 필터버블'에 갇힌 것이었다. 뉴스 소비자를 외면하고도 기사 공급이 이뤄지고, 기자들이 할 일을 했다고 정당화할 수 있게 만드는 구조가 출입처 제도와 그로부터 생산되는 보도다. 독자의 고유한 뉴스 평가 기준이 무엇인지, 또는 규범적 접근으로 포착할 수 없는 뉴스 평가 요소가 무엇인지를 탐색한 최근의 연구(안수찬 · 김창숙 · 박재영, 2024)는 독자의 흥미를 이끌기 위해 독자의 일상적 관심과 연관된 토픽을 설정했는지, 새로운 앵글로 접근했는지, 흥미롭게 도입을 구성했는지가 중요하다(37)는 점을 발견했다.

한국에서만 거의 유일하게 운영되는 출입처 제도는 한국 언론의 일상을 지배한다(박재영 · 허만섭 · 안수찬, 2020). 대다수 기자들은 출입처에서 업무 시간 대부분을 보내며 보도 자료 등 출입처 발표 자료로 주로 기사를 기획하고 취재한다. 온라인 기사를 상시 마감해야 하는 상황에서 출입처는 가장 경제적으로 여러 건의 기사를 생산할 수 있는 시스템이다. 그러나 보도 자료 등 출입처 발표에만 의존하는 빈약하고 획일화된 기사, 행정 기관, 정치권, 기업 출입처의 입장만 전적으로 반영하고 이러한 취재원들이 벌인 행정, 정치, 경영에 영향받는 시민들의 목소리는 외면(135)하는 문제를 낳는다. 출입처 담당 기자들의 정보 교환 모임인 '꾸미'를 통해 같은 내용이 공유되면서, 같은 사안이 여러 매체에 반복적으로 보도되는 동질화와 어떤 사안은 아예 보도조차 되지 않는 '뉴스 사막' 현상이 동시에 나타난다. 박재영 등은 국내에 주재하는 〈뉴욕 타임스〉, 〈아사히〉, 〈가디언〉 기자 등과의 인터뷰와 기사 분석을 병행했다. 〈한겨레〉의 경제 정책 기사의 취재원은 대통령, 청와대, 기획재정부, 금융위원회 등 정부 출입처로 집중된 반면, 〈뉴욕 타임스〉의 경제 정책 기사는 정부 관료의 정책 발표 내용은 필요 최소한으로만 인용하고 남는 지면에는 정부 내 의사 결정 과정을 독자적으로 취재한 내용, 정책 소비자의 처지와 이해관계를 대거 반영한 시민, 경제인, 전문가들의 실명 증언을 담았다고 분석했다. 이러한 분석을 바탕으로 이들은 "국내 언론이 출입처 중심 취재 관행을 유지하는 한, 수용자를 섭외해 취재하는 것이 어려운 일이고 수용자에 밀착된 보도를 하는 것도 불가능하다"(133)라고 지적했다.

팩트체크 기자들의 출입처 기자들과의 가장 큰 차이점은 출입처가 없기 때문에 일상적인 관계를 맺을 취재원도 없고, 그만큼 취재원으로부터 자유롭다는 것이었다. 출입처 제도에 편입되지 않음으로써 기사 작법의 새로운 틀을 시도해 볼 수 있지만, 인력 수급이 불안정하고, 출입처와의 협업이 쉽지 않으며 출입처 기자들의 영역을 다룰 때 '영역 침범'이라는 견제를 받거나 긴장 관계가 형성(정은령, 2018; 2019b)되기도 한다. 팩트체크 기자들은 믿을 만한 한 사람의 취재원에 의존하기보다는 모르는 취재원 여러 명의 이야기를 교차 검증하고, 취재원의 말이 아닌 데이터, 보고서, 논문, 법조문, 통계 등의 자료를 검증에 동원한다.

팩트체크 기자와 출입처 기자를 심층 인터뷰해 비교한 연구[80]에서 팩트체크 기자들은 팩트체크 저널리즘을 수행하면서 가장 많이 성찰하게 되는 것이 생산자 중심의 기사 생산이라고 말했다. 다수의 팩트체크 기자들은 자신이 검증해야 하는 사안에 대해서 "백지상태에서 시작"하는데, 이것이 팩트체크의 어려운 점이자 장점이라고 꼽았다. 출입처 기자들은 자신이 지속적으로 취재해서 익숙해진 내용을 당연한 것으로 생각하고, 기사를 읽을 사람들도 다 이해할 것이라고 간주하여 기사를 쓰기 때문에 뉴스 소비자와의 소통에서 실패할 수밖에 없다는 것이다.

출입처 경험도 있고 팩트체크 경험도 있는 팩트체크 기자들이 바라보는 팩트체크 기사와 출입처 기사의 또 하나의 결정적인 차이점은 '야마'를 잡지 않고 기사를 쓴다는 것이었다. 팩트체크에서는 "야마를 잡을 필요도 없고, 야마를 잡는 순간 기사가 엉뚱하게 나가서 팩트체크를 다시 팩트체크해야 하는 불상사가 생길 수도 있기 때문에" 처음부터 기사의 각을 정하고 그에 맞는 자료들만을 선별적으로 골라내는 취재는 피할 수밖에 없다는 것이다.

출입처 기자들이 출입처에서 진행되는 일에 따라 일정 정도 예상 가능한 시간표를 갖게 되는 것과 달리, 팩트체크 기자들은 기삿

80 13장을 참조하라.

거리를 찾는 것에 어려움이 있다. 그러나 주어진 보도 자료가 아니라 스스로 이슈를 찾아내야 하는 상황이기 때문에 뉴스 소비자들이 무엇을 궁금해하는지, 출입처의 관점에서는 '기사가 안 된다'고 발제조차 하지 않는 사안도, 뉴스 소비자들이 궁금해할 지점을 설명하는 서술을 하게 된다(정은령, 2019b). 기자 스스로 '백지상태'이기 때문에, 맥락 없이 던져지는 기사를 읽어야 할 뉴스 소비자와 눈높이를 맞출 수 있는 것이다. 출입처에 제한되는 취재 보도 경험을 넘어서는 것으로부터 뉴스 소비자와의 단절을 회복할 수 있다.

맥락성과 투명성의 강화, 뉴스 소비자와의 연결 고리 회복은 한국 저널리즘을 옭아매는 형식적 객관주의를 넘어서는 것이다. 그것은 객관주의를 부정하는 것이 아니라 객관주의를 이 시대에 맞게 재규정, 재창조하고 실천하자는 것이다. 언론은 제대로 된 언론을 하는 것 이외의 방법을 통해 살아남을 수 없다.

맺음말

진실은 여전히 언론의 목표인가

20세기 언론을 지배해 온 듯 보이는 가치인 객관주의는 그것이 자리 잡을 무렵의 당대 과학과 기술, 사회문화적 공기 속에서 처음부터 번성하고, 흔들림 없었던 규범인 것처럼 여겨지지만, 실제로 잉태 배경은 직업적인 우수성이 아니라 직업적인 불안에 있었다(Maras, 2013). 전문적인 기자들의 조직이 "뉴스 보도는 어떠한 종류의 의견이나 편견으로부터도 자유로워야 한다"(Schudson, 2001)라는 선언을 하게 된 것은 당대의 떠오르는 산업이었던 PR 기업들의 선전으로부터 언론의 독자성을 구분하고, 정보 혹은 오정보를 이용하여 특별한 이익을 취하려고 하는 노골적인 행위에 맞서 기자 집단의 정체성을 주장해야 할 필요성에서 비롯된 것이었다.

2000년대 초반 미국에서 팩트체크 저널리즘이 확산되던 시기도 언론에 대한 뉴스 소비자들의 신뢰가 넘치던 때가 아니다. 웹 2.0 시대의 도래로 누구나 인터넷에서 읽고 쓸 수 있게 되자 언론의 전통적인 게이트키핑은 그 의미가 급격히 퇴색했다. 편파적인 의견을 내세우는 것으로서 열성 지지층을 모으는 정치 블로거들은 전통적인 언론이 시민들이 알아야 할 정보들을 감추고 있다고 비난했다. 주류 언론은 실패하고 있었다. 부시 행정부가 대량 살상 무기(WMD)를 근거로 이라크전을 시작했지만, 어떤 언론도 전쟁이 일어날 때까지 그것이 사실이 아니라는 것을 밝혀내지 못했다(Dobbs, 2012).

중대한 분기점은 위기에서 비롯된다. 기존 시스템을 무너뜨리는 혁명적인 커뮤니케이션 기술이 등장하거나(인터넷이나 생성형 AI와 같은), 언론의 신뢰성이 지속적으로 낮아지면서 정당성이 의심되거나, 심각한 사회 불균형, 현상 유지가 어려운 정치적 위기, 사회 개혁을 위한 중대한 노력이 등장할 때(McChesney, 2007), 이전 시기와 다른 시도들이 이루어지는 것이다. 선전과 홍보의 홍수 속에서 언론을 고유한 공적 커뮤니케이션으로 구분해 내야 한다는 위기감이 객관주의를 전문직 규범으로 만든 것처럼, 팩트체크 저널리즘도 이제까지의 객관주의 보도로는 충분하지 않다는 전문적 개혁 운동(Graves, 2016)으로 출현했다.

이 책은 언론의 최종적인 목적으로 간주되지만, 쉽게 포획되지 않는 진실에 관한 이야기로 시작했다. 언론이 추구하는 진실이 무엇인가는 탈진실 시대에 다시 던져진 질문이다. 각자가 믿는 대안 진실alternative truths의 세계에서는, '트럼프는 선거를 도둑 맞았고,' '기후 위기는 거짓말'이며, '지구는 평평하다'는 것이 진실이 된다. 지지와 비판, 열광과 혐오가 들끓는 와중에 사실 따위는 부차적인 요소가 되어 버리는 현상은 정치, 과학, 문화, 젠더, 인종 등 주제를 막론하며, 사회적 약자들을 공격 목표로 삼는다. 거짓이 진실로 둔갑하는 트럼프 시대의 상황을 날카롭게 비판한 〈뉴욕 타임스〉의 전 서평 기자 미치코 가쿠타니Michiko Kakutani는 인기 있는 것과 증명 가능한 것의 차이를 흐려서 의견이 사실로 은근슬쩍 탈바꿈하면 사실이 무엇인지는 모호하게 되고 사람들은 사실 판단에 피로를 느끼게 된다(2018)고 지적한다. 그런 피로감은 회의나 혐오, 무관심, 시민으로서의 참여 권리 포기로 이어지기 십상이다. 정보가 넘치는 시대에 사람들은 점점 더 사실이 무엇인지 알기 어렵게 되고, 언론에 대한 신뢰는 약화되는 것이다.

탈진실의 시대에 팩트체크 저널리즘은 사면초가에 빠진 언론에 돌파구를 제공할까? 사람들은 언론이 제공하는 진실에 귀 기울일까?

객관성은 "지금쯤이면 시대착오적 표현으로 자리 잡았어야 할 용어"(Zelizer, Boczkowski, & Anderson, 2022/2023: 98)라거나 뉴스룸이 독자로부터 신뢰를 회복하려면 객관주의를 넘어서야 한다(Downie, 2023)는 설득력 있는 객관주의 폐기론들이 있지만, 나는 여전히 객관주의의 갱신이 필요하다고 생각한다. 그리고 이러한 생각에 동조자들이 없는 것은 아니다.

라스무스 K. 닐슨Rasmus K. Nielsen(2017)은 민주주의를 위해서 언론이 할 수 있는 단 한 가지 일은 '정확하고, 접근 가능하고, 다양하고, 유관성 있으며, 시의적절하고 독립적으로 만들어진 정보'를 공중에게 제공하는 것이라고 주장한다. 닐슨은 그 외 언론이 해야 한다고 하는 다른 일들은 다른 사회 기관들도 할 수 있다고 열거한다. 탐사는 사법 체계나 기타 공적인 기관이 맡을 수 있다. 해석은 대학이나 싱크탱크도 할 수 있다. 사회적 공감은 공동체 그룹이나 권리를 주장하는 운동가들이 대신할 수 있다. 토론을 위한 공론장을 제공하는 것은 고전적인 타운홀 미팅뿐만 아니라 디지털 미디어를 통해서도 할 수 있다. 특정한 관점을 옹호하는 것은 사회 운동이나 이익 집단, 정당이 할 수 있다. 이런 것들에 비추어 보면 언론이 민주주의를 위해서 할 수 있는 다른 모든 일들과 구별되고 고유하며 가장 중요한 일은 "사람들이 시의적절한 방식으로 식견을 가질 수 있도록 하는 것"(1258)이다. 언론이 이런 일을 하는 데 실패한다는 것은 언론이 민주주의에 실패한다는 의미라고 닐슨은 주장한다. 왜 그렇게 주장할 수 있을까? 닐슨은 허버트 갠스와 월터 리프먼을 인용해 "언론의 주요 역할은 시민을 식견 있게 만드는 데 있으며," 언론의 많은 단점에도 불구하고 "현대 국가의 시민들에게 보이지 않는 세계를 어떻게 보이게 할 것인가"라는 문제에 대해 언론이 시의적절하게 가장 중요한 해결책을 제시해 왔다고 주장한다. 그리고 이 일이야말로 다른 무엇도 대신할 수 없는 언론의 임무라는 것이다.

비보 린Bibo Lin과 세스 루이스(Lin & Lewis, 2022)는 생성형 AI 시대에 닐슨의 규범적 요청을 적용시켜 언론적 AIjournalistic AI[81]가 민주주의를 위해 할 수 있는 일 역시 '정확하고, 접근 가능하고, 다양하고, 유관성 있으며, 시의적절하고 독립적으로 만들어진 정보'를 공중에게 제공하는 것이라고 주장한다.

이 중 정확성에만 주목해 보자. 사실, 언론은 정확하지 않다. 언론은 객관적 오류와 주관적 오류를 매일 생산하고 있다. 오타를 내거나 취재원의 이름이나 나이를 틀리거나 인용을 틀리게 하는 것이 객관적 오류라면, 부정확한 제목을 달거나 누락하는 것은 주관적 오류라고 할 수 있다(Berry, 1967). 린과 루이스는 언론적 AI는 뉴스 수집 단계에서 빠르게 많은 양의 객관적 오류를 잡아낼 수 있고, 의사가 병증을 진단하듯, 허위 조작 정보를 탐지해 낼 수 있다고 주장한다.

81 언론적 AI는 이 연구의 연구자들(Lin & Lewis, 2022)이 뉴스룸에서 AI를 사용하는 것, 뉴스룸에서 개발해야 하는 AI를 포괄하여 명명한 것이고 이들은 기술적인 측면보다 규범적인 측면에 논의를 집중했다.

뉴스의 선택과 생산 단계에서는 인간 필자가 만들어 낸 오류를 잡아 낼 수 있으며 이 단계를 통해 인간 팩트체커가 노동 집약적으로 해오던 사실 확인 작업의 효율성을 증강시킬 수 있다고 낙관했다. 동시에 좋은 언론적 AI는 기자들이 다루는 뉴스 아이템과 관련해 아카이브로부터 추출해 낸 의미 있는 역사적 맥락을 제공함으로써 기자들을 도울 수도 있다. 닐슨이 민주적 사실주의democratic realism에 입각해 제기한 주장은 언론적 AI 시대에 '기술이 무엇을 할 수 있는가what technology can do'에 초점을 두던 논의를 '기술이 무엇을 해야 하는가what it should do'로 이동할 것을 요청하는 것이다. 즉 언론이 민주주의를 위해 할 수 있는 유일한 일인 '정확하고, 접근 가능하고, 다양하고, 유관성 있으며, 시의적절하고 독립적으로 만들어진 정보'를 공중에게 제공하는 것이, 좋은 언론적 AI를 설계하는데도 기준이 되는 규범이어야 한다는 것이다.

나는 한국 언론이 객관주의와 관련해 다하지 못한 숙제와 새로운 과제를 동시에 해결해야 하는 상황에 봉착해 있다고 생각한다. 그리고 이 과제는 누구보다도 언론인들에게 지워져 있다. 이것은 기자들에게 너무 많은 것을 요구하는 것일 수 있다. 민주주의를 위해 언론이 할 수 있는 유일한 일을 수행해야 하는 바로 그 기자들은 장시간 노동에 비해 적은 보상을 받고, 플랫폼에서의 클릭 수에만 매몰된 수익 모델에 쥐어짜이면서, 한편으로는 언론의 신뢰를 무너뜨리기 위해 기자들을 괴롭히는 개인이나 적대적인 정부, 권력적 기관으로부터의 압박을 견뎌내야 하는 존재들이다(Lin & Lewis, 2022: 1632). 그럼에도 불구하고 민주주의를 위해 언론이 해야 할 오직 한 가지 일을 수행할 수 있는 존재도 이 언론인들이다.

한국 언론의 사실 수행 관행에서는 "전략적 의례"(Tuchman, 1972)

라고 비판받아 온 형식적인 객관주의조차 제대로 지켜지지 않았다. 온라인에서의 경쟁이 격화되면서 사실 확인의 수준은 점점 더 낮아지고 있고, 질 낮은 기사로 양을 채우는 악순환을 통해 언론 산업은 망하지 않는 역설적인 비즈니스 모델이 고착화되어 가고 있다. 그러나 개별 언론사들은 이러한 수탈적인 뉴스룸 구조와 취재 관행을 통해 수익을 낼지 모르지만, 사회적 기관으로서의 언론은 망가지고 있다. 한국의 뉴스룸들이 AI를 활용할 때 사실 확인의 책임이 기자들에게 있다고 명시하고 있지만, AI가 출현하기 이전에도 부실했던 사실 확인의 관행으로 어떻게 닥쳐온 변화에 대처할 수 있을 것인가?

고르디우스의 매듭을 끊은 알렉산더의 칼과 같은 해결책을 기대할 수는 없다. 그러나 "진실을 말하는 것은 시대를 초월한 언론의 주요 원칙"(Nordenstreng, 2019: 52)이라는 것은 혼란 상황에서 나침반으로 삼아야 할 언명이다. 2024년 12월 3일 윤석열 대통령의 비상계엄 선포로 극명하게 가시화된 민주공화국 대한민국이 처한 위기와 혼란은 그 어느 때보다 언론이 어떻게 자기 역할을 제대로 수행할 것인가에 대해 엄중하게 묻고 있다.

비상계엄 이후 2024년 12월 기준 한국의 월간 5G 트래픽이 5G 상용화 이후 처음으로 100만 테라바이트를 넘어섰다. 개인별로도 30기가바이트를 넘어섰다(조현영, 2024). 탄핵 정국에서 유튜브 시청 등이 늘어난 결과다. 사람들이 뉴스를 폭발적으로 원하는 시기다. 이 시기에 언론이 어떤 역할을 하는가는 중요하다.

계엄 선포 이후 민주사회를위한변호사모임에서는 "언론은 내란 세력의 스피커 노릇을 멈추라"라는 성명을 냈다(김예리, 2024). 윤석열 대통령의 담화문 내용과 재판에서의 증언, 내란 책임자와 옹호자의 발언을 그대로 받아쓰기하는 것은 현재와 같은 체제 위기 상황에서 사회에 큰 해악을 미친다고 비판한 것이다. 언론이 왜 그런 받아쓰기 보도를 하는가는 자명하다. 비단 시민들의 눈길을 끄는 속보를 내보냄으로써 트래픽을 좇기 위해서만은 아니다. 한국 언론이 따르고 있는 형식적인 객관주의는 발언 자체를 사실로 받아들이는 이른바 "그는 이렇게 말했고, 그녀는 이렇게 말했다"라는 기계적인 인용 보도에 머물러 있다. 현재와 같은 상황에서는 맥락을 거세하고 단순하게 인용한 내용을 속보로 전하는 것에 그쳐서는 안 된다. 그 발언이 사실성이 있는지 검증하는 일이 그 어느 때보다 중요하다. 속보 경쟁이 치열한 온라인 환경에서 파편적인 정보만을 양산할 것이 아니라 시민들이 쏟아지는 정보에서 무엇이 사실이고 아닌지를 판단할 수 있도록 맥락이 있는 설명을 제공해야 한다. 시민들이 식견을 갖고 자신의 삶에 영향을 미치는 주권 행위에 참여할 수 있도록 '보이지 않는 세계를 보이게' 해야 한다.

역사적으로 언론 행위는 매체의 발전과 함께 변화해 왔다. 현재와 같은 정보 생태계에서 언론 행위는 여러 플랫폼을 통해 실현될 수 있다. 비상계엄 선포, 윤석열 대통령의 구속과 재판 과정에서 유튜브에서는 극좌 극우 성향의 유튜브 채널만이 아니라 전통적인 언론사들의 보도들도 폭발적으로 소비되고 있다. 이러한 시기에 언론과 언론 아닌 것을 구분하는 기준이라면, 사실에 기초하는가, 시민의 공적 이익에 복무하는가, 민주주의의 가치를 배타적으로 옹호하는가일 것이다. 이러한 공통적인 윤리를 현장에서 실행함으로써 언론은 존재의 필요성을 자기 증명해야 한다. 그를 통해 시민들이 혼란스러운 상황에서 준거로 삼을 만한 증거를 제공하고 공론장으로서 기능해야 한다. 이것은 언론의 노력만으로는 되지 않는다. 권력 감시와 진실 규명을 하는 언론에 주목하고 옹호하는 시민들이 있어야 한다.

윤석열 대통령의 구속 영장이 발부된 2025년 1월 19일, 영장이 발부된 법원에 윤석열 대통령 지지자들이 난입해 기물을 부수고 이를 저지하는 경찰관들을 폭행하는 사건이 벌어졌다. 법치를 부정하는 이 폭동은 트럼프 대통령 지지자들이 의사당에 난입했던 사건에 버금가는 일이었다. 이날 폭동 과정에서 취재하던 기자들은 소속 매체를 불문하고 폭도들의 공격 대상이 됐다. 법원, 언론 등 전통적인 민주주의 기관들이 공격당하는 현재의 상황은 지난 20여 년간 한국 사회에서 정치적 양극화와 함께 그 세력을 키워 온 언론 불신이나 '기레기'라는 멸칭이 상징하는 언론 혐오(Shin, Kim, & Joo, 2021)와는 또 다른 차원이다. 총체적인 민주주의 시스템에 대한 부정인 것이다. 정치학자 스티븐 레비츠키Steven Levitsky와 대니얼 지블렛Daniel Ziblatt(2018/2018)은 일찍이 민주주의를 죽음으로 몰아넣는 전제주의 출현의 네 가지 경고 신호 중 하나로 언론 자유 억압을 꼽았다. 지난 수년간 한국 사회에서는 가짜뉴스와의 전쟁이라는 명분으로 언론에 대한 징벌적 손해배상제가 검토되거나 가짜뉴스를 만들었다는 혐의를 씌워 언론인을 압수 수색하고 '가짜뉴스 원스트라이크 아웃'이라며 언론사를 문 닫게 하겠다는 협박이 공공연히 이루어져 왔다. 양극화된 정치적 지지자들은 이러한 반민주적 행보에 열광했다. 한국의 시민들은 언론이 편향돼 있다고 비판하지만, 2020년 40개국의 언론 수용자를 조사한 결과 다른 나라들에 비해 "자신과 같은 관점의 뉴스를 본다"라는 비율이 현저히 높았다(박아란 · 이소은, 2020). 즉 언론의 편향성을 비판하는 시민들도 다른 관점을 수용하는 관용은 보이지 않는 것이다. 시민들이 자신의 정치적 신념에 맞는, 귀에 솔깃한 정보들에 경도되는 것은 막을 수 없다. 문제는 이렇게 분열된 정보 생태계에 거주하는 사람들이 서로 다른 견해, 자신이 몰랐던 사실에 노출될 수 있는 공론장이 축소되거나 거의 부재한 상황이 되고 있다는 것이다.

언론이 시민들의 외면을 받은 데는 언론의 책임이 크다. 거의 모든 뉴스 소비가 언론사의 홈페이지가 아닌 포털을 통해서 이루어지는 한국에서는 언론이 포털의 트래픽에 종속되어 시민들이 참조할 수 있는 질 높은 보도보다는 트래픽을 높이는 유명 연예인들의 가십이나 인터넷 커뮤니티의 화제 등을 제대로 된 검증도 없이 복사하듯 보도하는 타블로이드화가 비즈니스 모델로 고착됐다(이나연· 김창숙, 2023). 1987년 민주화 이후 언론이 객관적 관찰자로서 권력을 감시하기보다는 스스로 권력을 창출하는 게임의 행위자로 나섬으로써 진보 보수 정권을 오가며 편향된 보도를 하고 있다는 불신이 국민 사이에 커졌다. 한국 사회에서 심화되어 온 정치적 양극화에 언론이 공론장을 마련하는 역할을 하기보다는 이러한 양극화에 편승해 충성 독자를 확보하는 경영 전략을 펼치거나, 더 나아가서는 자사에 호의적인 정권을 창출함으로써 정치 경제적 이익을 도모하려 한 혐의가 짙다. 이러한 언론에 대해 한국 시민들은 2022년 언론에 대한 인식 조사에서 언론을 회피하는 가장 큰 이유로 "언론이 편향된 보도를 하기 때문"(최진호· 박영흠, 2022)이라고 답했다.

2025년의 한국은 '공론장'이라고 이름 붙일 만한 것이 있을까 싶을 정도로 극화되고 분열돼 있다. 플랫폼이 지배하는 이 정보 생태계에서 언론은 더 이상 지배적인 위치에 있지 않다. 그러나 위기의 시기에 사실에 기반한 뉴스가 얼마나 중요한 것인가, 그것이 어떻게 시민의 판단과 숙의의 기초가 되어야 하는가 또한 폭발적으로 확인되고 있다. 언론사들은 보수 진보의 정치적 지향을 넘어서서 무엇이 반민주적이고 반헌법적인가를 기준으로 민주주의를 지켜내는 데 단호한 입장을 보여야 한다. 위기 상황에서 언론은 극단적 주장이 아닌 사실이 판단의 근거가 되는 공론장을 만들어 내야 한다. 형식적인 객관주의, 검증되지 않은 기계적인 인용 보도를 넘어서서 시민들의 판단을 돕는 맥락이 있고 사실에 부합하는 뉴스를 취재하고 보도해야 한다. 시민들 또한 언론의 그러한 역할을 민주주의를 지키는 것으로 옹호하고 사실을 보도하는 언론을 보호하고 격려해야 한다.

이 책은 근본적인 한계를 안고 있다. 첫째, 책을 집필하는 과정에서 주로 상상했던 주체는 전통적인 매체들이다. 새롭게 언론의 경계를 허무는 다양한 실험들에 대해서 더 폭넓고 깊게 시선을 확장하지 못했다. 특히 한국의 상황에서 주류 언론의 변화가 시급하다는 문제의식이 나를 더욱 근시안으로 만든 측면이 있다.

둘째, 논지 전개를 위해 살펴본 해외 연구들이 대개 영어권 연구자들의 것으로 한정되었다. 이는 근본적으로는 내 언어 능력의 한계 때문이기도 하지만, 객관주의가 사실 중심의 영미 저널리즘(Chalaby, 1996), 특히 미국 언론계의 발명품이라는 역사적 맥락에 기인하기도 한다.

그럼에도 불구하고 내가 이 책을 통해 한국 언론계에 요청하고 싶었던 것은 유행이 지난 것처럼 치부되는 객관주의가 한국 언론 역사에서는 한 번도 제대로 수행된 적이 없다는 점을 상기하자는 것이다. 이 책에서 소개한 팩트체크 저널리즘의 방법을 통해서든, 아니면 다른 무슨 방법을 통해서든, 투명성 있고 맥락을 제공하며 사실에 입각한 언론을 실행함으로써 민주 사회 시민의 삶을 향상시키는 데 언론이 필수 불가결한 요소라는 점을 존재 증명하자는 것이다. 다른 어떤 사회적 주체보다도 언론이 더 잘할 수 있고, 더 잘해야만 하는 일, '정확하고, 접근 가능하고, 다양하고, 유관성 있으며, 시의적절하고 독립적으로 만들어진 정보'를 취재하고 보도하는 것은 사실과 의견, 진실과 주장의 경계를 허물어 권력과 이익을 취하려는 뻔뻔한 시도들이 하나의 시대적 흐름이 되어 버린 이 시대에 더욱 귀하고, 어렵고, 절실한 일이 됐다.

사실과 진실은 언론에서 여전히 중요한가? 그렇다. 과거에도 그랬고 지금은 더욱 그렇다.

참고 문헌

강명구 (1989). 탈사실脫事實의 시대에 있어 뉴스 공정성의 개념 구성에 관한 연구. 〈신문연구소학보〉, 26호, 85~111.

강명구 (2004). 한국 언론의 구조변동과 언론전쟁. 〈한국언론학보〉, 48권 5호, 319~348.

강준만 (2019). 《한국언론사》. 인물과사상사.

강한들 (2023a. 10. 30). 외신기자들 "언론탄압에 대한 태도, 문재인 정부 때와 왜 다른가." 〈경향신문〉. https://m.khan.co.kr/national/media/article/20231030172001

강한들 (2023b. 12. 21). 방심위, 결국 가짜뉴스센터 종료…… '신속심의'는 계속. 〈경향신문〉. https://m.khan.co.kr/national/media/article/202312211722001

관훈클럽 (2017). 〈관훈클럽 60년사 · 관훈클럽신영연구기금 40년사〉.

구교태 · 조소영 · 이영희 (2022). 〈국내 언론사 윤리강령 제정 실태 및 보도에 미치는 영향 연구〉. 한국언론진흥재단.

국가인권위원회 (2021. 9. 17).「언론중재법」 개정안에 대한 의견표명. https://www.humanrights.go.kr/base/board/read?boardManagementNo=24&boardNo=7607252&page=70&searchCategory=&searchType=&searchWord=&displayType=&year=&month=&menuLevel=&menuNo=

금준경 (2021. 9. 1). 한달간 쏟아진 언론중재법 보도 3296건 포인트는 제각각. 〈미디어오늘〉. https://www.mediatoday.co.kr/news/articleView.html?idxno=215288

금준경 (2023a. 2. 9). 문재인 정부 때 만든 시민 참여 팩트체크 서비스 '중단'. 〈미디어오늘〉. https://www.mediatoday.co.kr/news/articleView.html?idxno=308429

금준경 (2023b. 11. 8). 문재인 정부와 윤석열 정부 '가짜뉴스 대응'의 차이. 〈미디어오늘〉. https://www.mediatoday.co.kr/news/articleView.html?idxno=313625

김경모 (2011). 새로운 저널리즘 환경과 온라인 뉴스 생산: 전통과 변화의 경계. 〈언론정보

연구〉, 제49권 1호, 7~37.
김경모·박재영·배정근·이나연·이재경 (2018). 《기사의 품질》. 이화여자대학교출판문화원.
김경모·신의경 (2013). 저널리즘의 환경 변화와 전문직주의 현실: 반성적 시론. 〈언론과학연구〉, 13권 2호, 41~84.
김경희 (2017). 지역의 재난 뉴스에서 나타난 보도관행과 대안: 세월호 뉴스 생산과정에서의 기자들의 갈등구조를 중심으로. 〈한국언론학보〉, 61권 5호, 7~39.
김고은 (2020. 11. 12). 기자와 시민 협력해 허위 조작 정보 맞서는 '팩트체크넷' 출범. 〈기자협회보〉. http://m.journalist.or.kr/m/m_article.html?no=48438
김관규·송의호 (2004). 국내 주요 출입처 기자실 유형에 관한 탐색적 연구. 〈한국방송학보〉, 18권 1호, 38~75.
김남석 (2001). 출입 기자단－기자실 제도의 형성과정과 현황. 〈관훈저널〉, 79호, 185~196.
김달아 (2021. 6. 17) "현장에서 언론윤리 실천토록 강제해야." 〈기자협회보〉. http://m.journalist.or.kr/m/m_article.html?no=49618
김민정 (2019). 가짜뉴스(fake news)에서 허위 조작 정보(disinformation)로. 〈미디어와 인격권〉, 5권 2호, 43~81.
김선호·김위근 (2017). 팩트체크를 체크한다. 〈미디어이슈〉, 3권 7호. 한국언론진흥재단.
김선호·백영민 (2018). 19 대 대선 기간 후보자 간 의혹제기에 대한 팩트체크 뉴스의 설득효과: 팩트체크 뉴스 판정결과와 지지후보를 중심으로. 〈언론정보연구〉, 55권 1호, 161~194.
김세은 (2006). 민주주의와 언론의 신뢰: '옳은' 언론과 '좋은' 언론에 대한 이론적 모색. 〈한국언론학보〉, 50권 5호, 55~78.
김세은 (2012). 해직 언론인에 대한 생애사적 접근 연구: 동아자유언론수호투쟁위원회를 중심으로. 〈한국언론학보〉, 56권 3호, 292~319.
김세은·홍남희 (2019). 미투 운동(#Metoo) 보도를 통해 본 한국 저널리즘 관행과 언론사 조직 문화: 여성기자 심층 인터뷰를 중심으로. 〈미디어, 젠더 & 문화〉, 34권 1호, 39~88.
김세환·황용석 (2019). 가짜뉴스에 대한 한국과 EU 의 비교정책 연구: 정책형성 담론을 중심으로. 〈언론정보연구〉, 56권 2호, 156~187.
김수정·정연구 (2021). 한국 팩트체크 저널리즘의 지향성 연구. 〈한국언론정보학보〉, 107, 7~42.
김승재 (2023. 10. 3). 文때부터 24억 지원받은 팩트체크넷, 방통위 협의없이 일방 해산. 〈조선일보〉. https://www.chosun.com/politics/2023/10/03/FBRC5VKG5VHKPHF7QFDH4TF73A/
김시연 (2019. 12. 9). 엄경철 국장 "KBS 취재기자 20~30% 출입처에서 뺀다." 〈오마이뉴스〉. https://www.ohmynews.com/NWS_Web/View/at_pg.aspx?CNTN_CD=A0002594626
김시연 (2023. 9. 25). 네이버, SNU팩트체크 서비스 중단… 여당 '외압' 논란. 〈오마이

뉴스〉. https://www.ohmynews.com/NWS_Web/View/at_pg.aspx?CNTN_CD=A0002964709
김연정 (2023. 1. 3). 與 박성중 "네이버 60억 뒷돈 댄 팩트체크 사업, 보수 진영 공격." 〈연합뉴스〉. https://www.yna.co.kr/view/AKR20230103059200001
김영욱 (2018. 11). 저널리즘 연구와 교육의 필요성. 〈신문과 방송〉, 28~31.
김영욱 · 이지상 · 이재현 (2023). 나는 기자인가? 기레기인가?: 디지털 환경, 비즈니스 모델, 문제 해결에 대한 기자들의 인식. 〈커뮤니케이션 이론〉, 19권 4호, 42~108.
김영희 (1996). 《독립신문》 발행주체의 언론사상. 〈언론과 사회〉, 통권 14호, 34~57.
김영희 (2012). 우리나라 초기 언론학 교육의 출현과 그 성격. 〈한국언론학보〉, 56권 1호, 132~155.
김영희 · 최운호 · 윤상길 (2011). 독립신문 논설의 언론 관련 개념 분석: 독립신문 코퍼스 활용 사례연구. 〈한국언론학보〉, 55권 5호, 5~29.
김예리 (2024. 12. 20). 민변 "언론은 내란세력의 스피커 노릇 멈추라." 〈미디어오늘〉. https://www.mediatoday.co.kr/news/articleView.html?idxno=323253
김위근 (2018). 언론신뢰도에 대한 시민 인식 조사. 〈미디어 이슈〉, 4권 2호. 한국언론진흥재단.
김주용 (2023). 프라이버시권 침해보도의 저널리즘적 특성과 언론에 의한 프라이버시권 침해관행 연구: 프라이버시권 침해관련 언론중재위원회 시정권고사례 분석을 중심으로. 〈언론과 법〉, 22권 1호, 143~202.
김창숙 (2019). 〈사실 확인인가, 사실 만들기인가: 한국 신문 사실 확인 관행 연구〉. 이화여자대학교 대학원 박사 학위 논문.
김창숙 (2020a). 의례적, 방어적, 의도적: 한국 주요 신문 에디터의 사실 확인을 중심으로 한 게이트키핑 관행 연구. 〈한국언론학보〉, 64권 5호, 5~45.
김창숙 (2020b). 한국 신문 사실 확인 관행 연구: 주요 일간지 사회부 취재 기자를 중심으로. 〈언론정보연구〉, 57권 3호, 286~335.
김창숙 (2022). 페이지뷰냐 체류 시간이냐, 디지털 전환의 타깃과 전략. 〈관훈저널〉, 64권 2호, 55~61.
김창숙 · 최지향 (2021). 왜 한국 신문의 문제적 사실 확인 관행은 고쳐지지 않는가?: 사회부 취재 기자와 에디터의 심층 인터뷰를 통해 나타난 구조적 원인 분석. 〈언론과 사회〉, 29권 2호, 5~57.
김창숙 · 민영 (2021). 2020년 총선과 유튜브 저널리즘: 방송사 채널과 인플루언서 채널 선거 동영상의 공정성과 품질 분석. 〈방송과 커뮤니케이션〉, 22권 2호, 130~166.
김춘식 · 홍주현 (2020). 유튜브 공간에서 '가짜뉴스의 뉴스화': 〈고성산불〉 관련 정치적 의혹 제기와 청와대 반응 사례 연구. 〈정치정보연구〉, 23권 2호, 403~439.
김형지 · 정은령 · 김은미 · 양소은 · 이재우 · 강민지 (2020). 가짜뉴스와 팩트체크 뉴스 노출 집단의 미디어 이용과 뉴스 인식, 그리고 리터러시 관계. 〈한국언론정보학보〉, 101권, 231~267.

김혜인 (2019. 11. 6). 엄경철 KBS 신임 보도국장 "출입처 없앤다." 〈미디어스〉. https://www.mediaus.co.kr/news/articleView.html?idxno=166339
남시욱 (2013). 미디어혁명시대의 직업언론인상을 정립하자. 〈관훈저널〉, 126호, 11~18.
남재일 (2004). 〈한국 신문의 객관주의 아비투스〉. 고려대학교 박사 학위 논문.
남재일 (2008). 한국 객관주의 관행의 문화적 특수성: 경찰기자 취재관행의 구조적 성격. 〈언론과학연구〉, 8권 3호, 233~270.
남재일 (2010). 직업이데올로기로서의 한국 언론윤리의 형성과정. 〈한국언론정보학보〉, 50호. 73~93.
남재일 · 박재영 (2007). 〈한국 기획기사와 미국 피처스토리 비교분석〉. 한국언론재단.
남재일 · 이강형 (2017). 좋은 저널리즘 구성 요소에 대한 기자 인식 변화 추이. 〈언론과학연구〉, 17권 2호, 82~128.
노지민 (2023. 10. 4). 윤 대통령, 재향군인회 행사에서도 "가짜뉴스가 민주주의 위협." 〈미디어오늘〉. https://www.mediatoday.co.kr/news/articleView.html?idxn o=312871
노지원 (2021. 7. 27). 최대 5배 징벌적 손해배상…… 언론중재법 소위 통과. 〈한겨레〉. https://www.hani.co.kr/arti/politics/assembly/1005423.html
〈매일경제신문〉 (2017. 3. 31). 언론사 팩트체크 서비스, 저널리즘 자존심 걸고 가짜뉴스 가려야. http://opinion.mk.co.kr/view.php?sc=30500001&year=2017&no=21758
문용필 (2017. 1. 26). '가성비' 떨어지는 팩트체크의 하루. 〈더피알뉴스〉. http://www.the-pr.co.kr/news/articleView.html?idxno=16016
문현숙 · 신지민 (2019. 11. 1). "검찰이 흘린 정보에 의존… '조국 보도 백서' 만들어 자성해야." 〈한겨레〉. URL: https://www.hani.co.kr/arti/society/media/ 915359.html
박국희 (2023. 9. 5). 이동관 "가짜뉴스 원스트라이크 아웃제 도입해야." 〈조선일보〉. https://www.chosun.com/politics/assembly/2023/09/05/YMY3QQHEUVCHHDKO5534RQME4U/
박권상 (2007). 50년 전 관훈클럽 출범을 회고한다. 〈관훈저널〉. 102호, 17~23.
박대민 (2015). 사실기사의 직접인용에 대한 이중의 타당성 문제의 검토. 〈한국언론학보〉, 59권 5호, 121~151.
박동숙 · 조연하 · 홍주현 (2001). 공적 업무 수행을 위한 사적 친분 고리: 출입처에서의 취재원과 기자의 상호작용에 대한 질적 탐구. 〈한국언론학보〉, 45(특별), 367~396.
박승관 · 장경섭 (2000). 한국의 정치변동과 언론권력: 국가 – 언론 관계 모형 변화. 〈한국방송학보〉, 14권 3호, 81~113.
박아란 (2017). 〈가짜뉴스에 대한 법률적 쟁점과 대책〉. 한국언론진흥재단 – 한국언론학회 주최 "Fake News(가짜뉴스) 개념과 대응방안" 세미나, 프레스센터.
박아란 · 이소은 (2020). 〈디지털 뉴스 리포트 2020 한국〉. 한국언론진흥재단.
박영흠 (2020). 법조 뉴스 생산 관행 연구: 관행의 형성 요인과 실천적 해법. 〈한국언론정보학보〉, 101호, 268~304.
박영흠 · 서수민 (2023). 〈뉴스룸 내부 커뮤니케이션 개선 방안 연구〉. 한국 언론진흥재단.

박영흠 · 이정훈 (2020). 조국 전 법무부 장관 임명 관련 보도에 나타난 취재 · 보도 관행의 문제점. 〈지역과 커뮤니케이션〉, 24권 1호, 36~69.

박용규 (1996). 한국신문 취재 보도체제 개선방안. 〈한국언론진흥재단〉 연구보고서, 87~140.

박재령 (2023. 10. 6). '가짜뉴스 전쟁' 속에 '팩트체크' 죽어가다. 〈미디어오늘〉. https://www.mediatoday.co.kr/news/articleView.html?idxno=312912

박재령 (2024a. 1. 6). "민주주의 위협" 윤석열 정부 '가짜뉴스 대응' 1년 타임라인 〈미디어오늘〉 https://www.mediatoday.co.kr/news/articleView.html?idxno=314858

박재령 (2024b. 1. 11). '이재명 습격범' 신상공개 뉴욕타임스 "사생활 · 개인정보로 볼 수 없어." 〈미디어오늘〉. https://www.mediatoday.co.kr/news/articleView.html?idxno=315081

박재령 · 금준경 (2023. 12. 11). "네이버, 국정감사 전에 팩트체크 내려야 한다고… " 정치권 포털 압박 증언 나왔다. 〈미디어오늘〉. https://www.mediatoday.co.kr/news/articleView.html?idxno=314404

박재영 (2006). 뉴스 평가지수 개발을 위한 국내 신문 1면 머리기사 분석. 김영욱 외. 〈한국의 뉴스미디어 2006〉(147~220). 한국언론재단.

박재영 · 이나연 (2018). 기사의 품질 평가. 김경모 · 박재영 · 배정근 · 이나연 · 이재경. 저《기사의 품질》(81~164). 이화여자대학교 출판문화원.

박재영 · 이완수 (2007). 인용(quotation)과 취재원 적시(attribution)에 대한 한미(韓美) 신문 비교. 〈한국언론학보〉, 51권 6호, 439~468.

박재영 · 이완수 (2008). 역피라미드 구조의 한계에 대한 이론적 논의. 〈커뮤니케이션 이론〉, 4권 2호, 112~154.

박재영 · 허만섭 · 안수찬 (2020). 〈언론사 출입처 제도와 취재 관행 연구〉. 한국언론진흥재단.

박종렬 (2017). 한국 언론사에서 본 1980년대 언론탄압과 언론기관 통폐합. 80년대 언론의 민주화 투쟁 심포지엄(대한언론인회).

박종수 (1993). [특집논문] 한국 언론의 윤리성과 자율규제. 〈언론중재〉, 여름호 1-14.

박지영 · 김예란 · 손병우 (2014). 종편 시사 토크쇼와 사담의 저널리즘: 〈쾌도난마〉를 중심으로. 〈언론과 사회〉, 22권 2호, 5~63.

박진우 (2015). 한국 언론의 전문직주의와 전문직 프로젝트의 특수성: 언론-정치 병행관계의 한국적 맥락. 〈한국언론정보학보〉, 74호, 177~196.

박진우 (2020). 한국 언론의 신뢰도 왜 여전히 낮은가. 〈관훈저널〉, 62권 3호, 128~135.

박진우 · 송현주 (2012). 저널리스트 전문직에 대한 인식의 변화: 전문직 노동과 직업 전망에 대한 위기의식. 〈한국언론정보학보〉, 57호, 49~68.

방송기자연합회 (2017). 〈프랑스의 팩트체크〉. 방송기자연합회.

배정근 (2013. 8). 융합미디어시대 저널리즘 교육. 〈신문과 방송〉, 6~11

배정근 (2024). 한국 언론인은 누구이며 무엇을 생각하는가. 좋은 저널리즘 연구회 기획 〈한국의 기자〉(206~237). 이화여자대학교 출판문화원.

배한님 (2024. 1. 18). 방통위, 팩트체크넷 인건비 과다 신청 수사 요청. 〈머니투데이〉. https://www.mediatoday.co.kr/news/articleView.html?idxno=308429
백영민 · 김선호 (2017). 팩트체크 뉴스 노출, 영향력 인식, 공유 행동에 대한 탐색적 연구. 〈한국언론학보〉, 61권 6호, 117～146.
송상근 (2016). 취재원 사용의 원칙과 현실. 〈한국언론학보〉, 60권 5호, 34～62
송용회 (2007). 언론의 현실해석과 객관화 담론전략: [조선일보] 와 [한겨레]의 2004년 국가보안법 개폐논쟁 관련 해설 기사를 중심으로. 〈한국언론학보〉, 51권 1호, 229～251.
송의호 · 이상식 (2007). 참여정부의 출입처 제도의 변화가 취재 관행에 미친 영향에 관한 연구. 〈한국언론정보학보〉 40권. 114～149.
송해엽 · 양재훈 (2017). 포털 뉴스 서비스와 뉴스 유통 변화: 2000～2017 네이버 뉴스 빅데이터 분석. 〈한국언론학보〉, 61권 4호, 74～109.
송해엽 · 양재훈 · 오세욱 (2020). 포털 뉴스 발행시간을 통해 본 언론사 뉴스 생산 관행: 2000 년부터 2017년까지 네이버 뉴스 데이터에 대한 탐색적 분석. 〈한국언론학보〉, 64권 2호, 184～216.
심석태 (2022). 문재인 정권은 언론을 어떻게 바라보았나, 〈방송기자〉 65권. 28～30.
심석태 (2023). 《불편한 언론》. 나녹.
안수찬 (2007). 〈스트레이트를 넘어 내러티브로: 한국형 이야기 기사 쓰기〉. 한국언론재단.
안수찬 (2023. 7. 1). [사실과 의견] 주장하지 말고 분석합시다. 〈미디어오늘〉. https://www.mediatoday.co.kr/news/articleView.html?idxno=310973
안수찬 · 김창숙 · 박재영 (2024). 독자는 어떤 기사를 좋아하는가: 20대의 뉴스 품질 평가 기준에 대한 귀납적 접근을 중심으로. 〈한국소통학보〉, 23권 2호. 7～50.
안수찬 · 민혜영 · 장바울 (2016). 한국 저널리즘 연구의 어제와 오늘. 박재영 등. 《저널리즘의 지형》. 이채. 19～76
안수찬 · 박재영 (2022). 원천 보도의 가치와 조건 뉴스 관행 분석을 중심으로. 〈언론과학연구〉, 22권 2호, 3～45.
안지수 (2019). 텔레비전 뉴스에서 팩트체크 코너가 미디어 신뢰에 미치는 영향: 정보 유용성의 매개 효과. 〈언론정보연구〉, 56권 4호, 282～312.
양승목 (2005). 초창기 한국 언론학의 제도화와 정체성 변화. 〈커뮤니케이션 이론〉, 1권 1호, 1～34.
양정애 (2019). 일반 시민들이 생각하는 '뉴스'와 '가짜뉴스'. 〈미디어이슈〉, 5권 1호, 1～15. 한국언론진흥재단.
염정윤 · 정세훈 (2018). 가짜뉴스에 대한 인식과 팩트체크 효과 연구: 기존 신념과의 일치 여부를 중심으로: 기존 신념과의 일치 여부를 중심으로. 〈한국언론학보〉, 62권 2호, 41～80.
오세욱 (2017). 자동화된 사실 확인(fact checking) 기술(technology)의 현황과 한계. 〈사이버커뮤니케이션학보〉 34권 3호. 137～180.

오세욱 · 김지원 · 최지향 (2024). 〈언론 신뢰도 향상 방안〉. 한국언론진흥재단.
오세욱 · 황구현 (2018). '팩트'의 형식적 구성 요건에 대한 탐색적 연구: 'SNU Fact Check' 메타데이터 분석을 통한 제언. 〈언론정보연구〉, 55권 4호, 54~98.
오세욱 · 박아란 (2020). 허위 정보로서 딥페이크, 어떻게 대처할 것인가. 〈미디어정책리포트〉, 1~15. 한국언론진흥재단.
오세욱 · 정세훈 (2017. 10). '가짜뉴스 대응책으로서의 팩트체크:이용자 인식과 효과,' 2017 한국언론학회 가을철 정기 학술대회 발표 논문.
오세욱 · 정세훈 · 박아란 (2017). 〈가짜뉴스 현황과 문제점〉. 한국언론진흥재단.
오세욱 · 황구현 (2018). '팩트'의 형식적 구성 요건에 대한 탐색적 연구: 'SNU FactCheck' 메타데이터 분석을 통한 제언. 〈언론정보연구〉, 55권 4호, 54~98.
오픈넷 (2017. 2. 16). 선관위는 '가짜뉴스'를 빌미로 한 사이버 검열 행위를 즉각 중단하라. https://www.opennet.or.kr/13461
유선영 (1995). 객관주의 100년의 형식화 과정. 〈언론과 사회〉, 10호, 86~128.
유선영 (1999). 객관주의의 사악한 시선: 남근중심주의. 〈언론과 사회〉, 7~49.
유용민 (2019). 유튜브 저널리즘 현상 논쟁하기: 행동주의의 부상과 저널리즘의 새로운 탈경계화. 〈한국방송학보〉, 33권 6호, 5~38.
유용민 (2021). 언론 위기 담론에 대한 비판적 고찰: 언론 연구자 심층 인터뷰를 토대로. 〈언론정보연구〉, 58권 2호, 136~176.
윤석민 (2015). 《미디어 공정성 연구》. 나남.
이건호 (2013). 기자실의 의미와 역할. 〈관훈저널〉, 126호, 243~249.
이건호· 정완규 (2009). 취재 영역 및 보도 형태별 뉴스 심층성 연구: 한 · 미 신문 1면 기사에 나타난 투명 취재원, 복합 관점, 이해 당사자 비교를 중심으로. 〈사회과학연구논총〉, 21권, 5~48.
이근아 (2024. 3. 22). 법원, '김만배 녹취록' 인용 보도 KBS 과징금 집행정지. 〈한국일보〉. https://m.hankookilbo.com/News/Read/A2024032216200004314
이기창 (2021). 《BERT와 GPT로 배우는 자연어 처리》. 이지스퍼블리싱.
이나연 (2018a). 과학적 객관주의, 형식적 객관주의, 한국형 형식적 객관주의: 신문 기사에 사용된 취재원 사용과 직접 인용 분석을 중심으로. 〈한국언론학보〉, 62권 2호, 112~142.
이나연 (2018b). 한국 언론의 팩트체크: 19 대 대통령선거에서의 후보자 검증 기사를 중심으로: 19 대 대통령선거에서의 후보자 검증 기사를 중심으로. 〈언론정보연구〉, 55권 4호, 99~138.
이나연 (2024). 다시, 한국의 저널리즘 교육: 기자 교육의 현황과 문제점. 좋은 저널리즘 연구회 기획. 《한국의 기자》. 이화여자대학교 출판문화원. 27~58.
이나연 · 김창숙 (2023). 포털에 게재된 주요 언론사 기사의 타블로이드화. 〈미디어, 젠더 & 문화〉, 38권 2호, 181~228.
이나연 · 김창숙 · 김지현 (2021). 정치기사 익명 취재원 표기 관행: 미국 뉴욕타임스와 한국 주요 일간지 비교 연구. 〈한국언론학보〉, 65권 3호, 5∼38.
이민웅 (2002). 좋은 뉴스의 으뜸가는 조건으로서의 진실보도. 〈언론과 사회〉, 10권 3호, 9∼51.
이민주 · 양승목 (2006). 일제시대 언론연구의 위상과 동향. 〈한국언론학보〉, 50권 6호, 5∼34.
이상기 · 강민영 (2012). 웹 2.0 시대 언론 전문직 요건에 대한 재고찰: '전문성'과 '지식'에 대한 저널리스트들의 인식을 중심으로. 〈언론과학연구〉, 12권 2호, 415∼450.
이석호 · 이오현 (2019). 취재 현장을 떠난 젊은 신문기자들의 직업적 삶에 대한 질적 연구: 중앙일간지를 중심으로. 〈언론과 사회〉, 27권 4호, 152∼214.
이선민 (2020). 클릭유도성 뉴스가 일반적인 뉴스의 이용에 미치는 효과. 〈한국언론정보학보〉, 102호, 160∼188.
이선민 · 진민정 · 이봉현 (2020). 밀레니얼 세대의 뉴스 이용에 대한 탐색적 연구. 〈한국방송학보〉, 34권 4호, 80∼115.
이세영 (2023. 10. 26). 경향신문 기자 압수수색한 검찰 "의도된 오보 정황 확인." 〈조선일보〉. https://www.chosun.com/national/court_law/2023/10/26/BW26A7D4J5HFTLFIC645UMXUJM/
이소은 (2024). 이용자가 본 종이신문: 진단과 제언. 〈한국언론학보〉, 68권 1호, 231∼268.
이오현 · 이석호 (2019). 한국 신문의 뉴스 생산문화에 대한 비판적 연구: 중앙일간지의 조직문화와 기사생산의 문제를 중심으로. 〈한국언론정보학보〉, 97권, 77∼118.
이완수 · 박재영 (2013). 방송뉴스의 언어와 표현: 뉴스언어의 객관성과 공정성을 중심으로. 〈방송과 커뮤니케이션〉, 14권 1호, 5∼46.
이완수 · 양영유 · 신명환 (2020). 근로시간 단축이 취재와 뉴스를 어떻게 바꿔 놓았는가?: 주 52 시간제 도입에 따른 취재관행과 뉴스생산에 대한 기자 인식을 중심으로. 〈커뮤니케이션 이론〉, 16권 3호, 151∼203.
이은주 · 김현석 · 이종민 (2023). 사람들은 언제 팩트체크를 믿는가?: 검증 주체와 확증 편향의 영향. 〈언론정보연구〉, 60권 3호, 47∼88.
이재경 (2005). 한국 언론의 사상적 토대. 콜로키엄 〈한국 사회와 언론〉 보고서(259∼281). 한국언론학회.
이정훈 (2013). 한국 언론의 상업화 논의에 관한 비판적 검토: '1933 년 상업화론'과 '1960년대 후반 상업화론'의 비교. 〈한국언론정보학보〉, 62호, 315∼328.
이정훈 (2023). 시민 없는 정치, 수용자 없는 언론: 한국의 민주주의와 여론, 그리고 언론의 관계에 대한 비판적 시론. 〈지역과 커뮤니케이션〉, 27권 4호, 84∼122.
이정훈 · 김균 (2006). 한국 언론인의 직업 정체성: 샐러리맨화의 역사적 과정을 중심으로. 〈한국언론학보〉, 50권 6호, 59∼88.
이종규 (2023. 10. 4). 팩트체크와 싸우는 '가짜뉴스와의 전쟁.' 〈한겨레〉. https://www.hani.co.kr/arti/opinion/column/1110839.html
이종숙 (2004). 〈한국 신문의 전문화〉. 고려대학교 박사 학위 논문.

이종혁 · 길우영 (2018). 보도 프레임 메타분석(meta-analysis)을 통한 보수 – 진보 매체의 공정성 모형 검증: 정파성(partisanship), 양가성(ambivalence), 이중성(biconceptualism)을 중심으로. 〈커뮤니케이션학 연구〉, 26권 1호, 117~154.

이주현 (2007. 8. 23). 이명박 "집권 땐 기자실 복원." 〈한겨레〉. https://www.hani.co.kr/ arti/politics/politics_general/231076.html

이준웅 (2005). 비판적 담론 공중의 등장과 언론에 대한 공정성 요구: 공정한 담론 규범 형성을 위하여. 〈방송문화연구〉, 17권 2호, 139~172.

이준웅 (2010a). 한국 언론의 경향성과 이른바 사실과 의견의 분리 문제. 〈한국언론학보〉, 54권 2호, 187~209.

이준웅 (2010b). 언론 체계와 신문의 가치 창출: 이른바 '신문 위기'에 대한 대안의 모색. 〈한국언론학보〉, 54권 4호, 253~275.

이준웅 (2022). 한국 언론의 도그마: 사실 충분성의 원칙. 〈언론과 사회〉, 30권 4호, 5~43.

이준웅 · 김경모 (2008). '바람직한 뉴스'의 구성조건: 공정성, 타당성, 진정성. 〈방송연구〉, 겨울호, 9~44.

이준웅 · 조항제 · 송현주 · 정준희 (2010). 한국 사회 매체 체계의 특성: '민주화 이행 모형'의 제안. 〈커뮤니케이션 이론〉, 6권 1호, 87~143.

이준웅 · 최영재 (2005). 한국 신문위기의 원인: 뉴스 매체의 기능적 대체, 저가치 제공, 그리고 공정성 위기. 〈한국언론학보〉, 49권 5호, 5~35.

장영수 (2019). 언론의 자유와 '팩트체크'(fact check). 〈공법학연구〉, 20권 1호, 211~240.

장하용 (2003). 온라인 저널리즘의 윤리, 현황과 과제. 〈언론중재〉, 86호, 86~91.

전지현 (2023. 9. 25). 네이버, 'SNU 팩트체크' 지원 중단…… 가짜뉴스 압박에 발 빼나. 〈경향신문〉. https://m.khan.co.kr/national/media/article/202309252121005

전진오 · 김형지 · 김성태 (2020). 21세기 국내 언론인의 정체성 인식에 대한 시계열적 연구: 2003년~2017년 '언론인 의식조사' 자료를 바탕으로. 〈한국방송학보〉, 34권 6호, 401~452.

전현진 (2024. 3. 5). 경찰, '윤석열 풍자' 영상 "딥페이크 아니다" 검사 결과 받고도 '쉬쉬.' 〈경향신문〉. https://m.khan.co.kr/national/incident/article/20240305121 0001

정성욱 (2018). 팩트체크 뉴스를 접한 수용자의 '역효과'나 '태도 변화'는 어떤 상황에서 나타나는가?: 정교화 가능성 모델을 바탕으로 한 메커니즘 연구. 〈한국방송학보〉, 32권 4호, 103~145.

정성욱 (2021). 팩트체크 뉴스의 영향력 확대를 위한 연구: 팩트체크 뉴스가 수용자에게 미치는 효과를 중심으로. 〈한국방송학보〉, 35권 1호, 235~282.

정성욱 (2023). 자동화된 팩트체크 기술 유형과 가능성. 윤석민 · 홍종윤 · 정성욱 · 정영주 · 양소은 편저. 《허위 정보와 팩트체크 저널리즘》. 서울대학교 출판문화원.

정성욱 · 윤석민 (2021). 팩트체크 뉴스가 매체 신뢰도에 미치는 영향. 〈한국언론학보〉, 65권 4호, 5~69.

정은령 (2017). 팩트체킹 뉴스 의미와 한계. 〈관훈저널〉, 143권, 19~25.

정은령 (2018). 한국 팩트체크 저널리즘의 특징: 팩트체크 언론인들의 사실 인식과 사실 검증과정 탐색을 중심으로. 〈언론정보연구〉, 55권 4호, 5~53.

정은령 (2019a). 신뢰받는 팩트체크 저널리즘을 향하여. 김양순 · 박아란 · 오대영 · 오세욱 · 정은령 · 정재철. 《팩트체크 저널리즘》(289~304). 나남.

정은령 (2019b). 팩트체크 뉴스와 한국 방송 저널리즘의 신뢰 회복: 방송 기자들의 팩트체크 뉴스 양식과 뉴스가치에 대한 인식을 중심으로. 〈방송문화연구〉, 31권 1호, 47~101.

정은령 (2023). SNU팩트체크 운영을 통해 본 한국의 팩트체크 저널리즘. 윤석민 · 홍종윤 · 정성욱 · 정영주 · 양소은 편저. 《허위 정보와 팩트체크 저널리즘》(135~180). 서울대학교출판문화원.

정은령 · 고예나 (2018). 〈인터넷 신뢰도 기반조성을 위한 정책방안 연구〉 (방송통신융합 연구보고서 KCC-2018-26). 방송통신위원회.

정은령 · 최지수 · 박유진 (2020). 코로나19 팩트체크 기사와 해설 기사의 차이에 대한 탐색적 연구: 맥락성과 투명성을 중심으로. 〈사이버커뮤니케이션학보〉, 37권 3호, 139~193.

정재철 (2021). 《슬기로운 팩트체크》. 무블출판사.

정재철 (2025). 〈가짜뉴스에 대한 언론인 인식과 책임〉. 경희대학교 박사 학위 논문.

정진석 (1995). 《조선신문학원의 기자양성과 언론학연구》. 서강대 언론문화연구소.

정진석 (2003). 서재필의 신문경영과 언론사상. 서재필기념회 엮음. 〈서재필과 그 시대〉, 202~249.

정철운 (2021. 12. 27). 초안 나온 '언론자율규제기구' 현실 적용과 불가능 사이. 〈미디어오늘〉. https://www.mediatoday.co.kr/news/articleView.html?idxno=301416

정철운 (2022. 7. 13). 첨예한 갈등 떠들썩했지만 조용히 사라진 언론중재법 개정안. 〈미디어오늘〉. https://www.mediatoday.co.kr/news/articleView.html?idxno=30 4915

조소영 (2022). 개별 언론사 언론윤리강령 현황 분석과 개선방안 검토. 〈언론과법〉, 21권 3호, 49~92.

조항제 (2014). 한국의 민주화와 언론의 자유 · 언론학에 대한 비판적 성찰. 〈커뮤니케이션 이론〉, 10권 2호, 41~76.

조항제 (2016). 한국언론의 공정성 재조명: 윤석민의 〈미디어공정성 연구〉. 〈언론과 사회〉, 24권 2호, 230~258.

조항제 (2019). 《한국 언론의 공정성: 이론적 구성》. 컬처룩.

조현영 (2024. 12. 22). 탄핵정국 뉴스시청↑⋯⋯ 이달 5G 트래픽 사상 첫 100만 TB 초과 전망. 〈연합뉴스〉. https://www.yna.co.kr/view/AKR20241220099000017

조현호 (2008. 3. 12). 국세청 첫 기자실 복원⋯⋯ "새 정부 공약 따라." 〈미디어오늘〉. https://www.mediatoday.co.kr/news/articleView.html?idxno=66395

차배근 (2009). 한국언론학회를 일군 사람들: 한국신문학회 시기를 중심으로. 《한국언론학회 50년사: 1959~2009》(97~188). 나남.

차재영 (2014). 1950년대 미국무성의 한국 언론인 교육교류 사업 연구: 한국의 언론 전문직주의 형성에 미친 영향을 중심으로. 〈한국언론학보〉, 58권 2호, 219~245.

채백 (2015). 《한국언론사》. 컬처룩.

최경운 (2024. 2. 23). '尹 딥페이크' 풍자라 괜찮다?…… 대통령실 "허위 조작에 강력 대응." 〈조선일보〉. https://www.chosun.com/politics/blue_house/2024/02/23/HHGXXF6YENDSLDYKZWRYLKBKFI/

최석현 · 안동환 (2012). 한국 신문언론노동의 숙련구조 변동과 전문직화에 대한 탐색적 접근. 〈한국언론정보학보〉, 57호, 84~107.

최성진 (2024. 2. 29). 윤 정부 '가짜뉴스 타령' 비판하더니…… 민주, 총선용 '가짜뉴스TF.' 〈한겨레〉 https://www.hani.co.kr/arti/society/media/1130444.html

최순욱 · 윤석민 (2017). 협업형 사실 검증 서비스의 의의와 과제: 〈SNU팩트체크〉의 사례. 〈사이버커뮤니케이션 학보〉, 34권 2호. 173~205.

최순욱 · 오세욱 · 이소은 (2019). 딥페이크의 이미지 조작: 심층적 자동화에 따른 사실의 위기와 푼크툼의 생성. 〈미디어, 젠더 & 문화〉, 34권 3호, 339~380.

최승영 (2023. 6. 28). 서울서 열린 '글로벌팩트10' …… "사실은 중요하다." 〈기자협회보〉. https://www.journalist.or.kr/m/m_article.html?no=53847

최윤규 (2020). 지상파 방송사의 검찰수사 뉴스보도에서 나타난 익명 정보원 편향에 관한 연구: 조국 수사 관련 정보원을 중심으로. 〈언론정보연구〉, 57권 4호, 196~239.

최은철 · 윤석민 (2022). 담론네트워크 분석을 통해 살펴본 언론보도에 대한 징벌적 손해배상 정책 논쟁. 〈한국언론학보〉, 66권 2호, 5~69.

최지수 · 윤석민 (2019). 가짜뉴스 거버넌스: 정부규제, 자율규제, 공동규제 모형에 대한 비교를 중심으로. 〈사이버커뮤니케이션학보〉, 36권 1호, 127~180.

최지향 (2021). 우리는 선거에서 함께 최선의 판단을 내릴 수 있는가? 허위 정보 생태계 속 여론역량의 하락과 언론의 정보확산윤리. 〈방송문화연구〉, 33권 2호, 47~76.

최지향 · 정은령 · 오해정 (2019). 가치, 교과목, 교수인력의 빈곤 속 한국 저널리즘 교육의 발전방안 모색: 모델 교육과정 수립과 협업시스템 강화를 중심으로. 〈한국언론학보〉, 63권 5호, 38~86.

최진호 (2022). 뉴스 신뢰 하락과 선택적 뉴스 회피 증가. 〈미디어이슈〉, 8권 3호. 한국언론진흥재단.

최진호 · 박영흠 (2022). 〈디지털뉴스 리포트 2022 한국〉. 한국언론진흥재단.

최진호 · 이현우 (2023). 〈디지털 뉴스 리포트 2023 한국〉. 한국언론진흥재단.

최진호 · 한동섭 (2012). 언론의 정파성과 권력 개입: 1987 년 이후 13~17대 대선 캠페인 기간의 주요 일간지 사설 분석. 〈언론과학연구〉, 12권 2호, 534~571.

최평천 · 안채원 (2023. 12. 20). '딥페이크 선거운동 금지법' 국회 통과…… 내년 총선부터 적용. 〈연합뉴스〉. https://www.yna.co.kr/view/AKR20231220118400001

팽원순 (1990). 한국의 기자채용과 연수제도. 〈기자채용과 연수제도〉. 한국언론연구원. 5~54.

한국언론진흥재단 (2022). 〈언론수용사 조사〉. 한국언론진흥재단.
한국언론진흥재단 (2023a). 〈2023 한국의 언론인〉. 한국언론진흥재단.
한국언론진흥재단 (2023b). 〈2023 신문산업 실태조사〉. 한국언론진흥재단.
한국언론진흥재단 (2023c). 〈2023 언론수용자 조사〉. 한국언론진흥재단.
한국언론진흥재단 조사분석팀 (2017). 〈한국의 언론인 2017〉. 한국언론진흥재단.
허만섭 · 박재영 (2022). 국내 언론의 출입처 의존과 뉴스의 심층성 문제: 〈한겨레〉와 〈뉴욕타임스〉 교육 기사 비교. 〈한국소통학보〉, 21권 1호, 57~92.
홍원식 (2018). 언론 객관성의 실천적 이해를 위한 사례 연구: '팩트체크'를 중심으로. 〈커뮤니케이션 이론〉, 14권 4호, 183~226.
황용석 (2017). 가짜뉴스 개념 정의의 문제. 〈신문과방송〉, 4월호.
황용석 · 권오성 (2017). 가짜뉴스의 개념화와 규제수단에 관한 연구. 〈언론과 법〉, 16권 1호, 53~101.

Abels, G. (2022. 6. 28). What is the future of automated fact-checking? Fact-checkers discuss. *Poynter*. URL: https://www.poynter.org/fact-checking/2022/how-will-automated-fact-checking-work/
Abraham, H. (2023. 4. 28). Reports of actor 'Saint Von Colucci' dying of cosmetic surgeries to resemble BTS singer Jimin appear to be elaborate hoax That used AI. URL: https://variety.com/2023/film/asia/jimin-saint-von-colucci-hoax-ai-1235597897/
Adair, B. (2021. 6. 28). The lessons of Squash, our groundbreaking automated fact-checking platform. Duke reporter's lab. URL: https://reporterslab.org/the-lessons-of-squash-our-groundbreaking-automated-fact-checking-platform/
Adair, B., & Iannucci, R. (2017. 6. 7). Heroes or hacks: The partisan divide over fact-cehcking. Duke Reporters' lab. https://reporterslab.org/heroes-hacks-partisan-divide-fact-checking/
Ahmed, S. R., Sonuç, E., Ahmed, M. R., & Duru, A. D. (2022. June). Analysis survey on deepfake detection and recognition with convolutional neural networks. In 2022 International Congress on Human-Computer Interaction, Optimization and Robotic Applications (HORA) (1~7). IEEE.
Alam, F., Dalvi, F., Shaar, S., Durrani, N., Mubarak, H., Nikolov, A., … & Nakov, P. (2021. May). Fighting the COVID-19 infodemic in social media: a holistic perspective and a call to arms. In *Proceedings of the International AAAI Conference on Web and Social Media* (Vol. 15, pp.913~922).
Alhindi, T., Petridis, S., & Muresan, S. (2018). Where is your evidence: Improving fact-checking by justification modeling. In Proceedings of the First Workshop on Fact Extraction and VERification (FEVER)(85~90), Brussels, Belgium. https://doi.org/10.18653/v1/W18-5513

Allan, S. (2006). News, truth and postmodernity: Unravelling the will to facticity. In B. Adam & S. Allan(eds.) *Theorizing culture* (147~162). Routledge.

Allan, S. (2010). *News culture*. Maidenhead: Open University Press

Allan, S., & Hintz, A. (2019). Citizen journalism and participation. *In The handbook of Journalism Studies* (435~451). Routledge.

Allcott, H., & Gentzkow, M. (2017). Social media and fake news in the 2016 election. *Journal of Economic Perspectives*, 31(2), 211~236.

Allen, D. S. (2008). The trouble with transparency: The challenge of doing journalism ethics in a surveillance society. *Journalism studies*, 9(3), 323~340.

Amazeen, M. A. (2013). Making a difference?: A critical assessment of fact-checking in 2012. New America Foundation Media Policy Initiative Research Paper.

Amazeen, M. A. (2015). Revisiting the epistemology of fact-checking. *Critical review*, 27(1), 1~22.

Amazeen, M. A. (2016. 4). Exploring the global emergence, successes, and challenges of fact-checking. In *the annual meeting of the Midwest Political Science Association* (7~10), Chicago, IL.

Amazeen, M. A. (2019). Practitioner perceptions: Critical junctures and the global emergence and challenges of fact-checking. *International Communication Gazette*, 81(6–8), 541~561.

Amazeen, M. A. (2020). Journalistic interventions: The structural factors affecting the global emergence of fact-checking. *Journalism*, 21(1), 95~111.

Amazeen, M. A., Thorson, E., Muddiman, A., & Graves, L. (2018). Correcting political and consumer misperceptions: The effectiveness and effects of rating scale versus contextual correction formats. *Journalism & Mass Communication Quarterly*, 95(1), 28~48.

Ananny, M. (2013. 4. 23). Breaking news pragmatically: Some reflections on silence and timing in networked journalism. Nieman Lab. https://www.niemanlab.org/2013/04/breaking-news-pragmatically-some-reflections-on-silence-and-timing-in-networked-journalism/

Ananny, M. (2018). The partnership press: lessons for platform-publisher collaborations as Facebook and news outlets team to fight misinformation. URL: https://academiccommons.columbia.edu/doi/10.7916/D85B1JG9

Ananny, M. (2021). "Presence of Absence: Exploring the Democratic Significance of Silence." In L. Bernholz, H. Landemore, & R. Reich (Eds.) *Digital Technology and Democratic Theory* (141~166). Chicago: University of Chicago Press

Anderson, C. W. (2018). *Apostles of Certainty: Data Journalism and the Politics of Doubt*. New York, NY: Oxford University Press

Anderson, C. W., & Schudson, M. (2019). Objectivity, professionalism, and truth seeking. In K. Wahl-Jorgensen, & T. Hanitzsch (Eds.), *The handbook of journalism studies* (136~151). Routledge.

Ardèvol-Abreu, A., & Gil de Zuniga, H. (2017). Effects of editorial media bias perception and media trust on the use of traditional, citizen, and social media news. *Journalism & Mass Communication Quarterly*, 94(3), 703~724.

Arnold, P. (2020a). Fact checkers need to work together to create better models for distributing our fact checks online. https://fullfact.org/blog/2020/oct/ifcn-working-together/

Arnold, P. (2020b). The challenges of online fact checking. technical report, Full Fact. URL: https://fullfact.org/blog/2020/dec/the-challenges-of-online-fact-checking-how-technology-can-and-cant-help/

Asudeh, A., Jagadish, H. V., Wu, Y., & Yu, C. (2020). On detecting cherry-picked trendlines. *Proceedings of the VLDB Endowment*, 13(6), 939~952.

Augenstein, I., Lioma, C., Wang, D., Lima, L. C., Hansen, C., & Simonsen, J. G. (2019). MultiFC: A real-world multi-domain dataset for evidence-based fact checking of claims. arXiv preprint arXiv:1909.03242.

Bachenko, J., Fitzpatrick, E., & Schonwetter, M. (2008). Verification and implementation of language-based deception indicators in civil and criminal narratives. In Proceedings of the 22nd International Conference on Computational Linguistics (COLING 2008) (41~48).

Baird, A., Amiriparian, S., & Schuller, B. (2019). Can deep generative audio be emotional? Towards an approach for personalised emotional audio generation. In 2019 IEEE 21st International Workshop on Multimedia Signal Processing (MMSP) (1~5). IEEE.

Barberá, P., Jost, J. T., Nagler, J., Tucker, J. A., & Bonneau, R. (2015). Tweeting from left to right: Is online political communication more than an echo chamber?. *Psychological Science,* 26(10), 1531~1542.

Barnhurst, K. G. (2014). The interpretive turn in news. In M. Schreiber & C. Zimmermann (Eds.) *Journalism and technological change: Historical perspectives, contemporary trends* (111~141). Frankfurt-on Main: Campus Verlag.

Barnhurst, K. G. (2016). *Mister Pulitzer and the Spider: Modern News from Realism to the Digital*. Champaign, IL: University of Illinois Press.

Barnhurst, K. G., & Mutz, D. (1997). American journalism and the decline in event-centered reporting. *Journal of Communication*, 47(4), 27~53.

Barnoy, A., & Reich, Z. (2019). The when, why, how and so-what of verifications. *Journalism Studies*, 20(16), 2312~2330.

Baron, M. (2023). We want objective judges and doctors. Why not journalists too? *Washigton*

Post. https://www.washingtonpost.com/opinions/2023/03/24/journalism-objectivity-trump-misinformation-marty-baron/

Barthel, M., Mitchell, A., & Holcomb, J. (2016. 12. 15). Many Americans believe fake news is sowing confusion. Pew Research Center. https://www.journalism.org/2016/12/15/many-americans-believe-fake-news-is-sowing-confusion

Baym, G. (2005). The Daily Show: Discursive integration and the reinvention of political journalism. *Political Communication*, 22(3), 259～276.

Bell, M. (1998). The truth is our currency. *Harvard International Journal of Press/Politics*, 3(1), 102～109.

Bennett, W. L., & Livingston, S. (2018). The disinformation order: Disruptive communication and the decline of democratic institutions. *European Journal of Communication*, 33(2), 122～139.

Benson, R., & Hallin, D. (2007). How states, markets and globalization shape the news: The French and US national press, 1965–97. *European Journal of Communication* 22: 27～48.

Berkowitz, D. (1992). Routine newswork and the what–a–story: A case study of organizational adaptation. *Journal of Broadcasting & Electronic Media*, 36(1), 45～60.

Berry Jr, F. C. (1967). A study of accuracy in local news stories of three dailies. *Journalism Quarterly*, 44(3), 482～490.

Birks, J. (2019). *Fact-checking journalism and political argumentation: A British perspective*. Springer Nature.

Birks, J. (2021). Evolving journalism norms: objective, interpretive and fact-checking journalism. In J. Morrison, J.Birks, & M.Berry (Eds.) *The Routledge companion to political journalism* (62～71).

Blach-Ørsten, M., Bendix Wittchen, M., & Møller Hartley, J. (2021). Ethics on the beat: An analysis of ethical breaches across news beats from 1999 to 2019. *Journalism Practice*, 15(9), 1383～1399.

Blackburn, S. (2008). *The Oxford dictionary of philosophy*. Oxford University Press.

Blom, R., & Davenport, L. D. (2012). Searching for the core of journalism education: Program directors disagree on curriculum priorities. *Journalism and Mass Communication Educator*, 67(1), 70～86.

Blumler, J. G., & Gurevitch, M. (1975). Towards a comparative framework for political communication research. In S.H. Chaffee SH (Ed.) *Political Communication. Issues and Strategies for Research* (165～193). Beverly Hills, CA: SAGE.

Boehm, L. E. (1994). The validity effect: A search for mediating variables. *Personality and Social Psychology Bulletin*, 20(3), 285～293.

Bontcheva, K., Papadopoulous, S., Tsalakanidou, F., Gallotti, R., Krack, N., Teyssou, D.,

··· & Verdoliva, L. (2024). *Generative AI and Disinformation: Recent Advances, Challenges, and Opportunities*. European Digital Media Observatory.

Borji, A. (2022). Generated faces in the wild: Quantitative comparison of stable diffusion, midjourney and dall-e 2. arXiv preprint arXiv:2210.00586.

Boudana, S. (2011). A definition of journalistic objectivity as a performance. *Media, Culture & Society*, 33(3), 385~398.

Boylan, J. (1986). Declarations of independence. *Columbia Journalism Review*, 25(4), 29~45.

Brandtzaeg, P. B., & Følstad, A. (2017). Trust and distrust in online fact-checking services. *Communications of the ACM*, 60(9), 65~71.

Brandtzaeg, P. B., Følstad, A., & Chaparro Domínguez, M. Á. (2018). How journalists and social media users perceive online fact-checking and verification services. *Journalism Practice*, 12(9), 1109~1129.

Brennen, S., Simon, F., Howard, P., & Nielsen, R. (2020). Types, Sources, and Claims of COVID-19 Misinformation. RISJ Fact Sheet. URL: https://reutersinstitute.politics.ox.ac.uk/types-sources-and-claims-covid-19-misinformation

Broersma, M., & Graham, T. (2013). Twitter as a news source: How Dutch and British newspapers used tweets in their news coverage, 2007~2011. *Journalism Practice*, 7(4), 446~464.

Brügemann, M., & Engesser, S. (2017). Beyond false balance: How interpretive journalism shapes media coverage of climate change. *Global Environmental Change*, 42, 58~67.

Bruno, N. (2011). Tweet first, verify later? How real-time information is changing the coverage of worldwide crisis events. *Reuters Institute for the Study of Journalism*, 2010~2011.

Buhl, F., Günther, E., & Quandt, T. (2019). Bad news travels fastest: A computational approach to predictors of immediacy in digital journalism ecosystems. *Digital Journalism*, 7(7), 910~931.

Burkhardt, J. M. (2017). Combating fake news in the digital age. *Library Technology Reports*, 53(8) 1~33.

Capilla, P. (2021). Post-truth as a mutation of epistemology in journalism. *Media and Communication*, 9(1), 313~322.

Carey, J. W. (1969/1997). The communications revolution and the professional communicator. In E.S. Munson E.S., & C.A. Warren(eds). *James Carey: A critical reader* (144~188). Univesity of Minnesota Press, Minneapolis.

Carey, J. W. (2007). A short history of journalism for journalists: A proposal and essay. *Harvard International Journal of Press/Politics*, 12(1), 3~16.

Carlson, M. (2015). "Introduction: The Many Boundaries of Journalism." In Matt Carlson and Seth C. Lewis(Eds.) *Boundaries of Journalism: Professionalism, Practices and Participation* (1～17). New York: Routledge.

Carlson, M., & Lewis, S. C. (2015). *Boundaries of Journalism: Professionalism, Practices and Participation*. New York: Routledge.

Carson, A., Gibbons, A., Martin, A., & Phillips, J. B. (2022). Does third-party fact-checking increase trust in news stories? An Australian case study using the "sports rorts" affair. *Digital Journalism*, 10(5), 801～822.

Carter, D. (1950). The captive press. The Reporter 2(June 6). https://niemanreports.org/articles/1950-the-captive-press/

Chadha, K., & Koliska, M. (2015). Newsrooms and transparency in the digital age. *Journalism Practice*, 9(2), 215～229.

Chadwick, A., Vaccari, C., & Kaiser, J. (2021). The amplification of exaggerated and false news on social media: the roles of platform use, motivations, affect, and ideology. *American Behavioral Scientist*. 1～18.

Chadwick, A., Vaccari, C., & O'Loughlin, B. (2018). Do tabloids poison the well of social media? Explaining democratically dysfunctional news sharing. *New media & society*, 20(11), 4255～4274.

Chalaby, J. K. (1996). Journalism as an Anglo-American invention: A comparison of the development of French and Anglo-American journalism, 1830s～1920s. *European Journal of Communication*, 11(3), 303～326.

Chang, H., Zhang, H., Barber, J., Maschinot, A. J., Lezama, J., Jiang, L., … & Krishnan, D. (2023). Muse: Text-to-image generation via masked generative transformers. arXiv preprint arXiv:2301.00704.

Chen, Y., Conroy, N. J., & Rubin, V. L. (2015, November). Misleading online content: recognizing clickbait as "false news." In *Proceedings of the 2015 ACM on workshop on Multimodal Deception Detection* (15～19).

Christofoletti, R. (2021). Transparency, Innovation, and Journalism. In M. Luengo & S.Herrera-Damas (Eds.). *News Media Innovation Reconsidered: Ethics and Values in a Creative Reconstruction of Journalism*(187～201). Wiley-Blackwell.

Chung, M., & Kim, N. (2021). When I learn the news is false: How fact-checking information stems the spread of fake news via third-person perception. *Human Communication Research*, 47(1), 1～24.

Cochran, T. C. (1975). Media as business: A brief history. *Journal of Communication*, 25(4), 155～165.

Coddington, M. (2014). Defending judgment and context in 'original reporting': Journalists' construction of newswork in a networked age. *Journalism*, 15(6), 678～695.

Coddington, M. (2015). Clarifying journalism's quantitative turn: A typology for evaluating data journalism, computational journalism, and computer-assisted reporting. *Digital journalism*, 3(3), 331~348.

Coddington, M., Molyneux, L., & Lawrence, R. G. (2014). Fact checking the campaign: How political reporters use Twitter to set the record straight (or not). *The International Journal of Press/Politics*, 19(4), 391~409.

Cohen, S., Li, C., Yang, J., & Yu, C. (2011). Computational journalism: A call to arms to database researchers. In 5th Biennial Conference on Innovative Data Systems Research(148~151).

Conboy, M. (2004). *Journalism:A critical history*. London: Sage.

Conboy, M. (2010). *The language of newspapers: Socio-historical perspectives*. London: Continuum.

Conway, B. A., Kenski, K., & Wang, D. (2015). The rise of Twitter in the political campaign: Searching for intermedia agenda-setting effects in the presidential primary. *Journal of computer-mediated communication*, 20(4), 363~380.

Cook, J., & Lewandowsky, S. (2011). The debunking handbook. Nundah, Queensland: Sevloid Art. Retrieved from https://skepticalscience.com/docs/Debunking_Handbook.pdf

Cook, T. E. (2006). The news media as a political institution: Looking backward and looking forward. *Political Communication*, 23(2), 159~171.

Corbin, J. M., & Strauss, A. (1990). Grounded theory research: Procedures, canons, and evaluative criteria. *Qualitative Sociology*, 13(1), 3~21.

Cottle, S. (2000). New(s) times: Towards a "second wave" of news ethnography. *Communications*, 25(1), 19~42.

Cox, M. (2000). The development of computer-assisted reporting. Paper presented at AEJMC 2000, Phoenix, AZ, August 9–12. http://com.miami.edu/car/cox00.pdf

Craft, S., Vos, T. P., & Wolfgang, J. D. (2016). Reader comments as press criticism: Implications for the journalistic field. *Journalism*, 17(6), 677~693.

Davis, M. (1997) *Gangland: Cultural elites and the new generationalism*. New South Wales: Allen & Unwin.

Dawson, N. V., & Gregory, F. (2009). Correspondence and coherence in science: A brief historical perspective. *Judgment and Decision Making*, 4(2), 126~133.

Deaver, F. (1990). On defining truth. *Journal of Mass Media Ethics*, 5(3), 168~177.

Del Vicario, M., Bessi, A., Zollo, F., Petroni, F., Scala, A., Caldarelli, G., ··· & Quattrociocchi, W. (2016). The spreading of misinformation online. *Proceedings of the National Academy of Sciences*, 113(3), 554~559.

Dennis, E. E., & Merrill, J. C. (1984). Journalistic objectivity. In E.E. Dennis & J. C. Merrill (eds.). *Basic issues in mass communication: A debate* (103~118). New York:

Macmillan Publishing Company.

Deuze, M. (2005). What is journalism? Professional identity and ideology of journalists reconsidered. *Journalism*, 6(4), 442~464.

Devlin, J., Chang, M. W., Lee, K., & Toutanova, K. (2018). Bert: Pre-training of deep bidirectional transformers for language understanding. arXiv preprint arXiv:1810.04805

Diakopoulos, N. (2018. 5. 15). Reporting in a Machine Reality: Deepfakes, misinformation, and what journalists can do about them. Columbia Journalism Review. https://www.cjr.org/tow_center/reporting-machine-reality-deepfakes-diakopoulos-journalism.php

Diakopoulos, N., De Choudhury, M., & Naaman, M. (2012. 5). Finding and assessing social media information sources in the context of journalism. In Proceedings of the SIGCHI conference on human factors in computing systems (2451~2460).

Ditto, P. H., Scepansky, J. A., Munro, G. D., Apanovitch, A. M., & Lockhart, L. K. (1998). Motivated sensitivity to preference-inconsistent information. *Journal of Personality and Social Psychology*, 75(1), 53~69.

Djerf-Pierre, M., & Weibull, L. (2008). From public educator to interpreting ombudsman. Regimes of political journalism in Swedish public service broadcasting, 1925~2005. In J. Strömbäck J, M. Ørsten M & T. Aalberg (Eds). *Communicating Politics. Political Communication in the Nordic Countries* (195~214). Gothenburg: Nordicom.

Dobbs, M. (2012). *The Rise of Political Fact-Checking*. Washington, DC: New America Foundation.

Donsbach, W. (1995). "Lapdogs, Watchdogs, and Junkyard Dogs." *Media Studies Journal*, 9(4): 17~30.

Downie, Jr. L. (2023). Newsrooms that move beyond 'objectivity' can build trust. *Washington Post*. https://www.washingtonpost.com/opinions/2023/01/30/newsrooms-news-reporting-objectivity-diversity/

Downie, L. & Heyward, A. (2023). Beyond objectivity report. Stanton foundation.

Duffy, A., Tandoc, E. C., & Ling, R. (2018). Frankenstein journalism. *Information, Communication & Society*, 21(10), 1354~1368.

Durham, M. G. (1998). On the relevance of standpoint epistemology to the practice of journalism: The case for "strong objectivity." *Communication Theory*, 8(2), 117~140.

Ecker, U. K., Lewandowsky, S., Swire, B., & Chang, D. (2011). Correcting false information in memory: Manipulating the strength of misinformation encoding and its retraction. *Psychonomic Bulletin & Review*, 18(3), 570~578.

Ekström, M. (2002). Epistemologies of TV journalism: a theoretical framework. *Journalism* 3(3) 259~282.

Elizabeth, J. (2014. 5. 20). Who are you calling a fact checker? American Press Institute, https://americanpressinstitute.org/fact-checker-definition.

Emde, K., Klimmt, C., & Schluetz, D. M. (2016). Does storytelling help adolescents to process the news? A comparison of narrative news and the inverted pyramid. *Journalism Studies*, 17(5), 608~627.

Emery, E. (1972). The press and America: An interpretative history of the mass media. *Englewood Cliffs*, NJ; Prentiece-Hall. https://www.amazon.com/Press-America-Interpretive-History-Media/dp/0205295576

Enqvist, L. (2023). 'Human oversight' in the EU artificial intelligence act: what, when and by whom?. *Law, Innovation and Technology*, 15(2), 508~535.

Epstein, E. J. (1973). *News from nowhere: Television and the news*. New York, NY: Random House.

Ericson, R. V. (1998). How journalists visualize fact. *The Annals of the American Academy of Political and Social Science*, 560: 83~95.

Esser, F. (2008). Dimensions of political news cultures: Sound bite and image bite news in France, Germany, Great Britain, and the United States. *The International Journal of Press/Politics*, 13(4), 401~428.

Esser, F., & Umbricht, A. (2014). The evolution of objective and interpretative journalism in the Western press: Comparing six news systems since the 1960s. *Journalism & Mass Communication Quarterly*, 91(2), 229~249.

Ettema, J. S. (1987). Journalism in the "post–factual age." *Critical studies and Media Communication*. 4(1). 82~85.

Ettema, J., & Glasser, T. (1985). On the epistemology of investigative journalism. *Communication* 8: 183~206.

European Commision (2018). A multi-dimensional approach to dinsinformation: Report of the independent High level Group on fake news and online disinformation.

Fabry, M. (2017. 8. 24). Here's How the First Fact-Checkers Were Able to Do Their Jobs Before the Internet. *Time*. URL: https://time.com/4858683/fact-checking-history/

Fabry, M. (2019. 4. 2). The Inextricable Role of Gender in the History of Fact-Checking. *Time*. URL: https://time.com/5556831/gender-fact-checking/

Farnsworth, S. J., & Lichter, S. R. (2011). *The Nightly News Nightmare. Media Coverage of US Presidential Elections, 1988-2008*, (3rd ed). Lanham, MD: Rowman & Littlefield.

Fernández-Roldán, A., Elías, C., Santiago-Caballero, C., & Teira, D. (2023). Can we detect bias in political fact-checking? Evidence from a Spanish case study. *Journalism*

Practice, 1～19.

Ferracioli, P., Kniess, A. B., & Marques, F. P. J. (2022). The Watchdog Role of Fact-Checkers in Different Media Systems. *Digital Journalism*, 10(5), 717～737.

Ferreira, W., & Vlachos, A. (2016) .Emergent: a novel data-set for stance classification. In *Proceedings of the 2016 Conference of the North American Chapter of the Association for Computational Linguistics: Human Language Technologies* (1163～1168), San Diego, California. https://doi.org/10.18653/v1/N16-1138

Festinger, L. (1957). *A theory of cognitive dissonance*. Stanford, CA: Stanford University Press.

Fink, K., & Schudson, M. (2014). The rise of contextual journalism, 1950s–2000s. *Journalism,* 15(1), 3～20.

Fisher, R. J. (1993). Social desirability bias and the validity of indirect questioning. *Journal of Consumer Research*, 20(2), 303～315.

Fishman, M. (1980). *Manufacturing the News*. Austin, TX: University of Texas Press.

Flood, B. (2020. 9. 18). Controversy Over Anti-Biden ad Blocked by Facebook: Someone needs to fact check the fact checkers. *Fox News*. https://www.foxnews.com/media/biden-ad-facebook-controversy

Floyd, J. (2019). The ture in journalism. In J.E. Katz & Kate, K. Mays (Eds). *Journalism and truth in an age of social media* (85～102). New York: Oxford University.

Flynn, D. J., Nyhan, B., & Reifler, J. (2017). The nature and origins of misperceptions: Understanding false and unsupported beliefs about politics. *Political Psychology*, 38, 127～150.

Forde, K. R. (2007). Discovering the explanatory report in American newspapers. *Journalism Practice*, 1(2), 227～244.

Fridkin, K., Kenney, P. J., & Wintersieck, A. (2015). Liar, liar, pants on fire: How fact-checking influences citizens' reactions to negative advertising. *Political Communication*, 32(1), 127～151.

Friend, C., & Singer, J. (2007). *Online Journalism Ethics: Traditions and Transitions*. Routledge.

Gans, H. (2004). *Deciding What's News: A Study of CBS Evening News, NBC Nightly News Newsweek and Time*. 25th Anniversary ed. Evanston, IL: Northwestern University Press.

García-Avilés, J. A. (2014). Online newsrooms as communities of practice: Exploring digital journalists' applied ethics. *Journal of mass media ethics*, 29(4), 258～272.

Garrett, R. K., Nisbet, E. C., & Lynch, E. K. (2013). Undermining the corrective effects of mediabased political fact checking? The role of contextual cues and naïve theory. *Journal of Communication,* 63(4): 617～637.

Gehrke, M., & Mielniczuk, L. (2017). Philip Meyer, the outsider who created Precision

Journalism. *Intexto*, 4～13.

Gieryn, T. F. (1983). Boundary-Work and the demarcation of science from non-science:Strains and interests in professional ideologies of scientists. *American Sociological Review*, 48(6), 781～795.

Glasser, T. L. (1992). Objectivity and news bias. In E.D. Cohen (ed.) *Philosophical issue in Journalism*. New York: Oxford.

Godler, Y. (2020). Post-Post-Truth: An Adaptationist Theory of Journalistic Verism, *Communication Theory*, 30(2), 169～187, https://doi.org/10.1093/ct/qtz031

Goldstein, J. A., Sastry, G., Musser, M., DiResta, R., Gentzel, M., & Sedova, K. (2023). Generative language models and automated influence operations: Emerging threats and potential mitigations. arXiv preprint arXiv:2301.04246.

Gottfried, J. A., Hardy, B. W., Winneg, K. M., & Jamieson, K. H. (2013). Did fact checking matter in the 2012 presidential campaign?. *American Behavioral Scientist*, 57(11), 1558～1567.

Graves, L. (2016). Deciding what's true: The rise of political fact-checking in American journalism. Columbia University Press.

Graves, L. (2017). Anatomy of a fact check: Objective practice and the contested epistemology of fact checking. *Communication, Culture & Critique*, 10(3), 518～537.

Graves, L. (2018a). Boundaries Not Drawn: Mapping the institutional roots of the global fact-checking movement. *Journalism studies*, 19(5), 613～631.

Graves, L. (2018b). Factsheet: Understanding the promise and limits of automated fact-checking. Reuters Institute for the Study of Journalism, University of Oxford.

Graves, L., & Amazeen, M. (2019). Fact-Checking as Idea and Practice in Journalism. In Oxford Research. In J. F. Nussbaum (Ed). *Encyclopedia of Communication*, Oxford: Oxford University Press.

Graves, L., Bélair-Gagnon, V., & Larsen, R. (2023). From Public Reason to Public Health: Professional Implications of the "Debunking Turn" in the Global Fact-Checking Field. *Digital Journalism*, 1～20.

Graves, L., & Cherubini, F. (2016). The rise of fact-checking sites in Europe. Reuters Institute for the Study of Journalism, University of Oxford.

Graves, L., & Glaisyer, T. (2012). *The fact-checking universe in Spring 2012*. New America Foundation.

Graves, L., & Konieczna, M. (2015). Sharing the News: Journalistic Collaboration as Field Repair. *International Journal of Communication* 9: 1966～1984.

Graves, L., & Lauer, L. (2020). From Movement to Institution: The "Global Fact" Summit as a Field-Configuring Event. *Sociologica*, 14(2), 157～174.

Graves, L., & Mantzarlis, A. (2020). Amid Political Spin and Online Misinformation, Fact

Checking Adapts. *The Political Quarterly*, 91 (3), pp.585～591.

Graves, L., Nyhan, B., & Reifler, J. (2015). *The diffusion of fact-checking: Understanding the growth of a journalistic innovation*. Arlington, VA: American Press Institute.

Graves, L., Nyhan, B., & Reifler, J. (2016). Understanding innovations in journalistic practice: A field experiment examining motivations for fact-checking. *Journal of Communication* 66(1), 102～138.

Grice, H. P. (1975). Logic and conversation. In P. Cole & J. L. Morgan (Eds.), *Syntax and semantics*, Vol. 3: Speech acts (41～58). New York, NY: Academic Press.

Grinberg, N., Joseph, K., Friedland, L., Swire-Thompson, B., & Lazer, D. (2019). Fake news on Twitter during the 2016 US presidential election. *Science*, 363(6425), 374～378.

Guess, A. M., & Lyons, B. A. (2020). Misinformation, disinformation, and online propaganda. In N Persily & J.A. Tucker (Eds.) *Social media and democracy: The state of the field, prospects for reform* (10～33) New York, NY: Cambridge University Press.

Guess, A., Nyhan, B., & Reifler, J. (2018). Selective exposure to misinformation: Evidence from the consumption of fake news during the 2016 US presidential campaign. *European Research Council*, 9, 1～49.

Guo, Z., Schlichtkrull, M., & Vlachos, A. (2022). A survey on automated fact-checking. *Transactions of the Association for Computational Linguistics*, 10, 178～206.

Gupta, A., & Srikumar, V. (2021). X-Fact:A new benchmark dataset for multilingual fact checking. In Proceedings of the 59th Annual Meeting of the Association for Computational Linguistics and the 11th International Joint Conference on Natural Language Processing (Volume 2. 675～682), https://doi.org/10.18653/v1/2021.acl-short.86

Gutfeld, G. (2020. 8. 25). Gutfeld on media fact-checking the RNC. *Fox News*. https://www.foxnews.com/opinion/gutfeld-fact-checking-rnc

Hackett, R. A., & Zhao, Y. (1998). *Sustaining democracy? Journalism and politics of objectivity*. Toronto: Garamond Press.

Hafez, K. (2002). Journalism ethics revisited: A comparison of ethics codes in Europe, North Africa, the Middle East, and Muslim Asia. *Political communication*, 19(2), 225～250.

Hallin, D. C. (1986). *The 'Uncensored War': The media and Vietnam*. Berkeley, CA: University of California Press.

Hallin, D. C. (1992). The passing of the "high modernism" of American journalism. *Journal of Communication*, 42(3), 14～25.

Hallin, D., & Mancini, P. (2004). *Comparing media system*. Oxford: Oxford University Press[김수정 · 백미숙 외 옮김. 《미디어 시스템의 형성과 진화》. 한국언론재단.

2010].

Hallin, D., & Paolo, M. (2004). *Comparing Media Systems*. New York: Cambridge University Press.

Hamed, A. A., Zachara-Szymanska, M., & Wu, X. (2024). Safeguarding authenticity for mitigating the harms of generative AI: Issues, research agenda, and policies for detection, fact-checking, and ethical AI. iScience 27.

Hampton, M. (2008). The "objectivity" ideal and its limitations in 20th-century British journalism. *Journalism Studies*, 9(4), 477~493.

Hanitzsch, T., & Vos, T. P. (2018). "Journalism beyond Democracy: A New Look into Journalistic Roles in Political and Everyday Life." *Journalism*, 19 (2): 146~164.

Hanitzsch, T., van Dalen, A., & Steindl, N. (2018). Caught in the nexus: A comparative and longitudinal analysis of public trust in the press. *The International Journal of Press/Politics*, 23(1), 3~23.

Hanselowski, A., Stab, C., Schulz, C., Li, Z., & Gurevych, I. (2019). A richly annotated corpus for different tasks in automated fact-checking. arXiv preprint arXiv:1911.01214.

Harcup, T., & O'neill, D. (2001). What is news? Galtung and Ruge revisited. *Journalism studies*, 2(2), 261~280.

Harless, J. D. (1990). Media ethics, ideology, and personal constructs: Mapping professional enigmas. *Journal of Mass Media Ethics*, 5(4), 217~232.

Hartley, J. (1992). *The politics of pictures: the creation of the public in the age of the popular media*. New York: Routledge.

Hassan, N., Adair, B., Hamilton, J. T., Li, C., Tremayne, M., Yang, J., & Yu, C. (2015 July). The quest to automate fact-checking. In Proceedings of the 2015 computation+journalism symposium.

Hassan, N., Zhang, G., Arslan, F., Caraballo, J., Jimenez, D., Gawsane, S., ⋯ & Tremayne, M. (2017). Claimbuster: The first-ever end-to-end fact-checking system. *Proceedings of the VLDB Endowment*, 10(12), 1945~1948.

Haughey, M., Muralikumar, M. D., Wood, C. A., & Starbird, K. (2020). On the misinformation beat: Understanding the work of investigative journalists reporting on problematic information online. *Proceedings of the ACM on Human-Computer Interaction*, 4(CSCW2), 1~22.

Hayes, A. S., Singer, J. B., & Ceppos, J. (2007). Shifting roles, enduring values: The credible journalist in a digital age. *Journal of Mass Media Ethics*, 22(4), 262~279.

Hearns-Branaman, J. O. (2016). *Journalism and the philosophy of truth: Beyond objectivity and balance*. Routledge.

Hellmueller, L., Vos, T. P., & Poepsel, M. A. (2013). Shifting journalistic capital?

Transparency and objectivity in the twenty-first century. *Journalism Studies*, 14(3), 287~304.

Hermanson, L. W. (1993). News council complainants: Who are they and what do they want?. *Journalism Quarterly*, 70(4), 947~970.

Hermida, A. (2012). Tweets and truth: Journalism as a discipline of collaborative verification. *Journalism Practice*, 6(5-6), 659~668.

Hermida, A. (2015). Nothing but the truth: Redrafting the journalistic boundary of verification. In M. Carlson & S. C. Lewis (Eds.), *Boundaries of journalism*, (37~50). Routledge.

Hermida, A., Lewis, S. C., & Zamith, R. (2014). Sourcing the Arab Spring: A case study of Andy Carvin's sources on Twitter during the Tunisian and Egyptian revolutions. *Journal of computer-mediated communication*, 19(3), 479~499.

Hohmann, J. (2011). 10 best practices for social media. American Society of Newspaper editors.

Horowitz, M. C., Allen, G. C., Saravalle, E., Cho, A., Frederick, K., & Scharre, P. (2018). Artificial intelligence and international security. Center for a New American Security.

Humprecht, E. (2020). How do they debunk "fake news"? A cross-national comparison of transparency in fact checks. *Digital journalism*, 8(3), 310~327.

Iannucci, R. (2017. 7. 7). What can fact-checkers learn from Wikipedia? The Poynter Institute.

IFCN (2016. 11. 17). An open letter to Mark Zuckerberg from the world's fact-checkers. Poynter. https://www.poynter.org/fact-checking/2016/an-open-letter-to-mark-zuckerberg-from-the-worlds-fact-checkers/

Iggers, J. (2018). *Good news, bad news: Journalism ethics and the public interest*. New York: Routledge.

International Fact Checking Network (2016. 11. 17). An open letter to Mark Zuckerberg from the world's fact-checkers. https://www.poynter.org/fact-checking/2016/an-open-letter-to-mark-zuckerberg-from-the-worlds-fact-checkers/

International Fact Checking Network (2022. 1. 12). An open letter to YouTube's CEO from the world's fact-checkers. https://www.poynter.org/fact-checking/2022/an-open-letter-to-youtubes-ceo-from-the-worlds-fact-checkers/

Jackson, B. (2012. 12. 21). Firefighters, Fact-Checking and American Journalism. FactCheck.org URL: https://www.factcheck.org/2012/12/firefighters-fact-checking-and-american-journalism/

James, W. (1907/1998). *Pragmatism(a new name for some old ways of thinking) A series of lectures by William James,1906~1907.* Rockville, MD: Arc Manor.

Jarman, J. W. (2016). Influence of political affiliation and criticism on the effectiveness of political fact-checking. *Communication Research Reports*, 33(1), 9~15.

Jiang, Y., Bordia, S., Zhong, Z., Dognin, C., Singh, M., & Mohit, B. (2020). HoVer: A dataset for many-hop fact extraction and claim verification. In *Findings of the Association for Computational Linguistics* (3441~3460), https://doi.org/10.18653/v1/2020.findings-emnlp.309

Kahan, D. M. (2013). Ideology, motivated reasoning, and cognitive reflection. *Judgment and Decision making*, 8(4), 407~424.

Kakutani, M. (2018). *The death of truth:Notes on falsehood in the age of Trump*. Tim Duggan Books. [김영선 옮김. 《진실 따위는 중요하지 않다》. 돌베개. 2019].

Kaplan, R. L. (2002). *Politics and the American press: The rise of objectivity, 1865~1920*. Cambridge: Cambridge University Press.

Kaptein, M., Markopoulos, P., De Ruyter, B., & Aarts, E. (2015). Personalizing persuasive technologies: Explicit and implicit personalization using persuasion profiles. *International Journal of Human-Computer Studies*, 77, 38~51.

Karlsson, M. (2010). Rituals of transparency: Evaluating online news outlets' uses of transparency rituals in the United States, United Kingdom and Sweden. *Journalism Studies,* 11(4): 535~545.

Karlsson, M., & Clerwall, C. (2019). Cornerstones in journalism: According to citizens. *Journalism Studies*, 20(8), 1184~1199.

Kasneci, E., Seßler, K., Küchemann, S., Bannert, M., Dementieva, D., Fischer, F., … & Kasneci, G. (2023). ChatGPT for good? On opportunities and challenges of large language models for education. Learning and Individual Differences, 103, 102274.

Kessler, G. (2011. 3. 1). "About the Fact Checker." *Washington Post*.

Kessler, G. (2014. 6. 13). "The Global Boom in Political Fact Checking." *The Washington Post*. https://www.washingtonpost.com/news/fact-checker/wp/ 2014/06/13/the-global-boom-in-fact-checking/

Kim, H. S., Suh, Y. J., Kim, E. M., Chong, E., Hong, H., Song, B., … & Choi, J. S. (2022). Fact-checking and audience engagement: A study of content analysis and audience behavioral data of fact-checking coverage from news media. *Digital journalism*, 10(5), 781~800.

Kotonya, N., & Toni, F. (2020). Explainable automated fact-checking: A survey. arXiv preprint arXiv:2011.03870.

Kovach, B., & Rosenstiel, T. (2021). *The elements of journalism: What news people should know and the public should expect* (4th ed.). New York, NY: Crown. [이재경 옮김. 《저널리즘의 기본 원칙》. 한국언론진흥재단. 2021].

Krugman, P. (2013. 8. 6). Politifact and the shape of the planet, deficit edition. *The New York Times*. https://archive.nytimes.com/krugman.blogs.nytimes.com/2013/08/06/

politifact-and-the-shape-of-the-planet-deficit-edition/

Kshetri, N., & Voas, J. (2017). The economics of "fake news." *IT Professional* 19(6) 8~12.

Kucharski, A. (2016). Study epidemiology of fake news. *Nature*, 540(7634), 525~525.

Kumar, A. (2022). Fact-Checking Methodology and its Transparency: What Indian Fact-Checking Websites Have to Say?. *Journalism Practice*, 1~20.

Kunda, Z. (1990). The case for motivated reasoning. *Psychological bulletin*, 108(3), 480.

Lang, A. (2000). The limited capacity model of mediated message processing. *Journal of Communication*, 50(1), 46~70.

Lasica, J. D. (2004). Transparency begets trust in the ever-expanding blogosphere. *Online Journalism Review*, 12.

Latour, B. (2005). *Reassembling the social: An introduction to actor-network-theory*. New York, NY: Oxford University Press.

Laughlin, A. (2022. 6. 28). It's possible to be a journalist and a human. *Poynter*. URL: https://www.poynter.org/business-work/2022/journalism-objectivity-roe-scotus-social-media/

Lawrence, R. G., & Schafer, M. L. (2012). Debunking Sarah Palin: Mainstream news coverage of 'death panels'. *Journalism,* 13(6), 766~782.

Lazer, D., Baum, M., Benkler, Y., Berinsky, A., Greenhill, K., Menczer, F., & Metzger, M. (2018). The science of fake news. Science 359, 6380 1094~1096.

Lee, C.-C. (1990). Mass Media: Of China, about China. In Lee,C.-C. *Voices of China: The interplay of politics and journalism*(3~29). New York: Guilford.

Lee, M. Y. H. (2015. 8. 14). Fact Checking of Political Statements Expands Dramatically Overseas. *The Washington Post*. http://www.washingtonpost.com/blogs/fact-checker/wp/2015/08/14/fact-checking-of-political-statements-expands-dramatically-overseas/

Lee, M. Y. H. (2017. 7. 14). Fighting falsehoods around the world. *Washington Post*, https://www.washingtonpost.com/news/fact-checker/wp/2017/07/14/fighting-falsehoods-around-the-world-a-dispatch-on-the-global-fact-checking-movement/

Levitsky, S., & Ziblatt, D. (2018). *How Democracies Die*. New York, NY: Broadway Books. [박세연 옮김. 《어떻게 민주주의는 무너지는가》. 어크로스. 2018].

Lewandowsky, S., Ecker, U. K., Seifert, C. M., Schwarz, N., & Cook, J. (2012). Misinformation and its correction: Continued influence and successful debiasing. *Psychological Science in the Public Interest*, 13(3), 106~131.

Lewis, J. M. W., Williams, A., Franklin, R. A., Thomas, J., & Mosdell, N. A. (2008). The quality and independence of British journalism. Tracking the changes over 20 years. Cardiff University. http://www.mediawise.org.uk/wp-content/uploads/2011/03/Quality-Independence-of-British-Journalism.pdf

Lewis, S. C. (2012). The tension between professional control and open participation: Journalism and its boundaries. *Information, Communication & Society*, 15(6), 836~866.

Lewis, S. C., & Usher, N. (2013). Open source and journalism: Toward new frameworks for imagining news innovation. *Media, Culture & Society*, 35(5), 602~619.

Li, J., Foley, J. M., Dumdum, O., & Wagner, M. W. (2022). The power of a genre: Political news presented as fact-checking increases accurate belief updating and hostile media perceptions. *Mass Communication and Society*, 25(2), 282~307.

Li, Y., Gao, J., Meng, C., Li, Q., Su, L., Zhao, B., ··· & Han, J. (2016). A survey on truth discovery. ACM Sigkdd Explorations Newsletter, 17(2), 1~16.

Lim, C. (2018). Checking how fact-checkers check. *Research & Politics*, 5(3), 1~7.

Lin, B., & Lewis, S. C. (2022). The one thing journalistic AI just might do for democracy. *Digital Journalism*, 10(10), 1627~1649.

Lincoln, Y. S., & Guba, E. G. (1985). *Naturalistic inquiry*. Beverly Hills, CA: Sage.

Lindlof, T. R., & Taylor, B. C. (2002). *Qualitative communication research methods*. Thousand Oaks, CA: Sage.

Lippmann, W. (1922/2017). *Public opinion*. New York: Routledge. [이동근 옮김. 《여론》. 커뮤니케이션북스. 2021].

Lowrey, W. (2017). The emergence and development of news fact-checking sites: Institutional logics and population ecology. *Journalism studies*, 18(3), 376~394.

Lowery, W. (2020. 6. 23). A reckoing over objectivity, led by Black journalists. *The New York Times*. https://www.nytimes.com/2020/06/23/opinion/objectivity-black-journalists-coronavirus.html

Lowrey, W., & Gade, P. (2011). *Changing the news*. Abingdon: Routledge.

Lukas, J., Fridrich, J., & Goljan, M. (2006). Digital camera identification from sensor pattern noise. *IEEE Transactions on Information Forensics and Security*, 1(2), 205~214.

Machill, M., & Beiler, M. (2009). The importance of the Internet for journalistic research: A multi-method study of the research performed by journalists working for daily newspapers, radio, television and online. *Journalism Studies*, 10(2), 178~203.

Magin, M., & Maurer, P. (2019). Beat journalism and reporting. In Oxford Research Encyclopedia of Communication.

Mantzalis, A. (2016. 6. 12). In Buenos Aires, fact-checkers plan a code of principles and an International Fact-Checking Day. https://www.poynter.org/fact-checking/2016/in-buenos-aires-fact-checkers-plan-a-code-of-principles-and-an-international-fact-checking-day/

Mantzarlis, A. (2017. 2. 7). PolitiFact raised $105,000 in 20 days through its newly launched membership program. The Poynter Institute.

Mantzalis, A. (2018). "Fact-Checking 101" In C. Ireton & J. Posetti (Eds.), *Journalism, Fake news & Disinformation* (85~100) Paris: UNESCO.

Maras, S. (2013). *Objectivity in journalism*. Malden, MA: Politi Press.

Marchi, R. (2012). With Facebook, blogs, and fake news, teens reject journalistic "objectivity." *Journal of Communication Inquiry*, 36(3), 246~262.

Marietta, M., Barker, D. C., & Bowser, T. (2015). Fact-checking polarized politics: Does the fact-check industry provide consistent guidance on disputed realities? Forum 13(4), 577~596.

Marietta, M., Barker, D. C., & Bowser, T. (2015). Fact-checking polarized politics: Does the fact-check industry provide consistent guidance on disputed realities? *The Forum* 13(4), 577~596.

McChesney, R. W. (2007). *Communication Revolution: Critical Junctures and the Future of Media*. New York: The New Press.

McCombs, M. E., Cole, R. R., Stevenson, R. L., & Shaw, D. L. (1981). Precision journalism: an emerging theory and technique of news reporting. *Gazette* (Leiden, Netherlands), 27(1), 21~34.

McNair, B. (2013). Trust, truth and objectivity: Sustaining quality journalism in the era of the content-generating user. In *Rethinking journalism* (75~88). Routledge.

McQuail, D. (1986). From bias to objectivity and back: Competing paradigms for news analysis and a pluralistic alternative. In T. McCormack (ed.). *Studies in communications: A research annual* (1~36). Greenwich, CT: JAIPress.

McQuail, D. (1992). *Media performance: Mass communication and the public interest*. London: Sage.

Meijer, A. (2009). Understanding modern transparency. *International Review of Administrative Sciences*, 75(2), 255~269.

Mena, P. (2019). Principles and boundaries of fact-checking: Journalists' perceptions. *Journalism Practice*, 13(6), 657~672.

Metzger, M. J., Hartsell, E. H., & Flanagin, A. J. (2020). Cognitive dissonance or credibility? A comparison of two theoretical explanations for selective exposure to partisan news. *Communication Research*, 47(1), 3~28.

Meyer, P. (1973/2002). *Precision journalism: A reporter's introduction to social science methods*. Rowman & Littlefield Publishers.

Meyer, P. (2009). *The vanishing newspaper: Saving journalism in the information age*. University of Missouri Press.

Michailidou, A., & Trenz, H. J. (2021). Rethinking journalism standards in the era of post-truth politics: from truth keepers to truth mediators. *Media, Culture & Society*, 43(7), 1340~1349.

Mihalcea, R., & Strapparava, C. (2009). The lie detector: Explorations in the automatic recognition of deceptive language. In *Proceedings of the ACL-IJCNLP 2009 Conference* (309~312), Suntec, Singapore.

Mindich, D. (1998). Just the facts: How "objectivity" came to define *American journalism*. New York: New York University Press.

Moe, H., & Sjøvaag, H. (2008). The Challenges of Comparing Media Systems — An Interview with Daniel C. Hallin. *Journal of Global Mass Communication,* 1 Nos. 3/4, 132~41.

Molotch, H., & Lester, M. (1974). News as purposive behavior: on the strategic use of routine events, accidents, and scandals. *American Sociological Review* ,39(1): 101~112.

Mothes, C. (2017). Biased objectivity: An experiment on information preferences of journalists and citizens. *Journalism & Mass Communication Quarterly,* 94(4), 1073~1095.

Muñoz-Torres, J. R. (2012). Truth and objectivity in journalism: Anatomy of an endless misunderstanding. *Journalism studies,* 13(4), 566~582.

Munson, E. S., & Warren, C. A. (Eds.) (1997). *James Carey: A critical reader.* Univesity of Minnesota Press.

Nabi, R. L., Moyer-Gusé, E., & Byrne, S. (2007). All joking aside: A serious investigation into the persuasive effect of funny social issue messages. *Communication Monographs,* 74(1), 29~54.

Nakashole, N., & Mitchell, T. (2014. June). Language-aware truth assessment of fact candidates. In *Proceedings of the 52nd Annual Meeting of the Association for Computational Linguistics* (Vol.1) (1009~1019).

Nakov, P., Corney, D., Hasanain, M., Alam, F., Elsayed, T., Barrón-Cedeño, A., ··· & Martino, G. D. S. (2021). Automated fact-checking for assisting human fact-checkers. arXiv preprint arXiv:2103.07769.

Nerone, J. C. (1987). The Mythology of the Penny Press. *Critical Studies in Mass Communication*, 4, 376~404.

Nerone, J., & Barnhurst, K. G. (2003). US newspaper types, the newsroom, and the division of labor, 1750~2000. *Journalism Studies*, 4(4), 435~449.

Newman, N. (2009). The rise of social media and its impact on mainstream journalism. Reuters Institute for the Study of Journalism.

Newman, N., Fletcher, R., Schulz, A., Andi, S., Robertson, C. T., & Nielsen, R. K. (2021). Reuters Institute digital news report 2021. Reuters Institute for the study of Journalism.

Nickerson, R. S. (1998). Confirmation bias: A ubiquitous phenomenon in many guises. *Review of General Psychology*, 2(2), 175~220.

Nielsen, R. K. (2017). The one thing journalism just might do for democracy: Counterfactual idealism, liberal optimism, democratic realism. *Journalism Studies*, 18(10), 1251~1262.

Nielsen, R. K., & Graves, L. (2017). "News you don't believe": Audience perspectives on fake news. *Reuters Institute Fact Sheet*. University of Oxford.

Nissen, I. A., Walter J. G., Charquero-Ballester M., & Bechman, A. (2022). Digital infrastructures of COVID19 misinformation: a new conceptual and analytical perspective on fact-checking. *Digital Journalism*. 10(5), 738~760.

Nordenstreng, K. (2019). Truth: More valid than ever. *Journalism*, 20(1), 52~55.

Nyhan, B., & Reifler, J. (2010). When corrections fail: The persistence of political misperceptions. *Political Behavior*, 32(2), 303~330.

Nyhan, B., & Reifler, J. (2015a). *Estimating fact-checking's effects*. Arlington, VA: American Press Institute.

Nyhan, B., & Reifler, J. (2015b). The effect of fact–checking on elites: A field experiment on US state legislators. *American Journal of Political Science*, 59(3), 628~640.

Nyhan, B., Porter, E., Reifler, J., & Wood, T. J. (2020). Taking fact-checks literally but not seriously? The effects of journalistic fact-checking on factual beliefs and candidate favorability. *Political Behavior*, 42, 939~960.

O'neil, C. (2016). *Weapons of math destruction: How big data increases inequality and threatens democracy*. Crown.

Ostermeier, E. (2011. 2. 10). Selection bias? PolitiFact rates Republican statements as False at 3 times the rate of Democrats. Smart Politics. https://smartpolitics.lib.umn.edu/2011/02/10/selection-bias-politifact-rate/

Overholser, G. (2006). *On behalf of journalism: A manifesto for change*. Philadelphia, PA: Annenberg Public Policy Center.

Parasie, S. (2015). Data-driven revelation? Epistemological tensions in investigative journalism in the age of "big data." *Digital Journalism* 3(3): 364~380.

Parasie, S., & Dagiral, E. (2013). Data-driven journalism and the public good: "Computer-assisted-reporters" and "programmer-journalists" in Chicago. *New Media & Society*, 15(6), 853~871.

Paris, B., & Donovan, J. (2019). Deepfakes and Cheap Fakes: The Manipulation of Audio and Visual Evidence. Data & Society. URL: https://datasociety. net/wp-content/uploads/2019/09/DS_Deepfakes_Cheap_FakesFinal-1-1.pdf

Patterson, P., & Wilkins, L. (2005) *Media ethics: Issues and cases*, 5th edn. New York: McGraw Hill.

Patterson, T. E. (1993). *Out of Order*. New York: Knopf.

Patterson, T. E. (1996). Bad News, Bad Governance. *Annals Of The American Academy Of*

Political And Social Science, 546, 97~108.

Patterson, T. E. (2000). The United States: News in a free-market society. In R. Gunther R & A. Mughan (Eds). *Democracy and the Media. A Comparative Perspective* (241~265). New York: Cambridge University Press.

Patterson, T. E., & Donsbagh, W. (1996). News decisions: Journalists as partisan actors. *Political communication*, 13(4), 455~468.

Pavleska, T., Školkay, A., Zankova, B., Ribeiro, N., & Bechmann, A. (2018). Performance analysis of fact-checking organizations and initiatives in Europe: a critical overview of online platforms fighting fake news. *Social Media and Convergence*, 29, 1~28.

Pavlik, J. V., Alsaad, A. A., & Laufer, P. (2020). Speaking Truth to Power: Core Principles for Advancing International Journalism Education. *Journalism & Mass Communication Educator*, 75(4), 392~406.

Peterson, R. A., & Anand, N. (2004). The production of culture perspective. *Annu. Rev. Sociol.*, 30, 311~334.

Petre, C. (2013. 10. 30). "A Quantitative Turn in Journalism?" Tow Center for *Digital Journalism*, http://towcenter.org/blog/a-quantitative-turn-in-journalism/

Petty, R. E., & Cacioppo, J. T. (1986). *Communication and persuasion: Central and peripheral routes to attitude change*. New York, NY: Springer.

Phillips, A. (2013). Transparency and the new ethics of journalism. In *The future of journalism* (289~298). Routledge.

Pickard, V. (2015). Media activism from above and below: Lessons from the 1940s American reform movement. *Journal of Information Policy*, 5, 109~128.

Pingree, R. J. (2011). Effects of Unresolved Factual Disputes in the News on Epistemic Political Efficacy. *Journal of Communication,* 61, 22~47.

Pingree, R. J., Brossard, D., & McLeod, D. M. (2014). Effects of journalistic adjudication on factual beliefs, news evaluations, information seeking, and epistemic political efficacy. *Mass Communication and Society*, 17(5), 615~638.

Pittner, N. (2014. February 27). Why fact-checking is the root of journalism: 8 good questions with PolitiFact's Angie Drobnic Holan. URL: https://americanpress institute.org/why-fact-checking-the-roots-of-journalism-8-good-questions-with-politifacts-angie-drobnic-holan/

Plaisance, P. L. (2007). Transparency: An assessment of the Kantian roots of a key element in media ethics practice. *Journal of Mass Media Ethics*, 22(2-3), 187~207.

Pomerleau, D., & Rao, D. (2017). The fake news challenge: Exploring how artificial intelligence technologies could be leveraged to combat fake news. Fake News Challenge.

Popat, K., Mukherjee, S., Yates, A., & Weikum, G. (2018). Declare: Debunking fake news and false claims using evidence-aware deep learning. arXiv preprint arXiv: 1809.06416.

Porwancher, A. (2011). Objectivity's Prophet: Adolph S. Ochs and the New York Times, 1896~1935. *Journalism History*, 36(4), 186~195.

Potthast, M., Kiesel, J., Reinartz, K., Bevendorff, J., & Stein, B. (2017). A stylometric inquiry into hyperpartisan and fake news. arXiv preprint arXiv:1702.05638.

Putnam, H. (1981). *Reason, truth and history*. New York, NY: Cambridge University Press.

Qazvinian, V., Rosengren, E., Radev, D., & Mei, Q. (2011). Rumor has it: Identifying misinformation in microblogs. In *Proceedings of the 2011 Conference on Empirical Methods in Natural Language Processing* (1589~1599).

Reeve, E. (2013. 5. 29). Why fact checkers find more GOP lies. The Atlantic. https://www.theatlantic.com/politics/archive/2013/05/politifact-lies-republicans-vs-democrats/314794/

Reich, Z. (2012). Different practices, similar logic: Comparing news reporting across political, financial, and territorial beats. *The International Journal of Press/Politics*, 17(1), 76~99.

Revers, M. (2014). Journalistic professionalism as performance and boundary work: Source relations at the state house. *Journalism*, 15(1), 37~52.

Ritchie, J., Lewis, J., Nicholls, C. M., & Ormston, R. (Eds.). (2013). *Qualitative research practice: A guide for social science students and researchers*. sage.

Rodríguez-Pérez, C., Seibt, T., Magallón-Rosa, R., Paniagua-Rojano, F. J., & Chacón-Peinado, S. (2023). Purposes, principles, and difficulties of fact-checking in Ibero-America: Journalists' perceptions. *Journalism Practice*, 17(10), 2159~2177.

Roeh, I. (1989). Journalism as storytelling, coverage as narrative. *American Behavioral Scientist*, 33(2), 162~168.

Rogerson, K. S. (2013). Fact checking the fact checkers: Verification web sites, partisanship and sourcing. Paper presented at the 2013 American Political Science Association 2013, Chicago, IL.

Romano, C. (1986). The grisly truth about bare facts. In R.K. Manoff & M. Schudson (eds.). *Reading the news* (38~78). New York: Pantheon Books.

Rombach, R., Blattmann, A., Lorenz, D., Esser, P., & Ommer, B. (2022). High-resolution image synthesis with latent diffusion models. In Proceedings of the IEEE/CVF conference on computer vision and pattern recognition (10684~10695).

Rosen, J. (1993). Beyond objectivity, *Nieman Reports*, 47(4), 48~53.

Rosen, J. (2010). The View from Nowhere: Questions and Answers. Press Think. https://pressthink.org/2010/11/the-view-from-nowhere-questions-and-answers/

Rubin, V. (2010). On deception and deception detection: Content analysis of computer–

mediated stated beliefs. *Proceedings of the American Society for Information Science and Technology*, 47(1), 1~10.

Rubin, V., Chen, Y., & Conroy, N. (2015). Deception detection for news: Three types of fakes. In *Proceedings of the 78th ASIS&T Annual Meeting: Information Science with Impact: Research in and for the Community*. 83.

Rupar, V. (2006). How did you find that out? Transparency of the newsgathering process and the meaning of news: A case study of New Zealand journalism. *Journalism Studies*, 7(1), 127~143.

Ruskin, G., & Schor, J. (2009). Every nook and cranny: The dangerous spread of commercialized culture. In J. Turow J & M.P. McAllister (Eds) *The Advertising and Consumer Culture Reader* (410~415). New York: Routledge.

Ryfe, D. M. (2009). Broader and deeper: A study of newsroom culture in a time of change. *Journalism*, 10(2), 197~216.

Ryfe, D. (2016). News routines, role performance, and change in journalism. In C. Mellado, L. Hellmueller, & W. Donsbach, W. (Eds.). *Journalistic role performance: Concepts, contexts, and methods* (145~157). Taylor & Francis.

Salgado, S. (2007). As Presidenciais de 2006: reflexões sobre a interpretação da política nos jornais [The 2006 Portuguese presidential election: Some thoughts on the journalistic interpretation of politics]. *Studies in Communication Review* 1: 232~249.

Salgado, S. (2010). *Os Candidatos Presidenciais: Construção de Imagens e Discursos nos Media* [Portuguese presidential candidates: Construction of images and discourses in the media]. Coimbra: MinervaCoimbra.

Salgado, S., & Strömbäck, J. (2012). Interpretive journalism: A review of concepts, operationalizations and key findings. *Journalism*, 13(2), 144~161.

Salgado, S., Strömbäck, J., Aalberg, T., & Esser, F. (2017). Interpretive journalism. In de Vreese, F. Esser, & D .N. Hopmann (Eds.) *Comparing political journalism* (50~70). Routledge.

Sarfatti-Larson, M. (1977). *The rise of professionalism*. Berkeley: University of California Press.

Schiller, D. (1979). An Historical Approach to Objectivity and Professionalism in American News Reporting. *Journal of Communication*, 29(4), 46~57.

Schiller, D. (1981). *Objectivity and the news: The public and the rise of commercial journalism*. Philadelphia, PA: University of Pennsylvania Press.

Schlesinger, P. (1987). *Putting "reality" together: BBC news*. New York, NY: Methuen.

Schudson, M. (1978). *Discovering the news: A social history of American newspapers*. New York, NY: Basic Books.

Schudson, M. (1982). The politics of narrative form: The emergence of news conventions in print and television. *Daedalus*, 97~112.

Schudson, M. (1989). The sociology of news production. *Media, culture & society* 11(3): 263~282.

Schudson, M. (1994). Question authority: A history of the news interview in American journalism, 1860s~1930s. *Media, Culture & Society*, 16(4), 565~587.

Schudson, M. (1998). *The good citizen: A history of American civic life*. New York:NY. The Free Press.

Schudson, M. (1999). The Good Citizen: A History of American Civic Life. New York: Martin Kessler Books.

Schudson, M. (2001). The objectivity norm in American journalism. *Journalism,* 2(2), 149~170.

Schudson, M. (2018). The new journalism. In P. Urquhart & P. Heyer (Eds.). *Communication in History* (121~128). Routledge.

Schudson, M., & Zelizer, B. (2017). Fake News in context. Paper presented at Understanding and Addressing the Disinformation Ecosystem workshop, Philadelphia.

Schuster, T., Fisch, A., & Barzilay, R. (2021). Get your vitamin C! robust fact verification with contrastive evidence. arXiv preprint arXiv:2103.08541.

Searle, J. R. (1995). *The construction of social reality*. New York, NY: The Free Press.

Seow, J. W., Lim, M. K., Phan, R. C., & Liu, J. K. (2022). A comprehensive overview of Deepfake: Generation, detection, datasets, and opportunities. *Neurocomputing*, 513, 351~371.

Shapiro, I., Brin, C., Bédard-Brûlé, I., & Mychajlowycz, K. (2013). Verification as a strategic ritual: How journalists retrospectively describe processes for ensuring accuracy. *Journalism Practice*, 7(6), 657~673.

Shaw, D. L. (1981). At the crossroads: Change and continuity in American press news 1820~1860. *Journalism History*, 8(2), 38~50.

Shi, D. E. (1996). *Facing facts: Realism in American thought and culture, 1850~1920*. Oxford University Press.

Shin, J., & Thorson, K. (2017). Partisan selective sharing: The biased diffusion of fact-checking messages on social media. *Journal of Communication*, 67(2), 233~255.

Shin, W., Kim, C., & Joo, J. (2021). Hating journalism: Anti-press discourse and negative emotions toward journalism in Korea. *Journalism,* 22(5), 1239~1255.

Shoemaker, P. J., & Reese, S. D. (1996). *Mediating the message: Theories of influences on mass media content*. New York: Longman.

Shoemaker, P. J., & Reese, S. D. (2014). *Mediating the message in the 21st century: A media sociology perspective*. New York, NY: Routledge.

Siebert, F., Peterson, T., & Schramm, W. (1956). *Four theories of the press: The authoritarian, libertarian, social responsibility, and Soviet communist concepts of what the press should be and do* (Vol. 10). University of Illinois Press.

Silverman, C. (2013). Corrections and Ethics. In K. McBride & T. Rosenstiel (Eds.), *The New Ethics of Journalism -- Principles for the 21st Century* (151～161). Thousand Oaks, CA: Sage.

Silverman, C. (2016. 11. 17). This analysis shows how viral fake election news stories outperformed real news on Facebook. BuzzFeed. https://www.buzzfeednews.com/article/craigsilverman/viral-fake-election-news-outperformed-real-news-on-facebook

Silverman, C. (2017. 10. 12) Facebook Says Its Fact Checking Program Helps Reduce The Spread Of A Fake Story By 80%. BuzzFeed. https://www.buzzfeednews.com/article/craigsilverman/facebook-just-shared-the-first-data-about-how-effective-its

Singer, J. B. (2007). Contested autonomy: Professional and popular claims on journalistic norms. *Journalism studies*, 8(1), 79～95.

Singer, J. B. (2018). Fact-checkers as entrepreneurs: Scalability and sustainability for a new form of watchdog journalism. *Journalism Practice* 12(8), 1070～1080.

Singer, J. B. (2021). Border patrol: The rise and role of fact-checkers and their challenge to journalists' normative boundaries. *Journalism,* 22(8), 1929～1946.

Sjøvaag, H. (2015). Hard News/Soft News: The Hierarchy of Genres and the Boundaries of the Profession." In M. Carlson, & S. C. Lewis (Eds.). *Boundaries of Journalism: Professionalism, Practices and Participation* (101～117). New York, NY: Routledge.

Society of Professional Journalists (2011). *Journalism ethics* (4th ed.). Marion Street Press.

Soontjens, K. (2019). The Rise of Interpretive Journalism: Belgian newspaper coverage, 1985～2014. *Journalism Studies*, 20(7), 952～971.

Sparrow, B. H. (2006). A research agenda for an institutional media. *Political Communication*, 23(2), 145～157.

Spivak, C. (2010). The fact-checking explosion: In a bitter political landscape marked by rampant allegations of questionable credibility, more and more news outlets are launching truth-squad operations. *American Journalism Review*, 32(4), 38～44.

Stavrositu, C. D., & Kim, J. (2014). Social media metrics: Third-person perceptions of health information. *Computers in Human Behavior*, 35, 61～67

Steensen, S., Kalsnes, B., & Westlund, O. (2023). The limits of live fact-checking: Epistemological consequences of introducing a breaking news logic to political fact-checking. *New Media & Society*, 14614448231151436.

Stefanita, O., Corbu, N., & Buturoiu, R. (2018). Fake news and the third-person effect: They are more influenced than me and you. *Journal of Media Research*, 11, 5～23.

Stencel, M. (2016. 2. 16). Global Fact-Checking up 50% in Past Year. Duke Reporters' Lab.

http://reporterslab.org/global-fact-checking-up-50-percent/
Stencel, M., Ryan, E., & Luther, J. (2023. 6. 21). Misinformation spreads, but fact-checking has leveled off. Duke Reporters' Lab URL: https://reporterslab.org/misinformation-spreads-but-fact-checking-has-leveled-off/
Stencel, M., Ryan, E., & Luther, J. (2024. 5. 30). With half the planet going to the polls in 2024, fact-checking sputters. Duke Reporters' Lab URL: https://reporterslab.org/2024/05/30/with-half-the-planet-going-to-the-polls-in-2024-fact-checking-sputters/
Stensaas, H. S. (1986). Development of the objectivity ethic in US daily newspapers: *Journal of Mass Media Ethics*, 2(1), 50~60.
Stephens, M. (2010). The case for wisdom journalism–and for journalists surrendering the pursuit of news. *Daedalus*, 139(2), 76~88.
Stocking, S. H., & LaMarca, N. (1990). How journalists describe their stories: Hypotheses and assumptions in newsmaking. *Journalism Quarterly*, 67(2), 295~301.
Stole, I. L. (2010). *Advertising on trial: Consumer activism and corporate public relations in the 1930s*. Urbana, IL: University of Illinois Press.
Stole, I. L. (2015). History of consumer movements. In J. M. Ryan & D. T. Cook (Eds). *Wiley Blackwell Encyclopedia of Consumption and Consumer Studies* (1~5). West Sussex: John Wiley & Sons.
Stonbely, S. (2015). The social and intellectual contexts of the US "newsroom studies," and the media sociology of today. *Journalism Studies*, 16(2), 259~274.
Streckfuss, R. (1990). "Objectivity in Journalism: A Search and a Reassessment." *Journalism Quarterly* 67, 973~983.
Strömbäck, J. (2008). Four phases of mediatization: An analysis of the mediatization of politics. *The international journal of press/politics*, 13(3), 228~246.
Strömbäck, J., & Nord, L. W. (2006). Do politicians lead the tango? A study of the relationship between Swedish journalists and their political sources in the context of election campaigns. *European Journal of Communication*, 21(2), 147~164.
Stroud, N. J. (2010). Polarization and partisan selective exposure. *Journal of Communication*, 60(3), 556~576.
Taber, C. S., & Lodge, M. (2006). Motivated skepticism in the evaluation of political beliefs. *American Journal of Political Science*, 50(3), 755~769.
Taflinger, R. F. (1996). The myth of objectivity in journalism: A commentary. Washington State University. https://public.wsu.edu/~taflinge/mythobj.html
Tandoc Jr., E. C., Lim, Z. W., & Ling, R. (2018). Defining "fake news" A typology of scholarly definitions. *Digital Journalism*, 6(2), 137~153.
Tenenboim-Weinblatt, K. (2009). Rethinking truth through truthiness. In *The Changing*

Faces of Journalism (111～113). Routledge.

Thorne, J., Vlachos, A., Christodoulopoulos, C., & Mittal, A. (2018). FEVER: a large-scale dataset for fact extraction and VERification. arXiv preprint arXiv:1803.05355.

Tiwari, A., Dave, R., & Vanamala, M. (2023). Leveraging Deep Learning Approaches for Deepfake Detection: A Review. arXiv preprint arXiv:2304.01908.

Törnberg, P. (2022). How digital media drive affective polarization through partisan sorting. *Proceedings of the National Academy of Sciences*, 119(42), e2207159119.

Tuchman, G. (1972). Objectivity as strategic ritual: An examination of newsmen's notions of objectivity. *American Journal of Sociology*, 77(4), 660～679.

Tuchman, G. (1973). Making news by doing work: Routinizing the unexpected. *American Journal of Sociology*, 79(1), 110～131.

Tuchman, G. (1977). The exception proves the rule: The study of routine news practice. *Strategies for Communication Research*, 6, 43～62.

Tuchman, G. (1978). *Making news: A study in the construction of reality*. New York: Free Press.

Tucker, J. A., Guess, A., Barberá, P., Vaccari, C., Siegel, A., Sanovich, S., … & Nyhan, B. (2018). Social media, political polarization, and political disinformation: A review of the scientific literature. Hewlett Foundation

Tumber, H., & Prentoulis, M. (2003). Journalists under fire: Subcultures, objectivity and emotional literacy. In D. K. Thussu & D. Freedman (eds.), *War and the Media: Reporting conflict 24/7* (215～230). London: Sage.

Uscinski, J. E., & Butler, R. W. (2013). The epistemology of fact checking. *Critical Review*, 25(2), 162～180.

Usher, N. (2014). *Making news at the New York Times*. Ann Arbor, MI: University of Michigan Press.

Van Damme, T. (2021). Global Trends in Fact-Checking: A Data-Driven Analysis of ClaimReview. (Unpublished Master's thesis), University of Antwerp: Antwerpen

Van Dijk, T. A. (1988). News analysis. Case Studies of International and National News in the Press. New Jersey: Lawrence.

Van Dijk, T. A. (1995). Power and the news media. *Political Communication and Action*, 6(1), 9～36.

Vinhas, O., & Bastos, M. (2023). The WEIRD governance of fact-checking and the politics of content moderation. *New Media & Society*, 14614448231213942.

Vlachos, A., & Riedel, S. (2014. June). Fact checking: Task definition and dataset construction. In *Proceedings of the ACL 2014 workshop on Language Technologies and Computational Social Science* (18～22).

Vos, T. P., & Craft, S. (2017). The discursive construction of journalistic transparency.

Journalism Studies, 18(12), 1505~1522.

Vos, T. P., & Thomas, R. J. (2018). The discursive construction of journalistic authority in a post-truth age. *Journalism Studies*, 19(13), 2001~2010.

Vos, T. P. (2012). 'Homo journalisticus': Journalism education's role in articulating the objectivity norm. *Journalism,* 13(4), 435~449.

Vos, T. P., & Craft, S. (2017). The discursive construction of journalistic transparency. *Journalism Studies*, 18(12), 1505~1522.

Vosoughi, S., Roy, D., & Aral, S. (2018). The spread of true and false news online. *Science*, 359(6380), 1146~1151.

Vraga, E. K., & Bode, L. (2018). I do not believe you: how providing a source corrects health misperceptions across social media platforms. *Information, Communication & Society*, 21(10), 1337~1353

Wadden, D., Lin, S., Lo, K., Wang, L., Van Zuylen, M., Cohan, A., & Hajishirzi, H. (2020). Fact or Fiction: Verifying scientific claims. In Proceedings of the 2020 Conference on Empirical Methods in Natural Language Processing (7534~7550), https://doi.org/10.18653/v1/2020.emnlp-main.609

Waisbord, S. (1997). Can investigative reporting tell the truth? The modernity of journalism in Latin America. *Ecquid Novi*, 18(1), 115~131.

Waisbord, S. (2013). *Reinventing Professionalism: Journalism and News in Global Perspective*. Malden, MA: Polity Press.

Waisbord, S. (2018). Truth is what happens to news: On journalism, fake news, and post-truth. *Journalism studies*, 19(13), 1866~1878.

Walter, N., Cohen, J., Holbert, R. L., & Morag, Y. (2020). Fact-checking: A meta-analysis of what works and for whom. *Political Communication*, 37(3), 350~375.

Walton, D. (2006). *Fundamentals of critical argumentation*. Cambridge, UK: Cambridge University Press.

Wang, Y. (2017). "Liar, Liar Pants on Fire": A new benchmark dataset for fake news detection. In Proceedings of the 55th Annual Meeting of the Association for Computational Linguistics (Vol.2) (422~426), Vancouver, Canada. https://doi.org/10.18653/v1/P17-2067

Ward, S. J. (1998). An answer to Martin Bell: Objectivity and attachment in journalism. *Harvard International Journal of Press/Politics*, 3(3), 121~125.

Ward, S .J. (2004). *The invention of journalism ethics: The path to objectivity and ebyond*. Montreal & Kingston: McGuill-Queens Univ. Press. [이은택 옮김. 《언론윤리의 재발견》. 에피스테메. 2007].

Ward, S. J. (2010). Inventing objectivity: New philosophical foundations. C. Meyers (Ed). in *Journalism ethics: A philosophical approach* (137~152). New York: Oxford

University Press

Ward, S. J. (2011). Multidimensional objectivity for Global Journalism. In R.S. Fortner., & M. Facker (eds.). *The Handbook of Global Communication and Media ethics* (215~233). Malden, MA: Wiley-Blackwell.

Ward, S. J. (2020). *Objectively engaged journalism: an ethic.* McGill-Queen's Press-MQUP.

Wardle, C. (2017. 2. 16). Fake news. It's complicated. First Draft. URL: https://firstdraftnews.org/articles/fake-news-complicated/

Wardle, C. (2020). Journalism and the new information ecosystem: Responsibilities and challenges. In M. Zimdars & K. McLeod (Eds.). *Fake News: Understanding Media and Misinformation in the Digital Age* (71~86) Cambridge,MA: The MIT Press.

Wardle, C., & Derakhshan, H. (2017). *Information Disorder.* Strasbourg, France: Council of Europe.

Weaver, P. H. (1975). The New Journalism and the Old. In: Merrill, J. C., & Barney, R. D. (eds.) *Ethics and the Press:Readings in Mass Media Morality.* Hasting House, New York, 89~107

Weinberger, D. (2009). Transparency Is the New Objectivity. Joho the Blog. https://www.hyperorg.com/blogger/2009/07/19/transparency-is-the-new-objectivity/.

Westerståhl, J. (1983). Objective news reporting: General premises. *Communication Research,* 10(3), 403~424.

Westlund, O., & Ekström, M. (2019). News organizations and routines. In K. Wahl-Jorgensen, & T. Hanitzsch (Eds.), *The handbook of journalism studies* (73~89). New York: Routledge.

Wilkinson, K. (2023. 2. 20). Nigerian fact checkers fight election misinformation with FUll Fact's AI Tools. Google.org. URL: https://blog.google/intl/en-africa/company-news/technology/nigerian-fact-checkers-fight-election-misinformation-with-full-facts-ai-tools/

Windschuttle, K. (1998). Journalism versus cultural studies. *Australian Studies in Journalism,* 7, 3~31.

Wintersieck, A. L. (2017). Debating the truth: The impact of fact-checking during electoral debates. *American politics research,* 45(2), 304~331.

Wood, T., & Porter, E. (2019). The elusive backfire effect: Mass attitudes' steadfast factual adherence. *Political Behavior,* 41, 135~163.

Xu, D., Fan, S., & Kankanhalli, M. (2023. October). Combating Misinformation in the Era of Generative AI Models. In *Proceedings of the 31st ACM International Conference on Multimedia* (9291~9298).

Yao, B. M., Shah, A., Sun, L., Cho, J. H., & Huang, L. (2023. July). End-to-end multimodal fact-checking and explanation generation: A challenging dataset and models. In

Proceedings of the 46th International ACM SIGIR Conference on *Research and Development in Information Retrieval* (2733~2743).

Ye, Q. (2023). Comparison of the Transparency of Fact-checking: A Global Perspective. *Journalism Practice*, 1~20.

Young, D. G. (2008). The privileged role of the late-night joke: Exploring humor's role in disrupting argument scrutiny. *Media Psychology*, 11(1), 119~142.

Young, D. G., Jamieson, K. H., Poulsen, S., & Goldring, A. (2018). Fact-checking effectiveness as a function of format and tone: Evaluating FactCheck.org and FlackCheck.org. *Journalism & Mass Communication Quarterly*, 95(1), 49~75.

Zelizer, B. (1993). Journalists as interpretive communities. *Critical Studies in Media Communication*, 10(3), 219~237.

Zelizer, B. (2004). When facts, truth, and reality are God–terms: on journalism's uneasy place in cultural studies. *Communication and Critical/Cultural Studies*, 1(1), 100~119.

Zelizer, B., & Allan, S. (2010). *Keywords in news and journalism studies*. McGraw-Hill Education.

Zelizer, B., Boczkowski, P. J., & Anderson, C. W. (2022). *The journalism manifesto*. Cambridge: Polity Press. [신우열 · 김창욱 옮김. 《저널리즘 선언: 개혁이냐, 혁명이냐》. 오월의 봄. 2023].

Zhang, W., Deng, Y., Ma, J., & Lam, W. (2020). AnswerFact: Fact checking in product question answering. In *Proceedings of the 2020 Conference on Empirical Methods in Natural Language Processing* (2407~2417).

Zhou, X., & Zafarani, R. (2020). A survey of fake news: Fundamental theories, detection methods, and opportunities. *ACM Computing Surveys* (CSUR), 53(5), 1~40.

Zhuo, T. Y., Huang, Y., Chen, C., & Xing, Z. (2023). Exploring ai ethics of chatgpt: A diagnostic analysis. arXiv preprint arXiv:2301.12867.

Zubiaga, A., Aker, A., Bontcheva, K., Liakata, M., & Procter, R. (2018). Detection and resolution of rumours in social media: A survey. *ACM Computing Surveys* (CSUR), 51(2), 1~36.

찾아보기

가다머, 한스 게오르크Gadamer, Hans Georg 71
〈가디언*The Guardian*〉 100, 467
가부장적 남성성 449
가짜뉴스 10, 17, 19, 26~28, 43~44, 219, 251~279, 320, 322~325, 361~363, 366~367, 369~376, 388, 390, 402, 453~454, 478
가짜뉴스 대응 태스크포스(TF) 372
가짜뉴스 신고 · 상담 센터 370
가짜뉴스 텔레비전 쇼 44, 276
가짜뉴스심의전담센터 371
가짜뉴스와의 전쟁 367, 376, 478
가치 중립 125
가치 창출의 실패 188, 192
가치 체계 444~446, 448, 450, 456
가치 판단 32, 110, 167, 174, 176, 376~377
가치재 448
가쿠타니, 미치코 Kakutani, Michiko 472
감시견 언론 39, 119, 391
감정적 극화 273
갑오개혁 136
개입 보도 456
개체 분석 337
개혁적 언론 438, 441
객관성의 수사학 71
객관적 뉴스 패러다임 123
객관적 해석 114
객관적인 참여 440
객관주의 16~17, 19~20, 26, 30~31, 33~35, 37~38, 40~42, 44~47, 51~77, 80, 82, 88~90, 97, 104, 107, 112~119, 121, 132~136, 139~142, 145~145, 155, 158, 161~162, 167, 169~171, 174, 182, 184~185, 187, 195, 208~209, 213, 217~220, 232~233, 276, 396, 402, 433~434, 436~438, 440~442, 447, 449~450, 454, 456~457, 460, 469, 471~473, 475~477, 480
객관주의 관행 45, 107, 132, 161, 174, 184~186, 449, 461
객관주의 보도 40, 42, 80, 112~114, 117, 208, 232, 276, 456, 458, 472
객관주의 스타일 52

객관주의 폐기론 473
객관주의의 갱신 473
객관화 담론 16, 182~183
갠스, 허버트 Gans, Herbert 32, 37~38, 72~73, 75, 398, 474
거리 두기 35
거버넌스 391~392, 394
거짓 균형 74, 216, 434, 436
검열 10, 81, 139, 285, 362~363, 388
검열 금지 388
검열자 285
검증 과정 98~99, 224, 230~231, 235, 245, 248, 291, 309, 356~357, 381~382, 387, 389~390, 441
검증 규율 380, 441
검증 당사자 380
검증 대상 18, 131~132, 195, 202, 209, 214~218, 221, 224~230, 235, 237, 240, 242~243, 267, 315, 321, 330, 334, 341, 343, 344~346, 364, 380~382, 389~390
검증 대상 선정 381~382, 389~390
검증 대상의 감지 341, 345
검증 방법의 투명성 243, 248, 294, 463
검증 주체 310, 364
검증할 만한 가치 336, 339, 341~343
검찰 175, 185~186, 191~192, 370, 399~401, 406, 409, 423, 436, 453
검찰 출입 기자 175, 192, 399~401, 409
게이트키퍼/게이트키핑 16, 102, 179, 180, 191, 206, 226, 233, 471
게임 프레임 122
겐츠코, 매튜 Gentzkow, Matthew 252
경계 작업 202
경계 활동 287, 396
경마식 보도 201, 207, 415
경찰 출입 기자 174
경향성 162, 168~169, 177, 231, 289, 382, 391
경험주의 34, 60, 63~64, 68~69, 71, 88, 91, 109, 111, 219
계량화 235
고브라이트, 로런스 Gobright, Lawrence 81
고위 전문가 그룹High-Level Group of Experts(HLEG) 256~258, 367
고착 능력 439
공개 투명성 247, 465
공개적이고 정직한 수정 243, 248, 294, 383, 463
공공 서비스/공공 책임 언론 126, 289
공공 안전 225, 260
공공 이성 18, 261, 269
공공 이성 모델 18
공유 의도 273, 310~311, 323~325
공인 84, 86, 107, 220, 227, 230, 264, 268, 292, 326~327, 329, 364, 458
공정성 74, 80, 137, 147, 161, 178, 189, 209, 225, 228, 243~245, 294~295, 388, 440, 447, 451
공정성 위기 447
공정의 가면 75
공중 보건 17, 119, 261, 269, 276, 342, 366, 436
공중 보건 모델 18
공직선거법 개정안 372
과정적 진리 452
《과학 혁명의 구조 *The Structure of Scientific Revolutions*》 71
과학적 객관주의 97, 209
과학적 방법 96~97, 186, 209, 242
곽복산 143~144
관용 274, 478
관찰자 39, 55, 64, 76, 96, 106, 119, 124, 401, 479
관행 16, 37~38, 41, 45, 52, 55, 86, 91~93, 101~102, 107, 115~116, 132, 139, 141,

160~163, 165~192, 221, 249, 269, 377~279, 381, 387, 395, 397~399, 402, 404, 412, 425, 443, 445, 447, 449, 454~456, 458, 461, 463~464, 467, 475~476
관훈클럽 147~151
광고 감시 201, 206~207
광고성 기사 274~275
교정 역할 304
교정 정보 316
교정 효과 304, 306~309, 314, 319
교차 검증 99, 364~365, 391, 430, 468
구글Google 12, 251, 262~263, 298, 300, 333, 335~337, 355, 365
구글 역이미지 검색Google Reverse Image Search 232
구글 제미나이Gemini 354
구성주의 29, 31, 70~72, 91
구조적 위기 443
구조주의 70
국가인권위원회 369
국민의힘 369, 375
국정감사 376, 391
국제팩트체킹연맹International Fact Checking Network(IFCN) 10~11, 17~18, 223, 226, 242~245, 248, 262, 263~267, 283, 292~301, 383, 390, 392, 463
권위주의 169, 171, 301
규범/규범성 11, 15, 18, 20~21, 25~47, 51~52, 60~61, 73, 80, 93, 98, 100~101, 105~106, 122, 124~126, 131, 133, 135, 142, 146, 153~154, 156~159, 162, 167, 169~170, 172~173, 175, 177, 181~182, 188, 204, 208~209, 218, 220, 223, 226, 232, 241~245, 269, 294, 316, 329, 376, 396, 434, 438~439, 443, 445, 448, 450~452, 463~464, 466, 471~472, 474~475
규범의 필터버블 466
규범적 위기 445
균형/균형성 34, 36, 38, 59, 66, 74, 97, 99, 114, 121, 123, 140, 209, 213, 216, 225, 228, 377, 382, 429, 434, 436, 454, 472
그레이브스, 루커스 Graves, Lucas 40~41, 43, 196, 202, 210~211, 214~215, 218~221, 224, 229, 264, 269~271, 286, 290~291, 299, 379
극화 290, 309, 479
근거 12~13, 40, 53, 81, 97, 104, 132, 134, 137, 175, 179, 196, 205, 207, 215, 217~218, 228~229, 236, 238~239, 249, 286, 288, 299, 306, 308, 317, 319, 320, 323, 328, 345, 353, 363, 374~375, 381, 384, 388~389, 402, 411, 424, 447, 454, 461, 464, 480
근거 자료 249, 389, 424
글래서, 시오도어 Glasser, Theodore 33, 73~74
글레이시어, 톰 Glaisyer, Tom 220, 379
글로벌 사우스 301
글로벌팩트Global Fact 262, 285~286, 339, 392
글로벌팩트체킹 서밋Global Fact-Checking Summit 287
기계 학습 277, 278, 332
기계적 균형 382
기레기 445, 478
기만하려는 의도 254, 259
기사 공급의 불안전성 417
기사 생산량 압박 419
기사 스타일 11, 132, 147~148, 413, 415
기사 신뢰도 462
기술적 진입 장벽 401

기승전결 380
기어린, 토머스 Gieryn, Thomas 287
기업화 16, 141, 151, 161, 170, 445
기자 전문직주의 403
기자 중심 보도 38, 121, 425
기자실 175, 399~400, 410
기자실 개방 400
기후 위기 433~434, 449
김규환 144
김누리 324
김만배 녹취록 370~371
김민정 256, 259
김선호 314, 322~323, 361, 402, 405
김세은 162, 167, 173, 446, 449, 452
꾸미 408~410, 429, 455, 458, 467

〈나는 꼼수다〉 457, 459
나와바리 401, 421
나와바리 침범 401
나이지리아 338~339
낙종 190, 409
낚시성 기사 274, 451
날조 223, 254~255
남근 이성중심주의 449
남북 전쟁 80, 89, 114
남시욱 147~49
납품 419
낮은 노동 생산성 410
낮은 취재원 접근성 417
내러티브 기사 133
내부자 405
내부적 팩트체크 21, 195, 200, 210
〈내셔널 옵저버 *The National Observer*〉 118
내셔널 퍼블릭 라디오National Public Radio(NPR) 201
내용 분석 89, 91, 96, 123, 127~128, 185, 211, 216, 289, 321, 383, 462
네 일을 보여 줘라 224, 235, 248
네론, 존 Nerone, John 140
네이버 12, 321, 355, 362, 375, 376, 392~393
네이티브 광고 254~255
네트워크화 35, 102, 107
노동 과정 167, 379, 402
노동 분업 57, 397
노동 생산성 192, 410, 458
노동 시간 99, 331, 401, 413
노동 집약적 381, 475
노동조합 61, 151
노무현 정부 171, 410
노스웨스턴대학교 146
논조 150, 189, 453
논평 언론 126
뉴 저널리즘 118
뉴스 가치 11, 92, 143, 174, 225, 227, 269, 428
《뉴스 결정하기*Deciding What's News*》 72
뉴스 관행 166, 456
뉴스 기사 질 462
뉴스 사막 467
뉴스 사회학 217
뉴스 소비자 93, 104, 107, 166, 327~328, 415, 218, 425~426, 430, 432, 460~463, 465~466, 468~469, 471, 479
뉴스 신뢰도 327
뉴스 진공 100
뉴스 큐레이션 서비스 460
뉴스 판단 92, 217, 225~226
뉴스 해석 73
뉴스 형식 44, 52, 259, 274~276
뉴스 회피 451
뉴스룸 32, 36, 41~42, 47, 57, 61, 91~95, 98, 103, 105~107, 146, 166~167, 176, 179~180, 204~205, 210, 217, 290, 362, 378, 381, 395, 397, 403~405, 408, 410~411, 415, 421, 429,

431~435, 439, 449~450, 456, 459, 466, 473~474, 476
뉴스룸 관행 92, 378
뉴스룸 문화 180, 405, 429, 439
뉴스룸 민족지 연구 93
뉴스룸 자원의 배분 381
〈뉴스위크*Newsweek*〉 204
뉴스의 각 440
뉴스의 표준화 58
뉴스통신사 52, 89
〈뉴요커*New Yorker*〉 204, 205
〈뉴욕 월드*New York World*〉 203
〈뉴욕 타임스*New York Times*〉 12, 53, 59, 90~91, 106, 118, 120, 137, 158, 185~186, 201, 205, 207, 211, 213, 220, 233, 355, 377, 435, 437, 439, 464, 467, 472
뉴욕신문연합New York Associated Press(NYAP) 57
뉴트랄Newtral 12, 53, 59, 90~91, 106, 118, 120, 137, 185~186, 201, 205, 207, 211, 213, 220, 233, 355, 379, 435, 437, 439, 464, 467, 472
능동적인 정신 69, 134
〈니먼 보고서Nieman Reports〉 94, 117
닉슨, 리처드 Nixon, Richard 120, 211

다매체 뉴스 미디어 환경 322
다문화주의 438
다우니 주니어, 레너드 Downie Jr., Leonard 433~435, 437, 441
단독 176, 184, 190, 409, 419, 448
단신 가십거리 191
담론 전략 167, 182~183, 187
담론적 실천 187
당파 56, 88, 113, 123, 133, 202, 213, 219, 244, 258, 273, 291, 312, 318, 368, 441
당파성 54, 61, 201, 216, 308~309, 312, 316, 318, 382
당파적인 뉴스 258, 368
당파지 56, 137, 141, 169
대규모 언어 모델Large Language Models 12~13
대면 인터뷰 407, 456, 458
대문자 진실capital T truth 29, 71
대변인 56, 95
대안 진실alternative truths 43, 472
대안적인 이야기 305~306
대중주의 261
더불어민주당 369, 371~382
〈더 타임스*The Times*〉 185~186
데스크/데스킹 118, 160~161, 175, 180, 182, 190, 398, 425, 427~428
데이터 세트 345, 347, 353~354, 466
데이터 저널리즘 94, 322, 399
데이터베이스 212, 231, 249, 293, 301, 332~334, 337, 339, 388, 463
데이터베이스 쿼리 기법 332
데장톡스Desintox 285
데진포르마치야dezinformacija 256
도구적 언론관 444
도구주의 444, 446
도그마 15~16, 162~163, 174, 176, 448
도금 시대 197
도덕적 객관주의 440
도제식 160, 173
〈독립신문〉 16, 136, 138, 146, 150, 170
돕스, 마이클 Dobbs, Michael 202, 206, 208, 221, 234
동기화된 추론 306, 308~309, 319
동성애 혐오 439
〈동아일보〉 142~144, 148, 155~156, 177, 446
동질화 53, 93, 106, 467
두 개의 다른 층위의 사실 378
듀이, 존 Dewey, John 59
듀크리포터스랩Reporters' Lab 216,

281, 292, 333
등급판정표 233, 291
디아코풀로스, 니콜라스 Diakopoulos, Nicholas 279
디지스피어 27
디지털 마와리(순회) 455
디지털서비스법(DSA) 300~301
디지털 포렌식 279
디트로이트 폭동 94
딥러닝 277, 348
딥시크DeepSeek 9
딥트레이스Deeptrace 278
딥페이크 260, 274, 277~279, 347~348, 350, 372~373
떼거리 저널리즘 398

라이히, 즈비 Reich, Zvi 99
라투르, 브뤼노 Latour, Bruno 98, 219
레비츠키, 스티븐 Levitsky, Steven 478
레완도스키, 스테판 Lewandowsky, Stephan 305~306
레이건, 로널드 Reagan, Ronald 195, 206, 294
렉시스넥시스LexisNexis 212
로에, 이작 Roeh, Itzhak 71~72
로젠스틸, 톰 Rosenstiel, Tom 107, 185, 220, 246, 437, 463
로티, 리처드 Rorty, Richard 71, 377
루머 231, 290, 341, 342, 449
루파Lupa 286, 289~290
르포르타주 53
〈리더스 다이제스트*Reader's Digest*〉 205
리델, 세바스티안 Riedel, Sebastian 341
리드 37, 80~81, 88~89, 148, 177~178, 193, 379, 426
리드의 덫 177~178
리믹스 275
〈리베라시옹*Libération*〉 285
리서처 204
리얼리티 텔레비전 프로그램 275
리즈, 스티븐 Reese, Stephen 92, 168
리터칭 머신 278
리프먼, 월터 Lippman, Walter 59, 62, 436~437, 439, 474
링컨, 에이브러햄Lincoln, Abraham 81~82
링크드인LinkedIn 300

마감 시간 73, 92, 182, 378, 381
마라스, 스티븐 Maras, Steven 51, 59, 70, 76
마리에타, 모간 Marietta, Morgan 216, 217
마이크로소프트Microsoft 12, 355
마이크로소프트빙Microsoft Bing 300
만잘리스, 알렉시오스 Mantzalis, Alexios 223, 263
만치니, 파올로 Mancini, Paolo 289~290
매체 신뢰도 320, 329
매카시, 조지프 McCarthy, Joseph 115
매카시즘 40, 114~115, 117, 123
매컴스, 맥스웰 McCombs, Maxwell 95~96
매퀘일, 데니스 McQuail, Denis 110
맥락/맥락성 16, 20~21, 29, 33, 38~39, 43, 45, 69, 71, 116, 120, 124~127, 129, 131, 133~135, 141, 151, 153, 156, 159, 176, 188, 209~211, 213, 217, 229~230, 232, 237, 242, 247, 249, 253~255, 261, 266, 271~272, 277, 306, 320~322, 339~340, 344~345, 352, 357, 366, 371, 380, 382, 384~385, 387, 395, 421, 425, 434, 441, 452, 459~462, 466, 469, 475, 477, 480
맥락 보도 461
맥락 저널리즘 461

맥락적 정보 321~322
맥락적 진실 71
맥체스니, 로버트 W. McChesney, Robert W. 13, 197
머크레커muckrakers 197
멀티모달 348, 352~354
멀티미디어 172, 438
메나, 폴 Mena, Paul 220, 242
메시지 길이 319
메시지 디자인 304, 316, 319, 321
메시지 특성 322
메신저 76, 259, 274
메이어, 필립 Meyer, Philip 94
메일러, 노먼 Mailer, Norman 118
메타Meta 10~11, 124, 262, 265~267, 271~272, 284, 299, 337, 372
메타 언론 124
메타데이터 343, 345, 389
명예훼손 73, 92, 260, 370, 375
명확성 90, 157~158, 240, 320, 329, 369
모니터링 225, 227, 267, 331, 334, 340, 390, 424
모더니즘 60
모더레이션 271~272
모바일 디바이스 426
모바일 메신저 259
묘사적 저널리즘 39
무심한 관찰자 64
무의식적인 객관성 59, 151
무주체 피동형 서술어 184
문재인 정부 366~367, 371, 374~375, 400
물적 근거 461
미국신문편집인협회American Society of Newspaper Editors(ASNE) 60, 101, 149, 204
미국언론연구소American Press Institute(API) 200, 203
미드저니Midjorney 350
미디어 매터스Media Matters 202
미디어 생태계 변화 403
미디어 체계 289~290
미디어리서치센터Media Research Center 202
미라이My Lai 211
미래 예측 43, 132, 214, 383~384
미투 운동 449
미확인 보도 명시 원칙 187
민디치, 데이비드 Mindici, David 33, 81~83, 91
민족지학 32, 92, 217
민주당 119, 213, 216, 226, 239, 307~309, 313, 316
민주사회를위한변호사모임 476
민형사 소송 22, 464
밀러, 주디스 Miller, Judith 207
밀레니얼 세대 460
밀턴, 존 Milton, John 30

바노이, 아비브 Barnoy, Aviv 99
바우저, 토드 Bowser, Todd 216
바이럴 231, 261~262, 264, 267~268, 273, 284
바커, 데이비드 Barker, David 216
박권상 138, 146~147
박근혜 362
박아란 258~259, 279, 454, 478
박정희 140~141, 151, 155, 399, 446
반反실재론 31
반향실 351
반허스트, 케빈 Barnhurst, Kevin G. 38, 121, 127, 210
받아쓰기 40, 83, 85, 131, 208, 232, 379, 387, 402, 451, 476~477
발언 당사자 228
발언자와의 접촉 224, 228~229
방관자 111~112
방송통신심의위원회(방심위) 370~372, 382

방송통신위원회(방통위) 367, 371, 375
방위고등연구계획국(DAPRA) 279
방향성 목표 306, 311
배런, 마틴 Baron, Martin 435~437, 441~442, 450
배정근 172, 383, 457~458
백과전서주의자 143
백영민 314, 322~323
백인 중심의 뉴스룸 434
밴드웨건 효과 325
버크스, 젠 Birks, Jen 40, 43, 214~216
버트BERT(Bidirectional Encoder Representations from Transformers) 336~337
버틀러, 라이든 Butler, Ryden 42~43, 214~215, 218
법조 출입 기자 174, 184
베넷, 제임스 고든 Bennett, James Gordon 57, 63
베리파이-시Veryfy-Sy 283
베스테르스탈, 요르겐 Westerståhl, Jörgen 42
베이컨, 프랜시스 Bacon, Francis 63
베이컨주의 56, 63, 169
베트남 전쟁 38, 40, 116, 120, 123, 211
벨, 마틴 Bell, Martin 111~112
보도 자료 83, 191, 227, 236, 321, 370, 378, 418, 430, 454, 456, 467, 469
보수/공화당 308~309, 316
보수주의자 216
부메랑 효과 308, 314~315
〈부산일보〉 157
부서 간 장벽 403, 421
부서 이기주의 421, 431
부시, 조지 W. Bush, Goerge W. 207, 307, 472
분리 이론 68~69
불편부당성 18, 37, 42, 61, 81, 137, 210, 243, 295, 383, 389~390, 440, 463
불확실성 166, 188, 191
붐BOOM 225
브렉시트 17, 251
브로더, 데이비드 Broder, David 207
블라코스, 안드레아스 Vlachos, Andreas 341
블랙박스 92, 107, 344, 345, 355, 465
블로고스피어 123
비당파성 34, 53, 88, 213, 243~244, 389~390
비디오 스토리텔링 460
비보도 84
BBC 34, 100~101, 111, 355~356
비상계엄 9, 476~476
비용 절감 54
비우호 정보원 320
비인격적인 감시 86~87
비정파성과 공정성 243, 294, 295
비즈니스 모델 13, 16, 118, 189, 192, 444~445, 448, 476, 479
빅데이터 271, 369
빅테크 11, 13
빈 서판 63, 69, 110~112
〈빌리지 보이스*The Village Voice*〉 118

사건 기사 161, 174
사건 중심 보도 38, 93, 120, 141, 161, 174, 381
사담의 저널리즘화 459
사라예보 선언문Sarajevo Statement 285
사상의 자유 30, 260
사설 114, 123, 148, 178
사실 수집의 대리인 71
사실 중심의 담론 실천 54~56
사실 중심적인 마음가짐 59
사실 확인 관행 16, 163, 165, 167~168, 173, 175, 187~188, 192
사실성의 망 73, 91, 133
〈사실은〉 362
사실이 스스로 말하게 한다Facts speak for

themselves 44, 60, 110 ,139
사실적 논증 43
사실주의 34, 66, 71, 162, 187, 210, 448, 475
사실충분성의 도그마 16, 162, 174, 176, 448
4 · 19 혁명 140, 370
사전 학습 모델 336
사회구성주의 31, 91
사회적 책임 이론 117, 147
사후적 20, 263, 388, 415
산업적 위기 443, 445
살가도, 수사나 Salgado, Susana 39, 121~122, 124~128, 130, 132
삼일 운동 139
상대주의 29, 45~46
상명하복 179~180
상시 교차 검증 391
상시 마감 191, 467
상업주의 53, 56, 169
상호작용성 205, 438
새로운 객관성 15, 104, 107, 245, 380, 462
〈샌프란시스코 크로니클*San Francisco Chronicle*〉 434
샐러리맨화 153
생성형 AI 11~13, 19~20, 331, 339, 347~348, 350~351, 353~357, 453, 455~456, 459, 462, 465~466, 472, 474
#코로나바이러스 동맹#Corona VirusFactsAlliance 265
서기 55, 66
서명 기관 10, 226, 238, 243~244, 248, 265~266, 283, 295~300
서부지법 9
서술적 설명 39, 119
서울대학교 언론정보연구소 16, 21, 363~364, 374, 403
서재필 136~137
선거 17, 42, 121, 128, 199, 201, 206~207, 212, 219, 221, 226~227, 236, 251~252, 260, 265, 277, 279, 285, 288, 292, 297, 303, 313, 315~316, 326, 330, 338, 342, 361~365, 372, 379, 382, 461, 465, 472
선입견 91, 133, 318~319, 436
선전 선동 14, 22, 274, 436
선정주의 152
선택 편향 217, 383
선택적 공유 312
선택적 노출 312
설, 존 Searle, John 98, 219
설득 효과 304~306, 315, 317~318, 320, 327, 329, 330, 393
설명 가능성 353
성문화 58, 242
성소수자들(LGBTQ+) 433~434, 449~450
성차별 204, 439
세월호 전원 구조 오보 445, 447
세월호 참사 185
〈세인트 피터스버그 타임스*Saint Petersburg Times*〉 201, 207
셔슨, 마이클 Schudson, Michael 32, 56, 58~60, 62, 86~87, 211, 219, 275
소득 불평등 433~434, 449
소문 106, 143, 206, 251, 253, 454
소비자 개혁 운동 197~199
소비자 연구 198
소셜 네트워크 206, 312, 342, 350
소셜 미디어 11, 25~26, 35, 93, 100~103, 220, 225, 227, 252, 259, 262~269, 272~273, 276~277, 284, 293, 297, 299, 324~325, 341~342, 354, 350, 356, 372, 399, 402, 404, 429, 448, 455, 459~460, 464
소셜 미디어 플랫폼 26, 93, 225, 269,

356
소송 기피 464
소수자 혐오 260~261
속보 경쟁 115, 174, 417, 429, 454, 461, 477
속이려는 의도 29, 253~255, 258, 260
수습기자 교육 173, 177
수용자 18, 43, 54, 101, 105, 127, 133, 185, 188, 192, 199, 213, 225, 235, 245~249, 256~259, 269~271, 274~275, 304~305, 309, 319~321, 329, 341, 363, 366, 379~380, 385, 390, 393, 401, 432, 438, 450~452, 465, 467, 478
수익화 467
수직적 피라미드 179
수탈적인 뉴스룸 구조 476
숙의 14, 479
《순수이성비판*Kritik der reinen Vernunft*》 70
순응 141, 151, 170, 445~446
순진한 객관주의 139
《숨겨진 설득자들*Hidden Persuaders*》 198
슈메이커, 파멜라 Shoemaker, Pamela 92, 168
슈퍼 데스크 427~428
〈슈피겔*Der Spiegel*〉 205
스놉스Snopes 354
스키마 32, 65, 183, 440
스타일북 148
스탠턴, 에드윈 M. Staton, Edwin M. 81~83
스테이블 디퓨전Stable Diffusion 348
스토리풀Storyful 101
스톱 페이크Stop Fake 291, 293
스트레이트 기사 113, 115, 177, 183~184, 408, 417, 426
스트룀백, 제스퍼 Strömbäck, Jesper 39, 121~122, 124~126, 128, 130
스티븐스, 미첼 Stephens, Mitchell 44
시각적 판정표 234, 316, 318, 320
시그마 델타 카이Sigma Delta Chi(SDX) 149
시민 팩트체커 368
CBS 206, 226
시사 토크쇼 459
CNN 100, 206, 226
시의적 언론 457
시장 메커니즘 33
시장 전략 53
시청자미디어재단 367
CQ(ongressional Quarterly Transcripts) 212, 227
C2PA(Coalition for Content Provenance and Authenticity) 355~256
식견 있는 시민 269, 366, 474
식민주의 439
신뢰 저하 189
신뢰성 13, 53, 55, 129~130, 197, 215~216, 247, 249, 254, 275, 316, 332, 351~353, 356, 380, 388, 412, 429, 448, 472
신문 기자 34, 105, 137, 148, 379
신문 저널리즘 143, 397
신문과학연구소 142
신문연구소 144
신문윤리강령 149~150, 154
신문윤리실천요강 186, 463
신문의 날 150, 370
신문학연구회 142
신생 팩트체크 기관 262
신속성 99, 143, 159, 417, 429
신이 저우Xinyi Zhou 253
실러, 댄 Schiller, Dan 56, 58~59, 63
실용적 객관성 65~66, 376
실용주의 29, 64~66, 68
실재 25, 29~32, 34~36, 47, 71, 84, 111
실증주의 34~35, 41~42, 63~64,

68～69, 71, 209
실천적인 논증 214
심석태 367, 447
심층 보도/장문 보도 38, 121, 221
심층 인터뷰 19, 105, 160～161, 172, 174～175, 179～180, 184, 189, 191, 229, 270, 376, 378, 387, 396, 405, 442～444, 468
싱어, 제인 Singer, Jane 17, 185, 246
싱크탱크 231, 473
쌍둥이 과정 140

아그레망 399
아나니, 마이크 Ananny, Mike 270～271
아데어, 빌 Adair, Bill 217, 334, 339
아랍 팩트체커 네트워크Arab Fact-Checkers Network(AFCN) 301
아마존Amazon 355
아마진, 미셸 Amazeen, Michelle 41, 196～197, 199～200, 210, 218, 288～289, 318
아우스파투스Aos Fatos 286, 334
아이티 100
아프리카체크Africa Check 286, 291, 335
악의적 정보 253
안내 저널리즘 461
안수찬 22, 143～144, 177, 395, 397, 409, 429～430, 455～456, 459, 466～467
알고리즘 11, 26, 101, 271, 334, 350
알권리 154, 192, 362～363, 400
앨런, 스튜어트 Allan, Stuart 68, 74
앨컷, 헌트 Allcott, Hunt 252
야마 잡기 177, 379, 419～420, 468
얀덱스 역이미지 검색Yandex Reverse Image Search 232
양극화 13, 162, 252, 402, 479
양시양비론 434, 436, 442, 449～450
양적 균형 228
양적 전환 104
어도비Adobe 278, 355
어뷰징 기사 451
언론 감시 288, 400
언론 논리 290
언론 모델 443
언론 사상 444
언론 소비자 448, 450
언론 수용자 조사 450
언론 신뢰도 257, 327
언론 오보 274
언론 위기 담론 442～443
언론 윤리 68, 145, 153～156, 158, 160, 172
언론 자유 10, 147～148, 153～155, 160, 257～258, 271, 282～283, 288～289, 368, 375, 388, 442, 478
언론 자유 지수 282～283, 289
언론 자율 규제 기구 369～370
언론 통폐합 170～171
언론 혐오 478
언론노조 371～372
언론윤리강령 157～158, 160, 182
언론윤리위원회법 파동 155
언론윤리헌장 158～59
《언론의 4이론*Four Theories of the Press*》(1956) 117
언론의 규범Canons of Journalism 204, 209
언론의 독립 153, 156, 162, 442
언론의 전문직화 398
언론인 의식 조사 165, 457～458
언론중재법 367～369, 371
언론중재법 개정 367～369, 371
언론중재위원회 370, 382, 464
언어적 따돌림 260
얻을 수 있는 최선의 진실 98, 435
에디터십 429, 431
SBS 12, 362, 385～386

SNU팩트체크 19, 22, 363~365, 374~376, 382, 388~393, 403, 464~465
SNU팩트체크 원칙 389~390, 464
ABC팩트체크 293
AI 13, 277, 332, 335, 339~340, 349, 352~353, 355, 357, 455, 459, 465, 474~476
AP(Associated Press) 10, 12, 52, 58, 81, 86, 117, 207, 434
에트마, 제임스 Ettema, James 26, 32
X(트위터) 28, 101~103, 227, 252, 266, 270, 300, 312, 334, 355, 399
엑스트룀, 마츠 Ekström, Mats 32
NBC 206, 226
NGO 286, 291
NPR(National Public Radio) 102~103, 201
엠바고 400, 410
MBC 12, 156, 370, 371, 385~387
여성 혐오 439
《여성의 신비*Feminine Mystique*》 198
역설적인 비즈니스 모델 476
역피라미드 11, 15~16, 34, 52, 73, 79~90, 107, 114, 123, 132~133, 161, 174, 177, 211, 379~380, 384~385, 387, 426, 461
역효과 304, 307, 313, 319, 328~330, 344
연대기적 80, 87
영역 침범 381, 468
옐로 저널리즘 137
오도하는 콘텐츠 277
오미디아르Omidyar 293
오보 99, 180, 207, 258, 274~275, 368, 445, 447, 453
오세욱 22, 190, 277~280, 333, 343, 356, 363, 388~389, 462
오인 내용 253
오정보 10, 19, 44, 60, 199, 213, 220, 253, 261, 264, 266, 267, 268, 270~271, 276, 284, 298, 305~306, 314, 316, 319, 321, 323, 330, 334, 339, 347~352, 355, 357, 366, 384, 402, 436, 462, 471
오지각 318
오직 사실만 38
OTT 서비스 11
오픈AI 12, 355
오픈소스 문화 104
옥스, 아돌프 Ochs, Adolph 53, 137
온라인 괴롭힘 285
옳은 언론 173
WEIRD 271~272
와인버거, 데이비드 Weinberger, David 245~246
완독률 427
왓츠앱WhatsApp 271, 300
외국인 혐오 439
외부적 팩트체크 21, 41, 60, 154, 210
울프, 토머스 Wolfe, Thomas 118
워드, 스티븐 Ward, Stephen 46~47, 54, 63, 65~66, 68, 112, 134, 376, 433, 440~442
워들, 클레어 Wardle, Claire 252~253
〈워싱턴 포스트*The Washington Post*〉의 팩트 체커Fact Checker 40, 201, 207, 216~217, 221, 226~228, 241, 244, 262, 312, 317
워터게이트 보도 211
원출처에게 확인하기 291
원천 보도 456
〈월스트리트 저널*The Wall Street Journal*〉 12, 117, 213
웨이스보드, 실비오 Waisbord, Silvio 290
웰스, 아이다 Wells, Ida 90~91
웹 2.0 206, 471
위키피디아 343, 345~346
위험 최소화 장치 99

윌슨, 우드로 Wilson, Woodrow 59
유관성 13, 75, 161, 174, 473~475, 481
유교 경전 138~139
유동하는 데드라인 11, 401
유럽팩트체킹기준네트워크European Fact-Checking Standards Network(EFCSN) 299~301
유럽연합집행위원회EU Commission 256, 300, 366
유럽화 123
유스친스키, 조지프 Uscinski, Joseph 42~43, 214~215, 218~219
유아화 83
유용민 442~443, 460
유용성 29, 65, 225
UGC 101, 103, 263
유튜브YouTube/유튜버 9, 298, 300, 317, 372, 452, 454, 460~461, 476~477
윤리 규범 60~61, 80, 105, 156, 181~182, 186, 188, 226
윤리적인 AI 335, 465
윤석민 22, 304, 306, 320, 329, 363~364, 368~369, 392, 451
윤석열 9, 366, 370~372, 375, 476~478
음모론 9, 17, 262, 272
의견 기사 255
의견 언론 126
의도 표집 405, 407
의제 25, 369, 401
이거스, 제러미 Iggers, Jeremy 75~76
이견 취재원 383
이권 개입 157
이나연 185~186, 383
이념적 편향성 141
이데올로기적 편향 307
이라크전 207, 472
이민 정책 307~308, 433
이민자 문제 260
이분법적인 분류 344
이성 41, 74, 440
이스티노머Istinomer 285
24시간 마감 404
이야기꾼 66
이용자 생산 콘텐츠User Generated Contents(UGC) 101, 103, 263
이원론 440
EU 인공 지능 법안AI Act 356~357
이준웅 169, 176
이중 층위의 사실 운영 379
2016년 미국 대통령 선거 251~252, 265, 276, 279, 297
이해 상충 157, 159
익명 취재원 157, 180~181, 185, 187, 249, 383~384, 464
《인 콜드 블러드*In Cold Blood*》 118
인간 감독 356~357
인간 팩트체커 310, 331~332, 338~340, 344~346, 353~354, 357, 466, 475
인격권 260, 368
인공 지능 생성 콘텐츠Artificial Intelligence Generated Content(AIGC) 347~348, 351, 353, 365
인과관계 43, 96, 214, 384, 461
인스타그램Instagram 10, 262, 266, 271, 300, 372
인식론 26, 30~33, 42, 46~47, 65, 69, 75, 93, 104, 122, 135, 139, 141, 170, 213~214, 218, 287, 383, 449
인용 보도 371, 477, 480
인용 부호 25, 73
인종 차별 433
인종주의 439
인증자 102
인지 부조화 311
인지적 노력 133, 313

인지적 자원 133
인지적 편향 305~306, 311~312
인터넷 커뮤니티 191, 270, 413, 455, 458, 479
인터뷰 15, 19~20, 43, 56, 76, 83~88, 93, 105~107, 123~124, 128, 160~161, 167, 172, 174~176, 179~180, 182, 184, 189, 191, 212, 229, 245, 270, 274, 321, 329, 331, 338, 340, 370, 376~378, 382, 387, 396, 405~408, 413, 428, 431, 434, 442~444, 456, 458, 463, 467, 468
인터뷰이 20, 84~85, 176, 191, 396, 408, 443
인포데믹 17, 264
일관성 60, 98, 145, 173, 215~216, 234~235, 352
일반 배정 기자 398
일제 강점기 138, 143, 148, 154

자기 신념 169, 459
자기 정체성 과시 273
자기잠식 105
자동화된 사실 확인 19, 331~335, 337, 339~346, 351, 353~354, 357, 390, 393, 465~466
자만, 제프리 Jarman, Jeffrey 307
자사 이기주의 152
자연어 처리(NLP) 332, 341
자연주의 66
자원 동원 정도 385~386
자유 언론 실천 446
자유롭고 책임 있는 언론 149
자유주의 언론 110
자유한국당 374
자율 언론 168
자율권 87, 204
자율적인 규제 모델 388
자파라니, 레자 Zafarani, Reza 253
장문 보도 38, 121, 211
재귀 165, 224
재정과 조직에 관한 투명성 243, 248, 294, 463
재현 가능성 249
잭슨, 브룩스 Jackson, Brooks 206, 233
저널리즘 혁신 운동 366, 376
저널리즘적인 객관성 51, 64~65
저널리즘적인 의례 36
저렴한 가짜 277
저커버그, 마크 Zuckerberg, Mark 10, 265, 297
저품질 167, 192
저항 정신 446
적대적 매체 지각 309~310
전 지구적 팩트체킹 커뮤니티 392
전국뉴스평의회National News Council(NNC) 205
전국언론노동조합 371
전략적 의례 73, 91, 107, 133, 177, 396, 475
전문 출입처 397
전문가 코멘트 420
전문직 프로젝트 152~153
전문직주의 145, 151~153, 162, 169, 171~172, 188, 390, 403, 445~446
전미컴퓨터조력보도협회National Institute for Computer-Assisted Reporting(NICAR) 95
전신 11, 52~53, 81, 107, 201
전이 학습 336
전체주의 저널리즘 117
절대주의 45
정교화 가능성 모델Elaboration Likelihood Model(ELM) 318
정당화 절차의 생산 342
정묘정 324
정밀 언론 94~96, 107
정보 공개 397
정보 생태계 교란 261
정보 장애 321

정보원 투명성 321
정보전달자 54
정신 모형 44, 276, 462
정은령 229, 261, 378, 384
정책 발표문: 온라인 허위 정보 대응을 위한 유럽의 접근 373
정체성 공연적 동기 273
정치 블로거 44, 212, 471
정치 시사 프로그램 457
정치 팩트체크 저널리즘 196, 207, 261, 263, 265, 268, 270, 364
정치 풍자 쇼 44, 276
정치병행성 19, 152, 445
정치의 미디어화 122
정치적 감시견 211, 376
정치적 귀속 307~308
정치적 선유 경향 314, 323
정치적 양극화 162, 252, 402, 478~479
정치적 중립성 241
정치적 행동주의 242
정치적 · 경제적 목적 259
정파성 142, 153, 178~179, 182, 365, 383, 447, 451, 454, 457
정파적 언론 생태계 447
정확성 목표 306
정확성과 공정 행동Bureau of Accuracy and Fair Play 203
제3자 팩트체킹 프로그램Third Party Fact-Checking Program(3PFC) 10, 262, 284
제3자 효과(TPE) 323~324
제도적 사실 98, 219
jtbc 296, 362, 371, 385~386
제한 용량 모델 133
제휴 언론사 364, 390~391, 465
젠더 보도 449
젤리저, 바비 Zelizer, Barbie 275, 439, 441
조국 사태 400
조사원 204
조석간제 170
조선신문학원 144
〈조선일보〉 141, 143, 155, 175, 177, 181, 183, 446
조선총독부 139, 141
조작 내용 253
존슨, 린든 Johnson, Lyndon 120
존재론 46, 64, 122
종합 편성 방송 457
종합적 진실 16, 174~175
주관성 29, 39, 66, 110~111, 119, 186, 234, 342, 440
주관주의 440
주관화 72
주의 환기 기능 304
주창 저널리즘 458
중대한 분기점 13, 196~197, 200, 288, 472
중립성 35, 42, 97, 112, 140, 166, 209, 241, 441, 449~450
즉시 사실 확인 334
즉시성 47, 205
증거 검색 341, 343, 345, 353
지리적 출입처 397
지블렛, 대니얼 Ziblatt, Daniel 478
지사적 전통 169
지식 기반 352~353, 440
지역성 52
지인 능욕 279
지향성 53, 138, 385, 387
직업 윤리 31, 154, 156~157, 162
직업언론인협회Society for Professional Journalists(SPJ) 149
직업적 이상 61, 142
직업적인 객관주의 209
진보 시대 197
진보/민주당 308~309, 316
진보주의자 59
진실검증기Truth-O-Meter 207, 215,

233, 240, 264, 291~292, 362
진실에 대한 일치 62
진실의 삼각 측량triangulating the truth 132, 231, 461
진실의 종말 279
진실의 판정자 40, 195
진영화된 언론 20, 394
질 낮은 정파 보도 152
징벌적 손해 배상 453

차드하, 칼리아니Chadha, Kalyani 246
참여 투명성 247, 465
참여정부 400
채널4 285
책무 저널리즘 284
책무성 31
챌러비, 진 Chalaby, Jean 55
챗GPT 350, 354, 465
천관우 149
천장 효과 318
청와대 기자실 399
체루비니, 페데리카 Cherubini, Federica 215
체케아도Chequeado 199, 286, 293, 335
초연함 33, 75, 88
촌지 사건 400
추론 45, 69, 84, 110, 134, 190, 273, 306, 308~309, 316, 318~319, 323, 325, 328, 340, 347
출입처 제도 16, 19, 38, 191~192, 395, 397, 399, 403~404, 416, 421, 428~429, 431, 458, 466~467
출입처 중심 취재 관행 467
출처 표시 106
취약한 직분 217
취재 관행 38, 174~175, 182, 387, 467, 476
취재 보도 준칙 181, 184
취재 지원 시스템 선진화 방안 400, 410
취재원 보호 159, 411
취재원 적시 37, 103, 105, 123, 185, 463
취재원 투명성 242~243, 248~249, 294, 463

카르텔화 152, 161
칸트, 이마누엘 Kant, Immanuelle 70
칼슨, 마이클 Karlsson, Michael 247, 465
캐리, 제임스 Carey, James 52~53, 112, 446
캐플런, 리처드 Kaplan, Richard 52
커뮤니티 가이드라인 272
커포티, 트루먼 Capote, Truman 118
컬럼비아대학교 저널리즘 스쿨 89
컴퓨터 매개 투명성 107
컴퓨터 조력 보도 95
컴퓨테이셔널 저널리즘 341
케슬러, 글렌 Kessler, Glenn 234, 241
케이블 뉴스 123
KBS 12, 156, 371, 397
코딩턴, 마크 Coddington, Mark 97, 209
코렉티브Correctiv 289~290
코로나19 17, 264~265, 272, 276~277, 301, 334, 342, 366, 384, 462, 465
코바치, 빌 Kobach, Bill 107, 185, 220, 246, 437, 463
콘텐츠 인증 정보 355~356
콜리스카, 마이클 Koliska, Michael 246
〈콜베어 리포트*The Colbert Report*〉 44, 275
쿤, 토머스 Kuhn, Thomas 71
큐레이팅 35
크라우드 소싱 104, 310~311
클레임리뷰ClaimReview 333, 337, 339
클레임버스터ClaimBuster 333, 340,

342
클릭베이트 253

타당화 65
타블로이드화 189, 479
〈타임*Time*〉 41, 204~205
탄독, 에드슨 Tandoc, Edson 253~255
탄핵 9, 362, 365, 476
탈근대 46
탈리스, 게이 Talese, Gay 118
탈정치적 사건 중심 보도 161, 174
탈진실 26~28, 43, 46, 74, 172, 279, 472~473
탐사 기자 456
탐사 보도 211, 229, 444
탐사기자협회(IRE) 38, 121
터크먼, 게이 Tuchman, Gaye 31~32, 73, 79, 83, 91~92, 166
테크 4 피스Tech 4 Peace 283
테크 기업 268, 271
텔레그램 301
토크 라디오 123
투명 취재원의 수 384, 387
투명성 15, 18, 20, 34, 47, 97, 103~107, 159, 182, 184~186, 242~243, 245~249, 269, 279, 294~295, 300, 321, 357, 380, 383~385, 387, 460, 462~466, 469, 480
트랜스크립트 338
트럼프, 도널드 Trump, Donald 10, 17, 26~27, 219, 253, 255, 314, 439, 472, 478
〈트리뷴*Tribune*〉 57
트웨인, 마크 Twain, Mark 85
특종 162, 179, 419, 433
TV조선 385~387
틱톡TikTok 300, 356, 372
틴아이 역이미지 검색TinEye Reverse Image Search 232
파시즘 26
〈파이낸셜 타임스*Financial Times*〉 12
파젤라 폴리티카Pagella Politica 223, 289~290, 293
판정 결과 40, 131, 208, 215, 217, 232, 234, 245, 310, 311, 315, 317, 320~321, 383, 386~387, 391, 402
팔길이 원칙 248
팟캐스트 457, 459
패러디 253~254, 258, 367~368
패커드, 밴스 Packard, Vance 198
패터슨, 토머스 Patterson, Thomas 39, 119~120, 122, 124~125
팩트-나메Fact-Nameh 283
〈팩트체커들의 현황 보고State of the Fact-Checkers Report〉 283
팩트체크 기자 19, 378, 381~382, 396, 402~405, 407~408, 410~413, 416~432, 466~469
팩트체크 저널리즘 운동 130, 196, 199~200, 208, 290, 299
팩트체크 전담 부서 415, 423
팩트체크 주체 304, 311
팩트체크 형식 309~310
팩트체크넷 367~368, 375
팩트체크닷오르그FactCheck.Org 40, 199, 201, 207, 216~217, 226~229, 231, 233~234, 236~238, 244, 286, 289~290, 312
팩트체크의 설득 효과 304~305, 327, 330, 393
퍼트넘, 힐러리 Putnam, Hilary 217
페니 프레스 56, 67, 85, 137, 140, 169
페이스 스왑 277
페이스북Facebook 10, 102, 227, 252, 262, 265~268, 270~272, 297, 325, 356
페이지 뷰(PV) 189, 190
편집자 노트 240
편향성 15, 141, 312, 375, 382, 385,

451, 459, 478
평가적 과정 40, 131, 208, 233, 402
포렌식 262, 279
포스트구조주의 71
포스트모더니즘 69~70, 75
포인터연구소Poynter Institute 203
포털 16, 189~191, 321~322, 362, 371, 401, 429, 455, 460, 479
포토샵 275, 278
폭로 전환 264, 268~271, 299
폴리티팩트PolitiFact 40, 199, 201, 207, 213, 215, 224, 226~228, 230~231, 233~236, 238~240, 244, 264, 285~286, 291~292, 312, 326~327, 345, 362
표절 158, 180
표준화 52~53, 58, 294, 296
표현의 자유 12, 259, 260, 285, 362, 366, 368~369
푸코, 미셸 Foucault, Michel 71
풀팩트Full Fact 199, 291, 293, 331, 334~336, 338~340
풀팩트AI 335~338
풍자 44, 225, 253~254, 266, 275~276, 367~368, 372
퓨리서치센터Pew Research Center 274
퓰리처, 조지프 Pulitzer, Joseph 89, 203
프라이버시권 464
프레게, 고틀로프 Frege, Gottlob 45
프레스 카드 170
프레임 122, 125, 161, 178, 185, 201, 253, 369
프레임워크 351, 353, 373
프렌드, 세실리아 Friend, Cecillia 185, 246
프로파간다 27, 291
프롬프트 348~349
프리던, 베티 Friedan, Betty 198
프리랜서 413
플랫폼 10~11, 18~19, 26, 93, 105, 225, 259, 265~266, 268~272, 284, 297~301, 350, 355~356, 363~365, 367, 373, 388, 390~392, 403, 438, 460, 475, 477, 479
플로이드, 줄리엣 Floyd, Juliet 45~46
피노키오 테스트 215, 233~234
피드백 190, 268, 352, 382, 419, 424
피카드, 빅터 Pickard, Victor 196
핍진성 280
핑크, 캐서린 Fink, Katherine 211

하드 뉴스 123, 129, 270
하마스 301
하이퍼클로바 12
〈한겨레〉/〈한겨레신문〉 156, 175, 177, 181, 183, 362, 446, 467
한국 언론 전문직주의 446
한국 언론의 기업화 16, 151, 161, 445
한국기자협회 윤리강령 154
한국방송협회 12
한국신문편집인협회 150
한국신문학회 144
한국언론진흥재단 274, 361, 457
한국형 객관주의 174
〈한성순보〉 138, 150
〈한성주보〉 138
합리성 25, 352, 397
해석적 뉴스 패러다임 123
해석적 보도 38, 113~116, 118, 120, 122~123
해석적 언론 16, 37, 39, 41, 61, 112, 118~122, 124~132, 457, 461
해석적 전환 38, 40, 121, 130, 210, 211
해석학 71~72
해설 보도 38, 121, 211, 458
해직 언론인 446
핼린, 대니얼 Hallin, Daniel 123~124, 126, 289~290

허위 연결 253
허위 조작 정보 10~11, 18~20, 252~253, 256~261, 265~278, 284, 297~301, 304, 306, 323, 331, 342, 347~357, 367, 370, 372, 388, 394, 436, 450~451, 453, 462, 465, 474
허위 조작 정보 대응 범정부 종합 대책 367
허위 조작 정보에 관한 실천 강령 300~301
허친스위원회Hutchins Commission 116, 147, 149
험프레히트, 에다 Humprecht, Edda 246
현대적 팩트체크 저널리즘 21, 195, 196, 199~201, 208~209, 213, 303, 331, 333, 365, 393
현장 관찰 456, 458
혐오 표현 260
협력적 팩트체킹 465
형식적 객관주의 20, 187, 450, 454, 469
형식적 사실주의 162, 187, 448
호혜성 85
홀란, 앤지 Holan, Angie 238
홍원식 376~377
확증 편향 242, 304, 310, 311, 351~352
환각 13, 357
황용석 258, 373
회의주의 26, 76, 119
후속 검증 428, 431
흑인 민권 운동 116